Presentada a:

_____

Por:

_____

El:

_____

NUEVO TESTAMENTO

NUEVA VERSIÓN INTERNACIONAL®

Vida

Índice

PREFACIO

La Nueva Versión Internacional es una traducción de las Sagradas Escrituras elaborada por un grupo de expertos biblistas que representan a una docena de países de habla española, y que pertenecen a un buen número de denominaciones cristianas evangélicas. La traducción se hizo directamente de los textos hebreos, arameos y griegos en sus mejores ediciones disponibles. Se aprovechó, en buena medida, el trabajo de investigación y exégesis que antes efectuaron los traductores de la New International Versión, traducción de la Biblia al inglés, ampliamente conocida.

Claridad, fidelidad, dignidad y elegancia son las características de esta nueva versión de la Biblia, cualidades que están garantizadas por la cuidadosa labor de los traductores, reconocidos expertos en los diferentes campos del saber bíblico. Muchos de ellos son pastores o ejercen la docencia en seminarios e institutos bíblicos a lo largo y ancho de nuestro continente. Más importante aun, son todos fervientes creyentes en el valor infinito de la Palabra, como revelación infalible de la verdad divina y única regla de fe y de vida para todos.

La alta calidad de esta Nueva Versión Internacional está, además, garantizada por el minucioso proceso de traducción en el que se invirtieron miles de horas de trabajo de los traductores a quienes se asignaron determinados libros; de los revisores, que cuidadosamente cotejaron los primeros borradores producidos por los traductores; de los diferentes comités que, a su vez, revisaron frase por frase y palabra por palabra el trabajo de los traductores y revisores; y de los lectores que enviaron sus observaciones al comité de estilo. A este comité le correspondió, en última instancia, velar para que la versión final no solamente fuera exacta, clara y fiel a los originales, sino digna y elegante, en conformidad con los cánones del mejor estilo de nuestra lengua.

Claridad y exactitud en la traducción y fidelidad al sentido y mensaje de los escritores originales fueron la preocupación fundamental de los traductores. Una traducción es clara, exacta y fiel cuando reproduce en la lengua de los lectores de hoy lo que el autor quiso transmitir a la gente de su tiempo, en su propia lengua. Claridad, exactitud y fidelidad no significan necesariamente traducir palabra por palabra o, como se dice ordinariamente, hacer una traducción literal del texto. Las estructuras fonológicas, sintácticas y semánticas varían de una lengua a otra. Por eso una traducción fiel y exacta no solamente tiene que tomar en cuenta la lengua original, sino también la lengua receptora. Esto significa vaciar el contenido total del mensaje en las nuevas formas gramaticales de la lengua receptora, cuidando de que no se pierda «ni una letra ni una tilde» de ese mensaje (Mt 5:18). Para lograrlo los traductores de esta Nueva Versión Internacional han procurado emplear el lenguaje más fresco y contemporáneo posible, a fin de que el mensaje de la Palabra divina sea tan claro, sencillo y natural como lo fue cuando el Espíritu Santo inspiró el texto original. A la vez han cuidado de que el lenguaje de esta Nueva Versión Internacional conserve la dignidad y belleza que se merece la Palabra inspirada. Términos y expresiones que ya han hecho carrera entre el pueblo cristiano evangélico, y que son bien entendidos por los lectores familiarizados con la Biblia, se han dejado en lo posible intactos. Se han buscado al mismo tiempo nuevos giros y expresiones para comunicar lo que en otras versiones no parecía tan evidente. Esperamos que todo esto, más un buen número de notas explicativas al pie de página, sea de gran ayuda al lector.

En las notas al pie de página aparecen las siguientes abreviaturas:

Lit. (traducción literal): indica una posible representación más exacta, aunque no necesariamente más clara, del texto original, la cual puede ser de ayuda para algunos lectores.

Alt. (traducción alterna): indica que existen otras posibles traducciones o interpretaciones del texto, las cuales cuetan con el apoyo de otras versiones o de otros eruditos.

Var. (variante textual): se usa solamente en el Nuevo Testamento, e indica que hay diferencias entre los manuscritos neotestamentarios. La traducción se basa en el texto crítico griego actual, que da preferencia a los manuscritos más antiguos. Cuando se dan diferencias sustanciales entre este texto crítico y el texto tradicional conocido como Textus Receptus, la lectura tradicional se incluye en una nota, como variante textual. Otras variantes importantes también se incluyen en esta clase de notas.

En el Antiguo Testamento, las diferencias textuales se indican de otro modo. La base de la traducción es el Texto Masorético (TM), pero en algunos pasajes se ha aceptado una lectura diferente. En estos casos, la nota incluye entre paréntesis la evidencia textual (principalmente en las versiones antiguas) que apoya tal lectura; luego se indica lo que dice el TM.

Además, en el Antiguo Testamento se ha usado el vocablo Señor para representar las cuatro consonantes hebreas que constituyen el nombre de Dios, es decir, YHVH, que posiblemente se pronunciaba Yahvé. La combinación de estas cuatro consonantes con la forma reverencial Adonay («Señor» sin versalitas) dieron como resultado el nombre «Jehová», que se ha usado en las versiones tradicionales. En pasajes donde YHVH y Adonay aparecen juntos, se ha variado la traducción (p.ej. «Señor mi Dios»).

Otra diferencia entre la Nueva Versión Internacional y las versiones tradicionales tiene que ver con la onomástica hebrea. En el caso de nombres propios bien conocidos, esta versión ha mantenido las formas tradicionales, aun cuando no correspondan con las del hebreo (p.ej. Jeremías, aunque el hebreo es Yirmeyahu). En otros casos se ha hecho una revisión moderada para que los nombres no solamente reflejen con mayor exactitud el texto original (p.ej., la consonante jet se ha representado con j en vez de h), sino también para que se ajusten a la fonología castellana (p.ej., se ha evitado usar la consonante m en posición final).

Como todas las traducciones de la Biblia, la Nueva Versión Internacional que hoy colocamos en manos de nuestros lectores es susceptible de perfeccionarse. Y seguiremos trabajando para que así ocurra en sucesivas ediciones de la misma. Con todo, estamos muy agradecidos al Señor por el gran trabajo que nos ha permitido realizar, en el cual todos los integrantes del comité de traducción bíblica de la Sociedad Bíblica Internacional hemos puesto el mayor empeño, amor y fe, a fin de entregar a los lectores de este siglo la mejor versión posible del texto bíblico. Que todo sea para la mayor gloria de Dios y el más amplio conocimiento de su Palabra. Dedicamos este trabajo a Aquel, cuyo nombre debe ser honrado por todos los que lean su Palabra. Y oramos para que, a través de esta edición de la Nueva Versión Internacional, muchos puedan entender, asimilar y aceptar el mensaje de salvación que, por medio de Jesucristo, tiene el Dios de la Biblia para cada uno de ellos.

Comité de Traducción Bíblica
Biblica
P.O. Box 522241
Miami, Florida 33152-2241
EE.UU.
Septiembre de 1998

Nuevo Testamento

MATEO

Genealogía de Jesucristo

1:1-17 — Lc 3:23-38
1:3-6 — Rt 4:18-22
1:7-11 — 1Cr 3:10-17

1 Tabla genealógica de *Jesucristo, hijo de David, hijo de Abraham:

2Abraham fue el padre de*a* Isaac; Isaac, padre de Jacob; Jacob, padre de Judá y de sus hermanos; **3**Judá, padre de Fares y de Zera, cuya madre fue Tamar; Fares, padre de Jezrón; Jezrón, padre de Aram; **4**Aram, padre de Aminadab; Aminadab, padre de Naasón; Naasón, padre de Salmón; **5**Salmón, padre de Booz, cuya madre fue Rajab; Booz, padre de Obed, cuya madre fue Rut; Obed, padre de Isaí; **6**e Isaí, padre del rey David. David fue el padre de Salomón, cuya madre había sido la esposa de Urías; **7**Salomón, padre de Roboán; Roboán, padre de Abías; Abías, padre de Asá; **8**Asá, padre de Josafat; Josafat, padre de Jorán; Jorán, padre de Uzías; **9**Uzías, padre de Jotán; Jotán, padre de Acaz; Acaz, padre de Ezequías; **10**Ezequías, padre de Manasés; Manasés, padre de Amón; Amón, padre de Josías; **11**y Josías, padre de Jeconías*b* y de sus hermanos en tiempos de la deportación a Babilonia.

12Después de la deportación a Babilonia, Jeconías fue el padre de Salatiel; Salatiel, padre de Zorobabel; **13**Zorobabel, padre de Abiud; Abiud, padre de Eliaquín; Eliaquín, padre de Azor; **14**Azor, padre de Sadoc; Sadoc, padre de Aquín; Aquín, padre de Eliud; **15**Eliud, padre de Eleazar; Eleazar, padre de Matán; Matán, padre de Jacob; **16**y Jacob fue padre de José, que fue el esposo de María, de la cual nació Jesús, llamado el *Cristo.

17Así que hubo en total catorce generaciones desde Abraham hasta David, catorce desde David hasta la deportación a Babilonia, y catorce desde la deportación hasta el Cristo.

Nacimiento de Jesucristo

18El nacimiento de Jesús, el *Cristo, fue así: Su madre, María, estaba comprometida para casarse con José, pero antes de unirse a él, resultó que estaba encinta por obra del Espíritu Santo. **19**Como José, su esposo, era un hombre justo y no quería exponerla a vergüenza pública, resolvió divorciarse de ella en secreto.

20Pero cuando él estaba considerando hacerlo, se le apareció en sueños un ángel del Señor y le dijo: «José, hijo de David, no temas recibir a María por esposa, porque ella ha concebido por obra del Espíritu Santo. **21**Dará a luz un hijo, y le pondrás por nombre Jesús,*c* porque él salvará a su pueblo de sus pecados.»

22Todo esto sucedió para que se cumpliera lo que el Señor había dicho por medio del profeta: **23**«La virgen concebirá y dará a luz un hijo, y lo llamarán Emanuel»*d* (que significa «Dios con nosotros»).

24Cuando José se despertó, hizo lo que el ángel del Señor le había mandado y recibió a María por esposa. **25**Pero no tuvo relaciones conyugales con ella hasta que dio a luz un hijo,*e* a quien le puso por nombre Jesús.

Visita de los sabios

2 Después de que Jesús nació en Belén de Judea en tiempos del rey Herodes, llegaron a Jerusalén unos sabios*f* procedentes del Oriente.

2—¿Dónde está el que ha nacido rey de los judíos? —preguntaron—. Vimos levantarse*g* su estrella y hemos venido a adorarlo.

3Cuando lo oyó el rey Herodes, se turbó, y toda Jerusalén con él. **4**Así que convocó de entre el pueblo a todos los jefes de los sacerdotes y *maestros de la ley, y les preguntó dónde había de nacer el *Cristo.

5—En Belén de Judea —le respondieron—, porque esto es lo que ha escrito el profeta:

6»"Pero tú, Belén, en la tierra de Judá,
de ninguna manera eres la menor entre los principales de Judá;
porque de ti saldrá un príncipe
que será el pastor de mi pueblo Israel."*h*

7Luego Herodes llamó en secreto a los sabios y se enteró por ellos del tiempo exacto en que había aparecido la estrella. **8**Los envió a Belén y les dijo:

—Vayan e infórmense bien de ese niño y, tan pronto como lo encuentren, avísenme para que yo también vaya y lo adore.

9Después de oír al rey, siguieron su camino, y sucedió que la estrella que habían visto levantarse iba delante de ellos hasta que se detuvo sobre el lugar donde estaba el niño. **10**Al ver la estrella, se llenaron de alegría. **11**Cuando llegaron a la casa, vieron al niño con María, su madre; y postrándose lo adoraron. Abrieron

---

a **1:2** *fue el padre de.* Lit. *engendró a*; y así sucesivamente en el resto de esta genealogía.
b **1:11** *Jeconías.* Es decir, Joaquín; también en v. 12.
c **1:21** *Jesús* es la forma griega del nombre hebreo *Josué*, que significa *el Señor salva.*
d **1:23** Is 7:14.
e **1:25** *un hijo.* Var. *su hijo primogénito.*
f **2:1** *sabios.* Lit. *magos*; también en vv. 7, 16.
g **2:2** *levantarse.* Alt. *en el oriente*; también en v. 9.
h **2:6** Mi 5:2.

sus cofres y le presentaron como regalos oro, incienso y mirra. 12Entonces, advertidos en sueños de que no volvieran a Herodes, regresaron a su tierra por otro camino.

La huida a Egipto

13Cuando ya se habían ido, un ángel del Señor se le apareció en sueños a José y le dijo: «Levántate, toma al niño y a su madre, y huye a Egipto. Quédate allí hasta que yo te avise, porque Herodes va a buscar al niño para matarlo.»

14Así que se levantó cuando todavía era de noche, tomó al niño y a su madre, y partió para Egipto, 15donde permaneció hasta la muerte de Herodes. De este modo se cumplió lo que el Señor había dicho por medio del profeta: «De Egipto llamé a mi hijo.»i

16Cuando Herodes se dio cuenta de que los sabios se habían burlado de él, se enfureció y mandó matar a todos los niños menores de dos años en Belén y en sus alrededores, de acuerdo con el tiempo que había averiguado de los sabios. 17Entonces se cumplió lo dicho por el profeta Jeremías:

18«Se oye un grito en Ramá, llanto y gran lamentación;

es Raquel, que llora por sus hijos y no quiere ser consolada;

¡sus hijos ya no existen!»j

El regreso a Nazaret

19Después de que murió Herodes, un ángel del Señor se le apareció en sueños a José en Egipto 20y le dijo: «Levántate, toma al niño y a su madre, y vete a la tierra de Israel, que ya murieron los que amenazaban con quitarle la *vida al niño.»

21Así que se levantó José, tomó al niño y a su madre, y regresó a la tierra de Israel. 22Pero al oír que Arquelao reinaba en Judea en lugar de su padre Herodes, tuvo miedo de ir allá. Advertido por Dios en sueños, se retiró al distrito de Galilea, 23y fue a vivir en un pueblo llamado Nazaret. Con esto se cumplió lo dicho por los profetas: «Lo llamarán nazareno.»

Juan el Bautista prepara el camino

3:1-12 — Mr 1:3-8; Lc 3:2-17

3 En aquellos días se presentó Juan el Bautista predicando en el desierto de Judea. 2Decía: «*Arrepiéntanse, porque el reino de los cielos está cerca.» 3Juan era aquel de quien había escrito el profeta Isaías:

«Voz de uno que grita en el desierto:

"Preparen el camino para el Señor, háganle sendas derechas." »k

4La ropa de Juan estaba hecha de pelo de camello. Llevaba puesto un cinturón de cuero y se alimentaba de langostas y miel silvestre. 5Acudía a él la gente de Jerusalén, de toda Judea y de toda la región del Jordán. 6Cuando

confesaban sus pecados, él los bautizaba en el río Jordán.

7Pero al ver que muchos fariseos y saduceos llegaban adonde él estaba bautizando, les advirtió: «¡Camada de víboras! ¿Quién les dijo que podrán escapar del castigo que se acerca? 8Produzcan frutos que demuestren arrepentimiento. 9No piensen que podrán alegar: "Tenemos a Abraham por padre." Porque les digo que aun de estas piedras Dios es capaz de darle hijos a Abraham. 10El hacha ya está puesta a la raíz de los árboles, y todo árbol que no produzca buen fruto será cortado y arrojado al fuego.

11»Yo los bautizo a ustedes conl agua para que se arrepientan. Pero el que viene después de mí es más poderoso que yo, y ni siquiera merezco llevarle las sandalias. Él los bautizará con el Espíritu Santo y con fuego. 12Tiene el rastrillo en la mano y limpiará su era, recogiendo el trigo en su granero; la paja, en cambio, la quemará con fuego que nunca se apagará.»

Bautismo de Jesús

3:13-17 — Mr 1:9-11; Lc 3:21-22; Jn 1:31-34

13Un día Jesús fue de Galilea al Jordán para que Juan lo bautizara. 14Pero Juan trató de disuadirlo.

—Yo soy el que necesita ser bautizado por ti, ¿y tú vienes a mí? —objetó.

15—Dejémoslo así por ahora, pues nos conviene cumplir con lo que es justo —le contestó Jesús.

Entonces Juan consintió.

16Tan pronto como Jesús fue bautizado, subió del agua. En ese momento se abrió el cielo, y él vio al Espíritu de Dios bajar como una paloma y posarse sobre él. 17Y una voz del cielo decía: «Éste es mi Hijo amado; estoy muy complacido con él.»

Tentación de Jesús

4:1-11 — Mr 1:12-13; Lc 4:1-13

4 Luego el Espíritu llevó a Jesús al desierto para que el diablo lo sometiera a *tentación. 2Después de ayunar cuarenta días y cuarenta noches, tuvo hambre. 3El tentador se le acercó y le propuso:

—Si eres el Hijo de Dios, ordena a estas piedras que se conviertan en pan.

4Jesús le respondió:

—Escrito está: "No sólo de pan vive el hombre, sino de toda palabra que sale de la boca de Dios."m

5Luego el diablo lo llevó a la ciudad santa e hizo que se pusiera de pie sobre la parte más alta del *templo, y le dijo:

i 2:15 Os 11:1.
j 2:18 Jer 31:15.
k 3:3 Is 40:3.
l 3:11 con. Alt. en.
m 4:4 Dt 8:3.

6—Si eres el Hijo de Dios, tírate abajo. Porque escrito está: "Ordenará que sus ángeles te sostengan en sus manos, para que no tropieces con piedra alguna."[n]

7—También está escrito: "No pongas a prueba al Señor tu Dios"[ñ] —le contestó Jesús.

8De nuevo lo tentó el diablo, llevándolo a una montaña muy alta, y le mostró todos los reinos del mundo y su esplendor.

9—Todo esto te daré si te postras y me adoras.

10—¡Vete, Satanás! —le dijo Jesús—. Porque escrito está: "Adora al Señor tu Dios y sírvele solamente a él."[o]

11Entonces el diablo lo dejó, y unos ángeles acudieron a servirle.

Jesús comienza a predicar

12Cuando Jesús oyó que habían encarcelado a Juan, regresó a Galilea. 13Partió de Nazaret y se fue a vivir a Capernaúm, que está junto al lago en la región de Zabulón y de Neftalí, 14para cumplir lo dicho por el profeta Isaías:

15«Tierra de Zabulón y tierra de Neftalí, camino del mar, al otro lado del Jordán, Galilea de los *gentiles; 16el pueblo que habitaba en la oscuridad ha visto una gran luz; sobre los que vivían en densas tinieblas[p] la luz ha resplandecido.»[q]

17Desde entonces comenzó Jesús a predicar: «*Arrepiéntanse, porque el reino de los cielos está cerca.»

Llamamiento de los primeros discípulos

4:18-22 — Mr 1:16-20; Lc 5:2-11; Jn 1:35-42

18Mientras caminaba junto al mar de Galilea, Jesús vio a dos hermanos: uno era Simón, llamado Pedro, y el otro Andrés. Estaban echando la red al lago, pues eran pescadores. 19«Vengan, síganme —les dijo Jesús—, y los haré pescadores de hombres.» 20Al instante dejaron las redes y lo siguieron.

21Más adelante vio a otros dos hermanos: *Jacobo y Juan, hijos de Zebedeo, que estaban con su padre en una barca remendando las redes. Jesús los llamó, 22y dejaron en seguida la barca y a su padre, y lo siguieron.

Jesús sana a los enfermos

23Jesús recorría toda Galilea, enseñando en las sinagogas, anunciando las buenas *nuevas del reino, y sanando toda enfermedad y dolencia entre la gente. 24Su fama se extendió por toda Siria, y le llevaban todos los que padecían de diversas enfermedades, los que sufrían de dolores graves, los endemoniados, los epilépticos y los paralíticos, y él los sanaba.

25Lo seguían grandes multitudes de Galilea, *Decápolis, Jerusalén, Judea y de la región al otro lado del Jordán.

Las bienaventuranzas

5:3-12 — Lc 6:20-23

5 Cuando vio a las multitudes, subió a la ladera de una montaña y se sentó. Sus discípulos se le acercaron, 2y tomando él la palabra, comenzó a enseñarles diciendo:

3«*Dichosos los pobres en espíritu, porque el reino de los cielos les pertenece. 4Dichosos los que lloran, porque serán consolados. 5Dichosos los humildes, porque recibirán la tierra como herencia. 6Dichosos los que tienen hambre y sed de justicia, porque serán saciados. 7Dichosos los compasivos, porque serán tratados con compasión. 8Dichosos los de corazón limpio, porque ellos verán a Dios. 9Dichosos los que trabajan por la paz, porque serán llamados hijos de Dios. 10Dichosos los perseguidos por causa de la justicia, porque el reino de los cielos les pertenece.

11»Dichosos serán ustedes cuando por mi causa la gente los insulte, los persiga y levante contra ustedes toda clase de calumnias. 12Alégrense y llénense de júbilo, porque les espera una gran recompensa en el cielo. Así también persiguieron a los profetas que los precedieron a ustedes.

La sal y la luz

13»Ustedes son la sal de la tierra. Pero si la sal se vuelve insípida, ¿cómo recobrará su sabor? Ya no sirve para nada, sino para que la gente la deseche y la pisotee.

14»Ustedes son la luz del mundo. Una ciudad en lo alto de una colina no puede esconderse. 15Ni se enciende una lámpara para cubrirla con un cajón. Por el contrario, se pone en la repisa para que alumbre a todos los que están en la casa. 16Hagan brillar su luz delante de todos, para que ellos puedan ver las buenas obras de ustedes y alaben al Padre que está en el cielo.

El cumplimiento de la ley

17»No piensen que he venido a anular la ley o los profetas; no he venido a anularlos sino a darles cumplimiento. 18Les aseguro que mientras existan el cielo y la tierra, ni una letra ni una tilde de la ley desaparecerán hasta que todo se haya cumplido. 19Todo el que infrinja uno solo de estos mandamientos, por pequeño que sea, y enseñe a otros a hacer lo mismo, será considerado el más pequeño en el reino de los cielos; pero el que los practique y enseñe será considerado grande en el reino de los cielos. 20Porque les digo a ustedes, que no van a entrar en el reino de los cielos a menos que su justicia supere a la de los fariseos y de los *maestros de la ley.

---

n **4:6** Sal 91:11,12.
ñ **4:7** Dt 6:16.
o **4:10** Dt 6:13.
p **4:16** *vivían en densas tinieblas.* Lit. *habitaban en tierra y sombra de muerte.*
q **4:16** Is 9:1,2.

El homicidio
5:25-26 — Lc 12:58-59

21»Ustedes han oído que se dijo a sus antepasados: "No mates,ʳ y todo el que mate quedará sujeto al juicio del tribunal." **22**Pero yo les digo que todo el que se enojeˢ con su hermano quedará sujeto al juicio del tribunal. Es más,cualquiera que insulteᵗ a su hermano quedará sujeto al juicio del *Consejo. Pero cualquiera que lo maldigaᵘ quedará sujeto al juicio del infierno.ᵛ

23»Por lo tanto, si estás presentando tu ofrenda en el altar y allí recuerdas que tu hermano tiene algo contra ti, **24**deja tu ofrenda allí delante del altar. Ve primero y reconcíliate con tu hermano; luego vuelve y presenta tu ofrenda. **25**»Si tu adversario te va a denunciar, llega a un acuerdo con él lo más pronto posible. Hazlo mientras vayan de camino al juzgado, no sea que te entregue al juez, y el juez al guardia, y te echen en la cárcel. **26**Te aseguro que no saldrás de allí hasta que pagues el último centavo.ʷ

El adulterio

27»Ustedes han oído que se dijo: "No cometas adulterio."ˣ **28**Pero yo les digo que cualquiera que mira a una mujer y la codicia ya ha cometido adulterio con ella en el corazón. **29**Por tanto, si tu ojo derecho te hace *pecar, sácatelo y tíralo. Más te vale perder una sola parte de tu cuerpo, y no que todo él sea arrojado al infierno.ʸ **30**Y si tu mano derecha te hace pecar, córtatela y arrójala. Más te vale perder una sola parte de tu cuerpo, y no que todo él vaya al infierno.

El divorcio

31»Se ha dicho: "El que repudia a su esposa debe darle un certificado de divorcio."ᶻ **32**Pero yo les digo que, excepto en caso de infidelidad conyugal, todo el que se divorcia de su esposa, la induce a cometer adulterio, y el que se casa con la divorciada comete adulterio también.

Los juramentos

33»También han oído que se dijo a sus antepasados: "No faltes a tu juramento, sino cumple con tus promesas al Señor." **34**Pero yo les digo: No juren de ningún modo: ni por el cielo, porque es el trono de Dios; **35**ni por la tierra, porque es el estrado de sus pies; ni por Jerusalén, porque es la ciudad del gran Rey. **36**Tampoco jures por tu cabeza, porque no puedes hacer que ni uno solo de tus cabellos se vuelva blanco o negro. **37**Cuando ustedes digan "sí", que sea realmente sí; y cuando digan "no", que sea no. Cualquier cosa de más, proviene del maligno.

Ojo por ojo

38»Ustedes han oído que se dijo: "Ojo por ojo y diente por diente."ᵃ **39**Pero yo les digo: No resistan al que les haga mal. Si alguien te da una bofetada en la mejilla derecha, vuélvele también la otra. **40**Si alguien te pone pleito para quitarte la capa, déjale también la *camisa. **41**Si alguien te obliga a llevarle la carga un kilómetro, llévasela dos. **42**Al que te pida, dale; y al que quiera tomar de ti prestado, no le vuelvas la espalda.

El amor a los enemigos

43»Ustedes han oído que se dijo: "Ama a tu prójimoᵇ y odia a tu enemigo." **44**Pero yo les digo: Amen a sus enemigos y oren por quienes los persiguen,ᶜ **45**para que sean hijos de su Padre que está en el cielo. Él hace que salga el sol sobre malos y buenos, y que llueva sobre justos e injustos. **46**Si ustedes aman solamente a quienes los aman, ¿qué recompensa recibirán? ¿Acaso no hacen eso hasta los *recaudadores de impuestos? **47**Y si saludan a sus hermanos solamente, ¿qué más hacen ustedes? ¿Acaso no hacen esto hasta los *gentiles? **48**Por tanto, sean *perfectos, así como su Padre celestial es perfecto.

El dar a los necesitados

6 »Cuídense de no hacer sus obras de justicia delante de la gente para llamar la atención. Si actúan así, su Padre que está en el cielo no les dará ninguna recompensa.

2»Por eso, cuando des a los necesitados, no lo anuncies al son de trompeta, como lo hacen los *hipócritas en las sinagogas y en las calles para que la gente les rinda homenaje. Les aseguro que ellos ya han recibido toda su recompensa. **3**Más bien, cuando des a los necesitados, que no se entere tu mano izquierda de lo que hace la derecha, **4**para que tu limosna sea en secreto. Así tu Padre, que ve lo que se hace en secreto, te recompensará.

La oración
6:9-13 — Lc 11:2-4

5»Cuando oren, no sean como los *hipócritas, porque a ellos les encanta orar de pie en las sinagogas y en las esquinas de las plazas para que la gente los vea. Les aseguro que ya han obtenido toda su recompensa. **6**Pero tú, cuando te pongas a orar, entra en tu cuarto, cierra la puerta y ora a tu Padre, que está en lo secreto.

ʳ **5:21** Éx 20:13.
ˢ **5:22** *se enoje.* Var. *se enoje sin causa.*
ᵗ **5:22** *insulte.* Lit. *le diga: "Raca"* (*estúpido* en arameo).
ᵘ **5:22** *lo maldiga.* Lit. *le diga: "Necio."*
ᵛ **5:22** *del infierno.* Lit. *de la *Gehenna del fuego.*
ʷ **5:26** *centavo.* Lit. *cuadrante.*
ˣ **5:27** Éx 20:14.
ʸ **5:29** *al infierno.* Lit. *a la *Gehenna;* también en v. 30.
ᶻ **5:31** Dt 24:1.
ᵃ **5:38** Éx 21:24; Lv 24:20; Dt 19:21.
ᵇ **5:43** Lv 19:18.
ᶜ **5:44** *Amen … persiguen.* Var. *Amen a sus enemigos, bendigan a quienes los maldicen, hagan bien a quienes los odian, y oren por quienes los ultrajan y los persiguen* (véase Lc 6:27,28).

Así tu Padre, que ve lo que se hace en secreto, te recompensará. **7**Y al orar, no hablen sólo por hablar como hacen los *gentiles, porque ellos se imaginan que serán escuchados por sus muchas palabras. **8**No sean como ellos, porque su Padre sabe lo que ustedes necesitan antes de que se lo pidan.

9»Ustedes deben orar así:

»"Padre nuestro que estás en el cielo, *santificado sea tu nombre, **10**venga tu reino, hágase tu voluntad en la tierra como en el cielo. **11**Danos hoy nuestro pan cotidiano.*d* **12**Perdónanos nuestras deudas, como también nosotros hemos perdonado a nuestros deudores. **13**Y no nos dejes caer en *tentación, sino líbranos del maligno."*e*

14»Porque si perdonan a otros sus ofensas, también los perdonará a ustedes su Padre celestial. **15**Pero si no perdonan a otros sus ofensas, tampoco su Padre les perdonará a ustedes las suyas.

El ayuno

16»Cuando ayunen, no pongan cara triste como hacen los *hipócritas, que demudan sus rostros para mostrar que están ayunando. Les aseguro que éstos ya han obtenido toda su recompensa. **17**Pero tú, cuando ayunes, perfúmate la cabeza y lávate la cara **18**para que no sea evidente ante los demás que estás ayunando, sino sólo ante tu Padre, que está en lo secreto; y tu Padre, que ve lo que se hace en secreto, te recompensará.

Tesoros en el cielo
6:22-23 — Lc 11:34-36

19»No acumulen para sí tesoros en la tierra, donde la polilla y el óxido destruyen, y donde los ladrones se meten a robar. **20**Más bien, acumulen para sí tesoros en el cielo, donde ni la polilla ni el óxido carcomen, ni los ladrones se meten a robar. **21**Porque donde esté tu tesoro, allí estará también tu corazón.

22»El ojo es la lámpara del cuerpo. Por tanto, si tu visión es clara, todo tu ser disfrutará de la luz. **23**Pero si tu visión está nublada, todo tu ser estará en oscuridad. Si la luz que hay en ti es oscuridad, ¡qué densa será esa oscuridad!

24»Nadie puede servir a dos Señores, pues menospreciará a uno y amará al otro, o querrá mucho a uno y despreciará al otro. No se puede servir a la vez a Dios y a las riquezas.

De nada sirve preocuparse
6:25-33 — Lc 12:22-31

25»Por eso les digo: No se preocupen por su *vida, qué comerán o beberán; ni por su cuerpo, cómo se vestirán. ¿No tiene la vida más valor que la comida, y el cuerpo más que la ropa? **26**Fíjense en las aves del cielo: no siembran ni cosechan ni almacenan en graneros; sin embargo, el Padre celestial las alimenta. ¿No valen ustedes mucho más que ellas? **27**¿Quién de ustedes, por mucho que se preocupe, puede añadir una sola hora al curso de su vida?*f*

28»¿Y por qué se preocupan por la ropa? Observen cómo crecen los lirios del campo. No trabajan ni hilan; **29**sin embargo, les digo que ni siquiera Salomón, con todo su esplendor, se vestía como uno de ellos. **30**Si así viste Dios a la hierba que hoy está en el campo y mañana es arrojada al horno, ¿no hará mucho más por ustedes, gente de poca fe? **31**Así que no se preocupen diciendo: "¿Qué comeremos?" o "¿Qué beberemos?" o "¿Con qué nos vestiremos?" **32**Porque los *paganos andan tras todas estas cosas, y el Padre celestial sabe que ustedes las necesitan. **33**Más bien, busquen primeramente el reino de Dios y su justicia, y todas estas cosas les serán añadidas. **34**Por lo tanto, no se angustien por el mañana, el cual tendrá sus propios afanes. Cada día tiene ya sus problemas.

El juzgar a los demás
7:3-5 — Lc 6:41-42

7 »No juzguen a nadie, para que nadie los juzgue a ustedes. **2**Porque tal como juzguen se les juzgará, y con la medida que midan a otros, se les medirá a ustedes.

3»¿Por qué te fijas en la astilla que tiene tu hermano en el ojo, y no le das importancia a la viga que está en el tuyo? **4**¿Cómo puedes decirle a tu hermano: "Déjame sacarte la astilla del ojo", cuando ahí tienes una viga en el tuyo? **5**¡Hipócrita!, saca primero la viga de tu propio ojo, y entonces verás con claridad para sacar la astilla del ojo de tu hermano.

6»No den lo sagrado a los *perros, no sea que se vuelvan contra ustedes y los despedacen; ni echen sus perlas a los cerdos, no sea que las pisoteen.

Pidan, busquen, llamen
7:7-11 — Lc 11:9-13

7»Pidan, y se les dará; busquen, y encontrarán; llamen, y se les abrirá. **8**Porque todo el que pide, recibe; el que busca, encuentra; y al que llama, se le abre.

9»¿Quién de ustedes, si su hijo le pide pan, le da una piedra? **10**¿O si le pide un pescado, le da una serpiente? **11**Pues si ustedes, aun siendo malos, saben dar cosas buenas a sus hijos, ¡cuánto más su Padre que está en el cielo dará cosas buenas a los que le pidan! **12**Así que en todo traten ustedes a los demás tal y como quieren que ellos los traten a ustedes. De hecho, esto es la ley y los profetas.

---

d **6:11** *nuestro pan cotidiano.* Alt. *el pan que necesitamos.*
e **6:13** *del maligno.* Alt. *del mal.* Var. *del maligno, porque tuyos son el reino y el poder y la gloria para siempre. Amén.*
f **6:27** *puede añadir ... su vida.* Alt. *puede aumentar su estatura siquiera medio metro?* (lit. *un* *codo*).

La puerta estrecha y la puerta ancha

13»Entren por la puerta estrecha. Porque es ancha la puerta y espacioso el camino que conduce a la destrucción, y muchos entran por ella. **14**Pero estrecha es la puerta y angosto el camino que conduce a la vida, y son pocos los que la encuentran.

El árbol y sus frutos

15»Cuídense de los falsos profetas. Vienen a ustedes disfrazados de ovejas, pero por dentro son lobos feroces. **16**Por sus frutos los conocerán. ¿Acaso se recogen uvas de los espinos, o higos de los cardos? **17**Del mismo modo, todo árbol bueno da fruto bueno, pero el árbol malo da fruto malo. **18**Un árbol bueno no puede dar fruto malo, y un árbol malo no puede dar fruto bueno. **19**Todo árbol que no da buen fruto se corta y se arroja al fuego. **20**Así que por sus frutos los conocerán.

21»No todo el que me dice: "Señor, Señor", entrará en el reino de los cielos, sino sólo el que hace la voluntad de mi Padre que está en el cielo. **22**Muchos me dirán en aquel día: "Señor, Señor, ¿no profetizamos en tu nombre, y en tu nombre expulsamos demonios e hicimos muchos milagros?" **23**Entonces les diré claramente: "Jamás los conocí. ¡Aléjense de mí, hacedores de maldad!"

El prudente y el insensato

7:24-27 — Lc 6:47-49

24»Por tanto, todo el que me oye estas palabras y las pone en práctica es como un hombre prudente que construyó su casa sobre la roca. **25**Cayeron las lluvias, crecieron los ríos, y soplaron los vientos y azotaron aquella casa; con todo, la casa no se derrumbó porque estaba cimentada sobre la roca. **26**Pero todo el que me oye estas palabras y no las pone en práctica es como un hombre insensato que construyó su casa sobre la arena. **27**Cayeron las lluvias, crecieron los ríos, y soplaron los vientos y azotaron aquella casa, y ésta se derrumbó, y grande fue su ruina.»

28Cuando Jesús terminó de decir estas cosas, las multitudes se asombraron de su enseñanza, **29**porque les enseñaba con quien tenía autoridad, y no como los *maestros de la ley.

Jesús sana a un leproso

8:2-4 — Mr 1:40-44; Lc 5:12-14

8 Cuando Jesús bajó de la ladera de la montaña, lo siguieron grandes multitudes. **2**Un hombre que tenía *lepra se le acercó y se arrodilló delante de él.

—Señor, si quieres, puedes *limpiarme —le dijo.

3Jesús extendió la mano y tocó al hombre.

—Sí quiero —le dijo—. ¡Queda limpio!

Y al instante quedó sano*g* de la lepra.

4—Mira, no se lo digas a nadie —le dijo Jesús—; sólo ve, preséntate al sacerdote, y lleva la ofrenda que ordenó Moisés, para que sirva de testimonio.

La fe del centurión

8:5-13 — Lc 7:1-10

5Al entrar Jesús en Capernaúm, se le acercó un centurión pidiendo ayuda.

6—Señor, mi siervo está postrado en casa con parálisis, y sufre terriblemente.

7—Iré a sanarlo —respondió Jesús.

8—Señor, no merezco que entres bajo mi techo. Pero basta con que digas una sola palabra, y mi siervo quedará sano. **9**Porque yo mismo soy un hombre sujeto a órdenes superiores, y además tengo soldados bajo mi autoridad. Le digo a uno: "Ve", y va, y al otro: "Ven", y viene. Le digo a mi siervo: "Haz esto", y lo hace.

10Al oír esto, Jesús se asombró y dijo a quienes lo seguían:

—Les aseguro que no he encontrado en Israel a nadie que tenga tanta fe. **11**Les digo que muchos vendrán del oriente y del occidente, y participarán en el banquete con Abraham, Isaac y Jacob en el reino de los cielos. **12**Pero a los súbditos del reino se les echará afuera, a la oscuridad, donde habrá llanto y rechinar de dientes.

13Luego Jesús le dijo al centurión:

—¡Ve! Todo se hará tal como creíste.

Y en esa misma hora aquel siervo quedó sano.

Jesús sana a muchos enfermos

8:14-16 — Mr 1:29-34; Lc 4:38-41

14Cuando Jesús entró en casa de Pedro, vio a la suegra de éste en cama, con fiebre. **15**Le tocó la mano y la fiebre se le quitó; luego ella se levantó y comenzó a servirle.

16Al atardecer, le llevaron muchos endemoniados, y con una sola palabra expulsó a los espíritus, y sanó a todos los enfermos. **17**Esto sucedió para que se cumpliera lo dicho por el profeta Isaías:

«Él cargó con nuestras enfermedades y soportó nuestros dolores.»*h*

Lo que cuesta seguir a Jesús

8:19-22 — Lc 9:57-60

18Cuando Jesús vio a la multitud que lo rodeaba, dio orden de pasar al otro lado del lago. **19**Se le acercó un *maestro de la ley y le dijo:

—Maestro, te seguiré a dondequiera que vayas.

20—Las zorras tienen madrigueras y las aves tienen nidos —le respondió Jesús—, pero el Hijo del hombre no tiene dónde recostar la cabeza.

---

g **8:3** *sano.* Lit. *limpio.*
h **8:17** Is 53:4.

21Otro discípulo le pidió:

—Señor, primero déjame ir a enterrar a mi padre.

22—Sígueme —le replicó Jesús—, y deja que los muertos entierren a sus muertos.

Jesús calma la tormenta

8:23-27 — Mr 4:36-41; Lc 8:22-25

23Luego subió a la barca y sus discípulos lo siguieron. **24**De repente, se levantó en el lago una tormenta tan fuerte que las olas inundaban la barca. Pero Jesús estaba dormido. **25**Los discípulos fueron a despertarlo.

—¡Señor —gritaron—, sálvanos, que nos vamos a ahogar!

26—Hombres de poca fe —les contestó—, ¿por qué tienen tanto miedo?

Entonces se levantó y reprendió a los vientos y a las olas, y todo quedó completamente tranquilo.

27Los discípulos no salían de su asombro, y decían: «¿Qué clase de hombre es éste, que hasta los vientos y las olas le obedecen?»

Liberación de dos endemoniados

8:28-34 — Mr 5:1-17; Lc 8:26-37

28Cuando Jesús llegó al otro lado, a la región de los gadarenos,ⁱ dos endemoniados le salieron al encuentro de entre los sepulcros. Eran tan violentos que nadie se atrevía a pasar por aquel camino. **29**De pronto le gritaron:

—¿Por qué te entrometes, Hijo de Dios? ¿Has venido aquí a atormentarnos antes del tiempo señalado?

30A cierta distancia de ellos estaba paciendo una gran manada de cerdos. **31**Los demonios le rogaron a Jesús:

—Si nos expulsas, mándanos a la manada de cerdos.

32—Vayan —les dijo.

Así que salieron de los hombres y entraron en los cerdos, y toda la manada se precipitó al lago por el despeñadero y murió en el agua. **33**Los que cuidaban los cerdos salieron corriendo al pueblo y dieron aviso de todo, incluso de lo que les había sucedido a los endemoniados. **34**Entonces todos los del pueblo fueron al encuentro de Jesús. Y cuando lo vieron, le suplicaron que se alejara de esa región.

Jesús sana a un paralítico

9:2-8 — Mr 2:3-12; Lc 5:18-26

9 Subió Jesús a una barca, cruzó al otro lado y llegó a su propio pueblo. **2**Unos hombres le llevaron un paralítico, acostado en una camilla. Al ver Jesús la fe de ellos, le dijo al paralítico:

—¡Ánimo, hijo; tus pecados quedan perdonados!

3Algunos de los *maestros de la ley murmuraron entre ellos: «¡Este hombre *blasfema!»

4Como Jesús conocía sus pensamientos, les dijo:

—¿Por qué dan lugar a tan malos pensamientos? **5**¿Qué es más fácil, decir: "Tus pecados quedan perdonados", o decir: "Levántate y anda"? **6**Pues para que sepan que el Hijo del hombre tiene autoridad en la tierra para perdonar pecados —se dirigió entonces al paralítico—: Levántate, toma tu camilla y vete a tu casa.

7Y el hombre se levantó y se fue a su casa. **8**Al ver esto, la multitud se llenó de temor, y glorificó a Dios por haber dado tal autoridad a los *mortales.

Llamamiento de Mateo

9:9-13 — Mr 2:14-17; Lc 5:27-32

9Al irse de allí, Jesús vio a un hombre llamado Mateo, sentado a la mesa de recaudación de impuestos. «Sígueme», le dijo. Mateo se levantó y lo siguió.

10Mientras Jesús estaba comiendo en casa de Mateo, muchos *recaudadores de impuestos y *pecadores llegaron y comieron con él y sus discípulos. **11**Cuando los fariseos vieron esto, les preguntaron a sus discípulos:

—¿Por qué come su maestro con recaudadores de impuestos y con pecadores?

12Al oír esto, Jesús les contestó:

—No son los sanos los que necesitan médico sino los enfermos. **13**Pero vayan y aprendan lo que significa: "Lo que pido de ustedes es misericordia y no sacrificios."^j Porque no he venido a llamar a justos sino a pecadores.

Le preguntan a Jesús sobre el ayuno

9:14-17 — Mr 2:18-22; Lc 5:33-39

14Un día se le acercaron los discípulos de Juan y le preguntaron:

—¿Cómo es que nosotros y los fariseos ayunamos, pero no así tus discípulos?

Jesús les contestó:

15—¿Acaso pueden estar de luto los invitados del novio mientras él está con ellos? Llegará el día en que se les quitará el novio; entonces sí ayunarán. **16**Nadie remienda un vestido viejo con un retazo de tela nueva, porque el remiendo fruncirá el vestido y la rotura se hará peor. **17**Ni tampoco se echa vino nuevo en odres viejos. De hacerlo así, se reventarán los odres, se derramará el vino y los odres se arruinarán. Más bien, el vino nuevo se echa en odres nuevos, y así ambos se conservan.

Una niña muerta y una mujer enferma

9:18-26 — Mr 5:22-43; Lc 8:41-56

18Mientras les decía esto, un dirigente judío llegó, se arrodilló delante de él y le dijo:

—Mi hija acaba de morir. Pero ven y pon tu mano sobre ella, y vivirá.

19Jesús se levantó y fue con él, acompañado de sus discípulos. **20**En esto, una mujer que

---

ⁱ**8:28** *gadarenos.* Var. *gergesenos*; otra var. *gerasenos.*
^j**9:13** Os 6:6.

hacía doce años padecía de hemorragias se le acercó por detrás y le tocó el borde del manto. 21Pensaba: «Si al menos logro tocar su manto, quedaré *sana.» 22Jesús se dio vuelta, la vio y le dijo:

—¡Ánimo, hija! Tu fe te ha sanado.

Y la mujer quedó sana en aquel momento.

23Cuando Jesús entró en la casa del dirigente y vio a los flautistas y el alboroto de la gente, 24les dijo:

—Váyanse. La niña no está muerta sino dormida.

Entonces empezaron a burlarse de él. 25Pero cuando se les hizo salir, entró él, tomó de la mano a la niña, y ésta se levantó. 26La noticia se divulgó por toda aquella región.

Jesús sana a los ciegos y a los mudos

27Al irse Jesús de allí, dos ciegos lo siguieron, gritándole:

—¡Ten compasión de nosotros, Hijo de David!

28Cuando entró en la casa, se le acercaron los ciegos, y él les preguntó:

—¿Creen que puedo sanarlos?

—Sí, Señor —le respondieron.

29Entonces les tocó los ojos y les dijo:

—Se hará con ustedes conforme a su fe.

30Y recobraron la vista. Jesús les advirtió con firmeza:

—Asegúrense de que nadie se entere de esto.

31Pero ellos salieron para divulgar por toda aquella región la noticia acerca de Jesús.

32Mientras ellos salían, le llevaron un mudo endemoniado. 33Así que Jesús expulsó al demonio, y el que había estado mudo habló. La multitud se maravillaba y decía: «Jamás se ha visto nada igual en Israel.»

34Pero los fariseos afirmaban: «Éste expulsa a los demonios por medio del príncipe de los demonios.»

Son pocos los obreros

35Jesús recorría todos los pueblos y aldeas enseñando en las sinagogas, anunciando las buenas *nuevas del reino, y sanando toda enfermedad y toda dolencia. 36Al ver a las multitudes, tuvo compasión de ellas, porque estaban agobiadas y desamparadas, como ovejas sin pastor. 37«La cosecha es abundante, pero son pocos los obreros —les dijo a sus discípulos—. 38Pídanle, por tanto, al Señor de la cosecha que envíe obreros a su campo.»

Jesús envía a los doce

10:2-4 — Mr 3:16-19; Lc 6:14-16; Hch 1:13
10:9-15 — Mr 6:8-11; Lc 9:3-5; 10:4-12
10:19-22 — Mr 13:11-13; Lc 21:12-17
10:26-33 — Lc 12:2-9
10:34-35 — Lc 12:51-53

10 Reunió a sus doce discípulos y les dio autoridad para expulsar a los *espíritus malignos y sanar toda enfermedad y toda dolencia.

2Éstos son los nombres de los doce apóstoles: primero Simón, llamado Pedro, y su hermano Andrés; *Jacobo y su hermano Juan, hijos de Zebedeo; 3Felipe y Bartolomé; Tomás y Mateo, el *recaudador de impuestos; Jacobo, hijo de Alfeo, y Tadeo; 4Simón el Zelote y Judas Iscariote, el que lo traicionó.

5Jesús envió a estos doce con las siguientes instrucciones: «No vayan entre los *gentiles ni entren en ningún pueblo de los samaritanos. 6Vayan más bien a las ovejas descarriadas del pueblo de Israel. 7Dondequiera que vayan, prediquen este mensaje: "El reino de los cielos está cerca." 8Sanen a los enfermos, resuciten a los muertos, *limpien de su enfermedad a los que tienen *lepra, expulsen a los demonios. Lo que ustedes recibieron gratis, denlo gratuitamente. 9No lleven oro ni plata ni cobre en el cinturón, 10ni bolsa para el camino, ni dos mudas de ropa, ni sandalias, ni bastón; porque el trabajador merece que se le dé su sustento.

11»En cualquier pueblo o aldea donde entren, busquen a alguien que merezca recibirlos, y quédense en su casa hasta que se vayan de ese lugar. 12Al entrar, digan: "Paz a esta casa."k 13Si el hogar se lo merece, que la paz de ustedes reine en él; y si no, que la paz se vaya con ustedes. 14Si alguno no los recibe bien ni escucha sus palabras, al salir de esa casa o de ese pueblo, sacúdanse el polvo de los pies. 15Les aseguro que en el día del juicio el castigo para Sodoma y Gomorra será más tolerable que para ese pueblo. 16Los envío como ovejas en medio de lobos. Por tanto, sean astutos como serpientes y sencillos como palomas.

17»Tengan cuidado con la gente; los entregarán a los tribunales y los azotarán en las sinagogas. 18Por mi causa los llevarán ante gobernadores y reyes para dar testimonio a ellos y a los gentiles. 19Pero cuando los arresten, no se preocupen por lo que van a decir o cómo van a decirlo. En ese momento se les dará lo que han de decir, 20porque no serán ustedes los que hablen, sino que el Espíritu de su Padre hablará por medio de ustedes.

21»El hermano entregará a la muerte al hermano, y el padre al hijo. Los hijos se rebelarán contra sus padres y harán que los maten. 22Por causa de mi nombre todo el mundo los odiará, pero el que se mantenga firme hasta el fin será salvo. 23Cuando los persigan en una ciudad, huyan a otra. Les aseguro que no terminarán de recorrer las ciudades de Israel antes de que venga el Hijo del hombre.

24»El discípulo no es superior a su maestro, ni el *siervo superior a su amo. 25Basta con que el discípulo sea como su maestro, y el siervo

---

k 10:12 Al entrar … casa". Lit. Al entrar en la casa, salúdenla.

como su amo. Si al jefe de la casa lo han llamado *Beelzebú, ¡cuánto más a los de su familia!

26»Así que no les tengan miedo; porque no hay nada encubierto que no llegue a revelarse, ni nada escondido que no llegue a conocerse. **27**Lo que les digo en la oscuridad, díganlo ustedes a plena luz; lo que se les susurra al oído, proclámenlo desde las azoteas. **28**No teman a los que matan el cuerpo pero no pueden matar el alma.[l] Teman más bien al que puede destruir alma y cuerpo en el infierno.[m] **29**¿No se venden dos gorriones por una monedita?[n] Sin embargo, ni uno de ellos caerá a tierra sin que lo permita el Padre; **30**y él les tiene contados a ustedes aun los cabellos de la cabeza. **31**Así que no tengan miedo; ustedes valen más que muchos gorriones.

32»A cualquiera que me reconozca delante de los demás, yo también lo reconoceré delante de mi Padre que está en el cielo. **33**Pero a cualquiera que me desconozca delante de los demás, yo también lo desconoceré delante de mi Padre que está en el cielo.

34»No crean que he venido a traer paz a la tierra. No vine a traer paz sino espada. **35**Porque he venido a poner en conflicto "al hombre contra su padre, a la hija contra su madre, a la nuera contra su suegra, **36**los enemigos de cada cual serán los de su propia familia".[ñ]

37»El que quiere a su padre o a su madre más que a mí no es digno de mí; el que quiere a su hijo o a su hija más que a mí no es digno de mí; **38**y el que no toma su cruz y me sigue no es digno de mí. **39**El que encuentre su *vida, la perderá, y el que la pierda por mi causa, la encontrará.

40»Quien los recibe a ustedes, me recibe a mí; y quien me recibe a mí, recibe al que me envió. **41**Cualquiera que recibe a un profeta por tratarse de un profeta, recibirá recompensa de profeta; y el que recibe a un justo por tratarse de un justo, recibirá recompensa de justo. **42**Y quien dé siquiera un vaso de agua fresca a uno de estos pequeños por tratarse de uno de mis discípulos, les aseguro que no perderá su recompensa.»

Jesús y Juan el Bautista
11:2-19 — Lc 7:18-35

11 Cuando Jesús terminó de dar instrucciones a sus doce discípulos, se fue de allí a enseñar y a predicar en otros pueblos.

2Juan estaba en la cárcel, y al enterarse de lo que *Cristo estaba haciendo, envió a sus discípulos a que le preguntaran:

3—¿Eres tú el que ha de venir, o debemos esperar a otro?

4Les respondió Jesús:

—Vayan y cuéntenle a Juan lo que están viendo y oyendo: **5**Los ciegos ven, los cojos andan, los que tienen *lepra son sanados, los sordos oyen, los muertos resucitan y a los pobres se les anuncian las buenas *nuevas. **6***Dichoso el que no *tropieza por causa mía.

7Mientras se iban los discípulos de Juan, Jesús comenzó a hablarle a la multitud acerca de Juan: «¿Qué salieron a ver al desierto? ¿Una caña sacudida por el viento? **8**Si no, ¿qué salieron a ver? ¿A un hombre vestido con ropa fina? Claro que no, pues los que usan ropa de lujo están en los palacios de los reyes. **9**Entonces, ¿qué salieron a ver? ¿A un profeta? Sí, les digo, y más que profeta. **10**Éste es de quien está escrito:

»"Yo estoy por enviar a mi mensajero delante de ti,

el cual preparará tu camino."[o]

11Les aseguro que entre los mortales no se ha levantado nadie más grande que Juan el Bautista; sin embargo, el más pequeño en el reino de los cielos es más grande que él. **12**Desde los días de Juan el Bautista hasta ahora, el reino de los cielos ha venido avanzando contra viento y marea, y los que se esfuerzan logran aferrarse a él.[p] **13**Porque todos los profetas y la ley profetizaron hasta Juan. **14**Y si quieren aceptar mi palabra, Juan es el Elías que había de venir. **15**El que tenga oídos, que oiga.

16»¿Con qué puedo comparar a esta generación? Se parece a los niños sentados en la plaza que gritan a los demás:

17»"Tocamos la flauta, y ustedes no bailaron; Cantamos por los muertos, y ustedes no lloraron."

18Porque vino Juan, que no comía ni bebía, y ellos dicen: "Tiene un demonio." **19**Vino el Hijo del hombre, que come y bebe, y dicen: "Éste es un glotón y un borracho, amigo de *recaudadores de impuestos y de *pecadores." Pero la sabiduría queda demostrada por sus hechos.»

Ayes sobre ciudades no arrepentidas
11:21-23 — Lc 10:13-15

20Entonces comenzó Jesús a denunciar a las ciudades en que había hecho la mayor parte de sus milagros, porque no se habían *arrepentido. **21**«¡Ay de ti, Corazín! ¡Ay de ti, Betsaida! Si se hubieran hecho en Tiro y en Sidón los milagros que se hicieron en medio de ustedes, ya hace tiempo que se habrían arrepentido con muchos lamentos.[q] **22**Pero les digo que en el día del juicio será más tolerable el castigo para Tiro y Sidón que para ustedes. **23**Y tú, Capernaúm, ¿acaso serás levantada hasta el cielo? No, sino que descenderás hasta el *abismo. Si

---

l **10:28** *alma.* Este vocablo griego también puede significar *vida.*
m **10:28** *infierno.* Lit. *Gehenna.*
n **10:29** *una monedita.* Lit. *un* asarion.
ñ **10:36** Mi 7:6.
o **11:10** Mal 3:1.
p **11:12** *ha venido ... aferrarse a él.* Alt. *sufre violencia y los violentos intentan arrebatarlo.*
q **11:21** *con muchos lamentos.* Lit. *en saco y ceniza.*

los milagros que se hicieron en ti se hubieran hecho en Sodoma, ésta habría permanecido hasta el día de hoy. **24**Pero te[r] digo que en el día del juicio será más tolerable el castigo para Sodoma que para ti.»

Descanso para los cansados
11:25-27 — Lc 10:21-22

25En aquel tiempo Jesús dijo: «Te alabo, Padre, Señor del cielo y de la tierra, porque habiendo escondido estas cosas de los sabios e instruidos, se las has revelado a los que son como niños. **26**Sí, Padre, porque esa fue tu buena voluntad.

27»Mi Padre me ha entregado todas las cosas. Nadie conoce al Hijo sino el Padre, y nadie conoce al Padre sino el Hijo y aquel a quien el Hijo quiera revelarlo.

28»Vengan a mí todos ustedes que están cansados y agobiados, y yo les daré descanso. **29**Carguen con mi yugo y aprendan de mí, pues yo soy apacible y humilde de corazón, y encontrarán descanso para su alma. **30**Porque mi yugo es suave y mi carga es liviana.»

Señor del sábado
12:1-8 — Mr 2:23-28; Lc 6:1-5
12:9-14 — Mr 3:1-6; Lc 6:6-11

12 Por aquel tiempo pasaba Jesús por los sembrados en *sábado. Sus discípulos tenían hambre, así que comenzaron a arrancar algunas espigas de trigo y comérselas. **2**Al ver esto, los fariseos le dijeron:

—¡Mira! Tus discípulos están haciendo lo que está prohibido en sábado.

3Él les contestó:

—¿No han leído lo que hizo David en aquella ocasión en que él y sus compañeros tuvieron hambre? **4**Entró en la casa de Dios, y él y sus compañeros comieron los panes consagrados a Dios, lo que no se les permitía a ellos sino sólo a los sacerdotes. **5**¿O no han leído en la ley que los sacerdotes en el *templo profanan el sábado sin incurrir en culpa? **6**Pues yo les digo que aquí está uno más grande que el templo. **7**Si ustedes supieran lo que significa: "Lo que pido de ustedes es misericordia y no sacrificios",[s] no condenarían a los que no son culpables. **8**Sepan que el Hijo del hombre es Señor del sábado.

9Pasando de allí, entró en la sinagoga, **10**donde había un hombre que tenía una mano paralizada. Como buscaban un motivo para acusar a Jesús, le preguntaron:

—¿Está permitido sanar en sábado?

11Él les contestó:

—Si alguno de ustedes tiene una oveja y en sábado se le cae en un hoyo, ¿no la agarra y la saca? **12**¡Cuánto más vale un hombre que una oveja! Por lo tanto, está permitido hacer el bien en sábado.

13Entonces le dijo al hombre:

—Extiende la mano.

Así que la extendió y le quedó restablecida, tan sana como la otra. **14**Pero los fariseos salieron y tramaban cómo matar a Jesús.

El siervo escogido por Dios

15Consciente de esto, Jesús se retiró de aquel lugar. Muchos lo siguieron, y él sanó a todos los enfermos, **16**pero les ordenó que no dijeran quién era él. **17**Esto fue para que se cumpliera lo dicho por el profeta Isaías:

18«Éste es mi siervo, a quien he escogido; mi amado, en quien estoy muy complacido; sobre él pondré mi Espíritu, y proclamará justicia a las *naciones. **19**No disputará ni gritará; nadie oirá su voz en las calles. **20**No acabará de romper la caña quebrada ni apagará la mecha que apenas arde, hasta que haga triunfar la justicia. **21**Y en su nombre pondrán las naciones su esperanza.»[t]

Jesús y Beelzebú
12:25-29 — Mr 3:23-27; Lc 11:17-22

22Un día le llevaron un endemoniado que estaba ciego y mudo, y Jesús lo sanó, de modo que pudo ver y hablar. **23**Toda la gente se quedó asombrada y decía: «¿No será éste el Hijo de David?»

24Pero al oírlo los fariseos, dijeron: «Éste no expulsa a los demonios sino por medio de *Beelzebú, príncipe de los demonios.»

25Jesús conocía sus pensamientos, y les dijo: «Todo reino dividido contra sí mismo quedará asolado, y toda ciudad o familia dividida contra sí misma no se mantendrá en pie. **26**Si Satanás expulsa a Satanás, está dividido contra sí mismo. ¿Cómo puede, entonces, mantenerse en pie su reino? **27**Ahora bien, si yo expulso a los demonios por medio de Beelzebú, ¿los seguidores de ustedes por medio de quién los expulsan? Por eso ellos mismos los juzgarán a ustedes. **28**En cambio, si expulso a los demonios por medio del Espíritu de Dios, eso significa que el reino de Dios ha llegado a ustedes.

29»¿O cómo puede entrar alguien en la casa de un hombre fuerte y arrebatarle sus bienes, a menos que primero lo ate? Sólo entonces podrá robar su casa.

30»El que no está de mi parte, está contra mí; y el que conmigo no recoge, esparce. **31**Por eso les digo que a todos se les podrá perdonar todo pecado y toda blasfemia, pero la *blasfemia contra el Espíritu no se le perdonará a nadie. **32**A cualquiera que pronuncie alguna palabra contra el Hijo del hombre se le perdonará, pero el que hable contra el Espíritu Santo no tendrá perdón ni en este mundo ni en el venidero.

33»Si tienen un buen árbol, su fruto es bueno; si tienen un mal árbol, su fruto es malo. Al

---

r **11:24** *te.* Lit. *les.*
s **12:7** Os 6:6.
t **12:21** Is 42:1-4.

árbol se le reconoce por su fruto. **34**Camada de víboras, ¿cómo pueden ustedes que son malos decir algo bueno? De la abundancia del corazón habla la boca. **35**El que es bueno, de la bondad que atesora en el corazón saca el bien, pero el que es malo, de su maldad saca el mal. **36**Pero yo les digo que en el día del juicio todos tendrán que dar cuenta de toda palabra ociosa que hayan pronunciado. **37**Porque por tus palabras se te absolverá, y por tus palabras se te condenará.»

La señal de Jonás
12:39-42 — Lc 11:29-32
12:43-45 — Lc 11:24-26

38Algunos de los fariseos y de los *maestros de la ley le dijeron:

—Maestro, queremos ver alguna señal milagrosa de parte tuya.

39Jesús les contestó:

—¡Esta generación malvada y adúltera pide una señal milagrosa! Pero no se le dará más señal que la del profeta Jonás. **40**Porque así como tres días y tres noches estuvo Jonás en el vientre de un gran pez, también tres días y tres noches estará el Hijo del hombre en las entrañas de la tierra. **41**Los habitantes de Nínive se levantarán en el juicio contra esta generación y la condenarán; porque ellos se *arrepintieron al escuchar la predicación de Jonás, y aquí tienen ustedes a uno más grande que Jonás. **42**La reina del Sur se levantará en el día del juicio y condenará a esta generación; porque ella vino desde los confines de la tierra para escuchar la sabiduría de Salomón, y aquí tienen ustedes a uno más grande que Salomón.

43»Cuando un *espíritu maligno sale de una persona, va por lugares áridos, buscando descanso sin encontrarlo. **44**Entonces dice: "Volveré a la casa de donde salí." Cuando llega, la encuentra desocupada, barrida y arreglada. **45**Luego va y trae a otros siete espíritus más malvados que él, y entran a vivir allí. Así que el estado postrero de aquella persona resulta peor que el primero. Así le pasará también a esta generación malvada.

La madre y los hermanos de Jesús
12:46-50 — Mr 3:31-35; Lc 8:19-21

46Mientras Jesús le hablaba a la multitud, se presentaron su madre y sus hermanos. Se quedaron afuera, y deseaban hablar con él. **47**Alguien le dijo:

—Tu madre y tus hermanos están afuera y quieren hablar contigo.ᵘ

48—¿Quién es mi madre, y quiénes son mis hermanos? —replicó Jesús.

49Señalando a sus discípulos, añadió:

—Aquí tienen a mi madre y a mis hermanos. **50**Pues mi hermano, mi hermana y mi madre

son los que hacen la voluntad de mi Padre que está en el cielo.

Parábola del sembrador
13:1-15 — Mr 4:1-12; Lc 8:4-10
13:16-17 — Lc 10:23-24
13:18-23 — Mr 4:13-20; Lc 8:11-15

13 Ese mismo día salió Jesús de la casa y se sentó junto al lago. **2**Era tal la multitud que se reunió para verlo que él tuvo que subir a una barca donde se sentó mientras toda la gente estaba de pie en la orilla. **3**Y les dijo en parábolas muchas cosas como éstas: «Un sembrador salió a sembrar. **4**Mientras iba esparciendo la semilla, una parte cayó junto al camino, y llegaron los pájaros y se la comieron. **5**Otra parte cayó en terreno pedregoso, sin mucha tierra. Esa semilla brotó pronto porque la tierra no era profunda; **6**pero cuando salió el sol, las plantas se marchitaron y, por no tener raíz, se secaron. **7**Otra parte de la semilla cayó entre espinos que, al crecer, la ahogaron. **8**Pero las otras semillas cayeron en buen terreno, en el que se dio una cosecha que rindió treinta, sesenta y hasta cien veces más de lo que se había sembrado. **9**El que tenga oídos, que oiga.»

10Los discípulos se acercaron y le preguntaron:

—¿Por qué le hablas a la gente en parábolas?

11—A ustedes se les ha concedido conocer los *secretos del reino de los cielos; pero a ellos no. **12**Al que tiene, se le dará más, y tendrá en abundancia. Al que no tiene, hasta lo poco que tiene se le quitará. **13**Por eso les hablo a ellos en parábolas:

»Aunque miran, no ven; aunque oyen, no escuchan ni entienden.

14En ellos se cumple la profecía de Isaías:

»"Por mucho que oigan, no entenderán; por mucho que vean, no percibirán. **15**Porque el corazón de este pueblo se ha vuelto insensible; se les han embotado los oídos, y se les han cerrado los ojos. De lo contrario, verían con los ojos, oirían con los oídos, entenderían con el corazón y se convertirían, y yo los sanaría."ᵛ

16Pero *dichosos los ojos de ustedes porque ven, y sus oídos porque oyen. **17**Porque les aseguro que muchos profetas y otros justos anhelaron ver lo que ustedes ven, pero no lo vieron; y oír lo que ustedes oyen, pero no lo oyeron.

18»Escuchen lo que significa la parábola del sembrador: **19**Cuando alguien oye la palabra acerca del reino y no la entiende, viene el maligno y arrebata lo que se sembró en su corazón. Ésta es la semilla sembrada junto al camino. **20**El que recibió la semilla que cayó en terreno pedregoso es el que oye la palabra e inmediatamente la recibe con alegría; **21**pero como no tiene raíz, dura poco tiempo. Cuando surgen problemas o persecución a causa de la

---

ᵘ **12:47** Var. no incluye v. 47.
ᵛ **13:15** Is 6:9,10.

palabra, en seguida se aparta de ella. **22**El que recibió la semilla que cayó entre espinos es el que oye la palabra, pero las preocupaciones de esta vida y el engaño de las riquezas la ahogan, de modo que ésta no llega a dar fruto. **23**Pero el que recibió la semilla que cayó en buen terreno es el que oye la palabra y la entiende. Éste sí produce una cosecha al treinta, al sesenta y hasta al ciento por uno.

Parábola de la mala hierba

24Jesús les contó otra parábola: «El reino de los cielos es como un hombre que sembró buena semilla en su campo. **25**Pero mientras todos dormían, llegó su enemigo y sembró mala hierba entre el trigo, y se fue. **26**Cuando brotó el trigo y se formó la espiga, apareció también la mala hierba. **27**Los siervos fueron al dueño y le dijeron: "Señor, ¿no sembró usted semilla buena en su campo? Entonces, ¿de dónde salió la mala hierba?" **28**"Esto es obra de un enemigo", les respondió. Le preguntaron los siervos: "¿Quiere usted que vayamos a arrancarla?" **29**"¡No! —les contestó—, no sea que, al arrancar la mala hierba, arranquen con ella el trigo. **30**Dejen que crezcan juntos hasta la cosecha. Entonces les diré a los segadores: Recojan primero la mala hierba, y átenla en manojos para quemarla; después recojan el trigo y guárdenlo en mi granero."»

Parábolas del grano de mostaza y de la levadura
13:31-32 — Mr 4:30-32
13:31-33 — Lc 13:18-21

31Les contó otra parábola: «El reino de los cielos es como un grano de mostaza que un hombre sembró en su campo. **32**Aunque es la más pequeña de todas las semillas, cuando crece es la más grande de las hortalizas y se convierte en árbol, de modo que vienen las aves y anidan en sus ramas.»

33Les contó otra parábola más: «El reino de los cielos es como la levadura que una mujer tomó y mezcló en una gran cantidad^w de harina, hasta que fermentó toda la masa.»

34Jesús le dijo a la multitud todas estas cosas en parábolas. Sin emplear parábolas no les decía nada. **35**Así se cumplió lo dicho por el profeta: «Hablaré por medio de parábolas; revelaré cosas que han estado ocultas desde la creación del mundo.»^x

Explicación de la parábola de la mala hierba

36Una vez que se despidió de la multitud, entró en la casa. Se le acercaron sus discípulos y le pidieron:

—Explícanos la parábola de la mala hierba del campo.

37—El que sembró la buena semilla es el Hijo del hombre —les respondió Jesús—. **38**El campo es el mundo, y la buena semilla representa a los hijos del reino. La mala hierba son los hijos del maligno, **39**y el enemigo que la siembra es el diablo. La cosecha es el fin del mundo, y los segadores son los ángeles.

40»Así como se recoge la mala hierba y se quema en el fuego, ocurrirá también al fin del mundo. **41**El Hijo del hombre enviará a sus ángeles, y arrancarán de su reino a todos los que *pecan y hacen pecar. **42**Los arrojarán al horno encendido, donde habrá llanto y rechinar de dientes. **43**Entonces los justos brillarán en el reino de su Padre como el sol. El que tenga oídos, que oiga.

Parábolas del tesoro escondido y de la perla

44»El reino de los cielos es como un tesoro escondido en un campo. Cuando un hombre lo descubrió, lo volvió a esconder, y lleno de alegría fue y vendió todo lo que tenía y compró ese campo.

45»También se parece el reino de los cielos a un comerciante que andaba buscando perlas finas. **46**Cuando encontró una de gran valor, fue y vendió todo lo que tenía y la compró.

Parábola de la red

47»También se parece el reino de los cielos a una red echada al lago, que recoge peces de toda clase. **48**Cuando se llena, los pescadores la sacan a la orilla, se sientan y recogen en canastas los peces buenos, y desechan los malos. **49**Así será al fin del mundo. Vendrán los ángeles y apartarán de los justos a los malvados, **50**y los arrojarán al horno encendido, donde habrá llanto y rechinar de dientes.

51—¿Han entendido todo esto? —les preguntó Jesús.

—Sí —respondieron ellos.

Entonces concluyó Jesús:

52—Todo *maestro de la ley que ha sido instruido acerca del reino de los cielos es como el dueño de una casa, que de lo que tiene guardado saca tesoros nuevos y viejos.

Un profeta sin honra
13:54-58 — Mr 6:1-6

53Cuando Jesús terminó de contar estas parábolas, se fue de allí. **54**Al llegar a su tierra, comenzó a enseñar a la gente en la sinagoga.

—¿De dónde sacó éste tal sabiduría y tales poderes milagrosos? —decían maravillados—. **55**¿No es acaso el hijo del carpintero? ¿No se llama su madre María; y no son sus hermanos *Jacobo, José, Simón y Judas? **56**¿No están con nosotros todas sus hermanas? ¿Así que de dónde sacó todas estas cosas?

---

^w **13:33** *una gran cantidad.* Lit. *tres satas* (probablemente unos 22 litros).
^x **13:35** Sal 78:2.

57Y se *escandalizaban a causa de él. Pero Jesús les dijo:

—En todas partes se honra a un profeta, menos en su tierra y en su propia casa.

58Y por la incredulidad de ellos, no hizo allí muchos milagros.

Decapitación de Juan el Bautista
14:1-12 — Mr 6:14-29

14 En aquel tiempo Herodes el tetrarca se enteró de lo que decían de Jesús, **2**y comentó a sus sirvientes: «¡Ése es Juan el Bautista; ha *resucitado! Por eso tiene poder para realizar milagros.»

3En efecto, Herodes había arrestado a Juan. Lo había encadenado y metido en la cárcel por causa de Herodías, esposa de su hermano Felipe. **4**Es que Juan había estado diciéndole: «La ley te prohíbe tenerla por esposa.» **5**Herodes quería matarlo, pero le tenía miedo a la gente, porque consideraban a Juan como un profeta.

6En el cumpleaños de Herodes, la hija de Herodías bailó delante de todos; y tanto le agradó a Herodes **7**que le prometió bajo juramento darle cualquier cosa que pidiera. **8**Instigada por su madre, le pidió: «Dame en una bandeja la cabeza de Juan el Bautista.»

9El rey se entristeció, pero a causa de sus juramentos y en atención a los invitados, ordenó que se le concediera la petición, **10**y mandó decapitar a Juan en la cárcel. **11**Llevaron la cabeza en una bandeja y se la dieron a la muchacha, quien se la entregó a su madre. **12**Luego llegaron los discípulos de Juan, recogieron el cuerpo y le dieron sepultura. Después fueron y avisaron a Jesús.

Jesús alimenta a los cinco mil
14:13-21 — Mr 6:32-44; Lc 9:10-17; Jn 6:1-13

13Cuando Jesús recibió la noticia, se retiró él solo en una barca a un lugar solitario. Las multitudes se enteraron y lo siguieron a pie desde los poblados. **14**Cuando Jesús desembarcó y vio a tanta gente, tuvo compasión de ellos y sanó a los que estaban enfermos.

15Al atardecer se le acercaron sus discípulos y le dijeron:

—Éste es un lugar apartado y ya se hace tarde. Despide a la gente, para que vayan a los pueblos y se compren algo de comer.

16—No tienen que irse —contestó Jesús—. Denles ustedes mismos de comer.

17Ellos objetaron:

—No tenemos aquí más que cinco panes y dos pescados.

18—Tráiganmelos acá —les dijo Jesús.

19Y mandó a la gente que se sentara sobre la hierba. Tomó los cinco panes y los dos pescados y, mirando al cielo, los bendijo. Luego partió los panes y se los dio a los discípulos, quienes los repartieron a la gente. **20**Todos comieron hasta quedar satisfechos, y los discípulos recogieron doce canastas llenas de pedazos que sobraron. **21**Los que comieron fueron unos cinco mil hombres, sin contar a las mujeres y a los niños.

Jesús camina sobre el agua
14:22-33 — Mr 6:45-51; Jn 6:15-21
14:34-36 — Mr 6:53-56

22En seguida Jesús hizo que los discípulos subieran a la barca y se le adelantaran al otro lado mientras él despedía a la multitud. **23**Después de despedir a la gente, subió a la montaña para orar a solas. Al anochecer, estaba allí él solo, **24**y la barca ya estaba bastante lejos[y] de la tierra, zarandeada por las olas, porque el viento le era contrario.

25En la madrugada,[z] Jesús se acercó a ellos caminando sobre el lago. **26**Cuando los discípulos lo vieron caminando sobre el agua, quedaron aterrados.

—¡Es un fantasma! —gritaron de miedo.

27Pero Jesús les dijo en seguida:

—¡Cálmense! Soy yo. No tengan miedo.

28—Señor, si eres tú —respondió Pedro—, mándame que vaya a ti sobre el agua.

29—Ven —dijo Jesús.

Pedro bajó de la barca y caminó sobre el agua en dirección a Jesús. **30**Pero al sentir el viento fuerte, tuvo miedo y comenzó a hundirse. Entonces gritó:

—¡Señor, sálvame!

31En seguida Jesús le tendió la mano y, sujetándolo, lo reprendió:

—¡Hombre de poca fe! ¿Por qué dudaste?

32Cuando subieron a la barca, se calmó el viento. **33**Y los que estaban en la barca lo adoraron diciendo:

—Verdaderamente tú eres el Hijo de Dios.

34Después de cruzar el lago, desembarcaron en Genesaret. **35**Los habitantes de aquel lugar reconocieron a Jesús y divulgaron la noticia por todos los alrededores. Le llevaban todos los enfermos, **36**suplicándole que les permitiera tocar siquiera el borde de su manto, y quienes lo tocaban quedaban sanos.

Lo limpio y lo impuro
15:1-20 — Mr 7:1-23

15 Se acercaron a Jesús algunos fariseos y *maestros de la ley que habían llegado de Jerusalén, y le preguntaron:

2—¿Por qué quebrantan tus discípulos la tradición de los *ancianos? ¡Comen sin cumplir primero el rito de lavarse las manos!

3Jesús les contestó:

—¿Y por qué ustedes quebrantan el mandamiento de Dios a causa de la tradición? **4**Dios dijo: "Honra a tu padre y a tu madre",[a] y también:

---

y 14:24 *bastante lejos.* Lit. *a muchos *estadios.*
z 14:25 *la madrugada.* Lit. *la cuarta vigilia de la noche.*
a 15:4 Éx 20:12; Dt 5:16.

"El que maldiga a su padre o a su madre será condenado a muerte."[b] 5Ustedes, en cambio, enseñan que un hijo puede decir a su padre o a su madre: "Cualquier ayuda que pudiera darte ya la he dedicado como ofrenda a Dios." 6En ese caso, el tal hijo no tiene que honrar a su padre.[c] Así por causa de la tradición anulan ustedes la palabra de Dios. 7¡*Hipócritas! Tenía razón Isaías cuando profetizó de ustedes:

8»"Este pueblo me honra con los labios,
pero su corazón está lejos de mí.
9En vano me adoran;
sus enseñanzas no son más que reglas *humanas."[d]

10Jesús llamó a la multitud y dijo:

—Escuchen y entiendan. 11Lo que *contamina a una persona no es lo que entra en la boca sino lo que sale de ella.

12Entonces se le acercaron los discípulos y le dijeron:

—¿Sabes que los fariseos se *escandalizaron al oír eso?

13—Toda planta que mi Padre celestial no haya plantado será arrancada de raíz —les respondió—. 14Déjenlos; son guías ciegos.[e] Y si un ciego guía a otro ciego, ambos caerán en un hoyo.

15—Explícanos la comparación —le pidió Pedro.

16—¿También ustedes son todavía tan torpes? —les dijo Jesús—. 17¿No se dan cuenta de que todo lo que entra en la boca va al estómago y después se echa en la letrina? 18Pero lo que sale de la boca viene del corazón y contamina a la persona. 19Porque del corazón salen los malos pensamientos, los homicidios, los adulterios, la inmoralidad sexual, los robos, los falsos testimonios y las calumnias. 20Éstas son las cosas que contaminan a la persona, y no el comer sin lavarse las manos.

La fe de la mujer cananea

15:21-28 — Mr 7:24-30

21Partiendo de allí, Jesús se retiró a la región de Tiro y Sidón. 22Una mujer cananea de las inmediaciones salió a su encuentro, gritando:

—¡Señor, Hijo de David, ten compasión de mí! Mi hija sufre terriblemente por estar endemoniada.

23Jesús no le respondió palabra. Así que sus discípulos se acercaron a él y le rogaron:

—Despídela, porque viene detrás de nosotros gritando.

24—No fui enviado sino a las ovejas perdidas del pueblo de Israel —contestó Jesús.

25La mujer se acercó y, arrodillándose delante de él, le suplicó:

—¡Señor, ayúdame!

26Él le respondió:

—No está bien quitarles el pan a los hijos y echárselo a los *perros.

27—Sí, Señor; pero hasta los perros comen las migajas que caen de la mesa de sus amos.

28—¡Mujer, qué grande es tu fe! —contestó Jesús—. Que se cumpla lo que quieres.

Y desde ese mismo momento quedó sana su hija.

Jesús alimenta a los cuatro mil

15:29-31 — Mr 7:31-37
15:32-39 — Mr 8:1-10

29Salió Jesús de allí y llegó a orillas del mar de Galilea. Luego subió a la montaña y se sentó. 30Se le acercaron grandes multitudes que llevaban cojos, ciegos, lisiados, mudos y muchos enfermos más, y los pusieron a sus pies; y él los sanó. 31La gente se asombraba al ver a los mudos hablar, a los lisiados recobrar la salud, a los cojos andar y a los ciegos ver. Y alababan al Dios de Israel.

32Jesús llamó a sus discípulos y les dijo:

—Siento compasión de esta gente porque ya llevan tres días conmigo y no tienen nada que comer. No quiero despedirlos sin comer, no sea que se desmayen por el camino.

33Los discípulos objetaron:

—¿Dónde podríamos conseguir en este lugar despoblado suficiente pan para dar de comer a toda esta multitud?

34—¿Cuántos panes tienen? —les preguntó Jesús.

—Siete, y unos pocos pescaditos.

35Luego mandó que la gente se sentara en el suelo. 36Tomando los siete panes y los pescados, dio gracias, los partió y se los fue dando a los discípulos. Éstos, a su vez, los distribuyeron a la gente. 37Todos comieron hasta quedar satisfechos. Después los discípulos recogieron siete cestas llenas de pedazos que sobraron. 38Los que comieron eran cuatro mil hombres, sin contar a las mujeres y a los niños. 39Después de despedir a la gente, subió Jesús a la barca y se fue a la región de Magadán.[f]

Le piden a Jesús una señal

16:1-12 — Mr 8:11-21

16 Los fariseos y los saduceos se acercaron a Jesús y, para ponerlo a prueba, le pidieron que les mostrara una señal del cielo.

2Él les contestó:[g] «Al atardecer, ustedes dicen que hará buen tiempo porque el cielo está rojizo, 3y por la mañana, que habrá tempestad porque el cielo está nublado y amenazante.[h] Ustedes saben discernir el aspecto del cielo, pero no las señales de los tiempos. 4Esta generación malvada y adúltera busca una señal

---

b **15:4** Éx 21:17; Lv 20:9.
c **15:6** *padre.* Var. *padre ni a su madre.*
d **15:9** Is 29:13.
e **15:14** *guías ciegos.* Var. *ciegos guías de ciegos.*
f **15:39** *Magadán.* Var. *Magdala.*
g **16:2** Var. no incluye el resto del v. 2 y todo el v. 3.
h **16:3** *amenazante.* Lit. *Rojizo.*

milagrosa, pero no se le dará más señal que la de Jonás.» Entonces Jesús los dejó y se fue.

La levadura de los fariseos y de los saduceos

5Cruzaron el lago, pero a los discípulos se les había olvidado llevar pan.

6—Tengan cuidado —les advirtió Jesús—; eviten la levadura de los fariseos y de los saduceos.

7Ellos comentaban entre sí: «Lo dice porque no trajimos pan.» **8**Al darse cuenta de esto, Jesús les recriminó:

—Hombres de poca fe, ¿por qué están hablando de que no tienen pan? **9**¿Todavía no entienden? ¿No recuerdan los cinco panes para los cinco mil, y el número de canastas que recogieron? **10**¿Ni los siete panes para los cuatro mil, y el número de cestas que recogieron? **11**¿Cómo es que no entienden que no hablaba yo del pan sino de tener cuidado de la levadura de fariseos y saduceos?

12Entonces comprendieron que no les decía que se cuidaran de la levadura del pan sino de la enseñanza de los fariseos y de los saduceos.

La confesión de Pedro

16:13-16 — Mr 8:27-29; Lc 9:18-20

13Cuando llegó a la región de Cesarea de Filipo, Jesús preguntó a sus discípulos:

—¿Quién dice la gente que es el Hijo del hombre?

Le respondieron:

14—Unos dicen que es Juan el Bautista, otros que Elías, y otros que Jeremías o uno de los profetas.

15—Y ustedes, ¿quién dicen que soy yo?

16—Tú eres el *Cristo, el Hijo del Dios viviente —afirmó Simón Pedro.

17—*Dichoso tú, Simón, hijo de Jonás —le dijo Jesús—, porque eso no te lo reveló ningún mortal,*i* sino mi Padre que está en el cielo. **18**Yo te digo que tú eres Pedro,*j* y sobre esta piedra edificaré mi iglesia, y las puertas del reino de la muerte*k* no prevalecerán contra ella. **19**Te daré las llaves del reino de los cielos; todo lo que ates en la tierra quedará atado en el cielo, y todo lo que desates en la tierra quedará desatado en el cielo.

20Luego les ordenó a sus discípulos que no dijeran a nadie que él era el Cristo.

Jesús predice su muerte

16:21-28 — Mr 8:31—9:1; Lc 9:22-27

21Desde entonces comenzó Jesús a advertir a sus discípulos que tenía que ir a Jerusalén y sufrir muchas cosas a manos de los *ancianos, de los jefes de los sacerdotes y de los *maestros de la ley, y que era necesario que lo mataran

y que al tercer día resucitara. **22**Pedro lo llevó aparte y comenzó a reprenderlo:

—¡De ninguna manera, Señor! ¡Esto no te sucederá jamás!

23Jesús se volvió y le dijo a Pedro:

—¡Aléjate de mí, Satanás! Quieres hacerme *tropezar; no piensas en las cosas de Dios sino en las de los hombres.

24Luego dijo Jesús a sus discípulos:

—Si alguien quiere ser mi discípulo, tiene que negarse a sí mismo, tomar su cruz y seguirme. **25**Porque el que quiera salvar su *vida, la perderá; pero el que pierda su vida por mi causa, la encontrará. **26**¿De qué sirve ganar el mundo entero si se pierde la vida? ¿O qué se puede dar a cambio de la vida? **27**Porque el Hijo del hombre ha de venir en la gloria de su Padre con sus ángeles, y entonces recompensará a cada persona según lo que haya hecho. **28**Les aseguro que algunos de los aquí presentes no sufrirán la muerte sin antes haber visto al Hijo del hombre llegar en su reino.

La transfiguración

17:1-8 — Lc 9:28-36
17:1-13 — Mr 9:2-13

17 Seis días después, Jesús tomó consigo a Pedro, a *Jacobo y a Juan, el hermano de Jacobo, y los llevó aparte, a una montaña alta. **2**Allí se transfiguró en presencia de ellos; su rostro resplandeció como el sol, y su ropa se volvió blanca como la luz. **3**En esto, se les aparecieron Moisés y Elías conversando con Jesús. **4**Pedro le dijo a Jesús:

—Señor, ¡qué bien que estemos aquí! Si quieres, levantaré tres albergues: uno para ti, otro para Moisés y otro para Elías.

5Mientras estaba aún hablando, apareció una nube luminosa que los envolvió, de la cual salió una voz que dijo: «Éste es mi Hijo amado; estoy muy complacido con él. ¡Escúchenlo!»

6Al oír esto, los discípulos se postraron sobre sus rostros, aterrorizados. **7**Pero Jesús se acercó a ellos y los tocó.

—Levántense—les dijo—. No tengan miedo.

8Cuando alzaron la vista, no vieron a nadie más que a Jesús.

9Mientras bajaban de la montaña, Jesús les encargó:

—No le cuenten a nadie lo que han visto hasta que el Hijo del hombre *resucite.

10Entonces los discípulos le preguntaron a Jesús:

—¿Por qué dicen los *maestros de la ley que Elías tiene que venir primero?

11—Sin duda Elías viene, y restaurará todas las cosas —respondió Jesús—. **12**Pero les digo que Elías ya vino, y no lo reconocieron sino que hicieron con él todo lo que quisieron. De la misma manera va a sufrir el Hijo del hombre a manos de ellos.

---

i **16:17** *ningún mortal.* Lit. *carne y sangre.*
j **16:18** *Pedro* significa *piedra.*
k **16:18** *del reino de la muerte.* Lit. *del *Hades.*

13Entonces entendieron los discípulos que les estaba hablando de Juan el Bautista.

Jesús sana a un muchacho endemoniado
17:14-19 — Mr 9:14-28; Lc 9:37-42

14Cuando llegaron a la multitud, un hombre se acercó a Jesús y se arrodilló delante de él.

15—Señor, ten compasión de mi hijo. Le dan ataques y sufre terriblemente. Muchas veces cae en el fuego o en el agua. **16**Se lo traje a tus discípulos, pero no pudieron sanarlo.

17—¡Ah, generación incrédula y perversa! —respondió Jesús—. ¿Hasta cuándo tendré que estar con ustedes? ¿Hasta cuándo tendré que soportarlos? Tráiganme acá al muchacho.

18Jesús reprendió al demonio, el cual salió del muchacho, y éste quedó sano desde aquel momento.

19Después los discípulos se acercaron a Jesús y, en privado, le preguntaron:

—¿Por qué nosotros no pudimos expulsarlo?

20—Porque ustedes tienen tan poca fe —respondió—. Les aseguro que si tienen fe tan pequeña como un grano de mostaza, podrán decirle a esta montaña: "Trasládate de aquí para allá", y se trasladará. Para ustedes nada será imposible.*l*

22Estando reunidos en Galilea, Jesús les dijo: «El Hijo del hombre va a ser entregado en manos de los hombres. **23**Lo matarán, pero al tercer día resucitará.» Y los discípulos se entristecieron mucho.

El impuesto del templo
24Cuando Jesús y sus discípulos llegaron a Capernaúm, los que cobraban el impuesto del *templo*m* se acercaron a Pedro y le preguntaron:

—¿Su maestro no paga el impuesto del templo?

25—Sí, lo paga —respondió Pedro.

Al entrar Pedro en la casa, se adelantó Jesús a preguntarle:

—¿Tú qué opinas, Simón? Los reyes de la tierra, ¿a quiénes cobran tributos e impuestos: a los suyos o a los demás?

26—A los demás —contestó Pedro.

—Entonces los suyos están exentos —le dijo Jesús—. **27**Pero, para no *escandalizar a esta gente, vete al lago y echa el anzuelo. Saca el primer pez que pique; ábrele la boca y encontrarás una moneda.*n* Tómala y dásela a ellos por mi impuesto y por el tuyo.

El más importante en el reino de los cielos
18:1-5 — Mr 9:33-37; Lc 9:46-48

18 En ese momento los discípulos se acercaron a Jesús y le preguntaron:

—¿Quién es el más importante en el reino de los cielos?

2Él llamó a un niño y lo puso en medio de ellos. **3**Entonces dijo:

—Les aseguro que a menos que ustedes cambien y se vuelvan como niños, no entrarán en el reino de los cielos. **4**Por tanto, el que se humilla como este niño será el más grande en el reino de los cielos.

5»Y el que recibe en mi nombre a un niño como éste, me recibe a mí. **6**Pero si alguien hace *pecar a uno de estos pequeños que creen en mí, más le valdría que le colgaran al cuello una gran piedra de molino y lo hundieran en lo profundo del mar.

7»¡Ay del mundo por las cosas que hacen pecar a la gente! Inevitable es que sucedan, pero ¡ay del que hace pecar a los demás! **8**Si tu mano o tu pie te hace pecar, córtatelo y arrójalo. Más te vale entrar en la vida manco o cojo que ser arrojado al fuego eterno con tus dos manos y tus dos pies. **9**Y si tu ojo te hace pecar, sácatelo y arrójalo. Más te vale entrar tuerto en la vida que con dos ojos ser arrojado al fuego del infierno.*ñ*

Parábola de la oveja perdida
18:12-14 — Lc 15:4-7

10»Miren que no menosprecien a uno de estos pequeños. Porque les digo que en el cielo los ángeles de ellos contemplan siempre el rostro de mi Padre celestial.*o*

12»¿Qué les parece? Si un hombre tiene cien ovejas y se le extravía una de ellas, ¿no dejará las noventa y nueve en las colinas para ir en busca de la extraviada? **13**Y si llega a encontrarla, les aseguro que se pondrá más feliz por esa sola oveja que por las noventa y nueve que no se extraviaron. **14**Así también, el Padre de ustedes que está en el cielo no quiere que se pierda ninguno de estos pequeños.

El hermano que peca contra ti
15»Si tu hermano peca contra ti,*p* ve a solas con él y hazle ver su falta. Si te hace caso, has ganado a tu hermano. **16**Pero si no, lleva contigo a uno o dos más, para que "todo asunto se resuelva mediante el testimonio de dos o tres testigos".*q* **17**Si se niega a hacerles caso a ellos, díselo a la iglesia; y si incluso a la iglesia no le hace caso, trátalo como si fuera un incrédulo o un renegado.*r*

18»Les aseguro que todo lo que ustedes aten en la tierra quedará atado en el cielo, y todo lo que desaten en la tierra quedará desatado en el cielo.

---

l **17:20** *imposible.* Var. *imposible.* v. 21*Pero esta clase no sale sino con oración y ayuno.*

m **17:24** *el impuesto del templo.* Lit. *las dos *dracmas.*

n **17:27** *una moneda.* Lit. *un estatero* (moneda que equivale a cuatro *dracmas*).

ñ **18:9** *al fuego del infierno.* Lit. *a la *Gehenna del fuego.*

o **18:10** *celestial.* Var. *celestial.* v. 11*El Hijo del hombre vino a salvar lo que se había perdido.*

p **18:15** *peca contra ti.* Var. *peca.*

q **18:16** Dt 19:15.

r **18:17** *un incrédulo o un renegado.* Lit. *un *gentil o un *recaudador de impuestos.*

[19]»Además les digo que si dos de ustedes en la tierra se ponen de acuerdo sobre cualquier cosa que pidan, les será concedida por mi Padre que está en el cielo. [20]Porque donde dos o tres se reúnen en mi nombre, allí estoy yo en medio de ellos.

Parábola del siervo despiadado

[21]Pedro se acercó a Jesús y le preguntó:

—Señor, ¿cuántas veces tengo que perdonar a mi hermano que peca contra mí? ¿Hasta siete veces?

[22]—No te digo que hasta siete veces, sino hasta setenta y siete veces[s] —le contestó Jesús—.

[23]»Por eso el reino de los cielos se parece a un rey que quiso ajustar cuentas con sus siervos. [24]Al comenzar a hacerlo, se le presentó uno que le debía miles y miles de monedas de oro.[t] [25]Como él no tenía con qué pagar, el Señor mandó que lo vendieran a él, a su esposa y a sus hijos, y todo lo que tenía, para así saldar la deuda. [26]El siervo se postró delante de él. "Tenga paciencia conmigo —le rogó—, y se lo pagaré todo." [27]El Señor se compadeció de su siervo, le perdonó la deuda y lo dejó en libertad.

[28]»Al salir, aquel siervo se encontró con uno de sus compañeros que le debía cien monedas de plata.[u] Lo agarró por el cuello y comenzó a estrangularlo. "¡Págame lo que me debes!", le exigió. [29]Su compañero se postró delante de él. "Ten paciencia conmigo —le rogó—, y te lo pagaré." [30]Pero él se negó. Más bien fue y lo hizo meter en la cárcel hasta que pagara la deuda. [31]Cuando los demás siervos vieron lo ocurrido, se entristecieron mucho y fueron a contarle a su Señor todo lo que había sucedido. [32]Entonces el Señor mandó llamar al siervo. "¡Siervo malvado! —le increpó—. Te perdoné toda aquella deuda porque me lo suplicaste. [33]¿No debías tú también haberte compadecido de tu compañero, así como yo me compadecí de ti?" [34]Y enojado, su Señor lo entregó a los carceleros para que lo torturaran hasta que pagara todo lo que debía.

[35]»Así también mi Padre celestial los tratará a ustedes, a menos que cada uno perdone de corazón a su hermano.

El divorcio
19:1-9 — Mr 10:1-12

19 Cuando Jesús acabó de decir estas cosas, salió de Galilea y se fue a la región de Judea, al otro lado del Jordán. [2]Lo siguieron grandes multitudes, y sanó allí a los enfermos.

[3]Algunos fariseos se le acercaron y, para ponerlo a *prueba, le preguntaron:

—¿Está permitido que un hombre se divorcie de su esposa por cualquier motivo?

[4]—¿No han leído —replicó Jesús—que en el principio el Creador "los hizo hombre y mujer",[v] [5]y dijo: "Por eso dejará el hombre a su padre y a su madre, y se unirá a su esposa, y los dos llegarán a ser un solo cuerpo"?[w] [6]Así que ya no son dos, sino uno solo. Por tanto, lo que Dios ha unido, que no lo separe el hombre.

[7]Le replicaron:

—¿Por qué, entonces, mandó Moisés que un hombre le diera a su esposa un certificado de divorcio y la despidiera?

[8]—Moisés les permitió divorciarse de su esposa por lo obstinados que son[x] —respondió Jesús—. Pero no fue así desde el principio. [9]Les digo que, excepto en caso de infidelidad conyugal, el que se divorcia de su esposa, y se casa con otra, comete adulterio.

[10]—Si tal es la situación entre esposo y esposa —comentaron los discípulos—, es mejor no casarse.

[11]—No todos pueden comprender este asunto —respondió Jesús—, sino sólo aquellos a quienes se les ha concedido entenderlo. [12]Pues algunos son *eunucos porque nacieron así; a otros los hicieron así los hombres; y otros se han hecho así por causa del reino de los cielos. El que pueda aceptar esto, que lo acepte.

Jesús y los niños
19:13-15 — Mr 10:13-16; Lc 18:15-17

[13]Llevaron unos niños a Jesús para que les impusiera las manos y orara por ellos, pero los discípulos reprendían a quienes los llevaban.

[14]Jesús dijo: «Dejen que los niños vengan a mí, y no se lo impidan, porque el reino de los cielos es de quienes son como ellos.» [15]Después de poner las manos sobre ellos, se fue de allí.

El joven rico
19:16-29 — Mr 10:17-30; Lc 18:18-30

[16]Sucedió que un hombre se acercó a Jesús y le preguntó:

—Maestro, ¿qué de bueno tengo que hacer para obtener la vida eterna?

[17]—¿Por qué me preguntas sobre lo que es bueno? —respondió Jesús—. Solamente hay uno que es bueno. Si quieres entrar en la vida, obedece los mandamientos.

[18]—¿Cuáles? —preguntó el hombre.

Contestó Jesús:

—"No mates, no cometas adulterio, no robes, no presentes falso testimonio, [19]honra a tu padre y a tu madre",[y] y "ama a tu prójimo como a ti mismo".[z]

[20]—Todos ésos los he cumplido —dijo el joven—. ¿Qué más me falta?

---

[s] 18:22 *setenta y siete veces.* Alt. *setenta veces siete.*

[t] 18:24 *miles y miles de monedas de oro.* Lit. *una miríada de *talentos.*

[u] 18:28 *monedas de plata.* Lit. *denarios.*

[v] 19:4 Gn 1:27.

[w] 19:5 Gn 2:24.

[x] 19:8 *por lo obstinados que son.* Lit. *por su dureza de corazón.*

[y] 19:19 Éx 20:12-16; Dt 5:16-20.

[z] 19:19 Lv 19:18.

²¹—Si quieres ser *perfecto, anda, vende lo que tienes y dáselo a los pobres, y tendrás tesoro en el cielo. Luego ven y sígueme.

²²Cuando el joven oyó esto, se fue triste porque tenía muchas riquezas.

²³—Les aseguro —comentó Jesús a sus discípulos— que es difícil para un rico entrar en el reino de los cielos. ²⁴De hecho, le resulta más fácil a un camello pasar por el ojo de una aguja, que a un rico entrar en el reino de Dios.

²⁵Al oír esto, los discípulos quedaron desconcertados y decían:

—En ese caso, ¿quién podrá salvarse?

²⁶—Para los hombres es imposible —aclaró Jesús, mirándolos fijamente—, mas para Dios todo es posible.

²⁷—¡Mira, nosotros lo hemos dejado todo por seguirte! —le reclamó Pedro—. ¿Y qué ganamos con eso?

²⁸—Les aseguro —respondió Jesús— que en la renovación de todas las cosas, cuando el Hijo del hombre se siente en su trono glorioso, ustedes que me han seguido se sentarán también en doce tronos para gobernar a las doce tribus de Israel. ²⁹Y todo el que por mi causa haya dejado casas, hermanos, hermanas, padre, madre,ᵃ hijos o terrenos, recibirá cien veces más y heredará la vida eterna. ³⁰Pero muchos de los primeros serán últimos, y muchos de los últimos serán primeros.

Parábola de los viñadores

20 »Así mismo el reino de los cielos se parece a un propietario que salió de madrugada a contratar obreros para su viñedo. ²Acordó darles la paga de un día de trabajoᵇ y los envió a su viñedo. ³Cerca de las nueve de la mañana,ᶜ salió y vio a otros que estaban desocupados en la plaza. ⁴Les dijo: "Vayan también ustedes a trabajar en mi viñedo, y les pagaré lo que sea justo." ⁵Así que fueron. Salió de nuevo a eso del mediodía y a la media tarde, e hizo lo mismo. ⁶Alrededor de las cinco de la tarde, salió y encontró a otros más que estaban sin trabajo. Les preguntó: "¿Por qué han estado aquí desocupados todo el día?" ⁷"Porque nadie nos ha contratado", contestaron. Él les dijo: "Vayan también ustedes a trabajar en mi viñedo."

⁸»Al atardecer, el dueño del viñedo le ordenó a su capataz: "Llama a los obreros y págales su jornal, comenzando por los últimos contratados hasta llegar a los primeros." ⁹Se presentaron los obreros que habían sido contratados cerca de las cinco de la tarde, y cada uno recibió la paga de un día. ¹⁰Por eso cuando llegaron los que fueron contratados primero, esperaban que recibirían más. Pero cada uno de ellos recibió también la paga de un día. ¹¹Al recibirla, comenzaron a murmurar contra el propietario. ¹²"Estos que fueron los últimos en ser contratados trabajaron una sola hora —dijeron—, y usted los ha tratado como a nosotros que hemos soportado el peso del trabajo y el calor del día." ¹³Pero él le contestó a uno de ellos: "Amigo, no estoy cometiendo ninguna injusticia contigo. ¿Acaso no aceptaste trabajar por esa paga? ¹⁴Tómala y vete. Quiero darle al último obrero contratado lo mismo que te di a ti. ¹⁵¿Es que no tengo derecho a hacer lo que quiera con mi dinero? ¿O te da envidia de que yo sea generoso?"ᵈ

¹⁶»Así que los últimos serán primeros, y los primeros, últimos.

Jesús predice de nuevo su muerte

20:17-19 — Mr 10:32-34; Lc 18:31-33

¹⁷Mientras subía Jesús rumbo a Jerusalén, tomó aparte a los doce discípulos y les dijo: ¹⁸«Ahora vamos rumbo a Jerusalén, y el Hijo del hombre será entregado a los jefes de los sacerdotes y a los *maestros de la ley. Ellos lo condenarán a muerte ¹⁹y lo entregarán a los *gentiles para que se burlen de él, lo azoten y lo crucifiquen. Pero al tercer día resucitará.»

La petición de una madre

20:20-28 — Mr 10:35-45

²⁰Entonces la madre de *Jacobo y de Juan,ᵉ junto con ellos, se acercó a Jesús y, arrodillándose, le pidió un favor.

²¹—¿Qué quieres? —le preguntó Jesús.

—Ordena que en tu reino uno de estos dos hijos míos se siente a tu *derecha y el otro a tu izquierda.

²²—No saben lo que están pidiendo —les replicó Jesús—. ¿Pueden acaso beber el trago amargo de la copa que yo voy a beber?

—Sí, podemos.

²³—Ciertamente beberán de mi copa —les dijo Jesús—, pero el sentarse a mi derecha o a mi izquierda no me corresponde concederlo. Eso ya lo ha decididoᶠ mi Padre.

²⁴Cuando lo oyeron los otros diez, se indignaron contra los dos hermanos.

²⁵Jesús los llamó y les dijo:

—Como ustedes saben, los gobernantes de las *naciones oprimen a sus súbditos, y los altos oficiales abusan de su autoridad. ²⁶Pero entre ustedes no debe ser así. Al contrario, el que quiera hacerse grande entre ustedes deberá ser su servidor, ²⁷y el que quiera ser el primero deberá ser *esclavo de los demás; ²⁸así como el Hijo del hombre no vino para que le sirvan,

---

ᵃ **19:29** *madre*. Var. *madre, esposa*.
ᵇ **20:2** *la paga de un día de trabajo*. Lit. *un *denario por el día*; también en vv. 9,10,13.
ᶜ **20:3** *las nueve de la mañana*. Lit. *la hora tercera*; en v. 5 *la hora sexta* y *novena*; en vv. 6 y 9 *la hora undécima*.
ᵈ **20:15** *¿O ... generoso?* Lit. *¿O es tu ojo malo porque yo soy bueno?*
ᵉ **20:20** *de Jacobo y de Juan*. Lit. *de los hijos de Zebedeo*.
ᶠ **20:23** *concederlo. Eso ya lo ha decidido*. Lit. *concederlo, sino para quienes lo ha preparado.*

sino para servir y para dar su *vida en rescate por muchos.

Dos ciegos reciben la vista
20:29-34 — Mr 10:46-52; Lc 18:35-43

29Una gran multitud seguía a Jesús cuando él salía de Jericó con sus discípulos. **30**Dos ciegos que estaban sentados junto al camino, al oír que pasaba Jesús, gritaron:

—¡Señor, Hijo de David, ten compasión de nosotros!

31La multitud los reprendía para que se callaran, pero ellos gritaban con más fuerza:

—¡Señor, Hijo de David, ten compasión de nosotros!

32Jesús se detuvo y los llamó.

—¿Qué quieren que haga por ustedes?

33—Señor, queremos recibir la vista.

34Jesús se compadeció de ellos y les tocó los ojos. Al instante recobraron la vista y lo siguieron.

La entrada triunfal
21:1-9 — Mr 11:1-10; Lc 19:29-38
21:4-9 — Jn 12:12-15

21 Cuando se acercaban a Jerusalén y llegaron a Betfagué, al monte de los Olivos, Jesús envió a dos discípulos **2**con este encargo: «Vayan a la aldea que tienen enfrente, y ahí mismo encontrarán una burra atada, y un burrito con ella. Desátenlos y tráiganmelos. **3**Si alguien les dice algo, díganle que el Señor los necesita, pero que ya los devolverá.»

4Esto sucedió para que se cumpliera lo dicho por el profeta: **5**«Digan a la hija de Sión: "Mira, tu rey viene hacia ti, humilde y montado en un burro, en un burrito, cría de una bestia de carga."»*g*

6Los discípulos fueron e hicieron como les había mandado Jesús. **7**Llevaron la burra y el burrito, y pusieron encima sus mantos, sobre los cuales se sentó Jesús. **8**Había mucha gente que tendía sus mantos sobre el camino; otros cortaban ramas de los árboles y las esparcían en el camino. **9**Tanto la gente que iba delante de él como la que iba detrás, gritaba:

—¡Hosanna*h* al Hijo de David!

—¡Bendito el que viene en el nombre del Señor!*i*

—¡Hosanna en las alturas!

10Cuando Jesús entró en Jerusalén, toda la ciudad se conmovió.

—¿Quién es éste? —preguntaban.

11—Éste es el profeta Jesús, de Nazaret de Galilea —contestaba la gente.

Jesús en el templo
21:12-16 — Mr 11:15-18; Lc 19:45-47

12Jesús entró en el *templo*j* y echó de allí a todos los que compraban y vendían. Volcó las mesas de los que cambiaban dinero y los puestos de los que vendían palomas. **13**«Escrito está —les dijo—: "Mi casa será llamada casa de oración";*k* pero ustedes la están convirtiendo en "cueva de ladrones".*l*»

14Se le acercaron en el templo ciegos y cojos, y los sanó. **15**Pero cuando los jefes de los sacerdotes y los *maestros de la ley vieron que hacía cosas maravillosas, y que los niños gritaban en el templo: «¡Hosanna al Hijo de David!», se indignaron.

16—¿Oyes lo que ésos están diciendo? —protestaron.

—Claro que sí —respondió Jesús—; ¿no han leído nunca:

»"En los labios de los pequeños y de los niños de pecho has puesto la perfecta alabanza"?*m*

17Entonces los dejó y, saliendo de la ciudad, se fue a pasar la noche en Betania.

Se seca la higuera
21:18-22 — Mr 11:12-14,20-24

18Muy de mañana, cuando volvía a la ciudad, tuvo hambre. **19**Al ver una higuera junto al camino, se acercó a ella, pero no encontró nada más que hojas.

—¡Nunca más vuelvas a dar fruto! —le dijo.

Y al instante se secó la higuera.

20Los discípulos se asombraron al ver esto.

—¿Cómo es que se secó la higuera tan pronto? —preguntaron ellos.

21—Les aseguro que si tienen fe y no dudan —les respondió Jesús—, no sólo harán lo que he hecho con la higuera, sino que podrán decirle a este monte: "¡Quítate de ahí y tírate al mar!", y así se hará. **22**Si ustedes creen, recibirán todo lo que pidan en oración.

La autoridad de Jesús puesta en duda
21:23-27 — Mr 11:27-33; Lc 20:1-8

23Jesús entró en el *templo y, mientras enseñaba, se le acercaron los jefes de los sacerdotes y los *ancianos del pueblo.

—¿Con qué autoridad haces esto? —lo interrogaron—. ¿Quién te dio esa autoridad?

24—Yo también voy a hacerles una pregunta. Si me la contestan, les diré con qué autoridad hago esto. **25**El bautismo de Juan, ¿de dónde procedía? ¿Del cielo o de la tierra?*n*

Ellos se pusieron a discutir entre sí: «Si respondemos: "Del cielo", nos dirá: "Entonces, ¿por qué no le creyeron?" **26**Pero si decimos: "De la tierra"... tememos al pueblo, porque todos consideran que Juan era un profeta.» Así que le respondieron a Jesús:

---

g **21:5** Zac 9:9.
h **21:9** Expresión hebrea que significa «¡Salva!», y que llegó a ser una exclamación de alabanza; también en v. 15.
i **21:9** Sal 118:26.
j **21:12** Es decir, en el área general del templo; también en vv. 14,15,23.
k **21:13** Is 56:7.
l **21:13** Jer 7:11.
m **21:16** Sal 8:2.
n **21:25** *la tierra*. Lit. *los hombres;* también en v. 26.

27—No lo sabemos.

—Pues yo tampoco les voy a decir con qué autoridad hago esto.

Parábola de los dos hijos

28»¿Qué les parece? —continuó Jesús—. Había un hombre que tenía dos hijos. Se dirigió al primero y le pidió: "Hijo, ve a trabajar hoy en el viñedo." 29"No quiero", contestó, pero después se *arrepintió y fue. 30Luego el padre se dirigió al otro hijo y le pidió lo mismo. Éste contestó: "Sí, Señor"; pero no fue. 31¿Cuál de los dos hizo lo que su padre quería?

—El primero —contestaron ellos.

Jesús les dijo:

—Les aseguro que los *recaudadores de impuestos y las prostitutas van delante de ustedes hacia el reino de Dios. 32Porque Juan fue enviado a ustedes a señalarles el camino de la justicia, y no le creyeron, pero los recaudadores de impuestos y las prostitutas sí le creyeron. E incluso después de ver esto, ustedes no se arrepintieron para creerle.

Parábola de los labradores malvados

21:33-46 — Mr 12:1-12; Lc 20:9-19

33»Escuchen otra parábola: Había un propietario que plantó un viñedo. Lo cercó, cavó un lagar y construyó una torre de vigilancia. Luego arrendó el viñedo a unos labradores y se fue de viaje. 34Cuando se acercó el tiempo de la cosecha, mandó sus *siervos a los labradores para recibir de éstos lo que le correspondía. 35Los labradores agarraron a esos siervos; golpearon a uno, mataron a otro y apedrearon a un tercero. 36Después les mandó otros siervos, en mayor número que la primera vez, y también los maltrataron. 37»Por último, les mandó a su propio hijo, pensando: "¡A mi hijo sí lo respetarán!" 38Pero cuando los labradores vieron al hijo, se dijeron unos a otros: "Éste es el heredero. Matémoslo, para quedarnos con su herencia." 39Así que le echaron mano, lo arrojaron fuera del viñedo y lo mataron.

40»Ahora bien, cuando vuelva el dueño, ¿qué hará con esos labradores?

41—Hará que esos malvados tengan un fin miserable —respondieron—, y arrendará el viñedo a otros labradores que le den lo que le corresponde cuando llegue el tiempo de la cosecha.

42Les dijo Jesús:

—¿No han leído nunca en las Escrituras:

»"La piedra que desecharon los constructores ha llegado a ser la piedra angular; esto es obra del Señor, y nos deja maravillados"?ñ

43»Por eso les digo que el reino de Dios se les quitará a ustedes y se le entregará a un pueblo que produzca los frutos del reino. 44El que caiga sobre esta piedra quedará despedazado, y si ella cae sobre alguien, lo hará polvo.º

45Cuando los jefes de los sacerdotes y los fariseos oyeron las parábolas de Jesús, se dieron cuenta de que hablaba de ellos. 46Buscaban la manera de arrestarlo, pero temían a la gente porque ésta lo consideraba un profeta.

Parábola del banquete de bodas

22 Jesús volvió a hablarles en parábolas, y les dijo: 2«El reino de los cielos es como un rey que preparó un banquete de bodas para su hijo. 3Mandó a sus *siervos que llamaran a los invitados, pero éstos se negaron a asistir al banquete. 4Luego mandó a otros siervos y les ordenó: "Digan a los invitados que ya he preparado mi comida: Ya han matado mis bueyes y mis reses cebadas, y todo está listo. Vengan al banquete de bodas." 5Pero ellos no hicieron caso y se fueron: uno a su campo, otro a su negocio.

6Los demás agarraron a los siervos, los maltrataron y los mataron. 7El rey se enfureció. Mandó su ejército a destruir a los asesinos y a incendiar su ciudad. 8Luego dijo a sus siervos: "El banquete de bodas está preparado, pero los que invité no merecían venir. 9Vayan al cruce de los caminos e inviten al banquete a todos los que encuentren." 10Así que los siervos salieron a los caminos y reunieron a todos los que pudieron encontrar, buenos y malos, y se llenó de invitados el salón de bodas.

11»Cuando el rey entró a ver a los invitados, notó que allí había un hombre que no estaba vestido con el traje de boda. 12"Amigo, ¿cómo entraste aquí sin el traje de boda?", le dijo. El hombre se quedó callado. 13Entonces el rey dijo a los sirvientes: "Átenlo de pies y manos, y échenlo afuera, a la oscuridad, donde habrá llanto y rechinar de dientes." 14Porque muchos son los invitados, pero pocos los escogidos.»

El pago de impuestos al césar

22:15-22 — Mr 12:13-17; Lc 20:20-26

15Entonces salieron los fariseos y tramaron cómo tenderle a Jesús una trampa con sus mismas palabras. 16Enviaron algunos de sus discípulos junto con los herodianos, los cuales le dijeron:

—Maestro, sabemos que eres un hombre íntegro y que enseñas el camino de Dios de acuerdo con la verdad. No te dejas influir por nadie porque no te fijas en las apariencias. 17Danos tu opinión: ¿Está permitido pagar impuestos al *césar o no?

18Conociendo sus malas intenciones, Jesús replicó:

—*¡Hipócritas! ¿Por qué me tienden *trampas? 19Muéstrenme la moneda para el impuesto. Y se la enseñaron.ᵖ

ñ **21:42** Sal 118:22,23.
º **21:44** Var. no incluye v. 44.
ᵖ **22:19** *se la enseñaron.* Lit. *le trajeron un *denario.*

20—¿De quién son esta imagen y esta inscripción? —les preguntó.

21—Del césar —respondieron.

—Entonces denle al césar lo que es del césar y a Dios lo que es de Dios.

22Al oír esto, se quedaron asombrados. Así que lo dejaron y se fueron.

El matrimonio en la resurrección
22:23-33 — Mr 12:18-27; Lc 20:27-40

23Ese mismo día los saduceos, que decían que no hay resurrección, se le acercaron y le plantearon un problema:

24—Maestro, Moisés nos enseñó que si un hombre muere sin tener hijos, el hermano de ese hombre tiene que casarse con la viuda para que su hermano tenga descendencia. 25Pues bien, había entre nosotros siete hermanos. El primero se casó y murió y, como no tuvo hijos, dejó la esposa a su hermano. 26Lo mismo le pasó al segundo y al tercer hermano, y así hasta llegar al séptimo. 27Por último, murió la mujer. 28Ahora bien, en la resurrección, ¿de cuál de los siete será esposa esta mujer, ya que todos estuvieron casados con ella?

29Jesús les contestó:

—Ustedes andan equivocados porque desconocen las Escrituras y el poder de Dios. 30En la resurrección, las personas no se casarán ni serán dadas en casamiento, sino que serán como los ángeles que están en el cielo. 31Pero en cuanto a la resurrección de los muertos, ¿no han leído lo que Dios les dijo a ustedes: 32"Yo soy el Dios de Abraham, de Isaac y de Jacob"?q Él no es Dios de muertos, sino de vivos.

33Al oír esto, la gente quedó admirada de su enseñanza.

El mandamiento más importante
22:34-40 — Mr 12:28-31

34Los fariseos se reunieron al oír que Jesús había hecho callar a los saduceos. 35Uno de ellos, *experto en la ley, le tendió una *trampa con esta pregunta:

36—Maestro, ¿cuál es el mandamiento más importante de la ley?

37—"Ama al Señor tu Dios con todo tu corazón, con todo tu ser y con toda tu mente"r

—le respondió Jesús—. 38Éste es el primero y el más importante de los mandamientos. 39El segundo se parece a éste: "Ama a tu prójimo como a ti mismo."s 40De estos dos mandamientos dependen toda la ley y los profetas.

¿De quién es hijo el Cristo?
22:41-46 — Mr 12:35-37; Lc 20:41-44

41Mientras estaban reunidos los fariseos, Jesús les preguntó:

42—¿Qué piensan ustedes acerca del *Cristo? ¿De quién es hijo?

—De David —le respondieron ellos.

43—Entonces, ¿cómo es que David, hablando por el Espíritu, lo llama "Señor"? Él afirma:

44»"Dijo el Señor a mi Señor:
'Siéntate a mi *derecha,
hasta que ponga a tus enemigos
debajo de tus pies.' "t

45Si David lo llama "Señor", ¿cómo puede entonces ser su hijo?

46Nadie pudo responderle ni una sola palabra, y desde ese día ninguno se atrevía a hacerle más preguntas.

Jesús denuncia a los fariseos y a los maestros de la ley
23:1-7 — Mr 12:38-39; Lc 20:45-46
23:37-39 — Lc 13:34-35

23 Después de esto, Jesús dijo a la gente y a sus discípulos: 2«Los *maestros de la ley y los fariseos tienen la responsabilidad de interpretar a Moisés.u 3Así que ustedes deben obedecerlos y hacer todo lo que les digan. Pero no hagan lo que hacen ellos, porque no practican lo que predican. 4Atan cargas pesadas y las ponen sobre la espalda de los demás, pero ellos mismos no están dispuestos a mover ni un dedo para levantarlas.

5»Todo lo hacen para que la gente los vea: Usan filacterias grandes y adornan sus ropas con borlas vistosas;v 6se mueren por el lugar de honor en los banquetes y los primeros asientos en las sinagogas, 7y por que la gente los salude en las plazas y los llame "Rabí".

8»Pero no permitan que a ustedes se les llame "Rabí", porque tienen un solo Maestro y todos ustedes son hermanos. 9Y no llamen "padre" a nadie en la tierra, porque ustedes tienen un solo Padre, y él está en el cielo. 10Ni permitan que los llamen "maestro", porque tienen un solo Maestro, el *Cristo. 11El más importante entre ustedes será siervo de los demás. 12Porque el que a sí mismo se enaltece será humillado, y el que se humilla será enaltecido.

13»¡Ay de ustedes, maestros de la ley y fariseos, *hipócritas! Les cierran a los demás el reino de los cielos, y ni entran ustedes ni dejan entrar a los que intentan hacerlo.w

15»¡Ay de ustedes, maestros de la ley y fariseos, hipócritas! Recorren tierra y mar para ganar un solo adepto, y cuando lo han logrado

---

q **22:32** Éx 3:6.
r **22:37** Dt 6:5.
s **22:39** Lv 19:18.
t **22:44** Sal 110:1.
u **23:2** *tienen … Moisés.* Lit. *se sientan en la cátedra de Moisés.*
v **23:5** *Usan … vistosas.* Lit. *Ensanchan sus filacterias y engrandecen las borlas.* Las filacterias eran pequeñas cajas en las que llevaban textos de las Escrituras en la frente y en los brazos; las borlas simbolizaban obediencia a los mandamientos (véanse Nm 15:38-39; Dt 68; 11:18).
w **23:13** *hacerlo.* Var. *hacerlo. v.* 14*¡Ay de ustedes, maestros de la ley y fariseos, hipócritas! Ustedes devoran las casas de las viudas y por las apariencias hacen largas plegarias. Por esto se les castigará con más severidad.*

lo hacen dos veces más merecedor del infierno[x] que ustedes.

16»¡Ay de ustedes, guías ciegos!, que dicen: "Si alguien jura por el templo, no significa nada; pero si jura por el oro del templo, queda obligado por su juramento." 17¡Ciegos insensatos! ¿Qué es más importante: el oro, o el templo que hace sagrado al oro? 18También dicen ustedes: "Si alguien jura por el altar, no significa nada; pero si jura por la ofrenda que está sobre él, queda obligado por su juramento." 19¡Ciegos! ¿Qué es más importante: la ofrenda, o el altar que hace sagrada la ofrenda? 20Por tanto, el que jura por el altar, jura no sólo por el altar sino por todo lo que está sobre él. 21El que jura por el templo, jura no sólo por el templo sino por quien habita en él. 22Y el que jura por el cielo, jura por el trono de Dios y por aquel que lo ocupa.

23»¡Ay de ustedes, maestros de la ley y fariseos, hipócritas! Dan la décima parte de sus especias: la menta, el anís y el comino. Pero han descuidado los asuntos más importantes de la ley, tales como la justicia, la misericordia y la *fidelidad. Debían haber practicado esto sin descuidar aquello. 24¡Guías ciegos! Cuelan el mosquito pero se tragan el camello.

25»¡Ay de ustedes, maestros de la ley y fariseos, hipócritas! *Limpian el exterior del vaso y del plato, pero por dentro están llenos de robo y de desenfreno. 26¡Fariseo ciego! Limpia primero por dentro el vaso y el plato, y así quedará limpio también por fuera.

27»¡Ay de ustedes, maestros de la ley y fariseos, hipócritas!, que son como sepulcros blanqueados. Por fuera lucen hermosos pero por dentro están llenos de huesos de muertos y de podredumbre. 28Así también ustedes, por fuera dan la impresión de ser justos pero por dentro están llenos de hipocresía y de maldad.

29»¡Ay de ustedes, maestros de la ley y fariseos, hipócritas! Construyen sepulcros para los profetas y adornan los monumentos de los justos. 30Y dicen: "Si hubiéramos vivido nosotros en los días de nuestros antepasados, no habríamos sido cómplices de ellos para derramar la sangre de los profetas." 31Pero así quedan implicados ustedes al declararse descendientes de los que asesinaron a los profetas. 32¡Completen de una vez por todas lo que sus antepasados comenzaron!

33»¡Serpientes! ¡Camada de víboras! ¿Cómo escaparán ustedes de la condenación del infierno?[y] 34Por eso yo les voy a enviar profetas, sabios y maestros. A algunos de ellos ustedes los matarán y crucificarán; a otros los azotarán en sus sinagogas y los perseguirán de pueblo en pueblo. 35Así recaerá sobre ustedes la culpa de toda la sangre justa que ha sido derramada sobre la tierra, desde la sangre del justo Abel hasta la de Zacarías, hijo de Berequías, a quien ustedes asesinaron entre el *santuario y el altar de los sacrificios. 36Les aseguro que todo esto vendrá sobre esta generación.

37»¡Jerusalén, Jerusalén, que matas a los profetas y apedreas a los que se te envían! ¡Cuántas veces quise reunir a tus hijos, como reúne la gallina a sus pollitos debajo de sus alas, pero no quisiste! 38Pues bien, la casa de ustedes va a quedar abandonada. 39Y les advierto que ya no volverán a verme hasta que digan: "¡Bendito el que viene en el nombre del Señor!"[z]»

Señales del fin del mundo
24:1-51 — Mr 13:1-37; Lc 21:5-36

24 Jesús salió del *templo y, mientras caminaba, se le acercaron sus discípulos y le mostraron los edificios del templo. 2Pero él les dijo:

—¿Ven todo esto? Les aseguro que no quedará piedra sobre piedra, pues todo será derribado.

3Más tarde estaba Jesús sentado en el monte de los Olivos, cuando llegaron los discípulos y le preguntaron en privado:

—¿Cuándo sucederá eso, y cuál será la señal de tu venida y del fin del mundo?

4—Tengan cuidado de que nadie los engañe —les advirtió Jesús—. 5Vendrán muchos que, usando mi nombre, dirán: "Yo soy el *Cristo", y engañarán a muchos. 6Ustedes oirán de guerras y de rumores de guerras, pero procuren no alarmarse. Es necesario que eso suceda, pero no será todavía el fin. 7Se levantará nación contra nación, y reino contra reino. Habrá hambres y terremotos por todas partes. 8Todo esto será apenas el comienzo de los dolores.

9»Entonces los entregarán a ustedes para que los persigan y los maten, y los odiarán todas las *naciones por causa de mi nombre. 10En aquel tiempo muchos se apartarán de la fe; unos a otros se traicionarán y se odiarán; 11y surgirá un gran número de falsos profetas que engañarán a muchos. 12Habrá tanta maldad que el amor de muchos se enfriará, 13pero el que se mantenga firme hasta el fin será salvo. 14Y este *evangelio del reino se predicará en todo el mundo como testimonio a todas las naciones, y entonces vendrá el fin.

15»Así que cuando vean en el lugar santo "el horrible sacrilegio",[a] del que habló el profeta Daniel (el que lee, que lo entienda), 16los que estén en Judea huyan a las montañas. 17El que esté en la azotea no baje a llevarse nada de su casa. 18Y el que esté en el campo no regrese para buscar su capa. 19¡Qué terrible será en aquellos días para las que estén embarazadas o amamantando! 20Oren para que su huida

---

x 23:15 *merecedor del infierno.* Lit. *hijo de la *Gehenna.*
y 23:33 *del infierno.* Lit. *de la *Gehenna.*
z 23:39 Sal 118:26.
a 24:15 *el horrible sacrilegio.* Lit. *la abominación de la desolación;* Dn 9:27; 11:31; 12:11.

no suceda en invierno ni en *sábado. **21**Porque habrá una gran tribulación, como no la ha habido desde el principio del mundo hasta ahora, ni la habrá jamás. **22**Si no se acortaran esos días, nadie sobreviviría, pero por causa de los elegidos se acortarán. **23**Entonces, si alguien les dice a ustedes: "¡Miren, aquí está el Cristo!" o "¡Allí está!", no lo crean. **24**Porque surgirán falsos Cristos y falsos profetas que harán grandes señales y milagros para engañar, de ser posible, aun a los elegidos. **25**Fíjense que se lo he dicho a ustedes de antemano.

26»Por eso, si les dicen: "¡Miren que está en el desierto!", no salgan; o: "¡Miren que está en la casa!", no lo crean. **27**Porque así como el relámpago que sale del oriente se ve hasta en el occidente, así será la venida del Hijo del hombre. **28**Donde esté el cadáver, allí se reunirán los buitres.

29»Inmediatamente después de la tribulación de aquellos días,

»"se oscurecerá el sol y no brillará más la luna; las estrellas caerán del cielo y los cuerpos celestes serán sacudidos".[b]

30»La señal del Hijo del hombre aparecerá en el cielo, y se angustiarán todas las razas de la tierra. Verán al Hijo del hombre venir sobre las nubes del cielo con poder y gran gloria. **31**Y al sonido de la gran trompeta mandará a sus ángeles, y reunirán de los cuatro vientos a los elegidos, de un extremo al otro del cielo.

32»Aprendan de la higuera esta lección: Tan pronto como se ponen tiernas sus ramas y brotan sus hojas, ustedes saben que el verano está cerca. **33**Igualmente, cuando vean todas estas cosas, sepan que el tiempo está cerca, a las puertas. **34**Les aseguro que no pasará esta generación hasta que todas estas cosas sucedan. **35**El cielo y la tierra pasarán, pero mis palabras jamás pasarán.

Se desconocen el día y la hora

24:37-39 — Lc 17:26-27
24:45-51 — Lc 12:42-46

36»Pero en cuanto al día y la hora, nadie lo sabe, ni siquiera los ángeles en el cielo, ni el Hijo,[c] sino sólo el Padre. **37**La venida del Hijo del hombre será como en tiempos de Noé. **38**Porque en los días antes del diluvio comían, bebían y se casaban y daban en casamiento, hasta el día en que Noé entró en el arca; **39**y no supieron nada de lo que sucedería hasta que llegó el diluvio y se los llevó a todos. Así será en la venida del Hijo del hombre. **40**Estarán dos hombres en el campo: uno será llevado y el otro será dejado. **41**Dos mujeres estarán moliendo: una será llevada y la otra será dejada.

42»Por lo tanto, manténganse despiertos, porque no saben qué día vendrá su Señor. **43**Pero entiendan esto: Si un dueño de casa supiera a qué hora de la noche va a llegar el ladrón, se mantendría despierto para no dejarlo forzar la entrada. **44**Por eso también ustedes deben estar preparados, porque el Hijo del hombre vendrá cuando menos lo esperen.

45»¿Quién es el *siervo fiel y prudente a quien su Señor ha dejado encargado de los sirvientes para darles la comida a su debido tiempo? **46***Dichoso el siervo cuando su Señor, al regresar, lo encuentra cumpliendo con su deber. **47**Les aseguro que lo pondrá a cargo de todos sus bienes. **48**Pero ¿qué tal si ese siervo malo se pone a pensar: "Mi Señor se está demorando", **49**y luego comienza a golpear a sus compañeros, y a comer y beber con los borrachos? **50**El día en que el siervo menos lo espere y a la hora menos pensada el Señor volverá. **51**Lo castigará severamente y le impondrá la condena que reciben los *hipócritas. Y habrá llanto y rechinar de dientes.

Parábola de las diez jóvenes

25 »El reino de los cielos será entonces como diez jóvenes solteras que tomaron sus lámparas y salieron a recibir al novio. **2**Cinco de ellas eran insensatas y cinco prudentes. **3**Las insensatas llevaron sus lámparas, pero no se abastecieron de aceite. **4**En cambio, las prudentes llevaron vasijas de aceite junto con sus lámparas. **5**Y como el novio tardaba en llegar, a todas les dio sueño y se durmieron. **6**A medianoche se oyó un grito: "¡Ahí viene el novio! ¡Salgan a recibirlo!" **7**Entonces todas las jóvenes se despertaron y se pusieron a preparar sus lámparas. **8**Las insensatas dijeron a las prudentes: "Dennos un poco de su aceite porque nuestras lámparas se están apagando." **9**"No —respondieron éstas—, porque así no va a alcanzar ni para nosotras ni para ustedes. Es mejor que vayan a los que venden aceite, y compren para ustedes mismas." **10**Pero mientras iban a comprar el aceite llegó el novio, y las jóvenes que estaban preparadas entraron con él al banquete de bodas. Y se cerró la puerta. **11**Después llegaron también las otras. "¡Señor! ¡Señor! —suplicaban—. ¡Ábrenos la puerta!" **12**"¡No, no las conozco!", respondió él.

13»Por tanto —agregó Jesús—, manténganse despiertos porque no saben ni el día ni la hora.

Parábola de las monedas de oro

14»El reino de los cielos será también como un hombre que, al emprender un viaje, llamó a sus siervos y les encargó sus bienes. **15**A uno le dio cinco mil monedas de oro,[d] a otro dos mil y a otro sólo mil, a cada uno según su capacidad. Luego se fue de viaje. **16**El que había recibido las cinco mil fue en seguida y negoció con ellas

---

[b] **24:29** Is 13:10; 34:4.
[c] **24:36** Var. no incluye: *ni el Hijo.*
[d] **25:15** *cinco mil monedas de oro.* Lit. *cinco *talentos* (y así sucesivamente en el resto de este pasaje).

y ganó otras cinco mil. **17**Así mismo, el que recibió dos mil ganó otras dos mil. **18**Pero el que había recibido mil fue, cavó un hoyo en la tierra y escondió el dinero de su Señor.

19»Después de mucho tiempo volvió el Señor de aquellos siervos y arregló cuentas con ellos. **20**El que había recibido las cinco mil monedas llegó con las otras cinco mil. "Señor —dijo—, usted me encargó cinco mil monedas. Mire, he ganado otras cinco mil." **21**Su Señor le respondió: "¡Hiciste bien, siervo bueno y fiel! En lo poco has sido fiel; te pondré a cargo de mucho más. ¡Ven a compartir la felicidad de tu Señor!" **22**Llegó también el que recibió dos mil monedas. "Señor —informó—, usted me encargó dos mil monedas. Mire, he ganado otras dos mil." **23**Su Señor le respondió: "¡Hiciste bien, siervo bueno y fiel! Has sido fiel en lo poco; te pondré a cargo de mucho más. ¡Ven a compartir la felicidad de tu Señor!"

24»Después llegó el que había recibido sólo mil monedas. "Señor —explicó—, yo sabía que usted es un hombre duro, que cosecha donde no ha sembrado y recoge donde no ha esparcido. **25**Así que tuve miedo, y fui y escondí su dinero en la tierra. Mire, aquí tiene lo que es suyo." **26**Pero su Señor le contestó: "¡Siervo malo y perezoso! ¿Así que sabías que cosecho donde no he sembrado y recojo donde no he esparcido? **27**Pues debías haber depositado mi dinero en el banco, para que a mi regreso lo hubiera recibido con intereses.

28» "Quítenle las mil monedas y dénselas al que tiene las diez mil. **29**Porque a todo el que tiene, se le dará más, y tendrá en abundancia. Al que no tiene se le quitará hasta lo que tiene. **30**Y a ese siervo inútil échenlo afuera, a la oscuridad, donde habrá llanto y rechinar de dientes."

Las ovejas y las cabras

31»Cuando el Hijo del hombre venga en su gloria, con todos sus ángeles, se sentará en su trono glorioso. **32**Todas las naciones se reunirán delante de él, y él separará a unos de otros, como separa el pastor las ovejas de las cabras. **33**Pondrá las ovejas a su *derecha, y las cabras a su izquierda.

34»Entonces dirá el Rey a los que estén a su derecha: "Vengan ustedes, a quienes mi Padre ha bendecido; reciban su herencia, el reino preparado para ustedes desde la creación del mundo. **35**Porque tuve hambre, y ustedes me dieron de comer; tuve sed, y me dieron de beber; fui forastero, y me dieron alojamiento; **36**necesité ropa, y me vistieron; estuve enfermo, y me atendieron; estuve en la cárcel, y me visitaron." **37**Y le contestarán los justos: "Señor, ¿cuándo te vimos hambriento y te alimentamos, o sediento y te dimos de beber? **38**¿Cuándo te vimos como forastero y te dimos alojamiento, o necesitado de ropa y te vestimos? **39**¿Cuándo te vimos enfermo o en la cárcel y te visitamos?"

40El Rey les responderá: "Les aseguro que todo lo que hicieron por uno de mis hermanos, aun por el más pequeño, lo hicieron por mí."

41»Luego dirá a los que estén a su izquierda: "Apártense de mí, malditos, al fuego eterno preparado para el diablo y sus ángeles. **42**Porque tuve hambre, y ustedes no me dieron nada de comer; tuve sed, y no me dieron nada de beber; **43**fui forastero, y no me dieron alojamiento; necesité ropa, y no me vistieron; estuve enfermo y en la cárcel, y no me atendieron." **44**Ellos también le contestarán: "Señor, ¿cuándo te vimos hambriento o sediento, o como forastero, o necesitado de ropa, o enfermo, o en la cárcel, y no te ayudamos?" **45**Él les responderá: "Les aseguro que todo lo que no hicieron por el más pequeño de mis hermanos, tampoco lo hicieron por mí."

46»Aquéllos irán al castigo eterno, y los justos a la vida eterna.

La conspiración contra Jesús
26:2-5 — Mr 14:1-2; Lc 22:1-2

26 Después de exponer todas estas cosas, Jesús les dijo a sus discípulos: **2**«Como ya saben, faltan dos días para la Pascua, y el Hijo del hombre será entregado para que lo crucifiquen.»

3Se reunieron entonces los jefes de los sacerdotes y los *ancianos del pueblo en el palacio de Caifás, el sumo sacerdote, **4**y con artimañas buscaban cómo arrestar a Jesús para matarlo. **5**«Pero no durante la fiesta —decían—, no sea que se amotine el pueblo.»

Una mujer unge a Jesús en Betania
26:6-13 — Mr 14:3-9

6Estando Jesús en Betania, en casa de Simón llamado el Leproso, **7**se acercó una mujer con un frasco de alabastro lleno de un perfume muy caro, y lo derramó sobre la cabeza de Jesús mientras él estaba *sentado a la mesa.

8Al ver esto, los discípulos se indignaron.

—¿Para qué este desperdicio? —dijeron—. **9**Podía haberse vendido este perfume por mucho dinero para darlo a los pobres.

10Consciente de ello, Jesús les dijo:

—¿Por qué molestan a esta mujer? Ella ha hecho una obra hermosa conmigo. **11**A los pobres siempre los tendrán con ustedes, pero a mí no me van a tener siempre. **12**Al derramar ella este perfume sobre mi cuerpo, lo hizo a fin de prepararme para la sepultura. **13**Les aseguro que en cualquier parte del mundo donde se predique este *evangelio, se contará también, en memoria de esta mujer, lo que ella hizo.

Judas acuerda traicionar a Jesús
26:14-16 — Mr 14:10-11; Lc 22:3-6

14Uno de los doce, el que se llamaba Judas Iscariote, fue a ver a los jefes de los sacerdotes.

15—¿Cuánto me dan, y yo les entrego a Jesús? —les propuso.

Decidieron pagarle treinta monedas de plata. ¹⁶Y desde entonces Judas buscaba una oportunidad para entregarlo.

La Cena del Señor
26:17-19 — Mr 14:12-16; Lc 22:7-13
26:20-24 — Mr 14:17-21
26:26-29 — Mr 14:22-25; Lc 22:17-20;
1Co 11:23-25

¹⁷El primer día de la fiesta de los Panes sin levadura, se acercaron los discípulos a Jesús y le preguntaron:

—¿Dónde quieres que hagamos los preparativos para que comas la Pascua?

¹⁸Él les respondió que fueran a la ciudad, a la casa de cierto hombre, y le dijeran: «El Maestro dice: "Mi tiempo está cerca. Voy a celebrar la Pascua en tu casa con mis discípulos."» ¹⁹Los discípulos hicieron entonces como Jesús les había mandado, y prepararon la Pascua.

²⁰Al anochecer, Jesús estaba *sentado a la mesa con los doce. ²¹Mientras comían, les dijo:

—Les aseguro que uno de ustedes me va a traicionar.

²²Ellos se entristecieron mucho, y uno por uno comenzaron a preguntarle:

—¿Acaso seré yo, Señor?

²³—El que mete la mano conmigo en el plato es el que me va a traicionar —respondió Jesús—. ²⁴A la verdad el Hijo del hombre se irá, tal como está escrito de él, pero ¡ay de aquel que lo traiciona! Más le valdría a ese hombre no haber nacido.

²⁵—¿Acaso seré yo, Rabí? —le dijo Judas, el que lo iba a traicionar.

—Tú lo has dicho —le contestó Jesús.

²⁶Mientras comían, Jesús tomó pan y lo bendijo. Luego lo partió y se lo dio a sus discípulos, diciéndoles:

—Tomen y coman; esto es mi cuerpo.

²⁷Después tomó la copa, dio gracias, y se la ofreció diciéndoles:

—Beban de ella todos ustedes. ²⁸Esto es mi sangre del pacto,ᵉ que es derramada por muchos para el perdón de pecados. ²⁹Les digo que no beberé de este fruto de la vid desde ahora en adelante, hasta el día en que beba con ustedes el vino nuevo en el reino de mi Padre.

³⁰Después de cantar los salmos, salieron al monte de los Olivos.

Jesús predice la negación de Pedro
26:31-35 — Mr 14:27-31; Lc 22:31-34

³¹—Esta misma noche —les dijo Jesús— todos ustedes me abandonarán, porque está escrito:

»"Heriré al pastor, y se dispersarán las ovejas del rebaño."ᶠ

³²Pero después de que yo resucite, iré delante de ustedes a Galilea.

³³—Aunque todos te abandonen —declaró Pedro—, yo jamás lo haré.

³⁴—Te aseguro —le contestó Jesús— que esta misma noche, antes de que cante el gallo, me negarás tres veces.

³⁵—Aunque tenga que morir contigo —insistió Pedro—, jamás te negaré. Y los demás discípulos dijeron lo mismo.

Jesús en Getsemaní
26:36-46 — Mr 14:32-42; Lc 22:40-46

³⁶Luego fue Jesús con sus discípulos a un lugar llamado Getsemaní, y les dijo: «Siéntense aquí mientras voy más allá a orar.» ³⁷Se llevó a Pedro y a los dos hijos de Zebedeo, y comenzó a sentirse triste y angustiado. ³⁸«Es tal la angustia que me invade, que me siento morir —les dijo—. Quédense aquí y manténganse despiertos conmigo.»

³⁹Yendo un poco más allá, se postró sobre su rostro y oró: «Padre mío, si es posible, no me hagas beber este trago amargo.ᵍ Pero no sea lo que yo quiero, sino lo que quieres tú.»

⁴⁰Luego volvió adonde estaban sus discípulos y los encontró dormidos. «¿No pudieron mantenerse despiertos conmigo ni una hora? —le dijo a Pedro—. ⁴¹Estén alerta y oren para que no caigan en *tentación. El espíritu está dispuesto, pero el cuerpoʰ es débil.»

⁴²Por segunda vez se retiró y oró: «Padre mío, si no es posible evitar que yo beba este trago amargo,ⁱ hágase tu voluntad.»

⁴³Cuando volvió, otra vez los encontró dormidos, porque se les cerraban los ojos de sueño. ⁴⁴Así que los dejó y se retiró a orar por tercera vez, diciendo lo mismo.

⁴⁵Volvió de nuevo a los discípulos y les dijo: «¿Siguen durmiendo y descansando? Miren, se acerca la hora, y el Hijo del hombre va a ser entregado en manos de *pecadores. ⁴⁶¡Levántense! ¡Vámonos! ¡Ahí viene el que me traiciona!»

Arresto de Jesús
26:47-56 — Mr 14:43-50; Lc 22:47-53

⁴⁷Todavía estaba hablando Jesús cuando llegó Judas, uno de los doce. Lo acompañaba una gran turba armada con espadas y palos, enviada por los jefes de los sacerdotes y los *ancianos del pueblo. ⁴⁸El traidor les había dado esta contraseña: «Al que le dé un beso, ése es; arréstenlo.» ⁴⁹En seguida Judas se acercó a Jesús y lo saludó.

—¡Rabí! —le dijo, y lo besó.

⁵⁰—Amigo —le replicó Jesús—, ¿a qué vienes?ʲ

Entonces los hombres se acercaron y prendieron a Jesús. ⁵¹En eso, uno de los que estaban

---

ᵉ **26:28** *del pacto.* Var. *del nuevo pacto* (véase Lc 22:20).
ᶠ **26:31** Zac 13:7
ᵍ **26:39** *no … amargo.* Lit. *que pase de mí esta copa.*
ʰ **26:41** *el cuerpo.* Lit. *la *carne.*
ⁱ **26:42** *evitar … amargo.* Lit. *que esto pase de mí.*
ʲ **26:50** *¿a qué vienes?* Alt. *haz lo que viniste a hacer.*

con él extendió la mano, sacó la espada e hirió al siervo del sumo sacerdote, cortándole una oreja.

52—Guarda tu espada —le dijo Jesús—, porque los que a hierro matan, a hierro mueren.[k] **53**¿Crees que no puedo acudir a mi Padre, y al instante pondría a mi disposición más de doce batallones[l] de ángeles? **54**Pero entonces, ¿cómo se cumplirían las Escrituras que dicen que así tiene que suceder?

55Y de inmediato dijo a la turba:

—¿Acaso soy un bandido,[m] para que vengan con espadas y palos a arrestarme? Todos los días me sentaba a enseñar en el *templo, y no me prendieron. **56**Pero todo esto ha sucedido para que se cumpla lo que escribieron los profetas.

Entonces todos los discípulos lo abandonaron y huyeron.

Jesús ante el Consejo

26:57-68 — Mr 14:53-65; Jn 18:12-13,19-24

57Los que habían arrestado a Jesús lo llevaron ante Caifás, el sumo sacerdote, donde se habían reunido los *maestros de la ley y los *ancianos. **58**Pero Pedro lo siguió de lejos hasta el patio del sumo sacerdote. Entró y se sentó con los guardias para ver en qué terminaba aquello.

59Los jefes de los sacerdotes y el *Consejo en pleno buscaban alguna prueba falsa contra Jesús para poder condenarlo a muerte. **60**Pero no la encontraron, a pesar de que se presentaron muchos falsos testigos.

Por fin se presentaron dos, **61**que declararon:

—Este hombre dijo: "Puedo destruir el *templo de Dios y reconstruirlo en tres días."

62Poniéndose en pie, el sumo sacerdote le dijo a Jesús:

—¿No vas a responder? ¿Qué significan estas denuncias en tu contra?

63Pero Jesús se quedó callado. Así que el sumo sacerdote insistió:

—Te ordeno en el nombre del Dios viviente que nos digas si eres el *Cristo, el Hijo de Dios.

64—Tú lo has dicho —respondió Jesús—. Pero yo les digo a todos: De ahora en adelante verán sentado al Hijo del hombre sentado a la *derecha del Todopoderoso, y viniendo en las nubes del cielo.

65—¡Ha *blasfemado! —exclamó el sumo sacerdote, rasgándose las vestiduras—. ¿Para qué necesitamos más testigos? ¡Miren, ustedes mismos han oído la blasfemia! **66**¿Qué piensan de esto?

—Merece la muerte —le contestaron.

67Entonces algunos le escupieron en el rostro y le dieron puñetazos. Otros lo abofeteaban **68**y decían:

—A ver, Cristo, ¡adivina quién te pegó!

Pedro niega a Jesús

26:69-75 — Mr 14:66-72; Lc 22:55-62; Jn 18:16-18,25-27

69Mientras tanto, Pedro estaba sentado afuera, en el patio, y una criada se le acercó.

—Tú también estabas con Jesús de Galilea —le dijo.

70Pero él lo negó delante de todos, diciendo:

—No sé de qué estás hablando.

71Luego salió a la puerta, donde otra criada lo vio y dijo a los que estaban allí:

—Éste estaba con Jesús de Nazaret.

72Él lo volvió a negar, jurándoles:

—¡A ese hombre ni lo conozco!

73Poco después se acercaron a Pedro los que estaban allí y le dijeron:

—Seguro que eres uno de ellos; se te nota por tu acento.

74Y comenzó a echarse maldiciones, y les juró:

—¡A ese hombre ni lo conozco!

En ese instante cantó un gallo. **75**Entonces Pedro se acordó de lo que Jesús había dicho: «Antes de que cante el gallo, me negarás tres veces.» Y saliendo de allí, lloró amargamente.

Judas se ahorca

27 Muy de mañana, todos los jefes de los sacerdotes y los *ancianos del pueblo tomaron la decisión de condenar a muerte a Jesús. **2**Lo ataron, se lo llevaron y se lo entregaron a Pilato, el gobernador.

3Cuando Judas, el que lo había traicionado, vio que habían condenado a Jesús, sintió remordimiento y devolvió las treinta monedas de plata a los jefes de los sacerdotes y a los ancianos.

4—He pecado —les dijo— porque he entregado sangre inocente.

—¿Y eso a nosotros qué nos importa? —respondieron—. ¡Allá tú!

5Entonces Judas arrojó el dinero en el *santuario y salió de allí. Luego fue y se ahorcó.

6Los jefes de los sacerdotes recogieron las monedas y dijeron: «La ley no permite echar esto al tesoro, porque es precio de sangre.» **7**Así que resolvieron comprar con ese dinero un terreno conocido como Campo del Alfarero, para sepultar allí a los extranjeros. **8**Por eso se le ha llamado Campo de Sangre hasta el día de hoy. **9**Así se cumplió lo dicho por el profeta Jeremías: «Tomaron las treinta monedas de plata, el precio que el pueblo de Israel le había fijado, **10**y con ellas compraron el campo del alfarero, como me ordenó el Señor.»[n]

---

k **26:52** *porque... mueren.* Lit. *porque todos los que toman espada, por espada perecerán.*
l **26:53** *batallones.* Lit. *legiones.*
m **26:55** *bandido.* Alt. *insurgente.*
n **27:10** Véanse Zac 11:12,13; Jer 19:1-13; 32:6-9.

Jesús ante Pilato

27:11-26 — Mr 15:12-15; Lc 23:2-3,18-25;
Jn 18:29—19:16

11Mientras tanto, Jesús compareció ante el gobernador, y éste le preguntó:

—¿Eres tú el rey de los judíos?

—Tú lo dices —respondió Jesús.

12Al ser acusado por los jefes de los sacerdotes y por los ancianos, Jesús no contestó nada.

13—¿No oyes lo que declaran contra ti? —le dijo Pilato.

14Pero Jesús no respondió ni a una sola acusación, por lo que el gobernador se llenó de asombro.

15Ahora bien, durante la fiesta el gobernador acostumbraba soltar un preso que la gente escogiera. **16**Tenían un preso famoso llamado Barrabás. **17-18**Así que cuando se reunió la multitud, Pilato, que sabía que le habían entregado a Jesús por envidia, les preguntó:

—¿A quién quieren que les suelte: a Barrabás o a Jesús, al que llaman *Cristo?

19Mientras Pilato estaba sentado en el tribunal, su esposa le envió el siguiente recado: «No te metas con ese justo, pues por causa de él, hoy he sufrido mucho en un sueño.»

20Pero los jefes de los sacerdotes y los ancianos persuadieron a la multitud a que le pidiera a Pilato soltar a Barrabás y ejecutar a Jesús.

21—¿A cuál de los dos quieren que les suelte? —preguntó el gobernador.

—A Barrabás.

22—¿Y qué voy a hacer con Jesús, al que llaman Cristo?

—¡Crucifícalo! —respondieron todos.

23—¿Por qué? ¿Qué crimen ha cometido?

Pero ellos gritaban aún más fuerte:

—¡Crucifícalo!

24Cuando Pilato vio que no conseguía nada, sino que más bien se estaba formando un tumulto, pidió agua y se lavó las manos delante de la gente.

—Soy inocente de la sangre de este hombre —dijo—. ¡Allá ustedes!

25—¡Que su sangre caiga sobre nosotros y sobre nuestros hijos! —contestó todo el pueblo.

26Entonces les soltó a Barrabás; pero a Jesús lo mandó azotar, y lo entregó para que lo crucificaran.

Los soldados se burlan de Jesús

27:27-31 — Mr 15:16-20

27Los soldados del gobernador llevaron a Jesús al palacio[n] y reunieron a toda la tropa alrededor de él. **28**Le quitaron la ropa y le pusieron un manto de color escarlata. **29**Luego trenzaron una corona de espinas y se la colocaron en la cabeza, y en la mano derecha le pusieron una caña. Arrodillándose delante de él, se burlaban diciendo:

—¡Salve, rey de los judíos!

30Y le escupían, y con la caña le golpeaban la cabeza. **31**Después de burlarse de él, le quitaron el manto, le pusieron su propia ropa y se lo llevaron para crucificarlo.

La crucifixión

27:33-44 — Mr 15:22-32; Lc 23:33-43;
Jn 19:17-24

32Al salir encontraron a un hombre de Cirene que se llamaba Simón, y lo obligaron a llevar la cruz. **33**Llegaron a un lugar llamado Gólgota (que significa «Lugar de la Calavera»). **34**Allí le dieron a Jesús vino mezclado con hiel; pero después de probarlo, se negó a beberlo. **35**Lo crucificaron y repartieron su ropa echando suertes.[o] **36**Y se sentaron a vigilarlo. **37**Encima de su cabeza pusieron por escrito la causa de su condena: «ÉSTE ES JESÚS, EL REY DE LOS JUDÍOS.» **38**Con él crucificaron a dos bandidos,[p] uno a su derecha y otro a su izquierda. **39**Los que pasaban meneaban la cabeza y *blasfemaban contra él:

40—Tú, que destruyes el *templo y en tres días lo reconstruyes, ¡sálvate a ti mismo! ¡Si eres el Hijo de Dios, baja de la cruz!

41De la misma manera se burlaban de él los jefes de los sacerdotes, junto con los *maestros de la ley y los *ancianos.

42—Salvó a otros —decían—, ¡pero no puede salvarse a sí mismo! ¡Y es el Rey de Israel! Que baje ahora de la cruz, y así creeremos en él. **43**Él confía en Dios; pues que lo libre Dios ahora, si de veras lo quiere. ¿Acaso no dijo: "Yo soy el Hijo de Dios"?

44Así también lo insultaban los bandidos que estaban crucificados con él.

Muerte de Jesús

27:45-56 — Mr 15:31-41; Lc 23:44-49

45Desde el mediodía y hasta la media tarde[q] toda la tierra quedó en oscuridad. **46**Como a las tres de la tarde,[r] Jesús gritó con fuerza:

—*Elí, Elí,*[s] *¿lama sabactani?* (que significa: "Dios mío, Dios mío, ¿por qué me has desamparado?").[t]

47Cuando lo oyeron, algunos de los que estaban allí dijeron:

—Está llamando a Elías.

48Al instante uno de ellos corrió en busca de una esponja. La empapó en vinagre, la puso

---

n **27:27** *palacio.* Lit. *pretorio.*
o **27:35** *suertes.* Var. *suertes, para que se cumpliera lo dicho por medio del profeta: «Se repartieron entre ellos mi manto y sobre mi ropa echaron suertes»* (Sal 22:18; véase Jn 19:24).
p **27:38** *bandidos.* Alt. *insurgentes;* también en v. 44.
q **27:45** *Desde ... tarde.* Lit. *Desde la hora sexta hasta la hora novena.*
r **27:46** *Como ... tarde.* Lit. *Como a la hora novena.*
s **27:46** *Elí, Elí.* Var. *Eloi, Eloi.*
t **27:46** Sal 22:1.

en una caña y se la ofreció a Jesús para que bebiera. 49Los demás decían:

—Déjalo, a ver si viene Elías a salvarlo.

50Entonces Jesús volvió a gritar con fuerza, y entregó su espíritu.

51En ese momento la cortina del *santuario del templo se rasgó en dos, de arriba abajo. La tierra tembló y se partieron las rocas. 52Se abrieron los sepulcros, y muchos *santos que habían muerto resucitaron. 53Salieron de los sepulcros y, después de la resurrección de Jesús, entraron en la ciudad santa y se aparecieron a muchos.

54Cuando el centurión y los que con él estaban custodiando a Jesús vieron el terremoto y todo lo que había sucedido, quedaron aterrados y exclamaron:

—¡Verdaderamente éste era el Hijou de Dios!

55Estaban allí, mirando de lejos, muchas mujeres que habían seguido a Jesús desde Galilea para servirle. 56Entre ellas se encontraban María Magdalena, María la madre de *Jacobo y de José, y la madre de los hijos de Zebedeo.

Sepultura de Jesús

27:57-61 — Mr 15:42-47; Lc 23:50-56; Jn 19:38-42

57Al atardecer, llegó un hombre rico de Arimatea, llamado José, que también se había convertido en discípulo de Jesús. 58Se presentó ante Pilato para pedirle el cuerpo de Jesús, y Pilato ordenó que se lo dieran. 59José tomó el cuerpo, lo envolvió en una sábana limpia 60y lo puso en un sepulcro nuevo de su propiedad que había cavado en la roca. Luego hizo rodar una piedra grande a la entrada del sepulcro, y se fue. 61Allí estaban, sentadas frente al sepulcro, María Magdalena y la otra María.

La guardia ante el sepulcro

62Al día siguiente, después del día de la preparación, los jefes de los sacerdotes y los fariseos se presentaron ante Pilato.

63—Señor —le dijeron—, nosotros recordamos que mientras ese engañador aún vivía, dijo: "A los tres días resucitaré." 64Por eso, ordene usted que se selle el sepulcro hasta el tercer día, no sea que vengan sus discípulos, se roben el cuerpo y le digan al pueblo que ha *resucitado. Ese último engaño sería peor que el primero.

65—Llévense una guardia de soldados —les ordenó Pilato—, y vayan a asegurar el sepulcro lo mejor que puedan.

66Así que ellos fueron, cerraron el sepulcro con una piedra, y lo sellaron; y dejaron puesta la guardia.

La resurrección

28:1-8 — Mr 16:1-8; Lc 24:1-10

28 Después del *sábado, al amanecer del primer día de la semana, María Magdalena y la otra María fueron a ver el sepulcro.

2Sucedió que hubo un terremoto violento, porque un ángel del Señor bajó del cielo y, acercándose al sepulcro, quitó la piedra y se sentó sobre ella. 3Su aspecto era como el de un relámpago, y su ropa era blanca como la nieve. 4Los guardias tuvieron tanto miedo de él que se pusieron a temblar y quedaron como muertos.

5El ángel dijo a las mujeres:

—No tengan miedo; sé que ustedes buscan a Jesús, el que fue crucificado. 6No está aquí, pues ha resucitado, tal como dijo. Vengan a ver el lugar donde lo pusieron. 7Luego vayan pronto a decirles a sus discípulos: "Él se ha *levantado de entre los muertos y va delante de ustedes a Galilea. Allí lo verán." Ahora ya lo saben.

8Así que las mujeres se alejaron a toda prisa del sepulcro, asustadas pero muy alegres, y corrieron a dar la noticia a los discípulos. 9En eso Jesús les salió al encuentro y las saludó. Ellas se le acercaron, le abrazaron los pies y lo adoraron.

10—No tengan miedo —les dijo Jesús—. Vayan a decirles a mis hermanos que se dirijan a Galilea, y allí me verán.

El informe de los guardias

11Mientras las mujeres iban de camino, algunos de los guardias entraron en la ciudad e informaron a los jefes de los sacerdotes de todo lo que había sucedido. 12Después de reunirse estos jefes con los *ancianos y de trazar un plan, les dieron a los soldados una fuerte suma de dinero 13y les encargaron: «Digan que los discípulos de Jesús vinieron por la noche y que, mientras ustedes dormían, se robaron el cuerpo. 14Y si el gobernador llega a enterarse de esto, nosotros responderemos por ustedes y les evitaremos cualquier problema.»

15Así que los soldados tomaron el dinero e hicieron como se les había instruido. Esta es la versión de los sucesos que hasta el día de hoy ha circulado entre los judíos.

La gran comisión

16Los once discípulos fueron a Galilea, a la montaña que Jesús les había indicado. 17Cuando lo vieron, lo adoraron; pero algunos dudaban. 18Jesús se acercó entonces a ellos y les dijo:

—Se me ha dado toda autoridad en el cielo y en la tierra. 19Por tanto, vayan y hagan discípulos de todas las *naciones, bautizándolos en el nombre del Padre y del Hijo y del Espíritu Santo, 20enseñándoles a obedecer todo lo que les he mandado a ustedes. Y les aseguro que estaré con ustedes siempre, hasta el fin del mundo.v

---

u 27:54 *era el Hijo.* Alt. *era hijo.*
v 28:20 *el fin del mundo.* Lit. *la consumación del siglo.*

MARCOS

Juan el Bautista prepara el camino

1:2-8 — Mt 3:1-11; Lc 3:2-16

1 Comienzo del *evangelio de *Jesucristo, el Hijo de Dios.ᵃ

2Sucedió como está escrito en el profeta Isaías: «Yo estoy por enviar a mi mensajero delante de ti, el cual preparará tu camino.»ᵇ

3«Voz de uno que grita en el desierto: "Preparen el camino del Señor, háganle sendas derechas."»ᶜ

4Así se presentó Juan, bautizando en el desierto y predicando el bautismo de *arrepentimiento para el perdón de pecados. **5**Toda la gente de la región de Judea y de la ciudad de Jerusalén acudía a él. Cuando confesaban sus pecados, él los bautizaba en el río Jordán. **6**La ropa de Juan estaba hecha de pelo de camello. Llevaba puesto un cinturón de cuero, y comía langostas y miel silvestre. **7**Predicaba de esta manera: «Después de mí viene uno más poderoso que yo; ni siquiera merezco agacharme para desatar la correa de sus sandalias. **8**Yo los he bautizado a ustedes conᵈ agua, pero él los bautizará con el Espíritu Santo.»

Bautismo y tentación de Jesús

1:9-11 — Mt 3:13-17; Lc 3:21-22
1:12-13 — Mt 4:1-11; Lc 4:1-13

9En esos días llegó Jesús desde Nazaret de Galilea y fue bautizado por Juan en el Jordán. **10**En seguida, al subir del agua, Jesús vio que el cielo se abría y que el Espíritu bajaba sobre él como una paloma. **11**También se oyó una voz del cielo que decía: «Tú eres mi Hijo amado; estoy muy complacido contigo.»

12En seguida el Espíritu lo impulsó a ir al desierto, **13**y allí fue *tentado por Satanás durante cuarenta días. Estaba entre las fieras, y los ángeles le servían.

Llamamiento de los primeros discípulos

1:16-20 — Mt 4:18-22; Lc 5:2-11; Jn 1:35-42

14Después de que encarcelaron a Juan, Jesús se fue a Galilea a anunciar las buenas *nuevas de Dios. **15**«Se ha cumplido el tiempo —decía—. El reino de Dios está cerca. ¡*Arrepiéntanse y crean las buenas *nuevas!»

16Pasando por la orilla del mar de Galilea, Jesús vio a Simón y a su hermano Andrés que echaban la red al lago, pues eran pescadores. **17**«Vengan, síganme —les dijo Jesús—, y los haré pescadores de hombres.» **18**Al momento dejaron las redes y lo siguieron.

19Un poco más adelante vio a *Jacobo y a su hermano Juan, hijos de Zebedeo, que estaban en su barca remendando las redes. **20**En seguida los llamó, y ellos, dejando a su padre Zebedeo en la barca con los jornaleros, se fueron con Jesús.

Jesús expulsa a un espíritu maligno

1:21-28 — Lc 4:31-37

21Entraron en Capernaúm, y tan pronto como llegó el *sábado, Jesús fue a la sinagoga y se puso a enseñar. **22**La gente se asombraba de su enseñanza, porque la impartía como quien tiene autoridad y no como los *maestros de la ley. **23**De repente, en la sinagoga, un hombre que estaba poseído por un *espíritu maligno gritó:

24—¿Por qué te entrometes, Jesús de Nazaret? ¿Has venido a destruirnos? Yo sé quién eres tú: ¡el Santo de Dios!

25—¡Cállate! —lo reprendió Jesús—. ¡Sal de ese hombre!

26Entonces el espíritu maligno sacudió al hombre violentamente y salió de él dando un alarido. **27**Todos se quedaron tan asustados que se preguntaban unos a otros: «¿Qué es esto? ¡Una enseñanza nueva, pues lo hace con autoridad! Les da órdenes incluso a los espíritus malignos, y le obedecen.» **28**Como resultado, su fama se extendió rápidamente por toda la región de Galilea.

Jesús sana a muchos enfermos

1:29-31 — Mt 8:14-15; Lc 4:38-39
1:32-34 — Mt 8:16-17; Lc 4:40-41

29Tan pronto como salieron de la sinagoga, Jesús fue con *Jacobo y Juan a casa de Simón y Andrés. **30**La suegra de Simón estaba en cama con fiebre, y en seguida se lo dijeron a Jesús. **31**Él se le acercó, la tomó de la mano y la ayudó a levantarse. Entonces se le quitó la fiebre y se puso a servirles.

32Al atardecer, cuando ya se ponía el sol, la gente le llevó a Jesús todos los enfermos y endemoniados, **33**de manera que la población entera se estaba congregando a la puerta. **34**Jesús sanó a muchos que padecían de diversas enfermedades. También expulsó a muchos demonios, pero no los dejaba hablar porque sabían quién era él.

Jesús ora en un lugar solitario

1:35-38 — Lc 4:42-43

35Muy de madrugada, cuando todavía estaba oscuro, Jesús se levantó, salió de la casa

---

ᵃ **1:1** Var. no incluye: *el Hijo de Dios.*
ᵇ **1:2** Mal 3:1.
ᶜ **1:3** Is 40:3.
ᵈ **1:8** *con.* Alt. *en.*

y se fue a un lugar solitario, donde se puso a orar. 36Simón y sus compañeros salieron a buscarlo.

37Por fin lo encontraron y le dijeron:

—Todo el mundo te busca.

38Jesús respondió:

—Vámonos de aquí a otras aldeas cercanas donde también pueda predicar; para esto he venido.

39Así que recorrió toda Galilea, predicando en las sinagogas y expulsando demonios.

Jesús sana a un leproso

1:40-44 — Mt 8:2-4; Lc 5:12-14

40Un hombre que tenía *lepra se le acercó, y de rodillas le suplicó:

—Si quieres, puedes *limpiarme.

41Movido a compasión, Jesús extendió la mano y tocó al hombre, diciéndole:

—Sí quiero. ¡Queda limpio!

42Al instante se le quitó la lepra y quedó sano.e 43Jesús lo despidió en seguida con una fuerte advertencia:

44—Mira, no se lo digas a nadie; sólo ve, preséntate al sacerdote y lleva por tu *purificación lo que ordenó Moisés, para que sirva de testimonio.

45Pero él salió y comenzó a hablar sin reserva, divulgando lo sucedido. Como resultado, Jesús ya no podía entrar en ningún pueblo abiertamente, sino que se quedaba afuera, en lugares solitarios. Aun así, gente de todas partes seguía acudiendo a él.

Jesús sana a un paralítico

2:3-12 — Mt 9:2-8; Lc 5:18-26

2 Unos días después, cuando Jesús entró de nuevo en Capernaúm, corrió la voz de que estaba en casa. 2Se aglomeraron tantos que ya no quedaba sitio ni siquiera frente a la puerta mientras él les predicaba la palabra. 3Entonces llegaron cuatro hombres que le llevaban un paralítico. 4Como no podían acercarlo a Jesús por causa de la multitud, quitaron parte del techo encima de donde estaba Jesús y, luego de hacer una abertura, bajaron la camilla en la que estaba acostado el paralítico. 5Al ver Jesús la fe de ellos, le dijo al paralítico:

—Hijo, tus pecados quedan perdonados.

6Estaban sentados allí algunos *maestros de la ley, que pensaban: 7«¿Por qué habla éste así? ¡Está *blasfemando! ¿Quién puede perdonar pecados sino sólo Dios?»

8En ese mismo instante supo Jesús en su espíritu que esto era lo que estaban pensando.

—¿Por qué razonan así? —les dijo—. 9¿Qué es más fácil, decirle al paralítico: "Tus pecados son perdonados", o decirle: "Levántate, toma tu camilla y anda"? 10Pues para que sepan que el Hijo del hombre tiene autoridad en la tierra para perdonar pecados —se dirigió entonces al paralítico—: 11A ti te digo, levántate, toma tu camilla y vete a tu casa.

12Él se levantó, tomó su camilla en seguida y salió caminando a la vista de todos. Ellos se quedaron asombrados y comenzaron a alabar a Dios.

—Jamás habíamos visto cosa igual —decían.

Llamamiento de Leví

2:14-17 — Mt 9:9-13; Lc 5:27-32

13De nuevo salió Jesús a la orilla del lago. Toda la gente acudía a él, y él les enseñaba. 14Al pasar vio a Leví hijo de Alfeo, donde éste cobraba impuestos.

—Sígueme —le dijo Jesús.

Y Leví se levantó y lo siguió.

15Sucedió que, estando Jesús a la mesa en casa de Leví, muchos *recaudadores de impuestos y *pecadores se *sentaron con él y sus discípulos, pues ya eran muchos los que lo seguían. 16Cuando los *maestros de la ley, que eran *fariseos, vieron con quién comía, les preguntaron a sus discípulos:

—¿Y éste come con recaudadores de impuestos y con pecadores?

17Al oírlos, Jesús les contestó:

—No son los sanos los que necesitan médico sino los enfermos. Y yo no he venido a llamar a justos sino a pecadores.

Le preguntan a Jesús sobre el ayuno

2:18-22 — Mt 9:14-17; Lc 5:33-38

18Al ver que los discípulos de Juan y los *fariseos ayunaban, algunos se acercaron a Jesús y le preguntaron:

—¿Cómo es que los discípulos de Juan y de los fariseos ayunan, pero los tuyos no?

19Jesús les contestó:

—¿Acaso pueden ayunar los invitados del novio mientras él está con ellos? No pueden hacerlo mientras lo tienen con ellos. 20Pero llegará el día en que se les quitará el novio, y ese día sí ayunarán. 21Nadie remienda un vestido viejo con un retazo de tela nueva. De hacerlo así, el remiendo fruncirá el vestido y la rotura se hará peor. 22Ni echa nadie vino nuevo en odres viejos. De hacerlo así, el vino hará reventar los odres y se arruinarán tanto el vino como los odres. Más bien, el vino nuevo se echa en odres nuevos.

Señor del sábado

2:23-28 — Mt 12:1-8; Lc 6:1-5
3:1-6 — Mt 12:9-14; Lc 6:6-11

23Un *sábado, al cruzar Jesús los sembrados, sus discípulos comenzaron a arrancar a su paso unas espigas de trigo.

24—Mira —le preguntaron los *fariseos—, ¿por qué hacen ellos lo que está prohibido hacer en sábado?

---

e **1:42** *sano.* Lit. *limpio.*

25Él les contestó:

—¿Nunca han leído lo que hizo David en aquella ocasión, cuando él y sus compañeros tuvieron hambre y pasaron necesidad? **26**Entró en la casa de Dios cuando Abiatar era el sumo sacerdote, y comió los panes consagrados a Dios, que sólo a los sacerdotes les es permitido comer. Y dio también a sus compañeros.

27»El sábado se hizo para el hombre, y no el hombre para el sábado —añadió—. **28**Así que el Hijo del hombre es Señor incluso del sábado.

3 En otra ocasión entró en la sinagoga, y había allí un hombre que tenía la mano paralizada. **2**Algunos que buscaban un motivo para acusar a Jesús no le quitaban la vista de encima para ver si sanaba al enfermo en *sábado. **3**Entonces Jesús le dijo al hombre de la mano paralizada:

—Ponte de pie frente a todos.

4Luego dijo a los otros:

—¿Qué está permitido en sábado: hacer el bien o hacer el mal, salvar una *vida o matar?

Pero ellos permanecieron callados. **5**Jesús se les quedó mirando, enojado y entristecido por la dureza de su corazón, y le dijo al hombre:

—Extiende la mano.

La extendió, y la mano le quedó restablecida. **6**Tan pronto como salieron los fariseos, comenzaron a tramar con los herodianos cómo matar a Jesús.

La multitud sigue a Jesús

3:7-12 — Mt 12:15-16; Lc 6:17-19

7Jesús se retiró al lago con sus discípulos, y mucha gente de Galilea lo siguió. **8**Cuando se enteraron de todo lo que hacía, acudieron también a él muchos de Judea y Jerusalén, de Idumea, del otro lado del Jordán y de las regiones de Tiro y Sidón. **9**Entonces, para evitar que la gente lo atropellara, encargó a sus discípulos que le tuvieran preparada una pequeña barca; **10**pues como había sanado a muchos, todos los que sufrían dolencias se abalanzaban sobre él para tocarlo. **11**Además, los *espíritus malignos, al verlo, se postraban ante él, gritando: «¡Tú eres el Hijo de Dios!» **12**Pero él les ordenó terminantemente que no dijeran quién era él.

Nombramiento de los doce apóstoles

3:16-19 — Mt 10:2-4; Lc 6:14-16; Hch 1:13

13Subió Jesús a una montaña y llamó a los que quiso, los cuales se reunieron con él. **14**Designó a doce, a quienes nombró apóstoles,ᶠ para que lo acompañaran y para enviarlos a predicar **15**y ejercer autoridad para expulsar demonios. **16**Éstos son los doce que él nombró: Simón (a quien llamó Pedro);

17*Jacobo y su hermano Juan, hijos de Zebedeo (a quienes llamó Boanerges, que significa: Hijos del trueno); **18**Andrés, Felipe, Bartolomé, Mateo, Tomás, Jacobo, hijo de Alfeo; Tadeo, Simón el Zelote **19**y Judas Iscariote, el que lo traicionó.

Jesús y Beelzebú

3:23-27 — Mt 12:25-29; Lc 11:14-22

20Luego entró en una casa, y de nuevo se aglomeró tanta gente que ni siquiera podían comer él y sus discípulos. **21**Cuando se enteraron sus parientes, salieron a hacerse cargo de él, porque decían: «Está fuera de sí.»

22Los *maestros de la ley que habían llegado de Jerusalén decían: «¡Está poseído por *Beelzebú! Expulsa a los demonios por medio del príncipe de los demonios.»

23Entonces Jesús los llamó y les habló en parábolas: «¿Cómo puede Satanás expulsar a Satanás? **24**Si un reino está dividido contra sí mismo, ese reino no puede mantenerse en pie. **25**Y si una familia está dividida contra sí misma, esa familia no puede mantenerse en pie. **26**Igualmente, si Satanás se levanta contra sí mismo y se divide, no puede mantenerse en pie, sino que ha llegado su fin. **27**Ahora bien, nadie puede entrar en la casa de alguien fuerte y arrebatarle sus bienes a menos que primero lo ate. Sólo entonces podrá robar su casa. **28**Les aseguro que todos los pecados y *blasfemias se les perdonarán a todos por igual, **29**excepto a quien blasfeme contra el Espíritu Santo. Éste no tendrá perdón jamás; es culpable de un pecado eterno.»

30Es que ellos habían dicho: «Tiene un *espíritu maligno.»

La madre y los hermanos de Jesús

3:31-33 — Mt 12:46-50; Lc 8:19-21

31En eso llegaron la madre y los hermanos de Jesús. Se quedaron afuera y enviaron a alguien a llamarlo, **32**pues había mucha gente sentada alrededor de él.

—Mira, tu madre y tus hermanosᵍ están afuera y te buscan —le dijeron.

33—¿Quiénes son mi madre y mis hermanos? —replicó Jesús.

34Luego echó una mirada a los que estaban sentados alrededor de él y añadió:

—Aquí tienen a mi madre y a mis hermanos. **35**Cualquiera que hace la voluntad de Dios es mi hermano, mi hermana y mi madre.

Parábola del sembrador

4:1-12 — Mt 13:1-15; Lc 8:4-10
4:13-20 — Mt 13:18-23; Lc 8:11-15

4 De nuevo comenzó Jesús a enseñar a la orilla del lago. La multitud que se reunió para verlo era tan grande que él subió y se sentó en una barca que estaba en el lago, mientras toda la gente se quedaba en la playa. **2**Entonces se puso

---

ᶠ **3:14** Var. no incluye: *a quienes nombró apóstoles.*
ᵍ **3:32** *tus hermanos.* Var. *tus hermanos y tus hermanas.*

a enseñarles muchas cosas por medio de parábolas y, como parte de su instrucción, les dijo: **3**«¡Pongan atención! Un sembrador salió a sembrar. **4**Sucedió que al esparcir él la semilla, una parte cayó junto al camino, y llegaron los pájaros y se la comieron. **5**Otra parte cayó en terreno pedregoso, sin mucha tierra. Esa semilla brotó pronto porque la tierra no era profunda; **6**pero cuando salió el sol, las plantas se marchitaron y, por no tener raíz, se secaron. **7**Otra parte de la semilla cayó entre espinos que, al crecer, la ahogaron, de modo que no dio fruto. **8**Pero las otras semillas cayeron en buen terreno. Brotaron, crecieron y produjeron una cosecha que rindió el treinta, el sesenta y hasta el ciento por uno.

9»El que tenga oídos para oír, que oiga», añadió Jesús.

10Cuando se quedó solo, los doce y los que estaban alrededor de él le hicieron preguntas sobre las parábolas. **11**«A ustedes se les ha revelado el *secreto del reino de Dios —les contestó—; pero a los de afuera todo les llega por medio de parábolas, **12**para que

»"por mucho que vean, no perciban; y por mucho que oigan, no entiendan; no sea que se conviertan y sean perdonados."*h*

13»¿No entienden esta parábola? —continuó Jesús—. ¿Cómo podrán, entonces, entender las demás? **14**El sembrador siembra la palabra. **15**Algunos son como lo sembrado junto al camino, donde se siembra la palabra. Tan pronto como la oyen, viene Satanás y les quita la palabra sembrada en ellos. **16**Otros son como lo sembrado en terreno pedregoso: cuando oyen la palabra, en seguida la reciben con alegría, **17**pero como no tienen raíz, duran poco tiempo. Cuando surgen problemas o persecución a causa de la palabra, en seguida se apartan de ella. **18**Otros son como lo sembrado entre espinos: oyen la palabra, **19**pero las preocupaciones de esta vida, el engaño de las riquezas y muchos otros malos deseos entran hasta ahogar la palabra, de modo que ésta no llega a dar fruto. **20**Pero otros son como lo sembrado en buen terreno: oyen la palabra, la aceptan y producen una cosecha que rinde el treinta, el sesenta y hasta el ciento por uno.»

Una lámpara en una repisa

21También les dijo: «¿Acaso se trae una lámpara para ponerla debajo de un cajón o debajo de la cama? ¿No es, por el contrario, para ponerla en una repisa? **22**No hay nada escondido que no esté destinado a descubrirse; tampoco hay nada oculto que no esté destinado a ser revelado. **23**El que tenga oídos para oír, que oiga.

24»Pongan mucha atención —añadió—. Con la medida que midan a otros, se les medirá a ustedes, y aún más se les añadirá. **25**Al que tiene, se le dará más; al que no tiene, hasta lo poco que tiene se le quitará.»

Parábola de la semilla que crece

26Jesús continuó: «El reino de Dios se parece a quien esparce semilla en la tierra. **27**Sin que éste sepa cómo, y ya sea que duerma o esté despierto, día y noche brota y crece la semilla. **28**La tierra da fruto por sí sola; primero el tallo, luego la espiga, y después el grano lleno en la espiga. **29**Tan pronto como el grano está maduro, se le mete la hoz, pues ha llegado el tiempo de la cosecha.»

Parábola del grano de mostaza

4:30-32 — Mt 13:31-32; Lc 13:18-19

30También dijo: «¿Con qué vamos a comparar el reino de Dios? ¿Qué parábola podemos usar para describirlo? **31**Es como un grano de mostaza: cuando se siembra en la tierra, es la semilla más pequeña que hay, **32**pero una vez sembrada crece hasta convertirse en la más grande de las hortalizas, y echa ramas tan grandes que las aves pueden anidar bajo su sombra.»

33Y con muchas parábolas semejantes les enseñaba Jesús la palabra hasta donde podían entender. **34**No les decía nada sin emplear parábolas. Pero cuando estaba a solas con sus discípulos, les explicaba todo.

Jesús calma la tormenta

4:35-41 — Mt 8:18,23-27; Lc 8:22-25

35Ese día al anochecer, les dijo a sus discípulos:

—Crucemos al otro lado.

36Dejaron a la multitud y se fueron con él en la barca donde estaba. También lo acompañaban otras barcas. **37**Se desató entonces una fuerte tormenta, y las olas azotaban la barca, tanto que ya comenzaba a inundarse. **38**Jesús, mientras tanto, estaba en la popa, durmiendo sobre un cabezal, así que los discípulos lo despertaron.

—¡Maestro! —gritaron—, ¿no te importa que nos ahoguemos?

39Él se levantó, reprendió al viento y ordenó al mar:

—¡Silencio! ¡Cálmate!

El viento se calmó y todo quedó completamente tranquilo.

40—¿Por qué tienen tanto miedo? —dijo a sus discípulos—. ¿Todavía*i* no tienen fe?

41Ellos estaban espantados y se decían unos a otros:

—¿Quién es éste, que hasta el viento y el mar le obedecen?

Liberación de un endemoniado

5:1-17 — Mt 8:28-34; Lc 8:26-37
5:18-20 — Lc 8:38-39

5 Cruzaron el lago hasta llegar a la región de los gerasenos.*j* **2**Tan pronto como

---

h **4:12** Is 6:9,10.
i **4:40** *Todavía.* Var. *Cómo es que.*
j **5:1** *gerasenos.* Var. *gadarenos;* otra var. *gergesenos.*

desembarcó Jesús, un hombre poseído por un *espíritu maligno le salió al encuentro de entre los sepulcros. **3**Este hombre vivía en los sepulcros, y ya nadie podía sujetarlo, ni siquiera con cadenas. **4**Muchas veces lo habían atado con cadenas y grilletes, pero él los destrozaba, y nadie tenía fuerza para dominarlo. **5**Noche y día andaba por los sepulcros y por las colinas, gritando y golpeándose con piedras.

6Cuando vio a Jesús desde lejos, corrió y se postró delante de él.

7—¿Por qué te entrometes, Jesús, Hijo del Dios Altísimo? —gritó con fuerza—. ¡Te ruego por Dios que no me atormentes!

8Es que Jesús le había dicho: «¡Sal de este hombre, espíritu maligno!»

9—¿Cómo te llamas? —le preguntó Jesús.

—Me llamo Legión —respondió—, porque somos muchos.

10Y con insistencia le suplicaba a Jesús que no los expulsara de aquella región.

11Como en una colina estaba paciendo una manada de muchos cerdos, los demonios le rogaron a Jesús:

12—Mándanos a los cerdos; déjanos entrar en ellos.

13Así que él les dio permiso. Cuando los espíritus malignos salieron del hombre, entraron en los cerdos, que eran unos dos mil, y la manada se precipitó al lago por el despeñadero y allí se ahogó.

14Los que cuidaban los cerdos salieron huyendo y dieron la noticia en el pueblo y por los campos, y la gente fue a ver lo que había pasado. **15**Llegaron adonde estaba Jesús, y cuando vieron al que había estado poseído por la legión de demonios, sentado, vestido y en su sano juicio, tuvieron miedo. **16**Los que habían presenciado estos hechos le contaron a la gente lo que había sucedido con el endemoniado y con los cerdos. **17**Entonces la gente comenzó a suplicarle a Jesús que se fuera de la región.

18Mientras subía Jesús a la barca, el que había estado endemoniado le rogaba que le permitiera acompañarlo. **19**Jesús no se lo permitió, sino que le dijo:

—Vete a tu casa, a los de tu familia, y diles todo lo que el Señor ha hecho por ti y cómo te ha tenido compasión.

20Así que el hombre se fue y se puso a proclamar en *Decápolis lo mucho que Jesús había hecho por él. Y toda la gente se quedó asombrada.

Una niña muerta y una mujer enferma
5:22-43 — Mt 9:18-26; Lc 8:41-56

21Después de que Jesús regresó en la barca al otro lado del lago, se reunió alrededor de él una gran multitud, por lo que él se quedó en la orilla. **22**Llegó entonces uno de los jefes de la sinagoga, llamado Jairo. Al ver a Jesús, se arrojó a sus pies, **23**suplicándole con insistencia:

—Mi hijita se está muriendo. Ven y pon tus manos sobre ella para que se *sane y viva.

24Jesús se fue con él, y lo seguía una gran multitud, la cual lo apretujaba. **25**Había entre la gente una mujer que hacía doce años padecía de hemorragias. **26**Había sufrido mucho a manos de varios médicos, y se había gastado todo lo que tenía sin que le hubiera servido de nada, pues en vez de mejorar, iba de mal en peor. **27**Cuando oyó hablar de Jesús, se acercó por detrás entre la gente y le tocó el manto. **28**Pensaba: «Si logro tocar siquiera su ropa, quedaré sana.» **29**Al instante cesó su hemorragia, y se dio cuenta de que su cuerpo había quedado libre de esa aflicción.

30Al momento también Jesús se dio cuenta de que de él había salido poder, así que se volvió hacia la gente y preguntó:

—¿Quién me ha tocado la ropa?

31—Ves que te apretuja la gente —le contestaron sus discípulos—, y aun así preguntas: "¿Quién me ha tocado?"

32Pero Jesús seguía mirando a su alrededor para ver quién lo había hecho. **33**La mujer, sabiendo lo que le había sucedido, se acercó temblando de miedo y, arrojándose a sus pies, le confesó toda la verdad.

34—¡Hija, tu fe te ha sanado! —le dijo Jesús—. Vete en paz y queda sana de tu aflicción.

35Todavía estaba hablando Jesús, cuando llegaron unos hombres de la casa de Jairo, jefe de la sinagoga, para decirle:

—Tu hija ha muerto. ¿Para qué sigues molestando al Maestro?

36Sin hacer caso de la noticia, Jesús le dijo al jefe de la sinagoga:

—No tengas miedo; cree nada más.

37No dejó que nadie lo acompañara, excepto Pedro, *Jacobo y Juan, el hermano de Jacobo. **38**Cuando llegaron a la casa del jefe de la sinagoga, Jesús notó el alboroto, y que la gente lloraba y daba grandes alaridos. **39**Entró y les dijo:

—¿Por qué tanto alboroto y llanto? La niña no está muerta sino dormida.

40Entonces empezaron a burlarse de él, pero él los sacó a todos, tomó consigo al padre y a la madre de la niña y a los discípulos que estaban con él, y entró adonde estaba la niña. **41**La tomó de la mano y le dijo:

—*Talita cum*[k] (que significa: Niña, a ti te digo, ¡levántate!).

42La niña, que tenía doce años, se levantó en seguida y comenzó a andar. Ante este hecho todos se llenaron de asombro. **43**Él dio órdenes estrictas de que nadie se enterara de lo ocurrido, y les mandó que le dieran de comer a la niña.

k **5:41** *cum*. Var. *cumi*.

Un profeta sin honra

6:1-6 — Mt 13:54-58

6 Salió Jesús de allí y fue a su tierra, en compañía de sus discípulos. 2Cuando llegó el *sábado, comenzó a enseñar en la sinagoga.

—¿De dónde sacó éste tales cosas? —decían maravillados muchos de los que le oían—. ¿Qué sabiduría es ésta que se le ha dado? ¿Cómo se explican estos milagros que vienen de sus manos? 3¿No es acaso el carpintero, el hijo de María y hermano de *Jacobo, de José, de Judas y de Simón? ¿No están sus hermanas aquí con nosotros?

Y se *escandalizaban a causa de él. Por tanto, Jesús les dijo:

4—En todas partes se honra a un profeta, menos en su tierra, entre sus familiares y en su propia casa.

5En efecto, no pudo hacer allí ningún milagro, excepto sanar a unos pocos enfermos al imponerles las manos. 6Y él se quedó asombrado por la incredulidad de ellos.

Jesús envía a los doce

6:7-11 — Mt 10:1,9-14; Lc 9:1,3-5

Jesús recorría los alrededores, enseñando de pueblo en pueblo. 7Reunió a los doce, y comenzó a enviarlos de dos en dos, dándoles autoridad sobre los *espíritus malignos.

8Les ordenó que no llevaran nada para el camino, ni pan, ni bolsa, ni dinero en el cinturón, sino sólo un bastón. 9«Lleven sandalias —dijo—, pero no dos mudas de ropa.» 10Y añadió: «Cuando entren en una casa, quédense allí hasta que salgan del pueblo. 11Y si en algún lugar no los reciben bien o no los escuchan, al salir de allí sacúdanse el polvo de los pies, como un testimonio contra ellos.»

12Los doce salieron y exhortaban a la gente a que se *arrepintiera. 13También expulsaban a muchos demonios y sanaban a muchos enfermos, ungiéndolos con aceite.

Decapitación de Juan el Bautista

6:14-29 — Mt 14:1-12
6:14-16 — Lc 9:7-9

14El rey Herodes se enteró de esto, pues el nombre de Jesús se había hecho famoso. Algunos decían:[1] «Juan el Bautista ha *resucitado, y por eso tiene poder para realizar milagros.» 15Otros decían: «Es Elías.» Otros, en fin, afirmaban: «Es un profeta, como los de antes.» 16Pero cuando Herodes oyó esto, exclamó: «¡Juan, al que yo mandé que le cortaran la cabeza, ha resucitado!»

17En efecto, Herodes mismo había mandado que arrestaran a Juan y que lo encadenaran en la cárcel. Herodes se había casado con Herodías, esposa de Felipe su hermano, 18y Juan le había estado diciendo a Herodes: «La ley te prohíbe tener a la esposa de tu hermano.» 19Por eso Herodías le guardaba rencor a Juan y deseaba matarlo. Pero no había logrado hacerlo, 20ya que Herodes temía a Juan y lo protegía, pues sabía que era un hombre justo y *santo. Cuando Herodes oía a Juan, se quedaba muy desconcertado, pero lo escuchaba con gusto.

21Por fin se presentó la oportunidad. En su cumpleaños Herodes dio un banquete a sus altos oficiales, a los comandantes militares y a los notables de Galilea. 22La hija de Herodías entró en el banquete y bailó, y esto agradó a Herodes y a los invitados.

—Pídeme lo que quieras y te lo daré —le dijo el rey a la muchacha.

23Y le prometió bajo juramento:

—Te daré cualquier cosa que me pidas, aun cuando sea la mitad de mi reino.

24Ella salió a preguntarle a su madre:

—¿Qué debo pedir?

—La cabeza de Juan el Bautista —contestó.

25En seguida se fue corriendo la muchacha a presentarle al rey su petición:

—Quiero que ahora mismo me des en una bandeja la cabeza de Juan el Bautista.

26El rey se quedó angustiado, pero a causa de sus juramentos y en atención a los invitados, no quiso desairarla. 27Así que en seguida envió a un verdugo con la orden de llevarle la cabeza de Juan. El hombre fue, decapitó a Juan en la cárcel 28y volvió con la cabeza en una bandeja. Se la entregó a la muchacha, y ella se la dio a su madre. 29Al enterarse de esto, los discípulos de Juan fueron a recoger el cuerpo y le dieron sepultura.

Jesús alimenta a los cinco mil

6:32-44 — Mt 14:13-21; Lc 9:10-17; Jn 6:5-13

30Los apóstoles se reunieron con Jesús y le contaron lo que habían hecho y enseñado.

31Y como no tenían tiempo ni para comer, pues era tanta la gente que iba y venía, Jesús les dijo:

—Vengan conmigo ustedes solos a un lugar tranquilo y descansen un poco.

32Así que se fueron solos en la barca a un lugar solitario. 33Pero muchos que los vieron salir los reconocieron y, desde todos los poblados, corrieron por tierra hasta allá y llegaron antes que ellos. 34Cuando Jesús desembarcó y vio tanta gente, tuvo compasión de ellos, porque eran como ovejas sin pastor. Así que comenzó a enseñarles muchas cosas.

35Cuando ya se hizo tarde, se le acercaron sus discípulos y le dijeron:

—Éste es un lugar apartado y ya es muy tarde. 36Despide a la gente, para que vayan a los campos y pueblos cercanos y se compren algo de comer.

37—Denles ustedes mismos de comer —contestó Jesús.

---

1 **6:14** *Algunos decían.* Var. *Él decía.*

—¡Eso costaría casi un año de trabajo!*m* —objetaron—. ¿Quieres que vayamos y gastemos todo ese dinero en pan para darles de comer?

38—¿Cuántos panes tienen ustedes? —preguntó—. Vayan a ver.

Después de averiguarlo, le dijeron:

—Cinco, y dos pescados.

39Entonces les mandó que hicieran que la gente se sentara por grupos sobre la hierba verde. **40**Así que ellos se acomodaron en grupos de cien y de cincuenta. **41**Jesús tomó los cinco panes y los dos pescados y, mirando al cielo, los bendijo. Luego partió los panes y se los dio a los discípulos para que se los repartieran a la gente. También repartió los dos pescados entre todos. **42**Comieron todos hasta quedar satisfechos, **43**y los discípulos recogieron doce canastas llenas de pedazos de pan y de pescado. **44**Los que comieron fueron cinco mil.

Jesús camina sobre el agua

6:45-51 — Mt 14:22-32; Jn 6:15-21
6:53-56 — Mt 14:34-36

45En seguida Jesús hizo que sus discípulos subieran a la barca y se le adelantaran al otro lado, a Betsaida, mientras él despedía a la multitud. **46**Cuando se despidió, fue a la montaña para orar.

47Al anochecer, la barca se hallaba en medio del lago, y Jesús estaba en tierra solo. **48**En la madrugada,*n* vio que los discípulos hacían grandes esfuerzos para remar, pues tenían el viento en contra. Se acercó a ellos caminando sobre el lago, e iba a pasarlos de largo. **49**Los discípulos, al verlo caminar sobre el agua, creyeron que era un fantasma y se pusieron a gritar, **50**llenos de miedo por lo que veían. Pero él habló en seguida con ellos y les dijo: «¡Cálmense! Soy yo. No tengan miedo.»

51Subió entonces a la barca con ellos, y el viento se calmó. Estaban sumamente asombrados, **52**porque tenían la mente embotada y no habían comprendido lo de los panes.

53Después de cruzar el lago, llegaron a tierra en Genesaret y atracaron allí. **54**Al bajar ellos de la barca, la gente en seguida reconoció a Jesús. **55**Lo siguieron por toda aquella región y, a donde oían que él estaba, le llevaban en camillas a los que tenían enfermedades. **56**Y dondequiera que iba, en pueblos, ciudades o caseríos, colocaban a los enfermos en las plazas. Le suplicaban que les permitiera tocar

siquiera el borde de su manto, y quienes lo tocaban quedaban *sanos.

Lo puro y lo impuro

7:1-23 — Mt 15:1-20

7 Los *fariseos y algunos de los *maestros de la ley que habían llegado de Jerusalén se reunieron alrededor de Jesús, **2**y vieron a algunos de sus discípulos que comían con manos *impuras, es decir, sin habérselas lavado. **3**(En efecto, los fariseos y los demás judíos no comen nada sin primero cumplir con el rito de lavarse las manos, ya que están aferrados a la tradición de los *ancianos. **4**Al regresar del mercado, no comen nada antes de lavarse. Y siguen otras muchas tradiciones, tales como el rito de lavar copas, jarras y bandejas de cobre.)*ñ* **5**Así que los fariseos y los maestros de la ley le preguntaron a Jesús:

—¿Por qué no siguen tus discípulos la tradición de los ancianos, en vez de comer con manos impuras?

6Él les contestó:

—Tenía razón Isaías cuando profetizó acerca de ustedes, *hipócritas, según está escrito:

»"Este pueblo me honra con los labios, pero su corazón está lejos de mí. **7**En vano me adoran; sus enseñanzas no son más que reglas *humanas."*o*

8Ustedes han desechado los mandamientos divinos y se aferran a las tradiciones humanas.

9Y añadió:

—¡Qué buena manera tienen ustedes de dejar a un lado los mandamientos de Dios para mantener*p* sus propias tradiciones! **10**Por ejemplo, Moisés dijo: "Honra a tu padre y a tu madre",*q* y: "El que maldiga a su padre o a su madre será condenado a muerte".*r* **11**Ustedes, en cambio, enseñan que un hijo puede decirle a su padre o a su madre: "Cualquier ayuda que pudiera haberte dado es corbán" (es decir, ofrenda dedicada a Dios). **12**En ese caso, el tal hijo ya no está obligado a hacer nada por su padre ni por su madre. **13**Así, por la tradición que se transmiten entre ustedes, anulan la palabra de Dios. Y hacen muchas cosas parecidas.

14De nuevo Jesús llamó a la multitud.

—Escúchenme todos —dijo— y entiendan esto: **15**Nada de lo que viene de afuera puede *contaminar a una persona. Más bien, lo que sale de la persona es lo que la contamina.*s*

17Después de que dejó a la gente y entró en la casa, sus discípulos le preguntaron sobre la comparación que había hecho.

18—¿Tampoco ustedes pueden entenderlo? —les dijo—. ¿No se dan cuenta de que nada de lo que entra en una persona puede contaminarla? **19**Porque no entra en su corazón sino en su estómago, y después va a dar a la letrina.

Con esto Jesús declaraba *limpios todos los alimentos. **20**Luego añadió:

---

m **6:37** *casi un año de trabajo.* Lit. *doscientos* *denarios.
n **6:48** *En la madrugada.* Lit. *Alrededor de la cuarta vigilia de la noche.*
ñ **7:4** *bandejas de cobre.* Var. *bandejas de cobre y divanes.*
o **7:6,7** Is 29:13.
p **7:9** *mantener.* Var. *establecer.*
q **7:10** Éx 20:12; Dt 5:16.
r **7:10** Éx 21:17; Lv 20:9.
s **7:15** *contamina.* Var. *contamina.* v. 16*El que tenga oídos para oír, que oiga.*

—Lo que sale de la persona es lo que la contamina. 21Porque de adentro, del corazón humano, salen los malos pensamientos, la inmoralidad sexual, los robos, los homicidios, los adulterios, 22la avaricia, la maldad, el engaño, el libertinaje, la envidia, la calumnia, la arrogancia y la necedad. 23Todos estos males vienen de adentro y contaminan a la persona.

La fe de una mujer sirofenicia
7:24-30 — Mt 15:21-28

24Jesús partió de allí y fue a la región de Tiro.ᵗ Entró en una casa y no quería que nadie lo supiera, pero no pudo pasar inadvertido. 25De hecho, muy pronto se enteró de su llegada una mujer que tenía una niña poseída por un *espíritu maligno, así que fue y se arrojó a sus pies. 26Esta mujer era extranjera,ᵘ sirofenicia de nacimiento, y le rogaba que expulsara al demonio que tenía su hija.

27—Deja que primero se sacien los hijos —replicó Jesús—, porque no está bien quitarles el pan a los hijos y echárselo a los *perros.

28—Sí, Señor —respondió la mujer—, pero hasta los perros comen debajo de la mesa las migajas que dejan los hijos.

29Jesús le dijo:

—Por haberme respondido así, puedes irte tranquila; el demonio ha salido de tu hija.

30Cuando ella llegó a su casa, encontró a la niña acostada en la cama. El demonio ya había salido de ella.

Jesús sana a un sordomudo
7:31-37 — Mt 15:29-31

31Luego regresó Jesús de la región de Tiro y se dirigió por Sidón al mar de Galilea, internándose en la región de *Decápolis. 32Allí le llevaron un sordo tartamudo, y le suplicaban que pusiera la mano sobre él.

33Jesús lo apartó de la multitud para estar a solas con él, le puso los dedos en los oídos y le tocó la lengua con saliva.ᵛ 34Luego, mirando al cielo, suspiró profundamente y le dijo: «¡Efatá!» (que significa: ¡Ábrete!). 35Con esto, se le abrieron los oídos al hombre, se le destrabó la lengua y comenzó a hablar normalmente.

36Jesús les mandó que no se lo dijeran a nadie, pero cuanto más se lo prohibía, tanto más lo seguían propagando. 37La gente estaba sumamente asombrada, y decía: «Todo lo hace bien. Hasta hace oír a los sordos y hablar a los mudos.»

Jesús alimenta a los cuatro mil
8:1-9 — Mt 15:32-39
8:11-21 — Mt 16:1-12

8 En aquellos días se reunió de nuevo mucha gente. Como no tenían nada que comer, Jesús llamó a sus discípulos y les dijo:

2—Siento compasión de esta gente porque ya llevan tres días conmigo y no tienen nada

que comer. 3Si los despido a sus casas sin haber comido, se van a desmayar por el camino, porque algunos de ellos han venido de lejos.

4Los discípulos objetaron:

—¿Dónde se va a conseguir suficiente pan en este lugar despoblado para darles de comer?

5—¿Cuántos panes tienen? —les preguntó Jesús.

—Siete —respondieron.

6Entonces mandó que la gente se sentara en el suelo. Tomando los siete panes, dio gracias, los partió y se los fue dando a sus discípulos para que los repartieran a la gente, y así lo hicieron. 7Tenían además unos cuantos pescaditos. Dio gracias por ellos también y les dijo a los discípulos que los repartieran. 8La gente comió hasta quedar satisfecha. Después los discípulos recogieron siete cestas llenas de pedazos que sobraron. 9Los que comieron eran unos cuatro mil. Tan pronto como los despidió, 10Jesús se embarcó con sus discípulos y se fue a la región de Dalmanuta.

11Llegaron los *fariseos y comenzaron a discutir con Jesús. Para ponerlo a *prueba, le pidieron una señal del cielo. 12Él lanzó un profundo suspiro y dijo:ʷ «¿Por qué pide esta generación una señal milagrosa? Les aseguro que no se le dará ninguna señal.» 13Entonces los dejó, volvió a embarcarse y cruzó al otro lado.

La levadura de los fariseos y la de Herodes

14A los discípulos se les había olvidado llevar comida, y sólo tenían un pan en la barca. 15—Tengan cuidado —les advirtió Jesús—; ¡ojo con la levadura de los *fariseos y con la de Herodes!

16Ellos comentaban entre sí: «Lo dice porque no tenemos pan.» 17Al darse cuenta de esto, Jesús les dijo:

—¿Por qué están hablando de que no tienen pan? ¿Todavía no ven ni entienden? ¿Tienen la mente embotada? 18¿Es que tienen ojos, pero no ven, y oídos, pero no oyen? ¿Acaso no recuerdan? 19Cuando partí los cinco panes para los cinco mil, ¿cuántas canastas llenas de pedazos recogieron?

—Doce —respondieron.

20—Y cuando partí los siete panes para los cuatro mil, ¿cuántas cestas llenas de pedazos recogieron?

—Siete.

21Entonces concluyó:

—¿Y todavía no entienden?

Jesús sana a un ciego en Betsaida

22Cuando llegaron a Betsaida, algunas personas le llevaron un ciego a Jesús y le rogaron que lo tocara. 23Él tomó de la mano al ciego y

---

ᵗ **7:24** *de Tiro.* Var. *de Tiro y Sidón.*
ᵘ **7:26** *extranjera.* Lit. *helénica* (es decir, de cultura griega).
ᵛ **7:33** *con saliva.* Lit. *escupiendo.*
ʷ **8:12** *lanzó . . . dijo.* Lit. *suspirando en su espíritu dijo.*

lo sacó fuera del pueblo. Después de escupirle en los ojos y de poner las manos sobre él, le preguntó:

—¿Puedes ver ahora?

24El hombre alzó los ojos y dijo:

—Veo gente; parecen árboles que caminan.

25Entonces le puso de nuevo las manos sobre los ojos, y el ciego fue curado: recobró la vista y comenzó a ver todo con claridad. **26**Jesús lo mandó a su casa con esta advertencia:

—No vayas a entrar en el pueblo.ˣ

La confesión de Pedro

8:27-29 — Mt 16:13-16; Lc 9:18-20

27Jesús y sus discípulos salieron hacia las aldeas de Cesarea de Filipo. En el camino les preguntó:

—¿Quién dice la gente que soy yo?

28—Unos dicen que Juan el Bautista, otros que Elías, y otros que uno de los profetas —contestaron.

29—Y ustedes, ¿quién dicen que soy yo?

—Tú eres el *Cristo —afirmó Pedro.

30Jesús les ordenó que no hablaran a nadie acerca de él.

Jesús predice su muerte

8:31—9:1 — Mt 16:21-28; Lc 9:22-27

31Luego comenzó a enseñarles:

—El Hijo del hombre tiene que sufrir muchas cosas y ser rechazado por los *ancianos, por los jefes de los sacerdotes y por los *maestros de la ley. Es necesario que lo maten y que a los tres días resucite.

32Habló de esto con toda claridad. Pedro lo llevó aparte y comenzó a reprenderlo. **33**Pero Jesús se dio la vuelta, miró a sus discípulos, y reprendió a Pedro.

—¡Aléjate de mí, Satanás! —le dijo—. Tú no piensas en las cosas de Dios sino en las de los hombres.

34Entonces llamó a la multitud y a sus discípulos.

—Si alguien quiere ser mi discípulo —les dijo—, que se niegue a sí mismo, lleve su cruz y me siga. **35**Porque el que quiera salvar su *vida, la perderá; pero el que pierda su vida por mi causa y por el *evangelio, la salvará. **36**¿De qué sirve ganar el mundo entero si se pierde la vida? **37**¿O qué se puede dar a cambio de la vida? **38**Si alguien se avergüenza de mí y de mis palabras en medio de esta generación adúltera y pecadora, también el Hijo del hombre se avergonzará de él cuando venga en la gloria de su Padre con los santos ángeles.

9 Y añadió:

—Les aseguro que algunos de los aquí presentes no sufrirán la muerte sin antes haber visto el reino de Dios llegar con poder.

La transfiguración

9:2-8 — Lc 9:28-36
9:2-13 — Mt 17:1-13

2Seis días después Jesús tomó consigo a Pedro, a *Jacobo y a Juan, y los llevó a una montaña alta, donde estaban solos. Allí se transfiguró en presencia de ellos. **3**Su ropa se volvió de un blanco resplandeciente como nadie en el mundo podría blanquearla. **4**Y se les aparecieron Elías y Moisés, los cuales conversaban con Jesús. Tomando la palabra, **5**Pedro le dijo a Jesús:

—Rabí, ¡qué bien que estemos aquí! Podemos levantar tres albergues: uno para ti, otro para Moisés y otro para Elías.

6No sabía qué decir, porque todos estaban asustados. **7**Entonces apareció una nube que los envolvió, de la cual salió una voz que dijo: «Éste es mi Hijo amado. ¡Escúchenlo!»

8De repente, cuando miraron a su alrededor, ya no vieron a nadie más que a Jesús.

9Mientras bajaban de la montaña, Jesús les ordenó que no contaran a nadie lo que habían visto hasta que el Hijo del hombre se *levantara de entre los muertos. **10**Guardaron el secreto, pero discutían entre ellos qué significaría eso de «levantarse de entre los muertos».

11—¿Por qué dicen los *maestros de la ley que Elías tiene que venir primero? —le preguntaron.

12—Sin duda Elías ha de venir primero para restaurar todas las cosas —respondió Jesús—. Pero entonces, ¿cómo es que está escrito que el Hijo del hombre tiene que sufrir mucho y ser rechazado? **13**Pues bien, les digo que Elías ya ha venido, y le hicieron todo lo que quisieron, tal como está escrito de él.

Jesús sana a un muchacho endemoniado

9:14-28,30-32 — Mt 17:14-19,22-23; Lc 9:37-45

14Cuando llegaron a donde estaban los otros discípulos, vieronʸ que a su alrededor había mucha gente y que los *maestros de la ley discutían con ellos. **15**Tan pronto como la gente vio a Jesús, todos se sorprendieron y corrieron a saludarlo.

16—¿Qué están discutiendo con ellos? —les preguntó.

17—Maestro —respondió un hombre de entre la multitud—, te he traído a mi hijo, pues está poseído por un espíritu que le ha quitado el habla. **18**Cada vez que se apodera de él, lo derriba. Echa espumarajos, cruje los dientes y se queda rígido. Les pedí a tus discípulos que expulsaran al espíritu, pero no lo lograron.

19—¡Ah, generación incrédula! —respondió Jesús—. ¿Hasta cuándo tendré que estar con ustedes? ¿Hasta cuándo tendré que soportarlos? Tráiganme al muchacho.

20Así que se lo llevaron. Tan pronto como vio a Jesús, el espíritu sacudió de tal modo al

---

ˣ **8:26** *pueblo.* Var. *pueblo, ni a decírselo a nadie en el pueblo.*
ʸ **9:14** *Cuando llegaron … vieron.* Var. *Cuando llegó … vio.*

muchacho que éste cayó al suelo y comenzó a revolcarse echando espumarajos.

21—¿Cuánto tiempo hace que le pasa esto? —le preguntó Jesús al padre.

—Desde que era niño —contestó—. **22**Muchas veces lo ha echado al fuego y al agua para matarlo. Si puedes hacer algo, ten compasión de nosotros y ayúdanos.

23—¿Cómo que si puedo? Para el que cree, todo es posible.

24—¡Sí creo! —exclamó de inmediato el padre del muchacho—. ¡Ayúdame en mi poca fe!

25Al ver Jesús que se agolpaba mucha gente, reprendió al *espíritu maligno.

—Espíritu sordo y mudo —dijo—, te mando que salgas y que jamás vuelvas a entrar en él.

26El espíritu, dando un alarido y sacudiendo violentamente al muchacho, salió de él. Éste quedó como muerto, tanto que muchos decían: «Ya se murió.» **27**Pero Jesús lo tomó de la mano y lo levantó, y el muchacho se puso de pie.

28Cuando Jesús entró en casa, sus discípulos le preguntaron en privado:

—¿Por qué nosotros no pudimos expulsarlo?

29—Esta clase de demonios sólo puede ser expulsada a fuerza de oración[z] —respondió Jesús.

30Dejaron aquel lugar y pasaron por Galilea. Pero Jesús no quería que nadie lo supiera, **31**porque estaba instruyendo a sus discípulos. Les decía: «El Hijo del hombre va a ser entregado en manos de los hombres. Lo matarán, y a los tres días de muerto resucitará.»

32Pero ellos no entendían lo que quería decir con esto, y no se atrevían a preguntárselo.

¿Quién es el más importante?
9:33-37 — Mt 18:1-5; Lc 9:46-48

33Llegaron a Capernaúm. Cuando ya estaba en casa, Jesús les preguntó:

—¿Qué venían discutiendo por el camino?

34Pero ellos se quedaron callados, porque en el camino habían discutido entre sí quién era el más importante.

35Entonces Jesús se sentó, llamó a los doce y les dijo:

—Si alguno quiere ser el primero, que sea el último de todos y el servidor de todos.

36Luego tomó a un niño y lo puso en medio de ellos. Abrazándolo, les dijo:

37—El que recibe en mi nombre a uno de estos niños, me recibe a mí; y el que me recibe a mí no me recibe a mí sino al que me envió.

El que no está contra nosotros está a favor de nosotros
9:38-40 — Lc 9:49-50

38—Maestro —dijo Juan—, vimos a uno que expulsaba demonios en tu nombre y se lo impedimos porque no es de los nuestros.[a]

39—No se lo impidan —replicó Jesús—. Nadie que haga un milagro en mi nombre puede a la vez hablar mal de mí. **40**El que no está contra nosotros está a favor de nosotros. **41**Les aseguro que cualquiera que les dé un vaso de agua en mi nombre por ser ustedes de *Cristo no perderá su recompensa.

El hacer pecar

42»Pero si alguien hace *pecar a uno de estos pequeños que creen en mí, más le valdría que le ataran al cuello una piedra de molino y lo arrojaran al mar. **43**Si tu mano te hace pecar, córtatela. Más te vale entrar en la vida manco, que ir con las dos manos al infierno,[b] donde el fuego nunca se apaga.[c] **45**Y si tu pie te hace pecar, córtatelo. Más te vale entrar en la vida cojo, que ser arrojado con los dos pies al infierno.[d] **47**Y si tu ojo te hace pecar, sácatelo. Más te vale entrar tuerto en el reino de Dios, que ser arrojado con los dos ojos al infierno, **48**donde

»"su gusano no muere, y el fuego no se apaga."[e]

49La sal con que todos serán sazonados es el fuego.

50»La sal es buena, pero si deja de ser salada, ¿cómo le pueden volver a dar sabor? Que no falte la sal entre ustedes, para que puedan vivir en paz unos con otros.

El divorcio
10:1-12 — Mt 19:1-9

10 Jesús partió de aquel lugar y se fue a la región de Judea y al otro lado del Jordán. Otra vez se le reunieron las multitudes, y como era su costumbre, les enseñaba.

2En eso, unos *fariseos se le acercaron y, para ponerlo a *prueba, le preguntaron:

—¿Está permitido que un hombre se divorcie de su esposa?

3—¿Qué les mandó Moisés? —replicó Jesús.

4—Moisés permitió que un hombre le escribiera un certificado de divorcio y la despidiera —contestaron ellos.

5—Esa ley la escribió Moisés para ustedes por lo obstinados que son[f] —aclaró Jesús—. **6**Pero al principio de la creación Dios "los hizo hombre y mujer".[g] **7**"Por eso dejará el hombre a su padre y a su madre, y se unirá a su esposa,[h] **8**y los dos llegarán a ser un solo cuerpo."[i] Así que ya no son

---

[z] **9:29** *oración.* Var. *oración y ayuno.*
[a] **9:38** *no es de los nuestros.* Lit. *no nos sigue.*
[b] **9:43** *al infierno.* Lit. *a la *Gehenna;* también en vv. 45 y 47.
[c] **9:43** *apaga.* Var. *apaga, v.* **44***donde "su gusano no muere, y el fuego no se apaga".*
[d] **9:45** *infierno.* Var. *infierno, v.* **46***donde "su gusano no muere, y el fuego no se apaga".*
[e] **9:48** Is 66:24.
[f] **10:5** *por lo obstinados que son.* Lit. *por su dureza de corazón.*
[g] **10:6** Gn 1:27.
[h] **10:7** Var. no incluye: *y se unirá a su esposa.*
[i] **10:8** Gn 2:24.

dos, sino uno solo. **9**Por tanto, lo que Dios ha unido, que no lo separe el hombre.

10Vueltos a casa, los discípulos le preguntaron a Jesús sobre este asunto.

11—El que se divorcia de su esposa y se casa con otra, comete adulterio contra la primera —respondió—. **12**Y si la mujer se divorcia de su esposo y se casa con otro, comete adulterio.

Jesús y los niños
10:13-16 — Mt 19:13-15; Lc 18:15-17

13Empezaron a llevarle niños a Jesús para que los tocara, pero los discípulos reprendían a quienes los llevaban. **14**Cuando Jesús se dio cuenta, se indignó y les dijo: «Dejen que los niños vengan a mí, y no se lo impidan, porque el reino de Dios es de quienes son como ellos. **15**Les aseguro que el que no reciba el reino de Dios como un niño, de ninguna manera entrará en él.» **16**Y después de abrazarlos, los bendecía poniendo las manos sobre ellos.

El joven rico
10:17-31 — Mt 19:16-30; Lc 18:18-30

17Cuando Jesús estaba ya para irse, un hombre llegó corriendo y se postró delante de él.

—Maestro bueno —le preguntó—, ¿qué debo hacer para heredar la vida eterna?

18—¿Por qué me llamas bueno? —respondió Jesús—. Nadie es bueno sino sólo Dios. **19**Ya sabes los mandamientos: "No mates, no cometas adulterio, no robes, no presentes falso testimonio, no defraudes, honra a tu padre y a tu madre."*j*

20—Maestro —dijo el hombre—, todo eso lo he cumplido desde que era joven.

21Jesús lo miró con amor y añadió:

—Una sola cosa te falta: anda, vende todo lo que tienes y dáselo a los pobres, y tendrás tesoro en el cielo. Luego ven y sígueme.

22Al oír esto, el hombre se desanimó y se fue triste porque tenía muchas riquezas.

23Jesús miró alrededor y les comentó a sus discípulos:

—¡Qué difícil es para los ricos entrar en el reino de Dios!

24Los discípulos se asombraron de sus palabras.

—Hijos, ¡qué difícil es entrar*k* en el reino de Dios! —repitió Jesús—. **25**Le resulta más fácil a un camello pasar por el ojo de una aguja, que a un rico entrar en el reino de Dios.

26Los discípulos se asombraron aun más, y decían entre sí: «Entonces, ¿quién podrá salvarse?»

27—Para los hombres es imposible —aclaró Jesús, mirándolos fijamente—, pero no para Dios; de hecho, para Dios todo es posible.

28—¿Qué de nosotros, que lo hemos dejado todo y te hemos seguido? —comenzó a reclamarle Pedro.

29—Les aseguro —respondió Jesús— que todo el que por mi causa y la del *evangelio haya dejado casa, hermanos, hermanas, madre, padre, hijos o terrenos, **30**recibirá cien veces más ahora en este tiempo (casas, hermanos, hermanas, madres, hijos y terrenos, aunque con persecuciones); y en la edad venidera, la vida eterna. **31**Pero muchos de los primeros serán últimos, y los últimos, primeros.

Jesús predice de nuevo su muerte
10:32-34 — Mt 20:17-19; Lc 18:31-33

32Iban de camino subiendo a Jerusalén, y Jesús se les adelantó. Los discípulos estaban asombrados, y los otros que venían detrás tenían miedo. De nuevo tomó aparte a los doce y comenzó a decirles lo que le iba a suceder. **33**«Ahora vamos rumbo a Jerusalén, y el Hijo del hombre será entregado a los jefes de los sacerdotes y a los *maestros de la ley. Ellos lo condenarán a muerte y lo entregarán a los *gentiles. **34**Se burlarán de él, le escupirán, lo azotarán y lo matarán. Pero a los tres días resucitará.»

La petición de Jacobo y Juan
10:35-45 — Mt 20:20-28

35Se le acercaron *Jacobo y Juan, hijos de Zebedeo.

—Maestro —le dijeron—, queremos que nos concedas lo que te vamos a pedir.

36—¿Qué quieren que haga por ustedes?

37—Concédenos que en tu glorioso reino uno de nosotros se siente a tu *derecha y el otro a tu izquierda.

38—No saben lo que están pidiendo —les replicó Jesús—. ¿Pueden acaso beber el trago amargo de la copa que yo bebo, o pasar por la prueba del bautismo con el que voy a ser probado?*l*

39—Sí, podemos.

—Ustedes beberán de la copa que yo bebo —les respondió Jesús— y pasarán por la prueba del bautismo con el que voy a ser probado, **40**pero el sentarse a mi derecha o a mi izquierda no me corresponde a mí concederlo. Eso ya está decidido.*m*

41Los otros diez, al oír la conversación, se indignaron contra Jacobo y Juan. **42**Así que Jesús los llamó y les dijo:

—Como ustedes saben, los que se consideran jefes de las *naciones oprimen a los súbditos, y los altos oficiales abusan de su autoridad. **43**Pero entre ustedes no debe ser así. Al contrario, el que quiera hacerse grande entre ustedes deberá ser su servidor, **44**y el que quiera ser el primero deberá ser *esclavo de todos. **45**Porque

---

j **10:19** Éx 20:12-16; Dt 5:16-20.
k **10:24** *es entrar.* Var. *es para los que confían en las riquezas entrar.*
l **10:38** *beber … probado?* Lit. *beber la copa que yo bebo, o ser bautizados con el bautismo con que yo soy bautizado?*
m **10:40** *concederlo. Eso ya está decidido.* Lit. *concederlo, sino para quienes está preparado.*

ni aun el Hijo del hombre vino para que le sirvan, sino para servir y para dar su *vida en rescate por muchos.

El ciego Bartimeo recibe la vista

10:46-52 — Mt 20:29-34; Lc 18:35-43

46Después llegaron a Jericó. Más tarde, salió Jesús de la ciudad acompañado de sus discípulos y de una gran multitud. Un mendigo ciego llamado Bartimeo (el hijo de Timeo) estaba sentado junto al camino. **47**Al oír que el que venía era Jesús de Nazaret, se puso a gritar:

—¡Jesús, Hijo de David, ten compasión de mí!

48Muchos lo reprendían para que se callara, pero él se puso a gritar aun más:

—¡Hijo de David, ten compasión de mí!

49Jesús se detuvo y dijo:

—Llámenlo.

Así que llamaron al ciego.

—¡Ánimo! —le dijeron—. ¡Levántate! Te llama.

50Él, arrojando la capa, dio un salto y se acercó a Jesús.

51—¿Qué quieres que haga por ti? —le preguntó.

—Rabí, quiero ver —respondió el ciego.

52—Puedes irte —le dijo Jesús—; tu fe te ha *sanado.

Al momento recobró la vista y empezó a seguir a Jesús por el camino.

La entrada triunfal

11:1-10 — Mt 21:1-9; Lc 19:29-38
11:7-10 — Jn 12:12-15

11 Cuando se acercaban a Jerusalén y llegaron a Betfagué y a Betania, junto al monte de los Olivos, Jesús envió a dos de sus discípulos **2**con este encargo: «Vayan a la aldea que tienen enfrente. Tan pronto como entren en ella, encontrarán atado un burrito, en el que nunca se ha montado nadie. Desátenlo y tráiganlo acá. **3**Y si alguien les dice: "¿Por qué hacen eso?", díganle: "El Señor lo necesita, y en seguida lo devolverá."»

4Fueron, encontraron un burrito afuera en la calle, atado a un portón, y lo desataron. **5**Entonces algunos de los que estaban allí les preguntaron: «¿Qué hacen desatando el burrito?» **6**Ellos contestaron como Jesús les había dicho, y les dejaron desatarlo. **7**Le llevaron, pues, el burrito a Jesús. Luego pusieron encima sus mantos, y él se montó. **8**Muchos tendieron sus mantos sobre el camino; otros usaron ramas que habían cortado en los campos. **9**Tanto los que iban delante como los que iban detrás, gritaban:

—¡Hosanna!*n*

—¡Bendito el que viene en el nombre del Señor!*ñ*

10—¡Bendito el reino venidero de nuestro padre David!

—¡Hosanna en las alturas!

11Jesús entró en Jerusalén y fue al *templo. Después de observarlo todo, como ya era tarde, salió para Betania con los doce.

Jesús purifica el templo

11:12-14 — Mt 21:18-22
11:15-18 — Mt 21:12-16; Lc 19:45-47; Jn 2:13-16

12Al día siguiente, cuando salían de Betania, Jesús tuvo hambre. **13**Viendo a lo lejos una higuera que tenía hojas, fue a ver si hallaba algún fruto. Cuando llegó a ella sólo encontró hojas, porque no era tiempo de higos. **14**«¡Nadie vuelva a comer fruto de ti!», le dijo a la higuera. Y lo oyeron sus discípulos.

15Llegaron, pues, a Jerusalén. Jesús entró en el *templo*o* y comenzó a echar de allí a los que compraban y vendían. Volcó las mesas de los que cambiaban dinero y los puestos de los que vendían palomas, **16**y no permitía que nadie atravesara el templo llevando mercancías. **17**También les enseñaba con estas palabras: «¿No está escrito:

»"Mi casa será llamada casa de oración para todas las *naciones"?*p* Pero ustedes la han convertido en "cueva de ladrones".»*q*

18Los jefes de los sacerdotes y los *maestros de la ley lo oyeron y comenzaron a buscar la manera de matarlo, pues le temían, ya que toda la gente se maravillaba de sus enseñanzas.

19Cuando cayó la tarde, salieron*r* de la ciudad.

La higuera seca

11:20-24 — Mt 21:19-22

20Por la mañana, al pasar junto a la higuera, vieron que se había secado de raíz. **21**Pedro, acordándose, le dijo a Jesús:

—¡Rabí, mira, se ha secado la higuera que maldijiste!

22—Tengan fe en Dios —respondió Jesús—. **23**Les aseguro*s* que si alguno le dice a este monte: "Quítate de ahí y tírate al mar", creyendo, sin abrigar la menor duda de que lo que dice sucederá, lo obtendrá. **24**Por eso les digo: Crean que ya han recibido todo lo que estén pidiendo en oración, y lo obtendrán. **25**Y cuando estén orando, si tienen algo contra alguien, perdónenlo, para que también su Padre que está en el cielo les perdone a ustedes sus pecados.*t*

---

n 11:9 Expresión hebrea que significa «¡Salva!», y que llegó a ser una exclamación de alabanza; también en v. 10.

ñ 11:9 Sal 118:25, 26.

o 11:15 Es decir, en el área general del templo; también en v. 16.

p 11:17 Is 56:7

q 11:17 Jer 7:11.

r 11:19 *salieron.* Var. *salió.*

s 11:22,23 *Tengan fe ... Les aseguro.* Var. *Si tienen fe ... les aseguro.*

t 11:25 *pecados.* Var. *pecados.* **26** *Pero si ustedes no perdonan, tampoco su Padre que está en el cielo les perdonará a ustedes sus pecados.*

La autoridad de Jesús puesta en duda
11:27-33 — Mt 21:23-27; Lc 20:1-8

27Llegaron de nuevo a Jerusalén, y mientras Jesús andaba por el *templo, se le acercaron los jefes de los sacerdotes, los *maestros de la ley y los *ancianos.

28—¿Con qué autoridad haces esto? —lo interrogaron—. ¿Quién te dio autoridad para actuar así?

29—Yo voy a hacerles una pregunta a ustedes —replicó él—. Contéstenmela, y les diré con qué autoridad hago esto: **30**El bautismo de Juan, ¿procedía del cielo o de la tierra?*u* Respóndanme.

31Ellos se pusieron a discutir entre sí: «Si respondemos: "Del cielo", nos dirá: "Entonces, ¿por qué no le creyeron?" **32**Pero si decimos: "De la tierra"...» Es que temían al pueblo, porque todos consideraban que Juan era realmente un profeta. **33**Así que le respondieron a Jesús:

—No lo sabemos.

—Pues yo tampoco les voy a decir con qué autoridad hago esto.

Parábola de los labradores malvados
12:1-12 — Mt 21:33-46; Lc 20:9-19

12 Entonces comenzó Jesús a hablarles en parábolas: «Un hombre plantó un viñedo. Lo cercó, cavó un lagar y construyó una torre de vigilancia. Luego arrendó el viñedo a unos labradores y se fue de viaje. **2**Llegada la cosecha, mandó un *siervo a los labradores para recibir de ellos una parte del fruto. **3**Pero ellos lo agarraron, lo golpearon y lo despidieron con las manos vacías. **4**Entonces les mandó otro siervo; a éste le rompieron la cabeza y lo humillaron. **5**Mandó a otro, y a éste lo mataron. Mandó a otros muchos, a unos los golpearon, a otros los mataron.

6»Le quedaba todavía uno, su hijo amado. Por último, lo mandó a él, pensando: "¡A mi hijo sí lo respetarán!" **7**Pero aquellos labradores se dijeron unos a otros: "Éste es el heredero. Matémoslo, y la herencia será nuestra." **8**Así que le echaron mano y lo mataron, y lo arrojaron fuera del viñedo.

9»¿Qué hará el dueño? Volverá, acabará con los labradores, y dará el viñedo a otros. **10**¿No han leído ustedes esta Escritura:

»"La piedra que desecharon los constructores ha llegado a ser la piedra angular; **11**esto es obra del Señor, y nos deja maravillados"?»*v*

12Cayendo en la cuenta de que la parábola iba dirigida contra ellos, buscaban la manera de arrestarlo. Pero temían a la multitud; así que lo dejaron y se fueron.

El pago de impuestos al césar
12:13-17 — Mt 22:15-22; Lc 20:20-26

13Luego enviaron a Jesús algunos de los *fariseos y de los herodianos para tenderle una trampa con sus mismas palabras. **14**Al llegar le dijeron:

—Maestro, sabemos que eres un hombre íntegro. No te dejas influir por nadie porque no te fijas en las apariencias, sino que de verdad enseñas el camino de Dios. ¿Está permitido pagar impuestos al *césar o no? **15**¿Debemos pagar o no?

Pero Jesús, sabiendo que fingían, les replicó:

—¿Por qué me tienden *trampas? Tráiganme una moneda romana*w* para verla.

16Le llevaron la moneda, y él les preguntó:

—¿De quién son esta imagen y esta inscripción?

—Del césar —contestaron.

17—Denle, pues, al césar lo que es del césar, y a Dios lo que es de Dios.

Y se quedaron admirados de él.

El matrimonio en la resurrección
12:18-27 — Mt 22:23-33; Lc 20:27-38

18Entonces los saduceos, que dicen que no hay resurrección, fueron a verlo y le plantearon un problema:

19—Maestro, Moisés nos enseñó en sus escritos que si un hombre muere y deja a la viuda sin hijos, el hermano de ese hombre tiene que casarse con la viuda para que su hermano tenga descendencia. **20**Ahora bien, había siete hermanos. El primero se casó y murió sin dejar descendencia. **21**El segundo se casó con la viuda, pero también murió sin dejar descendencia. Lo mismo le pasó al tercero. **22**En fin, ninguno de los siete dejó descendencia. Por último, murió también la mujer. **23**Cuando resuciten, ¿de cuál será esposa esta mujer, ya que los siete estuvieron casados con ella?

24—¿Acaso no andan ustedes equivocados? —les replicó Jesús—. ¡Es que desconocen las Escrituras y el poder de Dios! **25**Cuando resuciten los muertos, no se casarán ni serán dados en casamiento, sino que serán como los ángeles que están en el cielo. **26**Pero en cuanto a que los muertos resucitan, ¿no han leído en el libro de Moisés, en el pasaje sobre la zarza, cómo Dios le dijo: "Yo soy el Dios de Abraham, de Isaac y de Jacob"?*x* **27**Él no es Dios de muertos, sino de vivos. ¡Ustedes andan muy equivocados!

El mandamiento más importante
12:28-34 — Mt 22:34-40

28Uno de los *maestros de la ley se acercó y los oyó discutiendo. Al ver lo bien que Jesús les había contestado, le preguntó: —De todos los mandamientos, ¿cuál es el más importante?

29—El más importante es: "Oye, Israel. El Señor nuestro Dios es el único Señor*y* —contestó

---

u **11:30** *la tierra.* Lit. *los hombres;* también en v. 32.
v **12:11** Sal 118:22,23.
w **12:15** *una moneda romana.* Lit. *un *denario.*
x **12:26** Éx 3:6.
y **12:29** *Dios es el único Señor.* Alt. *Dios, el Señor es uno.*

Jesús—. **30**Ama al Señor tu Dios con todo tu corazón, con toda tu alma, con toda tu mente y con todas tus fuerzas."*z* **31**El segundo es: "Ama a tu prójimo como a ti mismo."*a* No hay otro mandamiento más importante que éstos.

32—Bien dicho, Maestro —respondió el hombre—. Tienes razón al decir que Dios es uno solo y que no hay otro fuera de él. **33**Amarlo con todo el corazón, con todo el entendimiento y con todas las fuerzas, y amar al prójimo como a uno mismo, es más importante que todos los holocaustos y sacrificios.

34Al ver Jesús que había respondido con inteligencia, le dijo:

—No estás lejos del reino de Dios.

Y desde entonces nadie se atrevió a hacerle más preguntas.

¿De quién es hijo el Cristo?
12:35-37 — Mt 22:41-46; Lc 20:41-44
12:38-40 — Mt 23:1-7; Lc 20:45-47

35Mientras enseñaba en el *templo, Jesús les propuso:

—¿Cómo es que los *maestros de la ley dicen que el *Cristo es hijo de David? **36**David mismo, hablando por el Espíritu Santo, declaró:

»"Dijo el Señor a mi Señor: 'Siéntate a mi *derecha, hasta que ponga a tus enemigos debajo de tus pies.'"*b*

37Si David mismo lo llama "Señor", ¿cómo puede ser su hijo?

La muchedumbre lo escuchaba con agrado. **38**Como parte de su enseñanza Jesús decía:

—Tengan cuidado de los *maestros de la ley. Les gusta pasearse con ropas ostentosas y que los saluden en las plazas, **39**ocupar los primeros asientos en las sinagogas y los lugares de honor en los banquetes. **40**Se apoderan de los bienes de las viudas y a la vez hacen largas plegarias para impresionar a los demás. Éstos recibirán peor castigo.

La ofrenda de la viuda
12:41-44 — Lc 21:1-4

41Jesús se sentó frente al lugar donde se depositaban las ofrendas, y estuvo observando cómo la gente echaba sus monedas en las alcancías del *templo. Muchos ricos echaban grandes cantidades. **42**Pero una viuda pobre llegó y echó dos moneditas de muy poco valor.*c*

43Jesús llamó a sus discípulos y les dijo: «Les aseguro que esta viuda pobre ha echado en el tesoro más que todos los demás. **44**Éstos dieron de lo que les sobraba; pero ella, de su pobreza, echó todo lo que tenía, todo su sustento.»

Señales del fin del mundo
13:1-37 — Mt 24:1-51; Lc 21:5-36

13 Cuando salía Jesús del *templo, le dijo uno de sus discípulos:

—¡Mira, Maestro! ¡Qué piedras! ¡Qué edificios!

2—¿Ves todos estos grandiosos edificios? —contestó Jesús—. No quedará piedra sobre piedra; todo será derribado.

3Más tarde estaba Jesús sentado en el monte de los Olivos, frente al templo. Y Pedro, *Jacobo, Juan y Andrés le preguntaron en privado:

4—Dinos, ¿cuándo sucederá eso? ¿Y cuál será la señal de que todo está a punto de cumplirse?

5—Tengan cuidado de que nadie los engañe —comenzó Jesús a advertirles—. **6**Vendrán muchos que, usando mi nombre, dirán: "Yo soy", y engañarán a muchos. **7**Cuando sepan de guerras y de rumores de guerras, no se alarmen. Es necesario que eso suceda, pero no será todavía el fin. **8**Se levantará nación contra nación, y reino contra reino. Habrá terremotos por todas partes; también habrá hambre. Esto será apenas el comienzo de los dolores.

9»Pero ustedes cuídense. Los entregarán a los tribunales y los azotarán en las sinagogas. Por mi causa comparecerán ante gobernadores y reyes para dar testimonio ante ellos. **10**Pero primero tendrá que predicarse el *evangelio a todas las *naciones. **11**Y cuando los arresten y los sometan a juicio, no se preocupen de antemano por lo que van a decir. Sólo declaren lo que se les dé a decir en ese momento, porque no serán ustedes los que hablen, sino el Espíritu Santo.

12»El hermano entregará a la muerte al hermano, y el padre al hijo. Los hijos se rebelarán contra sus padres y les darán muerte. **13**Todo el mundo los odiará a ustedes por causa de mi nombre, pero el que se mantenga firme hasta el fin será salvo.

14»Ahora bien, cuando vean "el horrible sacrilegio"*d* donde no debe estar (el que lee, que lo entienda), entonces los que estén en Judea huyan a las montañas. **15**El que esté en la azotea no baje ni entre en casa para llevarse nada. **16**Y el que esté en el campo no regrese para buscar su capa. **17**¡Ay de las que estén embarazadas o amamantando en aquellos días! **18**Oren para que esto no suceda en invierno, **19**porque serán días de tribulación como no la ha habido desde el principio, cuando Dios creó el mundo,*e* ni la habrá jamás. **20**Si el Señor no hubiera acortado esos días, nadie sobreviviría. Pero por causa de los que él ha elegido, los ha acortado. **21**Entonces, si alguien les dice a ustedes: "¡Miren, aquí está el *Cristo!" o "¡Miren, allí está!", no lo crean. **22**Porque surgirán falsos Cristos y falsos profetas que harán señales y milagros para

z **12:30** Dt 6:4,5.
a **12:31** Lv 19:18
b **12:36** Sal 110:1.
c **12:42** *dos moneditas de muy poco valor.* Lit. *dos.* *lepta, que es un cuadrante.*
d **13:14** *el horrible sacrilegio.* Lit. *la abominación de desolación;* Dn 9:27; 11:31; 12:11.
e **13:19** *desde … mundo.* Lit. *desde el principio de la creación que creó Dios hasta ahora.*

engañar, de ser posible, aun a los elegidos. **23**Así que tengan cuidado; los he prevenido de todo.

24»Pero en aquellos días, después de esa tribulación,

»"se oscurecerá el sol y no brillará más la luna; **25**las estrellas caerán del cielo y los cuerpos celestes serán sacudidos".*f*

26»Verán entonces al Hijo del hombre venir en las nubes con gran poder y gloria. **27**Y él enviará a sus ángeles para reunir de los cuatro vientos a los elegidos, desde los confines de la tierra hasta los confines del cielo.

28»Aprendan de la higuera esta lección: Tan pronto como se ponen tiernas sus ramas y brotan sus hojas, ustedes saben que el verano está cerca. **29**Igualmente, cuando vean que suceden estas cosas, sepan que el tiempo está cerca, a las puertas. **30**Les aseguro que no pasará esta generación hasta que todas estas cosas sucedan. **31**El cielo y la tierra pasarán, pero mis palabras jamás pasarán.

Se desconocen el día y la hora

32»Pero en cuanto al día y la hora, nadie lo sabe, ni siquiera los ángeles en el cielo, ni el Hijo, sino sólo el Padre. **33**¡Estén alerta! ¡Vigilen!*g* Porque ustedes no saben cuándo llegará ese momento. **34**Es como cuando un hombre sale de viaje y deja su casa al cuidado de sus siervos, cada uno con su tarea, y le manda al portero que vigile.

35»Por lo tanto, manténganse despiertos, porque no saben cuándo volverá el dueño de la casa, si al atardecer, o a la medianoche, o al canto del gallo, o al amanecer; **36**no sea que venga de repente y los encuentre dormidos. **37**Lo que les digo a ustedes, se lo digo a todos: ¡Manténganse despiertos!

Una mujer unge a Jesús en Betania

14:1-11 — Mt 26:2-16
14:1-2,10-11 — Lc 22:1-6

14 Faltaban sólo dos días para la Pascua y para la fiesta de los Panes sin levadura. Los jefes de los sacerdotes y los *maestros de la ley buscaban con artimañas cómo arrestar a Jesús para matarlo. **2**Por eso decían: «No durante la fiesta, no sea que se amotine el pueblo.»

3En Betania, mientras estaba él *sentado a la mesa en casa de Simón llamado el leproso, llegó una mujer con un frasco de alabastro lleno de un perfume muy costoso, hecho de nardo puro. Rompió el frasco y derramó el perfume sobre la cabeza de Jesús.

4Algunos de los presentes comentaban indignados:

—¿Para qué este desperdicio de perfume? **5**Podía haberse vendido por muchísimo dinero*h* para darlo a los pobres.

Y la reprendían con severidad.

6—Déjenla en paz —dijo Jesús—. ¿Por qué la molestan? Ella ha hecho una obra hermosa conmigo. **7**A los pobres siempre los tendrán con ustedes, y podrán ayudarlos cuando quieran; pero a mí no me van a tener siempre. **8**Ella hizo lo que pudo. Ungió mi cuerpo de antemano, preparándolo para la sepultura. **9**Les aseguro que en cualquier parte del mundo donde se predique el *evangelio, se contará también, en memoria de esta mujer, lo que ella hizo.

10Judas Iscariote, uno de los doce, fue a los jefes de los sacerdotes para entregarles a Jesús. **11**Ellos se alegraron al oírlo, y prometieron darle dinero. Así que él buscaba la ocasión propicia para entregarlo.

La Cena del Señor

14:12-26 — Mt 26:17-30; Lc 22:7-23
14:22-25 — 1Co 11:23-25

12El primer día de la fiesta de los Panes sin levadura, cuando se acostumbraba sacrificar el cordero de la Pascua, los discípulos le preguntaron a Jesús:

—¿Dónde quieres que vayamos a hacer los preparativos para que comas la Pascua?

13Él envió a dos de sus discípulos con este encargo:

—Vayan a la ciudad y les saldrá al encuentro un hombre que lleva un cántaro de agua. Síganlo. **14**y allí donde entre díganle al dueño: "El Maestro pregunta: ¿Dónde está la sala en la que pueda comer la Pascua con mis discípulos?" **15**Él les mostrará en la planta alta una sala amplia, amueblada y arreglada. Preparen allí nuestra cena.

16Los discípulos salieron, entraron en la ciudad y encontraron todo tal y como les había dicho Jesús. Así que prepararon la Pascua.

17Al anochecer llegó Jesús con los doce. **18**Mientras estaban *sentados a la mesa comiendo, dijo:

—Les aseguro que uno de ustedes, que está comiendo conmigo, me va a traicionar.

19Ellos se pusieron tristes, y uno tras otro empezaron a preguntarle:

—¿Acaso seré yo?

20—Es uno de los doce —contestó—, uno que moja el pan conmigo en el plato. **21**A la verdad, el Hijo del hombre se irá tal como está escrito de él, pero ¡ay de aquel que lo traiciona! Más le valdría a ese hombre no haber nacido.

22Mientras comían, Jesús tomó pan y lo bendijo. Luego lo partió y se lo dio a ellos, diciéndoles:

—Tomen; esto es mi cuerpo.

23Después tomó una copa, dio gracias y se la dio a ellos, y todos bebieron de ella.

24—Esto es mi sangre del pacto,*i* que es derramada por muchos —les dijo—. **25**Les aseguro que no volveré a beber del fruto de la vid

---

f **13:25** Is 13:10; 34:4.
g **13:33** *¡Vigilen!* Var. *¡Vigilen y oren!*
h **14:5** *muchísimo dinero.* Lit. *más de trescientos* *denarios.*
i **14:24** *del pacto.* Var. *del nuevo pacto* (véase Lc 22:20).

hasta aquel día en que beba el vino nuevo en el reino de Dios.

26Después de cantar los salmos, salieron al monte de los Olivos.

Jesús predice la negación de Pedro

14:27-31 — Mt 26:31-35

27—Todos ustedes me abandonarán —les dijo Jesús—, porque está escrito:

»"Heriré al pastor, y se dispersarán las ovejas."*j*

28Pero después de que yo resucite, iré delante de ustedes a Galilea.

29—Aunque todos te abandonen, yo no —declaró Pedro.

30—Te aseguro —le contestó Jesús— que hoy, esta misma noche, antes de que el gallo cante por segunda vez,*k* me negarás tres veces.

31—Aunque tenga que morir contigo —insistió Pedro con vehemencia—, jamás te negaré.

Y los demás dijeron lo mismo.

Getsemaní

14:32-42 — Mt 26:36-46; Lc 22:40-46

32Fueron a un lugar llamado Getsemaní, y Jesús les dijo a sus discípulos: «Siéntense aquí mientras yo oro.» 33Se llevó a Pedro, a *Jacobo y a Juan, y comenzó a sentir temor y tristeza. 34«Es tal la angustia que me invade que me siento morir —les dijo—. Quédense aquí y vigilen.»

35Yendo un poco más allá, se postró en tierra y empezó a orar que, de ser posible, no tuviera él que pasar por aquella hora. 36Decía: «*Abba, Padre, todo es posible para ti. No me hagas beber este trago amargo,*l* pero no sea lo que yo quiero, sino lo que quieres tú.»

37Luego volvió a sus discípulos y los encontró dormidos. «Simón —le dijo a Pedro—, ¿estás dormido? ¿No pudiste mantenerte despierto ni una hora? 38Vigilen y oren para que no caigan en *tentación. El espíritu está dispuesto, pero el cuerpo*m* es débil.

39Una vez más se retiró e hizo la misma oración. 40Cuando volvió, los encontró dormidos otra vez, porque se les cerraban los ojos de sueño. No sabían qué decirle. 41Al volver por tercera vez, les dijo: «¿Siguen durmiendo y descansando? ¡Se acabó! Ha llegado la hora. Miren, el Hijo del hombre va a ser entregado en manos de *pecadores. 42¡Levántense! ¡Vámonos! ¡Ahí viene el que me traiciona!»

Arresto de Jesús

14:43-50 — Mt 26:14-56; Lc 22:47-50; Jn 18:3-11

43Todavía estaba hablando Jesús cuando de repente llegó Judas, uno de los doce. Lo acompañaba una turba armada con espadas y palos, enviada por los jefes de los sacerdotes, los *maestros de la ley y los *ancianos.

44El traidor les había dado esta contraseña: «Al que yo le dé un beso, ése es; arréstenlo y llévenselo bien asegurado.»

45Tan pronto como llegó, Judas se acercó a Jesús.

—¡Rabí! —le dijo, y lo besó.

46Entonces los hombres prendieron a Jesús. 47Pero uno de los que estaban ahí desenfundó la espada e hirió al siervo del sumo sacerdote, cortándole una oreja.

48—¿Acaso soy un bandido*n* —dijo Jesús—, para que vengan con espadas y palos a arrestarme? 49Día tras día estaba con ustedes, enseñando en el *templo, y no me prendieron. Pero es preciso que se cumplan las Escrituras.

50Entonces todos lo abandonaron y huyeron. 51Cierto joven que se cubría con sólo una sábana iba siguiendo a Jesús. Lo detuvieron, 52pero él soltó la sábana y escapó desnudo.

Jesús ante el Consejo

14:53-65 — Mt 26:57-68; Jn 18:12-13,19-24
14:61-63 — Lc 22:67-71

53Llevaron a Jesús ante el sumo sacerdote y se reunieron allí todos los jefes de los sacerdotes, los *ancianos y los *maestros de la ley. 54Pedro lo siguió de lejos hasta dentro del patio del sumo sacerdote. Allí se sentó con los guardias, y se calentaba junto al fuego.

55Los jefes de los sacerdotes y el *Consejo en pleno buscaban alguna prueba contra Jesús para poder condenarlo a muerte, pero no la encontraban. 56Muchos testificaban falsamente contra él, pero sus declaraciones no coincidían. 57Entonces unos decidieron dar este falso testimonio contra él:

58—Nosotros le oímos decir: "Destruiré este *templo hecho por hombres y en tres días construiré otro, no hecho por hombres."

59Pero ni aun así concordaban sus declaraciones.

60Poniéndose de pie en el medio, el sumo sacerdote interrogó a Jesús:

—¿No tienes nada que contestar? ¿Qué significan estas denuncias en tu contra?

61Pero Jesús se quedó callado y no contestó nada.

—¿Eres el *Cristo, el Hijo del Bendito? —le preguntó de nuevo el sumo sacerdote.

62—Sí, yo soy —dijo Jesús—. Y ustedes verán al Hijo del hombre sentado a la *derecha del Todopoderoso, y viniendo en las nubes del cielo.

63—¿Para qué necesitamos más testigos? —dijo el sumo sacerdote, rasgándose las vestiduras—. 64¡Ustedes han oído la *blasfemia! ¿Qué les parece?

---

j **14:27** Zac 13:7.
k **14:30** Var. no incluye: *por segunda vez.*
l **14:36** *No … amargo.* Lit. Quita de mí esta copa.
m **14:38** *el cuerpo.* Lit. *la* *carne.*
n **14:48** *bandido.* Alt. *Insurgente.*

Todos ellos lo condenaron como digno de muerte. [65]Algunos comenzaron a escupirle; le vendaron los ojos y le daban puñetazos.

—¡Profetiza! —le gritaban.

Los guardias también le daban bofetadas.

Pedro niega a Jesús

14:66-72 — Mt 26:69-75; Lc 22:56-62; Jn 18:16-18,25-27

[66]Mientras Pedro estaba abajo en el patio, pasó una de las criadas del sumo sacerdote. [67]Cuando vio a Pedro calentándose, se fijó en él.

—Tú también estabas con ese nazareno, con Jesús —le dijo ella.

[68]Pero él lo negó:

—No lo conozco. Ni siquiera sé de qué estás hablando.

Y salió afuera, a la entrada.[ñ]

[69]Cuando la criada lo vio allí, les dijo de nuevo a los presentes:

—Éste es uno de ellos.

[70]Él lo volvió a negar.

Poco después, los que estaban allí le dijeron a Pedro:

—Seguro que tú eres uno de ellos, pues eres galileo.

[71]Él comenzó a echarse maldiciones.

—¡No conozco a ese hombre del que hablan! —les juró.

[72]Al instante un gallo cantó por segunda vez.[o] Pedro se acordó de lo que Jesús le había dicho: «Antes de que el gallo cante por segunda vez,[p] me negarás tres veces.» Y se echó a llorar.

Jesús ante Pilato

15:2-15 — Mt 27:11-26; Lc 23:2-3,18-25; Jn 18:29—19:16

15 Tan pronto como amaneció, los jefes de los sacerdotes, con los *ancianos, los *maestros de la ley y el *Consejo en pleno, llegaron a una decisión. Ataron a Jesús, se lo llevaron y se lo entregaron a Pilato.

[2]—¿Eres tú el rey de los judíos? —le preguntó Pilato.

—Tú mismo lo dices —respondió.

[3]Los jefes de los sacerdotes se pusieron a acusarlo de muchas cosas.

[4]—¿No vas a contestar? —le preguntó de nuevo Pilato—. Mira de cuántas cosas te están acusando.

[5]Pero Jesús ni aun con eso contestó nada, de modo que Pilato se quedó asombrado.

[6]Ahora bien, durante la fiesta él acostumbraba soltarles un preso, el que la gente pidiera.

[7]Y resulta que un hombre llamado Barrabás estaba encarcelado con los rebeldes condenados por haber cometido homicidio en una insurrección. [8]Subió la multitud y le pidió a Pilato que le concediera lo que acostumbraba.

[9]—¿Quieren que les suelte al rey de los judíos? —replicó Pilato, [10]porque se daba cuenta de que los jefes de los sacerdotes habían entregado a Jesús por envidia.

[11]Pero los jefes de los sacerdotes incitaron a la multitud para que Pilato les soltara más bien a Barrabás.

[12]—¿Y qué voy a hacer con el que ustedes llaman el rey de los judíos? —les preguntó Pilato.

[13]—¡Crucifícalo! —gritaron.

[14]—¿Por qué? ¿Qué crimen ha cometido?

Pero ellos gritaron aun más fuerte:

—¡Crucifícalo!

[15]Como quería satisfacer a la multitud, Pilato les soltó a Barrabás; a Jesús lo mandó azotar, y lo entregó para que lo crucificaran.

Los soldados se burlan de Jesús

15:16-20 — Mt 27:27-31

[16]Los soldados llevaron a Jesús al interior del palacio (es decir, al pretorio) y reunieron a toda la tropa. [17]Le pusieron un manto de color púrpura; luego trenzaron una corona de espinas, y se la colocaron.

[18]—¡Salve, rey de los judíos! —lo aclamaban.

[19]Lo golpeaban en la cabeza con una caña y le escupían. Doblando la rodilla, le rendían homenaje. [20]Después de burlarse de él, le quitaron el manto y le pusieron su propia ropa. Por fin, lo sacaron para crucificarlo.

La crucifixión

15:22-32 — Mt 27:33-44; Lc 23:33-43; Jn 19:17-24

[21]A uno que pasaba por allí de vuelta del campo, un tal Simón de Cirene, padre de Alejandro y de Rufo, lo obligaron a llevar la cruz. [22]Condujeron a Jesús al lugar llamado Gólgota (que significa: Lugar de la Calavera). [23]Le ofrecieron vino mezclado con mirra, pero no lo tomó. [24]Y lo crucificaron. Repartieron su ropa, echando suertes para ver qué le tocaría a cada uno.

[25]Eran las nueve de la mañana[q] cuando lo crucificaron. [26]Un letrero tenía escrita la causa de su condena: «El Rey de los judíos.» [27]Con él crucificaron a dos bandidos,[r] uno a su derecha y otro a su izquierda.[s] [29]Los que pasaban meneaban la cabeza y *blasfemaban contra él!

—¡Eh! Tú que destruyes el *templo y en tres días lo reconstruyes —decían—, [30]¡baja de la cruz y sálvate a ti mismo!

[31]De la misma manera se burlaban de él los jefes de los sacerdotes junto con los maestros de la ley.

ñ **14:68** *entrada.* Var. *entrada; y cantó el gallo.*
o **14:72** Var. no incluye: *por segunda vez.*
p **14:72** Var. no incluye: *por segunda vez.*
q **15:25** *Eran … mañana.* Lit. *Era la hora tercera.*
r **15:27** *bandidos.* Alt. *insurgentes.*
s **15:27** *izquierda.* Var. *izquierda. v.* [28]*Así se cumplió la Escritura que dice: «Fue contado con los malhechores.»* (Is 53:12)

—Salvó a otros —decían—, ¡pero no puede salvarse a sí mismo! 32Que baje ahora de la cruz ese *Cristo, el rey de Israel, para que veamos y creamos. También lo insultaban los que estaban crucificados con él.

Muerte de Jesús

15:33-41 — Mt 27:45-56; Lc 23:44-49

33Desde el mediodía y hasta la media tarde quedó toda la tierra en oscuridad. 34A las tres de la tarde* Jesús gritó a voz en cuello:

—*Eloi, Eloi, ¿lama sabactani?* (que significa: "Dios mío, Dios mío, ¿por qué me has desamparado?").*u*

35Cuando lo oyeron, algunos de los que estaban cerca dijeron:

—Escuchen, está llamando a Elías.

36Un hombre corrió, empapó una esponja en vinagre, la puso en una caña y se la ofreció a Jesús para que bebiera.

—Déjenlo, a ver si viene Elías a bajarlo —dijo.

37Entonces Jesús, lanzando un fuerte grito, expiró.

38La cortina del *santuario del templo se rasgó en dos, de arriba abajo. 39Y el centurión, que estaba frente a Jesús, al oír el grito y*v* ver cómo murió, dijo:

—¡Verdaderamente este hombre era el Hijo*w* de Dios!

40Algunas mujeres miraban desde lejos. Entre ellas estaban María Magdalena, María la madre de *Jacobo el menor y de José, y Salomé. 41Estas mujeres lo habían seguido y atendido cuando estaba en Galilea. Además había allí muchas otras que habían subido con él a Jerusalén.

Sepultura de Jesús

15:42-47 — Mt 27:57-61; Lc 23:50-56; Jn 19:38-42

42Era el día de preparación (es decir, la víspera del *sábado). Así que al atardecer, 43José de Arimatea, miembro distinguido del *Consejo, y que también esperaba el reino de Dios, se atrevió a presentarse ante Pilato para pedirle el cuerpo de Jesús. 44Pilato, sorprendido de que ya hubiera muerto, llamó al centurión y le preguntó si hacía mucho que*x* había muerto. 45Una vez informado por el centurión, le entregó el cuerpo a José. 46Entonces José bajó el cuerpo, lo envolvió en una sábana que había comprado, y lo puso en un sepulcro cavado en la roca. Luego hizo rodar una piedra a la entrada del sepulcro. 47María Magdalena y María la madre de José vieron dónde lo pusieron.

La resurrección

16:1-8 — Mt 28:1-8; Lc 24:1-10

16 Cuando pasó el *sábado, María Magdalena, María la madre de *Jacobo, y Salomé compraron especias aromáticas para ir a ungir el cuerpo de Jesús. 2Muy de mañana el primer día de la semana, apenas salido el sol, se dirigieron al sepulcro. 3Iban diciéndose unas a otras: «¿Quién nos quitará la piedra de la entrada del sepulcro?» 4Pues la piedra era muy grande.

Pero al fijarse bien, se dieron cuenta de que estaba corrida. 5Al entrar en el sepulcro vieron a un joven vestido con un manto blanco, sentado a la derecha, y se asustaron.

6—No se asusten —les dijo—. Ustedes buscan a Jesús el nazareno, el que fue crucificado. ¡Ha resucitado! No está aquí. Miren el lugar donde lo pusieron. 7Pero vayan a decirles a los discípulos y a Pedro: "Él va delante de ustedes a Galilea. Allí lo verán, tal como les dijo."

8Temblorosas y desconcertadas, las mujeres salieron huyendo del sepulcro. No dijeron nada a nadie, porque tenían miedo.*y*

Apariciones y ascensión de Jesús

9Cuando Jesús resucitó en la madrugada del primer día de la semana, se apareció primero a María Magdalena, de la que había expulsado siete demonios. 10Ella fue y avisó a los que habían estado con él, que estaban lamentándose y llorando. 11Pero ellos, al oír que Jesús estaba vivo y que ella lo había visto, no lo creyeron.

12Después se apareció Jesús en otra forma a dos de ellos que iban de camino al campo. 13Éstos volvieron y avisaron a los demás, pero no les creyeron a ellos tampoco.

14Por último se apareció Jesús a los once mientras comían; los reprendió por su falta de fe y por su obstinación en no creerles a los que lo habían visto *resucitado.

15Les dijo: «Vayan por todo el mundo y anuncien las buenas *nuevas a toda criatura.*z* 16El que crea y sea bautizado será salvo, pero el que no crea será condenado. 17Estas señales acompañarán a los que crean: en mi nombre expulsarán demonios; hablarán en nuevas lenguas; 18tomarán en sus manos serpientes; y cuando beban algo venenoso, no les hará daño alguno; pondrán las manos sobre los enfermos, y éstos recobrarán la salud.»

19Después de hablar con ellos, el Señor Jesús fue llevado al cielo y se sentó a la *derecha de Dios. 20Los discípulos salieron y predicaron por todas partes, y el Señor los ayudaba en la obra y confirmaba su palabra con las señales que la acompañaban.

---

t **15:33,34** *Desde ... tarde.* Lit. *Y llegando la hora sexta vino oscuridad sobre toda la tierra hasta la hora novena.* v. 34*Y en la hora novena.*
u **15:34** Sal 22:1.
v **15:39** Var. no incluye: *oír el grito y.*
w **15:39** *era el Hijo.* Alt. *era hijo.*
x **15:44** *hacía mucho que.* Var. *ya.*
y **16:8** Los mss. más antiguos y otros testimonios de la antigüedad no incluyen Mr 16:9-20: En lugar de este pasaje, algunos mss. incluyen una conclusión más breve.
z **16:15** *criatura.* Lit. *creación.*

LUCAS

Prólogo

1 Muchos han intentado hacer un relato de las cosas que se han cumplido[a] entre nosotros, **2**tal y como nos las transmitieron los que desde el principio fueron testigos presenciales y servidores de la palabra. **3**Por lo tanto, yo también, excelentísimo Teófilo, habiendo investigado todo esto con esmero desde su origen, he decidido escribírtelo ordenadamente, **4**para que llegues a tener plena seguridad de lo que te enseñaron.

Anuncio del nacimiento de Juan el Bautista

5En tiempos de Herodes, rey de Judea, hubo un sacerdote llamado Zacarías, miembro del grupo de Abías. Su esposa Elisabet también era descendiente de Aarón. **6**Ambos eran rectos e intachables delante de Dios; obedecían todos los mandamientos y preceptos del Señor. **7**Pero no tenían hijos, porque Elisabet era estéril; y los dos eran de edad avanzada.

8Un día en que Zacarías, por haber llegado el turno de su grupo, oficiaba como sacerdote delante de Dios, **9**le tocó en suerte, según la costumbre del sacerdocio, entrar en el *santuario del Señor para quemar incienso. **10**Cuando llegó la hora de ofrecer el incienso, la multitud reunida afuera estaba orando. **11**En esto un ángel del Señor se le apareció a Zacarías a la derecha del altar del incienso. **12**Al verlo, Zacarías se asustó, y el temor se apoderó de él. **13**El ángel le dijo:

—No tengas miedo, Zacarías, pues ha sido escuchada tu oración. Tu esposa Elisabet te dará un hijo, y le pondrás por nombre Juan. **14**Tendrás gozo y alegría, y muchos se regocijarán por su nacimiento, **15**porque él será un gran hombre delante del Señor. Jamás tomará vino ni licor, y será lleno del Espíritu Santo aun desde su nacimiento.[b] **16**Hará que muchos israelitas se vuelvan al Señor su Dios. **17**Él irá primero, delante del Señor, con el espíritu y el poder de Elías, para reconciliar a[c] los padres con los hijos y guiar a los desobedientes a la sabiduría de los justos. De este modo preparará un pueblo bien dispuesto para recibir al Señor.

18—¿Cómo podré estar seguro de esto? —preguntó Zacarías al ángel—. Ya soy anciano y mi esposa también es de edad avanzada.

19—Yo soy Gabriel y estoy a las órdenes de Dios —le contestó el ángel—. He sido enviado para hablar contigo y darte estas buenas *noticias. **20**Pero como no creíste en mis palabras, las cuales se cumplirán a su debido tiempo, te vas a quedar mudo. No podrás hablar hasta el día en que todo esto suceda.

21Mientras tanto, el pueblo estaba esperando a Zacarías y les extrañaba que se demorara tanto en el santuario. **22**Cuando por fin salió, no podía hablarles, así que se dieron cuenta de que allí había tenido una visión. Se podía comunicar sólo por señas, pues seguía mudo.

23Cuando terminaron los días de su servicio, regresó a su casa. **24**Poco después, su esposa Elisabet quedó encinta y se mantuvo recluida por cinco meses. **25**«Esto —decía ella— es obra del Señor, que ahora ha mostrado su bondad al quitarme la vergüenza que yo tenía ante los demás.»

Anuncio del nacimiento de Jesús

26A los seis meses, Dios envió al ángel Gabriel a Nazaret, pueblo de Galilea, **27**a visitar a una joven virgen comprometida para casarse con un hombre que se llamaba José, descendiente de David. La virgen se llamaba María. **28**El ángel se acercó a ella y le dijo:

—¡Te saludo,[d] tú que has recibido el favor de Dios! ¡El Señor está contigo!

29Ante estas palabras, María se perturbó, y se preguntaba qué podría significar este saludo.

30—No tengas miedo, María; Dios te ha concedido su favor —le dijo el ángel—. **31**Quedarás encinta y darás a luz un hijo, y le pondrás por nombre Jesús. **32**Él será un gran hombre, y lo llamarán Hijo del Altísimo. Dios el Señor le dará el trono de su padre David, **33**y reinará sobre el pueblo de Jacob para siempre. Su reinado no tendrá fin.

34—¿Cómo podrá suceder esto —le preguntó María al ángel—, puesto que soy virgen?[e]

35—El Espíritu Santo vendrá sobre ti, y el poder del Altísimo te cubrirá con su sombra. Así que al santo niño que va a nacer lo llamarán Hijo de Dios.

36También tu parienta Elisabet va a tener un hijo en su vejez; de hecho, la que decían que era estéril ya está en el sexto mes de embarazo. **37**Porque para Dios no hay nada imposible.

38—Aquí tienes a la sierva del Señor —contestó María—. Que él haga conmigo como me has dicho.

Con esto, el ángel la dejó.

a **1:1** *se han cumplido.* Alt. *se han recibido con convicción.*
b **1:15** *desde su nacimiento.* Alt. *antes de nacer.* Lit. *desde el vientre de su madre.*
c **1:17** *reconciliar a.* Lit. *hacer volver los corazones de;* véase Mal 4:6.
d **1:28** *¡Te saludo.* Alt. *¡Alégrate.*
e **1:34** *soy virgen?* Lit. *no conozco a hombre?*

María visita a Elisabet

39A los pocos días María emprendió el viaje y se fue de prisa a un pueblo en la región montañosa de Judea. **40**Al llegar, entró en casa de Zacarías y saludó a Elisabet. **41**Tan pronto como Elisabet oyó el saludo de María, la criatura saltó en su vientre. Entonces Elisabet, llena del Espíritu Santo, **42**exclamó:

—¡Bendita tú entre las mujeres, y bendito el hijo que darás a luz!*ᶠ* **43**Pero, ¿cómo es esto, que la madre de mi Señor venga a verme? **44**Te digo que tan pronto como llegó a mis oídos la voz de tu saludo, saltó de alegría la criatura que llevo en el vientre. **45**¡*Dichosa tú que has creído, porque lo que el Señor te ha dicho se cumplirá!

El cántico de María

1:46-53 — 1S 2:1-10

46Entonces dijo María:

—Mi alma glorifica al Señor, **47**y mi espíritu se regocija en Dios mi Salvador, **48**porque se ha dignado fijarse en su humilde sierva.

Desde ahora me llamarán *dichosa todas las generaciones, **49**porque el Poderoso ha hecho grandes cosas por mí. ¡Santo es su nombre!

50De generación en generación se extiende su misericordia a los que le temen.

51Hizo proezas con su brazo; desbarató las intrigas de los soberbios.*ᵍ*

52De sus tronos derrocó a los poderosos, mientras que ha exaltado a los humildes.

53A los hambrientos los colmó de bienes, y a los ricos los despidió con las manos vacías.

54-55 Acudió en ayuda de su siervo Israel y, cumpliendo su promesa a nuestros padres, mostró*ʰ* su misericordia a Abraham y a su descendencia para siempre.

56María se quedó con Elisabet unos tres meses y luego regresó a su casa.

Nacimiento de Juan el Bautista

57Cuando se le cumplió el tiempo, Elisabet dio a luz un hijo. **58**Sus vecinos y parientes se enteraron de que el Señor le había mostrado gran misericordia, y compartieron su alegría.

59A los ocho días llevaron a circuncidar al niño. Como querían ponerle el nombre de su padre, Zacarías, **60**su madre se opuso.

—¡No! —dijo ella—. Tiene que llamarse Juan.

61—Pero si nadie en tu familia tiene ese nombre —le dijeron.

62Entonces le hicieron señas a su padre, para saber qué nombre quería ponerle al niño. **63**Él pidió una tablilla, en la que escribió: «Su nombre es Juan.» Y todos quedaron asombrados. **64**Al instante se le desató la lengua, recuperó el habla y comenzó a alabar a Dios. **65**Todos los vecinos se llenaron de temor, y por toda la región montañosa de Judea se comentaba lo sucedido. **66**Quienes lo oían se preguntaban:

«¿Qué llegará a ser este niño?» Porque la mano del Señor lo protegía.

El cántico de Zacarías

67Entonces su padre Zacarías, lleno del Espíritu Santo, profetizó: **68**«Bendito sea el Señor, Dios de Israel, porque ha venido a redimir*ⁱ* a su pueblo. **69**Nos envió un poderoso salvador*ʲ* en la casa de David su siervo **70**(como lo prometió en el pasado por medio de sus *santos profetas), **71**para librarnos de nuestros enemigos y del poder de todos los que nos aborrecen; **72**para mostrar misericordia a nuestros padres al acordarse de su santo pacto. **73**Así lo juró a Abraham nuestro padre: **74**nos concedió que fuéramos libres del temor, al rescatarnos del poder de nuestros enemigos, para que le sirviéramos **75**con santidad y justicia, viviendo en su presencia todos nuestros días. **76**Y tú, hijito mío, serás llamado profeta del Altísimo, porque irás delante del Señor para prepararle el camino. **77**Darás a conocer a su pueblo la salvación mediante el perdón de sus pecados, **78**gracias a la entrañable misericordia de nuestro Dios. Así nos visitará desde el cielo el sol naciente, **79**para dar luz a los que viven en tinieblas, en la más terrible oscuridad,*ᵏ* para guiar nuestros pasos por la senda de la paz.»

80El niño crecía y se fortalecía en espíritu; y vivió en el desierto hasta el día en que se presentó públicamente al pueblo de Israel.

Nacimiento de Jesús

2 Por aquellos días Augusto *César decretó que se levantara un censo en todo el imperio romano.*ˡ* **2**(Este primer censo se efectuó cuando Cirenio gobernaba en Siria.) **3**Así que iban todos a inscribirse, cada cual a su propio pueblo.

4También José, que era descendiente del rey David, subió de Nazaret, ciudad de Galilea, a Judea. Fue a Belén, la ciudad de David, **5**para inscribirse junto con María su esposa.*ᵐ* Ella se encontraba encinta **6**y, mientras estaban allí, se le cumplió el tiempo. **7**Así que dio a luz a su hijo primogénito. Lo envolvió en pañales y lo acostó en un pesebre, porque no había lugar para ellos en la posada.

Los pastores y los ángeles

8En esa misma región había unos pastores que pasaban la noche en el campo, turnándose para cuidar sus rebaños. **9**Sucedió que un ángel

---

ᶠ **1:42** *el hijo que darás a luz!* Lit. *el fruto de tu vientre!*
ᵍ **1:51** *desbarató … soberbios.* Lit. *dispersó a los orgullosos en el pensamiento del corazón de ellos.*
ʰ **1:54,55** *mostró.* Lit. *recordó.*
ⁱ **1:68** *ha venido a redimir.* Lit. *ha visitado y ha redimido.*
ʲ **1:69** *envió un poderoso salvador.* Lit. *levantó un cuerno de salvación.*
ᵏ **1:79** *en la más terrible oscuridad.* Lit. *y en sombra de muerte.*
ˡ **2:1** *el imperio romano.* Lit. *el mundo.*
ᵐ **2:5** *María su esposa.* Lit. *María, que estaba comprometida para casarse con él.*

del Señor se les apareció. La gloria del Señor los envolvió en su luz, y se llenaron de temor. [10]Pero el ángel les dijo: «No tengan miedo. Miren que les traigo buenas *noticias que serán motivo de mucha alegría para todo el pueblo. [11]Hoy les ha nacido en la ciudad de David un Salvador, que es *Cristo el Señor. [12]Esto les servirá de señal: Encontrarán a un niño envuelto en pañales y acostado en un pesebre.»

[13]De repente apareció una multitud de ángeles del cielo, que alababan a Dios y decían: [14]«Gloria a Dios en las alturas, y en la tierra paz a los que gozan de su buena voluntad.»[n]

[15]Cuando los ángeles se fueron al cielo, los pastores se dijeron unos a otros: «Vamos a Belén, a ver esto que ha pasado y que el Señor nos ha dado a conocer.»

[16]Así que fueron de prisa y encontraron a María y a José, y al niño que estaba acostado en el pesebre. [17]Cuando vieron al niño, contaron lo que les habían dicho acerca de él, [18]y cuantos lo oyeron se asombraron de lo que los pastores decían. [19]María, por su parte, guardaba todas estas cosas en su corazón y meditaba acerca de ellas. [20]Los pastores regresaron glorificando y alabando a Dios por lo que habían visto y oído, pues todo sucedió tal como se les había dicho.

Presentación de Jesús en el templo

[21]Cuando se cumplieron los ocho días y fueron a circuncidarlo, lo llamaron Jesús, nombre que el ángel le había puesto antes de que fuera concebido.

[22]Así mismo, cuando se cumplió el tiempo en que, según la ley de Moisés, ellos debían *purificarse, José y María llevaron al niño a Jerusalén para presentarlo al Señor. [23]Así cumplieron con lo que en la ley del Señor está escrito: «Todo varón primogénito será consagrado[ñ] al Señor».[o] [24]También ofrecieron un sacrificio conforme a lo que la ley del Señor dice: «un par de tórtolas o dos pichones de paloma».[p]

[25]Ahora bien, en Jerusalén había un hombre llamado Simeón, que era justo y devoto, y aguardaba con esperanza la redención[q] de Israel. El Espíritu Santo estaba con él [26]y le había revelado que no moriría sin antes ver al *Cristo del Señor. [27]Movido por el Espíritu, fue al *templo. Cuando al niño Jesús lo llevaron sus padres para cumplir con la costumbre establecida por la ley, [28]Simeón lo tomó en sus brazos y bendijo a Dios: [29]«Según tu palabra, Soberano Señor, ya puedes despedir a tu *siervo en paz. [30]Porque han visto mis ojos tu salvación, [31]que has preparado a la vista de todos los pueblos, [32]luz que ilumina a las *naciones y gloria de tu pueblo Israel.»

[33]El padre y la madre del niño se quedaron maravillados por lo que se decía de él. [34]Simeón les dio su bendición y le dijo a María, la madre de Jesús: «Este niño está destinado a causar la caída y el levantamiento de muchos en Israel, y a crear mucha oposición,[r] [35]a fin de que se manifiesten las intenciones de muchos corazones. En cuanto a ti, una espada te atravesará el alma.»

[36]Había también una profetisa, Ana, hija de Penuel, de la tribu de Aser. Era muy anciana; casada de joven, había vivido con su esposo siete años, [37]y luego permaneció viuda hasta la edad de ochenta y cuatro.[s] Nunca salía del templo, sino que día y noche adoraba a Dios con ayunos y oraciones. [38]Llegando en ese mismo momento, Ana dio gracias a Dios y comenzó a hablar del niño a todos los que esperaban la redención de Jerusalén.

[39]Después de haber cumplido con todo lo que exigía la ley del Señor, José y María regresaron a Galilea, a su propio pueblo de Nazaret. [40]El niño crecía y se fortalecía; progresaba en sabiduría, y la gracia de Dios lo acompañaba.

El niño Jesús en el templo

[41]Los padres de Jesús subían todos los años a Jerusalén para la fiesta de la Pascua. [42]Cuando cumplió doce años, fueron allá según era la costumbre. [43]Terminada la fiesta, emprendieron el viaje de regreso, pero el niño Jesús se había quedado en Jerusalén, sin que sus padres se dieran cuenta. [44]Ellos, pensando que él estaba entre el grupo de viajeros, hicieron un día de camino mientras lo buscaban entre los parientes y conocidos. [45]Al no encontrarlo, volvieron a Jerusalén en busca de él. [46]Al cabo de tres días lo encontraron en el *templo, sentado entre los maestros, escuchándolos y haciéndoles preguntas. [47]Todos los que le oían se asombraban de su inteligencia y de sus respuestas. [48]Cuando lo vieron sus padres, se quedaron admirados.

—Hijo, ¿por qué te has portado así con nosotros? —le dijo su madre—. ¡Mira que tu padre y yo te hemos estado buscando angustiados!

[49]—¿Por qué me buscaban? ¿No sabían que tengo que estar en la casa de mi Padre?

[50]Pero ellos no entendieron lo que les decía.

[51]Así que Jesús bajó con sus padres a Nazaret y vivió sujeto a ellos. Pero su madre conservaba estas cosas en el corazón. [52]Jesús seguía creciendo en sabiduría y estatura, y cada vez más gozaba del favor de Dios y de toda la gente.

---

[n] **2:14** *paz ... voluntad.* Lit. *paz a los hombres de buena voluntad.* Var. *paz, buena voluntad a los hombres.*

[ñ] **2:23** *Todo ... consagrado.* Lit. *Todo varón que abre la matriz será llamado santo.*

[o] **2:23** Éx 13:2,12.

[p] **2:24** Lv 12:8.

[q] **2:25** *redención.* Lit. *consolación.*

[r] **2:34** *a crear mucha oposición.* Lit. *a ser una señal contra la cual se hablará.*

[s] **2:37** *hasta la edad de ochenta y cuatro.* Alt. *durante ochenta y cuatro años.*

Juan el Bautista prepara el camino

3:2-10 — Mt 3:1-10; Mr 1:3-5
3:16-17 — Mt 3:11-12; Mr 1:7-8

3 En el año quince del reinado de Tiberio *César, Poncio Pilato gobernaba la provincia de Judea, Herodes[t] era tetrarca en Galilea, su hermano Felipe en Iturea y Traconite, y Lisanias en Abilene; **2**el sumo sacerdocio lo ejercían Anás y Caifás. En aquel entonces, la palabra de Dios llegó a Juan hijo de Zacarías, en el desierto. **3**Juan recorría toda la región del Jordán predicando el bautismo de *arrepentimiento para el perdón de pecados. **4**Así está escrito en el libro del profeta Isaías: «Voz de uno que grita en el desierto: "Preparen el camino del Señor, háganle sendas derechas. **5**Todo valle será rellenado, toda montaña y colina será allanada. Los caminos torcidos se enderezarán, las sendas escabrosas quedarán llanas. **6**Y todo *mortal verá la salvación de Dios."»[u]

7Muchos acudían a Juan para que los bautizara.

—¡Camada de víboras! —les advirtió—. ¿Quién les dijo que podrán escapar del castigo que se acerca? **8**Produzcan frutos que demuestren arrepentimiento. Y no se pongan a pensar: "Tenemos a Abraham por padre." Porque les digo que aun de estas piedras Dios es capaz de darle hijos a Abraham. **9**Es más, el hacha ya está puesta a la raíz de los árboles, y todo árbol que no produzca buen fruto será cortado y arrojado al fuego.

10—¿Entonces qué debemos hacer? —le preguntaba la gente.

11—El que tiene dos *camisas debe compartir con el que no tiene ninguna —les contestó Juan—, y el que tiene comida debe hacer lo mismo.

12Llegaron también unos *recaudadores de impuestos para que los bautizara.

—Maestro, ¿qué debemos hacer nosotros? —le preguntaron.

13—No cobren más de lo debido —les respondió.

14—Y nosotros, ¿qué debemos hacer? —le preguntaron unos soldados.

—No extorsionen a nadie ni hagan denuncias falsas; más bien confórmense con lo que les pagan.

15La gente estaba a la expectativa, y todos se preguntaban si acaso Juan sería el *Cristo.

16—Yo los bautizo a ustedes con[v] agua —les respondió Juan a todos—. Pero está por llegar uno más poderoso que yo, a quien ni siquiera merezco desatarle la correa de sus sandalias. Él los bautizará con el Espíritu Santo y con fuego. **17**Tiene el rastrillo en la mano para limpiar su era y recoger el trigo en su granero; la paja, en cambio, la quemará con fuego que nunca se apagará.

18Y con muchas otras palabras exhortaba Juan a la gente y le anunciaba las buenas *nuevas. **19**Pero cuando reprendió al tetrarca Herodes por el asunto de su cuñada Herodías,[w] y por todas las otras maldades que había cometido, **20**Herodes llegó hasta el colmo de encerrar a Juan en la cárcel.

Bautismo y genealogía de Jesús

3:21-22 — Mt 3:13-17; Mr 1:9-11
3:23-38 — Mt 1:1-17

21Un día en que todos acudían a Juan para que los bautizara, Jesús fue bautizado también. Y mientras oraba, se abrió el cielo, **22**y el Espíritu Santo bajó sobre él en forma de paloma. Entonces se oyó una voz del cielo que decía: «Tú eres mi Hijo amado; estoy muy complacido contigo.»

23Jesús tenía unos treinta años cuando comenzó su ministerio. Era hijo, según se creía, de José, hijo de Elí, **24**hijo de Matat, hijo de Leví, hijo de Melquí, hijo de Janay, hijo de José, **25**hijo de Matatías, hijo de Amós, hijo de Nahúm, hijo de Eslí, hijo de Nagay, **26**hijo de Máat, hijo de Matatías, hijo de Semeí, hijo de Josec, hijo de Judá, **27**hijo de Yojanán, hijo de Resa, hijo de Zorobabel, hijo de Salatiel, hijo de Neri, **28**hijo de Melquí, hijo de Adí, hijo de Cosán, hijo de Elmadán, hijo de Er, **29**hijo de Josué, hijo de Eliezer, hijo de Jorín, hijo de Matat, hijo de Leví, **30**hijo de Simeón, hijo de Judá, hijo de José, hijo de Jonán, hijo de Eliaquín, **31**hijo de Melea, hijo de Mainán, hijo de Matata, hijo de Natán, hijo de David, **32**hijo de Isaí, hijo de Obed, hijo de Booz, hijo de Salmón,[x] hijo de Naasón, **33**hijo de Aminadab, hijo de Aram,[y] hijo de Jezrón, hijo de Fares, hijo de Judá, **34**hijo de Jacob, hijo de Isaac, hijo de Abraham, hijo de Téraj, hijo de Najor, **35**hijo de Serug, hijo de Ragau, hijo de Péleg, hijo de Éber, hijo de Selaj, **36**hijo de Cainán, hijo de Arfaxad, hijo de Sem, hijo de Noé, hijo de Lamec, **37**hijo de Matusalén, hijo de Enoc, hijo de Jared, hijo de Malalel, hijo de Cainán, **38**hijo de Enós, hijo de Set, hijo de Adán, hijo de Dios.

Tentación de Jesús

4:1-13 — Mt 4:1-11; Mr 1:12-13

4 Jesús, lleno del Espíritu Santo, volvió del Jordán y fue llevado por el Espíritu al desierto. **2**Allí estuvo cuarenta días y fue *tentado por el diablo. No comió nada durante esos días, pasados los cuales tuvo hambre.

3—Si eres el Hijo de Dios —le propuso el diablo—, dile a esta piedra que se convierta en pan.

---

t **3:1** Es decir, Herodes Antipas, hijo del rey Herodes (1:5).
u **3:6** Is 40:3-5.
v **3:16** con. Alt. *en.*
w **3:19** Esposa de Felipe, hermano de Herodes Antipas.
x **3:32** *Salmón.* Var. *Sala.*
y **3:33** *Aminadab, hijo de Aram.* Var. *Aminadab, el hijo de Admín, el hijo de Arní;* los mss. varían mucho en este versículo.

[4]Jesús le respondió:

—Escrito está: "No sólo de pan vive el hombre."[z]

[5]Entonces el diablo lo llevó a un lugar alto y le mostró en un instante todos los reinos del mundo.

[6]—Sobre estos reinos y todo su esplendor —le dijo—, te daré la autoridad, porque a mí me ha sido entregada, y puedo dársela a quien yo quiera. [7]Así que, si me adoras, todo será tuyo.

Jesús le contestó:

[8]—Escrito está: "Adora al Señor tu Dios y sírvele solamente a él."[a]

[9]El diablo lo llevó luego a Jerusalén e hizo que se pusiera de pie en la parte más alta del *templo, y le dijo:

—Si eres el Hijo de Dios, ¡tírate de aquí! [10]Pues escrito está:

»"Ordenará que sus ángeles te cuiden. Te sostendrán en sus manos [11]para que no tropieces con piedra alguna."[b]

[12]—También está escrito: "No pongas a prueba al Señor tu Dios"[c] —le replicó Jesús.

[13]Así que el diablo, habiendo agotado todo recurso de tentación, lo dejó hasta otra oportunidad.

Rechazan a Jesús en Nazaret

[14]Jesús regresó a Galilea en el poder del Espíritu, y se extendió su fama por toda aquella región. [15]Enseñaba en las sinagogas, y todos lo admiraban.

[16]Fue a Nazaret, donde se había criado, y un *sábado entró en la sinagoga, como era su costumbre. Se levantó para hacer la lectura, [17]y le entregaron el libro del profeta Isaías. Al desenrollarlo, encontró el lugar donde está escrito: [18]«El Espíritu del Señor está sobre mí, por cuanto me ha ungido para anunciar buenas *nuevas a los pobres. Me ha enviado a proclamar libertad a los cautivos y dar vista a los ciegos, a poner en libertad a los oprimidos, [19]a pregonar el año del favor del Señor.»[d]

[20]Luego enrolló el libro, se lo devolvió al ayudante y se sentó. Todos los que estaban en la sinagoga lo miraban detenidamente, [21]y él comenzó a hablarles: «Hoy se cumple esta Escritura en presencia de ustedes.»

[22]Todos dieron su aprobación, impresionados por las hermosas palabras[e] que salían de su boca. «¿No es éste el hijo de José?», se preguntaban.

[23]Jesús continuó: «Seguramente ustedes me van a citar el proverbio: "¡Médico, cúrate

a ti mismo! Haz aquí en tu tierra lo que hemos oído que hiciste en Capernaúm." [24]Pues bien, les aseguro que a ningún profeta lo aceptan en su propia tierra. [25]No cabe duda de que en tiempos de Elías, cuando el cielo se cerró por tres años y medio, de manera que hubo una gran hambre en toda la tierra, muchas viudas vivían en Israel. [26]Sin embargo, Elías no fue enviado a ninguna de ellas, sino a una viuda de Sarepta, en los alrededores de Sidón. [27]Así mismo, había en Israel muchos enfermos de *lepra en tiempos del profeta Eliseo, pero ninguno de ellos fue sanado, sino Naamán el sirio.»

[28]Al oír esto, todos los que estaban en la sinagoga se enfurecieron. [29]Se levantaron, lo expulsaron del pueblo y lo llevaron hasta la cumbre de la colina sobre la que estaba construido el pueblo, para tirarlo por el precipicio. [30]Pero él pasó por en medio de ellos y se fue.

Jesús expulsa a un espíritu maligno
4:31-37 — Mr 1:21-28

[31]Jesús pasó a Capernaúm, un pueblo de Galilea, y el día *sábado enseñaba a la gente. [32]Estaban asombrados de su enseñanza, porque les hablaba con autoridad. [33]Había en la sinagoga un hombre que estaba poseído por un *espíritu maligno, quien gritó con todas sus fuerzas:

[34]—¡Ah! ¿Por qué te entrometes, Jesús de Nazaret? ¿Has venido a destruirnos? Yo sé quién eres tú: ¡el Santo de Dios!

[35]—¡Cállate! —lo reprendió Jesús—. ¡Sal de ese hombre!

Entonces el demonio derribó al hombre en medio de la gente y salió de él sin hacerle ningún daño.

[36]Todos se asustaron y se decían unos a otros: «¿Qué clase de palabra es ésta? ¡Con autoridad y poder les da órdenes a los espíritus malignos, y salen!» [37]Y se extendió su fama por todo aquel lugar.

Jesús sana a muchos enfermos
4:38-41 — Mt 8:14-17
4:38-43 — Mr 1:29-38

[38]Cuando Jesús salió de la sinagoga, se fue a casa de Simón, cuya suegra estaba enferma con una fiebre muy alta. Le pidieron a Jesús que la ayudara, [39]así que se inclinó sobre ella y reprendió a la fiebre, la cual se le quitó. Ella se levantó en seguida y se puso a servirles.

[40]Al ponerse el sol, la gente le llevó a Jesús todos los que padecían de diversas enfermedades; él puso las manos sobre cada uno de ellos y los sanó. [41]Además, de muchas personas salían demonios que gritaban: «¡Tú eres el Hijo de Dios!» Pero él los reprendía y no los dejaba hablar porque sabían que él era el *Cristo.

[42]Cuando amaneció, Jesús salió y se fue a un lugar solitario. La gente andaba buscándolo, y cuando llegaron adonde él estaba, procuraban

---

z **4:4** Dt 8:3.
a **4:8** Dt 6:13
b **4:10,11** Sal 91:11,12.
c **4:12** Dt 6:16
d **4:19** Is 61:1,2.
e **4:22** *Todos ... palabras.* Lit. *Todos daban testimonio de él y estaban asombrados de las palabras de gracia.*

detenerlo para que no se fuera. 43Pero él les dijo: «Es preciso que anuncie también a los demás pueblos las buenas *nuevas del reino de Dios, porque para esto fui enviado.»

44Y siguió predicando en las sinagogas de los judíos.f

Llamamiento de los primeros discípulos

5:1-11 — Mt 4:18-22; Mr 1:16-20; Jn 1:40-42

5 Un día estaba Jesús a orillas del lago de Genesaret,g y la gente lo apretujaba para escuchar el mensaje de Dios. 2Entonces vio dos barcas que los pescadores habían dejado en la playa mientras lavaban las redes. 3Subió a una de las barcas, que pertenecía a Simón, y le pidió que la alejara un poco de la orilla. Luego se sentó, y enseñaba a la gente desde la barca.

4Cuando acabó de hablar, le dijo a Simón:

—Lleva la barca hacia aguas más profundas, y echen allí las redes para pescar.

5—Maestro, hemos estado trabajando duro toda la noche y no hemos pescado nada —le contestó Simón—. Pero como tú me lo mandas, echaré las redes.

6Así lo hicieron, y recogieron una cantidad tan grande de peces que las redes se les rompían. 7Entonces llamaron por señas a sus compañeros de la otra barca para que los ayudaran. Ellos se acercaron y llenaron tanto las dos barcas que comenzaron a hundirse.

8Al ver esto, Simón Pedro cayó de rodillas delante de Jesús y le dijo:

—¡Apártate de mí, Señor; soy un pecador!

9Es que él y todos sus compañeros estaban asombrados ante la pesca que habían hecho, 10como también lo estaban *Jacobo y Juan, hijos de Zebedeo, que eran socios de Simón.

—No temas; desde ahora serás pescador de hombres —le dijo Jesús a Simón.

11Así que llevaron las barcas a tierra y, dejándolo todo, siguieron a Jesús.

Jesús sana a un leproso

5:12-14 — Mt 8:2-4; Mr 1:40-44

12En otra ocasión, cuando Jesús estaba en un pueblo, se presentó un hombre cubierto de *lepra. Al ver a Jesús, cayó rostro en tierra y le suplicó:

—Señor, si quieres, puedes *limpiarme.

13Jesús extendió la mano y tocó al hombre.

—Sí quiero —le dijo—. ¡Queda limpio!

Y al instante se le quitó la lepra.

14—No se lo digas a nadie —le ordenó Jesús—; sólo ve, preséntate al sacerdote y lleva por tu *purificación lo que ordenó Moisés, para que sirva de testimonio.

15Sin embargo, la fama de Jesús se extendía cada vez más, de modo que acudían a él multitudes para oírlo y para que los sanara de sus enfermedades. 16Él, por su parte, solía retirarse a lugares solitarios para orar.

Jesús sana a un paralítico

5:18-26 — Mt 9:2-8; Mr 2:3-12

17Un día, mientras enseñaba, estaban sentados allí algunos *fariseos y *maestros de la ley que habían venido de todas las aldeas de Galilea y Judea, y también de Jerusalén. Y el poder del Señor estaba con él para sanar a los enfermos. 18Entonces llegaron unos hombres que llevaban en una camilla a un paralítico. Procuraron entrar para ponerlo delante de Jesús, 19pero no pudieron a causa de la multitud. Así que subieron a la azotea y, separando las tejas, lo bajaron en la camilla hasta ponerlo en medio de la gente, frente a Jesús.

20Al ver la fe de ellos, Jesús dijo:

—Amigo, tus pecados quedan perdonados.

21Los fariseos y los maestros de la ley comenzaron a pensar: «¿Quién es éste que dice *blasfemias? ¿Quién puede perdonar pecados sino sólo Dios?»

22Pero Jesús supo lo que estaban pensando y les dijo:

—¿Por qué razonan así? 23¿Qué es más fácil decir: "Tus pecados quedan perdonados", o "Levántate y anda"? 24Pues para que sepan que el Hijo del hombre tiene autoridad en la tierra para perdonar pecados —se dirigió entonces al paralítico—: A ti te digo, levántate, toma tu camilla y vete a tu casa.

25Al instante se levantó a la vista de todos, tomó la camilla en que había estado acostado, y se fue a su casa alabando a Dios. 26Todos quedaron asombrados y ellos también alababan a Dios. Estaban llenos de temor y decían: «Hoy hemos visto maravillas.»

Llamamiento de Leví

5:27-32 — Mt 9:9-13; Mr 2:14-17

27Después de esto salió Jesús y se fijó en un *recaudador de impuestos llamado Leví, sentado a la mesa donde cobraba.

—Sígueme —le dijo Jesús.

28Y Leví se levantó, lo dejó todo y lo siguió.

29Luego Leví le ofreció a Jesús un gran banquete en su casa, y había allí un grupo numeroso de recaudadores de impuestos y otras personas que estaban comiendo con ellos. 30Pero los *fariseos y los *maestros de la ley que eran de la misma secta les reclamaban a los discípulos de Jesús:

—¿Por qué comen y beben ustedes con recaudadores de impuestos y *pecadores?

31—No son los sanos los que necesitan médico sino los enfermos —les contestó Jesús—. 32No he venido a llamar a justos sino a pecadores para que se *arrepientan.

Le preguntan a Jesús sobre el ayuno

5:33-39 — Mt 9:14-17; Mr 2:18-22

33Algunos dijeron a Jesús:

---

f 4:44 *los judíos*. Lit. *Judea*. Var. *Galilea*.
g 5:1 Es decir, el mar de Galilea.

—Los discípulos de Juan ayunan y oran con frecuencia, lo mismo que los discípulos de los *fariseos, pero los tuyos se la pasan comiendo y bebiendo.

34Jesús les replicó:

—¿Acaso pueden obligar a los invitados del novio a que ayunen mientras él está con ellos? **35**Llegará el día en que se les quitará el novio; en aquellos días sí ayunarán.

36Les contó esta parábola:

—Nadie quita un retazo de un vestido nuevo para remendar un vestido viejo. De hacerlo así, habrá rasgado el vestido nuevo, y el retazo nuevo no hará juego con el vestido viejo. **37**Ni echa nadie vino nuevo en odres viejos. De hacerlo así, el vino nuevo hará reventar los odres, se derramará el vino y los odres se arruinarán. **38**Más bien, el vino nuevo debe echarse en odres nuevos. **39**Y nadie que haya bebido vino añejo quiere el nuevo, porque dice: "El añejo es mejor."

Señor del sábado
6:1-11 — Mt 12:1-14; Mr 2:23—3:6

6 Un *sábado, al pasar Jesús por los sembrados, sus discípulos se pusieron a arrancar unas espigas de trigo, y las desgranaban para comérselas. **2**Por eso algunos de los *fariseos les dijeron:

—¿Por qué hacen ustedes lo que está prohibido hacer en sábado?

3Jesús les contestó:

—¿Nunca han leído lo que hizo David en aquella ocasión en que él y sus compañeros tuvieron hambre? **4**Entró en la casa de Dios y, tomando los panes consagrados a Dios, comió lo que sólo a los sacerdotes les es permitido comer. Y les dio también a sus compañeros.

5Entonces añadió:

—El Hijo del hombre es Señor del sábado.

6Otro sábado entró en la sinagoga y comenzó a enseñar. Había allí un hombre que tenía la mano derecha paralizada; **7**así que los *maestros de la ley y los fariseos, buscando un motivo para acusar a Jesús, no le quitaban la vista de encima para ver si sanaría en sábado. **8**Pero Jesús, que sabía lo que estaban pensando, le dijo al hombre de la mano paralizada:

—Levántate y ponte frente a todos.

Así que el hombre se puso de pie. Entonces Jesús dijo a los otros:

9—Voy a hacerles una pregunta: ¿Qué está permitido hacer en sábado: hacer el bien o el mal, salvar una *vida o destruirla?

10Jesús se quedó mirando a todos los que lo rodeaban, y le dijo al hombre:

—Extiende la mano.

Así lo hizo, y la mano le quedó restablecida. **11**Pero ellos se enfurecieron y comenzaron a discutir qué podrían hacer contra Jesús.

Los doce apóstoles
6:13-16 — Mt 10:2-4; Mr 3:16-19; Hch 1:13

12Por aquel tiempo se fue Jesús a la montaña a orar, y pasó toda la noche en oración a Dios. **13**Al llegar la mañana, llamó a sus discípulos y escogió a doce de ellos, a los que nombró apóstoles: **14**Simón (a quien llamó Pedro), su hermano Andrés, *Jacobo, Juan, Felipe, Bartolomé, **15**Mateo, Tomás, Jacobo hijo de Alfeo, Simón, al que llamaban el Zelote, **16**Judas hijo de Jacobo, y Judas Iscariote, que llegó a ser el traidor.

Bendiciones y ayes
6:20-23 — Mt 5:3-12

17Luego bajó con ellos y se detuvo en un llano. Había allí una gran multitud de sus discípulos y mucha gente de toda Judea, de Jerusalén y de la costa de Tiro y Sidón, **18**que habían llegado para oírlo y para que los sanara de sus enfermedades. Los que eran atormentados por *espíritus malignos quedaban liberados; **19**así que toda la gente procuraba tocarlo, porque de él salía poder que sanaba a todos.

20Él entonces dirigió la mirada a sus discípulos y dijo: «*Dichosos ustedes los pobres, porque el reino de Dios les pertenece. **21**Dichosos ustedes que ahora pasan hambre, porque serán saciados. Dichosos ustedes que ahora lloran, porque luego habrán de reír. **22**Dichosos ustedes cuando los odien, cuando los discriminen, los insulten y los desprestigien[h] por causa del Hijo del hombre.

23Alégrense en aquel día y salten de gozo, pues miren que les espera una gran recompensa en el cielo. Dense cuenta de que los antepasados de esta gente trataron así a los profetas.

24»Pero ¡ay de ustedes los ricos, porque ya han recibido su consuelo! **25**¡Ay de ustedes los que ahora están saciados, porque sabrán lo que es pasar hambre! ¡Ay de ustedes los que ahora ríen, porque sabrán lo que es derramar lágrimas! **26**¡Ay de ustedes cuando todos los elogien! Dense cuenta de que los antepasados de esta gente trataron así a los falsos profetas.

El amor a los enemigos
6:29-30 — Mt 5:39-42

27»Pero a ustedes que me escuchan les digo: Amen a sus enemigos, hagan bien a quienes los odian, **28**bendigan a quienes los maldicen, oren por quienes los maltratan. **29**Si alguien te pega en una mejilla, vuélvele también la otra. Si alguien te quita la *camisa, no le impidas que se lleve también la capa. **30**Dale a todo el que te pida, y si alguien se lleva lo que es tuyo, no se lo reclames. **31**Traten a los demás tal y como quieren que ellos los traten a ustedes.

32¿Qué mérito tienen ustedes al amar a quienes los aman? Aun los *pecadores lo hacen así. **33**¿Y qué mérito tienen ustedes al hacer bien a quienes les hacen bien? Aun los pecadores actúan así. **34**¿Y qué mérito tienen ustedes

---

h 6:22 *los desprestigien.* Lit. *echen su nombre como malo.*

al dar prestado a quienes pueden corresponderles? Aun los pecadores se prestan entre sí, esperando recibir el mismo trato. **35**Ustedes, por el contrario, amen a sus enemigos, háganles bien y denles prestado sin esperar nada a cambio. Así tendrán una gran recompensa y serán hijos del Altísimo, porque él es bondadoso con los ingratos y malvados. **36**Sean compasivos, así como su Padre es compasivo.

El juzgar a los demás
6:37-42 — Mt 7:1-5

37»No juzguen, y no se les juzgará. No condenen, y no se les condenará. Perdonen, y se les perdonará. **38**Den, y se les dará: se les echará en el regazo una medida llena, apretada, sacudida y desbordante. Porque con la medida que midan a otros, se les medirá a ustedes.»

39También les contó esta parábola: «¿Acaso puede un ciego guiar a otro ciego? ¿No caerán ambos en el hoyo? **40**El discípulo no está por encima de su maestro, pero todo el que haya completado su aprendizaje, a lo sumo llega al nivel de su maestro.

41»¿Por qué te fijas en la astilla que tiene tu hermano en el ojo y no le das importancia a la viga que tienes en el tuyo? **42**¿Cómo puedes decirle a tu hermano: "Hermano, déjame sacarte la astilla del ojo", cuando tú mismo no te das cuenta de la viga en el tuyo? *¡Hipócrita! Saca primero la viga de tu propio ojo, y entonces verás con claridad para sacar la astilla del ojo de tu hermano.

El árbol y su fruto
6:43-44 — Mt 7:16,18,20

43»Ningún árbol bueno da fruto malo; tampoco da buen fruto el árbol malo. **44**A cada árbol se le reconoce por su propio fruto. No se recogen higos de los espinos ni se cosechan uvas de las zarzas. **45**El que es bueno, de la bondad que atesora en el corazón produce el bien; pero el que es malo, de su maldad produce el mal, porque de lo que abunda en el corazón habla la boca.

El prudente y el insensato
6:47-49 — Mt 7:24-27

46»¿Por qué me llaman ustedes "Señor, Señor", y no hacen lo que les digo? **47**Voy a decirles a quién se parece todo el que viene a mí, y oye mis palabras y las pone en práctica: **48**Se parece a un hombre que, al construir una casa, cavó bien hondo y puso el cimiento sobre la roca. De manera que cuando vino una inundación, el torrente azotó aquella casa, pero no pudo ni siquiera hacerla tambalear porque estaba bien construida. **49**Pero el que oye mis palabras y no las pone en práctica se parece a un hombre que construyó una casa sobre tierra y sin cimientos. Tan pronto como la azotó el torrente, la casa se derrumbó, y el desastre fue terrible.»

La fe del centurión
7:1-10 — Mt 8:5-13

7 Cuando terminó de hablar al pueblo, Jesús entró en Capernaúm. **2**Había allí un centurión, cuyo *siervo, a quien él estimaba mucho, estaba enfermo, a punto de morir. **3**Como oyó hablar de Jesús, el centurión mandó a unos dirigentes*i* de los judíos a pedirle que fuera a sanar a su siervo. **4**Cuando llegaron ante Jesús, le rogaron con insistencia:

—Este hombre merece que le concedas lo que te pide: **5**aprecia tanto a nuestra nación, que nos ha construido una sinagoga.

6Así que Jesús fue con ellos. No estaba lejos de la casa cuando el centurión mandó unos amigos a decirle:

—Señor, no te tomes tanta molestia, pues no merezco que entres bajo mi techo. **7**Por eso ni siquiera me atreví a presentarme ante ti. Pero con una sola palabra que digas, quedará sano mi siervo. **8**Yo mismo obedezco órdenes superiores y, además, tengo soldados bajo mi autoridad. Le digo a uno: "Ve", y va, y al otro: "Ven", y viene. Le digo a mi siervo: "Haz esto", y lo hace.

9Al oírlo, Jesús se asombró de él y, volviéndose a la multitud que lo seguía, comentó:

—Les digo que ni siquiera en Israel he encontrado una fe tan grande.

10Al regresar a casa, los enviados encontraron sano al siervo.

Jesús resucita al hijo de una viuda

11Poco después Jesús, en compañía de sus discípulos y de una gran multitud, se dirigió a un pueblo llamado Naín. **12**Cuando ya se acercaba a las puertas del pueblo, vio que sacaban de allí a un muerto, hijo único de madre viuda. La acompañaba un grupo grande de la población. **13**Al verla, el Señor se compadeció de ella y le dijo:

—No llores.

14Entonces se acercó y tocó el féretro. Los que lo llevaban se detuvieron, y Jesús dijo:

—Joven, ¡te ordeno que te levantes!

15El muerto se incorporó y comenzó a hablar, y Jesús se lo entregó a su madre. **16**Todos se llenaron de temor y alababan a Dios.

—Ha surgido entre nosotros un gran profeta —decían—. Dios ha venido en ayuda de*j* su pueblo.

17Así que esta noticia acerca de Jesús se divulgó por toda Judea*k* y por todas las regiones vecinas.

Jesús y Juan el Bautista
7:18-35 — Mt 11:2-19

18Los discípulos de Juan le contaron todo esto. Él llamó a dos de ellos **19**y los envió al Señor a preguntarle:

—¿Eres tú el que ha de venir, o debemos esperar a otro?

20Cuando se acercaron a Jesús, ellos le dijeron:

—Juan el Bautista nos ha enviado a preguntarte: "¿Eres tú el que ha de venir, o debemos esperar a otro?"

21En ese mismo momento Jesús sanó a muchos que tenían enfermedades, dolencias y *espíritus malignos, y les dio la vista a muchos ciegos. **22**Entonces les respondió a los enviados:

—Vayan y cuéntenle a Juan lo que han visto y oído: Los ciegos ven, los cojos andan, los que tienen *lepra son sanados, los sordos oyen, los muertos resucitan y a los pobres se les anuncian las buenas *nuevas. **23***Dichoso el que no *tropieza por causa mía.

24Cuando se fueron los enviados, Jesús comenzó a hablarle a la multitud acerca de Juan: «¿Qué salieron a ver al desierto? ¿Una caña sacudida por el viento? **25**Si no, ¿qué salieron a ver? ¿A un hombre vestido con ropa fina? Claro que no, pues los que se visten ostentosamente y llevan una vida de lujo están en los palacios reales. **26**Entonces, ¿qué salieron a ver? ¿A un profeta? Sí, les digo, y más que profeta. **27**Éste es de quien está escrito:

»"Yo estoy por enviar a mi mensajero delante de ti, el cual preparará el camino."[l]

28Les digo que entre los mortales no ha habido nadie más grande que Juan; sin embargo, el más pequeño en el reino de Dios es más grande que él.»

29Al oír esto, todo el pueblo, y hasta los *recaudadores de impuestos, reconocieron que el camino de Dios era justo, y fueron bautizados por Juan. **30**Pero los *fariseos y los *expertos en la ley no se hicieron bautizar por Juan, rechazando así el propósito de Dios respecto a ellos.[m]

31«Entonces, ¿con qué puedo comparar a la gente de esta generación? ¿A quién se parecen ellos? **32**Se parecen a niños sentados en la plaza que se gritan unos a otros:

»"Tocamos la flauta, y ustedes no bailaron; entonamos un canto fúnebre, y ustedes no lloraron."

33Porque vino Juan el Bautista, que no comía pan ni bebía vino, y ustedes dicen: "Tiene un demonio." **34**Vino el Hijo del hombre, que come y bebe, y ustedes dicen: "Éste es un glotón y un borracho, amigo de recaudadores de impuestos

y de *pecadores." **35**Pero la sabiduría queda demostrada por los que la siguen.»[n]

Una mujer pecadora unge a Jesús

36Uno de los *fariseos invitó a Jesús a comer, así que fue a la casa del fariseo y se *sentó a la mesa.[ñ] **37**Ahora bien, vivía en aquel pueblo una mujer que tenía fama de *pecadora. Cuando ella se enteró de que Jesús estaba comiendo en casa del fariseo, se presentó con un frasco de alabastro lleno de perfume. **38**Llorando, se arrojó a los pies de Jesús,[o] de manera que se los bañaba en lágrimas. Luego se los secó con los cabellos; también se los besaba y se los ungía con el perfume.

39Al ver esto, el fariseo que lo había invitado dijo para sí: «Si este hombre fuera profeta, sabría quién es la que lo está tocando, y qué clase de mujer es: una pecadora.»

40Entonces Jesús le dijo a manera de respuesta:

—Simón, tengo algo que decirte.

—Dime, Maestro —respondió.

41—Dos hombres le debían dinero a cierto prestamista. Uno le debía quinientas monedas de plata,[p] y el otro cincuenta. **42**Como no tenían con qué pagarle, les perdonó la deuda a los dos. Ahora bien, ¿cuál de los dos lo amará más?

43—Supongo que aquel a quien más le perdonó —contestó Simón.

—Has juzgado bien —le dijo Jesús.

44Luego se volvió hacia la mujer y le dijo a Simón:

—¿Ves a esta mujer? Cuando entré en tu casa, no me diste agua para los pies, pero ella me ha bañado los pies en lágrimas y me los ha secado con sus cabellos. **45**Tú no me besaste, pero ella, desde que entré, no ha dejado de besarme los pies. **46**Tú no me ungiste la cabeza con aceite, pero ella me ungió los pies con perfume. **47**Por esto te digo: si ella ha amado mucho, es que sus muchos pecados le han sido perdonados.[q] Pero a quien poco se le perdona, poco ama.

48Entonces le dijo Jesús a ella:

—Tus pecados quedan perdonados.

49Los otros invitados comenzaron a decir entre sí: «¿Quién es éste, que hasta perdona pecados?»

50—Tu fe te ha salvado —le dijo Jesús a la mujer—; vete en paz.

Parábola del sembrador
8:4-15 — Mt 13:2-23; Mr 4:1-20

8 Después de esto, Jesús estuvo recorriendo los pueblos y las aldeas, proclamando las buenas *nuevas del reino de Dios. Lo acompañaban los doce, **2**y también algunas mujeres que habían sido sanadas de *espíritus malignos y de enfermedades: María, a la que llamaban Magdalena, y de la que habían salido siete demonios; **3**Juana, esposa de Cuza, el administrador

---

l **7:27** Mal 3:1.
m **7:29,30** Algunos intérpretes piensan que estos versículos forman parte del discurso de Jesús.
n **7:35** *queda ... siguen.* Lit. *ha sido justificada por todos sus hijos.*
ñ **7:36** *se sentó a la mesa.* Lit. *se recostó.*
o **7:38** *se arrojó a los pies de Jesús.* Lit. *se puso detrás junto a sus pies;* es decir, detrás del recostadero.
p **7:41** *quinientas monedas de plata.* Lit. *quinientos * denarios.*
q **7:47** *te digo ... perdonados.* Lit. *te digo que sus muchos pecados han sido perdonados porque amó mucho.*

de Herodes; Susana y muchas más que los ayudaban con sus propios recursos.

4De cada pueblo salía gente para ver a Jesús, y cuando se reunió una gran multitud, él les contó esta parábola: **5**«Un sembrador salió a sembrar. Al esparcir la semilla, una parte cayó junto al camino; fue pisoteada, y los pájaros se la comieron. **6**Otra parte cayó sobre las piedras y, cuando brotó, las plantas se secaron por falta de humedad. **7**Otra parte cayó entre espinos que, al crecer junto con la semilla, la ahogaron. **8**Pero otra parte cayó en buen terreno; así que brotó y produjo una cosecha del ciento por uno.»

Dicho esto, exclamó: «El que tenga oídos para oír, que oiga.»

9Sus discípulos le preguntaron cuál era el significado de esta parábola. **10**«A ustedes se les ha concedido que conozcan los *secretos del reino de Dios —les contestó—; pero a los demás se les habla por medio de parábolas para que

»"aunque miren, no vean; aunque oigan, no entiendan".ʳ

11»Éste es el significado de la parábola: La semilla es la palabra de Dios. **12**Los que están junto al camino son los que oyen, pero luego viene el diablo y les quita la palabra del corazón, no sea que crean y se salven. **13**Los que están sobre las piedras son los que reciben la palabra con alegría cuando la oyen, pero no tienen raíz. Éstos creen por algún tiempo, pero se apartan cuando llega la *prueba. **14**La parte que cayó entre espinos son los que oyen, pero, con el correr del tiempo, los ahogan las preocupaciones, las riquezas y los placeres de esta vida, y no maduran. **15**Pero la parte que cayó en buen terreno son los que oyen la palabra con corazón noble y bueno, y la retienen; y como perseveran, producen una buena cosecha.

Una lámpara en una repisa

16»Nadie enciende una lámpara para después cubrirla con una vasija o ponerla debajo de la cama, sino para ponerla en una repisa, a fin de que los que entren tengan luz. **17**No hay nada escondido que no llegue a descubrirse, ni nada oculto que no llegue a conocerse públicamente. **18**Por lo tanto, pongan mucha atención. Al que tiene, se le dará más; al que no tiene, hasta lo que cree tener se le quitará.»

La madre y los hermanos de Jesús

8:19-21 — Mt 12:46-50; Mr 3:31-35

19La madre y los hermanos de Jesús fueron a verlo, pero como había mucha gente, no lograban acercársele.

20—Tu madre y tus hermanos están afuera y quieren verte —le avisaron.

21Pero él les contestó:

—Mi madre y mis hermanos son los que oyen la palabra de Dios y la ponen en práctica.

Jesús calma la tormenta

8:22-25 — Mt 8:23-27; Mr 4:36-41

22Un día subió Jesús con sus discípulos a una barca.

—Crucemos al otro lado del lago —les dijo.

Así que partieron, **23**y mientras navegaban, él se durmió. Entonces se desató una tormenta sobre el lago, de modo que la barca comenzó a inundarse y corrían gran peligro.

24Los discípulos fueron a despertarlo.

—¡Maestro, Maestro, nos vamos a ahogar! —gritaron.

Él se levantó y reprendió al viento y a las olas; la tormenta se apaciguó y todo quedó tranquilo.

25—¿Dónde está la fe de ustedes? —les dijo a sus discípulos.

Con temor y asombro ellos se decían unos a otros: «¿Quién es éste, que manda aun a los vientos y al agua, y le obedecen?»

Liberación de un endemoniado

8:26-37 — Mt 8:28-34
8:26-39 — Mr 5:1-20

26Navegaron hasta la región de los gerasenos,ˢ que está al otro lado del lago, frente a Galilea. **27**Al desembarcar Jesús, un endemoniado que venía del pueblo le salió al encuentro. Hacía mucho tiempo que este hombre no se vestía; tampoco vivía en una casa sino en los sepulcros. **28**Cuando vio a Jesús, dio un grito y se arrojó a sus pies. Entonces exclamó con fuerza:

—¿Por qué te entrometes, Jesús, Hijo del Dios Altísimo? ¡Te ruego que no me atormentes!

29Es que Jesús le había ordenado al *espíritu maligno que saliera del hombre. Se había apoderado de él muchas veces y, aunque le sujetaban los pies y las manos con cadenas y lo mantenían bajo custodia, rompía las cadenas y el demonio lo arrastraba a lugares solitarios.

30—¿Cómo te llamas? —le preguntó Jesús.

—Legión —respondió, ya que habían entrado en él muchos demonios.

31Y éstos le suplicaban a Jesús que no los mandara al *abismo. **32**Como había una manada grande de cerdos paciendo en la colina, le rogaron a Jesús que los dejara entrar en ellos. Así que él se lo dio permiso. **33**Y cuando los demonios salieron del hombre, entraron en los cerdos, y la manada se precipitó al lago por el despeñadero y se ahogó.

34Al ver lo sucedido, los que cuidaban los cerdos huyeron y dieron la noticia en el pueblo y por los campos, **35**y la gente salió a ver lo que había pasado. Llegaron a donde estaba Jesús y encontraron, sentado a sus pies, al hombre de quien habían salido los demonios.

ʳ **8:10** Is 6:9.
ˢ **8:26** *gerasenos.* Var. *gadarenos*; otra var. *gergesenos*; también en v. 37.

Cuando lo vieron vestido y en su sano juicio, tuvieron miedo. 36Los que habían presenciado estas cosas le contaron a la gente cómo el endemoniado había sido *sanado. 37Entonces toda la gente de la región de los gerasenos le pidió a Jesús que se fuera de allí, porque les había entrado mucho miedo. Así que él subió a la barca para irse.

38Ahora bien, el hombre de quien habían salido los demonios le rogaba que le permitiera acompañarlo, pero Jesús lo despidió y le dijo:

39—Vuelve a tu casa y cuenta todo lo que Dios ha hecho por ti.

Así que el hombre se fue y proclamó por todo el pueblo lo mucho que Jesús había hecho por él.

Una niña muerta y una mujer enferma

8:40-56 — Mt 9:18-26; Mr 5:22-43

40Cuando Jesús regresó, la multitud se alegró de verlo, pues todos estaban esperándolo. 41En esto llegó un hombre llamado Jairo, que era un jefe de la sinagoga. Arrojándose a los pies de Jesús, le suplicaba que fuera a su casa, 42porque su única hija, de unos doce años, se estaba muriendo.

Jesús se puso en camino y las multitudes lo apretujaban. 43Había entre la gente una mujer que hacía doce años padecía de hemorragias,^{t} sin que nadie pudiera sanarla. 44Ella se le acercó por detrás y le tocó el borde del manto, y al instante cesó su hemorragia.

45—¿Quién me ha tocado? —preguntó Jesús.

Como todos negaban haberlo tocado, Pedro le dijo:

—Maestro, son multitudes las que te aprietan y te oprimen.

46—No, alguien me ha tocado —replicó Jesús—; yo sé que de mí ha salido poder.

47La mujer, al ver que no podía pasar inadvertida, se acercó temblando y se arrojó a sus pies. En presencia de toda la gente, contó por qué lo había tocado y cómo había sido sanada al instante.

48—Hija, tu fe te ha *sanado —le dijo Jesús—. Vete en paz.

49Todavía estaba hablando Jesús, cuando alguien llegó de la casa de Jairo, jefe de la sinagoga, para decirle:

—Tu hija ha muerto. No molestes más al Maestro.

50Al oír esto, Jesús le dijo a Jairo:

—No tengas miedo; cree nada más, y ella será sanada.

51Cuando llegó a la casa de Jairo, no dejó que nadie entrara con él, excepto Pedro, Juan y *Jacobo, y el padre y la madre de la niña. 52Todos estaban llorando, muy afligidos por ella.

—Dejen de llorar —les dijo Jesús—. No está muerta sino dormida.

53Entonces ellos empezaron a burlarse de él porque sabían que estaba muerta. 54Pero él la tomó de la mano y le dijo:

—¡Niña, levántate!

55Recobró la vida^u y al instante se levantó. Jesús mandó darle de comer. 56Los padres se quedaron atónitos, pero él les advirtió que no contaran a nadie lo que había sucedido.

Jesús envía a los doce

9:3-5 — Mt 10:9-15; Mr 6:8-11
9:7-9 — Mt 14:1-2; Mr 6:14-16

9 Habiendo reunido a los doce, Jesús les dio poder y autoridad para expulsar a todos los demonios y para sanar enfermedades. 2Entonces los envió a predicar el reino de Dios y a sanar a los enfermos. 3«No lleven nada para el camino: ni bastón, ni bolsa, ni pan, ni dinero, ni dos mudas de ropa —les dijo—. 4En cualquier casa que entren, quédense allí hasta que salgan del pueblo. 5Si no los reciben bien, al salir de ese pueblo, sacúdanse el polvo de los pies como un testimonio contra sus habitantes.» 6Así que partieron y fueron por todas partes de pueblo en pueblo, predicando el evangelio y sanando a la gente.

7Herodes el tetrarca se enteró de todo lo que estaba sucediendo. Estaba perplejo porque algunos decían que Juan había *resucitado; 8otros, que se había aparecido Elías; y otros, en fin, que había resucitado alguno de los antiguos profetas. 9Pero Herodes dijo: «A Juan mandé que le cortaran la cabeza; ¿quién es, entonces, éste de quien oigo tales cosas?» Y procuraba verlo.

Jesús alimenta a los cinco mil

9:10-17 — Mt 14:13-21; Mr 6:32-44; Jn 6:5-13

10Cuando regresaron los apóstoles, le relataron a Jesús lo que habían hecho. Él se los llevó consigo y se retiraron solos a un pueblo llamado Betsaida, 11pero la gente se enteró y lo siguió. Él los recibió y les habló del reino de Dios. También sanó a los que lo necesitaban.

12Al atardecer se le acercaron los doce y le dijeron:

—Despide a la gente, para que vaya a buscar alojamiento y comida en los campos y pueblos cercanos, pues donde estamos no hay nada.^{v}

13—Denles ustedes mismos de comer —les dijo Jesús.

—No tenemos más que cinco panes y dos pescados, a menos que vayamos a comprar comida para toda esta gente —objetaron ellos, 14porque había allí unos cinco mil hombres.

Pero Jesús dijo a sus discípulos:

—Hagan que se sienten en grupos como de cincuenta cada uno.

---

^{t} **8:43** *hemorragias.* Var. *hemorragias y que había gastado en médicos todo lo que tenía.*
^{u} **8:55** *Recobró la vida.* Lit. *Y volvió el espíritu de ella.*
^{v} **9:12** *donde estamos no hay nada.* Lit. *aquí estamos en un lugar desierto.*

15Así lo hicieron los discípulos, y se sentaron todos. 16Entonces Jesús tomó los cinco panes y los dos pescados, y mirando al cielo, los bendijo. Luego los partió y se los dio a los discípulos para que se los repartieran a la gente. 17Todos comieron hasta quedar satisfechos, y de los pedazos que sobraron se recogieron doce canastas.

La confesión de Pedro

9:18-20 — Mt 16:13-16; Mr 8:27-29
9:22-27 — Mt 16:21-28; Mr 8:31 — 9:1

18Un día cuando Jesús estaba orando para sí, estando allí sus discípulos, les preguntó:

—¿Quién dice la gente que soy yo?

19—Unos dicen que Juan el Bautista, otros que Elías, y otros que uno de los antiguos profetas ha resucitado —respondieron.

20—Y ustedes, ¿quién dicen que soy yo?

—El *Cristo de Dios —afirmó Pedro.

21Jesús les ordenó terminantemente que no dijeran esto a nadie. Y les dijo:

22—El Hijo del hombre tiene que sufrir muchas cosas y ser rechazado por los *ancianos, los jefes de los sacerdotes y los *maestros de la ley. Es necesario que lo maten y que resucite al tercer día.

23Dirigiéndose a todos, declaró:

—Si alguien quiere ser mi discípulo, que se niegue a sí mismo, lleve su cruz cada día y me siga. 24Porque el que quiera salvar su *vida, la perderá; pero el que pierda su vida por mi causa, la salvará. 25¿De qué le sirve a uno ganar el mundo entero si se pierde o se destruye a sí mismo? 26Si alguien se avergüenza de mí y de mis palabras, el Hijo del hombre se avergonzará de él cuando venga en su gloria y en la gloria del Padre y de los santos ángeles. 27Además, les aseguro que algunos de los aquí presentes no sufrirán la muerte sin antes haber visto el reino de Dios.

La transfiguración

9:28-36 — Mt 17:1-8; Mr 9:2-8

28Unos ocho días después de decir esto, Jesús, acompañado de Pedro, Juan y *Jacobo, subió a una montaña a orar. 29Mientras oraba, su rostro se transformó, y su ropa se tornó blanca y radiante. 30Y aparecieron dos personajes —Moisés y Elías— que conversaban con Jesús. 31Tenían un aspecto glorioso, y hablaban de la partidaᵂ de Jesús, que él estaba por llevar a cabo en Jerusalén. 32Pedro y sus compañeros estaban rendidos de sueño, pero cuando se despabilaron, vieron su gloria y a los dos personajes que estaban con él. 33Mientras éstos se apartaban de Jesús, Pedro, sin saber lo que estaba diciendo, propuso:

—Maestro, ¡qué bien que estemos aquí! Podemos levantar tres albergues: uno para ti, otro para Moisés y otro para Elías.

34Estaba hablando todavía cuando apareció una nube que los envolvió, de modo que se asustaron. 35Entonces salió de la nube una voz que dijo: «Éste es mi Hijo, mi escogido; escúchenlo.» 36Después de oírse la voz, Jesús quedó solo. Los discípulos guardaron esto en secreto, y por algún tiempo a nadie contaron nada de lo que habían visto.

Jesús sana a un muchacho endemoniado

9:37-42,43-45 — Mt 17:14-18,22-23;
Mr 9:14-27,30-32

37Al día siguiente, cuando bajaron de la montaña, le salió al encuentro mucha gente. 38Y un hombre de entre la multitud exclamó:

—Maestro, te ruego que atiendas a mi hijo, pues es el único que tengo. 39Resulta que un espíritu se posesiona de él, y de repente el muchacho se pone a gritar; también lo sacude con violencia y hace que eche espumarajos. Cuando lo atormenta, a duras penas lo suelta. 40Ya les rogué a tus discípulos que lo expulsaran, pero no pudieron.

41—¡Ah, generación incrédula y perversa! —respondió Jesús—. ¿Hasta cuándo tendré que estar con ustedes y soportarlos? Trae acá a tu hijo.

42Estaba acercándose el muchacho cuando el demonio lo derribó con una convulsión. Pero Jesús reprendió al *espíritu maligno, sanó al muchacho y se lo devolvió al padre. 43Y todos se quedaron asombrados de la grandeza de Dios.

En medio de tanta admiración por todo lo que hacía, Jesús dijo a sus discípulos:

44—Presten mucha atención a lo que les voy a decir: El Hijo del hombre va a ser entregado en manos de los hombres.

45Pero ellos no entendían lo que quería decir con esto. Les estaba encubierto para que no lo comprendieran, y no se atrevían a preguntárselo.

¿Quién va a ser el más importante?

9:46-48 — Mt 18:1-5; 9:46-50 — Mr 9:33-40

46Surgió entre los discípulos una discusión sobre quién de ellos sería el más importante. 47Como Jesús sabía bien lo que pensaban, tomó a un niño y lo puso a su lado.

48—El que recibe en mi nombre a este niño —les dijo—, me recibe a mí; y el que me recibe a mí, recibe al que me envió. El que es más insignificante entre todos ustedes, ése es el más importante.

49—Maestro —intervino Juan—, vimos a un hombre que expulsaba demonios en tu nombre; pero como no anda con nosotros, tratamos de impedírselo.

50—No se lo impidan —les replicó Jesús—, porque el que no está contra ustedes está a favor de ustedes.

ᵂ **9:31** *de la partida.* Lit. *del éxodo.*

La oposición de los samaritanos

51Como se acercaba el tiempo de que fuera llevado al cielo, Jesús se hizo el firme propósito de ir a Jerusalén. **52**Envió por delante mensajeros, que entraron en un pueblo samaritano para prepararle alojamiento; **53**pero allí la gente no quiso recibirlo porque se dirigía a Jerusalén. **54**Cuando los discípulos *Jacobo y Juan vieron esto, le preguntaron:

—Señor, ¿quieres que hagamos caer fuego del cielo para˟ que los destruya?

55Pero Jesús se volvió a ellos y los reprendió. **56**Luego˄ siguieron la jornada a otra aldea.

Lo que cuesta seguir a Jesús

9:57-60 — Mt 8:19-22

57Iban por el camino cuando alguien le dijo:

—Te seguiré a dondequiera que vayas.

58—Las zorras tienen madrigueras y las aves tienen nidos —le respondió Jesús—, pero el Hijo del hombre no tiene dónde recostar la cabeza.

59A otro le dijo:

—Sígueme.

—Señor —le contestó—, primero déjame ir a enterrar a mi padre.

60—Deja que los muertos entierren a sus propios muertos, pero tú ve y proclama el reino de Dios —le replicó Jesús.

61Otro afirmó:

—Te seguiré, Señor; pero primero déjame despedirme de mi familia.

62Jesús le respondió:

—Nadie que mire atrás después de poner la mano en el arado es apto para el reino de Dios.

Jesús envía a los setenta y dos

10:4-12 — Lc 9:3-5 10:13-15,21-22
Mt 11:21-23,25-27 10:23-24 — Mt 13:16-17

10 Después de esto, el Señor escogió a otros setenta y dos͒ para enviarlos de dos en dos delante de él a todo pueblo y lugar a donde él pensaba ir. **2**«Es abundante la cosecha —les dijo—, pero son pocos los obreros. Pídanle, por tanto, al Señor de la cosecha que mande obreros a su campo. **3**¡Vayan ustedes! Miren que los envío como corderos en medio de lobos. **4**No lleven monedero ni bolsa ni sandalias; ni se detengan a saludar a nadie por el camino.

5»Cuando entren en una casa, digan primero: "Paz a esta casa." **6**Si hay allí alguien digno de paz, gozará de ella; y si no, la bendición no

se cumplirá.ᵃ **7**Quédense en esa casa, y coman y beban de lo que ellos tengan, porque el trabajador tiene derecho a su sueldo. No anden de casa en casa.

8»Cuando entren en un pueblo y los reciban, coman lo que les sirvan. **9**Sanen a los enfermos que encuentren allí y díganles: "El reino de Dios ya está cerca de ustedes." **10**Pero cuando entren en un pueblo donde no los reciban, salgan a las plazas y digan: **11**"Aun el polvo de este pueblo, que se nos ha pegado a los pies, nos lo sacudimos en protesta contra ustedes. Pero tengan por seguro que ya está cerca el reino de Dios." **12**Les digo que en aquel día será más tolerable el castigo para Sodoma que para ese pueblo.

13»¡Ay de ti, Corazín! ¡Ay de ti, Betsaida! Si se hubieran hecho en Tiro y en Sidón los milagros que se hicieron en medio de ustedes, ya hace tiempo que se habrían *arrepentido con grandes lamentos.ᵇ **14**Pero en el juicio será más tolerable el castigo para Tiro y Sidón que para ustedes. **15**Y tú, Capernaúm, ¿acaso serás levantada hasta el cielo? No, sino que descenderás hasta el *abismo.

16»El que los escucha a ustedes, me escucha a mí; el que los rechaza a ustedes, me rechaza a mí; y el que me rechaza a mí, rechaza al que me envió.»

17Cuando los setenta y dos regresaron, dijeron contentos:

—Señor, hasta los demonios se nos someten en tu nombre.

18—Yo veía a Satanás caer del cielo como un rayo —respondió él—. **19**Sí, les he dado autoridad a ustedes para pisotear serpientes y escorpiones y vencer todo el poder del enemigo; nada les podrá hacer daño. **20**Sin embargo, no se alegren de que puedan someter a los espíritus, sino alégrense de que sus nombres están escritos en el cielo.

21En aquel momento Jesús, lleno de alegría por el Espíritu Santo, dijo: «Te alabo, Padre, Señor del cielo y de la tierra, porque habiendo escondido estas cosas de los sabios e instruidos, se las has revelado a los que son como niños. Sí, Padre, porque esa fue tu buena voluntad.

22»Mi Padre me ha entregado todas las cosas. Nadie sabe quién es el Hijo, sino el Padre, y nadie sabe quién es el Padre, sino el Hijo y aquel a quien el Hijo quiera revelárselo.»

23Volviéndose a sus discípulos, les dijo aparte: «*Dichosos los ojos que ven lo que ustedes ven. **24**Les digo que muchos profetas y reyes quisieron ver lo que ustedes ven, pero no lo vieron; y oír lo que ustedes oyen, pero no lo oyeron.»

Parábola del buen samaritano

10:25-28 — Mt 22:34-40; Mr 12:28-31

25En esto se presentó un *experto en la ley y, para poner a prueba a Jesús, le hizo esta pregunta:

˟ **9:54** *cielo para.* Var. *cielo, como hizo Elías, para.*
˄ **9:55,56** *reprendió.* v. 56 *Luego.* Var. *reprendió. / —Ustedes no saben de qué espíritu son —les dijo—,* v. 56 *porque el Hijo del Hombre no vino para destruir la vida de las personas sino para salvarla. / Luego.*
͒ **10:1** *setenta y dos.* Var. *setenta;* también en v. 17.
ᵃ **10:6** *Si hay … se cumplirá.* Lit. *Si hay allí un hijo de paz, la paz de ustedes reposará sobre él; y si no, volverá a ustedes.*
ᵇ **10:13** *con grandes lamentos.* Lit. *sentados en saco y ceniza.*

—Maestro, ¿qué tengo que hacer para heredar la vida eterna?

26Jesús replicó:

—¿Qué está escrito en la ley? ¿Cómo la interpretas tú?

27Como respuesta el hombre citó:

—"Ama al Señor tu Dios con todo tu corazón, con todo tu ser, con todas tus fuerzas y con toda tu mente",*c* y: "Ama a tu prójimo como a ti mismo."*d*

28—Bien contestado —le dijo Jesús—. Haz eso y vivirás.

29Pero él quería justificarse, así que le preguntó a Jesús:

—¿Y quién es mi prójimo?

30Jesús respondió:

—Bajaba un hombre de Jerusalén a Jericó, y cayó en manos de unos ladrones. Le quitaron la ropa, lo golpearon y se fueron, dejándolo medio muerto. **31**Resulta que viajaba por el mismo camino un sacerdote quien, al verlo, se desvió y siguió de largo. **32**Así también llegó a aquel lugar un levita, y al verlo, se desvió y siguió de largo. **33**Pero un samaritano que iba de viaje llegó a donde estaba el hombre y, viéndolo, se compadeció de él. **34**Se acercó, le curó las heridas con vino y aceite, y se las vendó. Luego lo montó sobre su propia cabalgadura, lo llevó a un alojamiento y lo cuidó. **35**Al día siguiente, sacó dos monedas de plata*e* y se las dio al dueño del alojamiento. "Cuídemelo —le dijo—, y lo que gaste usted de más, se lo pagaré cuando yo vuelva." **36**¿Cuál de estos tres piensas que demostró ser el prójimo del que cayó en manos de los ladrones?

37—El que se compadeció de él —contestó el experto en la ley.

—Anda entonces y haz tú lo mismo —concluyó Jesús.

En casa de Marta y María

38Mientras iba de camino con sus discípulos, Jesús entró en una aldea, y una mujer llamada Marta lo recibió en su casa. **39**Tenía ella una hermana llamada María que, sentada a los pies del Señor, escuchaba lo que él decía. **40**Marta, por su parte, se sentía abrumada porque tenía mucho que hacer. Así que se acercó a él y le dijo:

—Señor, ¿no te importa que mi hermana me haya dejado sirviendo sola? ¡Dile que me ayude!

41—Marta, Marta —le contestó Jesús—, estás inquieta y preocupada por muchas cosas, **42**pero sólo una es necesaria.*f* María ha escogido la mejor, y nadie se la quitará.

Jesús enseña sobre la oración

11:2-4 — Mt 6:9-13
11:9-13 — Mt 7:7-11

11 Un día estaba Jesús orando en cierto lugar. Cuando terminó, le dijo uno de sus discípulos:

—Señor, enséñanos a orar, así como Juan enseñó a sus discípulos.

2Él les dijo:

—Cuando oren, digan:

»"Padre,*g* *santificado sea tu nombre. Venga tu reino.*h* **3**Danos cada día nuestro pan cotidiano.*i* **4**Perdónanos nuestros pecados, porque también nosotros perdonamos a todos los que nos ofenden.*j* Y no nos metas en *tentación."*k*

5»Supongamos —continuó— que uno de ustedes tiene un amigo, y a medianoche va y le dice: "Amigo, préstame tres panes, **6**pues se me ha presentado un amigo recién llegado de viaje, y no tengo nada que ofrecerle." **7**Y el que está adentro le contesta: "No me molestes. Ya está cerrada la puerta, y mis hijos y yo estamos acostados. No puedo levantarme a darte nada." **8**Les digo que, aunque no se levante a darle pan por ser amigo suyo, sí se levantará por su impertinencia y le dará cuanto necesite.

9»Así que yo les digo: Pidan, y se les dará; busquen, y encontrarán; llamen, y se les abrirá la puerta. **10**Porque todo el que pide, recibe; el que busca, encuentra; y al que llama, se le abre.

11»¿Quién de ustedes que sea padre, si su hijo le pide*l* un pescado, le dará en cambio una serpiente? **12**¿O si le pide un huevo, le dará un escorpión? **13**Pues si ustedes, aun siendo malos, saben dar cosas buenas a sus hijos, ¡cuánto más el Padre celestial dará el Espíritu Santo a quienes se lo pidan!

Jesús y Beelzebú

11:14-15,17-22,24-26 — Mt 12:22,24-29,43-45
11:17-22 — Mr 3:23-27

14En otra ocasión Jesús expulsaba de un hombre a un demonio que lo había dejado mudo. Cuando salió el demonio, el mudo habló, y la gente se quedó asombrada. **15**Pero algunos dijeron: «Éste expulsa a los demonios por medio de *Beelzebú, príncipe de los demonios.» **16**Otros, para ponerlo a *prueba, le pedían una señal del cielo.

17Como él conocía sus pensamientos, les dijo: «Todo reino dividido contra sí mismo quedará asolado, y una casa dividida contra sí misma se derrumbará.*m* **18**Por tanto, si Satanás está dividido contra sí mismo, ¿cómo

---

c **10:27** Dt 6:5.
d **10:27** Lv 19:18.
e **10:35** *monedas de plata.* Lit. * *denarios.*
f **10:42** *sólo una es necesaria.* Var. *se necesitan pocas cosas, o una sola.*
g **11:2** *Padre.* Var. *Padre nuestro que estás en el cielo* (véase Mt 6:9).
h **11:2** *reino.* Var. *reino. Hágase tu voluntad en la tierra como en el cielo* (véase Mt 6:10).
i **11:3** *nuestro pan cotidiano.* Alt. *el pan que necesitamos.*
j **11:4** *nos ofenden.* Lit. *nos deben.*
k **11:4** *tentación.* Var. *tentación, sino líbranos del maligno* (véase Mt 6:13).
l **11:11** *le pide.* Var. *le pide pan, le dará una piedra; o si le pide.*
m **11:17** *y una casa … derrumbará.* Alt. *y sus casas se derrumbarán unas sobre otras.*

puede mantenerse en pie su reino? Lo pregunto porque ustedes dicen que yo expulso a los demonios por medio de Beelzebú. **19**Ahora bien, si yo expulso a los demonios por medio de Beelzebú, ¿los seguidores de ustedes por medio de quién los expulsan? Por eso ellos mismos los juzgarán a ustedes. **20**Pero si expulso a los demonios con el poder[n] de Dios, eso significa que ha llegado a ustedes el reino de Dios.

21»Cuando un hombre fuerte y bien armado cuida su hacienda, sus bienes están seguros. **22**Pero si lo ataca otro más fuerte que él y lo vence, le quita las armas en que confiaba y reparte el botín.

23»El que no está de mi parte, está contra mí; y el que conmigo no recoge, esparce.

24»Cuando un *espíritu maligno sale de una persona, va por lugares áridos buscando un descanso. Y al no encontrarlo, dice: "Volveré a mi casa, de donde salí." **25**Cuando llega, la encuentra barrida y arreglada. **26**Luego va y trae otros siete espíritus más malvados que él, y entran a vivir allí. Así que el estado final de aquella persona resulta peor que el inicial.»

27Mientras Jesús decía estas cosas, una mujer de entre la multitud exclamó:

—*¡Dichosa la mujer que te dio a luz y te amamantó![ñ]

28—Dichosos más bien —contestó Jesús— los que oyen la palabra de Dios y la obedecen.

La señal de Jonás
11:29-32 — Mt 12:39-42

29Como crecía la multitud, Jesús se puso a decirles: «Ésta es una generación malvada. Pide una señal milagrosa, pero no se le dará más señal que la de Jonás. **30**Así como Jonás fue una señal para los habitantes de Nínive, también lo será el Hijo del hombre para esta generación. **31**La reina del Sur se levantará en el día del juicio y condenará a esta gente; porque ella vino desde los confines de la tierra para escuchar la sabiduría de Salomón, y aquí tienen ustedes a uno más grande que Salomón. **32**Los ninivitas se levantarán en el día del juicio y condenarán a esta generación; porque ellos se *arrepintieron al escuchar la predicación de Jonás, y aquí tienen ustedes a uno más grande que Jonás.

La lámpara del cuerpo
11:34-35 — Mt 6:22-23

33»Nadie enciende una lámpara para luego ponerla en un lugar escondido o cubrirla con un cajón, sino para ponerla en una repisa, a fin de que los que entren tengan luz. **34**Tus ojos son la lámpara de tu cuerpo. Si tu visión es clara, todo tu ser disfrutará de la luz; pero si está nublada, todo tu ser estará en la oscuridad.[o] **35**Asegúrate de que la luz que crees tener no sea oscuridad. **36**Por tanto, si todo tu ser disfruta de la luz, sin que ninguna parte quede en la oscuridad, estarás completamente iluminado, como cuando una lámpara te alumbra con su luz.»

Jesús denuncia a los fariseos y a los expertos en la ley

37Cuando Jesús terminó de hablar, un *fariseo lo invitó a comer con él; así que entró en la casa y se *sentó a la mesa. **38**Pero el fariseo se sorprendió al ver que Jesús no había cumplido con el rito de lavarse antes de comer.

39—Resulta que ustedes los fariseos —les dijo el Señor—, *limpian el vaso y el plato por fuera, pero por dentro están ustedes llenos de codicia y de maldad. **40**¡Necios! ¿Acaso el que hizo lo de afuera no hizo también lo de adentro? **41**Den más bien a los pobres de lo que está dentro,[p] y así todo quedará limpio para ustedes.

42»¡Ay de ustedes, fariseos!, que dan la décima parte de la menta, de la ruda y de toda clase de legumbres, pero descuidan la justicia y el amor de Dios. Debían haber practicado esto, sin dejar de hacer aquello.

43»¡Ay de ustedes, fariseos!, que se mueren por los primeros puestos en las sinagogas y los saludos en las plazas.

44»¡Ay de ustedes!, que son como tumbas sin lápida, sobre las que anda la gente sin darse cuenta.

45Uno de los *expertos en la ley le respondió:

—Maestro, al hablar así nos insultas también a nosotros.

46Contestó Jesús:

—¡Ay de ustedes también, expertos en la ley! Abruman a los demás con cargas que apenas se pueden soportar, pero ustedes mismos no levantan ni un dedo para ayudarlos.

47»¡Ay de ustedes!, que construyen monumentos para los profetas, a quienes los antepasados de ustedes mataron. **48**En realidad[q] aprueban lo que hicieron sus antepasados; ellos mataron a los profetas, y ustedes les construyen los sepulcros. **49**Por eso dijo Dios en su sabiduría: "Les enviaré profetas y apóstoles, de los cuales matarán a unos y perseguirán a otros." **50**Por lo tanto, a esta generación se le pedirán cuentas de la sangre de todos los profetas derramada desde el principio del mundo, **51**desde la sangre de Abel hasta la sangre de Zacarías, el que murió entre el altar y el *santuario. Sí, les aseguro que de todo esto se le pedirán cuentas a esta generación.

---

n **11:20** *poder.* Lit. *dedo.*
ñ **11:27** *¡Dichosa ... amamantó!* Lit. *¡Dichoso el vientre que te llevó y los pechos que te criaron!*
o **11:34** *Si tu visión ... oscuridad.* Lit. *Cuando tu ojo es bueno, todo tu cuerpo está iluminado; pero cuando es malo, también tu cuerpo está oscuro.*
p **11:41** *lo que está dentro.* Alt. *lo que tienen.*
q **11:48** *En realidad.* Lit. *Así que ustedes son testigos y.*

⁵²»¡Ay de ustedes, expertos en la ley!, porque se han adueñado de la llave del conocimiento. Ustedes mismos no han entrado, y a los que querían entrar les han cerrado el paso. ⁵³Cuando Jesús salió de allí, los *maestros de la ley y los fariseos, resentidos, se pusieron a acosarlo a preguntas. ⁵⁴Estaban tendiéndole trampas para ver si fallaba en algo.

Advertencias y estímulos

12:2-9 — Mt 10:26-33

12 Mientras tanto, se habían reunido millares de personas, tantas que se atropellaban unas a otras. Jesús comenzó a hablar, dirigiéndose primero a sus discípulos: «Cuídense de la levadura de los *fariseos, o sea, de la *hipocresía. ²No hay nada encubierto que no llegue a revelarse, ni nada escondido que no llegue a conocerse. ³Así que todo lo que ustedes han dicho en la oscuridad se dará a conocer a plena luz, y lo que han susurrado a puerta cerrada se proclamará desde las azoteas.

⁴»A ustedes, mis amigos, les digo que no teman a los que matan el cuerpo pero después no pueden hacer más. ⁵Les voy a enseñar más bien a quién deben temer: teman al que, después de dar muerte, tiene poder para echarlos al infierno.ʳ Sí, les aseguro que a él deben temerle. ⁶¿No se venden cinco gorriones por dos moneditas?ˢ Sin embargo, Dios no se olvida de ninguno de ellos. ⁷Así mismo sucede con ustedes: aun los cabellos de su cabeza están contados. No tengan miedo; ustedes valen más que muchos gorriones.

⁸»Les aseguro que a cualquiera que me reconozca delante de la gente, también el Hijo del hombre lo reconocerá delante de los ángeles de Dios. ⁹Pero al que me desconozca delante de la gente se le desconocerá delante de los ángeles de Dios. ¹⁰Y todo el que pronuncie alguna palabra contra el Hijo del hombre será perdonado, pero el que *blasfeme contra el Espíritu Santo no tendrá perdón.

¹¹»Cuando los hagan comparecer ante las sinagogas, los gobernantes y las autoridades, no se preocupen de cómo van a defenderse o de qué van a decir, ¹²porque en ese momento el Espíritu Santo les enseñará lo que deben responder.»

Parábola del rico insensato

¹³Uno de entre la multitud le pidió:

—Maestro, dile a mi hermano que comparta la herencia conmigo.

¹⁴—Hombre —replicó Jesús—, ¿quién me nombró a mí juez o árbitro entre ustedes?

¹⁵»¡Tengan cuidado! —advirtió a la gente—. Absténganse de toda avaricia; la vida de una persona no depende de la abundancia de sus bienes.

¹⁶Entonces les contó esta parábola:

—El terreno de un hombre rico le produjo una buena cosecha. ¹⁷Así que se puso a pensar: "¿Qué voy a hacer? No tengo dónde almacenar mi cosecha." ¹⁸Por fin dijo: "Ya sé lo que voy a hacer: derribaré mis graneros y construiré otros más grandes, donde pueda almacenar todo mi grano y mis bienes. ¹⁹Y diré: Alma mía, ya tienes bastantes cosas buenas guardadas para muchos años. Descansa, come, bebe y goza de la vida." ²⁰Pero Dios le dijo: "¡Necio! Esta misma noche te van a reclamar la *vida. ¿Y quién se quedará con lo que has acumulado?"

²¹»Así le sucede al que acumula riquezas para sí mismo, en vez de ser rico delante de Dios.

No se preocupen

12:22-31 — Mt 6:25-33

²²Luego dijo Jesús a sus discípulos:

—Por eso les digo: No se preocupen por su *vida, qué comerán; ni por su cuerpo, con qué se vestirán. ²³La vida tiene más valor que la comida, y el cuerpo más que la ropa. ²⁴Fíjense en los cuervos: no siembran ni cosechan, ni tienen almacén ni granero; sin embargo, Dios los alimenta. ¡Cuánto más valen ustedes que las aves! ²⁵¿Quién de ustedes, por mucho que se preocupe, puede añadir una sola hora al curso de su vida?ᵗ ²⁶Ya que no pueden hacer algo tan insignificante, ¿por qué se preocupan por lo demás?

²⁷»Fíjense cómo crecen los lirios. No trabajan ni hilan; sin embargo, les digo que ni siquiera Salomón, con todo su esplendor, se vestía como uno de ellos. ²⁸Si así viste Dios a la hierba que hoy está en el campo y mañana es arrojada al horno, ¡cuánto más hará por ustedes, gente de poca fe! ²⁹Así que no se afanen por lo que han de comer o beber; dejen de atormentarse. ³⁰El mundo *pagano anda tras todas estas cosas, pero el Padre sabe que ustedes las necesitan. ³¹Ustedes, por el contrario, busquen el reino de Dios, y estas cosas les serán añadidas.

³²»No tengan miedo, mi rebaño pequeño, porque es la buena voluntad del Padre darles el reino. ³³Vendan sus bienes y den a los pobres. Proveánse de bolsas que no se desgasten; acumulen un tesoro inagotable en el cielo, donde no hay ladrón que aceche ni polilla que destruya. ³⁴Pues donde tengan ustedes su tesoro, allí estará también su corazón.

La vigilancia

12:35-36 — Mt 25:1-13; Mr 13:33-37
12:39-40,42-46 — Mt 24:43-51

³⁵»Manténganse listos, con la ropa bien ajustadaᵘ y la luz encendida. ³⁶Pórtense como

---

ʳ **12:5** *al infierno.* Lit. *a la* * Gehenna.
ˢ **12:6** *moneditas.* Lit. *asaria.*
ᵗ **12:25** *puede añadir … su vida.* Alt. *puede aumentar su estatura siquiera medio metro* (lit. *un* ᵃ *codo*).
ᵘ **12:35** *Manténganse … ajustada.* Lit. *Tengan sus lomos ceñidos.*

siervos que esperan a que regrese su Señor de un banquete de bodas, para abrirle la puerta tan pronto como él llegue y toque. **37***Dichosos los *siervos a quienes su Señor encuentre pendientes de su llegada. Créanme que se ajustará la ropa, hará que los siervos se sienten a la mesa, y él mismo se pondrá a servirles. **38**Sí, dichosos aquellos siervos a quienes su Señor encuentre preparados, aunque llegue a la medianoche o de madrugada. **39**Pero entiendan esto: Si un dueño de casa supiera a qué hora va a llegar el ladrón, estaría pendiente para no dejarlo forzar la entrada. **40**Así mismo deben ustedes estar preparados, porque el Hijo del hombre vendrá cuando menos lo esperen.

41—Señor —le preguntó Pedro—, ¿cuentas esta parábola para nosotros, o para todos?

42Respondió el Señor:

—¿Dónde se halla un mayordomo fiel y prudente a quien su Señor deja encargado de los siervos para repartirles la comida a su debido tiempo? **43**Dichoso el siervo cuyo Señor, al regresar, lo encuentra cumpliendo con su deber. **44**Les aseguro que lo pondrá a cargo de todos sus bienes. **45**Pero ¡qué tal si ese siervo se pone a pensar: "Mi Señor tarda en volver", y luego comienza a golpear a los criados y a las criadas, y a comer y beber y emborracharse! **46**El Señor de ese siervo volverá el día en que el siervo menos lo espere y a la hora menos pensada. Entonces lo castigará severamente y le impondrá la condena que reciben los incrédulos.[v]

47»El siervo que conoce la voluntad de su Señor, y no se prepara para cumplirla, recibirá muchos golpes. **48**En cambio, el que no la conoce y hace algo que merezca castigo, recibirá pocos golpes. A todo el que se le ha dado mucho, se le exigirá mucho; y al que se le ha confiado mucho, se le pedirá aun más.

División en vez de paz
12:51-53 — Mt 10:34-36

49»He venido a traer fuego a la tierra, y ¡cómo quisiera que ya estuviera ardiendo! **50**Pero tengo que pasar por la prueba de un bautismo, y ¡cuánta angustia siento hasta que se cumpla! **51**¿Creen ustedes que vine a traer paz a la tierra? ¡Les digo que no, sino división! **52**De ahora en adelante estarán divididos cinco en una familia, tres contra dos, y dos contra tres. **53**Se enfrentarán el padre contra su hijo y el hijo contra su padre, la madre contra su hija y la hija contra su madre, la suegra contra su nuera y la nuera contra su suegra.

Señales de los tiempos

54Luego añadió Jesús, dirigiéndose a la multitud:

—Cuando ustedes ven que se levanta una nube en el occidente, en seguida dicen: "Va a llover", y así sucede. **55**Y cuando sopla el viento del sur, dicen: "Va a hacer calor", y así sucede. **56***¡Hipócritas! Ustedes saben interpretar la apariencia de la tierra y del cielo. ¿Cómo es que no saben interpretar el tiempo actual?

57»¿Por qué no juzgan por ustedes mismos lo que es justo? **58**Si tienes que ir con un adversario al magistrado, procura reconciliarte con él en el camino, no sea que te lleve por la fuerza ante el juez, y el juez te entregue al alguacil, y el alguacil te meta en la cárcel. **59**Te digo que no saldrás de allí hasta que pagues el último centavo.[w]

El que no se arrepiente perecerá

13 En aquella ocasión algunos que habían llegado le contaron a Jesús cómo Pilato había dado muerte a unos galileos cuando ellos ofrecían sus sacrificios.[x] **2**Jesús les respondió: «¿Piensan ustedes que esos galileos, por haber sufrido así, eran más pecadores que todos los demás? **3**¡Les digo que no! De la misma manera, todos ustedes perecerán, a menos que se *arrepientan. **4**¿O piensan que aquellos dieciocho que fueron aplastados por la torre de Siloé eran más culpables que todos los demás habitantes de Jerusalén? **5**¡Les digo que no! De la misma manera, todos ustedes perecerán, a menos que se arrepientan.»

6Entonces les contó esta parábola: «Un hombre tenía una higuera plantada en su viñedo, pero cuando fue a buscar fruto en ella, no encontró nada. **7**Así que le dijo al viñador: "Mira, ya hace tres años que vengo a buscar fruto en esta higuera, y no he encontrado nada. ¡Córtala! ¿Para qué ha de ocupar terreno?" **8**"Señor —le contestó el viñador—, déjela todavía por un año más, para que yo pueda cavar a su alrededor y echarle abono. **9**Así tal vez en adelante dé fruto; si no, córtela."»

Jesús sana en sábado a una mujer encorvada

10Un *sábado Jesús estaba enseñando en una de las sinagogas, **11**y estaba allí una mujer que por causa de un demonio llevaba dieciocho años enferma. Andaba encorvada y de ningún modo podía enderezarse. **12**Cuando Jesús la vio, la llamó y le dijo:

—Mujer, quedas libre de tu enfermedad.

13Al mismo tiempo, puso las manos sobre ella, y al instante la mujer se enderezó y empezó a alabar a Dios. **14**Indignado porque Jesús había sanado en sábado, el jefe de la sinagoga intervino, dirigiéndose a la gente:

—Hay seis días en que se puede trabajar, así que vengan esos días para ser sanados, y no el sábado.

---

v 12:46 *lo castigará … incrédulos.* Lit. *lo cortará en dos y fijará su porción con los incrédulos.*

w 12:59 *centavo.* Lit. *lepton.*

x 13:1 *le contaron … sacrificios.* Lit. *le contaron acerca de los galileos cuya sangre Pilato mezcló con sus sacrificios.*

15—*¡Hipócritas! —le contestó el Señor—. ¿Acaso no desata cada uno de ustedes su buey o su burro en sábado, y lo saca del establo para llevarlo a tomar agua? 16Sin embargo, a esta mujer, que es hija de Abraham, y a quien Satanás tenía atada durante dieciocho largos años, ¿no se le debía quitar esta cadena en sábado?

17Cuando razonó así, quedaron humillados todos sus adversarios, pero la gente estaba encantada de tantas maravillas que él hacía.

Parábolas del grano de mostaza y de la levadura

13:18-19 — Mr 4:30-32
13:18-21 — Mt 13:31-33

18—¿A qué se parece el reino de Dios? —continuó Jesús—. ¿Con qué voy a compararlo? 19Se parece a un grano de mostaza que un hombre sembró en su huerto. Creció hasta convertirse en un árbol, y las aves anidaron en sus ramas.

20Volvió a decir:

—¿Con qué voy a comparar el reino de Dios? 21Es como la levadura que una mujer tomó y mezcló con una gran cantidad*y* de harina, hasta que fermentó toda la masa.

La puerta estrecha

22Continuando su viaje a Jerusalén, Jesús enseñaba en los pueblos y aldeas por donde pasaba.

23—Señor, ¿son pocos los que van a salvarse? —le preguntó uno.

24—Esfuércense por entrar por la puerta estrecha —contestó—, porque les digo que muchos tratarán de entrar y no podrán. 25Tan pronto como el dueño de la casa se haya levantado a cerrar la puerta, ustedes desde afuera se pondrán a golpear la puerta, diciendo: "Señor, ábrenos." Pero él les contestará: "No sé quiénes son ustedes." 26Entonces dirán: "Comimos y bebimos contigo, y tú enseñaste en nuestras plazas." 27Pero él les contestará: "Les repito que no sé quiénes son ustedes. ¡Apártense de mí, todos ustedes hacedores de injusticia!"

28»Allí habrá llanto y rechinar de dientes cuando vean en el reino de Dios a Abraham, Isaac, Jacob y a todos los profetas, mientras a ustedes los echan fuera. 29Habrá quienes lleguen del oriente y del occidente, del norte y del sur, para *sentarse al banquete en el reino de Dios. 30En efecto, hay últimos que serán primeros, y primeros que serán últimos.

Lamento de Jesús sobre Jerusalén

13:34-35 — Mt 23:37-39

31En ese momento se acercaron a Jesús unos *fariseos y le dijeron:

—Sal de aquí y vete a otro lugar, porque Herodes quiere matarte.

32Él les contestó:

—Vayan y díganle a ese zorro: "Mira, hoy y mañana seguiré expulsando demonios y sanando a la gente, y al tercer día terminaré lo que debo hacer." 33Tengo que seguir adelante hoy, mañana y pasado mañana, porque no puede ser que muera un profeta fuera de Jerusalén.

34»¡Jerusalén, Jerusalén, que matas a los profetas y apedreas a los que se te envían! ¡Cuántas veces quise reunir a tus hijos, como reúne la gallina a sus pollitos debajo de sus alas, pero no quisiste! 35Pues bien, la casa de ustedes va a quedar abandonada. Y les advierto que ya no volverán a verme hasta el día que digan: "¡Bendito el que viene en el nombre del Señor!"*z*

Jesús en casa de un fariseo

14 Un día Jesús fue a comer a casa de un notable de los *fariseos. Era *sábado, así que éstos estaban acechando a Jesús. 2Allí, delante de él, estaba un hombre enfermo de hidropesía. 3Jesús les preguntó a los *expertos en la ley y a los fariseos:

—¿Está permitido o no sanar en sábado?

4Pero ellos se quedaron callados. Entonces tomó al hombre, lo sanó y lo despidió.

5También les dijo:

—Si uno de ustedes tiene un hijo*a* o un buey que se le cae en un pozo, ¿no lo saca en seguida aunque sea sábado?

6Y no pudieron contestarle nada.

7Al notar cómo los invitados escogían los lugares de honor en la mesa, les contó esta parábola:

8—Cuando alguien te invite a una fiesta de bodas, no te sientes en el lugar de honor, no sea que haya algún invitado más distinguido que tú. 9Si es así, el que los invitó a los dos vendrá y te dirá: "Cédele tu asiento a este hombre." Entonces, avergonzado, tendrás que ocupar el último asiento. 10Más bien, cuando te inviten, siéntate en el último lugar, para que cuando venga el que te invitó, te diga: "Amigo, pasa más adelante a un lugar mejor." Así recibirás honor en presencia de todos los demás invitados. 11Todo el que a sí mismo se enaltece será humillado, y el que se humilla será enaltecido.

12También dijo Jesús al que lo había invitado:

—Cuando des una comida o una cena, no invites a tus amigos, ni a tus hermanos, ni a tus parientes, ni a tus vecinos ricos; no sea que ellos, a su vez, te inviten y así seas recompensado. 13Más bien, cuando des un banquete, invita a los pobres, a los inválidos, a los cojos y a los ciegos. 14Entonces serás *dichoso, pues aunque ellos no tienen con qué recompensarte, serás recompensado en la resurrección de los justos.

Parábola del gran banquete

15Al oír esto, uno de los que estaban *sentados a la mesa con Jesús le dijo:

---

y **13:21** *una gran cantidad.* Lit. *tres satas* (probablemente unos 22 litros).
z **13:35** Sal 118:26.
a **14:5** *hijo.* Var. *burro.*

—*¡Dichoso el que coma en el banquete del reino de Dios!

16Jesús le contestó:

—Cierto hombre preparó un gran banquete e invitó a muchas personas. **17**A la hora del banquete mandó a su siervo a decirles a los invitados: "Vengan, porque ya todo está listo." **18**Pero todos, sin excepción, comenzaron a disculparse. El primero le dijo: "Acabo de comprar un terreno y tengo que ir a verlo. Te ruego que me disculpes." **19**Otro adujo: "Acabo de comprar cinco yuntas de bueyes, y voy a probarlas. Te ruego que me disculpes." **20**Otro alegó: "Acabo de casarme y por eso no puedo ir." **21**El siervo regresó y le informó de esto a su Señor. Entonces el dueño de la casa se enojó y le mandó a su siervo: "Sal de prisa por las plazas y los callejones del pueblo, y trae acá a los pobres, a los inválidos, a los cojos y a los ciegos." **22**"Señor —le dijo luego el siervo—, ya hice lo que usted me mandó, pero todavía hay lugar." **23**Entonces el Señor le respondió: "Ve por los caminos y las veredas, y oblígalos a entrar para que se llene mi casa. **24**Les digo que ninguno de aquellos invitados disfrutará de mi banquete."

El precio del discipulado

25Grandes multitudes seguían a Jesús, y él se volvió y les dijo: **26**«Si alguno viene a mí y no sacrifica el amor[b] a su padre y a su madre, a su esposa y a sus hijos, a sus hermanos y a sus hermanas, y aun a su propia *vida, no puede ser mi discípulo. **27**Y el que no carga su cruz y me sigue, no puede ser mi discípulo.

28»Supongamos que alguno de ustedes quiere construir una torre. ¿Acaso no se sienta primero a calcular el costo, para ver si tiene suficiente dinero para terminarla? **29**Si echa los cimientos y no puede terminarla, todos los que la vean comenzarán a burlarse de él, **30**y dirán: "Este hombre ya no pudo terminar lo que comenzó a construir."

31»O supongamos que un rey está a punto de ir a la guerra contra otro rey. ¿Acaso no se sienta primero a calcular si con diez mil hombres puede enfrentarse al que viene contra él con veinte mil? **32**Si no puede, enviará una delegación mientras el otro está todavía lejos, para pedir condiciones de paz. **33**De la misma manera, cualquiera de ustedes que no renuncie a todos sus bienes, no puede ser mi discípulo.

34»La sal es buena, pero si se vuelve insípida, ¿cómo recuperará el sabor? **35**No sirve ni para la tierra ni para el abono; hay que tirarla fuera.

»El que tenga oídos para oír, que oiga.»

Parábola de la oveja perdida

15:4-7 — Mt 18:12-14

15 Muchos *recaudadores de impuestos y *pecadores se acercaban a Jesús para oírlo, **2**de modo que los *fariseos y los *maestros de la ley se pusieron a murmurar: «Este hombre recibe a los pecadores y come con ellos.»

3Él entonces les contó esta parábola: **4**«Supongamos que uno de ustedes tiene cien ovejas y pierde una de ellas. ¿No deja las noventa y nueve en el campo, y va en busca de la oveja perdida hasta encontrarla? **5**Y cuando la encuentra, lleno de alegría la carga en los hombros **6**y vuelve a la casa. Al llegar, reúne a sus amigos y vecinos, y les dice: 'Alégrense conmigo; ya encontré la oveja que se me había perdido.' **7**Les digo que así es también en el cielo: habrá más alegría por un solo pecador que se *arrepienta, que por noventa y nueve justos que no necesitan arrepentirse.

Parábola de la moneda perdida

8»O supongamos que una mujer tiene diez monedas de plata[c] y pierde una. ¿No enciende una lámpara, barre la casa y busca con cuidado hasta encontrarla? **9**Y cuando la encuentra, reúne a sus amigas y vecinas, y les dice: "Alégrense conmigo; ya encontré la moneda que se me había perdido." **10**Les digo que así mismo se alegra Dios con sus ángeles[d] por un pecador que se arrepiente.

Parábola del hijo perdido

11»Un hombre tenía dos hijos —continuó Jesús—. **12**El menor de ellos le dijo a su padre: "Papá, dame lo que me toca de la herencia." Así que el padre repartió sus bienes entre los dos. **13**Poco después el hijo menor juntó todo lo que tenía y se fue a un país lejano; allí vivió desenfrenadamente y derrochó su herencia.

14»Cuando ya lo había gastado todo, sobrevino una gran escasez en la región, y él comenzó a pasar necesidad. **15**Así que fue y consiguió empleo con un ciudadano de aquel país, quien lo mandó a sus campos a cuidar cerdos. **16**Tanta hambre tenía que hubiera querido llenarse el estómago con la comida que daban a los cerdos, pero aun así nadie le daba nada. **17**Por fin recapacitó y se dijo: "¡Cuántos jornaleros de mi padre tienen comida de sobra, y yo aquí me muero de hambre! **18**Tengo que volver a mi padre y decirle: Papá, he pecado contra el cielo y contra ti. **19**Ya no merezco que se me llame tu hijo; trátame como si fuera uno de tus jornaleros." **20**Así que emprendió el viaje y se fue a su padre.

»Todavía estaba lejos cuando su padre lo vio y se compadeció de él; salió corriendo a su encuentro, lo abrazó y lo besó. **21**El joven le dijo: "Papá, he pecado contra el cielo y contra ti. Ya no merezco que se me llame tu hijo." **22**Pero el padre ordenó a sus *siervos: "¡Pronto! Traigan la mejor ropa para vestirlo. Pónganle también

---

b **14:26** *no sacrifica el amor.* Lit. *no odia.*
c **15:8** *monedas de plata.* Lit. *dracmas.*
d **15:10** *se alegra ... ángeles.* Lit. *hay alegría en la presencia de los ángeles de Dios.*
e **15:21** *hijo.* Var. *hijo; trátame como si fuera uno de tus jornaleros.*

un anillo en el dedo y sandalias en los pies. **23**Traigan el ternero más gordo y mátenlo para celebrar un banquete. **24**Porque este hijo mío estaba muerto, pero ahora ha vuelto a la vida; se había perdido, pero ya lo hemos encontrado." Así que empezaron a hacer fiesta.

25»Mientras tanto, el hijo mayor estaba en el campo. Al volver, cuando se acercó a la casa, oyó la música del baile. **26**Entonces llamó a uno de los siervos y le preguntó qué pasaba. **27**"Ha llegado tu hermano —le respondió—, y tu papá ha matado el ternero más gordo porque ha recobrado a su hijo sano y salvo." **28**Indignado, el hermano mayor se negó a entrar. Así que su padre salió a suplicarle que lo hiciera. **29**Pero él le contestó: "¡Fíjate cuántos años te he servido sin desobedecer jamás tus órdenes, y ni un cabrito me has dado para celebrar una fiesta con mis amigos! **30**¡Pero ahora llega ese hijo tuyo, que ha despilfarrado tu fortuna con prostitutas, y tú mandas matar en su honor el ternero más gordo!"

31»"Hijo mío —le dijo su padre—, tú siempre estás conmigo, y todo lo que tengo es tuyo. **32**Pero teníamos que hacer fiesta y alegrarnos, porque este hermano tuyo estaba muerto, pero ahora ha vuelto a la vida; se había perdido, pero ya lo hemos encontrado."»

Parábola del administrador astuto

16 Jesús contó otra parábola a sus discípulos: «Un hombre rico tenía un administrador a quien acusaron de derrochar sus bienes. **2**Así que lo mandó a llamar y le dijo: "¿Qué es esto que me dicen de ti? Rinde cuentas de tu administración, porque ya no puedes seguir en tu puesto." **3**El administrador reflexionó: "¿Qué voy a hacer ahora que mi patrón está por quitarme el puesto? No tengo fuerzas para cavar, y me da vergüenza pedir limosna. **4**Tengo que asegurarme de que, cuando me echen de la administración, haya gente que me reciba en su casa. ¡Ya sé lo que voy a hacer!"

5»Llamó entonces a cada uno de los que le debían algo a su patrón. Al primero le preguntó: "¿Cuánto le debes a mi patrón?" **6**"Cien barriles*f* de aceite", le contestó él. El administrador le dijo: "Toma tu factura, siéntate en seguida y escribe cincuenta." **7**Luego preguntó al segundo: "Y tú, ¿cuánto debes?" "Cien bultos*g* de trigo", contestó. El administrador le dijo: "Toma tu factura y escribe ochenta."

8»Pues bien, el patrón elogió al administrador de riquezas mundanas*h* por haber actuado con astucia. Es que los de este mundo, en su trato con los que son como ellos, son más astutos que los que han recibido la luz. **9**Por eso les digo que se valgan de las riquezas mundanas para ganar amigos,*i* a fin de que cuando éstas se acaben haya quienes los reciban a ustedes en las viviendas eternas.

10»El que es honrado*j* en lo poco, también lo será en lo mucho; y el que no es íntegro*k* en lo poco, tampoco lo será en lo mucho. **11**Por eso, si ustedes no han sido honrados en el uso de las riquezas mundanas,*l* ¿quién les confiará las verdaderas? **12**Y si con lo ajeno no han sido honrados, ¿quién les dará a ustedes lo que les pertenece?

13»Ningún sirviente puede servir a dos patrones. Menospreciará a uno y amará al otro, o querrá mucho a uno y despreciará al otro. Ustedes no pueden servir a la vez a Dios y a las riquezas.»

14Oían todo esto los *fariseos, a quienes les encantaba el dinero, y se burlaban de Jesús. **15**Él les dijo: «Ustedes se hacen los buenos ante la gente, pero Dios conoce sus corazones. Dense cuenta de que aquello que la gente tiene en gran estima es detestable delante de Dios.

Otras enseñanzas

16»La ley y los profetas se proclamaron hasta Juan. Desde entonces se anuncian las buenas *nuevas del reino de Dios, y todos se esfuerzan por entrar en él.*m* **17**Es más fácil que desaparezcan el cielo y la tierra, que caiga una sola tilde de la ley.

18»Todo el que se divorcia de su esposa y se casa con otra, comete adulterio; y el que se casa con la divorciada, comete adulterio.

El rico y Lázaro

19»Había un hombre rico que se vestía lujosamente*n* y daba espléndidos banquetes todos los días. **20**A la puerta de su casa se tendía un mendigo llamado Lázaro, que estaba cubierto de llagas **21**y que hubiera querido llenarse el estómago con lo que caía de la mesa del rico. Hasta los perros se acercaban y le lamían las llagas.

22»Resulta que murió el mendigo, y los ángeles se lo llevaron para que estuviera al lado de Abraham. También murió el rico, y lo sepultaron. **23**En el infierno,*ñ* en medio de sus tormentos, el rico levantó los ojos y vio de lejos a Abraham, y a Lázaro junto a él. **24**Así que alzó la voz y lo llamó: "Padre Abraham, ten compasión de mí y manda a Lázaro que moje la punta del dedo en agua y me refresque la lengua, porque estoy sufriendo mucho en este fuego."

---

f **16:6** *cien barriles.* Lit. *cien* * *batos* (unos 3:700 litros).
g **16:7** *cien bultos.* Lit. *cien* * *coros* (unos 37:000 litros).
h **16:8** *administrador de riquezas mundanas.* Alt. *administrador deshonesto.* Lit. *administrador de injusticia.*
i **16:9** *se valgan ... amigos.* Lit. *se hagan amigos por medio del dinero de injusticia.*
j **16:10** *honrado.* Alt. *digno de confianza.* Lit. *fiel;* también en vv. 11,12.
k **16:10** *el que no es íntegro.* Lit. *el que es injusto.*
l **16:11** *las riquezas mundanas.* Lit. *el dinero injusto.*
m **16:16** *se esfuerzan por entrar en él.* Alt. *hacen violencia por entrar en él, o hacen violencia contra él.*
n **16:19** *lujosamente.* Lit. *con púrpura y tela fina.*
ñ **16:23** *infierno.* Lit. * *Hades.*

25Pero Abraham le contestó: "Hijo, recuerda que durante tu vida te fue muy bien, mientras que a Lázaro le fue muy mal; pero ahora a él le toca recibir consuelo aquí, y a ti, sufrir terriblemente. 26Además de eso, hay un gran abismo entre nosotros y ustedes, de modo que los que quieren pasar de aquí para allá no pueden, ni tampoco pueden los de allá para acá."

27»Él respondió: "Entonces te ruego, padre, que mandes a Lázaro a la casa de mi padre, 28para que advierta a mis cinco hermanos y no vengan ellos también a este lugar de tormento." 29Pero Abraham le contestó: "Ya tienen a Moisés y a los profetas; ¡que les hagan caso a ellos!" 30"No les harán caso, padre Abraham —replicó el rico—; en cambio, si se les presentara uno de entre los muertos, entonces sí se *arrepentirían." 31Abraham le dijo: "Si no les hacen caso a Moisés y a los profetas, tampoco se convencerán aunque alguien se *levante de entre los muertos."»

El pecado, la fe y el deber

17 Luego dijo Jesús a sus discípulos:
—Los *tropiezos son inevitables, pero ¡ay de aquel que los ocasiona! 2Más le valdría ser arrojado al mar con una piedra de molino atada al cuello, que servir de tropiezo a uno solo de estos pequeños. 3Así que, ¡cuídense!

»Si tu hermano peca, repréndelo; y si se *arrepiente, perdónalo. 4Aun si peca contra ti siete veces en un día, y siete veces regresa a decirte "Me arrepiento", perdónalo.

5Entonces los apóstoles le dijeron al Señor:
—¡Aumenta nuestra fe!

6—Si ustedes tuvieran una fe tan pequeña como un grano de mostaza —les respondió el Señor—, podrían decirle a este árbol: "Desarráigate y plántate en el mar", y les obedecería.

7»Supongamos que uno de ustedes tiene un *siervo que ha estado arando el campo o cuidando las ovejas. Cuando el siervo regresa del campo, ¿acaso se le dice: "Ven en seguida a sentarte a la mesa"? 8¿No se le diría más bien: "Prepárame la comida y cámbiate de ropa para atenderme mientras yo ceno; después tú podrás cenar"? 9¿Acaso se le darían las gracias al siervo por haber hecho lo que se le mandó? 10Así también ustedes, cuando hayan hecho todo lo que se les ha mandado, deben decir: "Somos siervos inútiles; no hemos hecho más que cumplir con nuestro deber."

Jesús sana a diez leprosos

11Un día, siguiendo su viaje a Jerusalén, Jesús pasaba por Samaria y Galilea. 12Cuando estaba por entrar en un pueblo, salieron a su encuentro diez hombres enfermos de *lepra. Como se habían quedado a cierta distancia, 13gritaron:
—¡Jesús, Maestro, ten compasión de nosotros!

14Al verlos, les dijo:
—Vayan a presentarse a los sacerdotes.

Resultó que, mientras iban de camino, quedaron *limpios.

15Uno de ellos, al verse ya sano, regresó alabando a Dios a grandes voces. 16Cayó rostro en tierra a los pies de Jesús y le dio las gracias, no obstante que era samaritano.

17—¿Acaso no quedaron limpios los diez? —preguntó Jesús—. ¿Dónde están los otros nueve? 18¿No hubo ninguno que regresara a dar gloria a Dios, excepto este extranjero? 19Levántate y vete —le dijo al hombre—; tu fe te ha *sanado.

La venida del reino de Dios
17:26-27 — Mt 24:37-39

20Los *fariseos le preguntaron a Jesús cuándo iba a venir el reino de Dios, y él les respondió:
—La venida del reino de Dios no se puede someter a cálculos.o 21No van a decir: "¡Mírenlo acá! ¡Mírenlo allá!" Dense cuenta de que el reino de Dios está entrep ustedes.

22A sus discípulos les dijo:
—Llegará el tiempo en que ustedes anhelarán vivir siquiera uno de los días del Hijo del hombre, pero no podrán. 23Les dirán: "¡Mírenlo allá! ¡Mírenlo acá!" No vayan; no los sigan. 24Porque en su díaq el Hijo del hombre será como el relámpago que fulgura e ilumina el cielo de uno a otro extremo. 25Pero antes él tiene que sufrir muchas cosas y ser rechazado por esta generación.

26»Tal como sucedió en tiempos de Noé, así también será cuando venga el Hijo del hombre. 27Comían, bebían, y se casaban y daban en casamiento, hasta el día en que Noé entró en el arca; entonces llegó el diluvio y los destruyó a todos.

28»Lo mismo sucedió en tiempos de Lot: comían y bebían, compraban y vendían, sembraban y edificaban. 29Pero el día en que Lot salió de Sodoma, llovió del cielo fuego y azufre y acabó con todos.

30»Así será el día en que se manifieste el Hijo del hombre. 31En aquel día, el que esté en la azotea y tenga sus cosas dentro de la casa, que no baje a buscarlas. Así mismo el que esté en el campo, que no regrese por lo que haya dejado atrás. 32¡Acuérdense de la esposa de Lot! 33El que procure conservar su *vida, la perderá; y el que la pierda, la conservará. 34Les digo que en aquella noche estarán dos personas en una misma cama: una será llevada y la otra será dejada. 35Dos mujeres estarán moliendo juntas: una será llevada y la otra será dejada.r

---

o 17:20 *La venida … cálculos.* Lit. *El reino de Dios no viene con observación.*
p 17:21 *entre.* Alt. *dentro de.*
q 17:24 Var. no incluye. *en su día.*
r 17:35 *dejada.* Var. *dejada.* 36*Estarán dos hombres en el campo: uno será llevado y el otro será dejado* (véase Mt 24:40).

37—¿Dónde, Señor? —preguntaron.

—Donde esté el cadáver, allí se reunirán los buitres —respondió él.

Parábola de la viuda insistente

18 Jesús les contó a sus discípulos una parábola para mostrarles que debían orar siempre, sin desanimarse. ²Les dijo: «Había en cierto pueblo un juez que no tenía temor de Dios ni consideración de nadie. ³En el mismo pueblo había una viuda que insistía en pedirle: "Hágame usted justicia contra mi adversario." ⁴Durante algún tiempo él se negó, pero por fin concluyó: "Aunque no temo a Dios ni tengo consideración de nadie, ⁵como esta viuda no deja de molestarme, voy a tener que hacerle justicia, no sea que con sus visitas me haga la vida imposible."»

⁶Continuó el Señor: «Tengan en cuenta lo que dijo el juez injusto. ⁷¿Acaso Dios no hará justicia a sus escogidos, que claman a él día y noche? ¿Se tardará mucho en responderles? ⁸Les digo que sí les hará justicia, y sin demora. No obstante, cuando venga el Hijo del hombre, ¿encontrará fe en la tierra?»

Parábola del fariseo y del recaudador de impuestos

⁹A algunos que, confiando en sí mismos, se creían justos y que despreciaban a los demás, Jesús les contó esta parábola: ¹⁰«Dos hombres subieron al *templo a orar; uno era *fariseo, y el otro, *recaudador de impuestos. ¹¹El fariseo se puso a orar consigo mismo: "Oh Dios, te doy gracias porque no soy como otros hombres —ladrones, malhechores, adúlteros— ni mucho menos como ese recaudador de impuestos. ¹²Ayuno dos veces a la semana y doy la décima parte de todo lo que recibo." ¹³En cambio, el recaudador de impuestos, que se había quedado a cierta distancia, ni siquiera se atrevía a alzar la vista al cielo, sino que se golpeaba el pecho y decía: "¡Oh Dios, ten compasión de mí, que soy pecador!"

¹⁴»Les digo que éste, y no aquél, volvió a su casa *justificado ante Dios. Pues todo el que a sí mismo se enaltece será humillado, y el que se humilla será enaltecido.»

Jesús y los niños

18:15-17 — Mt 19:13-15; Mr 10:13-16

¹⁵También le llevaban niños pequeños a Jesús para que los tocara. Al ver esto, los discípulos reprendían a quienes los llevaban. ¹⁶Pero Jesús llamó a los niños y dijo: «Dejen que los niños vengan a mí, y no se lo impidan, porque el reino de Dios es de quienes son como ellos. ¹⁷Les aseguro que el que no reciba el reino de Dios como un niño, de ninguna manera entrará en él.»

El dirigente rico

18:18-30 — Mt 19:16-29; Mr 10:17-30

¹⁸Cierto dirigente le preguntó:

—Maestro bueno, ¿qué tengo que hacer para heredar la vida eterna?

¹⁹—¿Por qué me llamas bueno? —respondió Jesús—. Nadie es bueno sino sólo Dios. ²⁰Ya sabes los mandamientos: "No cometas adulterio, no mates, no robes, no presentes falso testimonio, honra a tu padre y a tu madre."ˢ

²¹—Todo eso lo he cumplido desde que era joven —dijo el hombre.

²²Al oír esto, Jesús añadió:

—Todavía te falta una cosa: vende todo lo que tienes y repártelo entre los pobres, y tendrás tesoro en el cielo. Luego ven y sígueme.

²³Cuando el hombre oyó esto, se entristeció mucho, pues era muy rico. ²⁴Al verlo tan afligido, Jesús comentó:

—¡Qué difícil es para los ricos entrar en el reino de Dios! ²⁵En realidad, le resulta más fácil a un camello pasar por el ojo de una aguja, que a un rico entrar en el reino de Dios.

²⁶Los que lo oyeron preguntaron:

—Entonces, ¿quién podrá salvarse?

²⁷—Lo que es imposible para los hombres es posible para Dios —aclaró Jesús.

²⁸—Mira —le dijo Pedro—, nosotros hemos dejado todo lo que teníamos para seguirte.

²⁹—Les aseguro —respondió Jesús— que todo el que por causa del reino de Dios haya dejado casa, esposa, hermanos, padres o hijos, ³⁰recibirá mucho más en este tiempo; y en la edad venidera, la vida eterna.

Jesús predice de nuevo su muerte

18:31-33 — Mt 20:17-19; Mr 10:32-34

³¹Entonces Jesús tomó aparte a los doce y les dijo: «Ahora vamos rumbo a Jerusalén, donde se cumplirá todo lo que escribieron los profetas acerca del Hijo del hombre. ³²En efecto, será entregado a los *gentiles. Se burlarán de él, lo insultarán, le escupirán; ³³y después de azotarlo, lo matarán. Pero al tercer día resucitará.»

³⁴Los discípulos no entendieron nada de esto. Les era incomprensible, pues no captaban el sentido de lo que les hablaba.

Un mendigo ciego recibe la vista

18:35-43 — Mt 20:29-34; Mr 10:46-52

³⁵Sucedió que al acercarse Jesús a Jericó, estaba un ciego sentado junto al camino pidiendo limosna. ³⁶Cuando oyó a la multitud que pasaba, preguntó qué acontecía.

³⁷—Jesús de Nazaret está pasando por aquí —le respondieron.

³⁸—¡Jesús, Hijo de David, ten compasión de mí! —gritó el ciego.

³⁹Los que iban delante lo reprendían para que se callara, pero él se puso a gritar aun más fuerte:

—¡Hijo de David, ten compasión de mí!

ˢ **18:20** Éx 20:12-16; Dt 5:16-20.

40Jesús se detuvo y mandó que se lo trajeran. Cuando el ciego se acercó, le preguntó Jesús:

41—¿Qué quieres que haga por ti?

—Señor, quiero ver.

42—¡Recibe la vista! —le dijo Jesús—. Tu fe te ha *sanado.

43Al instante recobró la vista. Entonces, glorificando a Dios, comenzó a seguir a Jesús, y todos los que lo vieron daban alabanza a Dios.

Zaqueo, el recaudador de impuestos

19 Jesús llegó a Jericó y comenzó a cruzar la ciudad. 2Resulta que había allí un hombre llamado Zaqueo, jefe de los *recaudadores de impuestos, que era muy rico. 3Estaba tratando de ver quién era Jesús, pero la multitud se lo impedía, pues era de baja estatura. 4Por eso se adelantó corriendo y se subió a un árbol para poder verlo, ya que Jesús iba a pasar por allí.

5Llegando al lugar, Jesús miró hacia arriba y le dijo:

—Zaqueo, baja enseguida. Tengo que quedarme hoy en tu casa.

6Así que se apresuró a bajar y, muy contento, recibió a Jesús en su casa.

7Al ver esto, todos empezaron a murmurar: «Ha ido a hospedarse con un *pecador.»

8Pero Zaqueo dijo resueltamente:

—Mira, Señor: Ahora mismo voy a dar a los pobres la mitad de mis bienes, y si en algo he defraudado a alguien, le devolveré cuatro veces la cantidad que sea.

9—Hoy ha llegado la salvación a esta casa —le dijo Jesús—, ya que éste también es hijo de Abraham. 10Porque el Hijo del hombre vino a buscar y a salvar lo que se había perdido.

Parábola del dinero

11Como la gente lo escuchaba, pasó a contarles una parábola, porque estaba cerca de Jerusalén y la gente pensaba que el reino de Dios iba a manifestarse en cualquier momento. 12Así que les dijo: «Un hombre de la nobleza se fue a un país lejano para ser coronado rey y luego regresar. 13Llamó a diez de sus *siervos y entregó a cada cual una buena cantidad de dinero.ᵗ Les instruyó: "Hagan negocio con ese dinero hasta que yo vuelva." 14Pero sus súbditos lo odiaban y mandaron tras él una delegación a decir: "No queremos a éste por rey."

15»A pesar de todo, fue nombrado rey. Cuando regresó a su país, mandó llamar a los siervos a quienes había entregado el dinero, para enterarse de lo que habían ganado. 16Se presentó el primero y dijo: "Señor, su dineroᵘ ha producido diez veces más." 17"¡Hiciste bien, siervo bueno! —le respondió el rey—. Puesto

que has sido fiel en tan poca cosa, te doy el gobierno de diez ciudades." 18Se presentó el segundo y dijo: "Señor, su dinero ha producido cinco veces más." 19El rey le respondió: "A ti te pongo sobre cinco ciudades."

20»Llegó otro siervo y dijo: "Señor, aquí tiene su dinero; lo he tenido guardado, envuelto en un pañuelo. 21Es que le tenía miedo a usted, que es un hombre muy exigente: toma lo que no depositó y cosecha lo que no sembró." 22El rey le contestó: "Siervo malo, con tus propias palabras te voy a juzgar. ¿Así que sabías que soy muy exigente, que tomo lo que no deposité y cosecho lo que no sembré? 23Entonces, ¿por qué no pusiste mi dinero en el banco, para que al regresar pudiera reclamar los intereses?" 24Luego dijo a los presentes: "Quítenle el dinero y dénselo al que recibió diez veces más." 25"Señor —protestaron—, ¡él ya tiene diez veces más!" 26El rey contestó: "Les aseguro que a todo el que tiene, se le dará más, pero al que no tiene, se le quitará hasta lo que tiene. 27Pero en cuanto a esos enemigos míos que no me querían por rey, tráiganlos acá y mátenlos delante de mí."»

La entrada triunfal

19:29-38 — Mt 21:1-9; Mr 11:1-10
19:35-38 — Jn 12:12-15

28Dicho esto, Jesús siguió adelante, subiendo hacia Jerusalén. 29Cuando se acercó a Betfagué y a Betania, junto al monte llamado de los Olivos, envió a dos de sus discípulos con este encargo: 30«Vayan a la aldea que está enfrente y, al entrar en ella, encontrarán atado a un burrito en el que nadie se ha montado. Desátenlo y tráiganlo acá. 31Y si alguien les pregunta: "¿Por qué lo desatan?", díganle: "El Señor lo necesita."»

32Fueron y lo encontraron tal como él les había dicho. 33Cuando estaban desatando el burrito, los dueños les preguntaron:

—¿Por qué desatan el burrito?

34—El Señor lo necesita —contestaron.

35Se lo llevaron, pues, a Jesús. Luego pusieron sus mantos encima del burrito y ayudaron a Jesús a montarse. 36A medida que avanzaba, la gente tendía sus mantos sobre el camino.

37Al acercarse él a la bajada del monte de los Olivos, todos los discípulos se entusiasmaron y comenzaron a alabar a Dios por tantos milagros que habían visto. Gritaban:

38—¡Bendito el Rey que viene en el nombre del Señor!ᵛ

—¡Paz en el cielo y gloria en las alturas!

39Algunos de los *fariseos que estaban entre la gente le reclamaron a Jesús:

—¡Maestro, reprende a tus discípulos!

40Pero él respondió:

—Les aseguro que si ellos se callan, gritarán las piedras.

ᵗ **19:13** *y entregó ... de dinero.* Lit. *y les entregó diez *minas (una mina equivalía al salario de unos tres meses)*

ᵘ **19:16** *dinero.* Lit. *mina;* también en vv. 18,20,24.

ᵛ **19:38** Sal 118:26.

Jesús en el templo

19:45-46 — Mt 21:12-16; Mr 11:15-18; Jn 2:13-16

41Cuando se acercaba a Jerusalén, Jesús vio la ciudad y lloró por ella. **42**Dijo:

—¡Cómo quisiera que hoy supieras lo que te puede traer paz! Pero eso ahora está oculto a tus ojos. **43**Te sobrevendrán días en que tus enemigos levantarán un muro y te rodearán, y te encerrarán por todos lados. **44**Te derribarán a ti y a tus hijos dentro de tus murallas. No dejarán ni una piedra sobre otra, porque no reconociste el tiempo en que Dios vino a salvarte.*w*

45Luego entró en el *templo*x* y comenzó a echar de allí a los que estaban vendiendo. **46**«Escrito está —les dijo—: "Mi casa será casa de oración";*y* pero ustedes la han convertido en "cueva de ladrones".*z*»

47Todos los días enseñaba en el templo, y los jefes de los sacerdotes, los *maestros de la ley y los dirigentes del pueblo procuraban matarlo. **48**Sin embargo, no encontraban la manera de hacerlo, porque todo el pueblo lo escuchaba con gran interés.

La autoridad de Jesús puesta en duda

20:1-8 — Mt 21:23-27; Mr 11:27-33

20 Un día, mientras Jesús enseñaba al pueblo en el *templo y les predicaba el *evangelio, se le acercaron los jefes de los sacerdotes y los *maestros de la ley, junto con los *ancianos.

2—Dinos con qué autoridad haces esto —lo interrogaron—. ¿Quién te dio esa autoridad?

3—Yo también voy a hacerles una pregunta a ustedes —replicó él—. Díganme: **4**El bautismo de Juan, ¿procedía del cielo o de la tierra?*a*

5Ellos, pues, lo discutieron entre sí: «Si respondemos: "Del cielo", nos dirá: "¿Por qué no le creyeron?" **6**Pero si decimos: "De la tierra", todo el pueblo nos apedreará, porque están convencidos de que Juan era un profeta.»

Así que le respondieron:

7—No sabemos de dónde era.

8—Pues yo tampoco les voy a decir con qué autoridad hago esto.

Parábola de los labradores malvados

20:9-19 — Mt 21:33-46; Mr 12:1-12

9Pasó luego a contarle a la gente esta parábola:

—Un hombre plantó un viñedo, se lo arrendó a unos labradores y se fue de viaje por largo tiempo. **10**Llegada la cosecha, mandó un *siervo a los labradores para que le dieran parte de la cosecha. Pero los labradores lo golpearon y lo despidieron con las manos vacías. **11**Les envió otro siervo, pero también a éste lo golpearon, lo humillaron y lo despidieron con las manos vacías. **12**Entonces envió un tercero, pero aun a éste lo hirieron y lo expulsaron.

13»Entonces pensó el dueño del viñedo: "¿Qué voy a hacer? Enviaré a mi hijo amado; seguro que a él sí lo respetarán." **14**Pero cuando lo vieron los labradores, trataron el asunto. "Éste es el heredero —dijeron—. Matémoslo, y la herencia será nuestra." **15**Así que lo arrojaron fuera del viñedo y lo mataron.

»¿Qué les hará el dueño? **16**Volverá, acabará con esos labradores y dará el viñedo a otros.

Al oír esto, la gente exclamó:

—¡Dios no lo quiera!

17Mirándolos fijamente, Jesús les dijo:

—Entonces, ¿qué significa esto que está escrito:

»"La piedra que desecharon los constructores ha llegado a ser la piedra angular"?*b*

18Todo el que caiga sobre esa piedra quedará despedazado, y si ella cae sobre alguien, lo hará polvo.

19Los maestros de la ley y los jefes de los sacerdotes, cayendo en cuenta de que la parábola iba dirigida contra ellos, buscaron la manera de echarle mano en aquel mismo momento. Pero temían al pueblo.

El pago de impuestos al césar

20:20-26 — Mt 22:15-22; Mr 12:13-17

20Entonces, para acecharlo, enviaron espías que fingían ser gente honorable. Pensaban atrapar a Jesús en algo que él dijera, y así poder entregarlo a la jurisdicción del gobernador.

21—Maestro —dijeron los espías—, sabemos que lo que dices y enseñas es correcto. No juzgas por las apariencias, sino que de verdad enseñas el camino de Dios. **22**¿Nos está permitido pagar impuestos al *césar o no?

23Pero Jesús, dándose cuenta de sus malas intenciones, replicó:

24—Muéstrenme una moneda romana.*c* ¿De quién son esta imagen y esta inscripción?

—Del césar —contestaron.

25—Entonces denle al césar lo que es del césar, y a Dios lo que es de Dios.

26No pudieron atraparlo en lo que decía en público. Así que, admirados de su respuesta, se callaron.

La resurrección y el matrimonio

20:27-40 — Mt 22:23-33; Mr 12:18-27

27Luego, algunos de los saduceos, que decían que no hay resurrección, se acercaron a Jesús y le plantearon un problema:

28—Maestro, Moisés nos enseñó en sus escritos que si un hombre muere y deja a la viuda sin hijos, el hermano de ese hombre tiene

---

w **19:44** *el tiempo … salvarte.* Lit. *el tiempo de tu visitación.*
x **19:45** Es decir, en el área general del templo.
y **19:46** Is 56:7.
z **19:46** Jer 7:11.
a **20:4** *la tierra.* Lit. *los hombres;* también en v. 6.
b **20:17** Sal 118:22.
c **20:24** *una moneda romana.* Lit. *un *denario.*

que casarse con la viuda para que su hermano tenga descendencia. **29**Pues bien, había siete hermanos. El primero se casó y murió sin dejar hijos. **30**Entonces el segundo **31**y el tercero se casaron con ella, y así sucesivamente murieron los siete sin dejar hijos. **32**Por último, murió también la mujer. **33**Ahora bien, en la resurrección, ¿de cuál será esposa esta mujer, ya que los siete estuvieron casados con ella?

34—La gente de este mundo se casa y se da en casamiento —les contestó Jesús—. **35**Pero en cuanto a los que sean dignos de tomar parte en el mundo venidero por la resurrección: ésos no se casarán ni serán dados en casamiento, **36**ni tampoco podrán morir, pues serán como los ángeles. Son hijos de Dios porque toman parte en la resurrección. **37**Pero que los muertos resucitan lo dio a entender Moisés mismo en el pasaje sobre la zarza, pues llama al Señor "el Dios de Abraham, de Isaac y de Jacob".*d* **38**Él no es Dios de muertos, sino de vivos; en efecto, para él todos ellos viven.

39Algunos de los *maestros de la ley le respondieron:

—¡Bien dicho, Maestro!

40Y ya no se atrevieron a hacerle más preguntas.

¿De quién es hijo el Cristo?
20:41-47 — Mt 22:41—23:7; Mr 12:35-40

41Pero Jesús les preguntó:

—¿Cómo es que dicen que el *Cristo es hijo de David? **42**David mismo declara en el libro de los Salmos:

»"Dijo el Señor a mi Señor: 'Siéntate a mi *derecha, **43**hasta que ponga a tus enemigos por estrado de tus pies.' "*e*

44David lo llama "Señor". ¿Cómo puede entonces ser su hijo?

45Mientras todo el pueblo lo escuchaba, Jesús les dijo a sus discípulos:

46—Cuídense de los *maestros de la ley. Les gusta pasearse con ropas ostentosas y le encanta que los saluden en las plazas, y ocupar el primer puesto en las sinagogas y los lugares de honor en los banquetes. **47**Devoran los bienes de las viudas y a la vez hacen largas plegarias para impresionar a los demás. Éstos recibirán peor castigo.

La ofrenda de la viuda
21:1-4 — Mr 12:41-44

21 Jesús se detuvo a observar y vio a los ricos que echaban sus ofrendas en las alcancías del *templo. **2**También vio a una viuda pobre que echaba dos moneditas de cobre.*f*

3—Les aseguro —dijo— que esta viuda pobre ha echado más que todos los demás.

4Todos ellos dieron sus ofrendas de lo que les sobraba; pero ella, de su pobreza, echó todo lo que tenía para su sustento.

Señales del fin del mundo
21:5-36 — Mt 24; Mr 13
21:12-17 — Mt 10:17-22

5Algunos de sus discípulos comentaban acerca del *templo, de cómo estaba adornado con hermosas piedras y con ofrendas dedicadas a Dios. Pero Jesús dijo:

6—En cuanto a todo esto que ven ustedes, llegará el día en que no quedará piedra sobre piedra; todo será derribado.

7—Maestro —le preguntaron—, ¿cuándo sucederá eso, y cuál será la señal de que está a punto de suceder?

8—Tengan cuidado; no se dejen engañar —les advirtió Jesús—. Vendrán muchos que usando mi nombre dirán: "Yo soy", y: "El tiempo está cerca." No los sigan ustedes. **9**Cuando sepan de guerras y de revoluciones, no se asusten. Es necesario que eso suceda primero, pero el fin no vendrá en seguida.

10»Se levantará nación contra nación, y reino contra reino —continuó—. **11**Habrá grandes terremotos, hambre y epidemias por todas partes, cosas espantosas y grandes señales del cielo.

12»Pero antes de todo esto, echarán mano de ustedes y los perseguirán. Los entregarán a las sinagogas y a las cárceles, y por causa de mi nombre los llevarán ante reyes y gobernadores. **13**Así tendrán ustedes la oportunidad de dar testimonio ante ellos. **14**Pero tengan en cuenta que no hay por qué preparar una defensa de antemano, **15**pues yo mismo les daré tal elocuencia y sabiduría para responder, que ningún adversario podrá resistirles ni contradecirles. **16**Ustedes serán traicionados aun por sus padres, hermanos, parientes y amigos, y a algunos de ustedes se les dará muerte. **17**Todo el mundo los odiará por causa de mi nombre. **18**Pero no se perderá ni un solo cabello de su cabeza. **19**Si se mantienen firmes, se salvarán.*g*

20»Ahora bien, cuando vean a Jerusalén rodeada de ejércitos, sepan que su desolación ya está cerca. **21**Entonces los que estén en Judea huyan a las montañas, los que estén en la ciudad salgan de ella, y los que estén en el campo no entren en la ciudad. **22**Ése será el tiempo del juicio cuando se cumplirá todo lo que está escrito. **23**¡Ay de las que estén embarazadas o amamantando en aquellos días! Porque habrá gran aflicción en la tierra, y castigo contra este pueblo. **24**Caerán a filo de espada y los llevarán cautivos a todas las naciones. Los *gentiles pisotearán a Jerusalén, hasta que se cumplan los tiempos señalados para ellos.

25»Habrá señales en el sol, la luna y las estrellas. En la tierra, las naciones estarán

---

d **20:37** Éx 3:6.
e **20:43** Sal 110:1.
f **21:2** *dos moneditas de cobre.* Lit. *dos *lepta.*
g **21:19** *Si ... salvarán.* Lit. *Por su perseverancia obtendrán sus almas.*

angustiadas y perplejas por el bramido y la agitación del mar. **26**Se desmayarán de terror los hombres, temerosos por lo que va a sucederle al mundo, porque los cuerpos celestes serán sacudidos. **27**Entonces verán al Hijo del hombre venir en una nube con poder y gran gloria. **28**Cuando comiencen a suceder estas cosas, cobren ánimo y levanten la cabeza, porque se acerca su redención.

29Jesús también les propuso esta comparación:

—Fíjense en la higuera y en los demás árboles. **30**Cuando brotan las hojas, ustedes pueden ver por sí mismos y saber que el verano está cerca. **31**Igualmente, cuando vean que suceden estas cosas, sepan que el reino de Dios está cerca.

32»Les aseguro que no pasará esta generación hasta que todas estas cosas sucedan. **33**El cielo y la tierra pasarán, pero mis palabras jamás pasarán.

34»Tengan cuidado, no sea que se les endurezca el corazón por el vicio, la embriaguez y las preocupaciones de esta vida. De otra manera, aquel día caerá de improviso sobre ustedes, **35**pues vendrá como una trampa sobre todos los habitantes de la tierra. **36**Estén siempre vigilantes, y oren para que puedan escapar de todo lo que está por suceder, y presentarse delante del Hijo del hombre.

37De día Jesús enseñaba en el templo, pero salía a pasar la noche en el monte llamado de los Olivos, **38**y toda la gente madrugaba para ir al templo a oírlo.

Judas acuerda traicionar a Jesús
22:1-2 — Mt 26:2-5; Mr 14:1-2,10-11

22 Se aproximaba la fiesta de los Panes sin levadura, llamada la Pascua. **2**Los jefes de los sacerdotes y los *maestros de la ley buscaban algún modo de acabar con Jesús, porque temían al pueblo. **3**Entonces entró Satanás en Judas, uno de los doce, al que llamaban Iscariote. **4**Éste fue a los jefes de los sacerdotes y a los capitanes del *templo para tratar con ellos cómo les entregaría a Jesús. **5**Ellos se alegraron y acordaron darle dinero. **6**Él aceptó, y comenzó a buscar una oportunidad para entregarles a Jesús cuando no hubiera gente.

La última cena
22:7-13 — Mt 26:17-19; Mr 14:12-16
22:17-20 — Mt 26:26-29; Mr 14:22-25;
1Co 11:23-25
22:21-23 — Mt 26:21-24; Mr 14:18-21;
Jn 13:21-30
22:25-27 — Mt 20:25-28; Mr 10:42-45
22:33-34 — Mt 26:33-35; Mr 14:29-31;
Jn 13:37-38

7Cuando llegó el día de la fiesta de los Panes sin levadura, en que debía sacrificarse el cordero de la Pascua, **8**Jesús envió a Pedro y a Juan, diciéndoles:

—Vayan a hacer los preparativos para que comamos la Pascua.

9—¿Dónde quieres que la preparemos? —le preguntaron.

10—Miren —contestó él—: al entrar ustedes en la ciudad les saldrá al encuentro un hombre que lleva un cántaro de agua. Síganlo hasta la casa en que entre, **11**y díganle al dueño de la casa: "El Maestro pregunta: ¿Dónde está la sala en la que voy a comer la Pascua con mis discípulos?" **12**Él les mostrará en la planta alta una sala amplia y amueblada. Preparen allí la cena.

13Ellos se fueron y encontraron todo tal como les había dicho Jesús. Así que prepararon la Pascua.

14Cuando llegó la hora, Jesús y sus apóstoles se *sentaron a la mesa. **15**Entonces les dijo:

—He tenido muchísimos deseos de comer esta Pascua con ustedes antes de padecer, **16**pues les digo que no volveré a comerla hasta que tenga su pleno cumplimiento en el reino de Dios.

17Luego tomó la copa, dio gracias y dijo:

—Tomen esto y repártanlo entre ustedes. **18**Les digo que no volveré a beber del fruto de la vid hasta que venga el reino de Dios.

19También tomó pan y, después de dar gracias, lo partió, se lo dio a ellos y dijo:

—Este pan es mi cuerpo, entregado por ustedes; hagan esto en memoria de mí.

20De la misma manera tomó la copa después de la cena, y dijo:

—Esta copa es el nuevo pacto en mi sangre, que es derramada por ustedes. **21**Pero sepan que la mano del que va a traicionarme está con la mía, sobre la mesa. **22**A la verdad el Hijo del hombre se irá según está decretado, pero ¡ay de aquel que lo traiciona!

23Entonces comenzaron a preguntarse unos a otros quién de ellos haría esto.

24Tuvieron además un altercado sobre cuál de ellos sería el más importante.

25Jesús les dijo:

—Los reyes de las *naciones oprimen a sus súbditos, y los que ejercen autoridad sobre ellos se llaman a sí mismos benefactores. **26**No sea así entre ustedes. Al contrario, el mayor debe comportarse como el menor, y el que manda como el que sirve. **27**Porque, ¿quién es más importante, el que está a la mesa o el que sirve? ¿No lo es el que está sentado a la mesa? Sin embargo, yo estoy entre ustedes como uno que sirve. **28**Ahora bien, ustedes son los que han estado siempre a mi lado en mis *pruebas. **29**Por eso, yo mismo les concedo un reino, así como mi Padre me lo concedió a mí, **30**para que coman y beban a mi mesa en mi reino, y se sienten en tronos para juzgar a las doce tribus de Israel.

31»Simón, Simón, mira que Satanás ha pedido zarandearlos a ustedes como si fueran trigo.

32Pero yo he orado por ti, para que no falle tu fe. Y tú, cuando te hayas vuelto a mí, fortalece a tus hermanos.

33—Señor —respondió Pedro—, estoy dispuesto a ir contigo tanto a la cárcel como a la muerte.

34—Pedro, te digo que hoy mismo, antes de que cante el gallo, tres veces negarás que me conoces.

35Luego Jesús dijo a todos:

—Cuando los envié a ustedes sin monedero ni bolsa ni sandalias, ¿acaso les faltó algo?

—Nada —respondieron.

36—Ahora, en cambio, el que tenga un monedero, que lo lleve; así mismo, el que tenga una bolsa. Y el que nada tenga, que venda su manto y compre una espada. **37**Porque les digo que tiene que cumplirse en mí aquello que está escrito: "Y fue contado entre los transgresores."*h* En efecto, lo que se ha escrito de mí se está cumpliendo.*i*

38—Mira, Señor —le señalaron los discípulos—, aquí hay dos espadas.

—¡Basta! —les contestó.

Jesús ora en el monte de los Olivos
22:40-46 — Mt 26:36-46; Mr 14:32-42

39Jesús salió de la ciudad y, como de costumbre, se dirigió al monte de los Olivos, y sus discípulos lo siguieron. **40**Cuando llegaron al lugar, les dijo: «Oren para que no caigan en *tentación.» **41**Entonces se separó de ellos a una buena distancia,*j* se arrodilló y empezó a orar: **42**«Padre, si quieres, no me hagas beber este trago amargo;*k* pero no se cumpla mi voluntad, sino la tuya.» **43**Entonces se le apareció un ángel del cielo para fortalecerlo. **44**Pero, como estaba angustiado, se puso a orar con más fervor, y su sudor era como gotas de sangre que caían a tierra.*l*

45Cuando terminó de orar y volvió a los discípulos, los encontró dormidos, agotados por la tristeza. **46**¿Por qué están durmiendo? —les exhortó—. Levántense y oren para que no caigan en tentación.»

Arresto de Jesús
22:47-53 — Mt 26:47-56; Mr 14:43-50; Jn 18:3-11

47Todavía estaba hablando Jesús cuando se apareció una turba, y al frente iba uno de los doce, el que se llamaba Judas. Éste se acercó a Jesús para besarlo, **48**pero Jesús le preguntó:

—Judas, ¿con un beso traicionas al Hijo del hombre?

49Los discípulos que lo rodeaban, al darse cuenta de lo que pasaba, dijeron:

—Señor, ¿atacamos con la espada?

50Y uno de ellos hirió al siervo del sumo sacerdote, cortándole la oreja derecha.

51—¡Déjenlos! —ordenó Jesús.

Entonces le tocó la oreja al hombre, y lo sanó.

52Luego dijo a los jefes de los sacerdotes, a los capitanes del *templo y a los *ancianos, que habían venido a prenderlo:

—¿Acaso soy un bandido,*m* para que vengan contra mí con espadas y palos? **53**Todos los días estaba con ustedes en el templo, y no se atrevieron a ponerme las manos encima. Pero ya ha llegado la hora de ustedes, cuando reinan las tinieblas.

Pedro niega a Jesús
22:55-62 — Mt 26:69-75; Mr 14:66-72;
Jn 18:16-18,25-27

54Prendieron entonces a Jesús y lo llevaron a la casa del sumo sacerdote. Pedro los seguía de lejos. **55**Pero luego, cuando encendieron una fogata en medio del patio y se sentaron alrededor, Pedro se les unió. **56**Una criada lo vio allí sentado a la lumbre, lo miró detenidamente y dijo:

—Éste estaba con él.

57Pero él lo negó.

—Muchacha, yo no lo conozco.

58Poco después lo vio otro y afirmó:

—Tú también eres uno de ellos.

—¡No, hombre, no lo soy! —contestó Pedro.

59Como una hora más tarde, otro lo acusó:

—Seguro que éste estaba con él; miren que es galileo.

60—¡Hombre, no sé de qué estás hablando! —replicó Pedro.

En el mismo momento en que dijo eso, cantó el gallo. **61**El Señor se volvió y miró directamente a Pedro. Entonces Pedro se acordó de lo que el Señor le había dicho: «Hoy mismo, antes de que el gallo cante, me negarás tres veces.» **62**Y saliendo de allí, lloró amargamente.

Los soldados se burlan de Jesús
22:63-65 — Mt 26:67-68; Mr 14:65; Jn 18:22-23

63Los hombres que vigilaban a Jesús comenzaron a burlarse de él y a golpearlo. **64**Le vendaron los ojos, y le increpaban:

—¡Adivina quién te pegó!

65Y le lanzaban muchos otros insultos.

Jesús ante Pilato y Herodes
22:67-71 — Mt 26:63-66; Mr 14:61-63;
Jn 18:19-21
23:2-3 — Mt 27:11-14; Mr 15:2-5; Jn 18:29-37
23:18-25 — Mt 27:15-26; Mr 15:6-15;
Jn 18:39—19:16

66Al amanecer, se reunieron los *ancianos del pueblo, tanto los jefes de los sacerdotes como

---

h **22:37** Is 53:12.
i **22:37** *En efecto ... cumpliendo.* Lit. *Porque lo que es acerca de mí tiene fin.*
j **22:41** *a una buena distancia.* Lit. *como a un tiro de piedra.*
k **22:42** *no ... amargo.* Lit. *quita de mí esta copa.*
l **22:44** Var. no incluye vv. 43 y 44.
m **22:52** *bandido.* Alt. *Insurgente.*

los *maestros de la ley, e hicieron comparecer a Jesús ante el *Consejo.

67—Si eres el *Cristo, dínoslo —le exigieron.

Jesús les contestó:

—Si se lo dijera a ustedes, no me lo creerían, 68y si les hiciera preguntas, no me contestarían. 69Pero de ahora en adelante el Hijo del hombre estará sentado a la *derecha del Dios Todopoderoso.

70—¿Eres tú, entonces, el Hijo de Dios? —le preguntaron a una voz.

—Ustedes mismos lo dicen.

71—¿Para qué necesitamos más testimonios? —resolvieron—. Acabamos de oírlo de sus propios labios.

23

Así que la asamblea en pleno se levantó, y lo llevaron a Pilato. 2Y comenzaron la acusación con estas palabras:

—Hemos descubierto a este hombre agitando a nuestra nación. Se opone al pago de impuestos al *emperador y afirma que él es el *Cristo, un rey.

3Así que Pilato le preguntó a Jesús:

—¿Eres tú el rey de los judíos?

—Tú mismo lo dices —respondió.

4Entonces Pilato declaró a los jefes de los sacerdotes y a la multitud:

—No encuentro que este hombre sea culpable de nada.

5Pero ellos insistían:

—Con sus enseñanzas agita al pueblo por toda Judea.ⁿ Comenzó en Galilea y ha llegado hasta aquí.

6Al oír esto, Pilato preguntó si el hombre era galileo. 7Cuando se enteró de que pertenecía a la jurisdicción de Herodes, se lo mandó a él, ya que en aquellos días también Herodes estaba en Jerusalén.

8Al ver a Jesús, Herodes se puso muy contento; hacía tiempo que quería verlo por lo que oía acerca de él, y esperaba presenciar algún milagro que hiciera Jesús. 9Lo acosó con muchas preguntas, pero Jesús no le contestaba nada. 10Allí estaban también los jefes de los sacerdotes y los *maestros de la ley, acusándolo con vehemencia. 11Entonces Herodes y sus soldados, con desprecio y burlas, le pusieron un manto lujoso y lo mandaron de vuelta a Pilato. 12Anteriormente, Herodes y Pilato no se llevaban bien, pero ese mismo día se hicieron amigos.

13Pilato entonces reunió a los jefes de los sacerdotes, a los gobernantes y al pueblo, 14y les dijo:

—Ustedes me trajeron a este hombre acusado de fomentar la rebelión entre el pueblo, pero resulta que lo he interrogado delante de ustedes sin encontrar que sea culpable de lo que ustedes lo acusan. 15Y es claro que tampoco Herodes lo ha juzgado culpable, puesto que nos lo devolvió. Como pueden ver, no ha cometido ningún delito que merezca la muerte, 16así que le daré una paliza y después lo soltaré.ñ

18Pero todos gritaron a una voz:

—¡Llévate a ése! ¡Suéltanos a Barrabás!

19A Barrabás lo habían metido en la cárcel por una insurrección en la ciudad, y por homicidio. 20Pilato, como quería soltar a Jesús, apeló al pueblo otra vez, 21pero ellos se pusieron a gritar:

—¡Crucifícalo! ¡Crucifícalo!

22Por tercera vez les habló:

—Pero, ¿qué crimen ha cometido este hombre? No encuentro que él sea culpable de nada que merezca la pena de muerte, así que le daré una paliza y después lo soltaré.

23Pero a voz en cuello ellos siguieron insistiendo en que lo crucificara, y con sus gritos se impusieron. 24Por fin Pilato decidió concederles su demanda: 25soltó al hombre que le pedían, el que por insurrección y homicidio había sido echado en la cárcel, y dejó que hicieran con Jesús lo que quisieran.

La crucifixión
23:33-43 — Mt 27:33-44; Mr 15:22-32; Jn 19:17-24

26Cuando se lo llevaban, echaron mano de un tal Simón de Cirene, que volvía del campo, y le cargaron la cruz para que la llevara detrás de Jesús. 27Lo seguía mucha gente del pueblo, incluso mujeres que se golpeaban el pecho, lamentándose por él. 28Jesús se volvió hacia ellas y les dijo:

—Hijas de Jerusalén, no lloren por mí; lloren más bien por ustedes y por sus hijos. 29Miren, va a llegar el tiempo en que se dirá: "*¡Dichosas las estériles, que nunca dieron a luz ni amamantaron!" 30Entonces

»"dirán a las montañas: '¡Caigan sobre nosotros!', y a las colinas: '¡Cúbrannos!' "º

31Porque si esto se hace cuando el árbol está verde, ¿qué no sucederá cuando esté seco?

32También llevaban con él a otros dos, ambos criminales, para ser ejecutados. 33Cuando llegaron al lugar llamado la Calavera, lo crucificaron allí, junto con los criminales, uno a su derecha y otro a su izquierda.

34—Padre —dijo Jesús—, perdónalos, porque no saben lo que hacen.ᵖ

Mientras tanto, echaban suertes para repartirse entre sí la ropa de Jesús.

35La gente, por su parte, se quedó allí observando, y aun los gobernantes estaba burlándose de él.

ⁿ **23:5** *toda Judea.* Alt. *toda la tierra de los judíos.*
ñ **23:16** *soltaré.* Var. *soltaré.* v. 17*Ahora bien, durante la fiesta tenía la obligación de soltarles un preso* (véanse Mt 27:15 y Mr 15:6).
º **23:30** Os 10:8.
ᵖ **23:34** Var. no incluye esta oración.

—Salvó a otros —decían—; que se salve a sí mismo, si es el *Cristo de Dios, el Escogido.

36También los soldados se acercaron para burlarse de él. Le ofrecieron vinagre **37**y le dijeron:

—Si eres el rey de los judíos, sálvate a ti mismo.

38Resulta que había sobre él un letrero, que decía: «Éste es el Rey de los judíos.»

39Uno de los criminales allí colgados empezó a insultarlo:

—¿No eres tú el Cristo? ¡Sálvate a ti mismo y a nosotros!

40Pero el otro criminal lo reprendió:

—¿Ni siquiera temor de Dios tienes, aunque sufres la misma condena? **41**En nuestro caso, el castigo es justo, pues sufrimos lo que merecen nuestros delitos; éste, en cambio, no ha hecho nada malo.

42Luego dijo:

—Jesús, acuérdate de mí cuando vengas en tu reino.

43—Te aseguro que hoy estarás conmigo en el paraíso —le contestó Jesús.

Muerte de Jesús

23:44-49 — Mt 27:45-56; Mr 15:33-41

44Desde el mediodía y hasta la media tarde*q* toda la tierra quedó sumida en la oscuridad, **45**pues el sol se ocultó. Y la cortina del *santuario del templo se rasgó en dos. **46**Entonces Jesús exclamó con fuerza:

—¡Padre, en tus manos encomiendo mi espíritu!

Y al decir esto, expiró.

47El centurión, al ver lo que había sucedido, alabó a Dios y dijo:

—Verdaderamente este hombre era justo.

48Entonces los que se habían reunido para presenciar aquel espectáculo, al ver lo ocurrido, se fueron de allí golpeándose el pecho. **49**Pero todos los conocidos de Jesús, incluso las mujeres que lo habían seguido desde Galilea, se quedaron mirando desde lejos.

Sepultura de Jesús

23:50-56 — Mt 27:57-61; Mr 15:42-47; Jn 19:38-42

50Había un hombre bueno y justo llamado José, miembro del *Consejo, **51**que no había estado de acuerdo con la decisión ni con la conducta de ellos. Era natural de un pueblo de Judea llamado Arimatea, y esperaba el reino de Dios. **52**Éste se presentó ante Pilato y le pidió el cuerpo de Jesús. **53**Después de bajarlo, lo envolvió en una sábana de lino y lo puso en un sepulcro cavado en la roca, en el que todavía no se había sepultado a nadie. **54**Era el día de preparación para el *sábado, que estaba a punto de comenzar.

55Las mujeres que habían acompañado a Jesús desde Galilea siguieron a José para ver el sepulcro y cómo colocaban el cuerpo. **56**Luego volvieron a casa y prepararon especias aromáticas y perfumes. Entonces descansaron el sábado, conforme al mandamiento.

La resurrección

24:1-10 — Mt 28:1-8; Mr 16:1-8; Jn 20:1-8

24 El primer día de la semana, muy de mañana, las mujeres fueron al sepulcro, llevando las especias aromáticas que habían preparado. **2**Encontraron que había sido quitada la piedra que cubría el sepulcro **3**y, al entrar, no hallaron el cuerpo del Señor Jesús. **4**Mientras se preguntaban qué habría pasado, se les presentaron dos hombres con ropas resplandecientes. **5**Asustadas, se postraron sobre su rostro, pero ellos les dijeron:

—¿Por qué buscan ustedes entre los muertos al que vive? **6**No está aquí; ¡ha resucitado! Recuerden lo que les dijo cuando todavía estaba con ustedes en Galilea: **7**"El Hijo del hombre tiene que ser entregado en manos de hombres *pecadores, y ser crucificado, pero al tercer día resucitará."

8Entonces ellas se acordaron de las palabras de Jesús. **9**Al regresar del sepulcro, les contaron todas estas cosas a los once y a todos los demás. **10**Las mujeres eran María Magdalena, Juana, María la madre de *Jacobo, y las demás que las acompañaban. **11**Pero a los discípulos el relato les pareció una tontería, así que no les creyeron. **12**Pedro, sin embargo, salió corriendo al sepulcro. Se asomó y vio sólo las vendas de lino. Luego volvió a su casa, extrañado de lo que había sucedido.

De camino a Emaús

13Aquel mismo día dos de ellos se dirigían a un pueblo llamado Emaús, a unos once kilómetros*r* de Jerusalén. **14**Iban conversando sobre todo lo que había acontecido. **15**Sucedió que, mientras hablaban y discutían, Jesús mismo se acercó y comenzó a caminar con ellos; **16**pero no lo reconocieron, pues sus ojos estaban velados.

17—¿Qué vienen discutiendo por el camino? —les preguntó.

Se detuvieron, cabizbajos; **18**y uno de ellos, llamado Cleofas, le dijo:

—¿Eres tú el único peregrino en Jerusalén que no se ha enterado de todo lo que ha pasado recientemente?

19—¿Qué es lo que ha pasado? —les preguntó.

—Lo de Jesús de Nazaret. Era un profeta, poderoso en obras y en palabras delante de Dios y de todo el pueblo. **20**Los jefes de los sacerdotes y nuestros gobernantes lo entregaron para ser

---

q 23:44 el mediodía … la media tarde. Lit. *la hora sexta … la hora novena.*
r 24:13 unos once kilómetros. Lit. *sesenta *estadios.*

condenado a muerte, y lo crucificaron; **21**pero nosotros abrigábamos la esperanza de que era él quien redimiría a Israel. Es más, ya hace tres días que sucedió todo esto. **22**También algunas mujeres de nuestro grupo nos dejaron asombrados. Esta mañana, muy temprano, fueron al sepulcro **23**pero no hallaron su cuerpo. Cuando volvieron, nos contaron que se les habían aparecido unos ángeles quienes les dijeron que él está vivo. **24**Algunos de nuestros compañeros fueron después al sepulcro y lo encontraron tal como habían dicho las mujeres, pero a él no lo vieron.

25—¡Qué torpes son ustedes —les dijo—, y qué tardos de corazón para creer todo lo que han dicho los profetas! **26**¿Acaso no tenía que sufrir el *Cristo estas cosas antes de entrar en su gloria?

27Entonces, comenzando por Moisés y por todos los profetas, les explicó lo que se refería a él en todas las Escrituras.

28Al acercarse al pueblo adonde se dirigían, Jesús hizo como que iba más lejos. **29**Pero ellos insistieron:

—Quédate con nosotros, que está atardeciendo; ya es casi de noche.

Así que entró para quedarse con ellos. **30**Luego, estando con ellos a la mesa, tomó el pan, lo bendijo, lo partió y se lo dio. **31**Entonces se les abrieron los ojos y lo reconocieron, pero él desapareció. **32**Se decían el uno al otro:

—¿No ardía nuestro corazón mientras conversaba con nosotros en el camino y nos explicaba las Escrituras?

33Al instante se pusieron en camino y regresaron a Jerusalén. Allí encontraron a los once y a los que estaban reunidos con ellos. **34**«¡Es cierto! —decían—. El Señor ha resucitado y se le ha aparecido a Simón.»

35Los dos, por su parte, contaron lo que les había sucedido en el camino, y cómo habían reconocido a Jesús cuando partió el pan.

Jesús se aparece a los discípulos

36Todavía estaban ellos hablando acerca de esto, cuando Jesús mismo se puso en medio de ellos y les dijo:

—Paz a ustedes.

37Aterrorizados, creyeron que veían a un espíritu.

38—¿Por qué se asustan tanto? —les preguntó—. ¿Por qué les vienen dudas? **39**Miren mis manos y mis pies. ¡Soy yo mismo! Tóquenme y vean; un espíritu no tiene carne ni huesos, como ven que los tengo yo.

40Dicho esto, les mostró las manos y los pies. **41**Como ellos no acababan de creerlo a causa de la alegría y del asombro, les preguntó:

—¿Tienen aquí algo de comer?

42Le dieron un pedazo de pescado asado, **43**así que lo tomó y se lo comió delante de ellos. Luego les dijo:

44—Cuando todavía estaba yo con ustedes, les decía que tenía que cumplirse todo lo que está escrito acerca de mí en la ley de Moisés, en los profetas y en los salmos.

45Entonces les abrió el entendimiento para que comprendieran las Escrituras.

46—Esto es lo que está escrito —les explicó—: que el *Cristo padecerá y *resucitará al tercer día, **47**y en su nombre se predicarán el *arrepentimiento y el perdón de pecados a todas las *naciones, comenzando por Jerusalén. **48**Ustedes son testigos de estas cosas. **49**Ahora voy a enviarles lo que ha prometido mi Padre; pero ustedes quédense en la ciudad hasta que sean revestidos del poder de lo alto.

La ascensión

50Después los llevó Jesús hasta Betania; allí alzó las manos y los bendijo. **51**Sucedió que, mientras los bendecía, se alejó de ellos y fue llevado al cielo. **52**Ellos, entonces, lo adoraron y luego regresaron a Jerusalén con gran alegría. **53**Y estaban continuamente en el *templo, alabando a Dios.

JUAN

El Verbo se hizo hombre

1 En el principio ya existía el *Verbo, y el Verbo estaba con Dios, y el Verbo era Dios. **2**Él estaba con Dios en el principio.

3Por medio de él todas las cosas fueron creadas; sin él, nada de lo creado llegó a existir. **4**En él estaba la vida, y la vida era la luz de la *humanidad. **5**Esta luz resplandece en las tinieblas, y las tinieblas no han podido extinguirla.ᵃ

6Vino un hombre llamado Juan. Dios lo envió **7**como testigo para dar testimonio de la luz, a fin de que por medio de él todos creyeran. **8**Juan no era la luz, sino que vino para dar testimonio de la luz. **9**Esa luz verdadera, la que alumbra a todo *ser humano, venía a este mundo.ᵇ

10El que era la luz ya estaba en el mundo, y el mundo fue creado por medio de él, pero el mundo no lo reconoció. **11**Vino a lo que era suyo, pero los suyos no lo recibieron. **12**Mas a cuantos lo recibieron, a los que creen en su nombre, les dio el derecho de ser hijos de Dios. **13**Éstos no nacen de la sangre, ni por deseos *naturales, ni por voluntad humana, sino que nacen de Dios.

14Y el Verbo se hizo hombre y habitóᶜ entre nosotros. Y hemos contemplado su gloria, la gloria que corresponde al Hijo *unigénito del Padre, lleno de gracia y de verdad.

15Juan dio testimonio de él, y a voz en cuello proclamó: «Éste es aquel de quien yo decía: "El que viene después de mí es superior a mí, porque existía antes que yo."» **16**De su plenitud todos hemos recibido gracia sobre gracia, **17**pues la ley fue dada por medio de Moisés, mientras que la gracia y la verdad nos han llegado por medio de *Jesucristo. **18**A Dios nadie lo ha visto nunca; el Hijo unigénito, que es Diosᵈ y que vive en unión íntima con el Padre, nos lo ha dado a conocer.

Juan el Bautista niega ser el Cristo

19Éste es el testimonio de Juan cuando los judíos de Jerusalén enviaron sacerdotes y levitas a preguntarle quién era. **20**No se negó a declararlo, sino que confesó con franqueza:

—Yo no soy el *Cristo.

21—¿Quién eres entonces? —le preguntaron—. ¿Acaso eres Elías?

—No lo soy.

—¿Eres el profeta?

—No lo soy.

22—¿Entonces quién eres? ¡Tenemos que llevar una respuesta a los que nos enviaron! ¿Cómo te ves a ti mismo?

23—Yo soy la voz del que grita en el desierto: "Enderecen el camino del Señor"ᵉ —respondió Juan, con las palabras del profeta Isaías.

24Algunos que habían sido enviados por los *fariseos **25**lo interrogaron:

—Pues si no eres el Cristo, ni Elías ni el profeta, ¿por qué bautizas?

26—Yo bautizo conᶠ agua, pero entre ustedes hay alguien a quien no conocen, **27**y que viene después de mí, al cual yo no soy digno ni siquiera de desatarle la correa de las sandalias.

28Todo esto sucedió en Betania, al otro lado del río Jordán, donde Juan estaba bautizando.

Jesús, el Cordero de Dios

29Al día siguiente Juan vio a Jesús que se acercaba a él, y dijo: «¡Aquí tienen al Cordero de Dios, que quita el pecado del mundo! **30**De éste hablaba yo cuando dije: "Después de mí viene un hombre que es superior a mí, porque existía antes que yo." **31**Yo ni siquiera lo conocía, pero para que él se revelara al pueblo de Israel, vine bautizando con agua.»

32Juan declaró: «Vi al Espíritu descender del cielo como una paloma y permanecer sobre él. **33**Yo mismo no lo conocía, pero el que me envió a bautizar con agua me dijo: "Aquel sobre quien veas que el Espíritu desciende y permanece, es el que bautiza con el Espíritu Santo." **34**Yo lo he visto y por eso testifico que éste es el Hijo de Dios.»

Los primeros discípulos de Jesús

1:40-42 — Mt 4:18-22;
Mr 1:16-20; Lc 5:2-11

35Al día siguiente Juan estaba de nuevo allí, con dos de sus discípulos. **36**Al ver a Jesús que pasaba por ahí, dijo:

—¡Aquí tienen al Cordero de Dios!

37Cuando los dos discípulos le oyeron decir esto, siguieron a Jesús. **38**Jesús se volvió y, al ver que lo seguían, les preguntó:

—¿Qué buscan?

—Rabí, ¿dónde te hospedas? (Rabí significa: Maestro.)

39—Vengan a ver —les contestó Jesús.

ᵃ **1:5** *extinguirla.* Alt. *comprenderla.*
ᵇ **1:9** *Esa ... mundo.* Alt. *Esa era la luz verdadera que alumbra a todo *ser humano que viene al mundo.*
ᶜ **1:14** *habitó.* Lit. *puso su carpa.*
ᵈ **1:18** *el Hijo unigénito, que es Dios.* Lit. *Dios unigénito.* Var. *el Hijo unigénito.*
ᵉ **1:23** Is 40:3.
ᶠ **1:26** *con.* Alt. *en;* también en vv. 31 y 33.

Ellos fueron, pues, y vieron dónde se hospedaba, y aquel mismo día se quedaron con él. Eran como las cuatro de la tarde.ᵍ

40Andrés, hermano de Simón Pedro, era uno de los dos que, al oír a Juan, habían seguido a Jesús. **41**Andrés encontró primero a su hermano Simón, y le dijo:

—Hemos encontrado al Mesías (es decir, el *Cristo).

42Luego lo llevó a Jesús, quien mirándolo fijamente, le dijo:

—Tú eres Simón, hijo de Juan. Serás llamado *Cefas (es decir, Pedro).

Jesús llama a Felipe y a Natanael

43Al día siguiente, Jesús decidió salir hacia Galilea. Se encontró con Felipe, y lo llamó:

—Sígueme.

44Felipe era del pueblo de Betsaida, lo mismo que Andrés y Pedro. **45**Felipe buscó a Natanael y le dijo:

—Hemos encontrado a Jesús de Nazaret, el hijo de José, aquel de quien escribió Moisés en la ley, y de quien escribieron los profetas.

46—¡De Nazaret! —replicó Natanael—. ¿Acaso de allí puede salir algo bueno?

—Ven a ver —le contestó Felipe.

47Cuando Jesús vio que Natanael se le acercaba, comentó:

—Aquí tienen a un verdadero israelita, en quien no hay falsedad.

48—¿De dónde me conoces? —le preguntó Natanael.

—Antes de que Felipe te llamara, cuando aún estabas bajo la higuera, ya te había visto.

49—Rabí, ¡tú eres el Hijo de Dios! ¡Tú eres el Rey de Israel! —declaró Natanael.

50—¿Lo crees porque te dije que te vi cuando estabas debajo de la higuera? ¡Vas a ver aun cosas más grandes que éstas!

Y añadió:

51—Ciertamente les aseguro que ustedes verán abrirse el cielo, y a los ángeles de Dios subir y bajar sobre el Hijo del hombre.

Jesús cambia el agua en vino

2 Al tercer día se celebró una boda en Caná de Galilea, y la madre de Jesús se encontraba allí. **2**También habían sido invitados a la boda Jesús y sus discípulos. **3**Cuando el vino se acabó, la madre de Jesús le dijo:

—Ya no tienen vino.

4—Mujer, ¿eso qué tiene que ver conmigo? —respondió Jesús—. Todavía no ha llegado mi hora.

5Su madre dijo a los sirvientes:

—Hagan lo que él les ordene.

6Había allí seis tinajas de piedra, de las que usan los judíos en sus ceremonias de *purificación. En cada una cabían unos cien litros.ʰ

7Jesús dijo a los sirvientes:

—Llenen de agua las tinajas.

Y los sirvientes las llenaron hasta el borde.

8—Ahora saquen un poco y llévenlo al encargado del banquete —les dijo Jesús.

Así lo hicieron. **9**El encargado del banquete probó el agua convertida en vino sin saber de dónde había salido, aunque sí lo sabían los sirvientes que habían sacado el agua. Entonces llamó aparte al novio **10**y le dijo:

—Todos sirven primero el mejor vino, y cuando los invitados ya han bebido mucho, entonces sirven el más barato; pero tú has guardado el mejor vino hasta ahora.

11Ésta, la primera de sus señales, la hizo Jesús en Caná de Galilea. Así reveló su gloria, y sus discípulos creyeron en él.

12Después de esto Jesús bajó a Capernaúm con su madre, sus hermanos y sus discípulos, y se quedaron allí unos días.

Jesús purifica el templo

2:14-16 — Mt 21:12-13; Mr 11:15-17; Lc 9:45-46

13Cuando se aproximaba la Pascua de los judíos, subió Jesús a Jerusalén. **14**Y en el *temploⁱ halló a los que vendían bueyes, ovejas y palomas, e instalados en sus mesas a los que cambiaban dinero. **15**Entonces, haciendo un látigo de cuerdas, echó a todos del templo, juntamente con sus ovejas y sus bueyes; regó por el suelo las monedas de los que cambiaban dinero y derribó sus mesas. **16**A los que vendían las palomas les dijo:

—¡Saquen esto de aquí! ¿Cómo se atreven a convertir la casa de mi Padre en un mercado?

17Sus discípulos se acordaron de que está escrito: «El celo por tu casa me consumirá.»ʲ **18**Entonces los judíos reaccionaron, preguntándole:

—¿Qué señal puedes mostrarnos para actuar de esta manera?

19—Destruyan este templo —respondió Jesús—, y lo levantaré de nuevo en tres días.

20—Tardaron cuarenta y seis años en construir este templo, ¿y tú vas a levantarlo en tres días?

21Pero el templo al que se refería era su propio cuerpo. **22**Así, pues, cuando se *levantó de entre los muertos, sus discípulos se acordaron de lo que había dicho, y creyeron en la Escritura y en las palabras de Jesús.

23Mientras estaba en Jerusalén, durante la fiesta de la Pascua, muchos creyeron en su nombre al ver las señales que hacía. **24**En cambio Jesús no les creía porque los conocía a todos; **25**no necesitaba que nadie le informara

---

ᵍ **1:39** *Eran ... tarde* (si se cuentan las horas a partir de las seis de la mañana, según la hora judía). Lit. *Era como la hora décima;* véase nota en 19:14.

ʰ **2:6** *unos cien litros.* Lit. *entre dos y tres* *metretas.*

ⁱ **2:14** Es decir, en el área general del templo; en vv. 19-21 el término griego significa *santuario.*

ʲ **2:17** Sal 69:9.

nada[k] acerca de los demás, pues él conocía el interior del *ser humano.

Jesús enseña a Nicodemo

3 Había entre los *fariseos un dirigente de los judíos llamado Nicodemo. [2]Éste fue de noche a visitar a Jesús.

—Rabí —le dijo—, sabemos que eres un maestro que ha venido de parte de Dios, porque nadie podría hacer las señales que tú haces si Dios no estuviera con él.

[3]—De veras te aseguro que quien no nazca de nuevo[l] no puede ver el reino de Dios —dijo Jesús.

[4]—¿Cómo puede uno nacer de nuevo siendo ya viejo? —preguntó Nicodemo—. ¿Acaso puede entrar por segunda vez en el vientre de su madre y volver a nacer?

[5]—Yo te aseguro que quien no nazca de agua y del Espíritu, no puede entrar en el reino de Dios —respondió Jesús—. [6]Lo que nace del cuerpo es cuerpo; lo que nace del Espíritu es espíritu. [7]No te sorprendas de que te haya dicho: "Tienen que nacer de nuevo." [8]El viento sopla por donde quiere, y lo oyes silbar, aunque ignoras de dónde viene y a dónde va. Lo mismo pasa con todo el que nace del Espíritu.

[9]Nicodemo replicó:

—¿Cómo es posible que esto suceda?

[10]—Tú eres maestro de Israel, ¿y no entiendes estas cosas? —respondió Jesús—. [11]Te digo con seguridad y verdad que hablamos de lo que sabemos y damos testimonio de lo que hemos visto personalmente, pero ustedes no aceptan nuestro testimonio. [12]Si les he hablado de las cosas terrenales, y no creen, ¿entonces cómo van a creer si les hablo de las celestiales? [13]Nadie ha subido jamás al cielo sino el que descendió del cielo, el Hijo del hombre.[m]

Jesús y el amor del Padre

[14]»Como levantó Moisés la serpiente en el desierto, así también tiene que ser levantado el Hijo del hombre, [15]para que todo el que crea en él tenga vida eterna.[ñ]

[16]»Porque tanto amó Dios al mundo, que dio a su Hijo *unigénito, para que todo el que cree en él no se pierda, sino que tenga vida eterna. [17]Dios no envió a su Hijo al mundo para condenar al mundo, sino para salvarlo por medio de él. [18]El que cree en él no es condenado, pero el que no cree ya está condenado por no haber creído en el nombre del Hijo unigénito de Dios. [19]Ésta es la causa de la condenación: que la luz vino al mundo, pero la *humanidad prefirió las tinieblas a la luz, porque sus hechos eran perversos. [20]Pues todo el que hace lo malo aborrece la luz, y no se acerca a ella por temor a que sus obras queden al descubierto. [21]En cambio, el que practica la verdad se acerca a la luz, para que se vea claramente que ha hecho sus obras en obediencia a Dios.[ñ]

Testimonio de Juan el Bautista acerca de Jesús

[22]Después de esto Jesús fue con sus discípulos a la región de Judea. Allí pasó algún tiempo con ellos, y bautizaba. [23]También Juan estaba bautizando en Enón, cerca de Salín, porque allí había mucha agua. Así que la gente iba para ser bautizada. [24](Esto sucedió antes de que encarcelaran a Juan.) [25]Se entabló entonces una discusión entre los discípulos de Juan y un judío[o] en torno a los ritos de *purificación. [26]Aquéllos fueron a ver a Juan y le dijeron:

—Rabí, fíjate, el que estaba contigo al otro lado del Jordán, y de quien tú diste testimonio, ahora está bautizando, y todos acuden a él.

[27]—Nadie puede recibir nada a menos que Dios se lo conceda —les respondió Juan—. [28]Ustedes me son testigos de que dije: "Yo no soy el *Cristo, sino que he sido enviado delante de él." [29]El que tiene a la novia es el novio. Pero el amigo del novio, que está a su lado y lo escucha, se llena de alegría cuando oye la voz del novio. Ésa es la alegría que me inunda. [30]A él le toca crecer, y a mí menguar.

El que viene del cielo

[31]»El que viene de arriba está por encima de todos; el que es de la tierra, es terrenal y de lo terrenal habla. El que viene del cielo está por encima de todos [32]y da testimonio de lo que ha visto y oído, pero nadie recibe su testimonio. [33]El que lo recibe certifica que Dios es veraz. [34]El enviado de Dios comunica el mensaje divino, pues Dios mismo le da su Espíritu sin restricción. [35]El Padre ama al Hijo, y ha puesto todo en sus manos. [36]El que cree en el Hijo tiene vida eterna; pero el que rechaza al Hijo no sabrá lo que es esa vida, sino que permanecerá bajo el castigo de Dios.[p]

Jesús y la samaritana

4 Jesús[q] se enteró de que los *fariseos sabían que él estaba haciendo y bautizando más discípulos que Juan [2](aunque en realidad no era Jesús quien bautizaba sino sus discípulos). [3]Por eso se fue de Judea y volvió otra vez a Galilea. [4]Como tenía que pasar por Samaria, [5]llegó a un pueblo samaritano llamado Sicar, cerca del terreno que Jacob le había dado a su hijo José. [6]Allí estaba el pozo de Jacob. Jesús, fatigado del camino, se sentó junto al pozo. Era

---

k **2:25** *le informara nada.* Lit. *le diera testimonio.*
l **3:3** *de nuevo.* Alt. *de arriba;* también en v. 7.
m **3:13** *hombre.* Var. *hombre que está en el cielo.*
n **3:15** *todo ... eterna.* Alt. *todo el que cree tenga vida eterna en él.*
ñ **3:21** Algunos intérpretes consideran que el discurso de Jesús termina en el v. 15.
o **3:25** *un judío.* Var. *unos judíos.*
p **3:36** Algunos intérpretes consideran que los vv. 31-36 son comentario del autor del evangelio.
q **4:1** *Jesús.* Var. *El Señor.*

cerca del mediodía.[r] 7-8Sus discípulos habían ido al pueblo a comprar comida.

En eso llegó a sacar agua una mujer de Samaria, y Jesús le dijo:

—Dame un poco de agua.

9Pero como los judíos no usan nada en común[s] con los samaritanos, la mujer le respondió:

—¿Cómo se te ocurre pedirme agua, si tú eres judío y yo soy samaritana?

10—Si supieras lo que Dios puede dar, y conocieras al que te está pidiendo agua —contestó Jesús—, tú le habrías pedido a él, y él te habría dado agua que da vida.

11—Señor, ni siquiera tienes con qué sacar agua, y el pozo es muy hondo; ¿de dónde, pues, vas a sacar esa agua que da vida? 12¿Acaso eres tú superior a nuestro padre Jacob, que nos dejó este pozo, del cual bebieron él, sus hijos y su ganado?

13—Todo el que beba de esta agua volverá a tener sed —respondió Jesús—, 14pero el que beba del agua que yo le daré, no volverá a tener sed jamás, sino que dentro de él esa agua se convertirá en un manantial del que brotará vida eterna.

15—Señor, dame de esa agua para que no vuelva a tener sed ni siga viniendo aquí a sacarla.

16—Ve a llamar a tu esposo, y vuelve acá —le dijo Jesús.

17—No tengo esposo —respondió la mujer.

—Bien has dicho que no tienes esposo. 18Es cierto que has tenido cinco, y el que ahora tienes no es tu esposo. En esto has dicho la verdad.

19—Señor, me doy cuenta de que tú eres profeta. 20Nuestros antepasados adoraron en este monte, pero ustedes los judíos dicen que el lugar donde debemos adorar está en Jerusalén.

21—Créeme, mujer, que se acerca la hora en que ni en este monte ni en Jerusalén adorarán ustedes al Padre. 22Ahora ustedes adoran lo que no conocen; nosotros adoramos lo que conocemos, porque la salvación proviene de los judíos. 23Pero se acerca la hora, y ha llegado ya, en que los verdaderos adoradores rendirán culto al Padre en espíritu y en verdad,[t] porque así quiere el Padre que sean los que le adoren. 24Dios es espíritu, y quienes lo adoran deben hacerlo en espíritu y en verdad.

25—Sé que viene el Mesías, al que llaman el *Cristo —respondió la mujer—. Cuando él venga nos explicará todas las cosas.

26—Ése soy yo, el que habla contigo —le dijo Jesús.

Los discípulos vuelven a reunirse con Jesús

27En esto llegaron sus discípulos y se sorprendieron de verlo hablando con una mujer, aunque ninguno le preguntó: «¿Qué pretendes?» o «¿De qué hablas con ella?»

28La mujer dejó su cántaro, volvió al pueblo y le decía a la gente:

29—Vengan a ver a un hombre que me ha dicho todo lo que he hecho. ¿No será éste el *Cristo?

30Salieron del pueblo y fueron a ver a Jesús. 31Mientras tanto, sus discípulos le insistían:

—Rabí, come algo.

32—Yo tengo un alimento que ustedes no conocen —replicó él.

33«¿Le habrán traído algo de comer?», comentaban entre sí los discípulos.

34—Mi alimento es hacer la voluntad del que me envió y terminar su obra —les dijo Jesús—. 35¿No dicen ustedes: "Todavía faltan cuatro meses para la cosecha"? Yo les digo: ¡Abran los ojos y miren los campos sembrados! Ya la cosecha está madura; 36ya el segador recibe su salario y recoge el fruto para vida eterna. Ahora tanto el sembrador como el segador se alegran juntos. 37Porque como dice el refrán: "Uno es el que siembra y otro el que cosecha." 38Yo los he enviado a ustedes a cosechar lo que no les costó ningún trabajo. Otros se han fatigado trabajando, y ustedes han cosechado el fruto de ese trabajo.

Muchos samaritanos creen en Jesús

39Muchos de los samaritanos que vivían en aquel pueblo creyeron en él por el testimonio que daba la mujer: «Me dijo todo lo que he hecho.» 40Así que cuando los samaritanos fueron a su encuentro le insistieron en que se quedara con ellos. Jesús permaneció allí dos días, 41y muchos más llegaron a creer por lo que él mismo decía.

42—Ya no creemos sólo por lo que tú dijiste —le decían a la mujer—; ahora lo hemos oído nosotros mismos, y sabemos que verdaderamente éste es el Salvador del mundo.

Jesús sana al hijo de un funcionario

43Después de esos dos días Jesús salió de allí rumbo a Galilea 44(pues, como él mismo había dicho, a ningún profeta se le honra en su propia tierra). 45Cuando llegó a Galilea, fue bien recibido por los galileos, pues éstos habían visto personalmente todo lo que había hecho en Jerusalén durante la fiesta de la Pascua, ya que ellos habían estado también allí.

46Y volvió otra vez Jesús a Caná de Galilea, donde había convertido el agua en vino. Había allí un funcionario real, cuyo hijo estaba enfermo en Capernaúm. 47Cuando este hombre se enteró de que Jesús había llegado de Judea a Galilea, fue a su encuentro y le suplicó que

---

[r] 4:6 del mediodía. Lit. de la hora sexta; véase nota en 1:39.
[s] 4:9 no usan nada en común. Alt. no se llevan bien.
[t] 4:23 en espíritu y en verdad. Alt. por el Espíritu y la verdad; también en v. 24.

bajara a sanar a su hijo, pues estaba a punto de morir.

48—Ustedes nunca van a creer si no ven señales y prodigios —le dijo Jesús.

49—Señor —rogó el funcionario—, baja antes de que se muera mi hijo.

50—Vuelve a casa, que tu hijo vive —le dijo Jesús.

El hombre creyó lo que Jesús le dijo, y se fue. **51**Cuando se dirigía a su casa, sus siervos salieron a su encuentro y le dieron la noticia de que su hijo estaba vivo. **52**Cuando les preguntó a qué hora había comenzado su hijo a sentirse mejor, le contestaron:

—Ayer a la una de la tarde[u] se le quitó la fiebre.

53Entonces el padre se dio cuenta de que precisamente a esa hora Jesús le había dicho: «Tu hijo vive.» Así que creyó él con toda su familia. **54**Ésta fue la segunda señal que hizo Jesús después de que volvió de Judea a Galilea.

Jesús sana a un inválido

5 Algún tiempo después, se celebraba una fiesta de los judíos, y subió Jesús a Jerusalén. **2**Había allí, junto a la puerta de las Ovejas, un estanque rodeado de cinco pórticos, cuyo nombre en arameo es Betzatá.[v] **3**En esos pórticos se hallaban tendidos muchos enfermos, ciegos, cojos y paralíticos.[w] **5**Entre ellos se encontraba un hombre inválido que llevaba enfermo. treinta y ocho años. **6**Cuando Jesús lo vio allí, tirado en el suelo, y se enteró de que ya tenía mucho tiempo de estar así, le preguntó:

—¿Quieres quedar sano?

7—Señor —respondió—, no tengo a nadie que me meta en el estanque mientras se agita el agua, y cuando trato de hacerlo, otro se mete antes.

8—Levántate, recoge tu camilla y anda —le contestó Jesús.

9Al instante aquel hombre quedó sano, así que tomó su camilla y echó a andar. Pero ese día era *sábado. **10**Por eso los judíos le dijeron al que había sido sanado:

—Hoy es sábado; no te está permitido cargar tu camilla.

11—El que me sanó me dijo: "Recoge tu camilla y anda" —les respondió.

12—¿Quién es ese hombre que te dijo: "Recógela y anda"? —le interpelaron.

13El que había sido sanado no tenía idea de quién era, porque Jesús se había escabullido entre la mucha gente que había en el lugar.

14Después de esto Jesús lo encontró en el *templo y le dijo:

—Mira, ya has quedado sano. No vuelvas a pecar, no sea que te ocurra algo peor.

15El hombre se fue e informó a los judíos que Jesús era quien lo había sanado.

Vida mediante el Hijo

16Precisamente por esto los judíos perseguían a Jesús, pues hacía tales cosas en *sábado. **17**Pero Jesús les respondía:

—Mi Padre aun hoy está trabajando, y yo también trabajo.

18Así que los judíos redoblaban sus esfuerzos para matarlo, pues no sólo quebrantaba el sábado sino que incluso llamaba a Dios su propio Padre, con lo que él mismo se hacía igual a Dios.

19Entonces Jesús afirmó:

—Ciertamente les aseguro que el hijo no puede hacer nada por su propia cuenta, sino solamente lo que ve que su padre hace, porque cualquier cosa que hace el padre, la hace también el hijo. **20**Pues el padre ama al hijo y le muestra todo lo que hace. Sí, y aun cosas más grandes que éstas le mostrará, que los dejará a ustedes asombrados. **21**Porque así como el Padre resucita a los muertos y les da vida, así también el Hijo da vida a quienes a él le place. **22**Además, el Padre no juzga a nadie, sino que todo juicio lo ha delegado en el Hijo, **23**para que todos honren al Hijo como lo honran a él. El que se niega a honrar al Hijo no honra al Padre que lo envió.

24»Ciertamente les aseguro que el que oye mi palabra y cree al que me envió, tiene vida eterna y no será juzgado, sino que ha pasado de la muerte a la vida. **25**Ciertamente les aseguro que ya viene la hora, y ha llegado ya, en que los muertos oirán la voz del Hijo de Dios, y los que la oigan vivirán. **26**Porque así como el Padre tiene vida en sí mismo, así también ha concedido al Hijo el tener vida en sí mismo, **27**y le ha dado autoridad para juzgar, puesto que es el Hijo del hombre.

28»No se asombren de esto, porque viene la hora en que todos los que están en los sepulcros oirán su voz, **29**y saldrán de allí. Los que han hecho el bien resucitarán para vivir, pero los que han practicado el mal resucitarán para ser juzgados. **30**Yo no puedo hacer nada por mi propia cuenta; juzgo sólo según lo que oigo, y mi juicio es justo, pues no busco hacer mi propia voluntad sino cumplir la voluntad del que me envió.

Los testimonios a favor del Hijo

31»Si yo testifico en mi favor, ese testimonio no es válido. **32**Otro es el que testifica en mi favor, y me consta que es válido el testimonio que él da de mí.

---

u 4:52 *la una de la tarde*. Lit. *la hora séptima;* véase nota en 1:39.
v 5:2 *Betzatá*. Var. *Betesda;* otra var. *Betsaida*.
w 5:3 *paralíticos*. Var. *paralíticos, que esperaban el movimiento del agua. v.* **4***De cuando en cuando un ángel del Señor bajaba al estanque y agitaba el agua. El primero que entraba en el estanque después de cada agitación del agua quedaba sano de cualquier enfermedad que tuviera.*

33»Ustedes enviaron a preguntarle a Juan, y él dio un testimonio válido. 34Y no es que acepte yo el testimonio de un hombre; más bien lo menciono para que ustedes sean salvos. 35Juan era una lámpara encendida y brillante, y ustedes decidieron disfrutar de su luz por algún tiempo.

36»El testimonio con que yo cuento tiene más peso que el de Juan. Porque esa misma tarea que el Padre me ha encomendado que lleve a cabo, y que estoy haciendo, es la que testifica que el Padre me ha enviado. 37Y el Padre mismo que me envió ha testificado en mi favor. Ustedes nunca han oído su voz, ni visto su figura, 38ni vive su palabra en ustedes, porque no creen en aquel a quien él envió. 39Ustedes estudianˣ con diligencia las Escrituras porque piensan que en ellas hallan la vida eterna. ¡Y son ellas las que dan testimonio en mi favor! 40Sin embargo, ustedes no quieren venir a mí para tener esa vida.

41»La gloria *humana no la acepto, 42pero a ustedes los conozco, y sé que no aman realmente a Dios.ʸ 43Yo he venido en nombre de mi Padre, y ustedes no me aceptan; pero si otro viniera por su propia cuenta, a ése sí lo aceptarían. 44¿Cómo va a ser posible que ustedes crean, si unos a otros se rinden gloria pero no buscan la gloria que viene del Dios único?ᶻ

45»Pero no piensen que yo voy a acusarlos delante del Padre. Quien los va a acusar es Moisés, en quien tienen puesta su esperanza. 46Si le creyeran a Moisés, me creerían a mí, porque de mí escribió él. 47Pero si no creen lo que él escribió, ¿cómo van a creer mis palabras?

Jesús alimenta a los cinco mil

6:1-13 — Mt 14:13-21; Mr 6:32-44; Lc 9:10-17

6 Algún tiempo después, Jesús se fue a la otra orilla del mar de Galilea (o de Tiberíades). 2Y mucha gente lo seguía, porque veían las señales milagrosas que hacía en los enfermos. 3Entonces subió Jesús a una colina y se sentó con sus discípulos. 4Faltaba muy poco tiempo para la fiesta judía de la Pascua.

5Cuando Jesús alzó la vista y vio una gran multitud que venía hacia él, le dijo a Felipe:

—¿Dónde vamos a comprar pan para que coma esta gente?

6Esto lo dijo sólo para ponerlo a *prueba, porque él ya sabía lo que iba a hacer.

7—Ni con el salario de ocho mesesᵃ podríamos comprar suficiente pan para darle un pedazo a cada uno —respondió Felipe.

8Otro de sus discípulos, Andrés, que era hermano de Simón Pedro, le dijo:

9—Aquí hay un muchacho que tiene cinco panes de cebada y dos pescados, pero ¿qué es esto para tanta gente?

10—Hagan que se sienten todos —ordenó Jesús.

En ese lugar había mucha hierba. Así que se sentaron, y los varones adultos eran como cinco mil. 11Jesús tomó entonces los panes, dio gracias y distribuyó a los que estaban sentados todo lo que quisieron. Lo mismo hizo con los pescados.

12Una vez que quedaron satisfechos, dijo a sus discípulos:

—Recojan los pedazos que sobraron, para que no se desperdicie nada.

13Así lo hicieron, y con los pedazos de los cinco panes de cebada que les sobraron a los que habían comido, llenaron doce canastas.

14Al ver la señal que Jesús había realizado, la gente comenzó a decir: «En verdad éste es el profeta, el que ha de venir al mundo.» 15Pero Jesús, dándose cuenta de que querían llevárselo a la fuerza y declararlo rey, se retiró de nuevo a la montaña él solo.

Jesús camina sobre el agua

6:16-21 — Mt 14:22-33; Mr 6:47-51

16Cuando ya anochecía, sus discípulos bajaron al lago 17y subieron a una barca, y comenzaron a cruzar el lago en dirección a Capernaúm. Para entonces ya había oscurecido, y Jesús todavía no se les había unido. 18Por causa del fuerte viento que soplaba, el lago estaba picado. 19Habrían remado unos cinco o seis kilómetrosᵇ cuando vieron que Jesús se acercaba a la barca, caminando sobre el agua, y se asustaron. 20Pero él les dijo: «No tengan miedo, que soy yo.» 21Así que se dispusieron a recibirlo a bordo, y en seguida la barca llegó a la orilla adonde se dirigían.

22Al día siguiente, la multitud que se había quedado en el otro lado del lago se dio cuenta de que los discípulos se habían embarcado solos. Allí había estado una sola barca, y Jesús no había entrado en ella con sus discípulos. 23Sin embargo, algunas barcas de Tiberíades se aproximaron al lugar donde la gente había comido el pan después de haber dado gracias el Señor. 24En cuanto la multitud se dio cuenta de que ni Jesús ni sus discípulos estaban allí, subieron a las barcas y se fueron a Capernaúm a buscar a Jesús.

Jesús, el pan de vida

25Cuando lo encontraron al otro lado del lago, le preguntaron:

—Rabí, ¿cuándo llegaste acá?

26—Ciertamente les aseguro que ustedes me buscan, no porque han visto señales sino porque comieron pan hasta llenarse. 27Trabajen, pero no por la comida que es perecedera, sino por la que permanece para vida eterna, la

---

ˣ **5:39** *Ustedes estudian.* Alt. *Estudien.*
ʸ **5:42** *no aman … Dios.* Lit. *no tienen el amor de Dios en sí mismos.*
ᶻ **5:44** *del Dios único.* Var. *del Único.*
ᵃ **6:7** *el salario de ocho meses.* Lit. *doscientos* *denarios.*
ᵇ **6:19** *cinco o seis kilómetros.* Lit. *veinticinco o treinta* *estadios.*

cual les dará el Hijo del hombre. Sobre éste ha puesto Dios el Padre su sello de aprobación.

28—¿Qué tenemos que hacer para realizar las obras que Dios exige? —le preguntaron.

29—Ésta es la obra de Dios: que crean en aquel a quien él envió —les respondió Jesús.

30—¿Y qué señal harás para que la veamos y te creamos? ¿Qué puedes hacer? —insistieron ellos—. **31**Nuestros antepasados comieron el maná en el desierto, como está escrito: "Pan del cielo les dio a comer."*c*

32—Ciertamente les aseguro que no fue Moisés el que les dio a ustedes el pan del cielo —afirmó Jesús—. El que da el verdadero pan del cielo es mi Padre. **33**El pan de Dios es el que baja del cielo y da vida al mundo.

34—Señor —le pidieron—, danos siempre ese pan.

35—Yo soy el pan de vida —declaró Jesús—. El que a mí viene nunca pasará hambre, y el que en mí cree nunca más volverá a tener sed. **36**Pero como ya les dije, a pesar de que ustedes me han visto, no creen. **37**Todos los que el Padre me da vendrán a mí, y al que a mí viene, no lo rechazo. **38**Porque he bajado del cielo no para hacer mi voluntad sino la del que me envió. **39**Y ésta es la voluntad del que me envió: que yo no pierda nada de lo que él me ha dado, sino que lo resucite en el día final. **40**Porque la voluntad de mi Padre es que todo el que reconozca al Hijo y crea en él, tenga vida eterna, y yo lo resucitaré en el día final.

41Entonces los judíos comenzaron a murmurar contra él, porque dijo: «Yo soy el pan que bajó del cielo.» **42**Y se decían: «¿Acaso no es éste Jesús, el hijo de José? ¿No conocemos a su padre y a su madre? ¿Cómo es que sale diciendo: "Yo bajé del cielo"?»

43—Dejen de murmurar —replicó Jesús—. **44**Nadie puede venir a mí si no lo atrae el Padre que me envió, y yo lo resucitaré en el día final. **45**En los profetas está escrito: "A todos los instruirá Dios."*d* En efecto, todo el que escucha al Padre y aprende de él, viene a mí. **46**Al Padre nadie lo ha visto, excepto el que viene de Dios; sólo él ha visto al Padre. **47**Ciertamente les aseguro que el que cree tiene vida eterna. **48**Yo soy el pan de vida. **49**Los antepasados de ustedes comieron el maná en el desierto, y sin embargo murieron. **50**Pero éste es el pan que baja del cielo; el que come de él, no muere. **51**Yo soy el pan vivo que bajó del cielo. Si alguno come de este pan, vivirá para siempre. Este pan es mi carne, que daré para que el mundo viva.

52Los judíos comenzaron a disputar acaloradamente entre sí: «¿Cómo puede éste darnos a comer su carne?»

53—Ciertamente les aseguro —afirmó Jesús— que si no comen la carne del Hijo del hombre ni beben su sangre, no tienen realmente vida. **54**El que come*e* mi carne y bebe mi sangre tiene vida eterna, y yo lo resucitaré en el día final. **55**Porque mi carne es verdadera comida y mi sangre es verdadera bebida. **56**El que come mi carne y bebe mi sangre, permanece en mí y yo en él. **57**Así como me envió el Padre viviente, y yo vivo por el Padre, también el que come de mí, vivirá por mí. **58**Éste es el pan que bajó del cielo. Los antepasados de ustedes comieron maná y murieron, pero el que come de este pan vivirá para siempre.

59Todo esto lo dijo Jesús mientras enseñaba en la sinagoga de Capernaúm.

Muchos discípulos abandonan a Jesús

60Al escucharlo, muchos de sus discípulos exclamaron: «Esta enseñanza es muy difícil; ¿quién puede aceptarla?»

61Jesús, muy consciente de que sus discípulos murmuraban por lo que había dicho, les reprochó:

—¿Esto les causa *tropiezo? **62**¿Qué tal si vieran al Hijo del hombre subir a donde antes estaba? **63**El Espíritu da vida; la *carne no vale para nada. Las palabras que les he hablado son espíritu y son vida. **64**Sin embargo, hay algunos de ustedes que no creen.

Es que Jesús conocía desde el principio quiénes eran los que no creían y quién era el que iba a traicionarlo. Así que añadió:

65—Por esto les dije que nadie puede venir a mí, a menos que se lo haya concedido el Padre.

66Desde entonces muchos de sus discípulos le volvieron la espalda y ya no andaban con él. Así que Jesús les preguntó a los doce:

67—¿También ustedes quieren marcharse?

68—Señor —contestó Simón Pedro—, ¿a quién iremos? Tú tienes palabras de vida eterna. **69**Y nosotros hemos creído, y sabemos que tú eres el Santo de Dios.*f*

70—¿No los he escogido yo a ustedes doce? —repuso Jesús—. No obstante, uno de ustedes es un diablo.

71Se refería a Judas, hijo de Simón Iscariote, uno de los doce, que iba a traicionarlo.

Jesús va a la fiesta de los Tabernáculos

7 Algún tiempo después, Jesús andaba por Galilea. No tenía ningún interés en ir a Judea, porque allí los judíos buscaban la oportunidad para matarlo. **2**Faltaba poco tiempo para la fiesta judía de los Tabernáculos,*g* **3**así que los hermanos de Jesús le dijeron:

—Deberías salir de aquí e ir a Judea, para que tus discípulos vean las obras que realizas, **4**porque nadie que quiera darse a conocer actúa en secreto. Ya que haces estas cosas, deja que el mundo te conozca.

---

c **6:31** Éx 16:4; Neh 9:15; Sal 78:24,25.
d **6:45** Is 54:13.
e **6:54** come. Lit. *masca*, o *casca*.
f **6:69** el Santo de Dios. Var. el * Cristo, el hijo del Dios viviente.
g **7:2** los Tabernáculos. Alt. las * Enramadas.

⁵Lo cierto es que ni siquiera sus hermanos creían en él. ⁶Por eso Jesús les dijo:

—Para ustedes cualquier tiempo es bueno, pero el tiempo mío aún no ha llegado. ⁷El mundo no tiene motivos para aborrecerlos; a mí, sin embargo, me aborrece porque yo testifico que sus obras son malas. ⁸Suban ustedes a la fiesta. Yo no voy todavía[h] a esta fiesta porque mi tiempo aún no ha llegado.

⁹Dicho esto, se quedó en Galilea. ¹⁰Sin embargo, después de que sus hermanos se fueron a la fiesta, fue también él, no públicamente sino en secreto. ¹¹Por eso las autoridades judías lo buscaban durante la fiesta, y decían: «¿Dónde se habrá metido?»

¹²Entre la multitud corrían muchos rumores acerca de él. Unos decían: «Es una buena persona.» Otros alegaban: «No, lo que pasa es que engaña a la gente.» ¹³Sin embargo, por temor a los judíos nadie hablaba de él abiertamente.

Jesús enseña en la fiesta

¹⁴Jesús esperó hasta la mitad de la fiesta para subir al *templo y comenzar a enseñar. ¹⁵Los judíos se admiraban y decían: «¿De dónde sacó éste tantos conocimientos sin haber estudiado?»

¹⁶—Mi enseñanza no es mía —replicó Jesús— sino del que me envió. ¹⁷El que esté dispuesto a hacer la voluntad de Dios reconocerá si mi enseñanza proviene de Dios o si yo hablo por mi propia cuenta. ¹⁸El que habla por cuenta propia busca su vanagloria; en cambio, el que busca glorificar al que lo envió es una persona íntegra y sin doblez. ¹⁹¿No les ha dado Moisés la ley a ustedes? Sin embargo, ninguno de ustedes la cumple. ¿Por qué tratan entonces de matarme?

²⁰—Estás endemoniado —contestó la multitud—. ¿Quién quiere matarte?

²¹—Hice un milagro y todos ustedes han quedado asombrados. ²²Por eso Moisés les dio la circuncisión, que en realidad no proviene de Moisés sino de los patriarcas, y aun en *sábado la practican. ²³Ahora bien, si para cumplir la ley de Moisés circuncidan a un varón incluso en sábado, ¿por qué se enfurecen conmigo si en sábado lo sano por completo? ²⁴No juzguen por las apariencias; juzguen con justicia.

¿Es éste el Cristo?

²⁵Algunos de los que vivían en Jerusalén comentaban: «¿No es éste al que quieren matar? ²⁶Ahí está, hablando abiertamente, y nadie le dice nada. ¿Será que las autoridades se han convencido de que es el *Cristo? ²⁷Nosotros sabemos de dónde viene este hombre, pero cuando venga el Cristo nadie sabrá su procedencia.»

²⁸Por eso Jesús, que seguía enseñando en el *templo, exclamó:

—¡Conque ustedes me conocen y saben de dónde vengo! No he venido por mi propia cuenta, sino que me envió uno que es digno de confianza. Ustedes no lo conocen, ²⁹pero yo sí lo conozco porque vengo de parte suya, y él mismo me ha enviado.

³⁰Entonces quisieron arrestarlo, pero nadie le echó mano porque aún no había llegado su hora. ³¹Con todo, muchos de entre la multitud creyeron en él y decían: «Cuando venga el Cristo, ¿acaso va a hacer más señales que este hombre?»

³²Los *fariseos oyeron a la multitud que murmuraba estas cosas acerca de él, y junto con los jefes de los sacerdotes mandaron unos guardias del templo para arrestarlo. ³³—Voy a estar con ustedes un poco más de tiempo —afirmó Jesús, y luego volveré al que me envió. ³⁴Me buscarán, pero no me encontrarán, porque a donde yo esté no podrán ustedes llegar.

³⁵«¿Y éste adónde piensa irse que no podamos encontrarlo? —comentaban entre sí los judíos—. ¿Será que piensa ir a nuestra gente dispersa entre las naciones,[i] para enseñar a los *griegos? ³⁶¿Qué quiso decir con eso de que "me buscarán, pero no me encontrarán", y "a donde yo esté no podrán ustedes llegar"?»

Jesús en el último día de la fiesta

³⁷En el último día, el más solemne de la fiesta, Jesús se puso de pie y exclamó:

—¡Si alguno tiene sed, que venga a mí y beba! ³⁸De aquel que cree en mí, como dice[j] la Escritura, brotarán ríos de agua viva.

³⁹Con esto se refería al Espíritu que habrían de recibir más tarde los que creyeran en él. Hasta ese momento el Espíritu no había sido dado, porque Jesús no había sido glorificado todavía.

⁴⁰Al oír sus palabras, algunos de entre la multitud decían: «Verdaderamente éste es el profeta.» ⁴¹Otros afirmaban: «¡Es el *Cristo!» Pero otros objetaban: «¿Cómo puede el Cristo venir de Galilea? ⁴²¿Acaso no dice la Escritura que el Cristo vendrá de la descendencia de David, y de Belén, el pueblo de donde era David?» ⁴³Por causa de Jesús la gente estaba dividida. ⁴⁴Algunos querían arrestarlo, pero nadie le puso las manos encima.

Incredulidad de los dirigentes judíos

⁴⁵Los guardias del *templo volvieron a los jefes de los sacerdotes y a los *fariseos, quienes los interrogaron:

—¿Se puede saber por qué no lo han traído?

⁴⁶—¡Nunca nadie ha hablado como ese hombre! —declararon los guardias.

---

h **7:8** Var. no incluye: *todavía*.
i **7:35** *nuestra … naciones.* Lit. *la diáspora de los griegos*.
j **7:37,38** *que venga … como dice.* Alt. *que venga a mí! ¡Y que beba*⁸ *el que cree en mí! De él, como dice*.

47—¿Así que también ustedes se han dejado engañar? —replicaron los fariseos—. 48¿Acaso ha creído en él alguno de los gobernantes o de los fariseos? 49¡No! Pero esta gente, que no sabe nada de la ley, está bajo maldición.

50Nicodemo, que era uno de ellos y que antes había ido a ver a Jesús, les interpeló:

51—¿Acaso nuestra ley condena a un hombre sin antes escucharlo y averiguar lo que hace?

52—¿No eres tú también de Galilea? —protestaron—. Investiga y verás que de Galilea no ha salido ningún profeta.k

53Entonces todos se fueron a casa.

La mujer sorprendida en adulterio

8 Pero Jesús se fue al monte de los Olivos. 2Al amanecer se presentó de nuevo en el *templo. Toda la gente se le acercó, y él se sentó a enseñarles. 3Los *maestros de la ley y los *fariseos llevaron entonces a una mujer sorprendida en adulterio, y poniéndola en medio del grupo 4le dijeron a Jesús:

—Maestro, a esta mujer se le ha sorprendido en el acto mismo de adulterio. 5En la ley Moisés nos ordenó apedrear a tales mujeres. ¿Tú qué dices?

6Con esta pregunta le estaban tendiendo una *trampa, para tener de qué acusarlo. Pero Jesús se inclinó y con el dedo comenzó a escribir en el suelo. 7Y como ellos lo acosaban a preguntas, Jesús se incorporó y les dijo:

—Aquel de ustedes que esté libre de pecado, que tire la primera piedra.

8E inclinándose de nuevo, siguió escribiendo en el suelo. 9Al oír esto, se fueron retirando uno tras otro, comenzando por los más viejos, hasta dejar a Jesús solo con la mujer, que aún seguía allí. 10Entonces él se incorporó y le preguntó:

—Mujer, ¿dónde están?l ¿Ya nadie te condena?

11—Nadie, Señor.

—Tampoco yo te condeno. Ahora vete, y no vuelvas a pecar.

Validez del testimonio de Jesús

12Una vez más Jesús se dirigió a la gente, y les dijo:

—Yo soy la luz del mundo. El que me sigue no andará en tinieblas, sino que tendrá la luz de la vida.

13—Tú te presentas como tu propio testigo —alegaron los *fariseos—, así que tu testimonio no es válido.

14—Aunque yo sea mi propio testigo —repuso Jesús—, mi testimonio es válido, porque sé de dónde he venido y a dónde voy. Pero ustedes no saben de dónde vengo ni a dónde voy. 15Ustedes juzgan según criterios *humanos; yo, en cambio, no juzgo a nadie. 16Y si lo hago, mis juicios son válidos porque no los emito por mi cuenta sino en unión con el Padre que me envió. 17En la ley de ustedes está escrito que el testimonio de dos personas es válido. 18Uno de mis testigos soy yo mismo, y el Padre que me envió también da testimonio de mí.

19—¿Dónde está tu padre?

—Si supieran quién soy yo, sabrían también quién es mi Padre.

20Estas palabras las dijo Jesús en el lugar donde se depositaban las ofrendas, mientras enseñaba en el *templo. Pero nadie le echó mano porque aún no había llegado su tiempo.

Yo no soy de este mundo

21De nuevo Jesús les dijo:

—Yo me voy, y ustedes me buscarán, pero en su pecado morirán. A donde yo voy, ustedes no pueden ir.

22Comentaban, por tanto, los judíos: «¿Acaso piensa suicidarse? ¿Será por eso que dice: "A donde yo voy, ustedes no pueden ir"?»

23—Ustedes son de aquí abajo —continuó Jesús—; yo soy de allá arriba. Ustedes son de este mundo; yo no soy de este mundo. 24Por eso les he dicho que morirán en sus pecados, pues si no creen que yo soy el que afirmo ser,m en sus pecados morirán.

25—¿Quién eres tú? —le preguntaron.

—En primer lugar, ¿qué tengo que explicarles?n —contestó Jesús—. 26Son muchas las cosas que tengo que decir y juzgar de ustedes. Pero el que me envió es veraz, y lo que le he oído decir es lo mismo que le repito al mundo.

27Ellos no entendieron que les hablaba de su Padre. 28Por eso Jesús añadió:

—Cuando hayan levantado al Hijo del hombre, sabrán ustedes que yo soy, y que no hago nada por mi propia cuenta, sino que hablo conforme a lo que el Padre me ha enseñado. 29El que me envió está conmigo; no me ha dejado solo, porque siempre hago lo que le agrada.

30Mientras aún hablaba, muchos creyeron en él.

Los hijos de Abraham

31Jesús se dirigió entonces a los judíos que habían creído en él, y les dijo:

—Si se mantienen fieles a mis enseñanzas, serán realmente mis discípulos; 32y conocerán la verdad, y la verdad los hará libres.

33—Nosotros somos descendientes de Abraham —le contestaron—, y nunca hemos sido esclavos de nadie. ¿Cómo puedes decir que seremos liberados?

---

k **7:52** Los mss. más antiguos y otros testimonios de la antigüedad no incluyen 7:53—8:11: En algunos códices y versiones que contienen el relato de la adúltera, esta sección aparece en diferentes lugares; por ejemplo, después de 7:44, o al final de este evangelio, o después de Lc 21:38.

l **8:10** ¿dónde están? Var. ¿dónde están los que te acusaban?

m **8:24** el que afirmo ser. Alt. aquél; también en v. 28.

n **8:25** En primer … explicarles? Alt. Lo que desde el principio he venido diciéndoles.

34—Ciertamente les aseguro que todo el que peca es esclavo del pecado —respondió Jesús—. 35Ahora bien, el esclavo no se queda para siempre en la familia; pero el hijo sí se queda en ella para siempre. 36Así que si el Hijo los libera, serán ustedes verdaderamente libres. 37Yo sé que ustedes son descendientes de Abraham. Sin embargo, procuran matarme porque no está en sus planes aceptar mi palabra. 38Yo hablo de lo que he visto en presencia del Padre; así también ustedes, hagan lo que del Padre han escuchado.

39—Nuestro padre es Abraham —replicaron.

—Si fueran hijos de Abraham, harían lo mismo que él hizo. 40Ustedes, en cambio, quieren matarme, ¡a mí, que les he expuesto la verdad que he recibido de parte de Dios! Abraham jamás haría tal cosa. 41Las obras de ustedes son como las de su padre.

—Nosotros no somos hijos nacidos de prostitución —le reclamaron—. Un solo Padre tenemos, y es Dios mismo.

Los hijos del diablo

42—Si Dios fuera su Padre —les contestó Jesús—, ustedes me amarían, porque yo he venido de Dios y aquí me tienen. No he venido por mi propia cuenta, sino que él me envió. 43¿Por qué no entienden mi modo de hablar? Porque no pueden aceptar mi palabra. 44Ustedes son de su padre, el diablo, cuyos deseos quieren cumplir. Desde el principio éste ha sido un asesino, y no se mantiene en la verdad, porque no hay verdad en él. Cuando miente, expresa su propia naturaleza, porque es un mentiroso. ¡Es el padre de la mentira! 45Y sin embargo a mí, que les digo la verdad, no me creen. 46¿Quién de ustedes me puede probar que soy culpable de pecado? Si digo la verdad, ¿por qué no me creen? 47El que es de Dios escucha lo que Dios dice. Pero ustedes no escuchan, porque no son de Dios.

Declaración de Jesús acerca de sí mismo

48—¿No tenemos razón al decir que eres un samaritano, y que estás endemoniado? —replicaron los judíos.

49—No estoy poseído por ningún demonio —contestó Jesús—. Tan sólo honro a mi Padre; pero ustedes me deshonran a mí. 50Yo no busco mi propia gloria; pero hay uno que la busca, y él es el juez. 51Ciertamente les aseguro que el que cumple mi palabra, nunca morirá.

52—¡Ahora estamos convencidos de que estás endemoniado! —exclamaron los judíos—. Abraham murió, y también los profetas, pero tú sales diciendo que si alguno guarda tu palabra, nunca morirá. 53¿Acaso eres tú mayor que nuestro padre Abraham? Él murió, y también murieron los profetas. ¿Quién te crees tú?

54—Si yo me glorifico a mí mismo —les respondió Jesús—, mi gloria no significa nada. Pero quien me glorifica es mi Padre, el que ustedes dicen que es su Dios, 55aunque no lo conocen. Yo, en cambio, sí lo conozco. Si dijera que no lo conozco, sería tan mentiroso como ustedes; pero lo conozco y cumplo su palabra. 56Abraham, el padre de ustedes, se regocijó al pensar que vería mi día; y lo vio y se alegró.

57—Ni a los cincuenta años llegas —le dijeron los judíos—, ¿y has visto a Abraham?

58—Ciertamente les aseguro que, antes de que Abraham naciera, ¡yo soy!

59Entonces los judíos tomaron piedras para arrojárselas, pero Jesús se escondió y salió inadvertido del templo.[ñ]

Jesús sana a un ciego de nacimiento

9 A su paso, Jesús vio a un hombre que era ciego de nacimiento. 2Y sus discípulos le preguntaron:

—Rabí, para que este hombre haya nacido ciego, ¿quién pecó, él o sus padres?

3—Ni él pecó, ni sus padres —respondió Jesús—, sino que esto sucedió para que la obra de Dios se hiciera evidente en su vida. 4Mientras sea de día, tenemos que llevar a cabo la obra del que me envió. Viene la noche cuando nadie puede trabajar. 5Mientras esté yo en el mundo, luz soy del mundo.

6Dicho esto, escupió en el suelo, hizo barro con la saliva y se lo untó en los ojos al ciego, diciéndole:

7—Ve y lávate en el estanque de Siloé (que significa: Enviado). El ciego fue y se lavó, y al volver ya veía.

8Sus vecinos y los que lo habían visto pedir limosna decían: «¿No es éste el que se sienta a mendigar?» 9Unos aseguraban: «Sí, es él.» Otros decían: «No es él, sino que se le parece.» Pero él insistía: «Soy yo.»

10—¿Cómo entonces se te han abierto los ojos? —le preguntaron.

11—Ese hombre que se llama Jesús hizo un poco de barro, me lo untó en los ojos y me dijo: "Ve y lávate en Siloé." Así que fui, me lavé, y entonces pude ver.

12—¿Y dónde está ese hombre? —le preguntaron.

—No lo sé —respondió.

Las autoridades investigan la sanidad del ciego

13Llevaron ante los *fariseos al que había sido ciego. 14Era *sábado cuando Jesús hizo el barro y le abrió los ojos al ciego. 15Por eso los fariseos, a su vez, le preguntaron cómo había recibido la vista.

ñ **8:59** *templo.* Var. *templo atravesando por en medio de ellos, y así se fue.*

—Me untó barro en los ojos, me lavé, y ahora veo —respondió.

16Algunos de los fariseos comentaban: «Ese hombre no viene de parte de Dios, porque no respeta el sábado.» Otros objetaban: «¿Cómo puede un pecador hacer semejantes señales?» Y había desacuerdo entre ellos.

17Por eso interrogaron de nuevo al ciego:

—¿Y qué opinas tú de él? Fue a ti a quien te abrió los ojos.

—Yo digo que es profeta —contestó.

18Pero los judíos no creían que el hombre hubiera sido ciego y que ahora viera, y hasta llamaron a sus padres **19**y les preguntaron:

—¿Es éste su hijo, el que dicen ustedes que nació ciego? ¿Cómo es que ahora puede ver?

20—Sabemos que éste es nuestro hijo —contestaron los padres—, y sabemos también que nació ciego. **21**Lo que no sabemos es cómo ahora puede ver, ni quién le abrió los ojos. Pregúntenselo a él, que ya es mayor de edad y puede responder por sí mismo.

22Sus padres contestaron así por miedo a los judíos, pues ya éstos habían convenido que se expulsara de la sinagoga a todo el que reconociera que Jesús era el *Cristo. **23**Por eso dijeron sus padres: «Pregúntenselo a él, que ya es mayor de edad.»

24Por segunda vez llamaron los judíos al que había sido ciego, y le dijeron:

—Júralo por Dios.*o* A nosotros nos consta que ese hombre es *pecador.

25—Si es pecador, no lo sé —respondió el hombre—. Lo único que sé es que yo era ciego y ahora veo.

26Pero ellos le insistieron:

—¿Qué te hizo? ¿Cómo te abrió los ojos?

27—Ya les dije y no me hicieron caso. ¿Por qué quieren oírlo de nuevo? ¿Es que también ustedes quieren hacerse sus discípulos?

28Entonces lo insultaron y le dijeron:

—¡Discípulo de ése lo serás tú! ¡Nosotros somos discípulos de Moisés! **29**Y sabemos que a Moisés le habló Dios; pero de éste no sabemos ni de dónde salió.

30—¡Allí está lo sorprendente! —respondió el hombre—: que ustedes no sepan de dónde salió, y que a mí me haya abierto los ojos. **31**Sabemos que Dios no escucha a los pecadores, pero sí a los piadosos y a quienes hacen su voluntad. **32**Jamás se ha sabido que alguien le haya abierto los ojos a uno que nació ciego. **33**Si este hombre no viniera de parte de Dios, no podría hacer nada.

34Ellos replicaron:

—Tú, que naciste sumido en pecado, ¿vas a darnos lecciones?

Y lo expulsaron.

La ceguera espiritual

35Jesús se enteró de que habían expulsado a aquel hombre, y al encontrarlo le preguntó:

—¿Crees en el Hijo del hombre?

36—¿Quién es, Señor? Dímelo, para que crea en él.

37—Pues ya lo has visto —le contestó Jesús—; es el que está hablando contigo.

38—Creo, Señor —declaró el hombre.

Y, postrándose, lo adoró.

39Entonces Jesús dijo:

—Yo he venido a este mundo para juzgarlo, para que los ciegos vean, y los que ven se queden ciegos.

40Algunos fariseos que estaban con él, al oírlo hablar así, le preguntaron:

—¿Qué? ¿Acaso también nosotros somos ciegos?

41Jesús les contestó:

—Si fueran ciegos, no serían culpables de pecado, pero como afirman que ven, su pecado permanece.

Jesús, el buen pastor

10 »Ciertamente les aseguro que el que no entra por la puerta al redil de las ovejas, sino que trepa y se mete por otro lado, es un ladrón y un bandido. **2**El que entra por la puerta es el pastor de las ovejas. **3**El portero le abre la puerta, y las ovejas oyen su voz. Llama por nombre a las ovejas y las saca del redil. **4**Cuando ya ha sacado a todas las que son suyas, va delante de ellas, y las ovejas lo siguen porque reconocen su voz. **5**Pero a un desconocido jamás lo siguen; más bien, huyen de él porque no reconocen voces extrañas.

6Jesús les puso este ejemplo, pero ellos no captaron el sentido de sus palabras. **7**Por eso volvió a decirles: «Ciertamente les aseguro que yo soy la puerta de las ovejas. **8**Todos los que vinieron antes de mí eran unos ladrones y unos bandidos, pero las ovejas no les hicieron caso. **9**Yo soy la puerta; el que entre por esta puerta, que soy yo, será salvo.*p* Se moverá con entera libertad,*q* y hallará pastos. **10**El ladrón no viene más que a robar, matar y destruir; yo he venido para que tengan vida, y la tengan en abundancia.

11»Yo soy el buen pastor. El buen pastor da su *vida por las ovejas. **12**El asalariado no es el pastor, y a él no le pertenecen las ovejas. Cuando ve que el lobo se acerca, abandona las ovejas y huye; entonces el lobo ataca al rebaño y lo dispersa. **13**Y ese hombre huye porque, siendo asalariado, no le importan las ovejas.

14»Yo soy el buen pastor; conozco a mis ovejas, y ellas me conocen a mí, **15**así como el Padre me conoce a mí y yo lo conozco a él, y doy mi vida por las ovejas. **16**Tengo otras ovejas que no son de este redil, y también a ellas debo traerlas. Así ellas escucharán mi voz, y habrá un solo rebaño y un solo pastor. **17**Por

---

o **9:24** *Júralo por Dios.* Lit. *Da gloria a Dios;* véase Jos 7:19.
p **10:9** *será salvo.* Alt. *se mantendrá seguro.*
q **10:9** *Se moverá ... libertad.* Lit. *Entrará y saldrá.*

eso me ama el Padre: porque entrego mi vida para volver a recibirla. **18**Nadie me la arrebata, sino que yo la entrego por mi propia voluntad. Tengo autoridad para entregarla, y tengo también autoridad para volver a recibirla. Éste es el mandamiento que recibí de mi Padre.»

19De nuevo las palabras de Jesús fueron motivo de disensión entre los judíos. **20**Muchos de ellos decían: «Está endemoniado y loco de remate. ¿Para qué hacerle caso?» **21**Pero otros opinaban: «Estas palabras no son de un endemoniado. ¿Puede acaso un demonio abrirles los ojos a los ciegos?»

Jesús y la fiesta de la Dedicación

22Por esos días se celebraba en Jerusalén la fiesta de la Dedicación.^{r} Era invierno, **23**y Jesús andaba en el *templo, por el pórtico de Salomón. **24**Entonces lo rodearon los judíos y le preguntaron:

—¿Hasta cuándo vas a tenernos en suspenso? Si tú eres el *Cristo, dínoslo con franqueza.

25Ya se lo he dicho a ustedes, y no lo creen. Las obras que hago en nombre de mi Padre son las que me acreditan, **26**pero ustedes no creen porque no son de mi rebaño. **27**Mis ovejas oyen mi voz; yo las conozco y ellas me siguen. **28**Yo les doy vida eterna, y nunca perecerán, ni nadie podrá arrebatármelas de la mano. **29**Mi Padre, que me las ha dado, es más grande que todos;^{s} y de la mano del Padre nadie las puede arrebatar. **30**El Padre y yo somos uno.

31Una vez más los judíos tomaron piedras para arrojárselas, **32**pero Jesús les dijo:

—Yo les he mostrado muchas obras irreprochables que proceden del Padre. ¿Por cuál de ellas me quieren apedrear?

33—No te apedreamos por ninguna de ellas sino por *blasfemia; porque tú, siendo hombre, te haces pasar por Dios.

34—¿Y acaso —respondió Jesús— no está escrito en su ley: "Yo he dicho que ustedes son dioses"?^{t} **35**Si Dios llamó "dioses" a aquellos para quienes vino la palabra (y la Escritura no puede ser quebrantada), **36**¿por qué acusan de blasfemia a quien el Padre apartó para sí y envió al mundo? ¿Tan sólo porque dijo: "Yo soy el Hijo de Dios"? **37**Si no hago las obras de mi Padre, no me crean. **38**Pero si las hago, aunque no me crean a mí, crean a mis obras, para que sepan y entiendan que el Padre está en mí, y que yo estoy en el Padre.

39Nuevamente intentaron arrestarlo, pero él se les escapó de las manos.

40Volvió Jesús al otro lado del Jordán, al lugar donde Juan había estado bautizando antes; y allí se quedó. **41**Mucha gente acudía a él, y decía: «Aunque Juan nunca hizo ninguna señal milagrosa, todo lo que dijo acerca de este hombre era verdad.» **42**Y muchos en aquel lugar creyeron en Jesús.

Muerte de Lázaro

11 Había un hombre enfermo llamado Lázaro, que era de Betania, el pueblo de María y Marta, sus hermanas. **2**María era la misma que ungió con perfume al Señor, y le secó los pies con sus cabellos. **3**Las dos hermanas mandaron a decirle a Jesús: «Señor, tu amigo querido está enfermo.»

4Cuando Jesús oyó esto, dijo: «Esta enfermedad no terminará en muerte, sino que es para la gloria de Dios, para que por ella el Hijo de Dios sea glorificado.»

5Jesús amaba a Marta, a su hermana y a Lázaro. **6**A pesar de eso, cuando oyó que Lázaro estaba enfermo, se quedó dos días más donde se encontraba. **7**Después dijo a sus discípulos:

—Volvamos a Judea.

8—Rabí —objetaron ellos—, hace muy poco los judíos intentaron apedrearte, ¿y todavía quieres volver allá?

9—¿Acaso el día no tiene doce horas? —respondió Jesús—. El que anda de día no tropieza, porque tiene la luz de este mundo. **10**Pero el que anda de noche sí tropieza, porque no tiene luz.

11Dicho esto, añadió:

—Nuestro amigo Lázaro duerme, pero voy a despertarlo.

12—Señor —respondieron sus discípulos—, si duerme, es que va a recuperarse. **13**Jesús les hablaba de la muerte de Lázaro, pero sus discípulos pensaron que se refería al sueño natural. **14**Por eso les dijo claramente:

—Lázaro ha muerto, **15**y por causa de ustedes me alegro de no haber estado allí, para que crean. Pero vamos a verlo.

16Entonces Tomás, apodado el Gemelo,^{u} dijo a los otros discípulos:

—Vayamos también nosotros, para morir con él.

Jesús consuela a las hermanas de Lázaro

17A su llegada, Jesús se encontró con que Lázaro llevaba ya cuatro días en el sepulcro. **18**Betania estaba cerca de Jerusalén, como a tres kilómetros^v de distancia, **19**y muchos judíos habían ido a casa de Marta y de María, a darles el pésame por la muerte de su hermano. **20**Cuando Marta supo que Jesús llegaba, fue a su encuentro; pero María se quedó en la casa.

21—Señor —le dijo Marta a Jesús—, si hubieras estado aquí, mi hermano no habría muerto. **22**Pero yo sé que aun ahora Dios te dará todo lo que le pidas.

---

^{r} **10:22** *la fiesta de la Dedicación.* Es decir, Hanukkah.
^{s} **10:29** *todos … todos.* Var. *Lo que mi Padre me ha dado es más grande que todo.*
^{t} **10:34** Sal 82:6.
^{u} **11:16** *apodado el Gemelo.* Lit. *llamado Dídimos.*
^{v} **11:18** *tres kilómetros.* Lit. *quince *estadios.*

23—Tu hermano resucitará —le dijo Jesús.

24—Yo sé que resucitará en la resurrección, en el día final —respondió Marta.

25Entonces Jesús le dijo:

—Yo soy la resurrección y la vida. El que cree en mí vivirá, aunque muera; 26y todo el que vive y cree en mí no morirá jamás. ¿Crees esto?

27—Sí, Señor; yo creo que tú eres el *Cristo, el Hijo de Dios, el que había de venir al mundo.

28Dicho esto, Marta regresó a la casa y, llamando a su hermana María, le dijo en privado:

—El Maestro está aquí y te llama.

29Cuando María oyó esto, se levantó rápidamente y fue a su encuentro. 30Jesús aún no había entrado en el pueblo, sino que todavía estaba en el lugar donde Marta se había encontrado con él. 31Los judíos que habían estado con María en la casa, dándole el pésame, al ver que se había levantado y había salido de prisa, la siguieron, pensando que iba al sepulcro a llorar.

32Cuando María llegó a donde estaba Jesús y lo vio, se arrojó a sus pies y le dijo:

—Señor, si hubieras estado aquí, mi hermano no habría muerto.

33Al ver llorar a María y a los judíos que la habían acompañado, Jesús se turbó y se conmovió profundamente.

34—¿Dónde lo han puesto? —preguntó.

—Ven a verlo, Señor —le respondieron.

35Jesús lloró.

36—¡Miren cuánto lo quería! —dijeron los judíos.

37Pero algunos de ellos comentaban:

—Éste, que le abrió los ojos al ciego, ¿no podría haber impedido que Lázaro muriera?

Jesús resucita a Lázaro

38Conmovido una vez más, Jesús se acercó al sepulcro. Era una cueva cuya entrada estaba tapada con una piedra.

39—Quiten la piedra —ordenó Jesús.

Marta, la hermana del difunto, objetó:

—Señor, ya debe oler mal, pues lleva cuatro días allí.

40—¿No te dije que si crees verás la gloria de Dios? —le contestó Jesús.

41Entonces quitaron la piedra. Jesús, alzando la vista, dijo:

—Padre, te doy gracias porque me has escuchado. 42Ya sabía yo que siempre me escuchas, pero lo dije por la gente que está aquí presente, para que crean que tú me enviaste.

43Dicho esto, gritó con todas sus fuerzas:

—¡Lázaro, sal fuera!

44El muerto salió, con vendas en las manos y en los pies, y el rostro cubierto con un sudario.

—Quítenle las vendas y dejen que se vaya —les dijo Jesús.

La conspiración para matar a Jesús

45Muchos de los judíos que habían ido a ver a María y que habían presenciado lo hecho por Jesús, creyeron en él. 46Pero algunos de ellos fueron a ver a los *fariseos y les contaron lo que Jesús había hecho. 47Entonces los jefes de los sacerdotes y los fariseos convocaron a una reunión del *Consejo.

—¿Qué vamos a hacer? —dijeron—. Este hombre está haciendo muchas señales milagrosas. 48Si lo dejamos seguir así, todos van a creer en él, y vendrán los romanos y acabarán con nuestro lugar sagrado, e incluso con nuestra nación.

49Uno de ellos, llamado Caifás, que ese año era el sumo sacerdote, les dijo:

—¡Ustedes no saben nada en absoluto! 50No entienden que les conviene más que muera un solo hombre por el pueblo, y no que perezca toda la nación.

51Pero esto no lo dijo por su propia cuenta sino que, como era sumo sacerdote ese año, profetizó que Jesús moriría por la nación judía, 52y no sólo por esa nación sino también por los hijos de Dios que estaban dispersos, para congregarlos y unificarlos. 53Así que desde ese día convinieron en quitarle la vida.

54Por eso Jesús ya no andaba en público entre los judíos. Se retiró más bien a una región cercana al desierto, a un pueblo llamado Efraín, donde se quedó con sus discípulos.

55Faltaba poco para la Pascua judía, así que muchos subieron del campo a Jerusalén para su *purificación ceremonial antes de la Pascua. 56Andaban buscando a Jesús, y mientras estaban en el *templo comentaban entre sí: «¿Qué les parece? ¿Acaso no vendrá a la fiesta?» 57Por su parte, los jefes de los sacerdotes y los fariseos habían dado la orden de que si alguien llegaba a saber dónde estaba Jesús, debía denunciarlo para que lo arrestaran.

María unge a Jesús en Betania

12 Seis días antes de la Pascua llegó Jesús a Betania, donde vivía Lázaro, a quien Jesús había *resucitado. 2Allí se dio una cena en honor de Jesús. Marta servía, y Lázaro era uno de los que estaban a la mesa con él. 3María tomó entonces como medio litro de nardo puro, que era un perfume muy caro, y lo derramó sobre los pies de Jesús, secándoselos luego con sus cabellos. Y la casa se llenó de la fragancia del perfume.

4Judas Iscariote, que era uno de sus discípulos y que más tarde lo traicionaría, objetó:

5—¿Por qué no se vendió este perfume, que vale muchísimo dinero,w para dárselo a los pobres?

---

w 12:5 perfume ... dinero. Lit. perfume por trescientos *denarios.

⁶Dijo esto, no porque se interesara por los pobres sino porque era un ladrón y, como tenía a su cargo la bolsa del dinero, acostumbraba robarse lo que echaban en ella.

⁷—Déjala en paz —respondió Jesús—. Ella ha estado guardando este perfume para el día de mi sepultura.ˣ ⁸A los pobres siempre los tendrán con ustedes, pero a mí no siempre me tendrán.

⁹Mientras tanto, muchos de los judíos se enteraron de que Jesús estaba allí, y fueron a ver no sólo a Jesús sino también a Lázaro, a quien Jesús había resucitado. ¹⁰Entonces los jefes de los sacerdotes resolvieron matar también a Lázaro, ¹¹pues por su causa muchos se apartaban de los judíos y creían en Jesús.

La entrada triunfal
12:12-15 — Mt 21:4-9; Mr 11:7-10; Lc 19:35-38

¹²Al día siguiente muchos de los que habían ido a la fiesta se enteraron de que Jesús se dirigía a Jerusalén; ¹³tomaron ramas de palma y salieron a recibirlo, gritando a voz en cuello:

—¡Hosanna!

—¡Bendito el que viene en el nombre del Señor!ʸ

—¡Bendito el Rey de Israel!

¹⁴Jesús encontró un burrito y se montó en él, como dice la Escritura:

¹⁵«No temas, oh hija de Sión; mira, que aquí viene tu rey, montado sobre un burrito.»ᶻ

¹⁶Al principio, sus discípulos no entendieron lo que sucedía. Sólo después de que Jesús fue glorificado se dieron cuenta de que se había cumplido en él lo que de él ya estaba escrito.

¹⁷La gente que había estado con Jesús cuando él llamó a Lázaro del sepulcro y lo resucitó de entre los muertos, seguía difundiendo la noticia. ¹⁸Muchos que se habían enterado de la señal realizada por Jesús salían a su encuentro. ¹⁹Por eso los *fariseos comentaban entre sí: «Como pueden ver, así no vamos a lograr nada. ¡Miren cómo lo sigue todo el mundo!»

Jesús predice su muerte

²⁰Entre los que habían subido a adorar en la fiesta había algunos *griegos. ²¹Éstos se acercaron a Felipe, que era de Betsaida de Galilea, y le pidieron:

—Señor, queremos ver a Jesús.

²²Felipe fue a decírselo a Andrés, y ambos fueron a decírselo a Jesús.

²³—Ha llegado la hora de que el Hijo del hombre sea glorificado —les contestó Jesús—. ²⁴Ciertamente les aseguro que si el grano de trigo no cae en tierra y muere, se queda solo. Pero si muere, produce mucho fruto. ²⁵El que se apega a su *vida la pierde; en cambio, el que aborrece su vida en este mundo, la conserva para la vida eterna. ²⁶Quien quiera servirme, debe seguirme; y donde yo esté, allí también

estará mi siervo. A quien me sirva, mi Padre lo honrará.

²⁷»Ahora todo mi ser está angustiado, ¿y acaso voy a decir: "Padre, sálvame de esta hora difícil"? ¡Si precisamente para afrontarla he venido! ²⁸¡Padre, glorifica tu nombre!

Se oyó entonces, desde el cielo, una voz que decía: «Ya lo he glorificado, y volveré a glorificarlo.» ²⁹La multitud que estaba allí, y que oyó la voz, decía que había sido un trueno; otros decían que un ángel le había hablado.

³⁰—Esa voz no vino por mí sino por ustedes —dijo Jesús—. ³¹El juicio de este mundo ha llegado ya, y el príncipe de este mundo va a ser expulsado. ³²Pero yo, cuando sea levantado de la tierra, atraeré a todos a mí mismo.

³³Con esto daba Jesús a entender de qué manera iba a morir.

³⁴—De la ley hemos sabido —le respondió la gente— que el *Cristo permanecerá para siempre; ¿cómo, pues, dices que el Hijo del hombre tiene que ser levantado? ¿Quién es ese Hijo del hombre?

³⁵—Ustedes van a tener la luz sólo un poco más de tiempo —les dijo Jesús—. Caminen mientras tienen la luz, antes de que los envuelvan las tinieblas. El que camina en las tinieblas no sabe a dónde va. ³⁶Mientras tienen la luz, crean en ella, para que sean hijos de la luz.

Cuando terminó de hablar, Jesús se fue y se escondió de ellos.

Los judíos siguen en su incredulidad

³⁷A pesar de haber hecho Jesús todas estas señales en presencia de ellos, todavía no creían en él. ³⁸Así se cumplió lo dicho por el profeta Isaías: «Señor, ¿quién ha creído a nuestro mensaje, y a quién se le ha revelado el poder del Señor?»ᵃ

³⁹Por eso no podían creer, pues también había dicho Isaías:

⁴⁰«Les ha cegado los ojos y endurecido el corazón,

para que no vean con los ojos, ni entiendan con el corazón ni se conviertan; y yo los sane.»ᵇ

⁴¹Esto lo dijo Isaías porque vio la gloria de Jesús y habló de él.

⁴²Sin embargo, muchos de ellos, incluso de entre los jefes, creyeron en él, pero no lo confesaban porque temían que los *fariseos los expulsaran de la sinagoga. ⁴³Preferían recibir honores de los hombres más que de parte de Dios.

⁴⁴«El que cree en mí —clamó Jesús con voz fuerte—, cree no sólo en mí sino en el que me

---

x **12:7** *Jesús—. Ella … sepultura.* Var. *Jesús— para que guarde [es decir, se acuerde de] esto el día de mi sepultura.*
y **12:13** Sal 118:25,26.
z **12:15** Zac 9:9.
a **12:38** Is 53:1.
b **12:40** Is 6:10.

envió. **45**Y el que me ve a mí, ve al que me envió. **46**Yo soy la luz que ha venido al mundo, para que todo el que crea en mí no viva en tinieblas.

47»Si alguno escucha mis palabras, pero no las obedece, no seré yo quien lo juzgue; pues no vine a juzgar al mundo sino a salvarlo. **48**El que me rechaza y no acepta mis palabras tiene quien lo juzgue. La palabra que yo he proclamado lo condenará en el día final. **49**Yo no he hablado por mi propia cuenta; el Padre que me envió me ordenó qué decir y cómo decirlo. **50**Y sé muy bien que su mandato es vida eterna. Así que todo lo que digo es lo que el Padre me ha ordenado decir.»

Jesús les lava los pies a sus discípulos

13 Se acercaba la fiesta de la Pascua. Jesús sabía que le había llegado la hora de abandonar este mundo para volver al Padre. Y habiendo amado a los suyos que estaban en el mundo, los amó hasta el fin.^c

2Llegó la hora de la cena. El diablo ya había incitado a Judas Iscariote, hijo de Simón, para que traicionara a Jesús. **3**Sabía Jesús que el Padre había puesto todas las cosas bajo su dominio, y que había salido de Dios y a él volvía; **4**así que se levantó de la mesa, se quitó el manto y se ató una toalla a la cintura. **5**Luego echó agua en un recipiente y comenzó a lavarles los pies a sus discípulos y a secárselos con la toalla que llevaba a la cintura.

6Cuando llegó a Simón Pedro, éste le dijo:

—¿Y tú, Señor, me vas a lavar los pies a mí?

7—Ahora no entiendes lo que estoy haciendo —le respondió Jesús—, pero lo entenderás más tarde.

8—¡No! —protestó Pedro—. ¡Jamás me lavarás los pies!

—Si no te los lavo,^d no tendrás parte conmigo.

9—Entonces, Señor, ¡no sólo los pies sino también las manos y la cabeza!

10—El que ya se ha bañado no necesita lavarse más que los pies —le contestó Jesús—; pues ya todo su cuerpo está limpio. Y ustedes ya están limpios, aunque no todos.

11Jesús sabía quién lo iba a traicionar, y por eso dijo que no todos estaban limpios.

12Cuando terminó de lavarles los pies, se puso el manto y volvió a su lugar. Entonces les dijo:

—¿Entienden lo que he hecho con ustedes? **13**Ustedes me llaman Maestro y Señor, y dicen bien, porque lo soy. **14**Pues si yo, el Señor y el Maestro, les he lavado los pies, también ustedes deben lavarse los pies los unos a los otros.

15Les he puesto el ejemplo, para que hagan lo mismo que yo he hecho con ustedes. **16**Ciertamente les aseguro que ningún *siervo es más que su amo, y ningún mensajero es más que el que lo envió. **17**¿Entienden esto? *Dichosos serán si lo ponen en práctica.

Jesús predice la traición de Judas

18»No me refiero a todos ustedes; yo sé a quiénes he escogido. Pero esto es para que se cumpla la Escritura: "El que comparte el pan conmigo me ha puesto la zancadilla."^e

19»Les digo esto ahora, antes de que suceda, para que cuando suceda crean que yo soy. **20**Ciertamente les aseguro que el que recibe al que yo envío me recibe a mí, y el que me recibe a mí recibe al que me envió.

21Dicho esto, Jesús se angustió profundamente y declaró:

—Ciertamente les aseguro que uno de ustedes me va a traicionar.

22Los discípulos se miraban unos a otros sin saber a cuál de ellos se refería. **23**Uno de ellos, el discípulo a quien Jesús amaba, estaba a su lado. **24**Simón Pedro le hizo señas a ese discípulo y le dijo:

—Pregúntale a quién se refiere.

25—Señor, ¿quién es? —preguntó él, reclinándose sobre Jesús.

26—Aquel a quien yo le dé este pedazo de pan que voy a mojar en el plato —le contestó Jesús.

Acto seguido, mojó el pedazo de pan y se lo dio a Judas Iscariote, hijo de Simón. **27**Tan pronto como Judas tomó el pan, Satanás entró en él.

—Lo que vas a hacer, hazlo pronto —le dijo Jesús.

28Ninguno de los que estaban a la mesa entendió por qué le dijo eso Jesús. **29**Como Judas era el encargado del dinero, algunos pensaron que Jesús le estaba diciendo que comprara lo necesario para la fiesta, o que diera algo a los pobres. **30**En cuanto Judas tomó el pan, salió de allí. Ya era de noche.

Jesús predice la negación de Pedro

31Cuando Judas hubo salido, Jesús dijo:

—Ahora es glorificado el Hijo del hombre, y Dios es glorificado en él. **32**Si Dios es glorificado en él,^f Dios glorificará al Hijo en sí mismo, y lo hará muy pronto.

33»Mis queridos hijos, poco tiempo me queda para estar con ustedes. Me buscarán, y lo que antes les dije a los judíos, ahora se lo digo a ustedes: Adonde yo voy, ustedes no pueden ir.

34»Este mandamiento nuevo les doy: que se amen los unos a los otros. Así como yo los he amado, también ustedes deben amarse los unos a los otros. **35**De este modo todos sabrán que son mis discípulos, si se aman los unos a los otros.

---

c **13:1** *hasta el fin.* Alt. *hasta lo sumo.*
d **13:8** *te los lavo.* Lit. *te lavo.*
e **13:18** Sal 41:9.
f **13:32** Var. no incluye: *Si Dios es glorificado en él.*

36—¿Y adónde vas, Señor? —preguntó Simón Pedro.

—Adonde yo voy, no puedes seguirme ahora, pero me seguirás más tarde.

37—Señor —insistió Pedro—, ¿por qué no puedo seguirte ahora? Por ti daré hasta la *vida.

38—¿Tú darás la vida por mí? ¡De veras te aseguro que antes de que cante el gallo, me negarás tres veces!

Jesús consuela a sus discípulos

14 »No se angustien. Confíen en Dios, y confíen también en mí.*g* 2En el hogar de mi Padre hay muchas viviendas; si no fuera así, ya se lo habría dicho a ustedes. Voy a prepararles un lugar. 3Y si me voy y se lo preparo, vendré para llevármelos conmigo. Así ustedes estarán donde yo esté. 4Ustedes ya conocen el camino para ir a donde yo voy.

Jesús, el camino al Padre

5Dijo entonces Tomás:

—Señor, no sabemos a dónde vas, así que ¿cómo podemos conocer el camino?

6—Yo soy el camino, la verdad y la vida —le contestó Jesús—. Nadie llega al Padre sino por mí. 7Si ustedes realmente me conocieran, conocerían*h* también a mi Padre. Y ya desde este momento lo conocen y lo han visto.

8—Señor —dijo Felipe—, muéstranos al Padre y con eso nos basta.

9—¡Pero, Felipe! ¿Tanto tiempo llevo ya entre ustedes, y todavía no me conoces? El que me ha visto a mí, ha visto al Padre. ¿Cómo puedes decirme: "Muéstranos al Padre"? 10¿Acaso no crees que yo estoy en el Padre, y que el Padre está en mí? Las palabras que yo les comunico, no las hablo como cosa mía, sino que es el Padre, que está en mí, el que realiza sus obras. 11Créanme cuando les digo que yo estoy en el Padre y que el Padre está en mí; o al menos créanme por las obras mismas. 12Ciertamente les aseguro que el que cree en mí las obras que yo hago también él las hará, y aun las hará mayores, porque yo vuelvo al Padre. 13Cualquier cosa que ustedes pidan en mi nombre, yo la haré; así será glorificado el Padre en el Hijo. 14Lo que pidan en mi nombre, yo lo haré.

Jesús promete el Espíritu Santo

15»Si ustedes me aman, obedecerán mis mandamientos. 16Y yo le pediré al Padre, y él les dará otro *Consolador para que los acompañe siempre: 17el Espíritu de verdad, a quien el mundo no puede aceptar porque no lo ve ni lo conoce. Pero ustedes sí lo conocen, porque vive con ustedes y estará*i* en ustedes. 18No los voy a dejar huérfanos; volveré a ustedes. 19Dentro de poco el mundo ya no me verá más, pero ustedes sí me verán. Y porque yo vivo, también ustedes vivirán. 20En aquel día ustedes se

darán cuenta de que yo estoy en mi Padre, y ustedes en mí, y yo en ustedes. 21¿Quién es el que me ama? El que hace suyos mis mandamientos y los obedece. Y al que me ama, mi Padre lo amará, y yo también lo amaré y me manifestaré a él.

22Judas (no el Iscariote) le dijo:

—¿Por qué, Señor, estás dispuesto a manifestarte a nosotros, y no al mundo?

23Le contestó Jesús:

—El que me ama, obedecerá mi palabra, y mi Padre lo amará, y haremos nuestra vivienda en él. 24El que no me ama, no obedece mis palabras. Pero estas palabras que ustedes oyen no son mías sino del Padre, que me envió.

25»Todo esto lo digo ahora que estoy con ustedes. 26Pero el Consolador, el Espíritu Santo, a quien el Padre enviará en mi nombre, les enseñará todas las cosas y les hará recordar todo lo que les he dicho. 27La paz les dejo; mi paz les doy. Yo no se la doy a ustedes como la da el mundo. No se angustien ni se acobarden. 28»Ya me han oído decirles: "Me voy, pero vuelvo a ustedes." Si me amaran, se alegrarían de que voy al Padre, porque el Padre es más grande que yo. 29Y les he dicho esto ahora, antes de que suceda, para que cuando suceda, crean. 30Ya no hablaré más con ustedes, porque viene el príncipe de este mundo. Él no tiene ningún dominio sobre mí, 31pero el mundo tiene que saber que amo al Padre, y que hago exactamente lo que él me ha ordenado que haga.

»¡Levántense, vámonos de aquí!

Jesús, la vid verdadera

15 »Yo soy la vid verdadera, y mi Padre es el labrador. 2Toda rama que en mí no da fruto, la corta; pero toda rama que da fruto la poda*j* para que dé más fruto todavía. 3Ustedes ya están limpios por la palabra que les he comunicado. 4Permanezcan en mí, y yo permaneceré en ustedes. Así como ninguna rama puede dar fruto por sí misma, sino que tiene que permanecer en la vid, así tampoco ustedes pueden dar fruto si no permanecen en mí.

5»Yo soy la vid y ustedes son las ramas. El que permanece en mí, como yo en él, dará mucho fruto; separados de mí no pueden ustedes hacer nada. 6El que no permanece en mí es desechado y se seca, como las ramas que se recogen, se arrojan al fuego y se queman. 7Si permanecen en mí y mis palabras permanecen en ustedes, pidan lo que quieran, y se les concederá. 8Mi Padre es glorificado cuando ustedes dan mucho fruto y muestran así que son mis discípulos.

g 14:1 *Confíen … en mí.* Alt. *Ustedes confían en Dios; confíen también en mí.*

h 14:7 *me conocieran, conocerían.* Var. *me han conocido, conocerán.*

i 14:17 *estará.* Var. *está.*

j 15:2 *poda.* Alt. *limpia.*

⁹»Así como el Padre me ha amado a mí, también yo los he amado a ustedes. Permanezcan en mi amor. ¹⁰Si obedecen mis mandamientos, permanecerán en mi amor, así como yo he obedecido los mandamientos de mi Padre y permanezco en su amor. ¹¹Les he dicho esto para que tengan mi alegría y así su alegría sea completa. ¹²Y éste es mi mandamiento: que se amen los unos a los otros, como yo los he amado. ¹³Nadie tiene amor más grande que el dar la *vida por sus amigos. ¹⁴Ustedes son mis amigos si hacen lo que yo les mando. ¹⁵Ya no los llamo *siervos, porque el siervo no está al tanto de lo que hace su amo; los he llamado amigos, porque todo lo que a mi Padre le oí decir se lo he dado a conocer a ustedes. ¹⁶No me escogieron ustedes a mí, sino que yo los escogí a ustedes y los comisioné para que vayan y den fruto, un fruto que perdure. Así el Padre les dará todo lo que le pidan en mi nombre. ¹⁷Éste es mi mandamiento: que se amen los unos a los otros.

Jesús y sus discípulos aborrecidos por el mundo

¹⁸»Si el mundo los aborrece, tengan presente que antes que a ustedes, me aborreció a mí. ¹⁹Si fueran del mundo, el mundo los querría como a los suyos. Pero ustedes no son del mundo, sino que yo los he escogido de entre el mundo. Por eso el mundo los aborrece. ²⁰Recuerden lo que les dije: "Ningún *siervo es más que su amo."ᵏ Si a mí me han perseguido, también a ustedes los perseguirán. Si han obedecido mis enseñanzas, también obedecerán las de ustedes. ²¹Los tratarán así por causa de mi nombre, porque no conocen al que me envió. ²²Si yo no hubiera venido ni les hubiera hablado, no serían culpables de pecado. Pero ahora no tienen excusa por su pecado. ²³El que me aborrece a mí, también aborrece a mi Padre. ²⁴Si yo no hubiera hecho entre ellos las obras que ningún otro antes ha realizado, no serían culpables de pecado. Pero ahora las han visto, y sin embargo a mí y a mi Padre nos han aborrecido. ²⁵Pero esto sucede para que se cumpla lo que está escrito en la ley de ellos: "Me odiaron sin motivo."ˡ

²⁶»Cuando venga el *Consolador, que yo les enviaré de parte del Padre, el Espíritu de verdad que procede del Padre, él testificará acerca de mí. ²⁷Y también ustedes darán testimonio porque han estado conmigo desde el principio.

16 »Todo esto les he dicho para que no flaquee su fe. ²Los expulsarán de las sinagogas; y hasta viene el día en que cualquiera que los mate pensará que le está prestando un servicio a Dios. ³Actuarán de este modo porque no nos han conocido ni al Padre ni a mí. ⁴Y les digo esto para que cuando llegue ese día se acuerden de que ya se lo había advertido. Sin embargo, no les dije esto al principio porque yo estaba con ustedes.

La obra del Espíritu Santo

⁵»Ahora vuelvo al que me envió, pero ninguno de ustedes me pregunta: "¿Adónde vas?" ⁶Al contrario, como les he dicho estas cosas, se han entristecido mucho. ⁷Pero les digo la verdad: Les conviene que me vaya porque, si no lo hago, el *Consolador no vendrá a ustedes; en cambio, si me voy, se lo enviaré a ustedes. ⁸Y cuando él venga, convencerá al mundo de su errorᵐ en cuanto al pecado, a la justicia y al juicio; ⁹en cuanto al pecado, porque no creen en mí; ¹⁰en cuanto a la justicia, porque voy al Padre y ustedes ya no podrán verme; ¹¹y en cuanto al juicio, porque el príncipe de este mundo ya ha sido juzgado.

¹²»Muchas cosas me quedan aún por decirles, que por ahora no podrían soportar. ¹³Pero cuando venga el Espíritu de la verdad, él los guiará a toda la verdad, porque no hablará por su propia cuenta sino que dirá sólo lo que oiga y les anunciará las cosas por venir. ¹⁴Él me glorificará porque tomará de lo mío y se lo dará a conocer a ustedes. ¹⁵Todo cuanto tiene el Padre es mío. Por eso les dije que el Espíritu tomará de lo mío y se lo dará a conocer a ustedes.

¹⁶»Dentro de poco ya no me verán; pero un poco después volverán a verme.

La despedida de Jesús

¹⁷Algunos de sus discípulos comentaban entre sí:

«¿Qué quiere decir con eso de que "dentro de poco ya no me verán", y "un poco después volverán a verme", y "porque voy al Padre"?» ¹⁸E insistían: «¿Qué quiere decir con eso de "dentro de poco"? No sabemos de qué habla.»

¹⁹Jesús se dio cuenta de que querían hacerle preguntas acerca de esto, así que les dijo:

—¿Se están preguntando qué quise decir cuando dije: "Dentro de poco ya no me verán", y "un poco después volverán a verme"? ²⁰Ciertamente les aseguro que ustedes llorarán de dolor, mientras que el mundo se alegrará. Se pondrán tristes, pero su tristeza se convertirá en alegría. ²¹La mujer que está por dar a luz siente dolores porque ha llegado su momento, pero en cuanto nace la criatura se olvida de su angustia por la alegría de haber traído al mundo un nuevo ser. ²²Lo mismo les pasa a ustedes: Ahora están tristes, pero cuando vuelva a verlos se alegrarán, y nadie les va a quitar esa alegría. ²³En aquel día ya no me preguntarán nada. Ciertamente les aseguro que mi Padre les dará todo lo que le pidan en mi nombre. ²⁴Hasta ahora no han pedido nada en mi nombre. Pidan y recibirán, para que su alegría sea completa.

ᵏ **15:20** Jn 13:16.
ˡ **15:25** Sal 35:19; 69:4.
ᵐ **16:8** convencerá … error. Alt. pondrá en evidencia la culpa del mundo.

25»Les he dicho todo esto por medio de comparaciones, pero viene la hora en que ya no les hablaré así, sino que les hablaré claramente acerca de mi Padre. 26En aquel día pedirán en mi nombre. Y no digo que voy a rogar por ustedes al Padre, 27ya que el Padre mismo los ama porque me han amado y han creído que yo he venido de parte de Dios. 28Salí del Padre y vine al mundo; ahora dejo de nuevo el mundo y vuelvo al Padre.

29—Ahora sí estás hablando directamente, sin vueltas ni rodeos —le dijeron sus discípulos—. 30Ya podemos ver que sabes todas las cosas, y que ni siquiera necesitas que nadie te haga preguntas. Por esto creemos que saliste de Dios.

31—¿Hasta ahora me creen?[n] —contestó Jesús—. 32Miren que la hora viene, y ya está aquí, en que ustedes serán dispersados, y cada uno se irá a su propia casa y a mí me dejarán solo. Sin embargo, solo no estoy, porque el Padre está conmigo. 33Yo les he dicho estas cosas para que en mí hallen paz. En este mundo afrontarán aflicciones, pero ¡anímense! Yo he vencido al mundo.

Jesús ora por sí mismo

17 Después de que Jesús dijo esto, dirigió la mirada al cielo y oró así:

«Padre, ha llegado la hora. Glorifica a tu Hijo, para que tu Hijo te glorifique a ti, 2ya que le has conferido autoridad sobre todo *mortal para que él les conceda vida eterna a todos los que le has dado. 3Y ésta es la vida eterna: que te conozcan a ti, el único Dios verdadero, y a *Jesucristo, a quien tú has enviado. 4Yo te he glorificado en la tierra, y he llevado a cabo la obra que me encomendaste. 5Y ahora, Padre, glorifícame en tu presencia con la gloria que tuve contigo antes de que el mundo existiera.

Jesús ora por sus discípulos

6»A los que me diste del mundo les he revelado quién eres.[ñ] Eran tuyos; tú me los diste y ellos han obedecido tu palabra. 7Ahora saben que todo lo que me has dado viene de ti, 8porque les he entregado las palabras que me diste, y ellos las aceptaron; saben con certeza que salí de ti, y han creído que tú me enviaste. 9Ruego por ellos. No ruego por el mundo, sino por los que me has dado, porque son tuyos. 10Todo lo que yo tengo es tuyo, y todo lo que tú tienes es mío; y por medio de ellos he sido glorificado. 11Ya no voy a estar por más tiempo en el mundo, pero ellos están todavía en el mundo, y yo vuelvo a ti.

»Padre santo, protégelos con el poder de tu nombre, el nombre que me diste, para que sean uno, lo mismo que nosotros. 12Mientras estaba con ellos, los protegía y los preservaba mediante el nombre que me diste, y ninguno se perdió sino aquel que nació para perderse, a fin de que se cumpliera la Escritura.

13»Ahora vuelvo a ti, pero digo estas cosas mientras todavía estoy en el mundo, para que tengan mi alegría en plenitud. 14Yo les he entregado tu palabra, y el mundo los ha odiado porque no son del mundo, como tampoco yo soy del mundo. 15No te pido que los quites del mundo, sino que los protejas del maligno. 16Ellos no son del mundo, como tampoco lo soy yo. 17*Santifícalos en la verdad; tu palabra es la verdad. 18Como tú me enviaste al mundo, yo los envío también al mundo. 19Y por ellos me santifico a mí mismo, para que también ellos sean santificados en la verdad.

Jesús ora por todos los creyentes

20»No ruego sólo por éstos. Ruego también por los que han de creer en mí por el mensaje de ellos, 21para que todos sean uno. Padre, así como tú estás en mí y yo en ti, permite que ellos también estén en nosotros, para que el mundo crea que tú me has enviado. 22Yo les he dado la gloria que me diste, para que sean uno, así como nosotros somos uno: 23yo en ellos y tú en mí. Permite que alcancen la *perfección en la unidad, y así el mundo reconozca que tú me enviaste y que los has amado a ellos tal como me has amado a mí.

24»Padre, quiero que los que me has dado estén conmigo donde yo estoy. Que vean mi gloria, la gloria que me has dado porque me amaste desde antes de la creación del mundo.

25»Padre justo, aunque el mundo no te conoce, yo sí te conozco, y éstos reconocen que tú me enviaste. 26Yo les he dado a conocer quién eres, y seguiré haciéndolo, para que el amor con que me has amado esté en ellos, y yo mismo esté en ellos.»

Arresto de Jesús

18:3-11 — Mt 26:47-56; Mr 14:43-50; Lc 22:47-53

18 Cuando Jesús terminó de orar, salió con sus discípulos y cruzó el arroyo de Cedrón. Al otro lado había un huerto en el que entró con sus discípulos.

2También Judas, el que lo traicionaba, conocía aquel lugar, porque muchas veces Jesús se había reunido allí con sus discípulos. 3Así que Judas llegó al huerto, a la cabeza de un destacamento[o] de soldados y guardias de los jefes de los sacerdotes y de los *fariseos. Llevaban antorchas, lámparas y armas.

4Jesús, que sabía todo lo que le iba a suceder, les salió al encuentro.

—¿A quién buscan? —les preguntó.

5—A Jesús de Nazaret —contestaron.

—Yo soy.

Judas, el traidor, estaba con ellos.

---

[n] 16:31 ¿Hasta ... creen? Alt. ¿Ahora creen?
[ñ] 17:6 quién eres. Lit. tu nombre; también en v. 26.
[o] 18:3 un destacamento. Lit. una cohorte (que tenía 600 soldados).

6Cuando Jesús les dijo: «Yo soy», dieron un paso atrás y se desplomaron.

7—¿A quién buscan? —volvió a preguntarles Jesús.

—A Jesús de Nazaret —repitieron.

8—Ya les dije que yo soy. Si es a mí a quien buscan, dejen que éstos se vayan.

9Esto sucedió para que se cumpliera lo que había dicho: «De los que me diste ninguno se perdió.»[p]

10Simón Pedro, que tenía una espada, la desenfundó e hirió al siervo del sumo sacerdote, cortándole la oreja derecha. (El siervo se llamaba Malco.)

11—¡Vuelve esa espada a su funda! —le ordenó Jesús a Pedro—. ¿Acaso no he de beber el trago amargo que el Padre me da a beber?

Jesús ante Anás

18:12-13 — Mt 26:57

12Entonces los soldados, con su comandante, y los guardias de los judíos, arrestaron a Jesús. Lo ataron 13y lo llevaron primeramente a Anás, que era suegro de Caifás, el sumo sacerdote de aquel año. 14Caifás era el que había aconsejado a los judíos que era preferible que muriera un solo hombre por el pueblo.

Pedro niega a Jesús

18:16-18 — Mt 26:69-70; Mr 14:66-68; Lc 22:55-57

15Simón Pedro y otro discípulo seguían a Jesús. Y como el otro discípulo era conocido del sumo sacerdote, entró en el patio del sumo sacerdote con Jesús; 16Pedro, en cambio, tuvo que quedarse afuera, junto a la puerta. El discípulo conocido del sumo sacerdote volvió entonces a salir, habló con la portera de turno y consiguió que Pedro entrara.

17—¿No eres tú también uno de los discípulos de ese hombre? —le preguntó la portera.

—No lo soy —respondió Pedro.

18Los criados y los guardias estaban de pie alrededor de una fogata que habían hecho para calentarse, pues hacía frío. Pedro también estaba de pie con ellos, calentándose.

Jesús ante el sumo sacerdote

18:19-24 — Mt 26:59-68; Mr 14:55-65; Lc 22:63-71

19Mientras tanto, el sumo sacerdote interrogaba a Jesús acerca de sus discípulos y de sus enseñanzas.

20—Yo he hablado abiertamente al mundo —respondió Jesús—. Siempre he enseñado en las sinagogas o en el *templo, donde se congregan todos los judíos. En secreto no he dicho nada. 21¿Por qué me interrogas a mí? ¡Interroga a los que me han oído hablar! Ellos deben saber lo que dije.

22Apenas dijo esto, uno de los guardias que estaba allí cerca le dio una bofetada y le dijo:

—¿Así contestas al sumo sacerdote?

23—Si he dicho algo malo —replicó Jesús—, demuéstramelo. Pero si lo que dije es correcto, ¿por qué me pegas?

24Entonces Anás lo envió,[q] todavía atado, a Caifás, el sumo sacerdote.

Pedro niega de nuevo a Jesús

18:25-27 — Mt 26:71-75; Mr 14:69-72; Lc 22:58-62

25Mientras tanto, Simón Pedro seguía de pie, calentándose.

—¿No eres tú también uno de sus discípulos? —le preguntaron.

—No lo soy —dijo Pedro, negándolo.

26—¿Acaso no te vi en el huerto con él? —insistió uno de los siervos del sumo sacerdote, pariente de aquel a quien Pedro le había cortado la oreja.

27Pedro volvió a negarlo, y en ese instante cantó el gallo.

Jesús ante Pilato

18:29-40 — Mt 27:11-18,20-23; Mr 15:2-15; Lc 23:2-3,18-25

28Luego los judíos llevaron a Jesús de la casa de Caifás al palacio del gobernador romano.[r] Como ya amanecía, los judíos no entraron en el palacio, pues de hacerlo se *contaminarían ritualmente y no podrían comer la Pascua. 29Así que Pilato salió a interrogarlos:

—¿De qué delito acusan a este hombre?

30—Si no fuera un malhechor —respondieron—, no te lo habríamos entregado.

31—Pues llévenselo ustedes y júzguenlo según su propia ley —les dijo Pilato.

—Nosotros no tenemos ninguna autoridad para ejecutar a nadie —objetaron los judíos.

32Esto sucedió para que se cumpliera lo que Jesús había dicho, al indicar la clase de muerte que iba a sufrir.

33Pilato volvió a entrar en el palacio y llamó a Jesús.

—¿Eres tú el rey de los judíos? —le preguntó.

34—¿Eso lo dices tú —le respondió Jesús—, o es que otros te han hablado de mí?

35—¿Acaso soy judío? —replicó Pilato—. Han sido tu propio pueblo y los jefes de los sacerdotes los que te entregaron a mí. ¿Qué has hecho?

36—Mi reino no es de este mundo —contestó Jesús—. Si lo fuera, mis propios guardias pelearían para impedir que los judíos me arrestaran. Pero mi reino no es de este mundo.

37—¡Así que eres rey! —le dijo Pilato.

—Eres tú quien dice que soy rey. Yo para esto nací, y para esto vine al mundo: para dar

p **18:9** Jn 6:39.

q **18:24** *Entonces … envió.* Alt. *Ahora bien, Anás lo había enviado.*

r **18:28** *al … romano.* Lit. *al pretorio.*

testimonio de la verdad. Todo el que está de parte de la verdad escucha mi voz.

38—¿Y qué es la verdad? —preguntó Pilato.

Dicho esto, salió otra vez a ver a los judíos.

—Yo no encuentro que éste sea culpable de nada —declaró—. **39**Pero como ustedes tienen la costumbre de que les suelte a un preso durante la Pascua, ¿quieren que les suelte al "rey de los judíos"?

40—¡No, no sueltes a ése; suelta a Barrabás! —volvieron a gritar desaforadamente.

Y Barrabás era un bandido.*s*

La sentencia

19:1-16 — Mt 27:27-31; Mr 15:16-20

19 Pilato tomó entonces a Jesús y mandó que lo azotaran. **2**Los soldados, que habían tejido una corona de espinas, se la pusieron a Jesús en la cabeza y lo vistieron con un manto de color púrpura.

3—¡Viva el rey de los judíos! —le gritaban, mientras se le acercaban para abofetearlo.

4Pilato volvió a salir.

—Aquí lo tienen —dijo a los judíos—. Lo he sacado para que sepan que no lo encuentro culpable de nada.

5Cuando salió Jesús, llevaba puestos la corona de espinas y el manto de color púrpura.

—¡Aquí tienen al hombre! —les dijo Pilato.

6Tan pronto como lo vieron, los jefes de los sacerdotes y los guardias gritaron a voz en cuello:

—¡Crucifícalo! ¡Crucifícalo!

—Pues llévenselo y crucifíquenlo ustedes —replicó Pilato—. Por mi parte, no lo encuentro culpable de nada.

7—Nosotros tenemos una ley, y según esa ley debe morir, porque se ha hecho pasar por Hijo de Dios —insistieron los judíos.

8Al oír esto, Pilato se atemorizó aun más, **9**así que entró de nuevo en el palacio y le preguntó a Jesús:

—¿De dónde eres tú?

Pero Jesús no le contestó nada.

10—¿Te niegas a hablarme? —le dijo Pilato—. ¿No te das cuenta de que tengo poder para ponerte en libertad o para mandar que te crucifiquen?

11—No tendrías ningún poder sobre mí si no se te hubiera dado de arriba —le contestó Jesús—. Por eso el que me puso en tus manos es culpable de un pecado más grande.

12Desde entonces Pilato procuraba poner en libertad a Jesús, pero los judíos gritaban desaforadamente:

—Si dejas en libertad a este hombre, no eres amigo del *emperador. Cualquiera que pretende ser rey se hace su enemigo.

13Al oír esto, Pilato llevó a Jesús hacia fuera y se sentó en el tribunal, en un lugar al que llamaban el Empedrado (que en arameo se dice Gabatá). **14**Era el día de la preparación para la Pascua, cerca del mediodía.*t*

—Aquí tienen a su rey —dijo Pilato a los judíos.

15—¡Fuera! ¡Fuera! ¡Crucifícalo! —vociferaron.

—¿Acaso voy a crucificar a su rey? —replicó Pilato.

—No tenemos más rey que el emperador romano —contestaron los jefes de los sacerdotes.

16Entonces Pilato se lo entregó para que lo crucificaran, y los soldados se lo llevaron.

La crucifixión

19:17-24 — Mt 27:33-44; Mr 15:22-32; Lc 23:33-43

17Jesús salió cargando su propia cruz hacia el lugar de la Calavera (que en arameo se llama Gólgota). **18**Allí lo crucificaron, y con él a otros dos, uno a cada lado y Jesús en medio.

19Pilato mandó que se pusiera sobre la cruz un letrero en el que estuviera escrito: «Jesús de nazaret, Rey de los judíos.» **20**Muchos de los judíos lo leyeron, porque el sitio en que crucificaron a Jesús estaba cerca de la ciudad. El letrero estaba escrito en arameo, latín y griego.

21—No escribas "Rey de los judíos" —protestaron ante Pilato los jefes de los sacerdotes judíos—. Era él quien decía ser rey de los judíos.

22—Lo que he escrito, escrito queda —les contestó Pilato.

23Cuando los soldados crucificaron a Jesús, tomaron su manto y lo partieron en cuatro partes, una para cada uno de ellos. Tomaron también la túnica, la cual no tenía costura, sino que era de una sola pieza, tejida de arriba abajo.

24—No la dividamos —se dijeron unos a otros—. Echemos suertes para ver a quién le toca.

Y así lo hicieron los soldados. Esto sucedió para que se cumpliera la Escritura que dice:

«Se repartieron entre ellos mi manto, y sobre mi ropa echaron suertes.»*u* **25**Junto a la cruz de Jesús estaban su madre, la hermana de su madre, María la esposa de Cleofas, y María Magdalena. **26**Cuando Jesús vio a su madre, y a su lado al discípulo a quien él amaba, dijo a su madre:

—Mujer, ahí tienes a tu hijo.

27Luego dijo al discípulo:

—Ahí tienes a tu madre.

Y desde aquel momento ese discípulo la recibió en su casa.

---

s **18:40** *bandido.* Alt. *insurgente.*
t **19:14** *del mediodía.* Alt. *de las seis de la mañana* (si se cuentan las horas a partir de la medianoche, según la hora romana). Lit. *de la hora sexta;* véase nota en 1:39.
u **19:24** Sal 22:18.

Muerte de Jesús

19:29-30 — Mt 27:48,50; Mr 15:36-37; Lc 23:36

28Después de esto, como Jesús sabía que ya todo había terminado, y para que se cumpliera la Escritura, dijo:

—Tengo sed.

29Había allí una vasija llena de vinagre; así que empaparon una esponja en el vinagre, la pusieron en una caña[v] y se la acercaron a la boca. **30**Al probar Jesús el vinagre, dijo:

—Todo se ha cumplido.

Luego inclinó la cabeza y entregó el espíritu.

31Era el día de la preparación para la Pascua. Los judíos no querían que los cuerpos permanecieran en la cruz en *sábado, por ser éste un día muy solemne. Así que le pidieron a Pilato ordenar que les quebraran las piernas a los crucificados y bajaran sus cuerpos. **32**Fueron entonces los soldados y le quebraron las piernas al primer hombre que había sido crucificado con Jesús, y luego al otro. **33**Pero cuando se acercaron a Jesús y vieron que ya estaba muerto, no le quebraron las piernas, **34**sino que uno de los soldados le abrió el costado con una lanza, y al instante le brotó sangre y agua. **35**El que lo vio ha dado testimonio de ello, y su testimonio es verídico. Él sabe que dice la verdad, para que también ustedes crean. **36**Estas cosas sucedieron para que se cumpliera la Escritura: «No le quebrarán ningún hueso»[w] **37**y, como dice otra Escritura: «Mirarán al que han traspasado.»[x]

Sepultura de Jesús

19:38-42 — Mt 27:57-61; Mr 15:42-47;
Lc 23:50-56

38Después de esto, José de Arimatea le pidió a Pilato el cuerpo de Jesús. José era discípulo de Jesús, aunque en secreto por miedo a los judíos. Con el permiso de Pilato, fue y retiró el cuerpo. **39**También Nicodemo, el que antes había visitado a Jesús de noche, llegó con unos treinta y cuatro kilos[y] de una mezcla de mirra y áloe. **40**Ambos tomaron el cuerpo de Jesús y, conforme a la costumbre judía de dar sepultura, lo envolvieron en vendas con las especias aromáticas. **41**En el lugar donde crucificaron a Jesús había un huerto, y en el huerto un sepulcro nuevo en el que todavía no se había sepultado a nadie. **42**Como era el día judío de la preparación, y el sepulcro estaba cerca, pusieron allí a Jesús.

El sepulcro vacío

20:1-8 — Mt 28:1-8; Mr 16:1-8; Lc 24:1-10

20 El primer día de la semana, muy de mañana, cuando todavía estaba oscuro, María Magdalena fue al sepulcro y vio que habían quitado la piedra que cubría la entrada. **2**Así que fue corriendo a ver a Simón Pedro y al otro discípulo, a quien Jesús amaba, y les dijo:

—¡Se han llevado del sepulcro al Señor, y no sabemos dónde lo han puesto!

3Pedro y el otro discípulo se dirigieron entonces al sepulcro. **4**Ambos fueron corriendo, pero como el otro discípulo corría más aprisa que Pedro, llegó primero al sepulcro. **5**Inclinándose, se asomó y vio allí las vendas, pero no entró. **6**Tras él llegó Simón Pedro, y entró en el sepulcro. Vio allí las vendas **7**y el sudario que había cubierto la cabeza de Jesús, aunque el sudario no estaba con las vendas sino enrollado en un lugar aparte. **8**En ese momento entró también el otro discípulo, el que había llegado primero al sepulcro; y vio y creyó. **9**Hasta entonces no habían entendido la Escritura, que dice que Jesús tenía que resucitar.

Jesús se aparece a María Magdalena

10Los discípulos regresaron a su casa, **11**pero María se quedó afuera, llorando junto al sepulcro. Mientras lloraba, se inclinó para mirar dentro del sepulcro, **12**y vio a dos ángeles vestidos de blanco, sentados donde había estado el cuerpo de Jesús, uno a la cabecera y otro a los pies.

13—¿Por qué lloras, mujer? —le preguntaron los ángeles.

—Es que se han llevado a mi Señor, y no sé dónde lo han puesto —les respondió.

14Apenas dijo esto, volvió la mirada y allí vio a Jesús de pie, aunque no sabía que era él. **15**Jesús le dijo:

—¿Por qué lloras, mujer? ¿A quién buscas?

Ella, pensando que se trataba del que cuidaba el huerto, le dijo:

—Señor, si usted se lo ha llevado, dígame dónde lo ha puesto, y yo iré por él.

16—María —le dijo Jesús.

Ella se volvió y exclamó:

—¡Raboni! (que en arameo significa: Maestro).

17—Suéltame,[z] porque todavía no he vuelto al Padre. Ve más bien a mis hermanos y diles: "Vuelvo a mi Padre, que es Padre de ustedes; a mi Dios, que es Dios de ustedes."

18María Magdalena fue a darles la noticia a los discípulos. «¡He visto al Señor!», exclamaba, y les contaba lo que él le había dicho.

Jesús se aparece a sus discípulos

19Al atardecer de aquel primer día de la semana, estando reunidos los discípulos a puerta cerrada por temor a los judíos, entró Jesús y, poniéndose en medio de ellos, los saludó.

—¡La paz sea con ustedes!

20Dicho esto, les mostró las manos y el costado. Al ver al Señor, los discípulos se alegraron.

---

v **19:29** *una caña.* Lit. *una rama de hisopo.*
w **19:36** Éx 12:46; Nm 9:12; Sal 34:20.
x **19:37** Zac 12:10.
y **19:39** *unos … kilos.* Lit. *como cien litrai.*
z **20:17** *Suéltame.* Lit. *No me toques.*

21—¡La paz sea con ustedes! —repitió Jesús—. Como el Padre me envió a mí, así yo los envío a ustedes.

22Acto seguido, sopló sobre ellos y les dijo:

—Reciban el Espíritu Santo. 23A quienes les perdonen sus pecados, les serán perdonados; a quienes no se los perdonen, no les serán perdonados.

Jesús se aparece a Tomás

24Tomás, al que apodaban el Gemelo,ª y que era uno de los doce, no estaba con los discípulos cuando llegó Jesús. 25Así que los otros discípulos le dijeron:

—¡Hemos visto al Señor!

—Mientras no vea yo la marca de los clavos en sus manos, y meta mi dedo en las marcas y mi mano en su costado, no lo creeré —repuso Tomás.

26Una semana más tarde estaban los discípulos de nuevo en la casa, y Tomás estaba con ellos. Aunque las puertas estaban cerradas, Jesús entró y, poniéndose en medio de ellos, los saludó.

—¡La paz sea con ustedes!

27Luego le dijo a Tomás:

—Pon tu dedo aquí y mira mis manos. Acerca tu mano y métela en mi costado. Y no seas incrédulo, sino hombre de fe.

28—¡Señor mío y Dios mío! —exclamó Tomás.

29—Porque me has visto, has creído —le dijo Jesús—; *dichosos los que no han visto y sin embargo creen.

30Jesús hizo muchas otras señales milagrosas en presencia de sus discípulos, las cuales no están registradas en este libro. 31Pero éstas se han escrito para que ustedes crean que Jesús es el *Cristo, el Hijo de Dios, y para que al creer en su nombre tengan vida.

Jesús y la pesca milagrosa

21 Después de esto Jesús se apareció de nuevo a sus discípulos, junto al lago de Tiberíades.ᵇ Sucedió de esta manera: 2Estaban juntos Simón Pedro, Tomás (al que apodaban el Gemeloᶜ), Natanael, el de Caná de Galilea, los hijos de Zebedeo, y otros dos discípulos.

3—Me voy a pescar —dijo Simón Pedro.

—Nos vamos contigo —contestaron ellos.

Salieron, pues, de allí y se embarcaron, pero esa noche no pescaron nada.

4Al despuntar el alba Jesús se hizo presente en la orilla, pero los discípulos no se dieron cuenta de que era él.

5—Muchachos, ¿no tienen algo de comer? —les preguntó Jesús.

—No —respondieron ellos.

6—Tiren la red a la derecha de la barca, y pescarán algo.

Así lo hicieron, y era tal la cantidad de pescados que ya no podían sacar la red.

7—¡Es el Señor! —dijo a Pedro el discípulo a quien Jesús amaba.

Tan pronto como Simón Pedro le oyó decir: «Es el Señor», se puso la ropa, pues estaba semidesnudo, y se tiró al agua. 8Los otros discípulos lo siguieron en la barca, arrastrando la red llena de pescados, pues estaban a escasos cien metrosᵈ de la orilla. 9Al desembarcar, vieron unas brasas con un pescado encima, y un pan.

10—Traigan algunos de los pescados que acaban de sacar —les dijo Jesús.

11Simón Pedro subió a bordo y arrastró hasta la orilla la red, la cual estaba llena de pescados de buen tamaño. Eran ciento cincuenta y tres, pero a pesar de ser tantos la red no se rompió.

12—Vengan a desayunar —les dijo Jesús.

Ninguno de los discípulos se atrevía a preguntarle: «¿Quién eres tú?», porque sabían que era el Señor. 13Jesús se acercó, tomó el pan y se lo dio a ellos, e hizo lo mismo con el pescado. 14Ésta fue la tercera vez que Jesús se apareció a sus discípulos después de haber *resucitado.

Jesús restituye a Pedro

15Cuando terminaron de desayunar, Jesús le preguntó a Simón Pedro:

—Simón, hijo de Juan, ¿me amas más que éstos?

—Sí, Señor, tú sabes que te quiero —contestó Pedro.

—Apacienta mis corderos —le dijo Jesús.

16Y volvió a preguntarle:

—Simón, hijo de Juan, ¿me amas?

—Sí, Señor, tú sabes que te quiero.

—Cuida de mis ovejas.

17Por tercera vez Jesús le preguntó:

—Simón, hijo de Juan, ¿me quieres?

A Pedro le dolió que por tercera vez Jesús le hubiera preguntado: «¿Me quieres?» Así que le dijo:

—Señor, tú lo sabes todo; tú sabes que te quiero.

—Apacienta mis ovejas —le dijo Jesús—. 18De veras te aseguro que cuando eras más joven te vestías tú mismo e ibas a donde querías; pero cuando seas viejo, extenderás las manos y otro te vestirá y te llevará a donde no quieras ir.

19Esto dijo Jesús para dar a entender la clase de muerte con que Pedro glorificaría a Dios. Después de eso añadió:

—¡Sígueme!

20Al volverse, Pedro vio que los seguía el discípulo a quien Jesús amaba, el mismo que en la cena se había reclinado sobre Jesús y le había dicho: «Señor, ¿quién es el que va a traicionarte?» 21Al verlo, Pedro preguntó:

—Señor, ¿y éste, qué?

ª **20:24** *apodaban el Gemelo.* Lit. *llamaban Dídimos.*
ᵇ **21:1** Es decir, *el mar de Galilea.*
ᶜ **21:2** *apodaban el Gemelo.* Lit. *llamaban Dídimos.*
ᵈ **21:8** *a escasos cien metros.* Lit. *a unos doscientos *codos.*

22—Si quiero que él permanezca vivo hasta que yo vuelva, ¿a ti qué? Tú sígueme no más.

23Por este motivo corrió entre los hermanos el rumor de que aquel discípulo no moriría. Pero Jesús no dijo que no moriría, sino solamente: «Si quiero que él permanezca vivo hasta que yo vuelva, ¿a ti qué?»

24Éste es el discípulo que da testimonio de estas cosas, y las escribió. Y estamos convencidos de que su testimonio es verídico.

25Jesús hizo también muchas otras cosas, tantas que, si se escribiera cada una de ellas, pienso que los libros escritos no cabrían en el mundo entero.

Hechos

Jesús llevado al cielo

1 Estimado Teófilo, en mi primer libro me referí a todo lo que Jesús comenzó a hacer y enseñar **2**hasta el día en que fue llevado al cielo, luego de darles instrucciones por medio del Espíritu Santo a los apóstoles que había escogido. **3**Después de padecer la muerte, se les presentó dándoles muchas pruebas convincentes de que estaba vivo. Durante cuarenta días se les apareció y les habló acerca del reino de Dios. **4**Una vez, mientras comía con ellos, les ordenó:

—No se alejen de Jerusalén, sino esperen la promesa del Padre, de la cual les he hablado: **5**Juan bautizó con*a* agua, pero dentro de pocos días ustedes serán bautizados con el Espíritu Santo.

6Entonces los que estaban reunidos con él le preguntaron:

—Señor, ¿es ahora cuando vas a restablecer el reino a Israel?

.7—No les toca a ustedes conocer la hora ni el momento determinados por la autoridad misma del Padre —les contestó Jesús—. **8**Pero cuando venga el Espíritu Santo sobre ustedes, recibirán poder y serán mis testigos tanto en Jerusalén como en toda Judea y Samaria, y hasta los confines de la tierra.

9Habiendo dicho esto, mientras ellos lo miraban, fue llevado a las alturas hasta que una nube lo ocultó de su vista. **10**Ellos se quedaron mirando fijamente al cielo mientras él se alejaba. De repente, se les acercaron dos hombres vestidos de blanco, que les dijeron:

11—Galileos, ¿qué hacen aquí mirando al cielo? Este mismo Jesús, que ha sido llevado de entre ustedes al cielo, vendrá otra vez de la misma manera que lo han visto irse.

Elección de Matías para reemplazar a Judas

12Entonces regresaron a Jerusalén desde el monte llamado de los Olivos, situado aproximadamente a un kilómetro de la ciudad.*b* **13**Cuando llegaron, subieron al lugar donde se alojaban. Estaban allí Pedro, Juan, *Jacobo, Andrés, Felipe, Tomás, Bartolomé, Mateo, Jacobo hijo de Alfeo, Simón el Zelote y Judas hijo de Jacobo. **14**Todos, en un mismo espíritu, se dedicaban a la oración, junto con las mujeres y con los hermanos de Jesús y su madre María.

15Por aquellos días Pedro se puso de pie en medio de los creyentes,*c* que eran un grupo como de ciento veinte personas, **16**y les dijo: «Hermanos, tenía que cumplirse la Escritura que, por boca de David, había predicho el Espíritu Santo en cuanto a Judas, el que sirvió de guía a los que arrestaron a Jesús. **17**Judas se contaba entre los nuestros y participaba en nuestro ministerio. **18**(Con el dinero que obtuvo por su crimen, Judas compró un terreno; allí cayó de cabeza, se reventó, y se le salieron las vísceras. **19**Todos en Jerusalén se enteraron de ello, así que aquel terreno fue llamado Acéldama, que en su propio idioma quiere decir "Campo de Sangre".)

20»Porque en el libro de los Salmos —continuó Pedro— está escrito:

»"Que su lugar quede desierto, y que nadie lo habite."*d*

También está escrito:

»"Que otro se haga cargo de su oficio".*e*

21-22 Por tanto, es preciso que se una a nosotros un testigo de la resurrección, uno de los que nos acompañaban todo el tiempo que el Señor Jesús vivió entre nosotros, desde que Juan bautizaba hasta el día en que Jesús fue llevado de entre nosotros.»

23Así que propusieron a dos: a José, llamado Barsabás, apodado el Justo, y a Matías. **24**Y oraron así: «Señor, tú que conoces el corazón de todos, muéstranos a cuál de estos dos has elegido **25**para que se haga cargo del servicio apostólico que Judas dejó para irse al lugar que le correspondía.» **26**Luego echaron suertes y la elección recayó en Matías; así que él fue reconocido junto con los once apóstoles.

El Espíritu Santo desciende en Pentecostés

2 Cuando llegó el día de Pentecostés, estaban todos juntos en el mismo lugar.

2De repente, vino del cielo un ruido como el de una violenta ráfaga de viento y llenó toda la casa donde estaban reunidos. **3**Se les aparecieron entonces unas lenguas como de fuego que se repartieron y se posaron sobre cada uno de ellos. **4**Todos fueron llenos del Espíritu Santo y comenzaron a hablar en diferentes *lenguas, según el Espíritu les concedía expresarse.

5Estaban de visita en Jerusalén judíos piadosos, procedentes de todas las naciones de la tierra. **6**Al oír aquel bullicio, se agolparon y quedaron todos pasmados porque cada uno los escuchaba hablar en su propio idioma. **7**Desconcertados y maravillados, decían: «¿No

---

a **1:5** con. Alt. *en.*
b **1:12** *situado ... ciudad.* Lit. *que está cerca de Jerusalén, camino de un *sábado* (es decir, lo que la ley permitía caminar en el día de reposo).
c **1:15** *creyentes.* Lit. *hermanos.*
d **1:20** Sal 69:25.
e **1:20** Sal 109:8.

son galileos todos estos que están hablando? **8**¿Cómo es que cada uno de nosotros los oye hablar en su lengua materna? **9**Partos, medos y elamitas; habitantes de Mesopotamia, de Judea y de Capadocia, del Ponto y de *Asia, **10**de Frigia y de Panfilia, de Egipto y de las regiones de Libia cercanas a Cirene; visitantes llegados de Roma; **11**judíos y *prosélitos; cretenses y árabes: ¡todos por igual los oímos proclamar en nuestra propia lengua las maravillas de Dios!»

12Desconcertados y perplejos, se preguntaban: «¿Qué quiere decir esto?» **13**Otros se burlaban y decían: «Lo que pasa es que están borrachos.»

Pedro se dirige a la multitud

14Entonces Pedro, con los once, se puso de pie y dijo a voz en cuello: «Compatriotas judíos y todos ustedes que están en Jerusalén, déjenme explicarles lo que sucede; presten atención a lo que les voy a decir. **15**Éstos no están borrachos, como suponen ustedes. ¡Apenas son las nueve de la mañana!*f* **16**En realidad lo que pasa es lo que anunció el profeta Joel:

17"Sucederá que en los últimos días —dice Dios—, derramaré mi Espíritu sobre todo el género *humano. Los hijos y las hijas de ustedes profetizarán, tendrán visiones los jóvenes y sueños los ancianos.

18En esos días derramaré mi Espíritu aun sobre mis *siervos y mis siervas, y profetizarán.

19Arriba en el cielo y abajo en la tierra mostraré prodigios: sangre, fuego y nubes de humo.

20El sol se convertirá en tinieblas y la luna en sangre antes que llegue el día del Señor, día grande y esplendoroso.

21Y todo el que invoque el nombre del Señor será salvo."*g*

22»Pueblo de Israel, escuchen esto: Jesús de Nazaret fue un hombre acreditado por Dios ante ustedes con milagros, señales y prodigios, los cuales realizó Dios entre ustedes por medio de él, como bien lo saben. **23**Éste fue entregado según el determinado propósito y el previo conocimiento de Dios; y por medio de gente malvada,*h* ustedes lo mataron, clavándolo en la cruz. **24**Sin embargo, Dios lo resucitó, librándolo de las angustias de la muerte, porque era imposible que la muerte lo mantuviera bajo su dominio. **25**En efecto, David dijo de él:

»"Veía yo al Señor siempre delante de mí, porque él está a mi *derecha para que no caiga.

26Por eso mi corazón se alegra, y canta con gozo mi lengua; mi cuerpo también vivirá en esperanza.

27No dejarás que mi *vida termine en el sepulcro;*i* no permitirás que tu santo sufra corrupción.

28Me has dado a conocer los caminos de la vida; me llenarás de alegría en tu presencia."*j*

29»Hermanos, permítanme hablarles con franqueza acerca del patriarca David, que murió y fue sepultado, y cuyo sepulcro está entre nosotros hasta el día de hoy. **30**Era profeta y sabía que Dios le había prometido bajo juramento poner en el trono a uno de sus descendientes.*k* **31**Fue así como previó lo que iba a suceder. Refiriéndose a la resurrección del *Mesías, afirmó que Dios no dejaría que su vida terminara en el sepulcro, ni que su fin fuera la corrupción. **32**A este Jesús, Dios lo resucitó, y de ello todos nosotros somos testigos. **33**Exaltado por el poder*l* de Dios, y habiendo recibido del Padre el Espíritu Santo prometido, ha derramado esto que ustedes ahora ven y oyen. **34**David no subió al cielo, y sin embargo declaró:

»"Dijo el Señor a mi Señor: Siéntate a mi derecha, **35**hasta que ponga a tus enemigos por estrado de tus pies."*m*

36»Por tanto, sépalo bien todo Israel que a este Jesús, a quien ustedes crucificaron, Dios lo ha hecho Señor y Mesías.»

37Cuando oyeron esto, todos se sintieron profundamente conmovidos y les dijeron a Pedro y a los otros apóstoles:

—Hermanos, ¿qué debemos hacer?

38—*Arrepiéntase y bautícese cada uno de ustedes en el nombre de *Jesucristo para perdón de sus pecados —les contestó Pedro—, y recibirán el don del Espíritu Santo. **39**En efecto, la promesa es para ustedes, para sus hijos y para todos los extranjeros,*n* es decir, para todos aquellos a quienes el Señor nuestro Dios quiera llamar.

40Y con muchas otras razones les exhortaba insistentemente:

—¡Sálvense de esta generación perversa!

La comunidad de los creyentes

41Así, pues, los que recibieron su mensaje fueron bautizados, y aquel día se unieron a la iglesia unas tres mil personas. **42**Se mantenían firmes en la enseñanza de los apóstoles, en la comunión, en el partimiento del pan y en la oración. **43**Todos estaban asombrados por los muchos prodigios y señales que realizaban los apóstoles. **44**Todos los creyentes estaban juntos y tenían todo en común: **45**vendían sus propiedades y posesiones, y compartían sus bienes entre sí según la necesidad de cada uno. **46**No dejaban de reunirse en el *templo ni un solo día. De casa en casa partían el pan y compartían la comida con alegría y generosidad, **47**alabando a

---

f **2:15** *son las nueve de la mañana.* Lit. *es la hora tercera del día.*

g **2:21** Jl 2:28-32.

h **2:23** *gente malvada.* Lit. *quienes carecían de la ley.*

i **2:27** *sepulcro.* Lit. **Hades;* también en v. 31.

j **2:28** Sal 16:8-11.

k **2:30** Sal 132:11.

l **2:33** *por el poder.* Alt. *a la derecha.*

m **2:35** Sal 110:1.

n **2:39** *los extranjeros.* Lit. *los que están lejos.*

Dios y disfrutando de la estimación general del pueblo. Y cada día el Señor añadía al grupo los que iban siendo salvos.

Pedro sana a un mendigo lisiado

3 Un día subían Pedro y Juan al *templo a las tres de la tarde,[ñ] que es la hora de la oración. [2]Junto a la puerta llamada Hermosa había un hombre lisiado de nacimiento, al que todos los días dejaban allí para que pidiera limosna a los que entraban en el templo. [3]Cuando éste vio que Pedro y Juan estaban por entrar, les pidió limosna. [4]Pedro, con Juan, mirándolo fijamente, le dijo:

—¡Míranos!

[5]El hombre fijó en ellos la mirada, esperando recibir algo.

[6]—No tengo plata ni oro —declaró Pedro—, pero lo que tengo te doy. En el nombre de *Jesucristo de Nazaret, ¡levántate y anda!

[7]Y tomándolo por la mano derecha, lo levantó. Al instante los pies y los tobillos del hombre cobraron fuerza. [8]De un salto se puso en pie y comenzó a caminar. Luego entró con ellos en el templo con sus propios pies, saltando y alabando a Dios. [9]Cuando todo el pueblo lo vio caminar y alabar a Dios, [10]lo reconocieron como el mismo hombre que acostumbraba pedir limosna sentado junto a la puerta llamada Hermosa, y se llenaron de admiración y asombro por lo que le había ocurrido.

Pedro se dirige a los espectadores

[11]Mientras el hombre seguía aferrado a Pedro y a Juan, toda la gente, que no salía de su asombro, corrió hacia ellos al lugar conocido como Pórtico de Salomón. [12]Al ver esto, Pedro les dijo: «Pueblo de Israel, ¿por qué les sorprende lo que ha pasado? ¿Por qué nos miran como si, por nuestro propio poder o virtud, hubiéramos hecho caminar a este hombre? [13]El Dios de Abraham, de Isaac y de Jacob, el Dios de nuestros antepasados, ha glorificado a su siervo Jesús. Ustedes lo entregaron y lo rechazaron ante Pilato, aunque éste había decidido soltarlo. [14]Rechazaron al Santo y Justo, y pidieron que se indultara a un asesino. [15]Mataron al autor de la vida, pero Dios lo *levantó de entre los muertos, y de eso nosotros somos testigos. [16]Por la fe en el nombre de Jesús, él ha restablecido a este hombre a quien ustedes ven y conocen. Esta fe que viene por medio de Jesús lo ha sanado por completo, como les consta a ustedes.

[17]»Ahora bien, hermanos, yo sé que ustedes y sus dirigentes actuaron así por ignorancia. [18]Pero de este modo Dios cumplió lo que de antemano había anunciado por medio de todos los profetas: que su *Mesías tenía que padecer. [19]Por tanto, para que sean borrados sus pecados, *arrepiéntanse y vuélvanse a Dios, a fin de que vengan tiempos de descanso de parte del Señor, [20]enviándoles el Mesías que ya había sido preparado para ustedes, el cual es Jesús. [21]Es necesario que él permanezca en el cielo hasta que llegue el tiempo de la restauración de todas las cosas, como Dios lo ha anunciado desde hace siglos por medio de sus *santos profetas. [22]Moisés dijo: "El Señor su Dios hará surgir para ustedes, de entre sus propios hermanos, a un profeta como yo; presten atención a todo lo que les diga. [23]Porque quien no le haga caso será eliminado del pueblo."[o]

[24]»En efecto, a partir de Samuel todos los profetas han anunciado estos días. [25]Ustedes, pues, son herederos de los profetas y del pacto que Dios estableció con nuestros antepasados al decirle a Abraham: "Todos los pueblos del mundo serán bendecidos por medio de tu descendencia."[p] [26]Cuando Dios resucitó a su siervo, lo envió primero a ustedes para darles la bendición de que cada uno se convierta de sus maldades.»

Pedro y Juan ante el Consejo

4 Mientras Pedro y Juan le hablaban a la gente, se les presentaron los sacerdotes, el capitán de la guardia del *templo y los saduceos. [2]Estaban muy disgustados porque los apóstoles enseñaban a la gente y proclamaban la resurrección, que se había hecho evidente en el caso de Jesús. [3]Prendieron a Pedro y a Juan y, como ya anochecía, los metieron en la cárcel hasta el día siguiente. [4]Pero muchos de los que oyeron el mensaje creyeron, y el número de éstos llegaba a unos cinco mil.

[5]Al día siguiente se reunieron en Jerusalén los gobernantes, los *ancianos y los *maestros de la ley. [6]Allí estaban el sumo sacerdote Anás, Caifás, Juan, Alejandro y los otros miembros de la familia del sumo sacerdote. [7]Hicieron que Pedro y Juan comparecieran ante ellos y comenzaron a interrogarlos:

—¿Con qué poder, o en nombre de quién, hicieron ustedes esto?

[8]Pedro, lleno del Espíritu Santo, les respondió:

—Gobernantes del pueblo y ancianos: [9]Hoy se nos procesa por haber favorecido a un inválido, ¡y se nos pregunta cómo fue sanado! [10]Sepan, pues, todos ustedes y todo el pueblo de Israel que este hombre está aquí delante de ustedes, sano gracias al nombre de *Jesucristo de Nazaret, crucificado por ustedes pero *resucitado por Dios. [11]Jesucristo es "la piedra que desecharon ustedes los constructores, y que ha llegado a ser la piedra angular".[q] [12]De hecho, en ningún otro hay salvación, porque no hay bajo el cielo otro nombre dado a los hombres mediante el cual podamos ser salvos.

ñ **3:1** *las tres de la tarde.* Lit. *la hora novena.*
o **3:23** Lv 23:29; Dt 18:15,18,19.
p **3:25** Gn 22:18; 26:4.
q **4:11** Sal 118:22.

¹³Los gobernantes, al ver la osadía con que hablaban Pedro y Juan, y al darse cuenta de que eran gente sin estudios ni preparación, quedaron asombrados y reconocieron que habían estado con Jesús. ¹⁴Además, como vieron que los acompañaba el hombre que había sido sanado, no tenían nada que alegar. ¹⁵Así que les mandaron que se retiraran del *Consejo, y se pusieron a deliberar entre sí: ¹⁶«¿Qué vamos a hacer con estos sujetos? Es un hecho que por medio de ellos ha ocurrido un milagro evidente; todos los que viven en Jerusalén lo saben, y no podemos negarlo. ¹⁷Pero para evitar que este asunto siga divulgándose entre la gente, vamos a amenazarlos para que no vuelvan a hablar de ese nombre a nadie.»

¹⁸Los llamaron y les ordenaron terminantemente que dejaran de hablar y enseñar acerca del nombre de Jesús. ¹⁹Pero Pedro y Juan replicaron:

—¿Es justo delante de Dios obedecerlos a ustedes en vez de obedecerlo a él? ¡Júzguenlo ustedes mismos! ²⁰Nosotros no podemos dejar de hablar de lo que hemos visto y oído.

²¹Después de nuevas amenazas, los dejaron irse. Por causa de la gente, no hallaban manera de castigarlos: todos alababan a Dios por lo que había sucedido, ²²pues el hombre que había sido milagrosamente sanado tenía más de cuarenta años.

La oración de los creyentes

²³Al quedar libres, Pedro y Juan volvieron a los suyos y les relataron todo lo que les habían dicho los jefes de los sacerdotes y los *ancianos. ²⁴Cuando lo oyeron, alzaron unánimes la voz en oración a Dios: «Soberano Señor, creador del cielo y de la tierra, del mar y de todo lo que hay en ellos, ²⁵tú, por medio del Espíritu Santo, dijiste en labios de nuestro padre David, tu siervo:

»"¿Por qué se sublevan las *naciones y en vano conspiran los pueblos?

²⁶Los reyes de la tierra se rebelan y los gobernantes se confabulan contra el Señor y contra su ungido."ʳ

²⁷En efecto, en esta ciudad se reunieron Herodes y Poncio Pilato, con los *gentiles y con el puebloˢ de Israel, contra tu santo siervo Jesús, a quien ungiste ²⁸para hacer lo que de antemano tu poder y tu voluntad habían determinado que sucediera. ²⁹Ahora, Señor, toma en cuenta sus amenazas y concede a tus *siervos el proclamar tu palabra sin temor alguno. ³⁰Por eso, extiende tu mano para sanar y hacer señales y prodigios mediante el nombre de tu santo siervo Jesús.»

³¹Después de haber orado, tembló el lugar en que estaban reunidos; todos fueron llenos del Espíritu Santo, y proclamaban la palabra de Dios sin temor alguno.

Los creyentes comparten sus bienes

³²Todos los creyentes eran de un solo sentir y pensar. Nadie consideraba suya ninguna de sus posesiones, sino que las compartían. ³³Los apóstoles, a su vez, con gran poder seguían dando testimonio de la resurrección del Señor Jesús. La gracia de Dios se derramaba abundantemente sobre todos ellos, ³⁴pues no había ningún necesitado en la comunidad. Quienes poseían casas o terrenos los vendían, llevaban el dinero de las ventas ³⁵y lo entregaban a los apóstoles para que se distribuyera a cada uno según su necesidad.

³⁶José, un levita natural de Chipre, a quien los apóstoles llamaban Bernabé (que significa: Consoladorᵗ), ³⁷vendió un terreno que poseía, llevó el dinero y lo puso a disposición de los apóstoles.

Ananías y Safira

5 ¹⁻²Un hombre llamado Ananías también vendió una propiedad y, en complicidad con su esposa Safira, se quedó con parte del dinero y puso el resto a disposición de los apóstoles.

³—Ananías —le reclamó Pedro—, ¿cómo es posible que Satanás haya llenado tu corazón para que le mintieras al Espíritu Santo y te quedaras con parte del dinero que recibiste por el terreno? ⁴¿Acaso no era tuyo antes de venderlo? Y una vez vendido, ¿no estaba el dinero en tu poder? ¿Cómo se te ocurrió hacer esto? ¡No has mentido a los hombres sino a Dios!

⁵Al oír estas palabras, Ananías cayó muerto. Y un gran temor se apoderó de todos los que se enteraron de lo sucedido. ⁶Entonces se acercaron los más jóvenes, envolvieron el cuerpo, se lo llevaron y le dieron sepultura.

⁷Unas tres horas más tarde entró la esposa, sin saber lo que había ocurrido.

⁸—Dime —le preguntó Pedro—, ¿vendieron ustedes el terreno por tal precio?

—Sí —dijo ella—, por tal precio.

⁹—¿Por qué se pusieron de acuerdo para poner a *prueba al Espíritu del Señor? —le recriminó Pedro—. ¡Mira! Los que sepultaron a tu esposo acaban de regresar y ahora te llevarán a ti.

¹⁰En ese mismo instante ella cayó muerta a los pies de Pedro. Entonces entraron los jóvenes y, al verla muerta, se la llevaron y le dieron sepultura al lado de su esposo. ¹¹Y un gran temor se apoderó de toda la iglesia y de todos los que se enteraron de estos sucesos.

Los apóstoles sanan a muchas personas

¹²Por medio de los apóstoles ocurrían muchas señales y prodigios entre el pueblo; y todos los creyentes se reunían de común

---

ʳ **4:26** ungido. Lit. *Cristo; Sal 2:1,2.
ˢ **4:27** el pueblo. Lit. los pueblos.
ᵗ **4:36** Consolador. Lit. Hijo de consolación.

acuerdo en el Pórtico de Salomón. 13Nadie entre el pueblo se atrevía a juntarse con ellos, aunque los elogiaban. 14Y seguía aumentando el número de los que creían y aceptaban al Señor. 15Era tal la multitud de hombres y mujeres, que hasta sacaban a los enfermos a las plazas y los ponían en colchonetas y camillas para que, al pasar Pedro, por lo menos su sombra cayera sobre alguno de ellos. 16También de los pueblos vecinos a Jerusalén acudían multitudes que llevaban personas enfermas y atormentadas por *espíritus malignos, y todas eran sanadas.

Persiguen a los apóstoles

17El sumo sacerdote y todos sus partidarios, que pertenecían a la secta de los saduceos, se llenaron de envidia. 18Entonces arrestaron a los apóstoles y los metieron en la cárcel común. 19Pero en la noche un ángel del Señor abrió las puertas de la cárcel y los sacó. 20«Vayan —les dijo—, preséntense en el *templo y comuniquen al pueblo todo este mensaje de vida.»

21Conforme a lo que habían oído, al amanecer entraron en el templo y se pusieron a enseñar. Cuando llegaron el sumo sacerdote y sus partidarios, convocaron al *Consejo, es decir, a la asamblea general de los *ancianos de Israel, y mandaron traer de la cárcel a los apóstoles. 22Pero al llegar los guardias a la cárcel, no los encontraron. Así que volvieron con el siguiente informe: 23«Encontramos la cárcel cerrada, con todas las medidas de seguridad, y a los guardias firmes en las puertas; pero cuando abrimos, no encontramos a nadie adentro.»

24Al oírlo, el capitán de la guardia del templo y los jefes de los sacerdotes se quedaron perplejos, preguntándose en qué terminaría todo aquello. 25En esto, se presentó alguien que les informó: «¡Miren! Los hombres que ustedes metieron en la cárcel están en el templo y siguen enseñando al pueblo.» 26Fue entonces el capitán con sus guardias y trajo a los apóstoles sin recurrir a la fuerza, porque temían ser apedreados por la gente. 27Los condujeron ante el Consejo, y el sumo sacerdote les reclamó:

28—Terminantemente les hemos prohibido enseñar en ese nombre. Sin embargo, ustedes han llenado a Jerusalén con sus enseñanzas, y se han propuesto echarnos la culpa a nosotros de la muerte*u* de ese hombre.

29—¡Es necesario obedecer a Dios antes que a los hombres! —respondieron Pedro y los demás apóstoles—. 30El Dios de nuestros antepasados resucitó a Jesús, a quien ustedes mataron colgándolo de un madero. 31Por su poder,*v* Dios lo exaltó como Príncipe y Salvador, para que diera a Israel *arrepentimiento y perdón de pecados. 32Nosotros somos testigos de estos acontecimientos, y también lo es el Espíritu Santo que Dios ha dado a quienes le obedecen.

33A los que oyeron esto se les subió la sangre a la cabeza y querían matarlos.

34Pero un *fariseo llamado Gamaliel, *maestro de la ley muy respetado por todo el pueblo, se puso de pie en el Consejo y mandó que hicieran salir por un momento a los apóstoles. 35Luego dijo: «Hombres de Israel, piensen dos veces en lo que están a punto de hacer con estos hombres. 36Hace algún tiempo surgió Teudas, jactándose de ser alguien, y se le unieron unos cuatrocientos hombres. Pero lo mataron y todos sus seguidores se dispersaron y allí se acabó todo. 37Después de él surgió Judas el galileo, en los días del censo, y logró que la gente lo siguiera. A él también lo mataron, y todos sus secuaces se dispersaron. 38En este caso les aconsejo que dejen a estos hombres en paz. ¡Suéltenlos! Si lo que se proponen y hacen es de origen humano, fracasará; 39pero si es de Dios, no podrán destruirlos, y ustedes se encontrarán luchando contra Dios.»

Se dejaron persuadir por Gamaliel. 40Entonces llamaron a los apóstoles y, luego de azotarlos, les ordenaron que no hablaran más en el nombre de Jesús. Después de eso los soltaron.

41Así, pues, los apóstoles salieron del Consejo, llenos de gozo por haber sido considerados dignos de sufrir afrentas por causa del Nombre. 42Y día tras día, en el templo y de casa en casa, no dejaban de enseñar y anunciar las buenas *nuevas de que Jesús es el *Mesías.

Elección de los siete

6 En aquellos días, al aumentar el número de los discípulos, se quejaron los judíos de habla griega contra los de habla aramea*w* de que sus viudas eran desatendidas en la distribución diaria de los alimentos. 2Así que los doce reunieron a toda la comunidad de discípulos y les dijeron: «No está bien que nosotros los apóstoles descuidemos el ministerio de la palabra de Dios para servir las mesas. 3Hermanos, escojan de entre ustedes a siete hombres de buena reputación, llenos del Espíritu y de sabiduría, para encargarles esta responsabilidad. 4Así nosotros nos dedicaremos de lleno a la oración y al ministerio de la palabra.»

5Esta propuesta agradó a toda la asamblea. Escogieron a Esteban, hombre lleno de fe y del Espíritu Santo, y a Felipe, a Prócoro, a Nicanor, a Timón, a Parmenas y a Nicolás, un prosélito de Antioquía. 6Los presentaron a los apóstoles, quienes oraron y les impusieron las manos.

7Y la palabra de Dios se difundía: el número de los discípulos aumentaba considerablemente en Jerusalén, e incluso muchos de los sacerdotes obedecían a la fe.

---

u **5:28** *muerte.* Lit. *Sangre.*
v **5:31** *Por su poder.* Alt. *A su derecha.*
w **6:1** *los judíos … aramea.* Lit. *los helenistas contra los hebreos.*

Arresto de Esteban

8Esteban, hombre lleno de la gracia y del poder de Dios, hacía grandes prodigios y señales milagrosas entre el pueblo. **9**Con él se pusieron a discutir ciertos individuos de la sinagoga llamada de los Libertos, donde había judíos de Cirene y de Alejandría, de Cilicia y de la provincia de *Asia. **10**Como no podían hacer frente a la sabiduría ni al Espíritu con que hablaba Esteban, **11**instigaron a unos hombres a decir: «Hemos oído a Esteban *blasfemar contra Moisés y contra Dios.»

12Agitaron al pueblo, a los *ancianos y a los *maestros de la ley. Se apoderaron de Esteban y lo llevaron ante el *Consejo. **13**Presentaron testigos falsos, que declararon: «Este hombre no deja de hablar contra este lugar santo y contra la ley. **14**Le hemos oído decir que ese Jesús de Nazaret destruirá este lugar y cambiará las tradiciones que nos dejó Moisés.»

15Todos los que estaban sentados en el Consejo fijaron la mirada en Esteban y vieron que su rostro se parecía al de un ángel.

Discurso de Esteban ante el Consejo

7 —¿Son ciertas estas acusaciones? —le preguntó el sumo sacerdote.

2Él contestó:

—Hermanos y padres, ¡escúchenme! El Dios de la gloria se apareció a nuestro padre Abraham cuando éste aún vivía en Mesopotamia, antes de radicarse en Jarán. **3**"Deja tu tierra y a tus parientes —le dijo Dios—, y ve a la tierra que yo te mostraré."x

4»Entonces salió de la tierra de los caldeos y se estableció en Jarán. Desde allí, después de la muerte de su padre, Dios lo trasladó a esta tierra donde ustedes viven ahora. **5**No le dio herencia alguna en ella, ni siquiera dónde plantar el pie, pero le prometió dársela en posesión a él y a su descendencia, aunque Abraham no tenía ni un solo hijo todavía. **6**Dios le dijo así: "Tus descendientes vivirán como extranjeros en tierra extraña, donde serán esclavizados y maltratados durante cuatrocientos años. **7**Pero sea cual sea la nación que los esclavice, yo la castigaré, y luego tus descendientes saldrán de esa tierra y me adorarán en este lugar."y **8**Hizo con Abraham el pacto que tenía por señal la circuncisión. Así, cuando Abraham tuvo a su hijo Isaac, lo circuncidó a los ocho días de nacido, e Isaac a Jacob, y Jacob a los doce patriarcas.

9»Por envidia los patriarcas vendieron a José como esclavo, quien fue llevado a Egipto; pero Dios estaba con él **10**y lo libró de todas sus desgracias. Le dio sabiduría para ganarse el favor del faraón, rey de Egipto, que lo nombró gobernador del país y del palacio real.

11»Hubo entonces un hambre que azotó a todo Egipto y a Canaán, causando mucho sufrimiento, y nuestros antepasados no encontraban alimentos. **12**Al enterarse Jacob de que había comida en Egipto, mandó allá a nuestros antepasados en una primera visita. **13**En la segunda, José se dio a conocer a sus hermanos, y el faraón supo del origen de José. **14**Después de esto, José mandó llamar a su padre Jacob y a toda su familia, setenta y cinco personas en total. **15**Bajó entonces Jacob a Egipto, y allí murieron él y nuestros antepasados. **16**Sus restos fueron llevados a Siquén y puestos en el sepulcro que a buen precio Abraham había comprado a los hijos de Jamor en Siquén.

17»Cuando ya se acercaba el tiempo de que se cumpliera la promesa que Dios le había hecho a Abraham, el pueblo crecía y se multiplicaba en Egipto. **18**Por aquel entonces subió al trono de Egipto un nuevo rey que no sabía nada de José. **19**Este rey usó de artimañas con nuestro pueblo y oprimió a nuestros antepasados, obligándolos a dejar abandonados a sus hijos recién nacidos para que murieran.

20»En aquel tiempo nació Moisés, y fue agradable a los ojos de Dios.z Por tres meses se crió en la casa de su padre **21**y, al quedar abandonado, la hija del faraón lo adoptó y lo crió como a su propio hijo. **22**Así Moisés fue instruido en toda la sabiduría de los egipcios, y era poderoso en palabra y en obra.

23»Cuando cumplió cuarenta años, Moisés tuvo el deseo de allegarse a sus hermanos israelitas. **24**Al ver que un egipcio maltrataba a uno de ellos, acudió en su defensa y lo vengó matando al egipcio. **25**Moisés suponía que sus hermanos reconocerían que Dios iba a liberarlos por medio de él, pero ellos no lo comprendieron así. **26**Al día siguiente, Moisés sorprendió a dos israelitas que estaban peleando. Trató de reconciliarlos, diciéndoles: "Señores, ustedes son hermanos; ¿por qué quieren hacerse daño?"

27»Pero el que estaba maltratando al otro empujó a Moisés y le dijo: "¿Y quién te nombró a ti gobernante y juez sobre nosotros? **28**¿Acaso quieres matarme a mí, como mataste ayer al egipcio?"a **29**Al oír esto, Moisés huyó a Madián; allí vivió como extranjero y tuvo dos hijos.

30»Pasados cuarenta años, se le apareció un ángel en el desierto cercano al monte Sinaí, en las llamas de una zarza que ardía. **31**Moisés se asombró de lo que veía. Al acercarse para observar, oyó la voz del Señor: **32**"Yo soy el Dios de tus antepasados, el Dios de Abraham, de Isaac y de Jacob."b Moisés se puso a temblar de miedo, y no se atrevía a mirar.

33»Le dijo el Señor: "Quítate las sandalias, porque estás pisando tierra santa. **34**Ciertamente he visto la opresión que sufre mi pueblo en Egipto. Los he escuchado

---

x **7:3** Gn 12:1.
y **7:7** Gn 15:13,14; Éx 3:12.
z **7:20** *fue … Dios.* Alt. *era sumamente hermoso.*
a **7:28** Éx 2:14.
b **7:32** Éx 3:6.

quejarse, así que he descendido para librarlos. Ahora ven y te enviaré de vuelta a Egipto."[c]

35»A este mismo Moisés, a quien habían rechazado diciéndole: "¿Y quién te nombró gobernante y juez?", Dios lo envió para ser gobernante y libertador, mediante el poder del ángel que se le apareció en la zarza. **36**Él los sacó de Egipto haciendo prodigios y señales milagrosas tanto en la tierra de Egipto como en el Mar Rojo, y en el desierto durante cuarenta años.

37»Este Moisés les dijo a los israelitas: "Dios hará surgir para ustedes, de entre sus propios hermanos, un profeta como yo."[d] **38**Este mismo Moisés estuvo en la asamblea en el desierto, con el ángel que le habló en el monte Sinaí, y con nuestros antepasados. Fue también él quien recibió palabras de vida para comunicárnoslas a nosotros.

39»Nuestros antepasados no quisieron obedecerlo a él, sino que lo rechazaron. Lo que realmente deseaban era volver a Egipto, **40**por lo cual le dijeron a Aarón: "Tienes que hacernos dioses que vayan delante de nosotros, porque a ese Moisés que nos sacó de Egipto, ¡no sabemos qué pudo haberle pasado!"[e]

41»Entonces se hicieron un ídolo en forma de becerro. Le ofrecieron sacrificios y tuvieron fiesta en honor de la obra de sus manos. **42**Pero Dios les volvió la espalda y los entregó a que rindieran culto a los astros. Así está escrito en el libro de los profetas:

»"Casa de Israel, ¿acaso me ofrecieron ustedes sacrificios y ofrendas durante los cuarenta años en el desierto?

43Por el contrario, ustedes se hicieron cargo del tabernáculo de Moloc, de la estrella del dios Refán, y de las imágenes que hicieron para adorarlas. Por lo tanto, los mandaré al exilio"[f] más allá de Babilonia.

44»Nuestros antepasados tenían en el desierto el tabernáculo del testimonio, hecho como Dios le había ordenado a Moisés, según el modelo que éste había visto. **45**Después de haber recibido el tabernáculo, lo trajeron consigo bajo el mando de Josué, cuando conquistaron la tierra de las naciones que Dios expulsó de la presencia de ellos. Allí permaneció hasta el tiempo de David, **46**quien disfrutó del favor de Dios y pidió que le permitiera proveer una morada para el Dios[g] de Jacob. **47**Pero fue Salomón quien construyó la casa.

48»Sin embargo, el Altísimo no habita en casas construidas por manos humanas. Como dice el profeta:

49»"El cielo es mi trono, y la tierra, el estrado de mis pies. ¿Qué clase de casa me construirán? —dice el Señor—. ¿O qué lugar de descanso?

50¿No es mi mano la que ha hecho todas estas cosas?"[h]

51»¡Tercos, duros de corazón y torpes de oídos![i] Ustedes son iguales que sus antepasados: ¡Siempre resisten al Espíritu Santo! **52**¿A cuál de los profetas no persiguieron sus antepasados? Ellos mataron a los que de antemano anunciaron la venida del Justo, y ahora a éste lo han traicionado y asesinado **53**ustedes, que recibieron la ley promulgada por medio de ángeles y no la han obedecido.

Muerte de Esteban

54Al oír esto, rechinando los dientes montaron en cólera contra él. **55**Pero Esteban, lleno del Espíritu Santo, fijó la mirada en el cielo y vio la gloria de Dios, y a Jesús de pie a la *derecha de Dios.

56—¡Veo el cielo abierto —exclamó—, y al Hijo del hombre de pie a la derecha de Dios!

57Entonces ellos, gritando a voz en cuello, se taparon los oídos y todos a una se abalanzaron sobre él, **58**lo sacaron a empellones fuera de la ciudad y comenzaron a apedrearlo. Los acusadores le encargaron sus mantos a un joven llamado Saulo.

59Mientras lo apedreaban, Esteban oraba.

—Señor Jesús —decía—, recibe mi espíritu.

60Luego cayó de rodillas y gritó:

—¡Señor, no les tomes en cuenta este pecado!

Cuando hubo dicho esto, murió.

8 Y Saulo estaba allí, aprobando la muerte de Esteban.

La iglesia perseguida y dispersa

Aquel día se desató una gran persecución contra la iglesia en Jerusalén, y todos, excepto los apóstoles, se dispersaron por las regiones de Judea y Samaria. **2**Unos hombres piadosos sepultaron a Esteban e hicieron gran duelo por él. **3**Saulo, por su parte, causaba estragos en la iglesia: entrando de casa en casa, arrastraba a hombres y mujeres y los metía en la cárcel.

Felipe en Samaria

4Los que se habían dispersado predicaban la palabra por dondequiera que iban. **5**Felipe bajó a una ciudad de Samaria y les anunciaba al *Mesías. **6**Al oír a Felipe y ver las señales milagrosas que realizaba, mucha gente se reunía y todos prestaban atención a su mensaje. **7**De muchos endemoniados los *espíritus malignos salían dando alaridos, y un gran número de paralíticos y cojos quedaban sanos. **8**Y aquella ciudad se llenó de alegría.

---

c **7:34** Éx 3:5,7,8,10.
d **7:37** Dt 18:15.
e **7:40** Éx 32:1.
f **7:43** Am 5:25-27.
g **7:46** *para el Dios.* Var. *para la casa* (es decir, la familia).
h **7:50** Is 66:1,2.
i **7:51** *¡Tercos ... oídos!* Lit. *¡Duros de cuello e incircuncisos en los corazones y los oídos!*

Simón el hechicero

9Ya desde antes había en esa ciudad un hombre llamado Simón que, jactándose de ser un gran personaje, practicaba la hechicería y asombraba a la gente de Samaria. **10**Todos, desde el más pequeño hasta el más grande, le prestaban atención y exclamaban: «¡Este hombre es al que llaman el Gran Poder de Dios!»

11Lo seguían porque por mucho tiempo los había tenido deslumbrados con sus artes mágicas. **12**Pero cuando creyeron a Felipe, que les anunciaba las buenas *nuevas del reino de Dios y el nombre de *Jesucristo, tanto hombres como mujeres se bautizaron. **13**Simón mismo creyó y, después de bautizarse, seguía a Felipe por todas partes, asombrado de los grandes milagros y señales que veía.

14Cuando los apóstoles que estaban en Jerusalén se enteraron de que los samaritanos habían aceptado la palabra de Dios, les enviaron a Pedro y a Juan. **15**Éstos, al llegar, oraron por ellos para que recibieran el Espíritu Santo, **16**porque el Espíritu aún no había descendido sobre ninguno de ellos; solamente habían sido bautizados en el nombre del Señor Jesús. **17**Entonces Pedro y Juan les impusieron las manos, y ellos recibieron el Espíritu Santo.

18Al ver Simón que mediante la imposición de las manos de los apóstoles se daba el Espíritu Santo, les ofreció dinero **19**y les pidió:

—Denme también a mí ese poder, para que todos a quienes yo les imponga las manos reciban el Espíritu Santo.

20—¡Que tu dinero perezca contigo —le contestó Pedro—, porque intentaste comprar el don de Dios con dinero! **21**No tienes arte ni parte en este asunto, porque no eres íntegro delante de Dios. **22**Por eso, *arrepiéntete de tu maldad y ruega al Señor. Tal vez te perdone el haber tenido esa mala intención. **23**Veo que vas camino a la amargura y a la esclavitud del pecado.

24—Rueguen al Señor por mí —respondió Simón—, para que no me suceda nada de lo que han dicho.

25Después de testificar y proclamar la palabra del Señor, Pedro y Juan se pusieron en camino de vuelta a Jerusalén, y de paso predicaron el *evangelio en muchas poblaciones de los samaritanos.

Felipe y el etíope

26Un ángel del Señor le dijo a Felipe: «Ponte en marcha hacia el sur, por el camino del desierto que baja de Jerusalén a Gaza.» **27**Felipe emprendió el viaje, y resulta que se encontró con un etíope *eunuco, alto funcionario encargado de todo el tesoro de la Candace, reina de los etíopes. Éste había ido a Jerusalén para adorar **28**y, en el viaje de regreso a su país, iba sentado en su carro, leyendo el libro del profeta Isaías. **29**El Espíritu le dijo a Felipe: «Acércate y júntate a ese carro.»

30Felipe se acercó deprisa al carro y, al oír que el hombre leía al profeta Isaías, le preguntó:

—¿Acaso entiende usted lo que está leyendo?

31—¿Y cómo voy a entenderlo —contestó— si nadie me lo explica?

Así que invitó a Felipe a subir y sentarse con él. **32**El pasaje de la Escritura que estaba leyendo era el siguiente: «Como oveja, fue llevado al matadero; y como cordero que enmudece ante su trasquilador, ni siquiera abrió su boca.

33Lo humillaron y no le hicieron justicia. ¿Quién describirá su descendencia? Porque su vida fue arrancada de la tierra.»*j*

34—Dígame usted, por favor, ¿de quién habla aquí el profeta, de sí mismo o de algún otro? —le preguntó el eunuco a Felipe.

35Entonces Felipe, comenzando con ese mismo pasaje de la Escritura, le anunció las buenas *nuevas acerca de Jesús. **36**Mientras iban por el camino, llegaron a un lugar donde había agua, y dijo el eunuco:

—Mire usted, aquí hay agua. ¿Qué impide que yo sea bautizado?*k*

38Entonces mandó parar el carro, y ambos bajaron al agua, y Felipe lo bautizó. **39**Cuando subieron del agua, el Espíritu del Señor se llevó de repente a Felipe. El eunuco no volvió a verlo, pero siguió alegre su camino. **40**En cuanto a Felipe, apareció en Azoto, y se fue predicando el *evangelio en todos los pueblos hasta que llegó a Cesarea.

Conversión de Saulo

9:1-19 — Hch 23:3-16; 26:9-18

9Mientras tanto, Saulo, respirando aún amenazas de muerte contra los discípulos del Señor, se presentó al sumo sacerdote **2**y le pidió cartas de extradición para las sinagogas de Damasco. Tenía la intención de encontrar y llevarse presos a Jerusalén a todos los que pertenecieran al Camino, fueran hombres o mujeres. **3**En el viaje sucedió que, al acercarse a Damasco, una luz del cielo relampagueó de repente a su alrededor. **4**Él cayó al suelo y oyó una voz que le decía:

—Saulo, Saulo, ¿por qué me persigues?

5—¿Quién eres, Señor? —preguntó.

—Yo soy Jesús, a quien tú persigues —le contestó la voz—. **6**Levántate y entra en la ciudad, que allí se te dirá lo que tienes que hacer.

7Los hombres que viajaban con Saulo se detuvieron atónitos, porque oían la voz pero no veían a nadie. **8**Saulo se levantó del suelo, pero cuando abrió los ojos no podía ver, así que

---

j 8:33 Is 53:7,8.

k 8:36 *bautizado?* Var. *bautizado? /* ³⁷—*Si cree usted de todo corazón, bien puede —le dijo Felipe. / —Creo que Jesucristo es el Hijo de Dios —contestó el hombre.*

lo tomaron de la mano y lo llevaron a Damasco. 9Estuvo ciego tres días, sin comer ni beber nada.

10Había en Damasco un discípulo llamado Ananías, a quien el Señor llamó en una visión.

—¡Ananías!

—Aquí estoy, Señor.

11—Anda, ve a la casa de Judas, en la calle llamada Derecha, y pregunta por un tal Saulo de Tarso. Está orando, 12y ha visto en una visión a un hombre llamado Ananías, que entra y pone las manos sobre él para que recobre la vista.

13Entonces Ananías respondió:

—Señor, he oído hablar mucho de ese hombre y de todo el mal que ha causado a tus *santos en Jerusalén. 14Y ahora lo tenemos aquí, autorizado por los jefes de los sacerdotes, para llevarse presos a todos los que invocan tu nombre.

15—¡Ve! —insistió el Señor—, porque ese hombre es mi instrumento escogido para dar a conocer mi nombre tanto a las *naciones y a sus reyes como al pueblo de Israel. 16Yo le mostraré cuánto tendrá que padecer por mi nombre.

17Ananías se fue y, cuando llegó a la casa, le impuso las manos a Saulo y le dijo: «Hermano Saulo, el Señor Jesús, que se te apareció en el camino, me ha enviado para que recobres la vista y seas lleno del Espíritu Santo.» 18Al instante cayó de los ojos de Saulo algo como escamas, y recobró la vista. Se levantó y fue bautizado; 19y habiendo comido, recobró las fuerzas.

Saulo en Damasco y en Jerusalén

Saulo pasó varios días con los discípulos que estaban en Damasco, 20y en seguida se dedicó a predicar en las sinagogas, afirmando que Jesús es el Hijo de Dios.

21Todos los que le oían se quedaban asombrados, y preguntaban: «¿No es éste el que en Jerusalén perseguía a muerte a los que invocan ese nombre? ¿Y no ha venido aquí para llevárselos presos y entregarlos a los jefes de los sacerdotes?» 22Pero Saulo cobraba cada vez más fuerza y confundía a los judíos que vivían en Damasco, demostrándoles que Jesús es el *Mesías.

23Después de muchos días, los judíos se pusieron de acuerdo para hacerlo desaparecer, 24pero Saulo se enteró de sus maquinaciones. Día y noche vigilaban de cerca las puertas de la ciudad con el fin de eliminarlo. 25Pero sus discípulos se lo llevaron de noche y lo bajaron en un canasto por una abertura en la muralla.

26Cuando llegó a Jerusalén, trataba de juntarse con los discípulos, pero todos tenían miedo de él, porque no creían que de veras fuera discípulo. 27Entonces Bernabé lo tomó a su cargo y lo llevó a los apóstoles. Saulo les describió en detalle cómo en el camino había visto al Señor, el cual le había hablado, y cómo en Damasco había predicado con libertad en el nombre de Jesús. 28Así que se quedó con ellos, y andaba por todas partes en Jerusalén, hablando abiertamente en el nombre del Señor. 29Conversaba y discutía con los judíos de habla griega,l pero ellos se proponían eliminarlo. 30Cuando se enteraron de ello los hermanos, se lo llevaron a Cesarea y de allí lo mandaron a Tarso.

31Mientras tanto, la iglesia disfrutaba de paz a la vez que se consolidaba en toda Judea, Galilea y Samaria, pues vivía en el temor del Señor. E iba creciendo en número, fortalecida por el Espíritu Santo.

Eneas y Dorcas

32Pedro, que estaba recorriendo toda la región, fue también a visitar a los *santos que vivían en Lida. 33Allí encontró a un paralítico llamado Eneas, que llevaba ocho años en cama. 34«Eneas —le dijo Pedro—, *Jesucristo te sana. Levántate y tiende tu cama.» Y al instante se levantó. 35Todos los que vivían en Lida y en Sarón lo vieron, y se convirtieron al Señor.

36Había en Jope una discípula llamada Tabita (que traducido es Dorcasm). Ésta se esmeraba en hacer buenas obras y en ayudar a los pobres. 37Sucedió que en esos días cayó enferma y murió. Pusieron el cadáver, después de lavarlo, en un cuarto de la planta alta. 38Y como Lida estaba cerca de Jope, los discípulos, al enterarse de que Pedro se encontraba en Lida, enviaron a dos hombres a rogarle: «¡Por favor, venga usted a Jope en seguida!»

39Sin demora, Pedro se fue con ellos, y cuando llegó lo llevaron al cuarto de arriba. Todas las viudas se presentaron, llorando y mostrándole las túnicas y otros vestidos que Dorcas había hecho cuando aún estaba con ellas. 40Pedro hizo que todos salieran del cuarto; luego se puso de rodillas y oró. Volviéndose hacia la muerta, dijo: «Tabita, levántate.» Ella abrió los ojos y, al ver a Pedro, se incorporó. 41Él, tomándola de la mano, la levantó. Luego llamó a los *creyentes y a las viudas, a quienes la presentó viva. 42La noticia se difundió por todo Jope, y muchos creyeron en el Señor. 43Pedro se quedó en Jope un buen tiempo, en casa de un tal Simón, que era curtidor.

Cornelio manda llamar a Pedro

10 Vivía en Cesarea un centurión llamado Cornelio, del regimiento conocido como el Italiano. 2Él y toda su familia eran devotos y temerosos de Dios. Realizaba muchas obras de beneficencia para el pueblo de Israel y oraba a

---

l 9:29 *los judíos de habla griega.* Lit. *los helenistas.*
m 9:36 Tanto *Tabita* (arameo) como *Dorcas* (griego) significan *gacela.*

Dios constantemente. ³Un día, como a las tres de la tarde,[n] tuvo una visión. Vio claramente a un ángel de Dios que se le acercaba y le decía:

—¡Cornelio!

⁴—¿Qué quieres, Señor? —le preguntó Cornelio, mirándolo fijamente y con mucho miedo.

—Dios ha recibido tus oraciones y tus obras de beneficencia como una ofrenda —le contestó el ángel—. ⁵Envía de inmediato a algunos hombres a Jope para que hagan venir a un tal Simón, apodado Pedro. ⁶Él se hospeda con Simón el curtidor, que tiene su casa junto al mar.

⁷Después de que se fue el ángel que le había hablado, Cornelio llamó a dos de sus siervos y a un soldado devoto de los que le servían regularmente. ⁸Les explicó todo lo que había sucedido y los envió a Jope.

La visión de Pedro

⁹Al día siguiente, mientras ellos iban de camino y se acercaban a la ciudad, Pedro subió a la azotea a orar. Era casi el mediodía.[ñ] ¹⁰Tuvo hambre y quiso algo de comer. Mientras se lo preparaban, le sobrevino un éxtasis. ¹¹Vio el cielo abierto y algo parecido a una gran sábana que, suspendida por las cuatro puntas, descendía hacia la tierra. ¹²En ella había toda clase de cuadrúpedos, como también reptiles y aves.

¹³—Levántate, Pedro; mata y come —le dijo una voz.

¹⁴—¡De ninguna manera, Señor! —replicó Pedro—. Jamás he comido nada *impuro o inmundo.

¹⁵Por segunda vez le insistió la voz:

—Lo que Dios ha purificado, tú no lo llames impuro.

¹⁶Esto sucedió tres veces, y en seguida la sábana fue recogida al cielo.

¹⁷Pedro no atinaba a explicarse cuál podría ser el significado de la visión. Mientras tanto, los hombres enviados por Cornelio, que estaban preguntando por la casa de Simón, se presentaron a la puerta. ¹⁸Llamando, averiguaron si allí se hospedaba Simón, apodado Pedro.

¹⁹Mientras Pedro seguía reflexionando sobre el significado de la visión, el Espíritu le dijo: «Mira, Simón, tres[o] hombres te buscan. ²⁰Date prisa, baja y no dudes en ir con ellos, porque yo los he enviado.»

²¹Pedro bajó y les dijo a los hombres:

—Aquí estoy; yo soy el que ustedes buscan. ¿Qué asunto los ha traído por acá?

²²Ellos le contestaron:

—Venimos de parte del centurión Cornelio, un hombre justo y temeroso de Dios, respetado por todo el pueblo judío. Un ángel de Dios le dio instrucciones de invitarlo a usted a su casa para escuchar lo que usted tiene que decirle.

²³Entonces Pedro los invitó a pasar y los hospedó.

Pedro en casa de Cornelio

Al día siguiente, Pedro se fue con ellos acompañado de algunos creyentes de Jope. ²⁴Un día después llegó a Cesarea. Cornelio estaba esperándolo con los parientes y amigos íntimos que había reunido. ²⁵Al llegar Pedro a la casa, Cornelio salió a recibirlo y, postrándose delante de él, le rindió homenaje. ²⁶Pero Pedro hizo que se levantara, y le dijo:

—Ponte de pie, que sólo soy un hombre como tú.

²⁷Pedro entró en la casa conversando con él, y encontró a muchos reunidos. ²⁸Entonces les habló así:

—Ustedes saben muy bien que nuestra ley prohíbe que un judío se junte con un extranjero o lo visite. Pero Dios me ha hecho ver que a nadie debo llamar *impuro o inmundo. ²⁹Por eso, cuando mandaron por mí, vine sin poner ninguna objeción. Ahora permítanme preguntarles: ¿para qué me hicieron venir?

³⁰Cornelio contestó:

—Hace cuatro días a esta misma hora, las tres de la tarde, estaba yo en casa orando.[p] De repente apareció delante de mí un hombre vestido con ropa brillante, ³¹y me dijo: "Cornelio, Dios ha oído tu oración y se ha acordado de tus obras de beneficencia. ³²Por lo tanto, envía a alguien a Jope para hacer venir a Simón, apodado Pedro, que se hospeda en casa de Simón el curtidor, junto al mar." ³³Así que inmediatamente mandé a llamarte, y tú has tenido la bondad de venir. Ahora estamos todos aquí, en la presencia de Dios, para escuchar todo lo que el Señor te ha encomendado que nos digas.

³⁴Pedro tomó la palabra, y dijo:

—Ahora comprendo que en realidad para Dios no hay favoritismos, ³⁵sino que en toda nación él ve con agrado a los que le temen y actúan con justicia. ³⁶Dios envió su mensaje al pueblo de Israel, anunciando las buenas *nuevas de la paz por medio de *Jesucristo, que es el Señor de todos. ³⁷Ustedes conocen este mensaje que se difundió por toda Judea, comenzando desde Galilea, después del bautismo que predicó Juan. ³⁸Me refiero a Jesús de Nazaret: cómo lo ungió Dios con el Espíritu Santo y con poder, y cómo anduvo haciendo el bien y sanando a todos los que estaban oprimidos por el diablo, porque Dios estaba con él. ³⁹Nosotros somos testigos de todo lo que hizo en la tierra de los judíos y en Jerusalén. Lo mataron, colgándolo de un madero, ⁴⁰pero Dios lo resucitó al tercer día y dispuso que se apareciera, ⁴¹no a todo el pueblo, sino a nosotros, testigos previamente escogidos por Dios, que comimos y bebimos

---

n 10:3 *las tres de la tarde.* Lit. *la hora novena;* también en v. 30.

ñ 10:9 *casi el mediodía.* Lit. *alrededor de la hora sexta.*

o 10:19 Var. no incluye *tres* (un ms. antiguo dice: *dos*).

p 10:30 *en casa orando.* Var. *en casa ayunando y orando.*

con él después de su *resurrección. **42**Él nos mandó a predicar al pueblo y a dar solemne testimonio de que ha sido nombrado por Dios como juez de vivos y muertos. **43**De él dan testimonio todos los profetas, que todo el que cree en él recibe, por medio de su nombre, el perdón de los pecados.

44Mientras Pedro estaba todavía hablando, el Espíritu Santo descendió sobre todos los que escuchaban el mensaje. **45**Los defensores de la circuncisión que habían llegado con Pedro se quedaron asombrados de que el don del Espíritu Santo se hubiera derramado también sobre los *gentiles, **46**pues los oían hablar en *lenguas y alabar a Dios. Entonces Pedro respondió:

47—¿Acaso puede alguien negar el agua para que sean bautizados estos que han recibido el Espíritu Santo lo mismo que nosotros?

48Y mandó que fueran bautizados en el nombre de Jesucristo. Entonces le pidieron que se quedara con ellos algunos días.

Pedro explica su comportamiento

11 Los apóstoles y los hermanos de toda Judea se enteraron de que también los *gentiles habían recibido la palabra de Dios. **2**Así que cuando Pedro subió a Jerusalén, los defensores de la circuncisión lo criticaron **3**diciendo:

—Entraste en casa de hombres incircuncisos y comiste con ellos.

4Entonces Pedro comenzó a explicarles paso a paso lo que había sucedido:

5—Yo estaba orando en la ciudad de Jope y tuve en éxtasis una visión. Vi que del cielo descendía algo parecido a una gran sábana que, suspendida por las cuatro puntas, bajaba hasta donde yo estaba. **6**Me fijé en lo que había en ella, y vi cuadrúpedos, fieras, reptiles y aves. **7**Luego oí una voz que me decía: "Levántate, Pedro; mata y come." **8**Repliqué: "¡De ninguna manera, Señor! Jamás ha entrado en mi boca nada *impuro o inmundo." **9**Por segunda vez insistió la voz del cielo: "Lo que Dios ha purificado, tú no lo llames impuro." **10**Esto sucedió tres veces, y luego todo volvió a ser llevado al cielo.

11»En aquel momento se presentaron en la casa donde yo estaba tres hombres que desde Cesarea habían sido enviados a verme. **12**El Espíritu me dijo que fuera con ellos sin dudar. También fueron conmigo estos seis hermanos, y entramos en la casa de aquel hombre. **13**Él nos contó cómo en su casa se le había aparecido un ángel que le dijo: "Manda a alguien a Jope para hacer venir a Simón, apodado Pedro. **14**Él te traerá un mensaje mediante el cual serán salvos tú y toda tu familia."

15»Cuando comencé a hablarles, el Espíritu Santo descendió sobre ellos tal como al principio descendió sobre nosotros. **16**Entonces recordé lo que había dicho el Señor: "Juan bautizó con*q* agua, pero ustedes serán bautizados con el Espíritu Santo." **17**Por tanto, si Dios les ha dado a ellos el mismo don que a nosotros al creer en el Señor *Jesucristo, ¿quién soy yo para pretender estorbar a Dios?

18Al oír esto, se apaciguaron y alabaron a Dios diciendo:

—¡Así que también a los gentiles les ha concedido Dios el *arrepentimiento para vida!

La iglesia en Antioquía

19Los que se habían dispersado a causa de la persecución que se desató por el caso de Esteban llegaron hasta Fenicia, Chipre y Antioquía, sin anunciar a nadie el mensaje excepto a los judíos. **20**Sin embargo, había entre ellos algunas personas de Chipre y de Cirene que, al llegar a Antioquía, comenzaron a hablarles también a los de habla griega, anunciándoles las buenas *nuevas acerca del Señor Jesús. **21**El poder del Señor estaba con ellos, y un gran número creyó y se convirtió al Señor.

22La noticia de estos sucesos llegó a oídos de la iglesia de Jerusalén, y mandaron a Bernabé a Antioquía. **23**Cuando él llegó y vio las evidencias de la gracia de Dios, se alegró y animó a todos a hacerse el firme propósito de permanecer fieles al Señor, **24**pues era un hombre bueno, lleno del Espíritu Santo y de fe. Un gran número de personas aceptó al Señor.

25Después partió Bernabé para Tarso en busca de Saulo, **26**y cuando lo encontró, lo llevó a Antioquía. Durante todo un año se reunieron los dos con la iglesia y enseñaron a mucha gente. Fue en Antioquía donde a los discípulos se les llamó «cristianos» por primera vez.

27Por aquel tiempo unos profetas bajaron de Jerusalén a Antioquía. **28**Uno de ellos, llamado Ágabo, se puso de pie y predijo por medio del Espíritu que iba a haber una gran hambre en todo el mundo, lo cual sucedió durante el reinado de Claudio. **29**Entonces decidieron que cada uno de los discípulos, según los recursos de cada cual, enviaría ayuda a los hermanos que vivían en Judea. **30**Así lo hicieron, mandando su ofrenda a los *ancianos por medio de Bernabé y de Saulo.

Pedro escapa milagrosamente de la cárcel

12 En ese tiempo el rey Herodes hizo arrestar a algunos de la iglesia con el fin de maltratarlos. **2**A *Jacobo, hermano de Juan, lo mandó matar a espada. **3**Al ver que esto agradaba a los judíos, procedió a prender también a Pedro. Esto sucedió durante la fiesta de los Panes sin levadura. **4**Después de arrestarlo, lo metió en la cárcel y lo puso bajo la vigilancia de cuatro grupos de cuatro soldados cada uno. Tenía

q 11:16 *con.* Alt. *en.*

la intención de hacerlo comparecer en juicio público después de la Pascua. **5**Pero mientras mantenían a Pedro en la cárcel, la iglesia oraba constante y fervientemente a Dios por él.

6La misma noche en que Herodes estaba a punto de sacar a Pedro para someterlo a juicio, éste dormía entre dos soldados, sujeto con dos cadenas. Unos guardias vigilaban la entrada de la cárcel. **7**De repente apareció un ángel del Señor y una luz resplandeció en la celda. Despertó a Pedro con unas palmadas en el costado y le dijo: «¡Date prisa, levántate!» Las cadenas cayeron de las manos de Pedro. **8**Le dijo además el ángel: «Vístete y cálzate las sandalias.» Así lo hizo, y el ángel añadió: «Échate la capa encima y sígueme.»

9Pedro salió tras él, pero no sabía si realmente estaba sucediendo lo que el ángel hacía. Le parecía que se trataba de una visión. **10**Pasaron por la primera y la segunda guardia, y llegaron al portón de hierro que daba a la ciudad. El portón se les abrió por sí solo, y salieron. Caminaron unas cuadras, y de repente el ángel lo dejó solo.

11Entonces Pedro volvió en sí y se dijo: «Ahora estoy completamente seguro de que el Señor ha enviado a su ángel para librarme del poder de Herodes y de todo lo que el pueblo judío esperaba.»

12Cuando cayó en cuenta de esto, fue a casa de María, la madre de Juan, apodado Marcos, donde muchas personas estaban reunidas orando. **13**Llamó a la puerta de la calle, y salió a responder una sierva llamada Rode. **14**Al reconocer la voz de Pedro, se puso tan contenta que volvió corriendo sin abrir.

—¡Pedro está a la puerta! —exclamó.

15—¡Estás loca! —le dijeron.

Ella insistía en que así era, pero los otros decían:

—Debe de ser su ángel.

16Entre tanto, Pedro seguía llamando. Cuando abrieron la puerta y lo vieron, quedaron pasmados. **17**Con la mano Pedro les hizo señas de que se callaran, y les contó cómo el Señor lo había sacado de la cárcel.

—Cuéntenles esto a Jacobo y a los hermanos —les dijo.

Luego salió y se fue a otro lugar.

18Al amanecer se produjo un gran alboroto entre los soldados respecto al paradero de Pedro. **19**Herodes hizo averiguaciones, pero al no encontrarlo, les tomó declaración a los guardias y mandó matarlos. Después viajó de Judea a Cesarea y se quedó allí.

Muerte de Herodes

20Herodes estaba furioso con los de Tiro y de Sidón, pero ellos se pusieron de acuerdo y se presentaron ante él. Habiéndose ganado el favor de Blasto, camarero del rey, pidieron paz, porque su región dependía del país del rey para obtener sus provisiones.

21El día señalado, Herodes, ataviado con su ropaje real y sentado en su trono, le dirigió un discurso al pueblo. **22**La gente gritaba: «¡Voz de un dios, no de hombre!» **23**Al instante un ángel del Señor lo hirió, porque no le había dado la gloria a Dios; y Herodes murió comido de gusanos.

24Pero la palabra de Dios seguía extendiéndose y difundiéndose.

25Cuando Bernabé y Saulo cumplieron su servicio, regresaron de^r Jerusalén llevando con ellos a Juan, llamado también Marcos.

Despedida de Bernabé y Saulo

13 En la iglesia de Antioquía eran profetas y maestros Bernabé; Simeón, apodado el Negro; Lucio de Cirene; Manaén, que se había criado con Herodes el tetrarca; y Saulo. **2**Mientras ayunaban y participaban en el culto al Señor, el Espíritu Santo dijo: «Apártenme ahora a Bernabé y a Saulo para el trabajo al que los he llamado.»

3Así que después de ayunar, orar e imponerles las manos, los despidieron.

En Chipre

4Bernabé y Saulo, enviados por el Espíritu Santo, bajaron a Seleucia, y de allí navegaron a Chipre. **5**Al llegar a Salamina, predicaron la palabra de Dios en las sinagogas de los judíos. Tenían también a Juan como ayudante.

6Recorrieron toda la isla hasta Pafos. Allí se encontraron con un hechicero, un falso profeta judío llamado Barjesús, **7**que estaba con el gobernador^s Sergio Paulo. El gobernador, hombre inteligente, mandó llamar a Bernabé y a Saulo, en un esfuerzo por escuchar la palabra de Dios. **8**Pero Elimas el hechicero (que es lo que significa su nombre) se les oponía y procuraba apartar de la fe al gobernador. **9**Entonces Saulo, o sea Pablo, lleno del Espíritu Santo, clavó los ojos en Elimas y le dijo: **10**«¡Hijo del diablo y enemigo de toda justicia! ¡Lleno de todo tipo de engaño y de fraude! ¿Nunca dejarás de torcer los caminos rectos del Señor? **11**Ahora la mano del Señor está contra ti; vas a quedarte ciego y por algún tiempo no podrás ver la luz del sol.»

Al instante cayeron sobre él sombra y oscuridad, y comenzó a buscar a tientas quien lo llevara de la mano. **12**Al ver lo sucedido, el gobernador creyó, maravillado de la enseñanza acerca del Señor.

En Antioquía de Pisidia

13Pablo y sus compañeros se hicieron a la mar desde Pafos, y llegaron a Perge de Panfilia. Juan se separó de ellos y regresó a Jerusalén; **14**ellos, por su parte, siguieron su viaje desde

---

r **12:25** *regresaron de.* Var. *regresaron a.*
s **13:7** *gobernador.* Lit. *procónsul;* también en vv. 8 y 12.

Perge hasta Antioquía de Pisidia. El *sábado entraron en la sinagoga y se sentaron. ¹⁵Al terminar la lectura de la ley y los profetas, los jefes de la sinagoga mandaron a decirles: «Hermanos, si tienen algún mensaje de aliento para el pueblo, hablen.»

¹⁶Pablo se puso en pie, hizo una señal con la mano y dijo: «Escúchenme, israelitas, y ustedes, los *gentiles temerosos de Dios: ¹⁷El Dios de este pueblo de Israel escogió a nuestros antepasados y engrandeció al pueblo mientras vivían como extranjeros en Egipto. Con gran poder los sacó de aquella tierra ¹⁸y soportó su mal proceder*ᵗ en el desierto unos cuarenta años. ¹⁹Luego de destruir siete naciones en Canaán, dio a su pueblo la tierra de ellas en herencia. ²⁰Todo esto duró unos cuatrocientos cincuenta años.

»Después de esto, Dios les asignó jueces hasta los días del profeta Samuel. ²¹Entonces pidieron un rey, y Dios les dio a Saúl, hijo de Quis, de la tribu de Benjamín, que gobernó por cuarenta años. ²²Tras destituir a Saúl, les puso por rey a David, de quien dio este testimonio: "He encontrado en David, hijo de Isaí, un hombre conforme a mi corazón; él realizará todo lo que yo quiero."

²³»De los descendientes de éste, conforme a la promesa, Dios ha provisto a Israel un salvador, que es Jesús. ²⁴Antes de la venida de Jesús, Juan predicó un bautismo de *arrepentimiento a todo el pueblo de Israel. ²⁵Cuando estaba completando su carrera, Juan decía: "¿Quién suponen ustedes que soy? No soy aquél. Miren, después de mí viene uno a quien no soy digno ni siquiera de desatarle las sandalias."

²⁶»Hermanos, descendientes de Abraham, y ustedes, los gentiles temerosos de Dios: a nosotros se nos ha enviado este mensaje de salvación. ²⁷Los habitantes de Jerusalén y sus gobernantes no reconocieron a Jesús. Por tanto, al condenarlo, cumplieron las palabras de los profetas que se leen todos los sábados. ²⁸Aunque no encontraron ninguna causa digna de muerte, le pidieron a Pilato que lo mandara a ejecutar. ²⁹Después de llevar a cabo todas las cosas que estaban escritas acerca de él, lo bajaron del madero y lo sepultaron. ³⁰Pero Dios lo *levantó de entre los muertos. ³¹Durante muchos días lo vieron los que habían subido con él de Galilea a Jerusalén, y ellos son ahora sus testigos ante el pueblo.

³²»Nosotros les anunciamos a ustedes las buenas *nuevas respecto a la promesa hecha a nuestros antepasados. ³³Dios nos la ha cumplido plenamente a nosotros, los descendientes de ellos, al resucitar a Jesús. Como está escrito en el segundo salmo:

»"Tú eres mi hijo; hoy mismo te he engendrado."ᵘ

³⁴Dios lo *resucitó para que no volviera jamás a la corrupción. Así se cumplieron estas palabras:

»"Yo les daré las bendiciones santas y seguras prometidas a David."ᵛ

³⁵Por eso dice en otro pasaje:

»"No permitirás que el fin de tu santo sea la corrupción."ʷ

³⁶»Ciertamente David, después de servir a su propia generación conforme al propósito de Dios, murió, fue sepultado con sus antepasados, y su cuerpo sufrió la corrupción. ³⁷Pero aquel a quien Dios resucitó no sufrió la corrupción de su cuerpo.

³⁸»Por tanto, hermanos, sepan que por medio de Jesús se les anuncia a ustedes el perdón de los pecados. ³⁹Ustedes no pudieron ser *justificados de esos pecados por la ley de Moisés, pero todo el que cree es justificado por medio de Jesús. ⁴⁰Tengan cuidado, no sea que les suceda lo que han dicho los profetas:

⁴¹»"¡Miren, burlones! ¡Asómbrense y desaparezcan! Estoy por hacer en estos días una obra que ustedes nunca creerán, aunque alguien se la explique."ˣ»

⁴²Al salir ellos de la sinagoga, los invitaron a que el siguiente sábado les hablaran más de estas cosas. ⁴³Cuando se disolvió la asamblea, muchos judíos y prosélitos fieles acompañaron a Pablo y a Bernabé, los cuales en su conversación con ellos les instaron a perseverar en la gracia de Dios.

⁴⁴El siguiente sábado casi toda la ciudad se congregó para oír la palabra del Señor. ⁴⁵Pero cuando los judíos vieron a las multitudes, se llenaron de celos y contradecían con maldiciones lo que Pablo decía.

⁴⁶Pablo y Bernabé les contestaron valientemente: «Era necesario que les anunciáramos la palabra de Dios primero a ustedes. Como la rechazan y no se consideran dignos de la vida eterna, ahora vamos a dirigirnos a los gentiles. ⁴⁷Así nos lo ha mandado el Señor:

»"Te he puesto por luz para las *naciones, a fin de que lleves mi salvación hasta los confines de la tierra."ʸ»

⁴⁸Al oír esto, los gentiles se alegraron y celebraron la palabra del Señor; y creyeron todos los que estaban destinados a la vida eterna.

⁴⁹La palabra del Señor se difundía por toda la región. ⁵⁰Pero los judíos incitaron a mujeres muy distinguidas y favorables al judaísmo, y a los hombres más prominentes de la ciudad, y provocaron una persecución contra Pablo y Bernabé. Por tanto, los expulsaron de la región. ⁵¹Ellos, por su parte, se sacudieron el polvo de

---

ᵗ 13:18 *soportó su mal proceder.* Var. *los cuidó.*
ᵘ 13:33 Sal 2:7.
ᵛ 13:34 Is 55:3.
ʷ 13:35 Sal 16:10.
ˣ 13:41 Hab 1:5.
ʸ 13:47 Is 49:6.

los pies en señal de protesta contra la ciudad, y se fueron a Iconio. ⁵²Y los discípulos quedaron llenos de alegría y del Espíritu Santo.

En Iconio

14 En Iconio, Pablo y Bernabé entraron, como de costumbre, en la sinagoga judía y hablaron de tal manera que creyó una multitud de judíos y de *griegos. ²Pero los judíos incrédulos incitaron a los *gentiles y les amargaron el ánimo contra los hermanos. ³En todo caso, Pablo y Bernabé pasaron allí bastante tiempo, hablando valientemente en el nombre del Señor, quien confirmaba el mensaje de su gracia, haciendo señales y prodigios por medio de ellos. ⁴La gente de la ciudad estaba dividida: unos estaban de parte de los judíos, y otros de parte de los apóstoles. ⁵Hubo un complot tanto de los gentiles como de los judíos, apoyados por sus dirigentes, para maltratarlos y apedrearlos. ⁶Al darse cuenta de esto, los apóstoles huyeron a Listra y a Derbe, ciudades de Licaonia, y a sus alrededores, ⁷donde siguieron anunciando las buenas *nuevas.

En Listra y Derbe

⁸En Listra vivía un hombre lisiado de nacimiento, que no podía mover las piernas y nunca había caminado. Estaba sentado, ⁹escuchando a Pablo, quien al reparar en él y ver que tenía fe para ser sanado, ¹⁰le ordenó con voz fuerte:

—¡Ponte en pie y enderézate!

El hombre dio un salto y empezó a caminar. ¹¹Al ver lo que Pablo había hecho, la gente comenzó a gritar en el idioma de Licaonia:

—¡Los dioses han tomado forma humana y han venido a visitarnos!

¹²A Bernabé lo llamaban Zeus, y a Pablo, Hermes, porque era el que dirigía la palabra. ¹³El sacerdote de Zeus, el dios cuyo templo estaba a las afueras de la ciudad, llevó toros y guirnaldas a las puertas y, con toda la multitud, quería ofrecerles sacrificios.

¹⁴Al enterarse de esto los apóstoles Bernabé y Pablo, se rasgaron las vestiduras y se lanzaron por entre la multitud, gritando:

¹⁵—Señores, ¿por qué hacen esto? Nosotros también somos hombres mortales como ustedes. Las buenas *nuevas que les anunciamos es que dejen estas cosas sin valor y se vuelvan al Dios viviente, que hizo el cielo, la tierra, el mar y todo lo que hay en ellos. ¹⁶En épocas pasadas él permitió que todas las *naciones siguieran su propio camino. ¹⁷Sin embargo, no ha dejado de dar testimonio de sí mismo haciendo el bien, dándoles lluvias del cielo y estaciones fructíferas, proporcionándoles comida y alegría de corazón.

¹⁸A pesar de todo lo que dijeron, a duras penas evitaron que la multitud les ofreciera sacrificios.

¹⁹En eso llegaron de Antioquía y de Iconio unos judíos que hicieron cambiar de parecer a la multitud. Apedrearon a Pablo y lo arrastraron fuera de la ciudad, creyendo que estaba muerto. ²⁰Pero cuando lo rodearon los discípulos, él se levantó y volvió a entrar en la ciudad. Al día siguiente, partió para Derbe en compañía de Bernabé.

El regreso a Antioquía de Siria

²¹Después de anunciar las buenas *nuevas en aquella ciudad y de hacer muchos discípulos, Pablo y Bernabé regresaron a Listra, a Iconio y a Antioquía, ²²fortaleciendo a los discípulos y animándolos a perseverar en la fe. «Es necesario pasar por muchas dificultades para entrar en el reino de Dios», les decían. ²³En cada iglesia nombraron *ancianos y, con oración y ayuno, los encomendaron al Señor, en quien habían creído. ²⁴Atravesando Pisidia, llegaron a Panfilia, ²⁵y cuando terminaron de predicar la palabra en Perge, bajaron a Atalía.

²⁶De Atalía navegaron a Antioquía, donde se los había encomendado a la gracia de Dios para la obra que ya habían realizado. ²⁷Cuando llegaron, reunieron a la iglesia e informaron de todo lo que Dios había hecho por medio de ellos, y de cómo había abierto la puerta de la fe a los *gentiles. ²⁸Y se quedaron allí mucho tiempo con los discípulos.

El concilio de Jerusalén

15 Algunos que habían llegado de Judea a Antioquía se pusieron a enseñar a los hermanos: «A menos que ustedes se circunciden, conforme a la tradición de Moisés, no pueden ser salvos.» ²Esto provocó un altercado y un serio debate de Pablo y Bernabé con ellos. Entonces se decidió que Pablo y Bernabé, y algunos otros creyentes, subieran a Jerusalén para tratar este asunto con los apóstoles y los *ancianos. ³Enviados por la iglesia, al pasar por Fenicia y Samaria contaron cómo se habían convertido los *gentiles. Estas noticias llenaron de alegría a todos los creyentes. ⁴Al llegar a Jerusalén, fueron muy bien recibidos tanto por la iglesia como por los apóstoles y los ancianos, a quienes informaron de todo lo que Dios había hecho por medio de ellos.

⁵Entonces intervinieron algunos creyentes que pertenecían a la secta de los *fariseos y afirmaron:

—Es necesario circuncidar a los gentiles y exigirles que obedezcan la ley de Moisés.

⁶Los apóstoles y los ancianos se reunieron para examinar este asunto. ⁷Después de una larga discusión, Pedro tomó la palabra:

—Hermanos, ustedes saben que desde un principio Dios me escogió de entre ustedes para que por mi boca los gentiles oyeran el mensaje del *evangelio y creyeran. ⁸Dios, que conoce el corazón humano, mostró que los aceptaba dándoles el Espíritu Santo, lo mismo que a nosotros. **9**Sin hacer distinción alguna entre nosotros y ellos, purificó sus corazones por la fe. **10**Entonces, ¿por qué tratan ahora de provocar a Dios poniendo sobre el cuello de esos discípulos un yugo que ni nosotros ni nuestros antepasados hemos podido soportar? **11**¡No puede ser! Más bien, como ellos, creemos que somos salvos[z] por la gracia de nuestro Señor Jesús.

12Toda la asamblea guardó silencio para escuchar a Bernabé y a Pablo, que les contaron las señales y prodigios que Dios había hecho por medio de ellos entre los gentiles. **13**Cuando terminaron, *Jacobo tomó la palabra y dijo:

—Hermanos, escúchenme. **14***Simón[a] nos ha expuesto cómo Dios desde el principio tuvo a bien escoger de entre los gentiles un pueblo para honra de su nombre. **15**Con esto concuerdan las palabras de los profetas, tal como está escrito:

16»"Después de esto volveré y reedificaré la choza caída de David. Reedificaré sus ruinas, y la restauraré, **17**para que busque al Señor el resto de la *humanidad, todas las *naciones que llevan mi nombre. **18**Así dice el Señor, que hace estas cosas"[b] conocidas desde tiempos antiguos.[c]

19»Por lo tanto, yo considero que debemos dejar de ponerles trabas a los gentiles que se convierten a Dios. **20**Más bien debemos escribirles que se abstengan de lo *contaminado por los ídolos, de la inmoralidad sexual, de la carne de animales estrangulados y de sangre. **21**En efecto, desde tiempos antiguos Moisés siempre ha tenido en cada ciudad quien lo predique y lo lea en las sinagogas todos los *sábados.

Carta del concilio a los creyentes gentiles

22Entonces los apóstoles y los *ancianos, de común acuerdo con toda la iglesia, decidieron escoger a algunos de ellos y enviarlos a Antioquía con Pablo y Bernabé. Escogieron a Judas, llamado Barsabás, y a Silas, que tenían buena reputación entre los hermanos. **23**Con ellos mandaron la siguiente carta:

Los apóstoles y los ancianos, a nuestros hermanos *gentiles en Antioquía, Siria y Cilicia: Saludos.

24Nos hemos enterado de que algunos de los nuestros, sin nuestra autorización, los han inquietado a ustedes, alarmándoles con lo que les han dicho. **25**Así que de común acuerdo hemos decidido escoger a algunos hombres y enviarlos a ustedes con nuestros queridos hermanos Pablo y Bernabé, **26**quienes han arriesgado su *vida por el nombre de nuestro Señor *Jesucristo. **27**Por tanto, les enviamos a Judas y a Silas para que les confirmen personalmente lo que les escribimos. **28**Nos pareció bien al

Espíritu Santo y a nosotros no imponerles a ustedes ninguna carga aparte de los siguientes requisitos: **29**abstenerse de lo sacrificado a los ídolos, de sangre, de la carne de animales estrangulados y de la inmoralidad sexual. Bien harán ustedes si evitan estas cosas.

Con nuestros mejores deseos.

30Una vez despedidos, ellos bajaron a Antioquía, donde reunieron a la congregación y entregaron la carta. **31**Los creyentes la leyeron y se alegraron por su mensaje alentador. **32**Judas y Silas, que también eran profetas, hablaron extensamente para animarlos y fortalecerlos. **33**Después de pasar algún tiempo allí, los hermanos los despidieron en paz, para que regresaran a quienes los habían enviado.[d] **35**Pablo y Bernabé permanecieron en Antioquía, enseñando y anunciando la palabra del Señor en compañía de muchos otros.

Desacuerdo entre Pablo y Bernabé

36Algún tiempo después, Pablo le dijo a Bernabé: «Volvamos a visitar a los creyentes en todas las ciudades en donde hemos anunciado la palabra del Señor, y veamos cómo están.» **37**Resulta que Bernabé quería llevar con ellos a Juan Marcos, **38**pero a Pablo no le pareció prudente llevarlo, porque los había abandonado en Panfilia y no había seguido con ellos en el trabajo. **39**Se produjo entre ellos un conflicto tan serio que acabaron por separarse. Bernabé se llevó a Marcos y se embarcó rumbo a Chipre, **40**mientras que Pablo escogió a Silas. Después de que los hermanos lo encomendaron a la gracia del Señor, Pablo partió **41**y viajó por Siria y Cilicia, consolidando a las iglesias.

Timoteo se une a Pablo y a Silas

16 Llegó Pablo a Derbe y después a Listra, donde se encontró con un discípulo llamado Timoteo, hijo de una mujer judía creyente, pero de padre *griego. **2**Los hermanos en Listra y en Iconio hablaban bien de Timoteo, **3**así que Pablo decidió llevárselo. Por causa de los judíos que vivían en aquella región, lo circuncidó, pues todos sabían que su padre era griego. **4**Al pasar por las ciudades, entregaban los acuerdos tomados por los apóstoles y los *ancianos de Jerusalén, para que los pusieran en práctica. **5**Y así las iglesias se fortalecían en la fe y crecían en número día tras día.

La visión de Pablo del hombre macedonio

6Atravesaron la región de Frigia y Galacia, ya que el Espíritu Santo les había impedido que predicaran la palabra en la provincia de

---

z **15:11** *que somos salvos.* Alt. *a fin de ser salvos.*
a **15:14** *Simón.* Lit. *Simeón.*
b **15:18** Am 9:11,12.
c **15:18** "... *que hace ... antiguos.* Var. "... *que hace todas estas cosas"; conocidas del Señor son todas sus obras desde tiempos antiguos.*
d **15:33** *enviado.* Var. *enviado,* 34*pero Silas decidió quedarse.*

*Asia. **7**Cuando llegaron cerca de Misia, intentaron pasar a Bitinia, pero el Espíritu de Jesús no se lo permitió. **8**Entonces, pasando de largo por Misia, bajaron a Troas. **9**Durante la noche Pablo tuvo una visión en la que un hombre de Macedonia, puesto de pie, le rogaba: «Pasa a Macedonia y ayúdanos.» **10**Después de que Pablo tuvo la visión, en seguida nos preparamos para partir hacia Macedonia, convencidos de que Dios nos había llamado a anunciar el *evangelio a los macedonios.

Conversión de Lidia en Filipos

11Zarpando de Troas, navegamos directamente a Samotracia, y al día siguiente a Neápolis. **12**De allí fuimos a Filipos, que es una colonia romana y la ciudad principal de ese distrito de Macedonia. En esa ciudad nos quedamos varios días.

13El *sábado salimos a las afueras de la ciudad, y fuimos por la orilla del río, donde esperábamos encontrar un lugar de oración. Nos sentamos y nos pusimos a conversar con las mujeres que se habían reunido. **14**Una de ellas, que se llamaba Lidia, adoraba a Dios. Era de la ciudad de Tiatira y vendía telas de púrpura. Mientras escuchaba, el Señor le abrió el corazón para que respondiera al mensaje de Pablo. **15**Cuando fue bautizada con su familia, nos hizo la siguiente invitación: «Si ustedes me consideran creyente en el Señor, vengan a hospedarse en mi casa.» Y nos persuadió.

Pablo y Silas en la cárcel

16Una vez, cuando íbamos al lugar de oración, nos salió al encuentro una joven esclava que tenía un espíritu de adivinación. Con sus poderes ganaba mucho dinero para sus amos. **17**Nos seguía a Pablo y a nosotros, gritando:

—Estos hombres son *siervos del Dios Altísimo, y les anuncian a ustedes el camino de salvación.

18Así continuó durante muchos días. Por fin Pablo se molestó tanto que se volvió y reprendió al espíritu:

—¡En el nombre de *Jesucristo, te ordeno que salgas de ella!

Y en aquel mismo momento el espíritu la dejó.

19Cuando los amos de la joven se dieron cuenta de que se les había esfumado la esperanza de ganar dinero, echaron mano a Pablo y a Silas y los arrastraron a la plaza, ante las autoridades. **20**Los presentaron ante los magistrados y dijeron:

—Estos hombres son judíos, y están alborotando a nuestra ciudad, **21**enseñando costumbres que a los romanos se nos prohíbe admitir o practicar.

22Entonces la multitud se amotinó contra Pablo y Silas, y los magistrados mandaron que les arrancaran la ropa y los azotaran. **23**Después de darles muchos golpes, los echaron en la cárcel, y ordenaron al carcelero que los custodiara con la mayor seguridad. **24**Al recibir tal orden, éste los metió en el calabozo interior y les sujetó los pies en el cepo.

25A eso de la medianoche, Pablo y Silas se pusieron a orar y a cantar himnos a Dios, y los otros presos los escuchaban. **26**De repente se produjo un terremoto tan fuerte que la cárcel se estremeció hasta sus cimientos. Al instante se abrieron todas las puertas y a los presos se les soltaron las cadenas. **27**El carcelero despertó y, al ver las puertas de la cárcel de par en par, sacó la espada y estuvo a punto de matarse, porque pensaba que los presos se habían escapado. Pero Pablo le gritó:

28—¡No te hagas ningún daño! ¡Todos estamos aquí!

29El carcelero pidió luz, entró precipitadamente y se echó temblando a los pies de Pablo y de Silas. **30**Luego los sacó y les preguntó:

—Señores, ¿qué tengo que hacer para ser salvo?

31—Cree en el Señor Jesús; así tú y tu familia serán salvos —le contestaron.

32Luego les expusieron la palabra de Dios a él y a todos los demás que estaban en su casa. **33**A esas horas de la noche, el carcelero se los llevó y les lavó las heridas; en seguida fueron bautizados él y toda su familia. **34**El carcelero los llevó a su casa, les sirvió comida y se alegró mucho junto con toda su familia por haber creído en Dios.

35Al amanecer, los magistrados mandaron a unos guardias al carcelero con esta orden: «Suelta a esos hombres.» **36**El carcelero, entonces, le informó a Pablo:

—Los magistrados han ordenado que los suelte. Así que pueden irse. Vayan en paz.

37Pero Pablo respondió a los guardias:

—¿Cómo? A nosotros, que somos ciudadanos romanos, que nos han azotado públicamente y sin proceso alguno, y nos han echado en la cárcel, ¿ahora quieren expulsarnos a escondidas? ¡Nada de eso! Que vengan ellos personalmente a escoltarnos hasta la salida.

38Los guardias comunicaron la respuesta a los magistrados. Éstos se asustaron cuando oyeron que Pablo y Silas eran ciudadanos romanos, **39**así que fueron a presentarles sus disculpas. Los escoltaron desde la cárcel, pidiéndoles que se fueran de la ciudad. **40**Al salir de la cárcel, Pablo y Silas se dirigieron a la casa de Lidia, donde se vieron con los hermanos y los animaron. Después se fueron.

En Tesalónica

17 Atravesando Anfípolis y Apolonia, Pablo y Silas llegaron a Tesalónica, donde había una sinagoga de los judíos. **2**Como era su costumbre, Pablo entró en la sinagoga y tres

*sábados seguidos discutió con ellos. Basándose en las Escrituras, **3**les explicaba y demostraba que era necesario que el *Mesías padeciera y *resucitara. Les decía: «Este Jesús que les anuncio es el Mesías.» **4**Algunos de los judíos se convencieron y se unieron a Pablo y a Silas, como también lo hicieron un buen número de mujeres prominentes y muchos *griegos que adoraban a Dios.

5Pero los judíos, llenos de envidia, reclutaron a unos maleantes callejeros, con los que armaron una turba y empezaron a alborotar la ciudad. Asaltaron la casa de Jasón en busca de Pablo y Silas, con el fin de procesarlos públicamente. **6**Pero como no los encontraron, arrastraron a Jasón y a algunos otros hermanos ante las autoridades de la ciudad, gritando: «¡Estos que han trastornado el mundo entero han venido también acá, **7**y Jasón los ha recibido en su casa! Todos ellos actúan en contra de los decretos del *emperador, afirmando que hay otro rey, uno que se llama Jesús.» **8**Al oír esto, la multitud y las autoridades de la ciudad se alborotaron; **9**entonces éstas exigieron fianza a Jasón y a los demás para dejarlos en libertad.

En Berea

10Tan pronto como se hizo de noche, los hermanos enviaron a Pablo y a Silas a Berea, quienes al llegar se dirigieron a la sinagoga de los judíos. **11**Éstos eran de sentimientos más nobles que los de Tesalónica, de modo que recibieron el mensaje con toda avidez y todos los días examinaban las Escrituras para ver si era verdad lo que se les anunciaba. **12**Muchos de los judíos creyeron, y también un buen número de *griegos, incluso mujeres distinguidas y no pocos hombres.

13Cuando los judíos de Tesalónica se enteraron de que también en Berea estaba Pablo predicando la palabra de Dios, fueron allá para agitar y alborotar a las multitudes. **14**En seguida los hermanos enviaron a Pablo hasta la costa, pero Silas y Timoteo se quedaron en Berea. **15**Los que acompañaban a Pablo lo llevaron hasta Atenas. Luego regresaron con instrucciones de que Silas y Timoteo se reunieran con él tan pronto como les fuera posible.

En Atenas

16Mientras Pablo los esperaba en Atenas, le dolió en el alma ver que la ciudad estaba llena de ídolos. **17**Así que discutía en la sinagoga con los judíos y con los *griegos que adoraban a Dios, y a diario hablaba en la plaza con los que se encontraban por allí. **18**Algunos filósofos epicúreos y estoicos entablaron conversación con él. Unos decían: «¿Qué querrá decir este charlatán?» Otros comentaban: «Parece que es predicador de dioses extranjeros.» Decían esto porque Pablo les anunciaba las buenas *nuevas

de Jesús y de la resurrección. **19**Entonces se lo llevaron a una reunión del Areópago.

—¿Se puede saber qué nueva enseñanza es esta que usted presenta? —le preguntaron—. **20**Porque nos viene usted con ideas que nos suenan extrañas, y queremos saber qué significan.

21Es que todos los atenienses y los extranjeros que vivían allí se pasaban el tiempo sin hacer otra cosa más que escuchar y comentar las últimas novedades.

22Pablo se puso en medio del Areópago y tomó la palabra:

—¡Ciudadanos atenienses! Observo que ustedes son sumamente religiosos en todo lo que hacen. **23**Al pasar y fijarme en sus lugares sagrados, encontré incluso un altar con esta inscripción: A un Dios desconocido. Pues bien, eso que ustedes adoran como algo desconocido es lo que yo les anuncio.

24»El Dios que hizo el mundo y todo lo que hay en él es Señor del cielo y de la tierra. No vive en templos construidos por hombres, **25**ni se deja servir por manos *humanas, como si necesitara de algo. Por el contrario, él es quien da a todos la vida, el aliento y todas las cosas. **26**De un solo hombre hizo todas las naciones*e* para que habitaran toda la tierra; y determinó los períodos de su historia y las fronteras de sus territorios. **27**Esto lo hizo Dios para que todos lo busquen, y aunque sea a tientas, lo encuentren. En verdad, él no está lejos de ninguno de nosotros, **28**"puesto que en él vivimos, nos movemos y existimos". Como algunos de sus propios poetas griegos han dicho: "De él somos descendientes."

29»Por tanto, siendo descendientes de Dios, no debemos pensar que la divinidad sea como el oro, la plata o la piedra: escultura hecha como resultado del ingenio y de la destreza del *ser humano. **30**Pues bien, Dios pasó por alto aquellos tiempos de tal ignorancia, pero ahora manda a todos, en todas partes, que se *arrepientan. **31**Él ha fijado un día en que juzgará al mundo con justicia, por medio del hombre que ha designado. De ello ha dado pruebas a todos al *levantarlo de entre los muertos.

32Cuando oyeron de la resurrección, unos se burlaron; pero otros le dijeron:

—Queremos que usted nos hable en otra ocasión sobre este tema.

33En ese momento Pablo salió de la reunión. **34**Algunas personas se unieron a Pablo y creyeron. Entre ellos estaba Dionisio, miembro del Areópago, también una mujer llamada Dámaris, y otros más.

En Corinto

18 Después de esto, Pablo se marchó de Atenas y se fue a Corinto. **2**Allí se

e **17:26** *todas las naciones.* Alt. *todo el género humano.*

encontró con un judío llamado Aquila, natural del Ponto, y con su esposa Priscila. Hacía poco habían llegado de Italia, porque Claudio había mandado que todos los judíos fueran expulsados de Roma. Pablo fue a verlos **3**y, como hacía tiendas de campaña al igual que ellos, se quedó para que trabajaran juntos. **4**Todos los *sábados discutía en la sinagoga, tratando de persuadir a judíos y a *griegos.

5Cuando Silas y Timoteo llegaron de Macedonia, Pablo se dedicó exclusivamente a la predicación, testificándoles a los judíos que Jesús era el *Mesías. **6**Pero cuando los judíos se opusieron a Pablo y lo insultaron, éste se sacudió la ropa en señal de protesta y les dijo: «¡Caiga la sangre de ustedes sobre su propia cabeza! Estoy libre de responsabilidad. De ahora en adelante me dirigiré a los *gentiles.»

7Entonces Pablo salió de la sinagoga y se fue a la casa de un tal Ticio Justo, que adoraba a Dios y que vivía al lado de la sinagoga. **8**Crispo, el jefe de la sinagoga, creyó en el Señor con toda su familia. También creyeron y fueron bautizados muchos de los corintios que oyeron a Pablo.

9Una noche el Señor le dijo a Pablo en una visión: «No tengas miedo; sigue hablando y no te calles, **10**pues estoy contigo. Aunque te ataquen, no voy a dejar que nadie te haga daño, porque tengo mucha gente en esta ciudad.» **11**Así que Pablo se quedó allí un año y medio, enseñando entre el pueblo la palabra de Dios.

12Mientras Galión era gobernador*f* de Acaya, los judíos a una atacaron a Pablo y lo condujeron al tribunal.

13—Este hombre —denunciaron ellos— anda persuadiendo a la gente a adorar a Dios de una manera que va en contra de nuestra ley.

14Pablo ya iba a hablar cuando Galión les dijo:

—Si ustedes los judíos estuvieran entablando una demanda sobre algún delito o algún crimen grave, sería razonable que los escuchara. **15**Pero como se trata de cuestiones de palabras, de nombres y de su propia ley, arréglense entre ustedes. No quiero ser juez de tales cosas.

16Así que mandó que los expulsaran del tribunal. **17**Entonces se abalanzaron todos sobre Sóstenes, el jefe de la sinagoga, y lo golpearon delante del tribunal. Pero Galión no le dio ninguna importancia al asunto.

Priscila, Aquila y Apolos

18Pablo permaneció en Corinto algún tiempo más.

Después se despidió de los hermanos y emprendió el viaje rumbo a Siria, acompañado de Priscila y Aquila. En Cencreas, antes de embarcarse, se hizo rapar la cabeza a causa de un voto que había hecho. **19**Al llegar a Éfeso, Pablo se separó de sus acompañantes y entró en la sinagoga, donde se puso a discutir con los judíos. **20**Éstos le pidieron que se quedara más tiempo con ellos. Él no accedió, **21**pero al despedirse les prometió: «Ya volveré, si Dios quiere.» Y zarpó de Éfeso. **22**Cuando desembarcó en Cesarea, subió a Jerusalén a saludar a la iglesia y luego bajó a Antioquía.

23Después de pasar algún tiempo allí, Pablo se fue a visitar una por una las congregaciones*g* de Galacia y Frigia, animando a todos los discípulos.

24Por aquel entonces llegó a Éfeso un judío llamado Apolos, natural de Alejandría. Era un hombre ilustrado y convincente en el uso de las Escrituras. **25**Había sido instruido en el camino del Señor, y con gran fervor*h* hablaba y enseñaba con la mayor exactitud acerca de Jesús, aunque conocía sólo el bautismo de Juan. **26**Comenzó a hablar valientemente en la sinagoga. Al oírlo Priscila y Aquila, lo tomaron a su cargo y le explicaron con mayor precisión el camino de Dios.

27Como Apolos quería pasar a Acaya, los hermanos lo animaron y les escribieron a los discípulos de allá para que lo recibieran. Cuando llegó, ayudó mucho a quienes por la gracia habían creído, **28**pues refutaba vigorosamente en público a los judíos, demostrando por las Escrituras que Jesús es el *Mesías.

Pablo en Éfeso

19 Mientras Apolos estaba en Corinto, Pablo recorrió las regiones del interior y llegó a Éfeso. Allí encontró a algunos discípulos.

2—¿Recibieron ustedes el Espíritu Santo cuando creyeron? —les preguntó.

—No, ni siquiera hemos oído hablar del Espíritu Santo —respondieron.

3—Entonces, ¿qué bautismo recibieron?

—El bautismo de Juan.

4Pablo les explicó:

—El bautismo de Juan no era más que un bautismo de *arrepentimiento. Él le decía al pueblo que creyera en el que venía después de él, es decir, en Jesús.

5Al oír esto, fueron bautizados en el nombre del Señor Jesús. **6**Cuando Pablo les impuso las manos, el Espíritu Santo vino sobre ellos, y empezaron a hablar en *lenguas y a profetizar. **7**Eran en total unos doce hombres.

8Pablo entró en la sinagoga y habló allí con toda valentía durante tres meses. Discutía acerca del reino de Dios, tratando de convencerlos, **9**pero algunos se negaron obstinadamente a creer, y ante la congregación hablaban mal del Camino. Así que Pablo se alejó de ellos y

---

f **18:12** *gobernador.* Lit. *procónsul.*
g **18:23** *una por una las congregaciones.* Lit. *por orden la región.*
h **18:25** *con gran fervor.* Lit. *con fervor en el Espíritu.*

formó un grupo aparte con los discípulos; y a diario debatía en la escuela de Tirano. **10**Esto continuó por espacio de dos años, de modo que todos los judíos y los *griegos que vivían en la provincia de *Asia llegaron a escuchar la palabra del Señor.

11Dios hacía milagros extraordinarios por medio de Pablo, **12**a tal grado que a los enfermos les llevaban pañuelos y delantales que habían tocado el cuerpo de Pablo, y quedaban sanos de sus enfermedades, y los espíritus malignos salían de ellos.

13Algunos judíos que andaban expulsando espíritus malignos intentaron invocar sobre los endemoniados el nombre del Señor Jesús. Decían: «¡En el nombre de Jesús, a quien Pablo predica, les ordeno que salgan!» **14**Esto lo hacían siete hijos de un tal Esceva, que era uno de los jefes de los sacerdotes judíos.

15Un día el *espíritu maligno les replicó: «Conozco a Jesús, y sé quién es Pablo, pero ustedes ¿quiénes son?» **16**Y abalanzándose sobre ellos, el hombre que tenía el espíritu maligno los dominó a todos. Los maltrató con tanta violencia que huyeron de la casa desnudos y heridos.

17Cuando se enteraron los judíos y los griegos que vivían en Éfeso, el temor se apoderó de todos ellos, y el nombre del Señor Jesús era glorificado. **18**Muchos de los que habían creído llegaban ahora y confesaban públicamente sus prácticas malvadas. **19**Un buen número de los que practicaban la hechicería juntaron sus libros en un montón y los quemaron delante de todos. Cuando calcularon el precio de aquellos libros, resultó un total de cincuenta mil monedas de plata.[i] **20**Así la palabra del Señor crecía y se difundía con poder arrollador.

21Después de todos estos sucesos, Pablo tomó la determinación de ir a Jerusalén, pasando por Macedonia y Acaya. Decía: «Después de estar allí, tengo que visitar Roma.» **22**Entonces envió a Macedonia a dos de sus ayudantes, Timoteo y Erasto, mientras él se quedaba por algún tiempo en la provincia de Asia.

El disturbio en Éfeso

23Por aquellos días se produjo un gran disturbio a propósito del Camino. **24**Un platero llamado Demetrio, que hacía figuras en plata del templo de Artemisa,[j] proporcionaba a los artesanos no poca ganancia. **25**Los reunió con otros obreros del ramo, y les dijo:

—Compañeros, ustedes saben que obtenemos buenos ingresos de este oficio. **26**Les consta además que el tal Pablo ha logrado persuadir a mucha gente, no sólo en Éfeso sino en casi toda la provincia de *Asia. Él sostiene que no son dioses los que se hacen con las manos. **27**Ahora bien, no sólo hay el peligro de que se desprestigie nuestro oficio, sino también de

que el templo de la gran diosa Artemisa sea menospreciado, y que la diosa misma, a quien adoran toda la provincia de Asia y el mundo entero, sea despojada de su divina majestad.

28Al oír esto, se enfurecieron y comenzaron a gritar:

—¡Grande es Artemisa de los efesios!

29En seguida toda la ciudad se alborotó. La turba en masa se precipitó en el teatro, arrastrando a Gayo y a Aristarco, compañeros de viaje de Pablo, que eran de Macedonia. **30**Pablo quiso presentarse ante la multitud, pero los discípulos no se lo permitieron. **31**Incluso algunas autoridades de la provincia, que eran amigos de Pablo, le enviaron un recado, rogándole que no se arriesgara a entrar en el teatro.

32Había confusión en la asamblea. Cada uno gritaba una cosa distinta, y la mayoría ni siquiera sabía para qué se habían reunido. **33**Los judíos empujaron a un tal Alejandro hacia adelante, y algunos de entre la multitud lo sacaron para que tomara la palabra. Él agitó la mano para pedir silencio y presentar su defensa ante el pueblo. **34**Pero cuando se dieron cuenta de que era judío, todos se pusieron a gritar al unísono como por dos horas:

—¡Grande es Artemisa de los efesios!

35El secretario del concejo municipal logró calmar a la multitud y dijo:

—Ciudadanos de Éfeso, ¿acaso no sabe todo el mundo que la ciudad de Éfeso es guardiana del templo de la gran Artemisa y de su estatua bajada del cielo? **36**Ya que estos hechos son innegables, es preciso que ustedes se calmen y no hagan nada precipitadamente. **37**Ustedes han traído a estos hombres, aunque ellos no han cometido ningún sacrilegio ni han *blasfemado contra nuestra diosa. **38**Así que si Demetrio y sus compañeros de oficio tienen alguna queja contra alguien, para eso hay tribunales y gobernadores.[k] Vayan y presenten allí sus acusaciones unos contra otros. **39**Si tienen alguna otra demanda, que se resuelva en legítima asamblea. **40**Tal y como están las cosas, con los sucesos de hoy corremos el riesgo de que nos acusen de causar disturbios. ¿Qué razón podríamos dar de este alboroto, si no hay ninguna?

41Dicho esto, despidió la asamblea.

Recorrido por Macedonia y Grecia

20 Cuando cesó el alboroto, Pablo mandó llamar a los discípulos y, después de animarlos, se despidió y salió rumbo a Macedonia. **2**Recorrió aquellas regiones, alentando a los creyentes en muchas ocasiones, y por fin llegó a Grecia, **3**donde se quedó tres meses. Como los judíos tramaban un atentado contra

---

[i] 19:19 *monedas de plata.* Es decir, *dracmas.*

[j] 19:24 Nombre griego de la Diana de los romanos; también en vv. 27,28,34 y 35.

[k] 19:38 *gobernadores.* Lit. *procónsules.*

él cuando estaba a punto de embarcarse para Siria, decidió regresar por Macedonia. **4**Lo acompañaron Sópater hijo de Pirro, de Berea; Aristarco y Segundo, de Tesalónica; Gayo, de Derbe; Timoteo; y por último, Tíquico y Trófimo, de la provincia de *Asia. **5**Éstos se adelantaron y nos esperaron en Troas. **6**Pero nosotros zarpamos de Filipos después de la fiesta de los Panes sin levadura, y a los cinco días nos reunimos con los otros en Troas, donde pasamos siete días.

Visita de Pablo a Troas

7El primer día de la semana nos reunimos para partir el pan. Como iba a salir al día siguiente, Pablo estuvo hablando a los creyentes, y prolongó su discurso hasta la medianoche. **8**En el cuarto del piso superior donde estábamos reunidos había muchas lámparas. **9**Un joven llamado Eutico, que estaba sentado en una ventana, comenzó a dormirse mientras Pablo alargaba su discurso. Cuando se quedó profundamente dormido, se cayó desde el tercer piso y lo recogieron muerto. **10**Pablo bajó, se echó sobre el joven y lo abrazó. «¡No se alarmen! —les dijo—. ¡Está vivo!» **11**Luego volvió a subir, partió el pan y comió. Siguió hablando hasta el amanecer, y entonces se fue. **12**Al joven se lo llevaron vivo a su casa, para gran consuelo de todos.

Pablo se despide de los ancianos de Éfeso

13Nosotros, por nuestra parte, nos embarcamos anticipadamente y zarpamos para Asón, donde íbamos a recoger a Pablo. Así se había planeado, ya que él iba a hacer esa parte del viaje por tierra. **14**Cuando se encontró con nosotros en Asón, lo tomamos a bordo y fuimos a Mitilene. **15**Desde allí zarpamos al día siguiente y llegamos frente a Quío. Al otro día cruzamos en dirección a Samos, y un día después llegamos a Mileto. **16**Pablo había decidido pasar de largo a Éfeso para no demorarse en la provincia de *Asia, porque tenía prisa por llegar a Jerusalén para el día de Pentecostés, si fuera posible.

17Desde Mileto, Pablo mandó llamar a los *ancianos de la iglesia de Éfeso. **18**Cuando llegaron, les dijo: «Ustedes saben cómo me porté todo el tiempo que estuve con ustedes, desde el primer día que vine a la provincia de Asia. **19**He servido al Señor con toda humildad y con lágrimas, a pesar de haber sido sometido a duras *pruebas por las maquinaciones de los judíos. **20**Ustedes saben que no he vacilado en predicarles nada que les fuera de provecho, sino que les he enseñado públicamente y en las casas. **21**A judíos y a *griegos les he instado a convertirse a Dios y a creer en nuestro Señor Jesús.

22»Y ahora tengan en cuenta que voy a Jerusalén obligado*l* por el Espíritu, sin saber lo que allí me espera. **23**Lo único que sé es que en todas las ciudades el Espíritu Santo me asegura que me esperan prisiones y sufrimientos. **24**Sin embargo, considero que mi *vida carece de valor para mí mismo, con tal de que termine mi carrera y lleve a cabo el servicio que me ha encomendado el Señor Jesús, que es el de dar testimonio del *evangelio de la gracia de Dios.

25»Escuchen, yo sé que ninguno de ustedes, entre quienes he andado predicando el reino de Dios, volverá a verme. **26**Por tanto, hoy les declaro que soy inocente de la sangre de todos, **27**porque sin vacilar les he proclamado todo el propósito de Dios. **28**Tengan cuidado de sí mismos y de todo el rebaño sobre el cual el Espíritu Santo los ha puesto como *obispos para pastorear la iglesia de Dios,*m* que él adquirió con su propia sangre.*n* **29**Sé que después de mi partida entrarán en medio de ustedes lobos feroces que procurarán acabar con el rebaño. **30**Aun de entre ustedes mismos se levantarán algunos que enseñarán falsedades para arrastrar a los discípulos que los sigan. **31**Así que estén alerta. Recuerden que día y noche, durante tres años, no he dejado de amonestar con lágrimas a cada uno en particular.

32»Ahora los encomiendo a Dios y al mensaje de su gracia, mensaje que tiene poder para edificarlos y darles herencia entre todos los *santificados. **33**No he codiciado ni la plata ni el oro ni la ropa de nadie. **34**Ustedes mismos saben bien que estas manos se han ocupado de mis propias necesidades y de las de mis compañeros. **35**Con mi ejemplo les he mostrado que es preciso trabajar duro para ayudar a los necesitados, recordando las palabras del Señor Jesús: "Hay más *dicha en dar que en recibir."»

36Después de decir esto, Pablo se puso de rodillas con todos ellos y oró. **37**Todos lloraban inconsolablemente mientras lo abrazaban y lo besaban. **38**Lo que más los entristecía era su declaración de que ellos no volverían a verlo. Luego lo acompañaron hasta el barco.

Rumbo a Jerusalén

21 Después de separarnos de ellos, zarpamos y navegamos directamente a Cos. Al día siguiente fuimos a Rodas, y de allí a Pátara. **2**Como encontramos un barco que iba para Fenicia, subimos a bordo y zarpamos. **3**Después de avistar Chipre y de pasar al sur de la isla, navegamos hacia Siria y llegamos a Tiro, donde el barco tenía que descargar. **4**Allí encontramos a los discípulos y nos quedamos con ellos siete días. Ellos, por medio del Espíritu, exhortaron a Pablo a que no subiera a Jerusalén. **5**Pero al cabo de algunos días, partimos y continuamos nuestro viaje. Todos los discípulos, incluso las mujeres y los niños, nos

---

l **20:22** *obligado*. Lit. *Atado*.
m **20:28** *de Dios*. Var. *del Señor*.
n **20:28** *su propia sangre*. Var. *la sangre de su propio hijo*.

acompañaron hasta las afueras de la ciudad, y allí en la playa nos arrodillamos y oramos. 6Luego de despedirnos, subimos a bordo y ellos regresaron a sus hogares.

7Nosotros continuamos nuestro viaje en barco desde Tiro y arribamos a Tolemaida, donde saludamos a los hermanos y nos quedamos con ellos un día. 8Al día siguiente salimos y llegamos a Cesarea, y nos hospedamos en casa de Felipe el evangelista, que era uno de los siete; 9éste tenía cuatro hijas solteras que profetizaban.

10Llevábamos allí varios días, cuando bajó de Judea un profeta llamado Ágabo. 11Éste vino a vernos y, tomando el cinturón de Pablo, se ató con él de pies y manos, y dijo:

—Así dice el Espíritu Santo: "De esta manera atarán los judíos de Jerusalén al dueño de este cinturón, y lo entregarán en manos de los *gentiles."

12Al oír esto, nosotros y los de aquel lugar le rogamos a Pablo que no subiera a Jerusalén.

13—¿Por qué lloran? ¡Me parten el alma! —respondió Pablo—. Por el nombre del Señor Jesús estoy dispuesto no sólo a ser atado sino también a morir en Jerusalén.

14Como no se dejaba convencer, desistimos exclamando:

—¡Que se haga la voluntad del Señor!

15Después de esto, acabamos los preparativos y subimos a Jerusalén. 16Algunos de los discípulos de Cesarea nos acompañaron y nos llevaron a la casa de Mnasón, donde íbamos a alojarnos. Éste era de Chipre, y uno de los primeros discípulos.

Llegada de Pablo a Jerusalén

17Cuando llegamos a Jerusalén, los creyentes nos recibieron calurosamente. 18Al día siguiente Pablo fue con nosotros a ver a *Jacobo, y todos los *ancianos estaban presentes. 19Después de saludarlos, Pablo les relató detalladamente lo que Dios había hecho entre los *gentiles por medio de su ministerio.

20Al oírlo, alabaron a Dios. Luego le dijeron a Pablo: «Ya ves, hermano, cuántos miles de judíos han creído, y todos ellos siguen aferrados a la ley. 21Ahora bien, han oído decir que tú enseñas que se aparten de Moisés todos los judíos que viven entre los gentiles. Les recomiendas que no circunciden a sus hijos ni vivan según nuestras costumbres. 22¿Qué vamos a hacer? Sin duda se van a enterar de que has llegado. 23Por eso, será mejor que sigas nuestro consejo. Hay aquí entre nosotros cuatro hombres que tienen que cumplir un voto. 24Llévatelos, toma parte en sus ritos de *purificación y paga los gastos que corresponden al voto de rasurarse la cabeza. Así todos sabrán que no son ciertos esos informes acerca de ti, sino que tú también vives en obediencia a la ley. 25En cuanto a los creyentes gentiles, ya les hemos comunicado por escrito nuestra decisión de que se abstengan de lo sacrificado a los ídolos, de sangre, de la carne de animales estrangulados y de la inmoralidad sexual.»

26Al día siguiente Pablo se llevó a los hombres y se purificó con ellos. Luego entró en el *templo para dar aviso de la fecha en que vencería el plazo de la purificación y se haría la ofrenda por cada uno de ellos.

Arresto de Pablo

27Cuando estaban a punto de cumplirse los siete días, unos judíos de la provincia de *Asia vieron a Pablo en el *templo. Alborotaron a toda la multitud y le echaron mano, 28gritando: «¡Israelitas! ¡Ayúdennos! Éste es el individuo que anda por todas partes enseñando a toda la gente contra nuestro pueblo, nuestra ley y este lugar. Además, hasta ha metido a unos *griegos en el templo, y ha profanado este lugar santo.» 29Ya antes habían visto en la ciudad a Trófimo el efesio en compañía de Pablo, y suponían que Pablo lo había metido en el templo.

30Toda la ciudad se alborotó. La gente se precipitó en masa, agarró a Pablo y lo sacó del templo a rastras, e inmediatamente se cerraron las puertas. 31Estaban por matarlo, cuando se le informó al comandante del batallón romano que toda la ciudad de Jerusalén estaba amotinada. 32En seguida tomó algunos centuriones con sus tropas, y bajó corriendo hacia la multitud. Al ver al comandante y a sus soldados, los amotinados dejaron de golpear a Pablo.

33El comandante se abrió paso, lo arrestó y ordenó que lo sujetaran con dos cadenas. Luego preguntó quién era y qué había hecho. 34Entre la multitud cada uno gritaba una cosa distinta. Como el comandante no pudo averiguar la verdad a causa del alboroto, mandó que condujeran a Pablo al cuartel. 35Cuando Pablo llegó a las gradas, los soldados tuvieron que llevárselo en vilo debido a la violencia de la turba. 36El pueblo en masa iba detrás gritando: «¡Que lo maten!»

Pablo se dirige a la multitud

22:3-16 — Hch 9:1-22; 26:9-18

37Cuando los soldados estaban a punto de meterlo en el cuartel, Pablo le preguntó al comandante:

—¿Me permite decirle algo?

—¿Hablas griego? —replicó el comandante—. 38¿No eres el egipcio que hace algún tiempo provocó una rebelión y llevó al desierto a cuatro mil guerrilleros?

39—No, yo soy judío, natural de Tarso, una ciudad muy importante de Cilicia —le respondió Pablo—. Por favor, permítame hablarle al pueblo.

40Con el permiso del comandante, Pablo se puso de pie en las gradas e hizo una señal con la mano a la multitud. Cuando todos guardaron silencio, les dijo en arameo:ñ

22 «Padres y hermanos, escuchen ahora mi defensa.»

²Al oír que les hablaba en arameo, guardaron más silencio.

Pablo continuó: ³«Yo soy judío, nacido en Tarso de Cilicia, pero criado en esta ciudad. Bajo la tutela de Gamaliel recibí instrucción cabal en la ley de nuestros antepasados, y fui tan celoso de Dios como cualquiera de ustedes lo es hoy día. ⁴Perseguí a muerte a los seguidores de este Camino, arrestando y echando en la cárcel a hombres y mujeres por igual, ⁵y así lo pueden atestiguar el sumo sacerdote y todo el *Consejo de *ancianos. Incluso obtuve de parte de ellos cartas de extradición para nuestros hermanos judíos en Damasco, y fui allá con el fin de traer presos a Jerusalén a los que encontrara, para que fueran castigados.

⁶»Sucedió que a eso del mediodía, cuando me acercaba a Damasco, una intensa luz del cielo relampagueó de repente a mi alrededor. ⁷Caí al suelo y oí una voz que me decía: "Saulo, Saulo, ¿por qué me persigues?" ⁸"¿Quién eres, Señor?", pregunté. "Yo soy Jesús de Nazaret, a quien tú persigues", me contestó él. ⁹Los que me acompañaban vieron la luz, pero no percibieron la voz del que me hablaba. ¹⁰"¿Qué debo hacer, Señor?", le pregunté. "Levántate —dijo el Señor—, y entra en Damasco. Allí se te dirá todo lo que se ha dispuesto que hagas." ¹¹Mis compañeros me llevaron de la mano hasta Damasco porque el resplandor de aquella luz me había dejado ciego.

¹²»Vino a verme un tal Ananías, hombre devoto que observaba la ley y a quien respetaban mucho los judíos que allí vivían. ¹³Se puso a mi lado y me dijo: "Hermano Saulo, ¡recibe la vista!" Y en aquel mismo instante recobré la vista y pude verlo. ¹⁴Luego dijo: "El Dios de nuestros antepasados te ha escogido para que conozcas su voluntad, y para que veas al Justo y oigas las palabras de su boca. ¹⁵Tú le serás testigo ante toda persona de lo que has visto y oído. ¹⁶Y ahora, ¿qué esperas? Levántate, bautízate y lávate de tus pecados, invocando su nombre."

¹⁷»Cuando volví a Jerusalén, mientras oraba en el *templo tuve una visión ¹⁸y vi al Señor que me hablaba: "¡Date prisa! Sal inmediatamente de Jerusalén, porque no aceptarán tu testimonio acerca de mí." ¹⁹"Señor —le respondí—, ellos saben que yo andaba de sinagoga en sinagoga encarcelando y azotando a los que creen en ti; ²⁰y cuando se derramaba la sangre de tu testigoo Esteban, ahí estaba yo, dando mi aprobación y cuidando la ropa de quienes lo mataban." ²¹Pero el Señor me replicó: "Vete; yo te enviaré lejos, a los *gentiles."»

Pablo el ciudadano romano

²²La multitud estuvo escuchando a Pablo hasta que pronunció esas palabras. Entonces levantaron la voz y gritaron: «¡Bórralo de la tierra! ¡Ese tipo no merece vivir!»

²³Como seguían gritando, tirando sus mantos y arrojando polvo al aire, ²⁴el comandante ordenó que metieran a Pablo en el cuartel. Mandó que lo interrogaran a latigazos con el fin de averiguar por qué gritaban así contra él. ²⁵Cuando lo estaban sujetando con cadenas para azotarlo, Pablo le dijo al centurión que estaba allí:

—¿Permite la ley que ustedes azoten a un ciudadano romano antes de ser juzgado?

²⁶Al oír esto, el centurión fue y avisó al comandante.

—¿Qué va a hacer usted? Resulta que ese hombre es ciudadano romano.

²⁷El comandante se acercó a Pablo y le dijo:

—Dime, ¿eres ciudadano romano?

—Sí, lo soy.

²⁸—A mí me costó una fortuna adquirir mi ciudadanía —le dijo el comandante.

—Pues yo la tengo de nacimiento —replicó Pablo.

²⁹Los que iban a interrogarlo se retiraron en seguida. Al darse cuenta de que Pablo era ciudadano romano, el comandante mismo se asustó de haberlo encadenado.

Pablo ante el Consejo

³⁰Al día siguiente, como el comandante quería saber con certeza de qué acusaban los judíos a Pablo, lo desató y mandó que se reunieran los jefes de los sacerdotes y el *Consejo en pleno. Luego llevó a Pablo para que compareciera ante ellos.

23 Pablo se quedó mirando fijamente al Consejo y dijo:

—Hermanos, hasta hoy yo he actuado delante de Dios con toda buena conciencia.

²Ante esto, el sumo sacerdote Ananías ordenó a los que estaban cerca de Pablo que lo golpearan en la boca.

³—¡Hipócrita,p a usted también lo va a golpear Dios! —reaccionó Pablo—. ¡Ahí está sentado para juzgarme según la ley!, ¿y usted mismo viola la ley al mandar que me golpeen?

⁴Los que estaban junto a Pablo le interpelaron:

—¿Cómo te atreves a insultar al sumo sacerdote de Dios?

⁵—Hermanos, no me había dado cuenta de que es el sumo sacerdote —respondió Pablo—; de hecho está escrito: "No hables mal del jefe de tu pueblo."q

ñ 21:40 *arameo.* Lit. *el dialecto hebreo;* también en 22:2.
o 22:20 *testigo.* Alt. *mártir.*
p 23:3 *Hipócrita.* Lit. *Pared blanqueada.*
q 23:5 Éx 22:28.

⁶Pablo, sabiendo que unos de ellos eran saduceos y los demás *fariseos, exclamó en el Consejo:

—Hermanos, yo soy fariseo de pura cepa. Me están juzgando porque he puesto mi esperanza en la resurrección de los muertos.

⁷Apenas dijo esto, surgió un altercado entre los fariseos y los saduceos, y la asamblea quedó dividida. ⁸(Los saduceos sostienen que no hay resurrección, ni ángeles ni espíritus; los fariseos, en cambio, reconocen todo esto.)

⁹Se produjo un gran alboroto, y algunos de los *maestros de la ley que eran fariseos se pusieron de pie y protestaron. «No encontramos ningún delito en este hombre —dijeron—. ¿Acaso no podría haberle hablado un espíritu o un ángel?» ¹⁰Se tornó tan violento el altercado que el comandante tuvo miedo de que hicieran pedazos a Pablo. Así que ordenó a los soldados que bajaran para sacarlo de allí por la fuerza y llevárselo al cuartel.

¹¹A la noche siguiente el Señor se apareció a Pablo, y le dijo: «¡Ánimo! Así como has dado testimonio de mí en Jerusalén, es necesario que lo des también en Roma.»

Conspiración para matar a Pablo

¹²Muy de mañana los judíos tramaron una conspiración y juraron bajo maldición no comer ni beber hasta que lograran matar a Pablo. ¹³Más de cuarenta hombres estaban implicados en esta conspiración. ¹⁴Se presentaron ante los jefes de los sacerdotes y los *ancianos, y les dijeron:

—Nosotros hemos jurado bajo maldición no comer nada hasta que logremos matar a Pablo. ¹⁵Ahora, con el respaldo del *Consejo, pídanle al comandante que haga comparecer al reo ante ustedes, con el pretexto de obtener información más precisa sobre su caso. Nosotros estaremos listos para matarlo en el camino.

¹⁶Pero cuando el hijo de la hermana de Pablo se enteró de esta emboscada, entró en el cuartel y avisó a Pablo. ¹⁷Éste llamó entonces a uno de los centuriones y le pidió:

—Lleve a este joven al comandante, porque tiene algo que decirle.

¹⁸Así que el centurión lo llevó al comandante, y le dijo:

—El preso Pablo me llamó y me pidió que le trajera este joven, porque tiene algo que decirle.

¹⁹El comandante tomó de la mano al joven, lo llevó aparte y le preguntó:

—¿Qué quieres decirme?

²⁰—Los judíos se han puesto de acuerdo para pedirle a usted que mañana lleve a Pablo ante el Consejo con el pretexto de obtener información más precisa acerca de él. ²¹No se deje convencer, porque más de cuarenta de ellos lo esperan emboscados. Han jurado bajo maldición no comer ni beber hasta que hayan logrado matarlo. Ya están listos; sólo aguardan a que usted les conceda su petición.

²²El comandante despidió al joven con esta advertencia:

—No le digas a nadie que me has informado de esto.

Trasladan a Pablo a Cesarea

²³Entonces el comandante llamó a dos de sus centuriones y les ordenó:

—Alisten un destacamento de doscientos soldados de infantería, setenta de caballería y doscientos lanceros para que vayan a Cesarea esta noche a las nueve.ʳ ²⁴Y preparen cabalgaduras para llevar a Pablo sano y salvo al gobernador Félix.

²⁵Además, escribió una carta en estos términos:

²⁶Claudio Lisias, a su excelencia el gobernador Félix: Saludos.

²⁷Los judíos prendieron a este hombre y estaban a punto de matarlo, pero yo llegué con mis soldados y lo rescaté, porque me había enterado de que es ciudadano romano. ²⁸Yo quería saber de qué lo acusaban, así que lo llevé al *Consejo judío. ²⁹Descubrí que lo acusaban de algunas cuestiones de su ley, pero no había contra él cargo alguno que mereciera la muerte o la cárcel. ³⁰Cuando me informaron que se tramaba una conspiración contra este hombre, decidí enviarlo a usted en seguida. También les ordené a sus acusadores que expongan delante de usted los cargos que tengan contra él.

³¹Así que los soldados, según se les había ordenado, tomaron a Pablo y lo llevaron de noche hasta Antípatris. ³²Al día siguiente dejaron que la caballería siguiera con él mientras ellos volvían al cuartel. ³³Cuando la caballería llegó a Cesarea, le entregaron la carta al gobernador y le presentaron también a Pablo. ³⁴Félix leyó la carta y le preguntó de qué provincia era. Al enterarse de que Pablo era de Cilicia, ³⁵le dijo: «Te daré audiencia cuando lleguen tus acusadores.» Y ordenó que lo dejaran bajo custodia en el palacio de Herodes.

El proceso ante Félix

24 Cinco días después, el sumo sacerdote Ananías bajó a Cesarea con algunos de los *ancianos y un abogado llamado Tértulo, para presentar ante el gobernador las acusaciones contra Pablo. ²Cuando se hizo comparecer al acusado, Tértulo expuso su caso ante Félix:

—Excelentísimo Félix, bajo su mandato hemos disfrutado de un largo período de paz, y gracias a la previsión suya se han llevado a cabo reformas en pro de esta nación. ³En todas partes y en toda ocasión reconocemos esto con profunda gratitud. ⁴Pero a fin de no

---

ʳ **23:23** *esta ... nueve.* Lit. *a la tercera hora de la noche.*

importunarlo más, le ruego que, con la bondad que lo caracteriza, nos escuche brevemente. 5Hemos descubierto que este hombre es una plaga que por todas partes anda provocando disturbios entre los judíos. Es cabecilla de la secta de los nazarenos. 6Incluso trató de profanar el *templo; por eso lo prendimos. 8Usteds mismo, al interrogarlo, podrá cerciorarse de la verdad de todas las acusaciones que presentamos contra él.

9Los judíos corroboraron la acusación, afirmando que todo esto era cierto. 10Cuando el gobernador, con un gesto, le concedió la palabra, Pablo respondió:

—Sé que desde hace muchos años usted ha sido juez de esta nación; así que de buena gana presento mi defensa. 11Usted puede comprobar fácilmente que no hace más de doce días que subí a Jerusalén para adorar. 12Mis acusadores no me encontraron discutiendo con nadie en el templo, ni promoviendo motines entre la gente en las sinagogas ni en ninguna otra parte de la ciudad. 13Tampoco pueden probarle a usted las cosas de que ahora me acusan. 14Sin embargo, esto sí confieso: que adoro al Dios de nuestros antepasados siguiendo este Camino que mis acusadores llaman secta, pues estoy de acuerdo con todo lo que enseña la ley y creo lo que está escrito en los profetas. 15Tengo en Dios la misma esperanza que estos hombres profesan, de que habrá una resurrección de los justos y de los injustos. 16En todo esto procuro conservar siempre limpia mi conciencia delante de Dios y de los hombres.

17»Después de una ausencia de varios años, volví a Jerusalén para traerle donativos a mi pueblo y presentar ofrendas. 18En esto estaba, habiéndome ya *purificado, cuando me encontraron en el templo. No me acompañaba ninguna multitud, ni estaba implicado en ningún disturbio. 19Los que me vieron eran algunos judíos de la provincia de *Asia, y son ellos los que deberían estar delante de usted para formular sus acusaciones, si es que tienen algo contra mí. 20De otro modo, estos que están aquí deberían declarar qué delito hallaron en mí cuando comparecí ante el *Consejo, 21a no ser lo que exclamé en presencia de ellos: "Es por la resurrección de los muertos por lo que hoy me encuentro procesado delante de ustedes."

22Entonces Félix, que estaba bien informado del Camino, suspendió la sesión.

—Cuando venga el comandante Lisias, decidiré su caso —les dijo.

23Luego le ordenó al centurión que mantuviera custodiado a Pablo, pero que le diera cierta libertad y permitiera que sus amigos lo atendieran.

24Algunos días después llegó Félix con su esposa Drusila, que era judía. Mandó llamar a Pablo y lo escuchó hablar acerca de la fe en *Cristo Jesús. 25Al disertar Pablo sobre la justicia, el dominio propio y el juicio venidero, Félix tuvo miedo y le dijo: «¡Basta por ahora! Puedes retirarte. Cuando sea oportuno te mandaré llamar otra vez.» 26Félix también esperaba que Pablo le ofreciera dinero; por eso mandaba llamarlo con frecuencia y conversaba con él.

27Transcurridos dos años, Félix tuvo como sucesor a Porcio Festo, pero como Félix quería congraciarse con los judíos, dejó preso a Pablo.

El proceso ante Festo

25 Tres días después de llegar a la provincia, Festo subió de Cesarea a Jerusalén. 2Entonces los jefes de los sacerdotes y los dirigentes de los judíos presentaron sus acusaciones contra Pablo. 3Insistentemente le pidieron a Festo que les hiciera el favor de trasladar a Pablo a Jerusalén. Lo cierto es que ellos estaban preparando una emboscada para matarlo en el camino. 4Festo respondió: «Pablo está preso en Cesarea, y yo mismo partiré en breve para allá. 5Que vayan conmigo algunos de los dirigentes de ustedes y formulen allí sus acusaciones contra él, si es que ha hecho algo malo.»

6Después de pasar entre los judíos unos ocho o diez días, Festo bajó a Cesarea, y al día siguiente convocó al tribunal y mandó que le trajeran a Pablo. 7Cuando éste se presentó, los judíos que habían bajado de Jerusalén lo rodearon, formulando contra él muchas acusaciones graves que no podían probar.

8Pablo se defendía:

—No he cometido ninguna falta, ni contra la ley de los judíos ni contra el templo ni contra el emperador.

9Pero Festo, queriendo congraciarse con los judíos, le preguntó:

—¿Estás dispuesto a subir a Jerusalén para ser juzgado allí ante mí?

10Pablo contestó:

—Ya estoy ante el tribunal del emperador, que es donde se me debe juzgar. No les he hecho ningún agravio a los judíos, como usted sabe muy bien. 11Si soy culpable de haber hecho algo que merezca la muerte, no me niego a morir. Pero si no son ciertas las acusaciones que estos judíos formulan contra mí, nadie tiene el derecho de entregarme a ellos para complacerlos. ¡Apelo al emperador!

12Después de consultar con sus asesores, Festo declaró:

—Has apelado al emperador. ¡Al emperador irás!

---

s 24:6-8 prendimos. 8Usted. Var. prendimos y quisimos juzgarlo según nuestra ley. 7Pero el comandante Lisias intervino, y con mucha fuerza lo arrebató de nuestras manos 8y mandó que sus acusadores se presentaran ante usted. Usted

Festo consulta al rey Agripa

13Pasados algunos días, el rey Agripa y Berenice llegaron a Cesarea para saludar a Festo. **14**Como se entretuvieron allí varios días, Festo le presentó al rey el caso de Pablo.

—Hay aquí un hombre —le dijo— que Félix dejó preso. **15**Cuando fui a Jerusalén, los jefes de los sacerdotes y los *ancianos de los judíos presentaron acusaciones contra él y exigieron que se le condenara. **16**Les respondí que no es costumbre de los romanos entregar a ninguna persona sin antes concederle al acusado un careo con sus acusadores, y darle la oportunidad de defenderse de los cargos. **17**Cuando acudieron a mí, no dilaté el caso, sino que convoqué al tribunal el día siguiente y mandé traer a este hombre. **18**Al levantarse para hablar, sus acusadores no alegaron en su contra ninguno de los delitos que yo había supuesto. **19**Más bien, tenían contra él algunas cuestiones tocantes a su propia religión y sobre un tal Jesús, ya muerto, que Pablo sostiene que está vivo. **20**Yo no sabía cómo investigar tales cuestiones, así que le pregunté si estaba dispuesto a ir a Jerusalén para ser juzgado allí con respecto a esos cargos. **21**Pero como Pablo apeló para que se le reservara el fallo al emperador,*t* ordené que quedara detenido hasta ser remitido a Roma.*u*

22—A mí también me gustaría oír a ese hombre —le dijo Agripa a Festo.

—Pues mañana mismo lo oirá usted —le contestó Festo.

Pablo ante Agripa

26:12-18 — Hch 9:3-8; 22:6-11

23Al día siguiente Agripa y Berenice se presentaron con gran pompa, y entraron en la sala de la audiencia acompañados por oficiales de alto rango y por las personalidades más distinguidas de la ciudad. Festo mandó que le trajeran a Pablo, **24**y dijo:

—Rey Agripa y todos los presentes: Aquí tienen a este hombre. Todo el pueblo judío me ha presentado una demanda contra él, tanto en Jerusalén como aquí en Cesarea, pidiendo a gritos su muerte. **25**He llegado a la conclusión de que él no ha hecho nada que merezca la muerte, pero como apeló al emperador, he decidido enviarlo a Roma. **26**El problema es que no tengo definido nada que escribir al soberano acerca de él. Por eso lo he hecho comparecer ante ustedes, y especialmente delante de usted, rey Agripa, para que como resultado de esta investigación tenga yo algunos datos para mi carta; **27**me parece absurdo enviar un preso sin especificar los cargos contra él.

26 Entonces Agripa le dijo a Pablo:
—Tienes permiso para defenderte.

Pablo hizo un ademán con la mano y comenzó así su defensa:

2—Rey Agripa, para mí es un privilegio presentarme hoy ante usted para defenderme de las acusaciones de los judíos, **3**sobre todo porque usted está bien informado de todas las tradiciones y controversias de los judíos. Por eso le ruego que me escuche con paciencia.

4»Todos los judíos saben cómo he vivido desde que era niño, desde mi edad temprana entre mi gente y también en Jerusalén. **5**Ellos me conocen desde hace mucho tiempo y pueden atestiguar, si quieren, que viví como fariseo, de acuerdo con la secta más estricta de nuestra religión. **6**Y ahora me juzgan por la esperanza que tengo en la promesa que Dios hizo a nuestros antepasados. **7**Ésta es la promesa que nuestras doce tribus esperan alcanzar rindiendo culto a Dios con diligencia día y noche. Es por esta esperanza, oh rey, por lo que me acusan los judíos. **8**¿Por qué les parece a ustedes increíble que Dios resucite a los muertos?

9»Pues bien, yo mismo estaba convencido de que debía hacer todo lo posible por combatir el nombre de Jesús de Nazaret. **10**Eso es precisamente lo que hice en Jerusalén. Con la autoridad de los jefes de los sacerdotes metí en la cárcel a muchos de los santos, y cuando los mataban, yo manifestaba mi aprobación. **11**Muchas veces anduve de sinagoga en sinagoga castigándolos para obligarlos a blasfemar. Mi obsesión contra ellos me llevaba al extremo de perseguirlos incluso en ciudades del extranjero.

12»En uno de esos viajes iba yo hacia Damasco con la autoridad y la comisión de los jefes de los sacerdotes. **13**A eso del mediodía, oh rey, mientras iba por el camino, vi una luz del cielo, más refulgente que el sol, que con su resplandor nos envolvió a mí y a mis acompañantes. **14**Todos caímos al suelo, y yo oí una voz que me decía en arameo:*v* "Saulo, Saulo, ¿por qué me persigues? ¿Qué sacas con darte cabezazos contra la pared?"*w* **15**Entonces pregunté: "¿Quién eres, Señor?" "Yo soy Jesús, a quien tú persigues —me contestó el Señor—. **16**Ahora, ponte en pie y escúchame. Me he aparecido a ti con el fin de designarte siervo y testigo de lo que has visto de mí y de lo que te voy a revelar. **17**Te libraré de tu propio pueblo y de los *gentiles. Te envío a éstos **18**para que les abras los ojos y se conviertan de las tinieblas a la luz, y del poder de Satanás a Dios, a fin de que, por la fe en mí, reciban el perdón de los pecados y la herencia entre los *santificados."

19»Así que, rey Agripa, no fui desobediente a esa visión celestial. **20**Al contrario, comenzando con los que estaban en Damasco, siguiendo con los que estaban en Jerusalén y en toda

---

t 25:21 *al emperador.* Lit. *al augusto;* también en v. 25.
u 25:21 *a Roma.* Lit. *al* *césar.
v 26:14 *arameo.* Lit. *el dialecto hebreo.*
w 26:14 *¿Qué sacas ... pared?* Lit. *Te es difícil dar coces contra el aguijón.*

Judea, y luego con los gentiles, a todos les prediqué que se *arrepintieran y se convirtieran a Dios, y que demostraran su arrepentimiento con sus buenas obras. 21Sólo por eso los judíos me prendieron en el *templo y trataron de matarme. 22Pero Dios me ha ayudado hasta hoy, y así me mantengo firme, testificando a grandes y pequeños. No he dicho sino lo que los profetas y Moisés ya dijeron que sucedería: 23que el *Cristo padecería y que, siendo el primero en resucitar, proclamaría la luz a su propio pueblo y a los gentiles.

24Al llegar Pablo a este punto de su defensa, Festo interrumpió.

—¡Estás loco, Pablo! —le gritó—. El mucho estudio te ha hecho perder la cabeza.

25—No estoy loco, excelentísimo Festo —contestó Pablo—. Lo que digo es cierto y sensato. 26El rey está familiarizado con estas cosas, y por eso hablo ante él con tanto atrevimiento. Estoy convencido de que nada de esto ignora, porque no sucedió en un rincón. 27Rey Agripa, ¿cree usted en los profetas? ¡A mí me consta que sí!

28—Un poco más y me convences a hacerme cristiano^x —le dijo Agripa.

29—Sea por poco o por mucho —le replicó Pablo—, le pido a Dios que no sólo usted, sino también todos los que me están escuchando hoy, lleguen a ser como yo, aunque sin estas cadenas.

30Se levantó el rey, y también el gobernador, Berenice y los que estaban sentados con ellos. 31Al retirarse, decían entre sí:

—Este hombre no ha hecho nada que merezca la muerte ni la cárcel.

32Y Agripa le dijo a Festo:

—Se podría poner en libertad a este hombre si no hubiera apelado al *emperador.

Pablo viaja a Roma

27 Cuando se decidió que navegáramos rumbo a Italia, entregaron a Pablo y a algunos otros presos a un centurión llamado Julio, que pertenecía al batallón imperial. 2Subimos a bordo de un barco, con matrícula de Adramitio, que estaba a punto de zarpar hacia los puertos de la provincia de *Asia, y nos hicimos a la mar. Nos acompañaba Aristarco, un macedonio de Tesalónica.

3Al día siguiente hicimos escala en Sidón; y Julio, con mucha amabilidad, le permitió a Pablo visitar a sus amigos para que lo atendieran. 4Desde Sidón zarpamos y navegamos al abrigo de Chipre, porque los vientos nos eran contrarios. 5Después de atravesar el mar frente a las costas de Cilicia y Panfilia, arribamos a Mira de Licia. 6Allí el centurión encontró un barco de Alejandría que iba para Italia, y nos hizo subir a bordo. 7Durante muchos días la navegación fue lenta, y a duras penas llegamos frente a Gnido. Como el viento no era desfavorable para seguir el rumbo trazado, navegamos al amparo de Creta, frente a Salmona. 8Seguimos con dificultad a lo largo de la costa y llegamos a un lugar llamado Buenos Puertos, cerca de la ciudad de Lasea.

9Se había perdido mucho tiempo, y era peligrosa la navegación por haber pasado ya la fiesta del ayuno.^y Así que Pablo les advirtió: 10«Señores, veo que nuestro viaje va a ser desastroso y que va a causar mucho perjuicio tanto para el barco y su carga como para nuestras propias vidas.» 11Pero el centurión, en vez de hacerle caso, siguió el consejo del timonel y del dueño del barco. 12Como el puerto no era adecuado para invernar, la mayoría decidió que debíamos seguir adelante, con la esperanza de llegar a Fenice, puerto de Creta que da al suroeste y al noroeste, y pasar allí el invierno.

La tempestad

13Cuando comenzó a soplar un viento suave del sur, creyeron que podían conseguir lo que querían, así que levaron anclas y navegaron junto a la costa de Creta. 14Poco después se nos vino encima un viento huracanado, llamado Nordeste, que venía desde la isla. 15El barco quedó atrapado por la tempestad y no podía hacerle frente al viento, así que nos dejamos llevar a la deriva. 16Mientras pasábamos al abrigo de un islote llamado Cauda, a duras penas pudimos sujetar el bote salvavidas. 17Después de subirlo a bordo, amarraron con sogas todo el casco del barco para reforzarlo. Temiendo que fueran a encallar en los bancos de arena de la Sirte, echaron el ancla flotante y dejaron el barco a la deriva. 18Al día siguiente, dado que la tempestad seguía arremetiendo con mucha fuerza contra nosotros, comenzaron a arrojar la carga por la borda. 19Al tercer día, con sus propias manos arrojaron al mar los aparejos del barco. 20Como pasaron muchos días sin que aparecieran ni el sol ni las estrellas, y la tempestad seguía arreciando, perdimos al fin toda esperanza de salvarnos.

21Llevábamos ya mucho tiempo sin comer, así que Pablo se puso en medio de todos y dijo: «Señores, debían haber seguido mi consejo y no haber zarpado de Creta; así se habrían ahorrado este perjuicio y esta pérdida. 22Pero ahora los exhorto a cobrar ánimo, porque ninguno de ustedes perderá la *vida; sólo se perderá el barco. 23Anoche se me apareció un ángel del Dios a quien pertenezco y a quien sirvo, 24y me dijo: "No tengas miedo, Pablo. Tienes que comparecer ante el *emperador; y Dios te ha concedido la vida de todos los que navegan contigo."

---

x 26:28 Un poco … cristiano. Alt. ¿Con tan poco pretendes hacerme cristiano?
y 27:9 Es decir, el día de la *Expiación (Yom Kippur) en septiembre, de manera que se acercaba el invierno.

25Así que ¡ánimo, Señores! Confío en Dios que sucederá tal y como se me dijo. **26**Sin embargo, tenemos que encallar en alguna isla.»

El naufragio

27Ya habíamos pasado catorce noches a la deriva por el mar Adriático,[z] cuando a eso de la medianoche los marineros presintieron que se aproximaban a tierra. **28**Echaron la sonda y encontraron que el agua tenía unos treinta y siete metros de profundidad. Más adelante volvieron a echar la sonda y encontraron que tenía cerca de veintisiete metros[a] de profundidad. **29**Temiendo que fuéramos a estrellarnos contra las rocas, echaron cuatro anclas por la popa y se pusieron a rogar que amaneciera. **30**En un intento por escapar del barco, los marineros comenzaron a bajar el bote salvavidas al mar, con el pretexto de que iban a echar algunas anclas desde la proa. **31**Pero Pablo les advirtió al centurión y a los soldados: «Si ésos no se quedan en el barco, no podrán salvarse ustedes.» **32**Así que los soldados cortaron las amarras del bote salvavidas y lo dejaron caer al agua.

33Estaba a punto de amanecer cuando Pablo animó a todos a tomar alimento: «Hoy hace ya catorce días que ustedes están con la vida en un hilo, y siguen sin probar bocado. **34**Les ruego que coman algo, pues lo necesitan para sobrevivir. Ninguno de ustedes perderá ni un solo cabello de la cabeza.» **35**Dicho esto, tomó pan y dio gracias a Dios delante de todos. Luego lo partió y comenzó a comer. **36**Todos se animaron y también comieron. **37**Éramos en total doscientas setenta y seis personas en el barco. **38**Una vez satisfechos, aligeraron el barco echando el trigo al mar.

39Cuando amaneció, no reconocieron la tierra, pero vieron una bahía que tenía playa, donde decidieron encallar el barco a como diera lugar. **40**Cortaron las anclas y las dejaron caer en el mar, desatando a la vez las amarras de los timones. Luego izaron a favor del viento la vela de proa y se dirigieron a la playa. **41**Pero el barco fue a dar en un banco de arena y encalló. La proa se encajó en el fondo y quedó varada, mientras la popa se hacía pedazos al embate de las olas.

42Los soldados pensaron matar a los presos para que ninguno escapara a nado. **43**Pero el centurión quería salvarle la vida a Pablo, y les impidió llevar a cabo el plan. Dio orden de que los que pudieran nadar saltaran primero por la borda para llegar a tierra, **44**y de que los demás salieran valiéndose de tablas o de restos del barco. De esta manera todos llegamos sanos y salvos a tierra.

En la isla de Malta

28 Una vez a salvo, nos enteramos de que la isla se llamaba Malta. **2**Los isleños nos trataron con toda clase de atenciones. Encendieron una fogata y nos invitaron a acercarnos, porque estaba lloviendo y hacía frío. **3**Sucedió que Pablo recogió un montón de leña y la estaba echando al fuego, cuando una víbora que huía del calor se le prendió en la mano. **4**Al ver la serpiente colgada de la mano de Pablo, los isleños se pusieron a comentar entre sí: «Sin duda este hombre es un asesino, pues aunque se salvó del mar, la justicia divina no va a consentir que siga con vida.» **5**Pero Pablo sacudió la mano y la serpiente cayó en el fuego, y él no sufrió ningún daño. **6**La gente esperaba que se hinchara o cayera muerto de repente, pero después de esperar un buen rato y de ver que nada extraño le sucedía, cambiaron de parecer y decían que era un dios.

7Cerca de allí había una finca que pertenecía a Publio, el funcionario principal de la isla. Éste nos recibió en su casa con amabilidad y nos hospedó durante tres días. **8**El padre de Publio estaba en cama, enfermo con fiebre y disentería. Pablo entró a verlo y, después de orar, le impuso las manos y lo sanó. **9**Como consecuencia de esto, los demás enfermos de la isla también acudían y eran sanados. **10**Nos colmaron de muchas atenciones y nos proveyeron de todo lo necesario para el viaje.

Llegada a Roma

11Al cabo de tres meses en la isla, zarpamos en un barco que había invernado allí. Era una nave de Alejandría que tenía por insignia a los dioses Dióscuros.[b] **12**Hicimos escala en Siracusa, donde nos quedamos tres días. **13**Desde allí navegamos bordeando la costa y llegamos a Regio. Al día siguiente se levantó el viento del sur, y al segundo día llegamos a Poteoli. **14**Allí encontramos a algunos creyentes que nos invitaron a pasar una semana con ellos. Y por fin llegamos a Roma. **15**Los hermanos de Roma, habiéndose enterado de nuestra situación, salieron hasta el Foro de Apio y Tres Tabernas a recibirnos. Al verlos, Pablo dio gracias a Dios y cobró ánimo. **16**Cuando llegamos a Roma, a Pablo se le permitió tener su domicilio particular, con un soldado que lo custodiara.

Pablo predica bajo custodia en Roma

17Tres días más tarde, Pablo convocó a los dirigentes de los judíos. Cuando estuvieron reunidos, les dijo:

—A mí, hermanos, a pesar de no haber hecho nada contra mi pueblo ni contra las costumbres de nuestros antepasados, me arrestaron en Jerusalén y me entregaron a los romanos. **18**Éstos

---

[z] **27:27** En la antigüedad el nombre *Adriático* se refería a una zona que se extendía muy al sur de Italia.
[a] **27:28** *treinta y siete metros ... veintisiete metros.* Lit. *veinte brazas ... quince * brazas.*
[b] **28:11** *Dioses gemelos* de la mitología griega, probablemente Cástor y Pólux.

me interrogaron y quisieron soltarme por no ser yo culpable de ningún delito que mereciera la muerte. **19**Cuando los judíos se opusieron, me vi obligado a apelar al *emperador, pero no porque tuviera alguna acusación que presentar contra mi nación. **20**Por este motivo he pedido verlos y hablar con ustedes. Precisamente por la esperanza de Israel estoy encadenado.

21—Nosotros no hemos recibido ninguna carta de Judea que tenga que ver contigo —le contestaron ellos—, ni ha llegado ninguno de los hermanos de allá con malos informes o que haya hablado mal de ti. **22**Pero queremos oír tu punto de vista, porque lo único que sabemos es que en todas partes se habla en contra de esa secta.

23Señalaron un día para reunirse con Pablo, y acudieron en mayor número a la casa donde estaba alojado. Desde la mañana hasta la tarde estuvo explicándoles y testificándoles acerca

---

c **28:27** Is 6:9,10.
d **28:28** *escucharán.»* Var. escucharán.» **29***Después que él dijo esto, los judíos se fueron, discutiendo acaloradamente entre ellos.*

del reino de Dios y tratando de convencerlos respecto a Jesús, partiendo de la ley de Moisés y de los profetas. **24**Unos se convencieron por lo que él decía, pero otros se negaron a creer. **25**No pudieron ponerse de acuerdo entre sí, y comenzaron a irse cuando Pablo añadió esta última declaración: «Con razón el Espíritu Santo les habló a sus antepasados por medio del profeta Isaías diciendo:

26»"Ve a este pueblo y dile: 'Por mucho que oigan, no entenderán; por mucho que vean, no percibirán.' **27**Porque el corazón de este pueblo se ha vuelto insensible; se les han embotado los oídos, y se les han cerrado los ojos. De lo contrario, verían con los ojos, oirían con los oídos, entenderían con el corazón y se convertirían, y yo los sanaría."*c*

28»Por tanto, quiero que sepan que esta salvación de Dios se ha enviado a los *gentiles, y ellos sí escucharán.»*d*

30Durante dos años completos permaneció Pablo en la casa que tenía alquilada, y recibía a todos los que iban a verlo. **31**Y predicaba el reino de Dios y enseñaba acerca del Señor *Jesucristo sin impedimento y sin temor alguno.

ROMANOS

1 Pablo, *siervo de *Cristo Jesús, llamado a ser apóstol, apartado para anunciar el *evangelio de Dios, **2**que por medio de sus profetas ya había prometido en las sagradas Escrituras. **3**Este evangelio habla de su Hijo, que según la *naturaleza humana era descendiente de David, **4**pero que según el Espíritu de *santidad fue designado[a] con poder Hijo de Dios por la resurrección. Él es Jesucristo nuestro Señor. **5**Por medio de él, y en honor a su nombre, recibimos el don apostólico para persuadir a todas las *naciones que obedezcan a la fe.[b] **6**Entre ellas están incluidos también ustedes, a quienes Jesucristo ha llamado.

7Les escribo a todos ustedes, los amados de Dios que están en Roma, que han sido llamados a ser *santos.

Que Dios nuestro Padre y el Señor Jesucristo les concedan gracia y paz.

Pablo anhela visitar Roma

8En primer lugar, por medio de Jesucristo doy gracias a mi Dios por todos ustedes, pues en el mundo entero se habla bien de su fe. **9**Dios, a quien sirvo de corazón predicando el *evangelio de su Hijo, me es testigo de que los recuerdo a ustedes sin cesar. **10**Siempre pido en mis oraciones que, si es la voluntad de Dios, por fin se me abra ahora el camino para ir a visitarlos. **11**Tengo muchos deseos de verlos para impartirles algún don espiritual que los fortalezca; **12**mejor dicho, para que unos a otros nos animemos con la fe que compartimos. **13**Quiero que sepan, hermanos, que aunque hasta ahora no he podido visitarlos, muchas veces me he propuesto hacerlo, para recoger algún fruto entre ustedes, tal como lo he recogido entre las otras naciones.

14Estoy en deuda con todos, sean cultos o incultos,[c] instruidos o ignorantes. **15**De allí mi gran anhelo de predicarles el evangelio también a ustedes que están en Roma.

16A la verdad, no me avergüenzo del evangelio, pues es poder de Dios para la salvación de todos los que creen: de los judíos primeramente, pero también de los *gentiles. **17**De hecho, en el evangelio se revela la justicia que proviene de Dios, la cual es por fe de principio a fin,[d] tal como está escrito: «El justo vivirá por la fe»[e]

La ira de Dios contra la humanidad

18Ciertamente, la ira de Dios viene revelándose desde el cielo contra toda impiedad e injusticia de los *seres humanos, que con su maldad obstruyen la verdad. **19**Me explico: lo que se puede conocer acerca de Dios es evidente para ellos, pues él mismo se lo ha revelado. **20**Porque desde la creación del mundo las cualidades invisibles de Dios, es decir, su eterno poder y su naturaleza divina, se perciben claramente a través de lo que él creó, de modo que nadie tiene excusa. **21**A pesar de haber conocido a Dios, no lo glorificaron como a Dios ni le dieron gracias, sino que se extraviaron en sus inútiles razonamientos, y se les oscureció su insensato corazón. **22**Aunque afirmaban ser sabios, se volvieron necios **23**y cambiaron la gloria del Dios inmortal por imágenes que eran réplicas del hombre mortal, de las aves, de los cuadrúpedos y de los reptiles.

24Por eso Dios los entregó a los malos deseos de sus corazones, que conducen a la impureza sexual, de modo que degradaron sus cuerpos los unos con los otros. **25**Cambiaron la verdad de Dios por la mentira, adorando y sirviendo a los seres creados antes que al Creador, quien es bendito por siempre. Amén.

26Por tanto, Dios los entregó a pasiones vergonzosas. En efecto, las mujeres cambiaron las relaciones naturales por las que van contra la naturaleza. **27**Así mismo los hombres dejaron las relaciones naturales con la mujer y se encendieron en pasiones lujuriosas los unos con los otros. Hombres con hombres cometieron actos indecentes, y en sí mismos recibieron el castigo que merecía su perversión.

28Además, como estimaron que no valía la pena tomar en cuenta el conocimiento de Dios, él a su vez los entregó a la depravación mental, para que hicieran lo que no debían hacer. **29**Se han llenado de toda clase de maldad, perversidad, avaricia y depravación. Están repletos de envidia, homicidios, disensiones, engaño y malicia. Son chismosos, **30**calumniadores, enemigos de Dios, insolentes, soberbios y arrogantes; se ingenian maldades; se rebelan contra sus padres; **31**son insensatos, desleales, insensibles, despiadados. **32**Saben bien que, según el justo decreto de Dios, quienes practican tales cosas merecen la muerte; sin embargo, no sólo siguen practicándolas sino que incluso aprueban a quienes las practican.

---

a **1:4** *según el Espíritu de *santidad fue designado*. Alt. *según su espíritu de santidad fue declarado.*
b **1:5** *para ... la fe.* Lit. *para la obediencia de la fe entre todas las naciones.*
c **1:14** *sean cultos o incultos.* Lit. *griegos y bárbaros.*
d **1:17** *por fe ... fin.* Lit. *de fe a fe.*
e **1:17** Hab 2:4.

El justo juicio de Dios

2 Por tanto, no tienes excusa tú, quienquiera que seas; cuando juzgas a los demás, pues al juzgar a otros te condenas a ti mismo, ya que practicas las mismas cosas. **2**Ahora bien, sabemos que el juicio de Dios contra los que practican tales cosas se basa en la verdad. **3**¿Piensas entonces que vas a escapar del juicio de Dios, tú que juzgas a otros y sin embargo haces lo mismo que ellos? **4**¿No ves que desprecias las riquezas de la bondad de Dios, de su tolerancia y de su paciencia, al no reconocer que su bondad quiere llevarte al *arrepentimiento?

5Pero por tu obstinación y por tu corazón empedernido sigues acumulando castigo contra ti mismo para el día de la ira, cuando Dios revelará su justo juicio. **6**Porque Dios «pagará a cada uno según lo que merezcan sus obras».*f* **7**Él dará vida eterna a los que, perseverando en las buenas obras, buscan gloria, honor e inmortalidad. **8**Pero los que por egoísmo rechazan la verdad para aferrarse a la maldad, recibirán el gran castigo de Dios. **9**Habrá sufrimiento y angustia para todos los que hacen el mal, los judíos primeramente, y también los *gentiles; **10**pero gloria, honor y paz para todos los que hacen el bien, los judíos primeramente, y también los gentiles. **11**Porque con Dios no hay favoritismos.

12Todos los que han pecado sin conocer la ley, también perecerán sin la ley; y todos los que han pecado conociendo la ley, por la ley serán juzgados. **13**Porque Dios no considera justos a los que oyen la ley sino a los que la cumplen. **14**De hecho, cuando los gentiles, que no tienen la ley, cumplen por naturaleza lo que la ley exige,*g* ellos son ley para sí mismos, aunque no tengan la ley. **15**Éstos muestran que llevan escrito en el corazón lo que la ley exige, como lo atestigua su conciencia, pues sus propios pensamientos algunas veces los acusan y otras veces los excusan. **16**Así sucederá el día en que, por medio de Jesucristo, Dios juzgará los secretos de toda persona, como lo declara mi *evangelio.

Los judíos y la ley

17Ahora bien, tú que llevas el nombre de judío; que dependes de la ley y te *jactas de tu relación con Dios; **18**que conoces su voluntad y sabes discernir lo que es mejor porque eres instruido por la ley; **19**que estás convencido de ser guía de los ciegos y luz de los que están en la oscuridad, **20**instructor de los ignorantes, maestro de los sencillos, pues tienes en la ley la esencia misma del conocimiento y de la verdad; **21**en fin, tú que enseñas a otros, ¿no te enseñas a ti mismo? Tú que predicas contra el robo, ¿robas? **22**Tú que dices que no se debe cometer adulterio, ¿adulteras? Tú que aborreces a los ídolos, ¿robas de sus templos? **23**Tú que te jactas de la ley, ¿deshonras a Dios quebrantando la ley? **24**Así está escrito: «Por causa de ustedes se *blasfema el nombre de Dios entre los *gentiles.»*h*

25La circuncisión tiene valor si observas la ley; pero si la quebrantas, vienes a ser como un *incircunciso. **26**Por lo tanto, si los gentiles cumplen*i* los requisitos de la ley, ¿no se les considerará como si estuvieran circuncidados? **27**El que no está físicamente circuncidado, pero obedece la ley, te condenará a ti que, a pesar de tener el mandamiento escrito*j* y la circuncisión, quebrantas la ley.

28Lo exterior no hace a nadie judío, ni consiste la circuncisión en una señal en el cuerpo. **29**El verdadero judío lo es interiormente; y la circuncisión es la del corazón, la que realiza el Espíritu, no el mandamiento escrito. Al que es judío así, lo alaba Dios y no la gente.

Fidelidad de Dios

3 Entonces, ¿qué se gana con ser judío, o qué valor tiene la circuncisión? **2**Mucho, desde cualquier punto de vista. En primer lugar, a los judíos se les confiaron las palabras mismas de Dios.

3Pero entonces, si a algunos les faltó la fe, ¿acaso su falta de fe anula la *fidelidad de Dios? **4**¡De ninguna manera! Dios es siempre veraz, aunque el hombre sea mentiroso. Así está escrito: «Por eso, eres justo en tu sentencia, y triunfarás cuando te juzguen.»*k*

5Pero si nuestra injusticia pone de relieve la justicia de Dios, ¿qué diremos? ¿Que Dios es injusto al descargar sobre nosotros su ira? (Hablo en términos humanos.) **6**¡De ninguna manera! Si así fuera, ¿cómo podría Dios juzgar al mundo? **7**Alguien podría objetar: «Si mi mentira destaca la verdad de Dios y así aumenta su gloria, ¿por qué todavía se me juzga como pecador? **8**¿Por qué no decir: Hagamos lo malo para que venga lo bueno?» Así nos calumnian algunos, asegurando que eso es lo que enseñamos. ¡Pero bien merecida se tienen la condenación!

No hay un solo justo

9¿A qué conclusión llegamos? ¿Acaso los judíos somos mejores? ¡De ninguna manera! Ya hemos demostrado que tanto los judíos como los *gentiles están bajo el pecado. **10**Así está escrito: «No hay un solo justo, ni siquiera uno; **11**no hay nadie que entienda, nadie que busque a Dios. **12**Todos se han descarriado, a una se han corrompido. No hay nadie que haga lo bueno; ¡no hay uno solo!»*l*

---

f **2:6** Sal 62:12; Pr 24:12.
g **2:14** *que no tienen ... exige.* Alt. *que por naturaleza no tienen la ley, cumplen lo que la ley exige.*
h **2:24** Sal 52:5; Ez 36:22.
i **2:26** *si ... cumplen.* Lit. *si la incircuncisión guarda.*
j **2:27** *el mandamiento escrito.* Lit. *la letra;* también en v. 29.
k **3:4** Sal 51:4.
l **3:12** Sal 14:1-3; 53:1-3; Ec 7:20.

13«Su garganta es un sepulcro abierto; con su lengua profieren engaños.»[m] «¡Veneno de víbora hay en sus labios!»[n]

14«Llena está su boca de maldiciones y de amargura.»[ñ]

15«Veloces son sus pies para ir a derramar sangre; 16dejan ruina y miseria en sus caminos, 17y no conocen la senda de la paz.»[o]

18«No hay temor de Dios delante de sus ojos.»[p]

19Ahora bien, sabemos que todo lo que dice la ley, lo dice a quienes están sujetos a ella, para que todo el mundo se calle la boca y quede convicto delante de Dios. 20Por tanto, nadie será *justificado en presencia de Dios por hacer las obras que exige la ley; más bien, mediante la ley cobramos conciencia del pecado.

La justicia mediante la fe

21Pero ahora, sin la mediación de la ley, se ha manifestado la justicia de Dios, de la que dan testimonio la ley y los profetas. 22Esta justicia de Dios llega, mediante la *fe en Jesucristo, a todos los que creen. De hecho, no hay distinción, 23pues todos han pecado y están privados de la gloria de Dios, 24pero por su gracia son *justificados gratuitamente mediante la redención que Cristo Jesús efectuó.[q] 25Dios lo ofreció como un sacrificio de *expiación[r] que se recibe por la fe en su sangre, para así demostrar su justicia. Anteriormente, en su paciencia, Dios había pasado por alto los pecados; 26pero en el tiempo presente ha ofrecido a Jesucristo para manifestar su justicia. De este modo Dios es justo y, a la vez, el que justifica a los que tienen fe en Jesús.

27¿Dónde, pues, está la *jactancia? Queda excluida. ¿Por cuál principio? ¿Por el de la observancia de la ley? No, sino por el de la fe. 28Porque sostenemos que todos somos justificados por la fe, y no por las obras que la ley exige. 29¿Es acaso Dios sólo Dios de los judíos? ¿No lo es también de los *gentiles? Sí, también es Dios de los gentiles, 30pues no hay más que un solo Dios. Él justificará por la fe a los que están circuncidados y, mediante esa misma fe, a los que no lo están. 31¿Quiere decir que anulamos la ley con la fe? ¡De ninguna manera! Más bien, confirmamos la ley.

Abraham, justificado por la fe

4 Entonces, ¿qué diremos en el caso de nuestro antepasado Abraham?[s] 2En realidad, si Abraham hubiera sido *justificado por las obras, habría tenido de qué *jactarse, pero no delante de Dios. 3Pues ¿qué dice la Escritura? «Le creyó Abraham a Dios, y esto se le tomó en cuenta como justicia.»[t]

4Ahora bien, cuando alguien trabaja, no se le toma en cuenta el salario como un favor sino como una deuda. 5Sin embargo, al que no trabaja, sino que cree en el que justifica al malvado, se le toma en cuenta la fe como justicia. 6David dice lo mismo cuando habla de la dicha de aquel a quien Dios le atribuye justicia sin la mediación de las obras: 7«*¡Dichosos aquellos a quienes se les perdonan las transgresiones y se les cubren los pecados! 8¡Dichoso aquel cuyo pecado el Señor no tomará en cuenta!»[u]

9¿Acaso se ha reservado esta dicha sólo para los que están circuncidados? ¿Acaso no es también para los *gentiles?[v] Hemos dicho que a Abraham se le tomó en cuenta la fe como justicia. 10¿Bajo qué circunstancias sucedió esto? ¿Fue antes o después de ser circuncidado? ¡Antes, y no después! 11Es más, cuando todavía no estaba circuncidado, recibió la señal de la circuncisión como sello de la justicia que se le había tomado en cuenta por la fe. Por tanto, Abraham es padre de todos los que creen, aunque no hayan sido circuncidados, y a éstos se les toma en cuenta su fe como justicia. 12Y también es padre de aquellos que, además de haber sido circuncidados, siguen las huellas de nuestro padre Abraham, quien creyó cuando todavía era incircunciso.

13En efecto, no fue mediante la ley como Abraham y su descendencia recibieron la promesa de que él sería heredero del mundo, sino mediante la fe, la cual se le tomó en cuenta como justicia. 14Porque si los que viven por la ley fueran los herederos, entonces la fe no tendría ya ningún valor y la promesa no serviría de nada. 15La ley, en efecto, acarrea castigo. Pero donde no hay ley, tampoco hay transgresión.

16Por eso la promesa viene por la fe, a fin de que por la gracia quede garantizada para toda la descendencia de Abraham; esta promesa no es sólo para los que son de la ley sino para los que son también de la fe de Abraham, quien es el padre que tenemos en común 17delante de Dios, tal como está escrito: «Te he confirmado como padre de muchas naciones.»[w] Así que Abraham creyó en el Dios que da vida a los muertos y que llama las cosas que no son como si ya existieran.

18Contra toda esperanza, Abraham creyó y esperó, y de este modo llegó a ser padre de muchas naciones, tal como se le había dicho: «¡Así de numerosa será tu descendencia!»[x] 19Su fe no flaqueó, aunque reconocía que su cuerpo estaba como muerto, pues ya tenía unos cien

---

m **3:13** Sal 5:9.
n **3:13** Sal 140:3.
ñ **3:14** Sal 10:7.
o **3:17** Is 59:7,8.
p **3:18** Sal 36:1.
q **3:24** *redención … efectuó.* Lit. *redención en Cristo Jesús.*
r **3:25** *un sacrificio de * expiación.* Lit. *propiciación.*
s **4:1** *¿qué … Abraham?* Lit. *¿qué diremos que descubrió Abraham, nuestro antepasado según la * carne?*
t **4:3** Gn 15:6; también en v. 22.
u **4:8** Sal 32:1,2.
v **4:9** *los * gentiles.* Lit. *la * incircuncisión.*
w **4:17** Gn 17:5.
x **4:18** Gn 15:5.

años, y que también estaba muerta la matriz de Sara. **20**Ante la promesa de Dios no vaciló como un incrédulo, sino que se reafirmó en su fe y dio gloria a Dios, **21**plenamente convencido de que Dios tenía poder para cumplir lo que había prometido. **22**Por eso se le tomó en cuenta su fe como justicia. **23**Y esto de que «se le tomó en cuenta» no se escribió sólo para Abraham, **24**sino también para nosotros. Dios tomará en cuenta nuestra fe como justicia, pues creemos en aquel que *levantó de entre los muertos a Jesús nuestro Señor. **25**Él fue entregado a la muerte por nuestros pecados, y resucitó para nuestra justificación.

Paz y alegría

5 En consecuencia, ya que hemos sido *justificados mediante la fe, tenemos[y] paz con Dios por medio de nuestro Señor Jesucristo. **2**También por medio de él, y mediante la fe, tenemos acceso a esta gracia en la cual nos mantenemos firmes. Así que nos *regocijamos en la esperanza de alcanzar la gloria de Dios. **3**Y no sólo en esto, sino también en nuestros sufrimientos, porque sabemos que el sufrimiento produce perseverancia; **4**la perseverancia, entereza de carácter; la entereza de carácter, esperanza. **5**Y esta esperanza no nos defrauda, porque Dios ha derramado su amor en nuestro corazón por el Espíritu Santo que nos ha dado. **6**A la verdad, como éramos incapaces de salvarnos,[z] en el tiempo señalado Cristo murió por los malvados. **7**Difícilmente habrá quien muera por un justo, aunque tal vez haya quien se atreva a morir por una persona buena. **8**Pero Dios demuestra su amor por nosotros en esto: en que cuando todavía éramos pecadores, Cristo murió por nosotros.

9Y ahora que hemos sido justificados por su sangre, ¡con cuánta más razón, por medio de él, seremos salvados del castigo de Dios! **10**Porque si, cuando éramos enemigos de Dios, fuimos reconciliados con él mediante la muerte de su Hijo, ¡con cuánta más razón, habiendo sido reconciliados, seremos salvados por su vida! **11**Y no sólo esto, sino que también nos regocijamos en Dios por nuestro Señor Jesucristo, pues gracias a él ya hemos recibido la reconciliación.

De Adán, la muerte; de Cristo, la vida

12Por medio de un solo hombre el pecado entró en el mundo, y por medio del pecado entró la muerte; fue así como la muerte pasó a toda la *humanidad, porque todos pecaron.[a] **13**Antes de promulgarse la ley, ya existía el pecado en el mundo. Es cierto que el pecado no se toma en cuenta cuando no hay ley; **14**sin embargo, desde Adán hasta Moisés la muerte reinó, incluso sobre los que no pecaron quebrantando un mandato, como lo hizo Adán, quien es figura de aquel que había de venir.

15Pero la transgresión de Adán no puede compararse con la gracia de Dios. Pues si por la transgresión de un solo hombre murieron todos, ¡cuánto más el don que vino por la gracia de un solo hombre, Jesucristo, abundó para todos! **16**Tampoco se puede comparar la dádiva de Dios con las consecuencias del pecado de Adán. El juicio que lleva a la condenación fue resultado de un solo pecado, pero la dádiva que lleva a la *justificación tiene que ver con[b] una multitud de transgresiones. **17**Pues si por la transgresión de un solo hombre reinó la muerte, con mayor razón los que reciben en abundancia la gracia y el don de la justicia reinarán en vida por medio de un solo hombre, Jesucristo.

18Por tanto, así como una sola transgresión causó la condenación de todos, también un solo acto de justicia produjo la justificación que da vida a todos. **19**Porque así como por la desobediencia de uno solo muchos fueron constituidos pecadores, también por la obediencia de uno solo muchos serán constituidos justos.

20En lo que atañe a la ley, ésta intervino para que aumentara la transgresión. Pero allí donde abundó el pecado, sobreabundó la gracia, **21**a fin de que, así como reinó el pecado en la muerte, reine también la gracia que nos trae justificación y vida eterna por medio de Jesucristo nuestro Señor.

Muertos al pecado, vivos en Cristo

6 ¿Qué concluiremos? ¿Vamos a persistir en el pecado, para que la gracia abunde? **2**¡De ninguna manera! Nosotros, que hemos muerto al pecado, ¿cómo podemos seguir viviendo en él? **3**¿Acaso no saben ustedes que todos los que fuimos bautizados para unirnos con Cristo Jesús, en realidad fuimos bautizados para participar en su muerte? **4**Por tanto, mediante el bautismo fuimos sepultados con él en su muerte, a fin de que, así como Cristo *resucitó por el poder[c] del Padre, también nosotros llevemos una vida nueva.

5En efecto, si hemos estado unidos con él en su muerte, sin duda también estaremos unidos con él en su resurrección. **6**Sabemos que nuestra vieja naturaleza fue crucificada con él para que nuestro cuerpo pecaminoso perdiera su poder, de modo que ya no siguiéramos siendo esclavos del pecado; **7**porque el que muere queda liberado del pecado.

8Ahora bien, si hemos muerto con Cristo, confiamos que también viviremos con él. **9**Pues sabemos que Cristo, por haber sido *levantado

---

y 5:1 *tenemos.* Var. *tengamos.*
z 5:6 *como ... salvarnos.* Lit. *cuando todavía éramos débiles.*
a 5:12 En el griego este versículo es la primera parte de una oración comparativa que se reinicia y concluye en el v. 18.
b 5:16 *resultado ... con.* Alt. *resultado del pecado de uno solo, pero la dádiva que lleva a la justificación fue resultado de.*
c 6:4 *el poder.* Lit. *la gloria.*

de entre los muertos, ya no puede volver a morir; la muerte ya no tiene dominio sobre él. [10]En cuanto a su muerte, murió al pecado una vez y para siempre; en cuanto a su vida, vive para Dios.

[11]De la misma manera, también ustedes considérense muertos al pecado, pero vivos para Dios en Cristo Jesús. [12]Por lo tanto, no permitan ustedes que el pecado reine en su cuerpo mortal, ni obedezcan a sus malos deseos. [13]No ofrezcan los miembros de su cuerpo al pecado como instrumentos de injusticia; al contrario, ofrézcanse más bien a Dios como quienes han vuelto de la muerte a la vida, presentando los miembros de su cuerpo como instrumentos de justicia. [14]Así el pecado no tendrá dominio sobre ustedes, porque ya no están bajo la ley sino bajo la gracia.

Esclavos de la justicia

[15]Entonces, ¿qué? ¿Vamos a pecar porque no estamos ya bajo la ley sino bajo la gracia? ¡De ninguna manera! [16]¿Acaso no saben ustedes que, cuando se entregan a alguien para obedecerlo, son *esclavos de aquel a quien obedecen? Claro que lo son, ya sea del pecado que lleva a la muerte, o de la obediencia que lleva a la justicia. [17]Pero gracias a Dios que, aunque antes eran esclavos del pecado, ya se han sometido de corazón a la enseñanza[d] que les fue transmitida. [18]En efecto, habiendo sido liberados del pecado, ahora son ustedes esclavos de la justicia.

[19]Hablo en términos humanos, por las limitaciones de su *naturaleza humana. Antes ofrecían ustedes los miembros de su cuerpo para servir a la impureza, que lleva más y más a la maldad; ofrézcanlos ahora para servir a la justicia que lleva a la *santidad. [20]Cuando ustedes eran esclavos del pecado, estaban libres del dominio de la justicia. [21]¿Qué fruto cosechaban entonces? ¡Cosas que ahora los avergüenzan y que conducen a la muerte! [22]Pero ahora que han sido liberados del pecado y se han puesto al servicio de Dios, cosechan la santidad que conduce a la vida eterna. [23]Porque la paga del pecado es muerte, mientras que la dádiva de Dios es vida eterna en Cristo Jesús, nuestro Señor.

Analogía tomada del matrimonio

7 Hermanos, les hablo como a quienes conocen la ley. ¿Acaso no saben que uno está sujeto a la ley solamente en vida? [2]Por ejemplo, la casada está ligada por ley a su esposo sólo mientras éste vive; pero si su esposo muere, ella queda libre de la ley que la unía a su esposo. [3]Por eso, si se casa con otro hombre mientras su esposo vive, se le considera adúltera. Pero si muere su esposo, ella queda libre de esa ley, y no es adúltera aunque se case con otro hombre.

[4]Así mismo, hermanos míos, ustedes murieron a la ley mediante el cuerpo crucificado de Cristo, a fin de pertenecer al que fue *levantado de entre los muertos. De este modo daremos fruto para Dios. [5]Porque cuando nuestra *naturaleza pecaminosa aún nos dominaba,[e] las malas pasiones que la ley nos despertaba actuaban en los miembros de nuestro cuerpo, y dábamos fruto para muerte. [6]Pero ahora, al morir a lo que nos tenía subyugados, hemos quedado libres de la ley, a fin de servir a Dios con el nuevo poder que nos da el Espíritu, y no por medio del antiguo mandamiento escrito.

Conflicto con el pecado

[7]¿Qué concluiremos? ¿Que la ley es pecado? ¡De ninguna manera! Sin embargo, si no fuera por la ley, no me habría dado cuenta de lo que es el pecado. Por ejemplo, nunca habría sabido yo lo que es codiciar si la ley no hubiera dicho: «No codicies.»[f] [8]Pero el pecado, aprovechando la oportunidad que le proporcionó el mandamiento, despertó en mí toda clase de codicia. Porque aparte de la ley el pecado está muerto. [9]En otro tiempo yo tenía vida aparte de la ley; pero cuando vino el mandamiento, cobró vida el pecado y yo morí. [10]Se me hizo evidente que el mismo mandamiento que debía haberme dado vida me llevó a la muerte; [11]porque el pecado se aprovechó del mandamiento, me engañó, y por medio de él me mató.

[12]Concluimos, pues, que la ley es santa, y que el mandamiento es santo, justo y bueno. [13]Pero entonces, ¿lo que es bueno se convirtió en muerte para mí? ¡De ninguna manera! Más bien fue el pecado lo que, valiéndose de lo bueno, me produjo la muerte; ocurrió así para que el pecado se manifestara claramente, o sea, para que mediante el mandamiento se demostrara lo extremadamente malo que es el pecado.

[14]Sabemos, en efecto, que la ley es espiritual. Pero yo soy meramente *humano, y estoy vendido como esclavo al pecado. [15]No entiendo lo que me pasa, pues no hago lo que quiero, sino lo que aborrezco. [16]Ahora bien, si hago lo que no quiero, estoy de acuerdo en que la ley es buena; [17]pero, en ese caso, ya no soy yo quien lo lleva a cabo sino el pecado que habita en mí. [18]Yo sé que en mí, es decir, en mi *naturaleza pecaminosa, nada bueno habita. Aunque deseo hacer lo bueno, no soy capaz de hacerlo. [19]De hecho, no hago el bien que quiero, sino el mal que no quiero. [20]Y si hago lo que no quiero, ya no soy yo quien lo hace sino el pecado que habita en mí.

[21]Así que descubro esta ley: que cuando quiero hacer el bien, me acompaña el mal.

---

[d] 6:17 *a la enseñanza.* Lit. *al modelo de enseñanza.*
[e] 7:5 *cuando … dominaba.* Lit. *cuando estábamos en la *carne.*
[f] 7:7 Éx 20:17; Dt 5:21.

22Porque en lo íntimo de mi ser me deleito en la ley de Dios; **23**pero me doy cuenta de que en los miembros de mi cuerpo hay otra ley, que es la ley del pecado. Esta ley lucha contra la ley de mi mente, y me tiene cautivo. **24**¡Soy un pobre miserable! ¿Quién me librará de este cuerpo mortal? **25**¡Gracias a Dios por medio de Jesucristo nuestro Señor!

En conclusión, con la mente yo mismo me someto a la ley de Dios, pero mi *naturaleza pecaminosa está sujeta a la ley del pecado.

Vida mediante el Espíritu

8 Por lo tanto, ya no hay ninguna condenación para los que están unidos a Cristo Jesús,*g* **2**pues por medio de él la ley del Espíritu de vida me*h* ha liberado de la ley del pecado y de la muerte. **3**En efecto, la ley no pudo liberarnos porque la *naturaleza pecaminosa anuló su poder; por eso Dios envió a su propio Hijo en condición semejante a nuestra condición de pecadores,*i* para que se ofreciera en sacrificio por el pecado. Así condenó Dios al pecado en la naturaleza humana, **4**a fin de que las justas demandas de la ley se cumplieran en nosotros, que no vivimos según la naturaleza pecaminosa sino según el Espíritu.

5Los que viven conforme a la naturaleza pecaminosa fijan la mente en los deseos de tal naturaleza; en cambio, los que viven conforme al Espíritu fijan la mente en los deseos del Espíritu. **6**La mentalidad pecaminosa es muerte, mientras que la mentalidad que proviene del Espíritu es vida y paz. **7**La mentalidad pecaminosa es enemiga de Dios, pues no se somete a la ley de Dios, ni es capaz de hacerlo. **8**Los que viven según la naturaleza pecaminosa no pueden agradar a Dios.

9Sin embargo, ustedes no viven según la naturaleza pecaminosa sino según el Espíritu, si es que el Espíritu de Dios vive en ustedes. Y si alguno no tiene el Espíritu de Cristo, no es de Cristo. **10**Pero si Cristo está en ustedes, el cuerpo está muerto a causa del pecado, pero el Espíritu que está en ustedes es vida*j* a causa de la justicia. **11**Y si el Espíritu de aquel que levantó a Jesús de entre los muertos vive en ustedes, el mismo que *levantó a Cristo de entre los muertos también dará vida a sus cuerpos mortales por medio de su Espíritu, que vive en ustedes.

12Por tanto, hermanos, tenemos una obligación, pero no es la de vivir conforme a la naturaleza pecaminosa. **13**Porque si ustedes viven conforme a ella, morirán; pero si por medio del Espíritu dan muerte a los malos hábitos del cuerpo, vivirán. **14**Porque todos los que son guiados por el Espíritu de Dios son hijos de Dios. **15**Y ustedes no recibieron un espíritu que de nuevo los esclavice al miedo, sino el Espíritu que los adopta como hijos y les permite clamar: «¡*Abba! ¡Padre!» **16**El Espíritu mismo le asegura a nuestro espíritu que somos hijos de Dios. **17**Y si somos hijos, somos herederos; herederos de Dios y coherederos con Cristo, pues si ahora sufrimos con él, también tendremos parte con él en su gloria.

La gloria futura

18De hecho, considero que en nada se comparan los sufrimientos actuales con la gloria que habrá de revelarse en nosotros. **19**La creación aguarda con ansiedad la revelación de los hijos de Dios. **20**porque fue sometida a la frustración. Esto no sucedió por su propia voluntad, sino por la del que así lo dispuso. Pero queda la firme esperanza **21**de que la creación misma ha de ser liberada de la corrupción que la esclaviza, para así alcanzar la gloriosa libertad de los hijos de Dios.

22Sabemos que toda la creación todavía gime a una, como si tuviera dolores de parto. **23**Y no sólo ella, sino también nosotros mismos, que tenemos las *primicias del Espíritu, gemimos interiormente, mientras aguardamos nuestra adopción como hijos, es decir, la redención de nuestro cuerpo. **24**Porque en esa esperanza fuimos salvados. Pero la esperanza que se ve, ya no es esperanza. ¿Quién espera lo que ya tiene? **25**Pero si esperamos lo que todavía no tenemos, en la espera mostramos nuestra constancia.

26Así mismo, en nuestra debilidad el Espíritu acude a ayudarnos. No sabemos qué pedir, pero el Espíritu mismo intercede por nosotros con gemidos que no pueden expresarse con palabras. **27**Y Dios, que examina los corazones, sabe cuál es la intención del Espíritu, porque el Espíritu intercede por los *creyentes conforme a la voluntad de Dios.

Más que vencedores

28Ahora bien, sabemos que Dios dispone todas las cosas para el bien de quienes lo aman,*k* los que han sido llamados de acuerdo con su propósito. **29**Porque a los que Dios conoció de antemano, también los predestinó a ser transformados según la imagen de su Hijo, para que él sea el primogénito entre muchos hermanos. **30**A los que predestinó, también los llamó; a los que llamó, también los *justificó; y a los que justificó, también los glorificó.

31¿Qué diremos frente a esto? Si Dios está de nuestra parte, ¿quién puede estar en contra nuestra? **32**El que no escatimó ni a su propio Hijo, sino que lo entregó por todos nosotros, ¿cómo no habrá de darnos generosamente,

---

g **8:1** *Jesús.* Var. *Jesús, los que no viven según la naturaleza pecaminosa sino según el Espíritu* (véase v. 4).
h **8:2** *me.* Var. *te.*
i **8:3** *en condición semejante … pecadores.* Lit. *en semejanza de* †*carne de pecado.*
j **8:10** *el Espíritu … vida.* Alt. *el espíritu de ustedes vive.*
k **8:28** *Dios … aman.* Var. *todo actúa para el bien de quienes aman a Dios.*

junto con él, todas las cosas? **33**¿Quién acusará a los que Dios ha escogido? Dios es el que justifica. **34**¿Quién condenará? Cristo Jesús es el que murió, e incluso *resucitó, y está a la *derecha de Dios e intercede por nosotros. **35**¿Quién nos apartará del amor de Cristo? ¿La tribulación, o la angustia, la persecución, el hambre, la indigencia, el peligro, o la violencia? **36**Así está escrito: «Por tu causa siempre nos llevan a la muerte; ¡nos tratan como a ovejas para el matadero!»*l*

37Sin embargo, en todo esto somos más que vencedores por medio de aquel que nos amó. **38**Pues estoy convencido de que ni la muerte ni la vida, ni los ángeles ni los demonios,*m* ni lo presente ni lo por venir, ni los poderes, **39**ni lo alto ni lo profundo, ni cosa alguna en toda la creación, podrá apartarnos del amor que Dios nos ha manifestado en Cristo Jesús nuestro Señor.

La elección soberana de Dios

9 Digo la verdad en Cristo; no miento. Mi conciencia me lo confirma en el Espíritu Santo. **2**Me invade una gran tristeza y me embarga un continuo dolor. **3**Desearía yo mismo ser maldecido y separado de Cristo por el bien de mis hermanos, los de mi propia raza, **4**el pueblo de Israel. De ellos son la adopción como hijos, la gloria divina, los pactos, la ley, y el privilegio de adorar a Dios y contar con sus promesas. **5**De ellos son los patriarcas, y de ellos, según la *naturaleza humana, nació Cristo, quien es Dios sobre todas las cosas. ¡Alabado sea por siempre!*n* Amén.

6Ahora bien, no digamos que la Palabra de Dios ha fracasado. Lo que sucede es que no todos los que descienden de Israel son Israel. **7**Tampoco por ser descendientes de Abraham son todos hijos suyos. Al contrario: «Tu descendencia se establecerá por medio de Isaac.»*ñ* **8**En otras palabras, los hijos de Dios no son los descendientes *naturales; más bien, se considera descendencia de Abraham a los hijos de la promesa. **9**Y la promesa es ésta: «Dentro de un año vendré, y para entonces Sara tendrá un hijo.»*o*

10No sólo eso. También sucedió que los hijos de Rebeca tuvieron un mismo padre, que fue nuestro antepasado Isaac. **11**Sin embargo, antes de que los mellizos nacieran, o hicieran algo bueno o malo, y para confirmar el propósito de la elección divina, **12**no en base a las obras sino al llamado de Dios, se le dijo a ella: «El mayor servirá al menor.»*p* **13**Y así está escrito: «Amé a Jacob, pero aborrecí a Esaú.»*q*

14¿Qué concluiremos? ¿Acaso es Dios injusto? ¡De ninguna manera! **15**Es un hecho que a Moisés le dice: «Tendré clemencia de quien yo quiera tenerla, y seré compasivo con quien yo quiera serlo.»*r*

16Por lo tanto, la elección no depende del deseo ni del esfuerzo humano sino de la misericordia de Dios. **17**Porque la Escritura le dice al faraón: «Te he levantado precisamente para mostrar en ti mi poder, y para que mi nombre sea proclamado por toda la tierra.»*s* **18**Así que Dios tiene misericordia de quien él quiere tenerla, y endurece a quien él quiere endurecer.

19Pero tú me dirás: «Entonces, ¿por qué todavía nos echa la culpa Dios? ¿Quién puede oponerse a su voluntad?» **20**Respondo: ¿Quién eres tú para pedirle cuentas a Dios? ¿Acaso le dirá la olla de barro al que la modeló: "¿Por qué me hiciste así?"»*t* **21**¿No tiene derecho el alfarero de hacer del mismo barro unas vasijas para usos especiales y otras para fines ordinarios?

22¿Y qué si Dios, queriendo mostrar su ira y dar a conocer su poder, soportó con mucha paciencia a los que eran objeto de su castigo*u* y estaban destinados a la destrucción? **23**¿Qué si lo hizo para dar a conocer sus gloriosas riquezas a los que eran objeto de su misericordia, y a quienes de antemano preparó para esa gloria? **24**Ésos somos nosotros, a quienes Dios llamó no sólo de entre los judíos sino también de entre los *gentiles. **25**Así lo dice Dios en el libro de Oseas: «Llamaré "mi pueblo" a los que no son mi pueblo; y llamaré "mi amada" a la que no es mi amada».*v*

26«Y sucederá que en el mismo lugar donde se les dijo: "Ustedes no son mi pueblo", serán llamados "hijos del Dios viviente".»*w*

27Isaías, por su parte, proclama respecto de Israel: «Aunque los israelitas sean tan numerosos como la arena del mar, sólo el remanente será salvo;

28porque plenamente y sin demora el Señor cumplirá su sentencia en la tierra.»*x*

29Así había dicho Isaías: «Si el Señor Todopoderoso no nos hubiera dejado descendientes, seríamos ya como Sodoma, nos pareceríamos a Gomorra.»*y*

Incredulidad de Israel

30¿Qué concluiremos? Pues que los *gentiles, que no buscaban la justicia, la han alcanzado. Me refiero a la justicia que es por la fe. **31**En cambio Israel, que iba en busca de una ley que le diera justicia, no ha alcanzado esa

---

l **8:36** Sal 44:22.
m **8:38** *demonios.* Alt. *gobernantes celestiales.*
n **9:5** *Cristo ...siempre!* Alt. *Cristo. ¡Dios, que está sobre todas las cosas, sea alabado por siempre!*
ñ **9:7** Gn 21:12.
o **9:9** Gn 18:10,14.
p **9:12** Gn 25:23.
q **9:13** Mal 1:2,3.
r **9:15** Éx 33:19.
s **9:17** Éx 9:16.
t **9:20** Is 29:16; 45:9.
u **9:22** *objeto de su castigo.* Lit. *vasijas de ira.*
v **9:25** Os 2:23.
w **9:26** Os 1:10.
x **9:28** Is 10:22,23.
y **9:29** Is 1:9.

justicia. **32**¿Por qué no? Porque no la buscaron mediante la fe sino mediante las obras, como si fuera posible alcanzarla así. Por eso tropezaron con la «piedra de tropiezo», **33**como está escrito: «Miren que pongo en Sión una piedra de tropiezo y una roca que hace *caer; pero el que confíe en él no será defraudado.»[z]

10 Hermanos, el deseo de mi corazón, y mi oración a Dios por los israelitas, es que lleguen a ser salvos. **2**Puedo declarar en favor de ellos que muestran celo por Dios, pero su celo no se basa en el conocimiento. **3**No conociendo la justicia que proviene de Dios, y procurando establecer la suya propia, no se sometieron a la justicia de Dios. **4**De hecho, Cristo es el fin de la ley, para que todo el que cree reciba la justicia.

5Así describe Moisés la justicia que se basa en la ley: «Quien practique estas cosas vivirá por ellas.»[a] **6**Pero la justicia que se basa en la fe afirma: «No digas en tu corazón: "¿Quién subirá al cielo?"[b] (es decir, para hacer bajar a Cristo), **7**o "¿Quién bajará al *abismo?" » (es decir, para hacer subir a Cristo de entre los muertos). **8**¿Qué afirma entonces? «La palabra está cerca de ti; la tienes en la boca y en el corazón.»[c] Ésta es la palabra de fe que predicamos: **9**que si confiesas con tu boca que Jesús es el Señor, y crees en tu corazón que Dios lo *levantó de entre los muertos, serás salvo. **10**Porque con el corazón se cree para ser *justificado, pero con la boca se confiesa para ser salvo. **11**Así dice la Escritura: «Todo el que confíe en él no será jamás defraudado.»[d] **12**No hay diferencia entre judíos y *gentiles, pues el mismo Señor es Señor de todos y bendice abundantemente a cuantos lo invocan, **13**porque «todo el que invoque el nombre del Señor será salvo».[e]

14Ahora bien, ¿cómo invocarán a aquel en quien no han creído? ¿Y cómo creerán en aquel de quien no han oído? ¿Y cómo oirán si no hay quien les predique? **15**¿Y quién predicará sin ser enviado? Así está escrito: «¡Qué hermoso es recibir al mensajero que trae buenas *nuevas!»[f]

16Sin embargo, no todos los israelitas aceptaron las buenas nuevas. Isaías dice: «Señor, ¿quién ha creído a nuestro mensaje?»[g] **17**Así que la fe viene como resultado de oír el mensaje, y el mensaje que se oye es la palabra de Cristo.[h] **18**Pero pregunto: ¿Acaso no oyeron? ¡Claro que sí!

«Por toda la tierra se difundió su voz, ¡sus palabras llegan hasta los confines del mundo!»[i]

19Pero insisto: ¿Acaso no entendió Israel? En primer lugar, Moisés dice: «Yo haré que ustedes sientan envidia de los que no son nación; voy a irritarlos con una nación insensata.»[j]

20Luego Isaías se atreve a decir: «Dejé que me hallaran los que no me buscaban; me di a conocer a los que no preguntaban por mí.»[k]

21En cambio, respecto de Israel, dice: «Todo el día extendí mis manos hacia un pueblo desobediente y rebelde.»[l]

El remanente de Israel

11 Por lo tanto, pregunto: ¿Acaso rechazó Dios a su pueblo? ¡De ninguna manera! Yo mismo soy israelita, descendiente de Abraham, de la tribu de Benjamín. **2**Dios no rechazó a su pueblo, al que de antemano conoció. ¿No saben lo que relata la Escritura en cuanto a Elías? Acusó a Israel delante de Dios: **3**«Señor, han matado a tus profetas y han derribado tus altares. Yo soy el único que ha quedado con vida, ¡y ahora quieren matarme a mí también!»[m] **4**¿Y qué le contestó la voz divina? «He apartado para mí siete mil hombres, los que no se han arrodillado ante Baal.»[n] **5**Así también hay en la actualidad un remanente escogido por gracia. **6**Y si es por gracia, ya no es por obras; porque en tal caso la gracia ya no sería gracia.[ñ]

7¿Qué concluiremos? Pues que Israel no consiguió lo que tanto deseaba, pero sí lo consiguieron los elegidos. Los demás fueron endurecidos, **8**como está escrito: «Dios les dio un espíritu insensible, ojos con los que no pueden ver y oídos con los que no pueden oír, hasta el día de hoy.»[o]

9Y David dice: «Que sus banquetes se les conviertan en red y en trampa, en *tropezadero y en castigo. **10**Que se les nublen los ojos para que no vean, y se les encorven sus espaldas para siempre.»[p]

Ramas injertadas

11Ahora pregunto: ¿Acaso tropezaron para no volver a levantarse? ¡De ninguna manera! Más bien, gracias a su transgresión ha venido la salvación a los *gentiles, para que Israel sienta celos. **12**Pero si su transgresión ha enriquecido al mundo, es decir, si su fracaso ha enriquecido a los gentiles, ¡cuánto mayor será la riqueza que su plena restauración producirá!

13Me dirijo ahora a ustedes, los gentiles. Como apóstol que soy de ustedes, le hago honor a mi ministerio, **14**pues quisiera ver si de algún

---

z **9:33** Is 8:14; 28:16.
a **10:5** Lv 18:5.
b **10:6** Dt 30:12.
c **10:8** Dt 30:14.
d **10:11** Is 28:16.
e **10:13** Jl 2:32.
f **10:15** *¿Qué hermoso … trae.* Lit. *¡Qué hermosos son los pies de los que anuncian;* Is 52:7.
g **10:16** Is 53:1.
h **10:17** *Cristo.* Var. *Dios.*
i **10:18** Sal 19:4.
j **10:19** Dt 32:21.
k **10:20** Is 65:1.
l **10:21** Is 65:2.
m **11:3** 1R 19:10,14.
n **11:4** 1R 19:18.
ñ **11:6** *no sería gracia.* Var. *no sería gracia. Pero si es por obras, ya no es gracia; porque en tal caso la obra ya no sería obra.*
o **11:8** Dt 29:4; Is 29:10.
p **11:10** Sal 69:22,23.

modo despierto los celos de mi propio pueblo, para así salvar a algunos de ellos. [15]Pues si el haberlos rechazado dio como resultado la reconciliación entre Dios y el mundo, ¿no será su restitución una vuelta a la vida? [16]Si se consagra la parte de la masa que se ofrece como *primicias, también se consagra toda la masa; si la raíz es santa, también lo son las ramas.

[17]Ahora bien, es verdad que algunas de las ramas han sido desgajadas, y que tú, siendo de olivo silvestre, has sido injertado entre las otras ramas. Ahora participas de la savia nutritiva de la raíz del olivo. [18]Sin embargo, no te vayas a creer mejor que las ramas originales. Y si te jactas de ello, ten en cuenta que no eres tú quien nutre a la raíz, sino que es la raíz la que te nutre a ti. [19]Tal vez dirás: «Desgajaron unas ramas para que yo fuera injertado.» [20]De acuerdo. Pero ellas fueron desgajadas por su falta de fe, y tú por la fe te mantienes firme. Así que no seas arrogante sino temeroso; [21]porque si Dios no tuvo miramientos con las ramas originales, tampoco los tendrá contigo.

[22]Por tanto, considera la bondad y la severidad de Dios: severidad hacia los que cayeron y bondad hacia ti. Pero si no te mantienes en su bondad, tú también serás desgajado. [23]Y si ellos dejan de ser incrédulos, serán injertados, porque Dios tiene poder para injertarlos de nuevo. [24]Después de todo, si tú fuiste cortado de un olivo silvestre, al que por naturaleza pertenecías, y contra tu condición natural fuiste injertado en un olivo cultivado, ¡con cuánta mayor facilidad las ramas naturales de ese olivo serán injertadas de nuevo en él!

Todo Israel será salvo

[25]Hermanos, quiero que entiendan este *misterio para que no se vuelvan presuntuosos. Parte de Israel se ha endurecido, y así permanecerá hasta que haya entrado la totalidad de los *gentiles. [26]De esta manera todo Israel será salvo, como está escrito: «El redentor vendrá de Sión y apartará de Jacob la impiedad. [27]Y éste será mi pacto con ellos cuando perdone sus pecados.»[q]

[28]Con respecto al *evangelio, los israelitas son enemigos de Dios para bien de ustedes; pero si tomamos en cuenta la elección, son amados de Dios por causa de los patriarcas, [29]porque las dádivas de Dios son irrevocables, como lo es también su llamamiento. [30]De hecho, en otro tiempo ustedes fueron desobedientes a Dios; pero ahora, por la desobediencia de los israelitas, han sido objeto de su misericordia. [31]Así mismo, estos que han desobedecido recibirán misericordia ahora, como resultado de la misericordia de Dios hacia ustedes. [32]En fin, Dios ha sujetado a todos a la desobediencia, con el fin de tener misericordia de todos.

Doxología

[33]¡Qué profundas son las riquezas de la sabiduría y del conocimiento de Dios! ¡Qué indescifrables sus juicios e impenetrables sus caminos! [34]«¿Quién ha conocido la mente del Señor, o quién ha sido su consejero?»[r] [35]«¿Quién le ha dado primero a Dios, para que luego Dios le pague?»[s]

[36]Porque todas las cosas proceden de él, y existen por él y para él. ¡A él sea la gloria por siempre! Amén.

Sacrificios vivos

12 Por lo tanto, hermanos, tomando en cuenta la misericordia de Dios, les ruego que cada uno de ustedes, en adoración espiritual,[t] ofrezca su cuerpo como sacrificio vivo, *santo y agradable a Dios. [2]No se amolden al mundo actual, sino sean transformados mediante la renovación de su mente. Así podrán comprobar cuál es la voluntad de Dios, buena, agradable y perfecta.

[3]Por la gracia que se me ha dado, les digo a todos ustedes: Nadie tenga un concepto de sí más alto que el que debe tener, sino más bien piense de sí mismo con moderación, según la medida de fe que Dios le haya dado. [4]Pues así como cada uno de nosotros tiene un solo cuerpo con muchos miembros, y no todos estos miembros desempeñan la misma función, [5]también nosotros, siendo muchos, formamos un solo cuerpo en Cristo, y cada miembro está unido a todos los demás. [6]Tenemos dones diferentes, según la gracia que se nos ha dado. Si el don de alguien es el de profecía, que lo use en proporción con su fe;[u] [7]si es el de prestar un servicio, que lo preste; si es el de enseñar, que enseñe; [8]si es el de animar a otros, que los anime; si es el de socorrer a los necesitados, que dé con generosidad; si es el de dirigir, que dirija con esmero; si es el de mostrar compasión, que lo haga con alegría.

El amor

[9]El amor debe ser sincero. Aborrezcan el mal; aférrense al bien. [10]Ámense los unos a los otros con amor fraternal, respetándose y honrándose mutuamente. [11]Nunca dejen de ser diligentes; antes bien, sirvan al Señor con el fervor que da el Espíritu. [12]Alégrense en la esperanza, muestren paciencia en el sufrimiento, perseveren en la oración. [13]Ayuden a los hermanos necesitados. Practiquen la hospitalidad. [14]Bendigan a quienes los persigan; bendigan y no maldigan. [15]Alégrense con los que están alegres; lloren con los que lloran. [16]Vivan en armonía los unos con los otros. No sean arrogantes, sino

---

q 11:27 Is 59:20,21; 27:9; Jer 31:33,34.
r 11:34 Is 40:13.
s 11:35 Job 41:11.
t 12:1 *espiritual*. Alt. *racional*.
u 12:6 *en proporción con su fe*. Alt. *de acuerdo con la fe*.

háganse solidarios con los humildes.[v] No se crean los únicos que saben.

[17]No paguen a nadie mal por mal. Procuren hacer lo bueno delante de todos. [18]Si es posible, y en cuanto dependa de ustedes, vivan en paz con todos. [19]No tomen venganza, hermanos míos, sino dejen el castigo en las manos de Dios, porque está escrito: «Mía es la venganza; yo pagaré»,[w] dice el Señor. [20]Antes bien, «Si tu enemigo tiene hambre, dale de comer; si tiene sed, dale de beber. Actuando así, harás que se avergüence de su conducta.»[x]

[21]No te dejes vencer por el mal; al contrario, vence el mal con el bien.

El respeto a las autoridades

13 Todos deben someterse a las autoridades públicas, pues no hay autoridad que Dios no haya dispuesto, así que las que existen fueron establecidas por él. [2]Por lo tanto, todo el que se opone a la autoridad se rebela contra lo que Dios ha instituido. Los que así proceden recibirán castigo. [3]Porque los gobernantes no están para infundir terror a los que hacen lo bueno sino a los que hacen lo malo. ¿Quieres librarte del miedo a la autoridad? Haz lo bueno, y tendrás su aprobación, [4]pues está al servicio de Dios para tu bien. Pero si haces lo malo, entonces debes tener miedo. No en vano lleva la espada, pues está al servicio de Dios para impartir justicia y castigar al malhechor. [5]Así que es necesario someterse a las autoridades, no sólo para evitar el castigo sino también por razones de conciencia.

[6]Por eso mismo pagan ustedes impuestos, pues las autoridades están al servicio de Dios, dedicadas precisamente a gobernar. [7]Paguen a cada uno lo que le corresponda: si deben impuestos, paguen los impuestos; si deben contribuciones, paguen las contribuciones; al que deban respeto, muéstrenle respeto; al que deban honor, ríndanle honor.

La responsabilidad hacia los demás

[8]No tengan deudas pendientes con nadie, a no ser la de amarse unos a otros. De hecho, quien ama al prójimo ha cumplido la ley. [9]Porque los mandamientos que dicen: «No cometas adulterio», «No mates», «No robes», «No codicies»,[y] y todos los demás mandamientos, se resumen en este precepto: «Ama a tu prójimo como a ti mismo».[z] [10]El amor no perjudica al prójimo. Así que el amor es el cumplimiento de la ley.

[11]Hagan todo esto estando conscientes del tiempo en que vivimos. Ya es hora de que despierten del sueño, pues nuestra salvación está ahora más cerca que cuando inicialmente creímos. [12]La noche está muy avanzada y ya se acerca el día. Por eso, dejemos a un lado las obras de la oscuridad y pongámonos la armadura de la luz. [13]Vivamos decentemente, como a la luz del día, no en orgías y borracheras, ni en inmoralidad sexual y libertinaje, ni en disensiones y envidias. [14]Más bien, revístanse ustedes del Señor Jesucristo, y no se preocupen por satisfacer los deseos de la *naturaleza pecaminosa.

Los débiles y los fuertes

14 Reciban al que es débil en la fe, pero no para entrar en discusiones. [2]A algunos su fe les permite comer de todo, pero hay quienes son débiles en la fe, y sólo comen verduras. [3]El que come de todo no debe menospreciar al que no come ciertas cosas, y el que no come de todo no debe condenar al que lo hace, pues Dios lo ha aceptado. [4]¿Quién eres tú para juzgar al siervo de otro? Que se mantenga en pie, o que caiga, es asunto de su propio Señor. Y se mantendrá en pie, porque el Señor tiene poder para sostenerlo.

[5]Hay quien considera que un día tiene más importancia que otro, pero hay quien considera iguales todos los días. Cada uno debe estar firme en sus propias opiniones. [6]El que le da importancia especial a cierto día, lo hace para el Señor. El que come de todo, come para el Señor, y lo demuestra dándole gracias a Dios; y el que no come, para el Señor se abstiene, y también da gracias a Dios. [7]Porque ninguno de nosotros vive para sí mismo, ni tampoco muere para sí. [8]Si vivimos, para el Señor vivimos; y si morimos, para el Señor morimos. Así pues, sea que vivamos o que muramos, del Señor somos. [9]Para esto mismo murió Cristo, y volvió a vivir, para ser Señor tanto de los que han muerto como de los que aún viven. [10]Tú, entonces, ¿por qué juzgas a tu hermano? O tú, ¿por qué lo menosprecias? ¡Todos tendremos que comparecer ante el tribunal de Dios! [11]Está escrito: «Tan cierto como que yo vivo —dice el Señor—, ante mí se doblará toda rodilla y toda lengua confesará a Dios.»[a]

[12]Así que cada uno de nosotros tendrá que dar cuentas de sí a Dios.

[13]Por tanto, dejemos de juzgarnos unos a otros. Más bien, propónganse no poner *tropiezos ni obstáculos al hermano. [14]Yo, de mi parte, estoy plenamente convencido en el Señor Jesús de que no hay nada *impuro en sí mismo. Si algo es impuro, lo es solamente para quien así lo considera. [15]Ahora bien, si tu hermano se angustia por causa de lo que comes, ya no te comportas con amor. No destruyas, por causa de la comida,

---

v 12:16 *háganse ... humildes.* Alt. *estén dispuestos a ocuparse en oficios humildes.*

w 12:19 Dt 32:35.

x 12:20 *harás ... conducta.* Lit. *ascuas de fuego amontonarás sobre su cabeza* (Pr 25:21,22).

y 13:9 Éx 20:13-15,17; Dt 5:17-19,21.

z 13:9 Lv 19:18.

a 14:11 Is 45:23.

al hermano por quien Cristo murió. **16**En una palabra, no den lugar a que se hable mal del bien que ustedes practican, **17**porque el reino de Dios no es cuestión de comidas o bebidas sino de justicia, paz y alegría en el Espíritu Santo. **18**El que de esta manera sirve a Cristo, agrada a Dios y es aprobado por sus semejantes.

19Por lo tanto, esforcémonos por promover todo lo que conduzca a la paz y a la mutua edificación. **20**No destruyas la obra de Dios por causa de la comida. Todo alimento es puro; lo malo es hacer tropezar a otros por lo que uno come. **21**Más vale no comer carne ni beber vino, ni hacer nada que haga *caer a tu hermano.

22Así que la convicción*b* que tengas tú al respecto, mantenla como algo entre Dios y tú. *Dichoso aquel a quien su conciencia no lo acusa por lo que hace. **23**Pero el que tiene dudas en cuanto a lo que come, se condena; porque no lo hace por convicción. Y todo lo que no se hace por convicción es pecado.

15

Los fuertes en la fe debemos apoyar a los débiles, en vez de hacer lo que nos agrada. **2**Cada uno debe agradar al prójimo para su bien, con el fin de edificarlo. **3**Porque ni siquiera Cristo se agradó a sí mismo sino que, como está escrito: «Sobre mí han recaído los insultos de tus detractores.»*c* **4**De hecho, todo lo que se escribió en el pasado se escribió para enseñarnos, a fin de que, alentados por las Escrituras, perseveremos en mantener nuestra esperanza.

5Que el Dios que infunde aliento y perseverancia les conceda vivir juntos en armonía, conforme al ejemplo de Cristo Jesús, **6**para que con un solo corazón y a una sola voz glorifiquen al Dios y Padre de nuestro Señor Jesucristo.

7Por tanto, acéptense mutuamente, así como Cristo los aceptó a ustedes para gloria de Dios. **8**Les digo que Cristo se hizo servidor de los judíos*d* para demostrar la fidelidad de Dios, a fin de confirmar las promesas hechas a los patriarcas, **9**y para que los *gentiles glorifiquen a Dios por su compasión, como está escrito: «Por eso te alabaré entre las *naciones; cantaré salmos a tu nombre.»*e*

10En otro pasaje dice: «Alégrense, naciones, con el pueblo de Dios.»*f*

11Y en otra parte: «¡Alaben al Señor, naciones todas! ¡Pueblos todos, cántenle alabanzas!»*g*

12A su vez, Isaías afirma: «Brotará la raíz de Isaí, el que se levantará para gobernar a las naciones; en él los pueblos pondrán su esperanza.»*h*

13Que el Dios de la esperanza los llene de toda alegría y paz a ustedes que creen en él, para que rebosen de esperanza por el poder del Espíritu Santo.

Pablo, ministro de los gentiles

14Por mi parte, hermanos míos, estoy seguro de que ustedes mismos rebosan de bondad, abundan en conocimiento y están capacitados para instruirse unos a otros. **15**Sin embargo, les he escrito con mucha franqueza sobre algunos asuntos, como para refrescarles la memoria. Me he atrevido a hacerlo por causa de la gracia que Dios me dio **16**para ser ministro de Cristo Jesús a los *gentiles. Yo tengo el deber sacerdotal de proclamar el *evangelio de Dios, a fin de que los gentiles lleguen a ser una ofrenda aceptable a Dios, *santificada por el Espíritu Santo.

17Por tanto, mi servicio a Dios es para mí motivo de *orgullo en Cristo Jesús. **18**No me atreveré a hablar de nada sino de lo que Cristo ha hecho por medio de mí para que los gentiles lleguen a obedecer a Dios. Lo ha hecho con palabras y obras, **19**mediante poderosas señales y milagros, por el poder del Espíritu de Dios. Así que, habiendo comenzado en Jerusalén, he completado la proclamación del evangelio de Cristo por todas partes, hasta la región de Iliria. **20**En efecto, mi propósito ha sido predicar el evangelio donde Cristo no sea conocido, para no edificar sobre fundamento ajeno. **21**Más bien, como está escrito: «Los que nunca habían recibido noticia de él, lo verán; y entenderán los que no habían oído hablar de él.»*i*

22Este trabajo es lo que muchas veces me ha impedido ir a visitarlos.

Pablo piensa visitar Roma

23Pero ahora que ya no me queda un lugar dónde trabajar en estas regiones, y como desde hace muchos años anhelo verlos, **24**tengo planes de visitarlos cuando vaya rumbo a España. Espero que, después de que haya disfrutado de la compañía de ustedes por algún tiempo, me ayuden a continuar el viaje. **25**Por ahora, voy a Jerusalén para llevar ayuda a los *hermanos, **26**ya que Macedonia y Acaya tuvieron a bien hacer una colecta para los hermanos pobres de Jerusalén. **27**Lo hicieron de buena voluntad, aunque en realidad era su obligación hacerlo. Porque si los *gentiles han participado de las bendiciones espirituales de los judíos, están en deuda con ellos para servirles con las bendiciones materiales. **28**Así que, una vez que yo haya cumplido esta tarea y entregado en sus manos este fruto, saldré para España y de paso los visitaré a ustedes. **29**Sé que, cuando los visite, iré con la abundante bendición de Cristo.

30Les ruego, hermanos, por nuestro Señor Jesucristo y por el amor del Espíritu, que se unan conmigo en esta lucha y que oren a Dios por mí. **31**Pídanle que me libre de caer en manos

---

b **14:22** *convicción*. Lit. *fe;* también en v. 23.
c **15:3** Sal 69:9.
d **15:8** *de los judíos*. Lit. *de la *circuncisión.*
e **15:9** 2S 22:50; Sal 18:49.
f **15:10** Dt 32:43.
g **15:11** Sal 117:1.
h **15:12** Is 11:10.
i **15:21** Is 52:15.

de los incrédulos que están en Judea, y que los hermanos de Jerusalén reciban bien la ayuda que les llevo. **32**De este modo, por la voluntad de Dios, llegaré a ustedes con alegría y podré descansar entre ustedes por algún tiempo. **33**El Dios de paz sea con todos ustedes. Amén.

Saludos personales

16 Les recomiendo a nuestra hermana Febe, diaconisa de la iglesia de Cencreas. **2**Les pido que la reciban dignamente en el Señor, como conviene hacerlo entre hermanos en la fe; préstenle toda la ayuda que necesite, porque ella ha ayudado a muchas personas, entre las que me cuento yo.

3Saluden a *Priscila y a Aquila, mis compañeros de trabajo en Cristo Jesús. **4**Por salvarme la *vida, ellos arriesgaron la suya. Tanto yo como todas las iglesias de los *gentiles les estamos agradecidos.

5Saluden igualmente a la iglesia que se reúne en la casa de ellos. Saluden a mi querido hermano Epeneto, el primer convertido a Cristo en la provincia de *Asia.*i*

6Saluden a María, que tanto ha trabajado por ustedes.

7Saluden a Andrónico y a Junías,*k* mis parientes y compañeros de cárcel, destacados entre los apóstoles y convertidos a Cristo antes que yo.

8Saluden a Amplias, mi querido hermano en el Señor.

9Saluden a Urbano, nuestro compañero de trabajo en Cristo, y a mi querido hermano Estaquis.

10Saluden a Apeles, que ha dado tantas pruebas de su fe en Cristo. Saluden a los de la familia de Aristóbulo.

11Saluden a Herodión, mi pariente. Saluden a los de la familia de Narciso, fieles en el Señor.

12Saluden a Trifena y a Trifosa, las cuales se esfuerzan trabajando por el Señor. Saluden a mi querida hermana Pérsida, que ha trabajado muchísimo en el Señor.

13Saluden a Rufo, distinguido creyente,*l* y a su madre, que ha sido también como una madre para mí.

14Saluden a Asíncrito, a Flegonte, a Hermes, a Patrobas, a Hermas y a los hermanos que están con ellos.

15Saluden a Filólogo, a Julia, a Nereo y a su hermana, a Olimpas y a todos los hermanos que están con ellos.

16Salúdense unos a otros con un beso santo. Todas las iglesias de Cristo les mandan saludos.

17Les ruego, hermanos, que se cuiden de los que causan divisiones y dificultades, y van en contra de lo que a ustedes se les ha enseñado. Apártense de ellos. **18**Tales individuos no sirven a Cristo nuestro Señor, sino a sus propios deseos.*m* Con palabras suaves y lisonjeras engañan a los ingenuos. **19**Es cierto que ustedes viven en obediencia, lo que es bien conocido de todos y me alegra mucho; pero quiero que sean sagaces para el bien e inocentes para el mal.

20Muy pronto el Dios de paz aplastará a Satanás bajo los pies de ustedes. Que la gracia de nuestro Señor Jesús sea con ustedes.

21Saludos de parte de Timoteo, mi compañero de trabajo, como también de Lucio, Jasón y Sosípater, mis parientes.

22Yo, Tercio, que escribo esta carta, los saludo en el Señor.

23Saludos de parte de Gayo, de cuya hospitalidad disfrutamos yo y toda la iglesia de este lugar. También les mandan saludos Erasto, que es el tesorero de la ciudad, y nuestro hermano Cuarto.*n*

25-26 El Dios eterno ocultó su misterio durante largos siglos, pero ahora lo ha revelado por medio de los escritos proféticos, según su propio mandato, para que todas las naciones obedezcan a la fe.*ñ* ¡Al que puede fortalecerlos a ustedes conforme a mi evangelio y a la predicación acerca de Jesucristo, **27**al único sabio Dios, sea la gloria para siempre por medio de Jesucristo! Amén.

---

i **16:5** *el primer* ... *Asia*. Lit. *las* *primicias de Asia*.

k **16:7** *Junías*. Alt. *Junia*.

l **16:13** *distinguido creyente*. Lit. *escogido en el Señor*.

m **16:18** *sus propios deseos*. Lit. *su propio estómago*.

n **16:23** *Cuarto*. Var. *Cuarto*. v. **24***La gracia de nuestro Señor Jesucristo sea con todos ustedes. Amén.*

ñ **16:25,26** *para* ... *la fe*. Lit. *para la obediencia de la fe a todas las naciones*.

1 CORINTIOS

1 Pablo, llamado por la voluntad de Dios a ser apóstol de *Cristo Jesús, y nuestro hermano Sóstenes, 2a la iglesia de Dios que está en Corinto, a los que han sido *santificados en Cristo Jesús y llamados a ser su santo pueblo, junto con todos los que en todas partes invocan el nombre de nuestro Señor Jesucristo, Señor de ellos y de nosotros:

3Que Dios nuestro Padre y el Señor Jesucristo les concedan gracia y paz.

Acción de gracias

4Siempre doy gracias a Dios por ustedes, pues él, en Cristo Jesús, les ha dado su gracia. 5Unidos a Cristo ustedes se han llenado de toda riqueza, tanto en palabra como en conocimiento. 6Así se ha confirmado en ustedes nuestro testimonio acerca de Cristo, 7de modo que no les falta ningún don espiritual mientras esperan con ansias que se manifieste nuestro Señor Jesucristo. 8Él los mantendrá firmes hasta el fin, para que sean irreprochables en el día de nuestro Señor Jesucristo. 9Fiel es Dios, quien los ha llamado a tener comunión con su Hijo Jesucristo, nuestro Señor.

Divisiones en la iglesia

10Les suplico, hermanos, en el nombre de nuestro Señor Jesucristo, que todos vivan en armonía y que no haya divisiones entre ustedes, sino que se mantengan unidos en un mismo pensar y en un mismo propósito. 11Digo esto, hermanos míos, porque algunos de la familia de Cloé me han informado que hay rivalidades entre ustedes. 12Me refiero a que unos dicen: «Yo sigo a Pablo»; otros afirman: «Yo, a Apolos»; otros: «Yo, a *Cefas»; y otros: «Yo, a Cristo.»

13¡Cómo! ¿Está dividido Cristo? ¿Acaso Pablo fue crucificado por ustedes? ¿O es que fueron bautizados en el nombre de Pablo? 14Gracias a Dios que no bauticé a ninguno de ustedes, excepto a Crispo y a Gayo, 15de modo que nadie puede decir que fue bautizado en mi nombre. 16Bueno, también bauticé a la familia de Estéfanas; fuera de éstos, no recuerdo haber bautizado a ningún otro. 17Pues Cristo no me envió a bautizar sino a predicar el *evangelio, y eso sin discursos de sabiduría humana, para que la cruz de Cristo no perdiera su eficacia.

Cristo, sabiduría y poder de Dios

18Me explico: El mensaje de la cruz es una locura para los que se pierden; en cambio, para los que se salvan, es decir, para nosotros, este mensaje es el poder de Dios. 19Pues está escrito: «Destruiré la sabiduría de los sabios; frustraré la inteligencia de los inteligentes.»[a] 20¿Dónde está el sabio? ¿Dónde el erudito? ¿Dónde el filósofo de esta época? ¿No ha convertido Dios en locura la sabiduría de este mundo? 21Ya que Dios, en su sabio designio, dispuso que el mundo no lo conociera mediante la sabiduría humana, tuvo a bien salvar, mediante la locura de la predicación, a los que creen. 22Los judíos piden señales milagrosas y los *gentiles buscan sabiduría, 23mientras que nosotros predicamos a Cristo crucificado. Este mensaje es motivo de *tropiezo para los judíos, y es locura para los gentiles, 24pero para los que Dios ha llamado, lo mismo judíos que gentiles, Cristo es el poder de Dios y la sabiduría de Dios. 25Pues la locura de Dios es más sabia que la sabiduría humana, y la debilidad de Dios es más fuerte que la fuerza humana.

26Hermanos, consideren su propio llamamiento: No muchos de ustedes son sabios, según criterios meramente *humanos; ni muchos los poderosos ni muchos los de noble cuna. 27Pero Dios escogió lo insensato del mundo para avergonzar a los sabios, y escogió lo débil del mundo para avergonzar a los poderosos. 28También escogió Dios lo más bajo y despreciado, y lo que no es nada, para anular lo que es, 29a fin de que en su presencia nadie pueda *jactarse. 30Pero gracias a él ustedes están unidos a Cristo Jesús, a quien Dios ha hecho nuestra sabiduría —es decir, nuestra *justificación, *santificación y redención— 31para que, como está escrito: «Si alguien ha de gloriarse, que se gloríe en el Señor.»[b]

2 Yo mismo, hermanos, cuando fui a anunciarles el testimonio[c] de Dios, no lo hice con gran elocuencia y sabiduría. 2Me propuse más bien, estando entre ustedes, no saber de cosa alguna, excepto de Jesucristo, y de éste crucificado. 3Es más, me presenté ante ustedes con tanta debilidad que temblaba de miedo. 4No les hablé ni les prediqué con palabras sabias y elocuentes sino con demostración del poder del Espíritu, 5para que la fe de ustedes no dependiera de la sabiduría humana sino del poder de Dios.

Sabiduría procedente del Espíritu

6En cambio, hablamos con sabiduría entre los que han alcanzado madurez,[d] pero no con la sabiduría de este mundo ni con la de

---

a 1:19 Is 29:14.
b 1:31 Jer 9:24.
c 2:1 *testimonio*. Var. * misterio.
d 2:6 *los que ... madurez*. Lit. *los* * perfectos.

sus gobernantes, los cuales terminarán en nada. **7**Más bien, exponemos el *misterio de la sabiduría de Dios, una sabiduría que ha estado escondida y que Dios había destinado para nuestra gloria desde la eternidad. **8**Ninguno de los gobernantes de este mundo lo entendió, porque de haberla entendido no habrían crucificado al Señor de la gloria. **9**Sin embargo, como está escrito: «Ningún ojo ha visto, ningún oído ha escuchado, ninguna mente humana ha concebido lo que Dios ha preparado para quienes lo aman.»*e*

10Ahora bien, Dios nos ha revelado esto por medio de su Espíritu, pues el Espíritu lo examina todo, hasta las profundidades de Dios. **11**En efecto, ¿quién conoce los pensamientos del *ser humano sino su propio espíritu que está en él? Así mismo, nadie conoce los pensamientos de Dios sino el Espíritu de Dios. **12**Nosotros no hemos recibido el espíritu del mundo sino el Espíritu que procede de Dios, para que entendamos lo que por su gracia él nos ha concedido. **13**Esto es precisamente de lo que hablamos, no con las palabras que enseña la sabiduría humana sino con las que enseña el Espíritu, de modo que expresamos verdades espirituales en términos espirituales.*f* **14**El que no tiene el Espíritu*g* no acepta lo que procede del Espíritu de Dios, pues para él es locura. No puede entenderlo, porque hay que discernirlo espiritualmente. **15**En cambio, el que es espiritual lo juzga todo, aunque él mismo no está sujeto al juicio de nadie, porque

16«¿quién ha conocido la mente del Señor para que pueda instruirlo?»*h* Nosotros, por nuestra parte, tenemos la mente de Cristo.

Sobre las divisiones en la iglesia

3 Yo, hermanos, no pude dirigirme a ustedes como a espirituales sino como a inmaduros,*i* apenas niños en Cristo. **2**Les di leche porque no podían asimilar alimento sólido, ni pueden todavía, **3**pues aún son inmaduros. Mientras haya entre ustedes celos y contiendas, ¿no serán inmaduros? ¿Acaso no se están comportando según criterios meramente *humanos? **4**Cuando uno afirma: «Yo sigo a Pablo», y otro: «Yo sigo a Apolos», ¿no es porque están actuando con criterios humanos?*j*

5Después de todo, ¿qué es Apolos? ¿Y qué es Pablo? Nada más que servidores por medio de los cuales ustedes llegaron a creer, según lo que el Señor le asignó a cada uno. **6**Yo sembré, Apolos regó, pero Dios ha dado el crecimiento. **7**Así que no cuenta ni el que siembra ni el que riega, sino sólo Dios, quien es el que hace crecer. **8**El que siembra y el que riega están al mismo nivel, aunque cada uno será recompensado según su propio trabajo. **9**En efecto, nosotros somos colaboradores al servicio de Dios; y ustedes son el campo de cultivo de Dios, son el edificio de Dios.

10Según la gracia que Dios me ha dado, yo, como maestro constructor, eché los cimientos, y otro construye sobre ellos. Pero cada uno tenga cuidado de cómo construye, **11**porque nadie puede poner un fundamento diferente del que ya está puesto, que es Jesucristo. **12**Si alguien construye sobre este fundamento, ya sea con oro, plata y piedras preciosas, o con madera, heno y paja, **13**su obra se mostrará tal cual es, pues el día del juicio la dejará al descubierto. El fuego la dará a conocer, y pondrá a prueba la calidad del trabajo de cada uno. **14**Si lo que alguien ha construido permanece, recibirá su recompensa, **15**pero si su obra es consumida por las llamas, él sufrirá pérdida. Será salvo, pero como quien pasa por el fuego.

16¿No saben que ustedes son templo de Dios y que el Espíritu de Dios habita en ustedes? **17**Si alguno destruye el templo de Dios, él mismo será destruido por Dios; porque el templo de Dios es sagrado, y ustedes son ese templo.

18Que nadie se engañe. Si alguno de ustedes se cree sabio según las normas de esta época, hágase ignorante para así llegar a ser sabio. **19**Porque a los ojos de Dios la sabiduría de este mundo es locura. Como está escrito: «Él atrapa a los sabios en su propia astucia»;*k* **20**y también dice: «El Señor conoce los pensamientos de los sabios y sabe que son absurdos.»*l* **21**Por lo tanto, ¡que nadie base su *orgullo en el hombre! Al fin y al cabo, todo es de ustedes, **22**ya sea Pablo, o Apolos, o *Cefas, o el universo, o la vida, o la muerte, o lo presente o lo por venir; todo es de ustedes, **23**y ustedes son de Cristo, y Cristo es de Dios.

Apóstoles de Cristo

4 Que todos nos consideren servidores de Cristo, encargados de administrar los *misterios de Dios. **2**Ahora bien, a los que reciben un encargo se les exige que demuestren ser dignos de confianza. **3**Por mi parte, muy poco me preocupa que me juzguen ustedes o cualquier tribunal humano; es más, ni siquiera me juzgo a mí mismo. **4**Porque aunque la conciencia no me remuerde, no por eso quedo absuelto; el que me juzga es el Señor. **5**Por lo tanto, no juzguen nada antes de tiempo; esperen hasta que venga el Señor. Él sacará a la luz lo que está oculto en la oscuridad y pondrá al descubierto las intenciones de cada corazón. Entonces cada uno recibirá de Dios la alabanza que le corresponda.

---

e **2:9** Is 64:4.
f **2:13** *expresamos ... espirituales.* Alt. *interpretamos verdades espirituales a personas espirituales.*
g **2:14** *El que no tiene el Espíritu.* Lit. *El hombre *síquico (o natural).*
h **2:16** Is 40:13.
i **3:1** *inmaduros.* Lit. *carnales; también en v. 3.
j **3:4** *¿no es ... humanos?* Lit. ¿no son ustedes hombres?
k **3:19** Job 5:13.
l **3:20** Sal 94:11.

6Hermanos, todo esto lo he aplicado a Apolos y a mí mismo para beneficio de ustedes, con el fin de que aprendan de nosotros aquello de «no ir más allá de lo que está escrito». Así ninguno de ustedes podrá engreírse de haber favorecido al uno en perjuicio del otro. 7¿Quién te distingue de los demás? ¿Qué tienes que no hayas recibido? Y si lo recibiste, ¿por qué presumes como si no te lo hubieran dado?

8¡Ya tienen todo lo que desean! ¡Ya se han enriquecido! ¡Han llegado a ser reyes, y eso sin nosotros! ¡Ojalá fueran de veras reyes para que también nosotros reináramos con ustedes! 9Por lo que veo, a nosotros los apóstoles Dios nos ha hecho desfilar en el último lugar, como a los sentenciados a muerte. Hemos llegado a ser un espectáculo para todo el universo, tanto para los ángeles como para los hombres. 10¡Por causa de Cristo, nosotros somos los ignorantes; ustedes, en Cristo, son los inteligentes! ¡Los débiles somos nosotros; los fuertes son ustedes! ¡A ustedes se les estima; a nosotros se nos desprecia! 11Hasta el momento pasamos hambre, tenemos sed, nos falta ropa, se nos maltrata, no tenemos dónde vivir. 12Con estas manos nos matamos trabajando. Si nos maldicen, bendecimos; si nos persiguen, lo soportamos; 13si nos calumnian, los tratamos con gentileza. Se nos considera la escoria de la tierra, la basura del mundo, y así hasta el día de hoy.

14No les escribo esto para avergonzarlos sino para amonestarlos, como a hijos míos amados. 15De hecho, aunque tuvieran ustedes miles de tutores en Cristo, padres sí que no tienen muchos, porque mediante el *evangelio yo fui el padre que los engendró en Cristo Jesús. 16Por tanto, les ruego que sigan mi ejemplo. 17Con este propósito les envié a Timoteo, mi amado y fiel hijo en el Señor. Él les recordará mi manera de comportarme en Cristo Jesús, como enseño por todas partes y en todas las iglesias.

18Ahora bien, algunos de ustedes se han vuelto presuntuosos, pensando que no iré a verlos. 19Lo cierto es que, si Dios quiere, iré a visitarlos muy pronto, y ya veremos no sólo cómo hablan sino cuánto poder tienen esos presumidos. 20Porque el reino de Dios no es cuestión de palabras sino de poder. 21¿Qué prefieren? ¿Que vaya a verlos con un látigo, o con amor y espíritu apacible?

¡Expulsen al hermano inmoral!

5 Es ya del dominio público que hay entre ustedes un caso de inmoralidad sexual que ni siquiera entre los *paganos se tolera, a saber, que uno de ustedes tiene por mujer a la esposa de su padre. 2¡Y de esto se sienten orgullosos! ¿No debieran, más bien, haber lamentado lo sucedido y expulsado de entre ustedes al que hizo tal cosa? 3Yo, por mi parte, aunque no estoy físicamente entre ustedes, sí estoy presente

en espíritu, y ya he juzgado, como si estuviera presente, al que cometió este pecado. 4Cuando se reúnan en el nombre de nuestro Señor Jesús, y con su poder yo los acompañe en espíritu, 5entreguen a este hombre a Satanás para destrucción de su *naturaleza pecaminosa[m] a fin de que su espíritu sea salvo en el día del Señor.

6Hacen mal en *jactarse. ¿No se dan cuenta de que un poco de levadura hace fermentar toda la masa? 7Desháganse de la vieja levadura para que sean masa nueva, panes sin levadura, como lo son en realidad. Porque Cristo, nuestro Cordero pascual, ya ha sido sacrificado. 8Así que celebremos nuestra Pascua no con la vieja levadura, que es la malicia y la perversidad, sino con pan sin levadura, que es la sinceridad y la verdad.

9Por carta ya les he dicho que no se relacionen con personas inmorales. 10Por supuesto, no me refería a la gente inmoral de este mundo, ni a los avaros, estafadores o idólatras. En tal caso, tendrían ustedes que salirse de este mundo. 11Pero en esta carta quiero aclararles que no deben relacionarse con nadie que, llamándose hermano, sea inmoral o avaro, idólatra, calumniador, borracho o estafador. Con tal persona ni siquiera deben juntarse para comer.

12¿Acaso me toca a mí juzgar a los de afuera? ¿No son ustedes los que deben juzgar a los de adentro? 13Dios juzgará a los de afuera. «Expulsen al malvado de entre ustedes.»[n]

Pleitos entre creyentes

6 Si alguno de ustedes tiene un pleito con otro, ¿cómo se atreve a presentar demanda ante los inconversos, en vez de acudir a los *creyentes? 2¿Acaso no saben que los creyentes juzgarán al mundo? Y si ustedes han de juzgar al mundo, ¿cómo no van a ser capaces de juzgar casos insignificantes? 3¿No saben que aun a los ángeles los juzgaremos? ¡Cuánto más los asuntos de esta vida! 4Por tanto, si tienen pleitos sobre tales asuntos, ¿cómo es que nombran como jueces a los que no cuentan para nada ante la iglesia?[ñ] 5Digo esto para que les dé vergüenza. ¿Acaso no hay entre ustedes nadie lo bastante sabio como para juzgar un pleito entre creyentes? 6Al contrario, un hermano demanda a otro, ¡y esto ante los incrédulos!

7En realidad, ya es una grave falla el solo hecho de que haya pleitos entre ustedes. ¿No sería mejor soportar la injusticia? ¿No sería mejor dejar que los defrauden? 8Lejos de eso, son ustedes los que defraudan y cometen injusticias, ¡y conste que se trata de sus hermanos!

---

m 5:5 su *naturaleza pecaminosa. Alt. su cuerpo. Lit. la *carne.
n 5:13 Dt 17:7; 19:19; 21:21; 22:21,24; 24:7.
ñ 6:4 ¿cómo ...iglesia? Alt. ¡nombren como jueces aun a los que no cuentan para nada ante la iglesia!

9¿No saben que los malvados no heredarán el reino de Dios? ¡No se dejen engañar! Ni los fornicarios, ni los idólatras, ni los adúlteros, ni los sodomitas, ni los pervertidos sexuales, 10ni los ladrones, ni los avaros, ni los borrachos, ni los calumniadores, ni los estafadores heredarán el reino de Dios. 11Y eso eran algunos de ustedes. Pero ya han sido lavados, ya han sido *santificados, ya han sido *justificados en el nombre del Señor Jesucristo y por el Espíritu de nuestro Dios.

La inmoralidad sexual

12«Todo me está permitido», pero no todo es para mi bien. «Todo me está permitido», pero no dejaré que nada me domine. 13«Los alimentos son para el estómago y el estómago para los alimentos»; así es, y Dios los destruirá a ambos. Pero el cuerpo no es para la inmoralidad sexual sino para el Señor, y el Señor para el cuerpo. 14Con su poder Dios resucitó al Señor, y nos resucitará también a nosotros. 15¿No saben que sus cuerpos son miembros de Cristo mismo? ¿Tomaré acaso los miembros de Cristo para unirlos con una prostituta? ¡Jamás! 16¿No saben que el que se une a una prostituta se hace un solo cuerpo con ella? Pues la Escritura dice: «Los dos llegarán a ser un solo cuerpo.»o 17Pero el que se une al Señor se hace uno con él en espíritu.

18Huyan de la inmoralidad sexual. Todos los demás pecados que una persona comete quedan fuera de su cuerpo; pero el que comete inmoralidades sexuales peca contra su propio cuerpo. 19¿Acaso no saben que su cuerpo es templo del Espíritu Santo, quien está en ustedes y al que han recibido de parte de Dios? Ustedes no son sus propios dueños; 20fueron comprados por un precio. Por tanto, honren con su cuerpo a Dios.

Consejos matrimoniales

7 Paso ahora a los asuntos que me plantearon por escrito: «Es mejor no tener relaciones sexuales.»p 2Pero en vista de tanta inmoralidad, cada hombre debe tener su propia esposa, y cada mujer su propio esposo. 3El hombre debe cumplir su deber conyugal con su esposa, e igualmente la mujer con su esposo. 4La mujer ya no tiene derecho sobre su propio cuerpo, sino su esposo. Tampoco el hombre tiene derecho sobre su propio cuerpo, sino su esposa. 5No se nieguen el uno al otro, a no ser de común acuerdo, y sólo por un tiempo, para dedicarse a la oración. No tarden en volver a unirse nuevamente; de lo contrario, pueden caer en *tentación de Satanás, por falta de dominio propio. 6Ahora bien, esto lo digo como una concesión y no como una orden. 7En

realidad, preferiría que todos fueran como yo. No obstante, cada uno tiene de Dios su propio don: éste posee uno; aquél, otro.

8A los solteros y a las viudas les digo que sería mejor que se quedaran como yo. 9Pero si no pueden dominarse, que se casen, porque es preferible casarse que quemarse de pasión.

10A los casados les doy la siguiente orden (no yo sino el Señor): que la mujer no se separe de su esposo. 11Sin embargo, si se separa, que no se vuelva a casar; de lo contrario, que se reconcilie con su esposo. Así mismo, que el hombre no se divorcie de su esposa.

12A los demás les digo yo (no es mandamiento del Señor): Si algún hermano tiene una esposa que no es creyente, y ella consiente en vivir con él, que no se divorcie de ella. 13Y si una mujer tiene un esposo que no es creyente, y él consiente en vivir con ella, que no se divorcie de él. 14Porque el esposo no creyente ha sido *santificado por la unión con su esposa, y la esposa no creyente ha sido santificada por la unión con su esposo creyente. Si así no fuera, sus hijos serían impuros, mientras que, de hecho, son santos.

15Sin embargo, si el cónyuge no creyente decide separarse, no se lo impidan. En tales circunstancias, el cónyuge creyente queda sin obligación; Dios nos ha llamado a vivir en paz. 16¿Cómo sabes tú, mujer, si acaso salvarás a tu esposo? ¿O cómo sabes tú, hombre, si acaso salvarás a tu esposa?

17En cualquier caso, cada uno debe vivir conforme a la condición que el Señor le asignó y a la cual Dios lo ha llamado. Ésta es la norma que establezco en todas las iglesias. 18¿Fue llamado alguno estando ya *circuncidado? Que no disimule su condición. ¿Fue llamado alguno sin estar circuncidado? Que no se circuncide. 19Para nada cuenta estar o no estar circuncidado; lo que importa es cumplir los mandatos de Dios. 20Que cada uno permanezca en la condición en que estaba cuando Dios lo llamó. 21¿Eras *esclavo cuando fuiste llamado? No te preocupes, aunque si tienes la oportunidad de conseguir tu libertad, aprovéchala. 22Porque el que era esclavo cuando el Señor lo llamó es un liberto del Señor; del mismo modo, el que era libre cuando fue llamado es un esclavo de Cristo. 23Ustedes fueron comprados por un precio; no se vuelvan esclavos de nadie. 24Hermanos, cada uno permanezca ante Dios en la condición en que estaba cuando Dios lo llamó.

25En cuanto a las personas solteras,q no tengo ningún mandato del Señor, pero doy mi opinión como quien por la misericordia del Señor es digno de confianza. 26Pienso que, a causa de la crisis actual, es bueno que cada persona se quede como está. 27¿Estás casado? No procures divorciarte. ¿Estás soltero? No busques esposa. 28Pero si te casas, no pecas; y si una

---

o 6:16 *un solo cuerpo.* Lit. *una sola* *carne; Gn 2:24.
p 7:1 *«Es ... sexuales.»* Alt. *«Es mejor no casarse.»* Lit. *Es bueno para el hombre no tocar mujer.*
q 7:25 *personas solteras.* Lit. *vírgenes.*

joven[r] se casa, tampoco comete pecado. Sin embargo, los que se casan tendrán que pasar por muchos aprietos,[s] y yo quiero evitárselos.

29Lo que quiero decir, hermanos, es que nos queda poco tiempo. De aquí en adelante los que tienen esposa deben vivir como si no la tuvieran; **30**los que lloran, como si no lloraran; los que se alegran, como si no se alegraran; los que compran algo, como si no lo poseyeran; **31**los que disfrutan de las cosas de este mundo, como si no disfrutaran de ellas; porque este mundo, en su forma actual, está por desaparecer.

32Yo preferiría que estuvieran libres de preocupaciones. El soltero se preocupa de las cosas del Señor y de cómo agradarlo. **33**Pero el casado se preocupa de las cosas de este mundo y de cómo agradar a su esposa; **34**sus intereses están divididos. La mujer no casada, lo mismo que la joven soltera,[t] se preocupa[u] de las cosas del Señor; se afana por consagrarse al Señor tanto en cuerpo como en espíritu. Pero la casada se preocupa de las cosas de este mundo y de cómo agradar a su esposo. **35**Les digo esto por su propio bien, no para ponerles restricciones sino para que vivan con decoro y plenamente dedicados al Señor.

36Si alguno piensa que no está tratando a su prometida[v] como es debido, y ella ha llegado ya a su madurez, por lo cual él se siente obligado a casarse, que lo haga. Con eso no peca; que se casen. **37**Pero el que se mantiene firme en su propósito, y no está dominado por sus impulsos sino que domina su propia voluntad, y ha resuelto no casarse con su prometida, también hace bien. **38**De modo que el que se casa con su prometida hace bien, pero el que no se casa hace mejor.[w]

39La mujer está ligada a su esposo mientras él vive; pero si el esposo muere, ella queda libre para casarse con quien quiera, con tal de que sea en el Señor. **40**En mi opinión, ella será más feliz si no se casa, y creo que yo también tengo el Espíritu de Dios.

Lo sacrificado a los ídolos

8 En cuanto a lo sacrificado a los ídolos, es cierto que todos tenemos conocimiento. El conocimiento envanece, mientras que el amor edifica. **2**El que cree que sabe algo, todavía no sabe como debiera saber. **3**Pero el que ama a Dios es conocido por él.

4De modo que, en cuanto a comer lo sacrificado a los ídolos, sabemos que un ídolo no es absolutamente nada, y que hay un solo Dios. **5**Pues aunque haya los así llamados dioses, ya sea en el cielo o en la tierra (y por cierto que hay muchos «dioses» y muchos «Señores»), **6**para nosotros no hay más que un solo Dios, el Padre, de quien todo procede y para el cual vivimos; y no hay más que un solo Señor, es

decir, Jesucristo, por quien todo existe y por medio del cual vivimos.

7Pero no todos tienen conocimiento de esto. Algunos siguen tan acostumbrados a los ídolos, que comen carne a sabiendas de que ha sido sacrificada a un ídolo, y su conciencia se contamina por ser débil. **8**Pero lo que comemos no nos acerca a Dios; no somos mejores por comer ni peores por no comer.

9Sin embargo, tengan cuidado de que su libertad no se convierta en motivo de tropiezo para los débiles. **10**Porque si alguien de conciencia débil te ve a ti, que tienes este conocimiento, comer en el templo de un ídolo, ¿no se sentirá animado a comer lo que ha sido sacrificado a los ídolos? **11**Entonces ese hermano débil, por quien Cristo murió, se perderá a causa de tu conocimiento. **12**Al pecar así contra los hermanos, hiriendo su débil conciencia, pecan ustedes contra Cristo. **13**Por lo tanto, si mi comida ocasiona la caída de mi hermano, no comeré carne jamás, para no hacerlo *caer en pecado.

Los derechos de un apóstol

9 ¿No soy libre? ¿No soy apóstol? ¿No he visto a Jesús nuestro Señor? ¿No son ustedes el fruto de mi trabajo en el Señor? **2**Aunque otros no me reconozcan como apóstol, ¡para ustedes sí lo soy! Porque ustedes mismos son el sello de mi apostolado en el Señor.

3Ésta es mi defensa contra los que me critican: **4**¿Acaso no tenemos derecho a comer y a beber? **5**¿No tenemos derecho a viajar acompañados por una esposa creyente, como hacen los demás apóstoles y *Cefas y los hermanos del Señor? **6**¿O es que sólo Bernabé y yo estamos obligados a ganarnos la vida con otros trabajos?

7¿Qué soldado presta servicio militar pagándose sus propios gastos? ¿Qué agricultor planta un viñedo y no come de sus uvas? ¿Qué pastor cuida un rebaño y no toma de la leche que ordeña? **8**No piensen que digo esto solamente desde un punto de vista humano. ¿No lo dice también la ley? **9**Porque en la ley de Moisés está escrito: «No le pongas bozal al buey mientras esté trillando.»[x] ¿Acaso se preocupa Dios por

---

r **7:28** *joven.* Lit. *virgen.*
s **7:28** *tendrán … aprietos.* Lit. *tendrán aflicción en la *carne.*
t **7:34** *La mujer … soltera.* Lit. *La mujer no casada y la virgen.*
u **7:33,34** *su esposa; … se preocupa.* Var. *su esposa.* v. **34***También hay diferencia entre la esposa y la joven soltera. La que no es casada se preocupa.*
v **7:36** *prometida.* Lit. *virgen;* también en vv. 37 y 38.
w **7:36,38** Alt. v. **36***Si alguno piensa que no está tratando a su hija como es debido, y ella ha llegado a su madurez, por lo cual él se siente obligado a darla en matrimonio, que lo haga. Con eso no peca; que la dé en matrimonio.* v. **37***Pero el que se mantiene firme en su propósito, y no está dominado por sus impulsos sino que domina su propia voluntad, y ha resuelto mantener soltera a su hija, también hace bien.* v. **38***De modo que el que da a su hija en matrimonio hace bien, pero el que no la da en matrimonio hace mejor.*
x **9:9** Dt 25:4.

los bueyes, 10o lo dice más bien por nosotros? Por supuesto que lo dice por nosotros, porque cuando el labrador ara y el segador trilla, deben hacerlo con la esperanza de participar de la cosecha. 11Si hemos sembrado semilla espiritual entre ustedes, ¿será mucho pedir que cosechemos de ustedes lo material? 12Si otros tienen derecho a este sustento de parte de ustedes, ¿no lo tendremos aun más nosotros?

Sin embargo, no ejercimos este derecho, sino que lo soportamos todo con tal de no crear obstáculo al *evangelio de Cristo. 13¿No saben que los que sirven en el templo reciben su alimento del templo, y que los que atienden el altar participan de lo que se ofrece en el altar? 14Así también el Señor ha ordenado que quienes predican el evangelio vivan de este ministerio.

15Pero no me he aprovechado de ninguno de estos derechos, ni escribo de esta manera porque quiera reclamarlos. Prefiero morir a que alguien me prive de este motivo de *orgullo. 16Sin embargo, cuando predico el evangelio, no tengo de qué enorgullecerme, ya que estoy bajo la obligación de hacerlo. ¡Ay de mí si no predico el evangelio! 17En efecto, si lo hiciera por mi propia voluntad, tendría recompensa; pero si lo hago por obligación, no hago más que cumplir la tarea que se me ha encomendado. 18¿Cuál es, entonces, mi recompensa? Pues que al predicar el evangelio pueda presentarlo gratuitamente, sin hacer valer mi derecho.

19Aunque soy libre respecto a todos, de todos me he hecho *esclavo para ganar a tantos como sea posible. 20Entre los judíos me volví judío, a fin de ganarlos a ellos. Entre los que viven bajo la ley me volví como los que están sometidos a ella (aunque yo mismo no vivo bajo la ley), a fin de ganar a éstos. 21Entre los que no tienen la ley me volví como los que están sin ley (aunque no estoy libre de la ley de Dios sino comprometido con la ley de Cristo), a fin de ganar a los que están sin ley. 22Entre los débiles me hice débil, a fin de ganar a los débiles. Me hice todo para todos, a fin de salvar a algunos por todos los medios posibles. 23Todo esto lo hago por causa del evangelio, para participar de sus frutos.

24¿No saben que en una carrera todos los corredores compiten, pero sólo uno obtiene el premio? Corran, pues, de tal modo que lo obtengan. 25Todos los deportistas se entrenan con mucha disciplina. Ellos lo hacen para obtener un premio que se echa a perder; nosotros, en cambio, por uno que dura para siempre. 26Así que yo no corro como quien no tiene meta; no lucho como quien da golpes al aire.

27Más bien, golpeo mi cuerpo y lo domino, no sea que, después de haber predicado a otros, yo mismo quede descalificado.

Advertencias basadas en la historia de Israel

10 No quiero que desconozcan, hermanos, que nuestros antepasados estuvieron todos bajo la nube y que todos atravesaron el mar. 2Todos ellos fueron bautizados en la nube y en el mar para unirse a Moisés. 3Todos también comieron el mismo alimento espiritual 4y tomaron la misma bebida espiritual, pues bebían de la roca espiritual que los acompañaba, y la roca era Cristo. 5Sin embargo, la mayoría de ellos no agradaron a Dios, y sus cuerpos quedaron tendidos en el desierto.

6Todo eso sucedió para servirnos de ejemplo,z a fin de que no nos apasionemos por lo malo, como lo hicieron ellos. 7No sean idólatras, como lo fueron algunos de ellos, según está escrito: «Se sentó el pueblo a comer y a beber, y se entregó al desenfreno.»a 8No cometamos inmoralidad sexual, como algunos lo hicieron, por lo que en un solo día perecieron veintitrés mil. 9Tampoco pongamos a *prueba al Señor, como lo hicieron algunos y murieron víctimas de las serpientes. 10Ni murmuren contra Dios, como lo hicieron algunos y sucumbieron a manos del ángel destructor.

11Todo eso les sucedió para servir de ejemplo, y quedó escrito para advertencia nuestra, pues a nosotros nos ha llegado el fin de los tiempos. 12Por lo tanto, si alguien piensa que está firme, tenga cuidado de no caer. 13Ustedes no han sufrido ninguna *tentación que no sea común al género *humano. Pero Dios es fiel, y no permitirá que ustedes sean tentados más allá de lo que puedan aguantar. Más bien, cuando llegue la tentación, él les dará también una salida a fin de que puedan resistir.

Las fiestas idólatras y la Cena del Señor

14Por tanto, mis queridos hermanos, huyan de la idolatría. 15Me dirijo a personas sensatas; juzguen ustedes mismos lo que digo. 16Esa copa de bendición por la cual damos gracias,b ¿no significa que entramos en comunión con la sangre de Cristo? Ese pan que partimos, ¿no significa que entramos en comunión con el cuerpo de Cristo? 17Hay un solo pan del cual todos participamos; por eso, aunque somos muchos, formamos un solo cuerpo.

18Consideren al pueblo de Israel como tal:c ¿No entran en comunión con el altar los que comen de lo sacrificado? 19¿Qué quiero decir con esta comparación? ¿Que el sacrificio que los *gentiles ofrecen a los ídolos sea algo, o que el ídolo mismo sea algo? 20No, sino que cuando ellos ofrecen sacrificios, lo hacen para los demonios, no para Dios, y no quiero que ustedes entren en comunión con los demonios. 21No

---

y 9:11 *lo material.* Lit. *las cosas *carnales.*
z 10:6 *ejemplo.* Lit. *tipo;* también en v. 11.
a 10:7 Éx 32:6.
b 10:16 *por la cual damos gracias.* Lit. *que bendecimos.*
c 10:18 *como tal.* Lit. *según la *carne.*

pueden beber de la copa del Señor y también de la copa de los demonios; no pueden participar de la mesa del Señor y también de la mesa de los demonios. 22¿O vamos a provocar a celos al Señor? ¿Somos acaso más fuertes que él?

La libertad del creyente

23«Todo está permitido», pero no todo es provechoso. «Todo está permitido», pero no todo es constructivo. 24Que nadie busque sus propios intereses sino los del prójimo.

25Coman de todo lo que se vende en la carnicería, sin preguntar nada por motivos de conciencia, 26porque «del Señor es la tierra y todo cuanto hay en ella».*d*

27Si algún incrédulo los invita a comer, y ustedes aceptan la invitación, coman de todo lo que les sirvan sin preguntar nada por motivos de conciencia. 28Ahora bien, si alguien les dice: «Esto ha sido ofrecido en sacrificio a los ídolos», entonces no lo coman, por consideración al que se lo mencionó, y por motivos de conciencia.*e* 29(Me refiero a la conciencia del otro, no a la de ustedes.) ¿Por qué se ha de juzgar mi libertad de acuerdo con la conciencia ajena? 30Si con gratitud participo de la comida, ¿me van a condenar por comer algo por lo cual doy gracias a Dios?

31En conclusión, ya sea que coman o beban o hagan cualquier otra cosa, háganlo todo para la gloria de Dios. 32No hagan *tropezar a nadie, ni a judíos, ni a *gentiles ni a la iglesia de Dios. 33Hagan como yo, que procuro agradar a todos en todo. No busco mis propios intereses sino los de los demás, para que sean salvos.

11 Imítenme a mí, como yo imito a Cristo.

Decoro en el culto

2Los elogio porque se acuerdan de mí en todo y retienen las enseñanzas,*f* tal como se las transmití.

3Ahora bien, quiero que entiendan que Cristo es cabeza de todo hombre, mientras que el hombre es cabeza de la mujer y Dios es cabeza de Cristo. 4Todo hombre que ora o profetiza con la cabeza cubierta*g* deshonra al que es su cabeza. 5En cambio, toda mujer que ora o profetiza con la cabeza descubierta deshonra al que es su cabeza; es como si estuviera rasurada. 6Si la mujer no se cubre la cabeza, que se corte también el cabello; pero si es vergonzoso para la mujer tener el pelo corto o la cabeza rasurada, que se la cubra. 7El hombre no debe cubrirse la cabeza, ya que él es imagen y gloria de Dios, mientras que la mujer es gloria del hombre. 8De hecho, el hombre no procede de la mujer sino la mujer del hombre; 9ni tampoco fue creado el hombre a causa de la mujer, sino la mujer a causa del hombre. 10Por esta razón, y a causa de los ángeles, la mujer debe llevar sobre la cabeza señal de autoridad.*h*

11Sin embargo, en el Señor, ni la mujer existe aparte del hombre ni el hombre aparte de la mujer. 12Porque así como la mujer procede del hombre, también el hombre nace de la mujer; pero todo proviene de Dios. 13Juzguen ustedes mismos: ¿Es apropiado que la mujer ore a Dios sin cubrirse la cabeza? 14¿No les enseña el mismo orden natural de las cosas que es una vergüenza para el hombre dejarse crecer el cabello, 15mientras que es una gloria para la mujer llevar cabello largo? Es que a ella se le ha dado su cabellera como velo. 16Si alguien insiste en discutir este asunto, tenga en cuenta que nosotros no tenemos otra costumbre, ni tampoco las iglesias de Dios.

La Cena del Señor

11:23-25 — Mt 26:26-28; Mr 14:22-24; Lc 22:17-20

17Al darles las siguientes instrucciones, no puedo elogiarlos, ya que sus reuniones traen más perjuicio que beneficio. 18En primer lugar, oigo decir que cuando se reúnen como iglesia hay divisiones entre ustedes, y hasta cierto punto lo creo. 19Sin duda, tiene que haber grupos sectarios entre ustedes, para que se demuestre quiénes cuentan con la aprobación de Dios. 20De hecho, cuando se reúnen, ya no es para comer la Cena del Señor, 21porque cada uno se adelanta a comer su propia cena, de manera que unos se quedan con hambre mientras otros se emborrachan. 22¿Acaso no tienen casas donde comer y beber? ¿O es que menosprecian a la iglesia de Dios y quieren avergonzar a los que no tienen nada? ¿Qué les diré? ¿Voy a elogiarlos por esto? ¡Claro que no!

23Yo recibí del Señor lo mismo que les transmití a ustedes: Que el Señor Jesús, la noche en que fue traicionado, tomó pan, 24y después de dar gracias, lo partió y dijo: «Este pan es mi cuerpo, que por ustedes entrego; hagan esto en memoria de mí.» 25De la misma manera, después de cenar, tomó la copa y dijo: «Esta copa es el nuevo pacto en mi sangre; hagan esto, cada vez que beban de ella, en memoria de mí.» 26Porque cada vez que comen este pan y beben de esta copa, proclaman la muerte del Señor hasta que él venga.

27Por lo tanto, cualquiera que coma el pan o beba de la copa del Señor de manera indigna, será culpable de pecar contra el cuerpo y la sangre del Señor. 28Así que cada uno debe examinarse a sí mismo antes de comer el pan y beber de la copa. 29Porque el que come y bebe

---

d 10:26 Sal 24:1.

e 10:28 *conciencia.* Var. *conciencia, porque «del Señor es la tierra y todo cuanto hay en ella».*

f 11:2 *enseñanzas.* Alt. *tradiciones.*

g 11:4 *la cabeza cubierta.* Alt. *el cabello largo;* también en el resto del pasaje.

h 11:10 *debe … autoridad.* Lit. *debe tener autoridad sobre la cabeza.*

sin discernir el cuerpo,^{i} come y bebe su propia condena. **30**Por eso hay entre ustedes muchos débiles y enfermos, e incluso varios han muerto. **31**Si nos examináramos a nosotros mismos, no se nos juzgaría; **32**pero si nos juzga el Señor, nos disciplina para que no seamos condenados con el mundo.

33Así que, hermanos míos, cuando se reúnan para comer, espérense unos a otros. **34**Si alguno tiene hambre, que coma en su casa, para que las reuniones de ustedes no resulten dignas de condenación.

Los demás asuntos los arreglaré cuando los visite.

Los dones espirituales

12 En cuanto a los dones espirituales, hermanos, quiero que entiendan bien este asunto. **2**Ustedes saben que cuando eran *paganos se dejaban arrastrar hacia los ídolos mudos. **3**Por eso les advierto que nadie que esté hablando por el Espíritu de Dios puede maldecir a Jesús; ni nadie puede decir: «Jesús es el Señor» sino por el Espíritu Santo.

4Ahora bien, hay diversos dones, pero un mismo Espíritu. **5**Hay diversas maneras de servir, pero un mismo Señor. **6**Hay diversas funciones, pero es un mismo Dios el que hace todas las cosas en todos.

7A cada uno se le da una manifestación especial del Espíritu para el bien de los demás. **8**A unos Dios les da por el Espíritu palabra de sabiduría; a otros, por el mismo Espíritu, palabra de conocimiento; **9**a otros, fe por medio del mismo Espíritu; a otros, y por ese mismo Espíritu, dones para sanar enfermos; **10**a otros, poderes milagrosos; a otros, profecía; a otros, el discernir espíritus; a otros, el hablar en diversas *lenguas; y a otros, el interpretar lenguas. **11**Todo esto lo hace un mismo y único Espíritu, quien reparte a cada uno según él lo determina.

Un cuerpo con muchos miembros

12De hecho, aunque el cuerpo es uno solo, tiene muchos miembros, y todos los miembros, no obstante ser muchos, forman un solo cuerpo. Así sucede con Cristo. **13**Todos fuimos bautizados por^j un solo Espíritu para constituir un solo cuerpo —ya seamos judíos o *gentiles, esclavos o libres—, y a todos se nos dio a beber de un mismo Espíritu.

14Ahora bien, el cuerpo no consta de un solo miembro sino de muchos. **15**Si el pie dijera: «Como no soy mano, no soy del cuerpo», no por eso dejaría de ser parte del cuerpo. **16**Y si la oreja dijera: «Como no soy ojo, no soy del cuerpo», no por eso dejaría de ser parte del cuerpo. **17**Si todo el cuerpo fuera ojo, ¿qué sería del oído? Si

todo el cuerpo fuera oído, ¿qué sería del olfato? **18**En realidad, Dios colocó cada miembro del cuerpo como mejor le pareció. **19**Si todos ellos fueran un solo miembro, ¿qué sería del cuerpo? **20**Lo cierto es que hay muchos miembros, pero el cuerpo es uno solo.

21El ojo no puede decirle a la mano: «No te necesito.» Ni puede la cabeza decirles a los pies: «No los necesito.» **22**Al contrario, los miembros del cuerpo que parecen más débiles son indispensables, **23**y a los que nos parecen menos honrosos los tratamos con honra especial. Y se les trata con especial modestia a los miembros que nos parecen menos presentables, **24**mientras que los más presentables no requieren trato especial. Así Dios ha dispuesto los miembros de nuestro cuerpo, dando mayor honra a los que menos tenían, **25**a fin de que no haya división en el cuerpo, sino que sus miembros se preocupen por igual unos por otros. **26**Si uno de los miembros sufre, los demás comparten su sufrimiento; y si uno de ellos recibe honor, los demás se alegran con él.

27Ahora bien, ustedes son el cuerpo de Cristo, y cada uno es miembro de ese cuerpo. **28**En la iglesia Dios ha puesto, en primer lugar, apóstoles; en segundo lugar, profetas; en tercer lugar, maestros; luego los que hacen milagros; después los que tienen dones para sanar enfermos, los que ayudan a otros, los que administran y los que hablan en diversas *lenguas. **29**¿Son todos apóstoles? ¿Son todos profetas? ¿Son todos maestros? ¿Hacen todos milagros? **30**¿Tienen todos dones para sanar enfermos? ¿Hablan todos en lenguas? ¿Acaso interpretan todos? **31**Ustedes, por su parte, ambicionen^k los mejores dones.

El amor

Ahora les voy a mostrar un camino más excelente.

13 Si hablo en *lenguas *humanas y angelicales, pero no tengo amor, no soy más que un metal que resuena o un platillo que hace ruido. **2**Si tengo el don de profecía y entiendo todos los *misterios y poseo todo conocimiento, y si tengo una fe que logra trasladar montañas, pero me falta el amor, no soy nada. **3**Si reparto entre los pobres todo lo que poseo, y si entrego mi cuerpo para que se lo consuman las llamas,^{l} pero no tengo amor, nada gano con eso.

4El amor es paciente, es bondadoso. El amor no es envidioso ni jactancioso ni orgulloso. **5**No se comporta con rudeza, no es egoísta, no se enoja fácilmente, no guarda rencor. **6**El amor no se deleita en la maldad sino que se regocija con la verdad. **7**Todo lo disculpa, todo lo cree, todo lo espera, todo lo soporta.

8El amor jamás se extingue, mientras que el don de profecía cesará, el de lenguas será silenciado y el de conocimiento desaparecerá.

---

^{i} **11:29** *cuerpo.* Var. *cuerpo del Señor.*
^{j} **12:13** *por.* Alt. *con,* o *en.*
^{k} **12:31** *ambicionen.* Alt. *ambicionan.*
^{l} **13:3** *para … llamas.* Var. *para tener de qué* **jactarme.*

9Porque conocemos y profetizamos de manera imperfecta; 10pero cuando llegue lo perfecto, lo imperfecto desaparecerá. 11Cuando yo era niño, hablaba como niño, pensaba como niño, razonaba como niño; cuando llegué a ser adulto, dejé atrás las cosas de niño. 12Ahora vemos de manera indirecta y velada, como en un espejo; pero entonces veremos cara a cara. Ahora conozco de manera imperfecta, pero entonces conoceré tal y como soy conocido.

13Ahora, pues, permanecen estas tres virtudes: la fe, la esperanza y el amor. Pero la más excelente de ellas es el amor.

El don de lenguas y el de profecía

14 Empéñense en seguir el amor y ambicionen los dones espirituales, sobre todo el de profecía. 2Porque el que habla en *lenguas no habla a los demás sino a Dios. En realidad, nadie le entiende lo que dice, pues habla *misterios por el Espíritu.[m] 3En cambio, el que profetiza habla a los demás para edificarlos, animarlos y consolarlos. 4El que habla en lenguas se edifica a sí mismo; en cambio, el que profetiza edifica a la iglesia. 5Yo quisiera que todos ustedes hablaran en lenguas, pero mucho más que profetizaran. El que profetiza aventaja al que habla en lenguas, a menos que éste también interprete, para que la iglesia reciba edificación.

6Hermanos, si ahora fuera a visitarlos y les hablara en lenguas, ¿de qué les serviría, a menos que les presentara alguna revelación, conocimiento, profecía o enseñanza? 7Aun en el caso de los instrumentos musicales, tales como la flauta o el arpa, ¿cómo se reconocerá lo que tocan si no dan distintamente sus sonidos? 8Y si la trompeta no da un toque claro, ¿quién se va a preparar para la batalla? 9Así sucede con ustedes. A menos que su lengua pronuncie palabras comprensibles, ¿cómo se sabrá lo que dicen? Será como si hablaran al aire. 10¡Quién sabe cuántos idiomas hay en el mundo, y ninguno carece de sentido! 11Pero si no capto el sentido de lo que alguien dice, seré como un extranjero para el que me habla, y él lo será para mí. 12Por eso ustedes, ya que tanto ambicionan dones espirituales, procuren que éstos abunden para la edificación de la iglesia.

13Por esta razón, el que habla en lenguas pida en oración el don de interpretar lo que diga. 14Porque si yo oro en lenguas, mi espíritu ora, pero mi entendimiento no se beneficia en nada. 15¿Qué debo hacer entonces? Pues orar con el espíritu, pero también con el entendimiento; cantar con el espíritu, pero también con el entendimiento. 16De otra manera, si alabas a Dios con el espíritu, ¿cómo puede quien no es instruido[n] decir «amén» a tu acción de gracias, puesto que no entiende lo que dices?

17En ese caso tu acción de gracias es admirable, pero no edifica al otro.

18Doy gracias a Dios porque hablo en lenguas más que todos ustedes. 19Sin embargo, en la iglesia prefiero emplear cinco palabras comprensibles y que me sirvan para instruir a los demás, que diez mil palabras en lenguas.

20Hermanos, no sean niños en su modo de pensar. Sean niños en cuanto a la malicia, pero adultos en su modo de pensar. 21En la ley está escrito: «Por medio de gente de lengua extraña y por boca de extranjeros hablaré a este pueblo, pero ni aun así me escucharán»,[ñ] dice el Señor.

22De modo que el hablar en lenguas es una señal, no para los creyentes sino para los incrédulos; en cambio, la profecía no es señal para los incrédulos sino para los creyentes. 23Así que, si toda la iglesia se reúne y todos hablan en lenguas, y entran algunos que no entienden o no creen, ¿no dirán que ustedes están locos? 24Pero si uno que no cree o uno que no entiende entra cuando todos están profetizando, se sentirá reprendido y juzgado por todos, 25y los secretos de su corazón quedarán al descubierto. Así que se postrará ante Dios y lo adorará, exclamando: «¡Realmente Dios está entre ustedes!»

Orden en los cultos

26¿Qué concluimos, hermanos? Que cuando se reúnan, cada uno puede tener un himno, una enseñanza, una revelación, un mensaje en *lenguas, o una interpretación. Todo esto debe hacerse para la edificación de la iglesia. 27Si se habla en lenguas, que hablen dos —o cuando mucho tres—, cada uno por turno; y que alguien interprete. 28Si no hay intérprete, que guarden silencio en la iglesia y cada uno hable para sí mismo y para Dios.

29En cuanto a los profetas, que hablen dos o tres, y que los demás examinen con cuidado lo dicho. 30Si alguien que está sentado recibe una revelación, el que esté hablando ceda la palabra. 31Así todos pueden profetizar por turno, para que todos reciban instrucción y aliento. 32El don de profecía está[o] bajo el control de los profetas, 33porque Dios no es un Dios de desorden sino de paz.

Como es costumbre en las congregaciones de los *creyentes, 34guarden las mujeres silencio en la iglesia, pues no les está permitido hablar. Que estén sumisas, como lo establece la ley. 35Si quieren saber algo, que se lo pregunten en casa a sus esposos; porque no está bien visto que una mujer hable en la iglesia.

---

m **14:2** por el Espíritu. Alt. en su espíritu.
n **14:16** quien no es instruido. Lit. el que ocupa el lugar del indocto.
ñ **14:21** Is 28:11,12.
o **14:32** El don … está. Lit. Los espíritus de los profetas están.

36¿Acaso la palabra de Dios procedió de ustedes? ¿O son ustedes los únicos que la han recibido? 37Si alguno se cree profeta o espiritual, reconozca que esto que les escribo es mandato del Señor. 38Si no lo reconoce, tampoco él será reconocido.*p*

39Así que, hermanos míos, ambicionen el don de profetizar, y no prohíban que se hable en lenguas. 40Pero todo debe hacerse de una manera apropiada y con orden.

La resurrección de Cristo

15 Ahora, hermanos, quiero recordarles el *evangelio que les prediqué, el mismo que recibieron y en el cual se mantienen firmes. 2Mediante este evangelio son salvos, si se aferran a la palabra que les prediqué. De otro modo, habrán creído en vano.

3Porque ante todoq les transmití a ustedes lo que yo mismo recibí: que Cristo murió por nuestros pecados según las Escrituras, 4que fue sepultado, que resucitó al tercer día según las Escrituras, 5y que se apareció a *Cefas, y luego a los doce. 6Después se apareció a más de quinientos hermanos a la vez, la mayoría de los cuales vive todavía, aunque algunos han muerto. 7Luego se apareció a *Jacobo, más tarde a todos los apóstoles, 8y por último, como a uno nacido fuera de tiempo, se me apareció también a mí.

9Admito que yo soy el más insignificante de los apóstoles y que ni siquiera merezco ser llamado apóstol, porque perseguí a la iglesia de Dios. 10Pero por la gracia de Dios soy lo que soy, y la gracia que él me concedió no fue infructuosa. Al contrario, he trabajado con más tesón que todos ellos, aunque no yo sino la gracia de Dios que está conmigo. 11En fin, ya sea que se trate de mí o de ellos, esto es lo que predicamos, y esto es lo que ustedes han creído.

La resurrección de los muertos

12Ahora bien, si se predica que Cristo ha sido levantado de entre los muertos, ¿cómo dicen algunos de ustedes que no hay resurrección? 13Si no hay resurrección, entonces ni siquiera Cristo ha resucitado. 14Y si Cristo no ha resucitado, nuestra predicación no sirve para nada, como tampoco la fe de ustedes. 15Aun más, resultaríamos falsos testigos de Dios por haber testificado que Dios resucitó a Cristo, lo cual no habría sucedido, si en verdad los muertos no resucitan. 16Porque si los muertos no resucitan, tampoco Cristo ha resucitado. 17Y si Cristo no ha resucitado, la fe de ustedes es ilusoria y todavía están en sus pecados. 18En este caso, también están perdidos los que murieron en Cristo. 19Si la esperanza que tenemos en Cristo fuera sólo para esta vida, seríamos los más desdichados de todos los *mortales.

20Lo cierto es que Cristo ha sido *levantado de entre los muertos, como *primicias de los que murieron. 21De hecho, ya que la muerte vino por medio de un hombre, también por medio de un hombre viene la resurrección de los muertos. 22Pues así como en Adán todos mueren, también en Cristo todos volverán a vivir, 23pero cada uno en su debido orden: Cristo, las primicias; después, cuando él venga, los que le pertenecen. 24Entonces vendrá el fin, cuando él entregue el reino a Dios el Padre, luego de destruir todo dominio, autoridad y poder. 25Porque es necesario que Cristo reine hasta poner a todos sus enemigos debajo de sus pies. 26El último enemigo que será destruido es la muerte, 27pues Dios «ha sometido todo a su dominio».*r* Al decir que «todo» ha quedado sometido a su dominio, es claro que no se incluye a Dios mismo, quien todo lo sometió a Cristo. 28Y cuando todo le sea sometido, entonces el Hijo mismo se someterá a aquel que le sometió todo, para que Dios sea todo en todos.

29Si no hay resurrección, ¿qué sacan los que se bautizan por los muertos? Si en definitiva los muertos no resucitan, ¿por qué se bautizan por ellos? 30Y nosotros, ¿por qué nos exponemos al peligro a todas horas? 31Que cada día muero, hermanos, es tan cierto como el *orgullo que siento por ustedes en Cristo Jesús nuestro Señor. 32¿Qué he ganado si, sólo por motivos humanos, en Éfeso luché contra las fieras? Si los muertos no resucitan, «comamos y bebamos, que mañana moriremos».*s*

33No se dejen engañar: «Las malas compañías corrompen las buenas costumbres.» 34Vuelvan a su sano juicio, como conviene, y dejen de pecar. En efecto, hay algunos de ustedes que no tienen conocimiento de Dios; para vergüenza de ustedes lo digo.

El cuerpo resucitado

35Tal vez alguien pregunte: «¿Cómo resucitarán los muertos? ¿Con qué clase de cuerpo vendrán?» 36¡Qué tontería! Lo que tú siembras no cobra vida a menos que muera. 37No plantas el cuerpo que luego ha de nacer sino que siembras una simple semilla de trigo o de otro grano. 38Pero Dios le da el cuerpo que quiso darle, y a cada clase de semilla le da un cuerpo propio. 39No todos los cuerpos son iguales: hay cuerpos *humanos; también los hay de animales terrestres, de aves y de peces. 40Así mismo hay cuerpos celestes y cuerpos terrestres; pero el esplendor de los cuerpos celestes es uno, y el de los cuerpos terrestres es otro. 41Uno es el esplendor del sol, otro el de la luna y otro el de las estrellas. Cada estrella tiene su propio brillo.

---

p **14:38** *tampoco … reconocido.* Var. *que no lo reconozca.*
q **15:3** *ante todo.* Alt. *al principio.*
r **15:27** Sal 8:6.
s **15:32** Is 22:13.

⁴²Así sucederá también con la resurrección de los muertos. Lo que se siembra en corrupción, resucita en incorrupción; ⁴³lo que se siembra en oprobio, resucita en gloria; lo que se siembra en debilidad, resucita en poder; ⁴⁴se siembra un cuerpo natural,ᵗ resucita un cuerpo espiritual.

Si hay un cuerpo natural, también hay un cuerpo espiritual. ⁴⁵Así está escrito: «El primer hombre, Adán, se convirtió en un ser viviente»;ᵘ el último Adán, en el Espíritu que da vida. ⁴⁶No vino primero lo espiritual sino lo natural, y después lo espiritual. ⁴⁷El primer hombre era del polvo de la tierra; el segundo hombre, del cielo. ⁴⁸Como es aquel hombre terrenal, así son también los de la tierra; y como es el celestial, así son también los del cielo. ⁴⁹Y así como hemos llevado la imagen de aquel hombre terrenal, llevaremosᵛ también la imagen del celestial.

⁵⁰Les declaro, hermanos, que el cuerpo mortalʷ no puede heredar el reino de Dios, ni lo corruptible puede heredar lo incorruptible. ⁵¹Fíjense bien en el *misterio que les voy a revelar: No todos moriremos, pero todos seremos transformados, ⁵²en un instante, en un abrir y cerrar de ojos, al toque final de la trompeta. Pues sonará la trompeta y los muertos resucitarán con un cuerpo incorruptible, y nosotros seremos transformados. ⁵³Porque lo corruptible tiene que revestirse de lo incorruptible, y lo mortal, de inmortalidad. ⁵⁴Cuando lo corruptible se revista de lo incorruptible, y lo mortal, de inmortalidad, entonces se cumplirá lo que está escrito: «La muerte ha sido devorada por la victoria.»ˣ

⁵⁵«¿Dónde está, oh muerte, tu victoria? ¿Dónde está, oh muerte, tu aguijón?»ʸ

⁵⁶El aguijón de la muerte es el pecado, y el poder del pecado es la ley. ⁵⁷¡Pero gracias a Dios, que nos da la victoria por medio de nuestro Señor Jesucristo!

⁵⁸Por lo tanto, mis queridos hermanos, manténganse firmes e inconmovibles, progresando siempre en la obra del Señor, conscientes de que su trabajo en el Señor no es en vano.

La colecta para el pueblo de Dios

16 En cuanto a la colecta para los *creyentes, sigan las instrucciones que di a las iglesias de Galacia. ²El primer día de la semana, cada uno de ustedes aparte y guarde algún dinero conforme a sus ingresos, para que no se tengan que hacer colectas cuando yo vaya. ³Luego, cuando llegue, daré cartas de presentación a quienes ustedes hayan aprobado y los enviaré a Jerusalén con los donativos que hayan recogido. ⁴Si conviene que yo también vaya, iremos juntos.

Encargos personales

⁵Después de pasar por Macedonia, pues tengo que atravesar esa región, iré a verlos.

⁶Es posible que me quede con ustedes algún tiempo, y tal vez pase allí el invierno, para que me ayuden a seguir el viaje a dondequiera que vaya. ⁷Esta vez no quiero verlos sólo de paso; más bien, espero permanecer algún tiempo con ustedes, si el Señor así lo permite. ⁸Pero me quedaré en Éfeso hasta Pentecostés, ⁹porque se me ha presentado una gran oportunidad para un trabajo eficaz, a pesar de que hay muchos en mi contra.

¹⁰Si llega Timoteo, procuren que se sienta cómodo entre ustedes, porque él trabaja como yo en la obra del Señor. ¹¹Por tanto, que nadie lo menosprecie. Ayúdenlo a seguir su viaje en paz para que pueda volver a reunirse conmigo, pues estoy esperándolo junto con los hermanos.

¹²En cuanto a nuestro hermano Apolos, le rogué encarecidamente que en compañía de otros hermanos les hiciera una visita. No quiso de ninguna manera ir ahora, pero lo hará cuando se le presente la oportunidad.

¹³Manténganse alerta; permanezcan firmes en la fe; sean valientes y fuertes. ¹⁴Hagan todo con amor.

¹⁵Bien saben que los de la familia de Estéfanas fueron los primeros convertidos de Acaya,ᶻ y que se han dedicado a servir a los *creyentes. Les recomiendo, hermanos, ¹⁶que se pongan a disposición de aquéllos y de todo el que colabore en este arduo trabajo. ¹⁷Me alegré cuando llegaron Estéfanas, Fortunato y Acaico, porque ellos han suplido lo que ustedes no podían darme, ¹⁸ya que han tranquilizado mi espíritu y también el de ustedes. Tales personas merecen que se les exprese reconocimiento.

Saludos finales

¹⁹Las iglesias de la provincia de *Asia les mandan saludos. *Aquila y Priscila los saludan cordialmente en el Señor, como también la iglesia que se reúne en la casa de ellos. ²⁰Todos los hermanos les mandan saludos. Salúdense unos a otros con un beso santo.

²¹Yo, Pablo, escribo este saludo de mi puño y letra.

²²Si alguno no ama al Señor, quede bajo maldición. ¡Marana ta!ᵃ

²³Que la gracia del Señor Jesús sea con ustedes. ²⁴Los amo a todos ustedes en Cristo Jesús. Amén.ᵇ

ᵗ **15:44** *natural.* Lit. **síquico*; también en v. 46.
ᵘ **15:45** Gn 2:7.
ᵛ **15:49** *llevaremos.* Var. *llevemos.*
ʷ **15:50** *el cuerpo mortal.* Lit. *carne y sangre.*
ˣ **15:54** Is 25:8.
ʸ **15:55** Os 13:14.
ᶻ **16:15** *los primeros convertidos de Acaya.* Lit. *las *primicias de Acaya.*
ᵃ **16:22** ¡*Marana ta!* Expresión aramea que significa: «Ven, Señor»; otra posible lectura es *Maran ata,* que significa: «El Señor viene.»
ᵇ **16:24** Var. no incluye: *Amén.*

2 Corintios

1 Pablo, apóstol de *Cristo Jesús por la voluntad de Dios, y Timoteo nuestro hermano, a la iglesia de Dios que está en Corinto y a todos los *santos en toda la región de Acaya:

2Que Dios nuestro padre y el Señor Jesucristo les concedan gracia y paz.

El Dios de toda consolación

3Alabado sea el Dios y Padre de nuestro Señor Jesucristo, Padre misericordioso y Dios de toda consolación, 4quien nos consuela en todas nuestras tribulaciones para que con el mismo consuelo que de Dios hemos recibido, también nosotros podamos consolar a todos los que sufren. 5Pues así como participamos abundantemente en los sufrimientos de Cristo, así también por medio de él tenemos abundante consuelo. 6Si sufrimos, es para que ustedes tengan consuelo y salvación; y si somos consolados, es para que ustedes tengan el consuelo que los ayude a soportar con paciencia los mismos sufrimientos que nosotros padecemos. 7Firme es la esperanza que tenemos en cuanto a ustedes, porque sabemos que así como participan de nuestros sufrimientos, así también participan de nuestro consuelo.

8Hermanos, no queremos que desconozcan las aflicciones que sufrimos en la provincia de *Asia. Estábamos tan agobiados bajo tanta presión, que hasta perdimos la esperanza de salir con vida: 9nos sentíamos como sentenciados a muerte. Pero eso sucedió para que no confiáramos en nosotros mismos sino en Dios, que resucita a los muertos. 10Él nos libró y nos librará de tal peligro de muerte. En él tenemos puesta nuestra esperanza, y él seguirá librándonos. 11Mientras tanto, ustedes nos ayudan orando por nosotros. Así muchos darán gracias a Dios por nosotrosᵃ a causa del don que se nos ha concedido en respuesta a tantas oraciones.

Pablo cambia de planes

12Para nosotros, el motivo de *satisfacción es el testimonio de nuestra conciencia: Nos hemos comportado en el mundo, y especialmente entre ustedes, con la *santidad y sinceridad que vienen de Dios. Nuestra conducta no se ha ajustado a la sabiduría *humana sino a la gracia de Dios. 13No estamos escribiéndoles nada que no puedan leer ni entender. Espero que comprenderán del todo, 14así como ya nos han comprendido en parte, que pueden sentirse *orgullosos de nosotros como también nosotros nos sentiremos orgullosos de ustedes en el día del Señor Jesús.

15Confiando en esto, quise visitarlos primero a ustedes para que recibieran una doble bendición; 16es decir, visitarlos de paso a Macedonia, y verlos otra vez a mi regreso de allá. Así podrían ayudarme a seguir el viaje a Judea. 17Al proponerme esto, ¿acaso lo hice a la ligera? ¿O es que hago mis planes según criterios meramente *humanos, de manera que diga «sí, sí» y «no, no» al mismo tiempo?

18Pero tan cierto como que Dios es fiel, el mensaje que les hemos dirigido no es «sí» y «no». 19Porque el Hijo de Dios, Jesucristo, a quien *Silvano, Timoteo y yo predicamos entre ustedes, no fue «sí» y «no»; en él siempre ha sido «sí». 20Todas las promesas que ha hecho Dios son «sí» en Cristo. Así que por medio de Cristo respondemos «amén» para la gloria de Dios. 21Dios es el que nos mantiene firmes en Cristo, tanto a nosotros como a ustedes. Él nos ungió, 22nos selló como propiedad suya y puso su Espíritu en nuestro corazón, como garantía de sus promesas.

23¡Por mi *vida! Pongo a Dios por testigo de que es sólo por consideración a ustedes por lo que todavía no he ido a Corinto. 24No es que intentemos imponerles la fe, sino que deseamos contribuir a la alegría de ustedes, pues por la fe se mantienen firmes.

2 En efecto, decidí no hacerles otra visita que les causara tristeza. 2Porque si yo los entristezco, ¿quién me brindará alegría sino aquel a quien yo haya entristecido? 3Les escribí como lo hice para que, al llegar yo, los que debían alegrarme no me causaran tristeza. Estaba confiado de que todos ustedes harían suya mi alegría. 4Les escribí con gran tristeza y angustia de corazón, y con muchas lágrimas, no para entristecerlos sino para darles a conocer la profundidad del amor que les tengo.

Perdón para el pecador

5Si alguno ha causado tristeza, no me la ha causado sólo a mí; hasta cierto punto —y lo digo para no exagerar— se la ha causado a todos ustedes. 6Para él es suficiente el castigo que le impuso la mayoría. 7Más bien debieran perdonarlo y consolarlo para que no sea consumido por la excesiva tristeza. 8Por eso les ruego que reafirmen su amor hacia él. 9Con este propósito les escribí: para ver si pasan la prueba de la completa obediencia. 10A quien ustedes perdonen, yo también lo perdono. De hecho, si había algo que perdonar, lo he perdonado por

---

consideración a ustedes en presencia de Cristo, [11]para que Satanás no se aproveche de nosotros, pues no ignoramos sus artimañas.

Ministros del nuevo pacto

[12]Ahora bien, cuando llegué a Troas para predicar el *evangelio de Cristo, descubrí que el Señor me había abierto las puertas. [13]Aun así, me sentí intranquilo por no haber encontrado allí a mi hermano Tito, por lo cual me despedí de ellos y me fui a Macedonia.

[14]Sin embargo, gracias a Dios que en Cristo siempre nos lleva triunfantes[b] y, por medio de nosotros, esparce por todas partes la fragancia de su conocimiento. [15]Porque para Dios nosotros somos el aroma de Cristo entre los que se salvan y entre los que se pierden. [16]Para éstos somos olor de muerte que los lleva a la muerte; para aquéllos, olor de vida que los lleva a la vida. ¿Y quién es competente para semejante tarea? [17]A diferencia de muchos, nosotros no somos de los que trafican con la palabra de Dios. Más bien, hablamos con sinceridad delante de él en Cristo, como enviados de Dios que somos.

3 ¿Acaso comenzamos otra vez a recomendarnos a nosotros mismos? ¿O acaso tenemos que presentarles o pedirles a ustedes cartas de recomendación, como hacen algunos? [2]Ustedes mismos son nuestra carta, escrita en nuestro corazón, conocida y leída por todos. [3]Es evidente que ustedes son una carta de Cristo, expedida[c] por nosotros, escrita no con tinta sino con el Espíritu del Dios viviente; no en tablas de piedra sino en tablas de carne, en los corazones.

[4]Ésta es la confianza que delante de Dios tenemos por medio de Cristo. [5]No es que nos consideremos competentes en nosotros mismos. Nuestra capacidad viene de Dios. [6]Él nos ha capacitado para ser servidores de un nuevo pacto, no el de la letra sino el del Espíritu; porque la letra mata, pero el Espíritu da vida.

La gloria del nuevo pacto

[7]El ministerio que causaba muerte, el que estaba grabado con letras en piedra, fue tan glorioso que los israelitas no podían mirar la cara de Moisés debido a la gloria que se reflejaba en su rostro, la cual ya se estaba extinguiendo. [8]Pues bien, si aquel ministerio fue así, ¿no será todavía más glorioso el ministerio del Espíritu? [9]Si es glorioso el ministerio que trae condenación, ¡cuánto más glorioso será el ministerio que trae la justicia! [10]En efecto, lo que fue glorioso ya no lo es, si se le compara con esta excelsa gloria. [11]Y si vino con gloria lo que ya se estaba extinguiendo, ¡cuánto mayor será la gloria de lo que permanece!

[12]Así que, como tenemos tal esperanza, actuamos con plena confianza. [13]No hacemos como Moisés, quien se ponía un velo sobre el rostro para que los israelitas no vieran el fin del resplandor que se iba extinguiendo. [14]Sin embargo, la mente de ellos se embotó, de modo que hasta el día de hoy tienen puesto el mismo velo al leer el antiguo pacto. El velo no les ha sido quitado, porque sólo se quita en Cristo. [15]Hasta el día de hoy, siempre que leen a Moisés, un velo les cubre el corazón. [16]Pero cada vez que alguien se vuelve al Señor, el velo es quitado. [17]Ahora bien, el Señor es el Espíritu; y donde está el Espíritu del Señor, allí hay libertad. [18]Así, todos nosotros, que con el rostro descubierto reflejamos[d] como en un espejo la gloria del Señor, somos transformados a su semejanza con más y más gloria por la acción del Señor, que es el Espíritu.

Tesoros en vasijas de barro

4 Por esto, ya que por la misericordia de Dios tenemos este ministerio, no nos desanimamos. [2]Más bien, hemos renunciado a todo lo vergonzoso que se hace a escondidas; no actuamos con engaño ni torcemos la palabra de Dios. Al contrario, mediante la clara exposición de la verdad, nos recomendamos a toda conciencia *humana en la presencia de Dios. [3]Pero si nuestro *evangelio está encubierto, lo está para los que se pierden. [4]El dios de este mundo ha cegado la mente de estos incrédulos, para que no vean la luz del glorioso evangelio de Cristo, el cual es la imagen de Dios. [5]No nos predicamos a nosotros mismos sino a Jesucristo como Señor; nosotros no somos más que servidores de ustedes por causa de Jesús. [6]Porque Dios, que ordenó que la luz resplandeciera en las tinieblas,[e] hizo brillar su luz en nuestro corazón para que conociéramos la gloria de Dios que resplandece en el rostro de Cristo.

[7]Pero tenemos este tesoro en vasijas de barro para que se vea que tan sublime poder viene de Dios y no de nosotros. [8]Nos vemos atribulados en todo, pero no abatidos; perplejos, pero no desesperados; [9]perseguidos, pero no abandonados; derribados, pero no destruidos. [10]Dondequiera que vamos, siempre llevamos en nuestro cuerpo la muerte de Jesús, para que también su vida se manifieste en nuestro cuerpo. [11]Pues a nosotros, los que vivimos, siempre se nos entrega a la muerte por causa de Jesús, para que también su vida se manifieste en nuestro cuerpo[f] mortal. [12]Así que la muerte actúa en nosotros, y en ustedes la vida.

[13]Escrito está: «Creí, y por eso hablé.»[g] Con ese mismo espíritu de fe también nosotros creemos, y por eso hablamos. [14]Pues sabemos que

b 2:14 *nos lleva triunfantes.* Alt. *nos conduce en desfile victorioso.*
c 3:3 *expedida.* Lit. *ministrada.*
d 3:18 *reflejamos.* Alt. *contemplamos.*
e 4:6 Gn 1:3.
f 4:11 *nuestro cuerpo.* Lit. *nuestra *carne.*
g 4:13 Sal 116:10.

aquel que resucitó al Señor Jesús nos resucitará también a nosotros con él y nos llevará junto con ustedes a su presencia. **15**Todo esto es por el bien de ustedes, para que la gracia que está alcanzando a más y más personas haga abundar la acción de gracias para la gloria de Dios.

16Por tanto, no nos desanimamos. Al contrario, aunque por fuera nos vamos desgastando, por dentro nos vamos renovando día tras día. **17**Pues los sufrimientos ligeros y efímeros que ahora padecemos producen una gloria eterna que vale muchísimo más que todo sufrimiento. **18**Así que no nos fijamos en lo visible sino en lo invisible, ya que lo que se ve es pasajero, mientras que lo que no se ve es eterno.

Nuestra morada celestial

5 De hecho, sabemos que si esta tienda de campaña en que vivimos se deshace, tenemos de Dios un edificio, una casa eterna en el cielo, no construida por manos humanas. **2**Mientras tanto suspiramos, anhelando ser revestidos de nuestra morada celestial, **3**porque cuando seamos revestidos, no se nos hallará desnudos. **4**Realmente, vivimos en esta tienda de campaña, suspirando y agobiados, pues no deseamos ser desvestidos sino revestidos, para que lo mortal sea absorbido por la vida. **5**Es Dios quien nos ha hecho para este fin y nos ha dado su Espíritu como garantía de sus promesas.

6Por eso mantenemos siempre la confianza, aunque sabemos que mientras vivamos en este cuerpo estaremos alejados del Señor. **7**Vivimos por fe, no por vista. **8**Así que nos mantenemos confiados, y preferiríamos ausentarnos de este cuerpo y vivir junto al Señor. **9**Por eso nos empeñamos en agradarle, ya sea que vivamos en nuestro cuerpo o que lo hayamos dejado. **10**Porque es necesario que todos comparezcamos ante el tribunal de Cristo, para que cada uno reciba lo que le corresponda, según lo bueno o malo que haya hecho mientras vivió en el cuerpo.

El ministerio de la reconciliación

11Por tanto, como sabemos lo que es temer al Señor, tratamos de persuadir a todos, aunque para Dios es evidente lo que somos, y espero que también lo sea para la conciencia de ustedes. **12**No buscamos el recomendarnos otra vez a ustedes, sino que les damos una oportunidad de sentirse *orgullosos de nosotros, para que tengan con qué responder a los que se dejan llevar por las apariencias y no por lo que hay dentro del corazón. **13**Si estamos locos, es por

Dios; y si estamos cuerdos, es por ustedes. **14**El amor de Cristo nos obliga, porque estamos convencidos de que uno murió por todos, y por consiguiente todos murieron. **15**Y él murió por todos, para que los que viven ya no vivan para sí, sino para el que murió por ellos y fue resucitado.

16Así que de ahora en adelante no consideramos a nadie según criterios meramente *humanos.[h] Aunque antes conocimos a Cristo de esta manera, ya no lo conocemos así. **17**Por lo tanto, si alguno está en Cristo, es una nueva creación. ¡Lo viejo ha pasado, ha llegado ya lo nuevo! **18**Todo esto proviene de Dios, quien por medio de Cristo nos reconcilió consigo mismo y nos dio el ministerio de la reconciliación: **19**esto es, que en Cristo, Dios estaba reconciliando al mundo consigo mismo, no tomándole en cuenta sus pecados y encargándonos a nosotros el mensaje de la reconciliación. **20**Así que somos embajadores de Cristo, como si Dios los exhortara a ustedes por medio de nosotros: «En nombre de Cristo les rogamos que se reconcilien con Dios.» **21**Al que no cometió pecado alguno, por nosotros Dios lo trató como pecador,[i] para que en él recibiéramos[j] la justicia de Dios.

6 Nosotros, colaboradores de Dios, les rogamos que no reciban su gracia en vano. **2**Porque él dice: «En el momento propicio te escuché, y en el día de salvación te ayudé.»[k]

Les digo que éste es el momento propicio de Dios; ¡hoy es el día de salvación!

Privaciones de Pablo

3Por nuestra parte, a nadie damos motivo alguno de tropiezo, para que no se desacredite nuestro servicio. **4**Más bien, en todo y con mucha paciencia nos acreditamos como servidores de Dios: en sufrimientos, privaciones y angustias; **5**en azotes, cárceles y tumultos; en trabajos pesados, desvelos y hambre. **6**Servimos con pureza, conocimiento, constancia y bondad; en el Espíritu Santo y en amor sincero; **7**con palabras de verdad y con el poder de Dios; con armas de justicia, tanto ofensivas como defensivas;[l] **8**por honra y por deshonra, por mala y por buena fama; veraces, pero tenidos por engañadores; **9**conocidos, pero tenidos por desconocidos; como moribundos, pero aún con vida; golpeados, pero no muertos; **10**aparentemente tristes, pero siempre alegres; pobres en apariencia, pero enriqueciendo a muchos; como si no tuviéramos nada, pero poseyéndolo todo.

11Hermanos corintios, les hemos hablado con toda franqueza; les hemos abierto de par en par nuestro corazón. **12**Nunca les hemos negado nuestro afecto, pero ustedes sí nos niegan el suyo. **13**Para corresponder del mismo modo —les hablo como si fueran mis hijos—, ¡abran también su corazón de par en par!

---

h **5:16** *criterios ... humanos.* Lit. *la carne.*
i **5:21** *lo trató como pecador.* Alt. *lo hizo sacrificio por el pecado.* Lit. *lo hizo pecado.*
j **5:21** *recibiéramos.* Lit. *llegáramos a ser.*
k **6:2** Is 49:8.
l **6:7** *ofensivas como defensivas.* Lit. *en la mano derecha como en la izquierda.*

No formen yunta con los incrédulos

14No formen yunta con los incrédulos. ¿Qué tienen en común la justicia y la maldad? ¿O qué comunión puede tener la luz con la oscuridad? **15**¿Qué armonía tiene Cristo con el diablo?[m] ¿Qué tiene en común un creyente con un incrédulo? **16**¿En qué concuerdan el templo de Dios y los ídolos? Porque nosotros somos templo del Dios viviente. Como él ha dicho: «Viviré con ellos y caminaré entre ellos. Yo seré su Dios, y ellos serán mi pueblo.»[n] Por tanto, el Señor añade:

17«Salgan de en medio de ellos y apártense. No toquen nada *impuro, y yo los recibiré.»[ñ]

18«Yo seré un padre para ustedes, y ustedes serán mis hijos y mis hijas, dice el Señor Todopoderoso.»[o]

7 Como tenemos estas promesas, queridos hermanos, purifiquémonos de todo lo que contamina el cuerpo y el espíritu, para completar en el temor de Dios la obra de nuestra *santificación.

La alegría de Pablo

2Hagan lugar para nosotros en su corazón. A nadie hemos agraviado, a nadie hemos corrompido, a nadie hemos explotado. **3**No digo esto para condenarlos; ya les he dicho que tienen un lugar tan amplio en nuestro corazón que con ustedes viviríamos o moriríamos. **4**Les tengo mucha confianza y me siento muy *orgulloso de ustedes. Estoy muy animado; en medio de todas nuestras aflicciones se desborda mi alegría.

5Cuando llegamos a Macedonia, nuestro cuerpo no tuvo ningún descanso, sino que nos vimos acosados por todas partes; conflictos por fuera, temores por dentro. **6**Pero Dios, que consuela a los abatidos, nos consoló con la llegada de Tito, **7**y no sólo con su llegada sino también con el consuelo que él había recibido de ustedes. Él nos habló del anhelo, de la profunda tristeza y de la honda preocupación que ustedes tienen por mí, lo cual me llenó de alegría.

8Si bien los entristecí con mi carta, no me pesa. Es verdad que antes me pesó, porque me di cuenta de que por un tiempo mi carta los había entristecido. **9**Sin embargo, ahora me alegro, no porque se hayan entristecido sino porque su tristeza los llevó al *arrepentimiento. Ustedes se entristecieron tal como Dios lo quiere, de modo que nosotros de ninguna manera los hemos perjudicado. **10**La tristeza que proviene de Dios produce el arrepentimiento que lleva a la salvación, de la cual no hay que arrepentirse, mientras que la tristeza del mundo produce la muerte. **11**Fíjense lo que ha producido en ustedes esta tristeza que proviene de Dios: ¡qué empeño, qué afán por disculparse, qué indignación, qué temor, qué anhelo, qué preocupación, qué disposición para ver que se

haga justicia! En todo han demostrado su inocencia en este asunto. **12**Así que, a pesar de que les escribí, no fue por causa del ofensor ni del ofendido, sino más bien para que delante de Dios se dieran cuenta por ustedes mismos de cuánto interés tienen en nosotros. **13**Todo esto nos reanima.

Además del consuelo que hemos recibido, nos alegró muchísimo el ver lo feliz que estaba Tito debido a que todos ustedes fortalecieron su espíritu. **14**Ya le había dicho que me sentía orgulloso de ustedes, y no me han hecho quedar mal. Al contrario, así como todo lo que les dijimos es verdad, también resultaron ciertos los elogios que hice de ustedes delante de Tito. **15**Y él les tiene aún más cariño al recordar que todos ustedes fueron obedientes y lo recibieron con temor y temblor. **16**Me alegro de que puedo confiar plenamente en ustedes.

Estímulo a la generosidad

8 Ahora, hermanos, queremos que se enteren de la gracia que Dios ha dado a las iglesias de Macedonia. **2**En medio de las pruebas más difíciles, su desbordante alegría y su extrema pobreza abundaron en rica generosidad. **3**Soy testigo de que dieron espontáneamente tanto como podían, y aun más de lo que podían, **4**rogándonos con insistencia que les concediéramos el privilegio de tomar parte en esta ayuda para los *santos. **5**Incluso hicieron más de lo que esperábamos, ya que se entregaron a sí mismos, primeramente al Señor y después a nosotros, conforme a la voluntad de Dios. **6**De modo que rogamos a Tito que llevara a feliz término esta obra de gracia entre ustedes, puesto que ya la había comenzado. **7**Pero ustedes, así como sobresalen en todo —en fe, en palabras, en conocimiento, en dedicación y en su amor hacia nosotros[p]—, procuren también sobresalir en esta gracia de dar.

8No es que esté dándoles órdenes, sino que quiero probar la sinceridad de su amor en comparación con la dedicación de los demás. **9**Ya conocen la gracia de nuestro Señor Jesucristo, que aunque era rico, por causa de ustedes se hizo pobre, para que mediante su pobreza ustedes llegaran a ser ricos.

10Aquí va mi consejo sobre lo que les conviene en este asunto: El año pasado ustedes fueron los primeros no sólo en dar sino también en querer hacerlo. **11**Lleven ahora a feliz término la obra, para que, según sus posibilidades, cumplan con lo que de buena gana propusieron. **12**Porque si uno lo hace de buena voluntad, lo que da da es bien recibido según lo que tiene, y no según lo que no tiene.

---

[m] **6:15** *el diablo.* Lit. *Beliar, otra forma de Belial.*
[m] **6:16** Lv 26:12; Jer 32:38; Jer 37:27.
[ñ] **6:17** Is 52:11; Ez 20:34,41.
[o] **6:18** 2S 7:8,14; 1Cr 17:13.
[p] **8:7** *su amor hacia nosotros.* Var. *nuestro amor hacia ustedes.*

13No se trata de que otros encuentren alivio mientras que ustedes sufren escasez; es más bien cuestión de igualdad. **14**En las circunstancias actuales la abundancia de ustedes suplirá lo que ellos necesitan, para que a su vez la abundancia de ellos supla lo que ustedes necesitan. Así habrá igualdad, **15**como está escrito: «Ni al que recogió mucho le sobraba, ni al que recogió poco le faltaba.»*q*

Tito enviado a Corinto

16Gracias a Dios que puso en el corazón de Tito la misma preocupación que yo tengo por ustedes. **17**De hecho, cuando accedió a nuestra petición de ir a verlos, lo hizo con mucho entusiasmo y por su propia voluntad. **18**Junto con él les enviamos al hermano que se ha ganado el reconocimiento de todas las iglesias por los servicios prestados al *evangelio. **19**Además, las iglesias lo escogieron para que nos acompañe cuando llevemos la ofrenda, la cual administramos para honrar al Señor y demostrar nuestro ardiente deseo de servir. **20**Queremos evitar cualquier crítica sobre la forma en que administramos este generoso donativo; **21**porque procuramos hacer lo correcto, no sólo delante del Señor sino también delante de los demás.

22Con ellos les enviamos a nuestro hermano que nos ha demostrado con frecuencia y de muchas maneras que es diligente, y ahora lo es aún más por la gran confianza que tiene en ustedes. **23**En cuanto a Tito, es mi compañero y colaborador entre ustedes; y en cuanto a los otros hermanos, son enviados de las iglesias, son una honra para Cristo. **24**Por tanto, den a estos hombres una prueba de su amor y muéstrenles por qué nos sentimos *orgullosos de ustedes, para testimonio ante las iglesias.

9 No hace falta que les escriba acerca de esta ayuda para los *santos, **2**porque conozco la buena disposición que ustedes tienen. Esto lo he comentado con orgullo entre los macedonios, diciéndoles que desde el año pasado ustedes los de Acaya estaban preparados para dar. El entusiasmo de ustedes ha servido de estímulo a la mayoría de ellos. **3**Con todo, les envío a estos hermanos para que en este asunto no resulte vano nuestro *orgullo por ustedes, sino que estén preparados, como ya he dicho que lo estarían, **4**no sea que algunos macedonios vayan conmigo y los encuentren desprevenidos. En ese caso nosotros —por no decir nada de ustedes— nos avergonzaríamos por haber estado tan seguros. **5**Así que me pareció necesario rogar a estos hermanos que se adelantaran a

visitarlos y completaran los preparativos para esa generosa colecta que ustedes habían prometido. Entonces estará lista como una ofrenda generosa,*r* y no como una tacañería.

Sembrar con generosidad

6Recuerden esto: El que siembra escasamente, escasamente cosechará, y el que siembra en abundancia, en abundancia cosechará.*s* **7**Cada uno debe dar según lo que haya decidido en su corazón, no de mala gana ni por obligación, porque Dios ama al que da con alegría. **8**Y Dios puede hacer que toda gracia abunde para ustedes, de manera que siempre, en toda circunstancia, tengan todo lo necesario, y toda buena obra abunde en ustedes. **9**Como está escrito:

«Repartió sus bienes entre los pobres;
su justicia permanece para siempre.»*t*

10El que le suple semilla al que siembra también le suplirá pan para que coma, aumentará los cultivos y hará que ustedes produzcan una abundante cosecha de justicia. **11**Ustedes serán enriquecidos en todo sentido para que en toda ocasión puedan ser generosos, y para que por medio de nosotros la generosidad de ustedes resulte en acciones de gracias a Dios.

12Esta ayuda que es un servicio sagrado no sólo suple las necesidades de los *santos sino que también redunda en abundantes acciones de gracias a Dios. **13**En efecto, al recibir esta demostración de servicio, ellos alabarán a Dios por la obediencia con que ustedes acompañan la confesión del *evangelio de Cristo, y por su generosa solidaridad con ellos y con todos. **14**Además, en las oraciones de ellos por ustedes, expresarán el afecto que les tienen por la sobreabundante gracia que ustedes han recibido de Dios. **15**¡Gracias a Dios por su don inefable!

Pablo defiende su ministerio

10 Por la ternura y la bondad de Cristo, yo, Pablo, apelo a ustedes personalmente; yo mismo que, según dicen, soy tímido cuando me encuentro cara a cara con ustedes pero atrevido cuando estoy lejos. **2**Les ruego que cuando vaya no tenga que ser tan atrevido como me he propuesto ser con algunos que opinan que vivimos según criterios meramente *humanos, **3**pues aunque vivimos en el *mundo, no libramos batallas como lo hace el mundo. **4**Las armas con que luchamos no son del mundo, sino que tienen el poder divino para derribar fortalezas. **5**Destruimos argumentos y toda altivez que se levanta contra el conocimiento de Dios, y llevamos cautivo todo pensamiento para que se someta a Cristo. **6**Y estamos dispuestos a castigar cualquier acto de desobediencia una vez que yo pueda contar con la completa obediencia de ustedes.

7Fíjense en lo que está a la vista.*u* Si alguno está convencido de ser de Cristo, considere esto de nuevo: nosotros somos tan de Cristo

q **8:15** Éx 16:18.
r **9:5** *una ofrenda generosa.* Lit. *una bendición.*
s **9:6** *siembra … cosechará.* Lit. *siembra en bendición, en bendición cosechará.*
t **9:9** Sal 112:9.
u **10:7** *Fíjense … vista.* Alt. *Ustedes se fijan en las apariencias.*

como él. **8**No me avergonzaré de *jactarme de nuestra autoridad más de la cuenta, autoridad que el Señor nos ha dado para la edificación y no para la destrucción de ustedes. **9**No quiero dar la impresión de que trato de asustarlos con mis cartas, **10**pues algunos dicen: «Sus cartas son duras y fuertes, pero él en persona no impresiona a nadie, y como orador es un fracaso.» **11**Tales personas deben darse cuenta de que lo que somos por escrito estando ausentes, lo seremos con hechos estando presentes.

12No nos atrevemos a igualarnos ni a compararnos con algunos que tanto se recomiendan a sí mismos. Al medirse con su propia medida y compararse unos con otros, no saben lo que hacen. **13**Nosotros, por nuestra parte, no vamos a jactarnos más de lo debido. Nos limitaremos al campo que Dios nos ha asignado según su medida, en la cual también ustedes están incluidos. **14**Si no hubiéramos estado antes entre ustedes, se podría alegar que estamos rebasando estos límites, cuando lo cierto es que fuimos los primeros en llevarles el *evangelio de Cristo. **15**No nos jactamos desmedidamente a costa del trabajo que otros han hecho. Al contrario, esperamos que, según vaya creciendo la fe de ustedes, también nuestro campo de acción entre ustedes se amplíe grandemente, **16**para poder predicar el evangelio más allá de sus regiones, sin tener que jactarnos del trabajo ya hecho por otros. **17**Más bien, «Si alguien ha de gloriarse, que se gloríe en el Señor».[v] **18**Porque no es aprobado el que se recomienda a sí mismo sino aquel a quien recomienda el Señor.

Pablo y los falsos apóstoles

11 ¡Ojalá me aguanten unas cuantas tonterías! ¡Sí, aguántenmelas![w] **2**El celo que siento por ustedes proviene de Dios, pues los tengo prometidos a un solo esposo, que es Cristo, para presentárselos como una virgen pura. **3**Pero me temo que, así como la serpiente con su astucia engañó a Eva, los pensamientos de ustedes sean desviados de un compromiso puro y[x] sincero con Cristo. **4**Si alguien llega a ustedes predicando a un Jesús diferente del que les hemos predicado nosotros, o si reciben un espíritu o un *evangelio diferentes de los que ya recibieron, a ése lo aguantan con facilidad. **5**Pero considero en nada soy inferior a esos «superapóstoles». **6**Quizás yo sea un mal orador, pero tengo conocimiento. Esto se lo hemos demostrado a ustedes de una y mil maneras.

7¿Es que cometí un pecado al humillarme yo para enaltecerlos a ustedes, predicándoles el *evangelio de Dios gratuitamente? **8**De hecho, despojé a otras iglesias al recibir de ellas ayuda para servirles a ustedes. **9**Cuando estuve entre ustedes y necesité algo, no fui una carga para nadie, ya que los hermanos que llegaron de Macedonia suplieron mis necesidades. He evitado serles una carga en cualquier sentido, y seguiré evitándolo. **10**Es tan cierto que la verdad de Cristo está en mí, como lo es que nadie en las regiones de Acaya podrá privarme de este motivo de *orgullo. **11**¿Por qué? ¿Porque no los amo? ¡Dios sabe que sí! **12**Pero seguiré haciendo lo que hago, a fin de quitar todo pretexto a aquellos que, buscando una oportunidad para hacerse iguales a nosotros, se *jactan de lo que hacen.

13Tales individuos son falsos apóstoles, obreros estafadores, que se disfrazan de apóstoles de Cristo. **14**Y no es de extrañar, ya que Satanás mismo se disfraza de ángel de luz. **15**Por eso no es de sorprenderse que sus servidores se disfracen de servidores de la justicia. Su fin corresponderá con lo que merecen sus acciones.

Los sufrimientos de Pablo

16Lo repito: Que nadie me tenga por insensato. Pero aun cuando así me consideren, de todos modos recíbanme, para poder *jactarme un poco. **17**Al jactarme tan confiadamente, no hablo como quisiera el Señor sino con insensatez. **18**Ya que muchos se ufanan como lo hace el mundo,[y] yo también lo haré. **19**Por ser tan sensatos, ustedes de buena gana aguantan a los insensatos. **20**Aguantan incluso a cualquiera que los esclaviza, o los explota, o se aprovecha de ustedes, o se comporta con altanería, o les da de bofetadas. **21**¡Para vergüenza mía, confieso que hemos sido demasiado débiles!

Si alguien se atreve a dárselas de algo, también yo me atrevo a hacerlo; lo digo como un insensato. **22**¿Son ellos hebreos? Pues yo también. ¿Son israelitas? También yo lo soy. ¿Son descendientes de Abraham? Yo también. **23**¿Son servidores de Cristo? ¡Qué locura! Yo lo soy más que ellos. He trabajado más arduamente, he sido encarcelado más veces, he recibido los azotes más severos, he estado en peligro de muerte repetidas veces. **24**Cinco veces recibí de los judíos los treinta y nueve azotes. **25**Tres veces me golpearon con varas, una vez me apedrearon, tres veces naufragué, y pasé un día y una noche como náufrago en alta mar. **26**Mi vida ha sido un continuo ir y venir de un sitio a otro; en peligros de ríos, peligros de bandidos, peligros de parte de mis compatriotas, peligros a manos de los *gentiles, peligros en la ciudad, peligros en el campo, peligros en el mar y peligros de parte de falsos hermanos. **27**He pasado muchos trabajos y fatigas, y muchas veces me he quedado sin dormir; he sufrido hambre y sed, y muchas veces me he quedado en ayunas;

---

v **10:17** Jer 9:24.
w **11:1** ¡Sí, aguántenmelas! Alt. En realidad, ya me las están aguantando.
x **11:3** Var. no incluye: puro y.
y **11:18** se ufanan … mundo. Lit. se *jactan según la *carne.

he sufrido frío y desnudez. **28**Y como si fuera poco, cada día pesa sobre mí la preocupación por todas las iglesias. **29**¿Cuando alguien se siente débil, no comparto yo su debilidad? ¿Y cuando a alguien se le hace *tropezar, no ardo yo de indignación?

30Si me veo obligado a jactarme, me jactaré de mi debilidad. **31**El Dios y Padre del Señor Jesús (¡sea por siempre alabado!) sabe que no miento. **32**En Damasco, el gobernador bajo el rey Aretas mandó que se vigilara la ciudad de los damascenos con el fin de arrestarme; **33**pero me bajaron en un canasto por una ventana de la muralla, y así escapé de las manos del gobernador.

Visión y debilidad de Pablo

12 Me veo obligado a *jactarme, aunque nada se gane con ello. Paso a referirme a las visiones y revelaciones del Señor. **2**Conozco a un seguidor de Cristo que hace catorce años fue llevado al tercer cielo (no sé si en el cuerpo o fuera del cuerpo; Dios lo sabe). **3**Y sé que este hombre (no sé si en el cuerpo o aparte del cuerpo; Dios lo sabe) **4**fue llevado al paraíso y escuchó cosas indecibles que a los *humanos no se nos permite expresar. **5**De tal hombre podría hacer alarde; pero de mí no haré alarde sino de mis debilidades. **6**Sin embargo, no sería insensato si decidiera jactarme, porque estaría diciendo la verdad. Pero no lo hago, para que nadie suponga que soy más de lo que aparento o de lo que digo.

7Para evitar que me volviera presumido por estas sublimes revelaciones, una espina me fue clavada en el cuerpo, es decir, un mensajero de Satanás, para que me atormentara. **8**Tres veces le rogué al Señor que me la quitara; **9**pero él me dijo: «Te basta con mi gracia, pues mi poder se perfecciona en la debilidad.» Por lo tanto, gustosamente haré más bien alarde de mis debilidades, para que permanezca sobre mí el poder de Cristo. **10**Por eso me regocijo en debilidades, insultos, privaciones, persecuciones y dificultades que sufro por Cristo; porque cuando soy débil, entonces soy fuerte.

Preocupación de Pablo por los corintios

11Me he portado como un insensato, pero ustedes me han obligado a ello. Ustedes debían haberme elogiado, pues de ningún modo soy inferior a los «superapóstoles», aunque yo no soy nada. **12**Las marcas distintivas de un apóstol, tales como señales, prodigios y milagros, se dieron constantemente entre ustedes. **13**¿En qué fueron ustedes inferiores a las demás iglesias? Pues sólo en que yo mismo nunca les fui una carga. ¡Perdónenme si los ofendo!

14Miren que por tercera vez estoy listo para visitarlos, y no les seré una carga, pues no me interesa lo que ustedes tienen sino lo que ustedes son. Después de todo, no son los hijos los que deben ahorrar para los padres, sino los padres para los hijos. **15**Así que de buena gana gastaré todo lo que tengo, y hasta yo mismo me desgastaré del todo por ustedes. Si los amo hasta el extremo, ¿me amarán menos? **16**En todo caso, no les he sido una carga. ¿Es que, como soy tan astuto, les tendí una trampa para estafarlos? **17**¿Acaso los exploté por medio de alguno de mis enviados? **18**Le rogué a Tito que fuera a verlos y con él envié al hermano. ¿Acaso se aprovechó Tito de ustedes? ¿No procedimos los dos con el mismo espíritu y seguimos el mismo camino?

19¿Todo este tiempo han venido pensando que nos estábamos justificando ante ustedes? ¡Más bien, hemos estado hablando delante de Dios en Cristo! Todo lo que hacemos, queridos hermanos, es para su edificación. **20**En realidad, me temo que cuando vaya a verlos no los encuentre como quisiera, ni ustedes me encuentren a mí como quisieran. Temo que haya peleas, celos, arrebatos de ira, rivalidades, calumnias, chismes, insultos y alborotos. **21**Temo que, al volver a visitarlos, mi Dios me humille delante de ustedes, y que yo tenga que llorar por muchos que han pecado desde hace algún tiempo pero no se han *arrepentido de la impureza, de la inmoralidad sexual y de los vicios a que se han entregado.

Advertencias finales

13 Ésta será la tercera vez que los visito. «Todo asunto se resolverá mediante el testimonio de dos o tres testigos.»*z* **2**Cuando estuve con ustedes por segunda vez les advertí, y ahora que estoy ausente se lo repito: Cuando vuelva a verlos, no seré indulgente con los que antes pecaron ni con ningún otro, **3**ya que están exigiendo una prueba de que Cristo habla por medio de mí. Él no se muestra débil en su trato con ustedes, sino que ejerce su poder entre ustedes. **4**Es cierto que fue crucificado en debilidad, pero ahora vive por el poder de Dios. De igual manera, nosotros participamos de su debilidad, pero por el poder de Dios viviremos con Cristo para ustedes.

5Examínense para ver si están en la fe; pruébense a sí mismos. ¿No se dan cuenta de que Cristo Jesús está en ustedes? ¡A menos que fracasen en la *prueba! **6**Espero que reconozcan que nosotros no hemos fracasado. **7**Pedimos a Dios que no hagan nada malo, no para demostrar mi éxito, sino para que hagan lo bueno, aunque parezca que nosotros hemos fracasado. **8**Pues nada podemos hacer contra la verdad, sino a favor de la verdad. **9**De hecho, nos alegramos cuando nosotros somos débiles y ustedes fuertes; y oramos a Dios para que los

z **13:1** Dt 19:15.

restaure plenamente. **10**Por eso les escribo todo esto en mi ausencia, para que cuando vaya no tenga que ser severo en el uso de mi autoridad, la cual el Señor me ha dado para edificación y no para destrucción.

Saludos finales

11En fin, hermanos, alégrense, busquen*ª* su restauración, hagan caso de mi exhortación,

sean de un mismo sentir, vivan en paz. Y el Dios de amor y de paz estará con ustedes.

12Salúdense unos a otros con un beso santo. **13**Todos los *santos les mandan saludos.

14Que la gracia del Señor Jesucristo, el amor de Dios y la comunión del Espíritu Santo sean con todos ustedes.

ª **13:11** *alégrense, busquen.* Alt. *los saludo. Busquen.*

GÁLATAS

Pablo, apóstol, no por investidura ni mediación *humanas, sino por *Jesucristo y por Dios Padre, que lo *levantó de entre los muertos; 2y todos los hermanos que están conmigo, a las iglesias de Galacia:

3Que Dios nuestro Padre y el Señor Jesucristo les concedan gracia y paz. 4Jesucristo dio su vida por nuestros pecados para rescatarnos de este mundo malvado, según la voluntad de nuestro Dios y Padre, 5a quien sea la gloria por los siglos de los siglos. Amén.

No hay otro evangelio

6Me asombra que tan pronto estén dejando ustedes a quien los llamó por la gracia de Cristo, para pasarse a otro *evangelio. 7No es que haya otro evangelio, sino que ciertos individuos están sembrando confusión entre ustedes y quieren tergiversar el evangelio de Cristo. 8Pero aun si alguno de nosotros o un ángel del cielo les predicara un evangelio distinto del que les hemos predicado, ¡que caiga bajo maldición! 9Como ya lo hemos dicho, ahora lo repito: si alguien les anda predicando un evangelio distinto del que recibieron, ¡que caiga bajo maldición!

10¿Qué busco con esto: ganarme la aprobación *humana o la de Dios? ¿Piensan que procuro agradar a los demás? Si yo buscara agradar a otros, no sería *siervo de Cristo.

Pablo, llamado por Dios

11Quiero que sepan, hermanos, que el *evangelio que yo predico no es invención *humana. 12No lo recibí ni lo aprendí de ningún *ser humano, sino que me llegó por revelación de Jesucristo.

13Ustedes ya están enterados de mi conducta cuando pertenecía al judaísmo, de la furia con que perseguía a la iglesia de Dios, tratando de destruirla. 14En la práctica del judaísmo, yo aventajaba a muchos de mis contemporáneos en mi celo exagerado por las tradiciones de mis antepasados. 15Sin embargo, Dios me había apartado desde el vientre de mi madre y me llamó por su gracia. Cuando él tuvo a bien 16revelarme a su Hijo para que yo lo predicara entre los *gentiles, no consulté con nadie. 17Tampoco subí a Jerusalén para ver a los que eran apóstoles antes que yo, sino que fui de inmediato a Arabia, de donde luego regresé a Damasco.

18Después de tres años, subí a Jerusalén para visitar a Pedro,ª y me quedé con él quince días. 19No vi a ningún otro de los apóstoles; sólo vi a *Jacobo, el hermano del Señor. 20Dios me es testigo que en esto que les escribo no miento. 21Más tarde fui a las regiones de Siria y Cilicia. 22Pero en Judea las iglesias deᵇ Cristo no me conocían personalmente. 23Sólo habían oído decir: «El que antes nos perseguía ahora predica la fe que procuraba destruir.» 24Y por causa mía glorificaban a Dios.

Los apóstoles aceptan a Pablo

2Catorce años después subí de nuevo a Jerusalén, esta vez con Bernabé, llevando también a Tito. 2Fui en obediencia a una revelación, y me reuní en privado con los que eran reconocidos como dirigentes, y les expliqué el *evangelio que predico entre los *gentiles, para que todo mi esfuerzo no fuera en vano.ᶜ 3Ahora bien, ni siquiera Tito, que me acompañaba, fue obligado a circuncidarse, aunque era *griego. 4El problema era que algunos falsos hermanos se habían infiltrado entre nosotros para coartar la libertad que tenemos en Cristo Jesús a fin de esclavizarnos. 5Ni por un momento accedimos a someternos a ellos, pues queríamos que se preservara entre ustedes la integridad del evangelio.

6En cuanto a los que eran reconocidos como personas importantes —aunque no me interesa lo que fueran, porque Dios no juzga por las apariencias—, no me impusieron nada nuevo. 7Al contrario, reconocieron que a mí se me había encomendado predicar el evangelio a los gentiles, de la misma manera que se le había encomendado a Pedro predicarlo a los judíos.ᵈ 8El mismo Dios que facultó a Pedro como apóstol de los judíosᵉ me facultó también a mí como apóstol de los gentiles. 9En efecto, *Jacobo, Pedro y Juan, que eran considerados columnas, al reconocer la gracia que yo había recibido, nos dieron la mano a Bernabé y a mí en señal de compañerismo, de modo que nosotros fuéramos a los gentiles y ellos a los judíos. 10Sólo nos pidieron que nos acordáramos de los pobres, y eso es precisamente lo que he venido haciendo con esmero.

Pablo se opone a Pedro

11Pues bien, cuando Pedro fue a Antioquía, le eché en cara su comportamiento condenable.

---

a **1:18** Aquí el autor usa * Cefas, nombre arameo de Pedro; también en 2:9,11,14.
b **1:22** de. Lit. en.
c **2:2** para ... vano Lit. Para que yo no estuviera corriendo o hubiera corrido en vano.
d **2:7** el evangelio ... judíos. Lit. el evangelio de la incircuncisión, como a Pedro el de la * circuncisión.
e **2:8** los judíos. Lit. la circuncisión; también en v. 9.

12Antes que llegaran algunos de parte de *Jacobo, Pedro solía comer con los *gentiles. Pero cuando aquéllos llegaron, comenzó a retraerse y a separarse de los gentiles por temor a los partidarios de la *circuncisión.*f* **13**Entonces los demás judíos se unieron a Pedro en su *hipocresía, y hasta el mismo Bernabé se dejó arrastrar por esa conducta hipócrita.

14Cuando vi que no actuaban rectamente, como corresponde a la integridad del *evangelio, le dije a Pedro delante de todos: «Si tú, que eres judío, vives como si no lo fueras, ¿por qué obligas a los gentiles a practicar el judaísmo?

15»Nosotros somos judíos de nacimiento y no *"pecadores paganos". **16**Sin embargo, al reconocer que nadie es *justificado por las obras que demanda la ley sino por la *fe en Jesucristo, también nosotros hemos puesto nuestra fe en Cristo Jesús, para ser justificados por la fe en él y no por las obras de la ley; porque por éstas nadie será justificado.

17»Ahora bien, cuando buscamos ser justificados por*g* Cristo, se hace evidente que nosotros mismos somos pecadores. ¿Quiere esto decir que Cristo está al servicio del pecado? ¡De ninguna manera! **18**Si uno vuelve a edificar lo que antes había destruido, se hace*h* transgresor. **19**Yo, por mi parte, mediante la ley he muerto a la ley, a fin de vivir para Dios. **20**He sido crucificado con Cristo, y ya no vivo yo sino que Cristo vive en mí. Lo que ahora vivo en el cuerpo, lo vivo por la fe en el Hijo de Dios, quien me amó y dio su vida por mí. **21**No desecho la gracia de Dios. Si la justicia se obtuviera mediante la ley, Cristo habría muerto en vano.»*i*

La fe o la observancia de la ley

3 ¡Gálatas torpes! ¿Quién los ha hechizado a ustedes, ante quienes Jesucristo crucificado ha sido presentado tan claramente? **2**Sólo quiero que me respondan a esto: ¿Recibieron el Espíritu por las obras que demanda la ley, o por la fe con que aceptaron el mensaje? **3**¿Tan torpes son? Después de haber comenzado con el Espíritu, ¿pretenden ahora perfeccionarse con esfuerzos *humanos?*k* **4**¿Tanto sufrir, para nada?*k* ¡Si es que de veras fue para nada! **5**Al darles Dios su Espíritu y hacer milagros entre ustedes, ¿lo hace por las obras que demanda la ley o por la fe con que han aceptado el mensaje? **6**Así fue con Abraham: «Le creyó a Dios, y esto se le tomó en cuenta como justicia.»*l*

7Por lo tanto, sepan que los descendientes de Abraham son aquellos que viven por la fe. **8**En efecto, la Escritura, habiendo previsto que Dios *justificaría por la fe a las *naciones, anunció de antemano el *evangelio a Abraham: «Por medio de ti serán bendecidas todas las naciones.»*m* **9**Así que los que viven por la fe son bendecidos junto con Abraham, el hombre de fe.

10Todos los que viven por las obras que demanda la ley están bajo maldición, porque está escrito: «Maldito sea quien no practique fielmente todo lo que está escrito en el libro de la ley.»*n* **11**Ahora bien, es evidente que por la ley nadie es justificado delante de Dios, porque «el justo vivirá por la fe».*ñ* **12**La ley no se basa en la fe; por el contrario, «quien practique estas cosas vivirá por ellas».*o* **13**Cristo nos rescató de la maldición de la ley al hacerse maldición por nosotros, pues está escrito: «Maldito todo el que es colgado de un madero.»*p* **14**Así sucedió, para que, por medio de Cristo Jesús, la bendición prometida a Abraham llegara a las naciones, y para que por la fe recibiéramos el Espíritu según la promesa.

La ley y la promesa

15Hermanos, voy a ponerles un ejemplo: aun en el caso de un pacto*q* *humano, nadie puede anularlo ni añadirle nada una vez que ha sido ratificado. **16**Ahora bien, las promesas se le hicieron a Abraham y a su descendencia. La Escritura no dice: «y a los descendientes», como refiriéndose a muchos, sino: «y a tu descendencia»,*r* dando a entender uno solo, que es Cristo. **17**Lo que quiero decir es esto: La ley, que vino cuatrocientos treinta años después, no anula el pacto que Dios había ratificado previamente; de haber sido así, quedaría sin efecto la promesa. **18**Si la herencia se basa en la ley, ya no se basa en la promesa; pero Dios se la concedió gratuitamente a Abraham mediante una promesa.

19Entonces, ¿cuál era el propósito de la ley? Fue añadida por causa de*s* las transgresiones hasta que viniera la descendencia a la cual se hizo la promesa. La ley se promulgó por medio de ángeles, por conducto de un mediador. **20**Ahora bien, no hace falta mediador si hay una sola parte, y sin embargo Dios es uno solo.

21Si esto es así, ¿estará la ley en contra de las promesas de Dios? ¡De ninguna manera! Si se hubiera promulgado una ley capaz de dar vida, entonces sí que la justicia se basaría en la ley. **22**Pero la Escritura declara que todo el mundo es prisionero del pecado,*t* para que mediante la

---

f **2:12** *los partidarios de la circuncisión.* Alt. *los judíos.*

g **2:17** *por.* Lit. *en.*

h **2:18** *Si uno vuelve … se hace.* Lit. *Si vuelvo … me hago.*

i Algunos intérpretes consideran que la cita termina al final del v. 14.

j **3:3** *¿pretenden … humanos?* Lit. *¿se perfeccionan ahora con la* * *carne?*

k **3:4** *¿Tanto sufrir, para nada?* Alt. *¿Han tenido tan grandes experiencias en vano?*

l **3:6** Gn 15:6.

m **3:8** Gn 12:3; 18:18; 22:18.

n **3:10** Dt 27:26.

ñ **3:11** Hab 2:4.

o **3:12** Lv 18:5.

p **3:13** Dt 21:23.

q **3:15** *pacto.* Alt. *testamento.*

r **3:16** Gn 12:7; 13:15; 24:7.

s **3:19** *por causa de.* Alt. *para manifestar; o para aumentar.*

t **3:22** *declara … pecado.* Lit. *lo ha encerrado todo bajo pecado.*

*fe en Jesucristo lo prometido se les conceda a los que creen.

23Antes de venir esta fe, la ley nos tenía presos, encerrados hasta que la fe se revelara. 24Así que la ley vino a ser nuestro guía encargado de conducirnos a Cristo,u para que fuéramos *justificados por la fe. 25Pero ahora que ha llegado la fe, ya no estamos sujetos al guía.

Hijos de Dios

26Todos ustedes son hijos de Dios mediante la *fe en Cristo Jesús, 27porque todos los que han sido bautizados en Cristo se han revestido de Cristo. 28Ya no hay judío ni *griego, esclavo ni libre, hombre ni mujer, sino que todos ustedes son uno solo en Cristo Jesús. 29Y si ustedes pertenecen a Cristo, son la descendencia de Abraham y herederos según la promesa.

4 En otras palabras, mientras el heredero es menor de edad, en nada se diferencia de un *esclavo, a pesar de ser dueño de todo. 2Al contrario, está bajo el cuidado de tutores y administradores hasta la fecha fijada por su padre. 3Así también nosotros, cuando éramos menores, estábamos esclavizados por los *principiosv de este mundo. 4Pero cuando se cumplió el plazo,w Dios envió a su Hijo, nacido de una mujer, nacido bajo la ley, 5para rescatar a los que estaban bajo la ley, a fin de que fuéramos adoptados como hijos. 6Ustedes ya son hijos. Dios ha enviado a nuestros corazones el Espíritu de su Hijo, que clama: «¡*Abba! ¡Padre!» 7Así que ya no eres esclavo sino hijo; y como eres hijo, Dios te ha hecho también heredero.

Preocupación de Pablo por los gálatas

8Antes, cuando ustedes no conocían a Dios, eran esclavos de los que en realidad no son dioses. 9Pero ahora que conocen a Dios —o más bien que Dios los conoce a ustedes—, ¿cómo es que quieren regresar a esos *principios ineficaces y sin valor? ¿Quieren volver a ser esclavos de ellos? 10¡Ustedes siguen guardando los días de fiesta, meses, estaciones y años! 11Temo por ustedes, que tal vez me haya estado esforzando en vano.

12Hermanos, yo me he identificado con ustedes. Les suplico que ahora se identifiquen conmigo. No es que me hayan ofendido en algo. 13Como bien saben, la primera vez que les prediqué el *evangelio fue debido a una enfermedad, 14y aunque ésta fue una *prueba para ustedes, no me trataron con desprecio ni desdén. Al contrario, me recibieron como a un ángel de Dios, como si se tratara de Cristo Jesús.

15Pues bien, ¿qué pasó con todo ese entusiasmo? Me consta que, de haberles sido posible, se habrían sacado los ojos para dármelos. 16¡Y ahora resulta que por decirles la verdad me he vuelto su enemigo!

17Esos que muestran mucho interés por ganárselos a ustedes no abrigan buenas intenciones. Lo que quieren es alejarlos de nosotros para que ustedes se entreguen a ellos. 18Está bien mostrar interés, con tal de que ese interés sea bien intencionado y constante, y que no se manifieste sólo cuando yo estoy con ustedes. 19Queridos hijos, por quienes vuelvo a sufrir dolores de parto hasta que Cristo sea formado en ustedes, 20¡cómo quisiera estar ahora con ustedes y hablarles de otra manera, porque lo que están haciendo me tiene perplejo!

Agar y Sara

21Díganme ustedes, los que quieren estar bajo la ley: ¿por qué no le prestan atención a lo que la ley misma dice? 22¿Acaso no está escrito que Abraham tuvo dos hijos, uno de la esclava y otro de la libre? 23El de la esclava nació por decisión *humana, pero el de la libre nació en cumplimiento de una promesa.

24Ese relato puede interpretarse en sentido figurado: estas mujeres representan dos pactos. Uno, que es Agar, procede del monte Sinaí y tiene hijos que nacen para ser esclavos. 25Agar representa el monte Sinaí en Arabia, y corresponde a la actual ciudad de Jerusalén, porque junto con sus hijos vive en esclavitud. 26Pero la Jerusalén celestial es libre, y ésa es nuestra madre. 27Porque está escrito: «Tú, mujer estéril que nunca has dado a luz, ¡grita de alegría! Tú, que nunca tuviste dolores de parto, ¡prorrumpe en gritos de júbilo! Porque más hijos que la casada tendrá la desamparada.»x

28Ustedes, hermanos, al igual que Isaac, son hijos por la promesa. 29Y así como en aquel tiempo el hijo nacido por decisión humana persiguió al hijo nacido por el Espíritu, así también sucede ahora. 30Pero, ¿qué dice la Escritura? «¡Echa de aquí a la esclava y a su hijo! El hijo de la esclava jamás tendrá parte en la herencia con el hijo de la libre.»y 31Así que, hermanos, no somos hijos de la esclava sino de la libre.

Libertad en Cristo

5 Cristo nos liberó para que vivamos en libertad. Por lo tanto, manténganse firmesz y no se sometan nuevamente al yugo de esclavitud.

2Escuchen bien: yo, Pablo, les digo que si se hacen circuncidar, Cristo no les servirá de nada. 3De nuevo declaro que todo el que se hace circuncidar está obligado a practicar toda la ley. 4Aquellos de entre ustedes que tratan de ser *justificados por la ley, han roto con Cristo; han caído de la gracia. 5Nosotros, en cambio, por obra del Espíritu y mediante la fe,

---

u 3:24 la ley … Cristo. Alt. la ley fue nuestro guía hasta que vino Cristo.
v 4:3 los principios. Alt. los poderes divinos, o las normas; también en v. 9.
w 4:4 se cumplió el plazo. Lit. vino la plenitud del tiempo.
x 4:27 Is 54:1.
y 4:30 Gn 21:10.
z 5:1 Cristo … firmes. Var. Por lo tanto, manténganse firmes en la libertad con que Cristo nos libertó.

aguardamos con ansias la justicia que es nuestra esperanza. **6**En Cristo Jesús de nada vale estar o no estar circuncidados; lo que vale es la fe que actúa mediante el amor.

7Ustedes estaban corriendo bien. ¿Quién los estorbó para que dejaran de obedecer a la verdad? **8**Tal instigación no puede venir de Dios, que es quien los ha llamado.

9«Un poco de levadura fermenta toda la masa.» **10**Yo por mi parte confío en el Señor que ustedes no pensarán de otra manera. El que los está perturbando será castigado, sea quien sea. **11**Hermanos, si es verdad que yo todavía predico la circuncisión, ¿por qué se me sigue persiguiendo? Si tal fuera mi predicación, la cruz no *ofendería tanto. **12**¡Ojalá que esos instigadores acabaran por mutilarse del todo!

13Les hablo así, hermanos, porque ustedes han sido llamados a ser libres; pero no se valgan de esa libertad para dar rienda suelta a sus *pasiones. Más bien sírvanse unos a otros con amor. **14**En efecto, toda la ley se resume en un solo mandamiento: «Ama a tu prójimo como a ti mismo.»*ᵃ* **15**Pero si siguen mordiéndose y devorándose, tengan cuidado, no sea que acaben por destruirse unos a otros.

La vida por el Espíritu

16Así que les digo: Vivan por el Espíritu, y no seguirán los deseos de la *naturaleza pecaminosa. **17**Porque ésta desea lo que es contrario al Espíritu, y el Espíritu desea lo que es contrario a ella. Los dos se oponen entre sí, de modo que ustedes no pueden hacer lo que quieren. **18**Pero si los guía el Espíritu, no están bajo la ley.

19Las obras de la naturaleza pecaminosa se conocen bien: inmoralidad sexual, impureza y libertinaje; **20**idolatría y brujería; odio, discordia, celos, arrebatos de ira, rivalidades, disensiones, sectarismos **21**y envidia; borracheras, orgías, y otras cosas parecidas. Les advierto ahora, como antes lo hice, que los que practican tales cosas no heredarán el reino de Dios.

22En cambio, el fruto del Espíritu es amor, alegría, paz, paciencia, amabilidad, bondad, *fidelidad, **23**humildad y dominio propio. No hay ley que condene estas cosas. **24**Los que son de Cristo Jesús han crucificado la naturaleza pecaminosa, con sus pasiones y deseos. **25**Si el Espíritu nos da vida, andemos guiados por el Espíritu. **26**No dejemos que la vanidad nos lleve a irritarnos y a envidiarnos unos a otros.

La ayuda mutua

6 Hermanos, si alguien es sorprendido en pecado, ustedes que son espirituales deben restaurarlo con una actitud humilde. Pero cuídese cada uno, porque también puede ser *tentado. **2**Ayúdense unos a otros a llevar sus cargas, y así cumplirán la ley de Cristo. **3**Si alguien cree ser algo, cuando en realidad no es nada, se engaña a sí mismo. **4**Cada cual examine su propia conducta; y si tiene algo de qué presumir, que no se compare con nadie. **5**Que cada uno cargue con su propia responsabilidad.

6El que recibe instrucción en la palabra de Dios, comparta todo lo bueno con quien le enseña.

7No se engañen: de Dios nadie se burla. Cada uno cosecha lo que siembra. **8**El que siembra para agradar a su *naturaleza pecaminosa, de esa misma naturaleza cosechará destrucción; el que siembra para agradar al Espíritu, del Espíritu cosechará vida eterna. **9**No nos cansemos de hacer el bien, porque a su debido tiempo cosecharemos si no nos damos por vencidos. **10**Por lo tanto, siempre que tengamos la oportunidad, hagamos bien a todos, y en especial a los de la familia de la fe.

No la circuncisión, sino una nueva creación

11Miren que les escribo de mi puño y letra, ¡y con letras bien grandes!

12Los que tratan de obligarlos a ustedes a circuncidarse lo hacen únicamente para dar una buena impresión y evitar ser perseguidos por causa de la cruz de Cristo. **13**Ni siquiera esos que están circuncidados obedecen la ley; lo que pasa es que quieren obligarlos a circuncidarse para luego *jactarse de la señal que ustedes llevarían en el cuerpo.*ᵇ* **14**En cuanto a mí, jamás se me ocurra jactarme de otra cosa sino de la cruz de nuestro Señor Jesucristo, por quien*ᶜ* el mundo ha sido crucificado para mí, y yo para el mundo. **15**Para nada cuenta estar o no estar circuncidados; lo que importa es ser parte de una nueva creación. **16**Paz y misericordia desciendan sobre todos los que siguen esta norma, y sobre el Israel de Dios.

17Por lo demás, que nadie me cause más problemas, porque yo llevo en el cuerpo las cicatrices de Jesús.

18Hermanos, que la gracia de nuestro Señor Jesucristo sea con el espíritu de cada uno de ustedes. Amén.

ᵃ **5:14** Lv 19:18.
ᵇ **6:13** *jactarse ... cuerpo.* Lit. *jactarse en la* *carne.
ᶜ **6:14** *por quien.* Alt. *por la cual.*

EFESIOS

1 Pablo, apóstol de *Cristo Jesús por la voluntad de Dios, a los *santos y fieles[a] en Cristo Jesús que están en Éfeso:[b]

² Que Dios nuestro Padre y el Señor Jesucristo les concedan gracia y paz.

Bendiciones espirituales en Cristo

³ Alabado sea Dios, Padre de nuestro Señor Jesucristo, que nos ha bendecido en las regiones celestiales con toda bendición espiritual en Cristo. ⁴Dios nos escogió en él antes de la creación del mundo, para que seamos santos y sin mancha delante de él. En amor ⁵nos predestinó para ser adoptados como hijos suyos por medio de Jesucristo, según el buen propósito de su voluntad, ⁶para alabanza de su gloriosa gracia, que nos concedió en su Amado. ⁷En él tenemos la redención mediante su sangre, el perdón de nuestros pecados, conforme a las riquezas de la gracia ⁸que Dios nos dio en abundancia con toda sabiduría y entendimiento. ⁹Él nos hizo conocer el *misterio de su voluntad conforme al buen propósito de que de antemano estableció en Cristo, ¹⁰para llevarlo a cabo cuando se cumpliera el tiempo: reunir en él todas las cosas, tanto las del cielo como las de la tierra.

¹¹En Cristo también fuimos hechos herederos,[c] pues fuimos predestinados según el plan de aquel que hace todas las cosas conforme al designio de su voluntad, ¹²a fin de que nosotros, que ya hemos puesto nuestra esperanza en Cristo, seamos para alabanza de su gloria. ¹³En él también ustedes, cuando oyeron el mensaje de la verdad, el *evangelio que les trajo la salvación, y lo creyeron, fueron marcados con el sello que es el Espíritu Santo prometido. ¹⁴Éste garantiza nuestra herencia hasta que llegue la redención final del pueblo adquirido por Dios,[d] para alabanza de su gloria.

Acción de gracias e intercesión

¹⁵Por eso yo, por mi parte, desde que me enteré de la fe que tienen en el Señor Jesús y del amor que demuestran por todos los *santos, ¹⁶no he dejado de dar gracias por ustedes al recordarlos en mis oraciones. ¹⁷Pido que el Dios de nuestro Señor Jesucristo, el Padre glorioso, les dé el Espíritu de sabiduría y de revelación, para que lo conozcan mejor. ¹⁸Pido también que les sean iluminados los ojos del corazón para que sepan a qué esperanza él los ha llamado, cuál es la riqueza de su gloriosa herencia entre los santos, ¹⁹y cuán incomparable es la grandeza de su poder a favor de los que creemos. Ese poder es la fuerza grandiosa y eficaz ²⁰que Dios ejerció en Cristo cuando lo resucitó de entre los muertos y lo sentó a su *derecha en las regiones celestiales, ²¹muy por encima de todo gobierno y autoridad, poder y dominio, y de cualquier otro nombre que se invoque, no sólo en este mundo sino también en el venidero. ²²Dios sometió todas las cosas al dominio de Cristo,[e] y lo dio como cabeza de todo a la iglesia. ²³Ésta, que es su cuerpo, es la plenitud de aquel que lo llena todo por completo.

La vida en Cristo

2 En otro tiempo ustedes estaban muertos en sus transgresiones y pecados, ²en los cuales andaban conforme a los poderes de este mundo. Se conducían según el que gobierna las tinieblas, según el espíritu que ahora ejerce su poder en los que viven en la desobediencia. ³En ese tiempo también todos nosotros vivíamos como ellos, impulsados por nuestros deseos pecaminosos, siguiendo nuestra propia voluntad y nuestros propósitos.[f] Como los demás, éramos por naturaleza objeto de la ira de Dios. ⁴Pero Dios, que es rico en misericordia, por su gran amor por nosotros, ⁵nos dio vida con Cristo, aun cuando estábamos muertos en pecados. ¡Por gracia ustedes han sido salvados! ⁶Y en unión con Cristo Jesús, Dios nos resucitó y nos hizo sentar con él en las regiones celestiales, ⁷para mostrar en los tiempos venideros la incomparable riqueza de su gracia, que por su bondad derramó sobre nosotros en Cristo Jesús. ⁸Porque por gracia ustedes han sido salvados mediante la fe; esto no procede de ustedes, sino que es el regalo de Dios, ⁹no por obras, para que nadie se *jacte. ¹⁰Porque somos hechura de Dios, creados en Cristo Jesús para buenas obras, las cuales Dios dispuso de antemano a fin de que las pongamos en práctica.

Unidad en Cristo

¹¹Por lo tanto, recuerden ustedes los *gentiles de nacimiento —los que son llamados «incircuncisos» por aquellos que se llaman «de la *circuncisión», la cual se hace en el cuerpo por mano humana—, ¹²recuerden que en ese

---

a 1:1 *fieles*. Alt. *creyentes*.
b 1:1 *los santos … Éfeso*. Var. *los santos que también son fieles en Cristo Jesús* (es decir, sin indicación de lugar).
c 1:11 *fuimos hechos herederos*. Alt. *fuimos escogidos*.
d 1:14 *hasta … Dios*. Alt. *hasta que lleguemos a adquirirla*.
e 1:22 *Dios … Cristo*. Lit. *Dios sujetó todas las cosas debajo de sus pies*.
f 2:3 *impulsados … propósitos*. Lit. *en los deseos de nuestra* *carne, haciendo la voluntad de la carne y los pensamientos.

entonces ustedes estaban separados de Cristo, excluidos de la ciudadanía de Israel y ajenos a los pactos de la promesa, sin esperanza y sin Dios en el mundo. **13**Pero ahora en Cristo Jesús, a ustedes que antes estaban lejos, Dios los ha acercado mediante la sangre de Cristo.

14Porque Cristo es nuestra paz: de los dos pueblos ha hecho uno solo, derribando mediante su sacrificio^g el muro de enemistad que nos separaba, **15**pues anuló la ley con sus mandamientos y requisitos. Esto lo hizo para crear en sí mismo de los dos pueblos una nueva *humanidad al hacer la paz, **16**para reconciliar con Dios a ambos en un solo cuerpo mediante la cruz, por la que dio muerte a la enemistad. **17**Él vino y proclamó paz a ustedes que estaban lejos y paz a los que estaban cerca. **18**Pues por medio de él tenemos acceso al Padre por un mismo Espíritu.

19Por lo tanto, ustedes ya no son extraños ni extranjeros, sino conciudadanos de los *santos y miembros de la familia de Dios, **20**edificados sobre el fundamento de los apóstoles y los profetas, siendo Cristo Jesús mismo la piedra angular. **21**En él todo el edificio, bien armado, se va levantando para llegar a ser un templo santo en el Señor. **22**En él también ustedes son edificados juntamente para ser morada de Dios por su Espíritu.

Pablo y el misterio de Cristo

3 Por esta razón yo, Pablo, prisionero de Cristo Jesús por el bien de ustedes los *gentiles, me arrodillo en oración.^h **2**Sin duda se han enterado del plan de la gracia de Dios que él me encomendó para ustedes, **3**es decir, el *misterio que me dio a conocer por revelación, como ya les escribí brevemente. **4**Al leer esto, podrán darse cuenta de que comprendo el misterio de Cristo. **5**Ese misterio, que en otras generaciones no se les dio a conocer a los *seres humanos, ahora se les ha revelado por el Espíritu a los santos apóstoles y profetas de Dios; **6**es decir, que los gentiles son, junto con Israel, beneficiarios de la misma herencia, miembros de un mismo cuerpo y participantes igualmente de la promesa en Cristo Jesús mediante el *evangelio.

7De este evangelio llegué a ser servidor como regalo que Dios, por su gracia, me dio conforme a su poder eficaz. **8**Aunque soy el más insignificante de todos los *santos, recibí esta gracia de predicar a las *naciones las incalculables riquezas de Cristo, **9**y de hacer entender a todos la realización del plan de Dios, el misterio que desde los tiempos eternos se mantuvo oculto en Dios, creador de todas las cosas. **10**El fin de todo esto es que la sabiduría de Dios, en toda su diversidad, se dé a conocer ahora, por medio de la iglesia, a los poderes y autoridades en las regiones celestiales, **11**conforme a su eterno propósito

realizado en Cristo Jesús nuestro Señor. **12**En él, mediante la fe, disfrutamos de libertad y confianza para acercarnos a Dios. **13**Así que les pido que no se desanimen a causa de lo que sufro por ustedes, ya que estos sufrimientos míos son para ustedes un honor.

Oración por los efesios

14Por esta razón me arrodillo delante del Padre, **15**de quien recibe nombre toda familiaⁱ en el cielo y en la tierra. **16**Le pido que, por medio del Espíritu y con el poder que procede de sus gloriosas riquezas, los fortalezca a ustedes en lo íntimo de su ser, **17**para que por fe Cristo habite en sus corazones. Y pido que, arraigados y cimentados en amor, **18**puedan comprender, junto con todos los santos, cuán ancho y largo, alto y profundo es el amor de Cristo; **19**en fin, que conozcan ese amor que sobrepasa nuestro conocimiento, para que sean llenos de la plenitud de Dios.

20Al que puede hacer muchísimo más que todo lo que podamos imaginarnos o pedir, por el poder que obra eficazmente en nosotros, **21**¡a él sea la gloria en la iglesia y en Cristo Jesús por todas las generaciones, por los siglos de los siglos! Amén.

Unidad en el cuerpo de Cristo

4 Por eso yo, que estoy preso por la causa del Señor, les ruego que vivan de una manera digna del llamamiento que han recibido, **2**siempre humildes y amables, pacientes, tolerantes unos con otros en amor. **3**Esfuércense por mantener la unidad del Espíritu mediante el vínculo de la paz. **4**Hay un solo cuerpo y un solo Espíritu, así como también fueron llamados a una sola esperanza; **5**un solo Señor, una sola fe, un solo bautismo; **6**un solo Dios y Padre de todos, que está sobre todos y por medio de todos y en todos.

7Pero a cada uno de nosotros se nos ha dado gracia en la medida en que Cristo ha repartido los dones. **8**Por esto dice: «Cuando ascendió a lo alto, se llevó consigo a los cautivos y dio dones a los hombres.»^j

9(¿Qué quiere decir eso de que «ascendió», sino que también descendió a las partes bajas, o sea, a la tierra?^k **10**El que descendió es el mismo que ascendió por encima de todos los cielos, para llenarlo todo.) **11**Él mismo constituyó a unos, apóstoles; a otros, profetas; a otros, evangelistas; y a otros, pastores y maestros, **12**a fin de capacitar al *pueblo de Dios para la obra de servicio, para edificar el cuerpo de Cristo.

---

^g **2:14** *mediante su sacrificio.* Lit. *en su carne.*
^h **3:1** El el griego este versículo termina con la palabra *gentiles*, y el tema se reinicia en el v. 14.
ⁱ **3:15** *familia.* Alt. *paternidad.*
^j **4:8** Sal 68:18.
^k **4:9** *las partes bajas, o sea, a la tierra?* Alt. *las partes bajas de la tierra?*

13De este modo, todos llegaremos a la unidad de la fe y del conocimiento del Hijo de Dios, a una *humanidad *perfecta que se conforme a la plena estatura de Cristo.

14Así ya no seremos niños, zarandeados por las olas y llevados de aquí para allá por todo viento de enseñanza y por la astucia y los artificios de quienes emplean artimañas engañosas. 15Más bien, al vivir la verdad con amor, creceremos hasta ser en todo como aquel que es la cabeza, es decir, Cristo. 16Por su acción todo el cuerpo crece y se edifica en amor, sostenido y ajustado por todos los ligamentos, según la actividad propia de cada miembro.

Vivan como hijos de luz

17Así que les digo esto y les insisto en el Señor: no vivan más con pensamientos frívolos como los *paganos. 18A causa de la ignorancia que los domina y por la dureza de su corazón, éstos tienen oscurecido el entendimiento y están alejados de la vida que proviene de Dios. 19Han perdido toda vergüenza, se han entregado a la inmoralidad, y no se sacian de cometer toda clase de actos indecentes.

20No fue ésta la enseñanza que ustedes recibieron acerca de Cristo, 21si de veras se les habló y enseñó de Jesús según la verdad que está en él. 22Con respecto a la vida que antes llevaban, se les enseñó que debían quitarse el ropaje de la vieja naturaleza, la cual está corrompida por los deseos engañosos; 23ser renovados en la actitud de su mente; 24y ponerse el ropaje de la nueva naturaleza, creada a imagen de Dios, en verdadera justicia y *santidad.

25Por lo tanto, dejando la mentira, hable cada uno a su prójimo con la verdad, porque todos somos miembros de un mismo cuerpo. 26«Si se enojan, no pequen.»[l] No dejen que el sol se ponga estando aún enojados, 27ni den cabida al diablo. 28El que robaba, que no robe más, sino que trabaje honradamente con las manos para tener qué compartir con los necesitados.

29Eviten toda conversación obscena. Por el contrario, que sus palabras contribuyan a la necesaria edificación y sean de bendición para quienes escuchan. 30No agravien al Espíritu Santo de Dios, con el cual fueron sellados para el día de la redención. 31Abandonen toda amargura, ira y enojo, gritos y calumnias, y toda forma de malicia. 32Más bien, sean bondadosos y compasivos unos con otros, y perdónense mutuamente, así como Dios los perdonó a ustedes en Cristo.

5 Por tanto, imiten a Dios, como hijos muy amados, 2y lleven una vida de amor, así como Cristo nos amó y se entregó por nosotros como ofrenda y sacrificio fragante para Dios.

3Entre ustedes ni siquiera debe mencionarse la inmoralidad sexual, ni ninguna clase de impureza o de avaricia, porque eso no es propio del *pueblo santo de Dios. 4Tampoco debe haber palabras indecentes, conversaciones necias ni chistes groseros, todo lo cual está fuera de lugar; haya más bien acción de gracias. 5Porque pueden estar seguros de que nadie que sea avaro (es decir, idólatra), inmoral o impuro tendrá herencia en el reino de Cristo y de Dios.[m] 6Que nadie los engañe con argumentaciones vanas, porque por esto viene el castigo de Dios sobre los que viven en la desobediencia. 7Así que no se hagan cómplices de ellos.

8Porque ustedes antes eran oscuridad, pero ahora son luz en el Señor. Vivan como hijos de luz 9(el fruto de la luz consiste en toda bondad, justicia y verdad) 10y comprueben lo que agrada al Señor. 11No tengan nada que ver con las obras infructuosas de la oscuridad, sino más bien denúncienlas, 12porque da vergüenza aun mencionar lo que los desobedientes hacen en secreto. 13Pero todo lo que la luz pone al descubierto se hace visible, 14porque la luz es lo que hace que todo sea visible. Por eso se dice: «Despiértate, tú que duermes, *levántate de entre los muertos, y te alumbrará Cristo.»

15Así que tengan cuidado de su manera de vivir. No vivan como necios sino como sabios, 16aprovechando al máximo cada momento oportuno, porque los días son malos. 17Por tanto, no sean insensatos, sino entiendan cuál es la voluntad del Señor. 18No se emborrachen con vino, que lleva al desenfreno. Al contrario, sean llenos del Espíritu. 19Anímense unos a otros con salmos, himnos y canciones espirituales. Canten y alaben al Señor con el corazón, 20dando siempre gracias a Dios el Padre por todo, en el nombre de nuestro Señor Jesucristo.

Deberes conyugales

21Sométanse unos a otros, por reverencia a Cristo. 22Esposas, sométanse a sus propios esposos como al Señor. 23Porque el esposo es cabeza de su esposa, así como Cristo es cabeza y salvador de la iglesia, la cual es su cuerpo. 24Así como la iglesia se somete a Cristo, también las esposas deben someterse a sus esposos en todo.

25Esposos, amen a sus esposas, así como Cristo amó a la iglesia y se entregó por ella 26para hacerla santa. Él la purificó, lavándola con agua mediante la palabra, 27para presentársela a sí mismo como una iglesia radiante, sin mancha ni arruga ni ninguna otra imperfección, sino santa e intachable. 28Así mismo el esposo debe amar a su esposa como a su propio cuerpo. El que ama a su esposa se ama a sí mismo, 29pues nadie ha odiado jamás a su propio cuerpo; al contrario, lo alimenta y lo cuida, así como Cristo

---

l 4:26 Sal 4:4.
m 5:5 de Cristo y de Dios. Alt. de Cristo, que es Dios.

hace con la iglesia, [30]porque somos miembros de su cuerpo. [31]«Por eso dejará el hombre a su padre y a su madre, y se unirá a su esposa, y los dos llegarán a ser un solo cuerpo.»[n] [32]Esto es un *misterio profundo; yo me refiero a Cristo y a la iglesia. [33]En todo caso, cada uno de ustedes ame también a su esposa como a sí mismo, y que la esposa respete a su esposo.

Deberes filiales

6 Hijos, obedezcan en el Señor a sus padres, porque esto es justo. [2]«Honra a tu padre y a tu madre —que es el primer mandamiento con promesa— [3]para que te vaya bien y disfrutes de una larga vida en la tierra.»[ñ]

[4]Y ustedes, padres, no hagan enojar a sus hijos, sino críenlos según la disciplina e instrucción del Señor.

Deberes de los esclavos y de sus amos

[5]*Esclavos, obedezcan a sus amos terrenales con respeto y temor, y con integridad de corazón, como a Cristo. [6]No lo hagan sólo cuando los estén mirando, como los que quieren ganarse el favor *humano, sino como esclavos de Cristo, haciendo de todo corazón la voluntad de Dios. [7]Sirvan de buena gana, como quien sirve al Señor y no a los hombres, [8]sabiendo que el Señor recompensará a cada uno por el bien que haya hecho, sea esclavo o sea libre.

[9]Y ustedes, amos, correspondan a esta actitud de sus esclavos, dejando de amenazarlos. Recuerden que tanto ellos como ustedes tienen un mismo Amo[o] en el cielo, y que con él no hay favoritismos.

La armadura de Dios

[10]Por último, fortalézcanse con el gran poder del Señor. [11]Pónganse toda la armadura de Dios para que puedan hacer frente a las artimañas del diablo. [12]Porque nuestra lucha no es contra *seres humanos, sino contra poderes, contra autoridades, contra potestades que dominan este mundo de tinieblas, contra fuerzas espirituales malignas en las regiones celestiales. [13]Por lo tanto, pónganse toda la armadura de Dios, para que cuando llegue el día malo puedan resistir hasta el fin con firmeza. [14]Manténganse firmes, ceñidos con el cinturón de la verdad, protegidos por la coraza de justicia, [15]y calzados con la disposición de proclamar el *evangelio de la paz. [16]Además de todo esto, tomen el escudo de la fe, con el cual pueden apagar todas las flechas encendidas del maligno. [17]Tomen el casco de la salvación y la espada del Espíritu, que es la palabra de Dios.

[18]Oren en el Espíritu en todo momento, con peticiones y ruegos. Manténganse alerta y perseveren en oración por todos los *santos. [19]Oren también por mí para que, cuando hable, Dios me dé las palabras para dar a conocer con valor el *misterio del evangelio, [20]por el cual soy embajador en cadenas. Oren para que lo proclame valerosamente, como debo hacerlo.

Saludos finales

[21]Nuestro querido hermano Tíquico, fiel servidor en el Señor, les contará todo, para que también ustedes sepan cómo me va y qué estoy haciendo. [22]Lo envío a ustedes precisamente para que sepan cómo estamos y para que cobren ánimo.

[23]Que Dios el Padre y el Señor Jesucristo les concedan paz, amor y fe a los hermanos. [24]La gracia sea con todos los que aman a nuestro Señor Jesucristo con amor imperecedero.

n **5:31** Gn 2:24.
ñ **6:3** Éx 20:12; Dt 5:16.
o **6:9** *Amo.* Lit. *Señor.*

FILIPENSES

1 Pablo y Timoteo, *siervos de *Cristo Jesús, a todos los *santos en Cristo Jesús que están en Filipos, junto con los *obispos y diáconos:

² Que Dios nuestro Padre y el Señor Jesucristo les concedan gracia y paz.

Acción de gracias e intercesión

³ Doy gracias a mi Dios cada vez que me acuerdo de ustedes. ⁴En todas mis oraciones por todos ustedes, siempre oro con alegría, ⁵porque han participado en el *evangelio desde el primer día hasta ahora. ⁶Estoy convencido de esto: el que comenzó tan buena obra en ustedes la irá *perfeccionando hasta el día de Cristo Jesús. ⁷Es justo que yo piense así de todos ustedes porque los llevoᵃ en el corazón; pues, ya sea que me encuentre preso o defendiendo y confirmando el evangelio, todos ustedes participan conmigo de la gracia que Dios me ha dado. ⁸Dios es testigo de cuánto los quiero a todos con el entrañable amor de Cristo Jesús.

⁹ Esto es lo que pido en oración: que el amor de ustedes abunde cada vez más en conocimiento y en buen juicio, ¹⁰para que disciernan lo que es mejor, y sean puros e irreprochables para el día de Cristo, ¹¹llenos del fruto de justicia que se produce por medio de Jesucristo, para gloria y alabanza de Dios.

El vivir es Cristo

¹² Hermanos, quiero que sepan que, en realidad, lo que me ha pasado ha contribuido al avance del *evangelio. ¹³Es más, se ha hecho evidente a toda la guardia del palacioᵇ y a todos los demás que estoy encadenado por causa de Cristo. ¹⁴Gracias a mis cadenas, ahora más que nunca la mayoría de los hermanos, confiados en el Señor, se han atrevido a anunciar sin temor la palabra de Dios.

¹⁵ Es cierto que algunos predican a Cristo por envidia y rivalidad, pero otros lo hacen con buenas intenciones. ¹⁶Estos últimos lo hacen por amor, pues saben que he sido puesto para la defensa del evangelio. ¹⁷Aquéllos predican a Cristo por ambición personal y no por motivos puros, creyendo que así van a aumentar las angustias que sufro en mi prisión.ᶜ

¹⁸ ¿Qué importa? Al fin y al cabo, y sea como sea, con motivos falsos o con sinceridad, se predica a Cristo. Por eso me alegro; es más, seguiré alegrándome ¹⁹porque sé que, gracias a las oraciones de ustedes y a la ayuda que me da el Espíritu de Jesucristo, todo esto resultará en mi liberación.ᵈ ²⁰Mi ardiente anhelo y esperanza es que en nada seré avergonzado, sino que con toda libertad, ya sea que yo viva o muera, ahora como siempre, Cristo será exaltado en mi cuerpo. ²¹Porque para mí el vivir es Cristo y el morir es ganancia. ²²Ahora bien, si seguir viviendo en este mundoᵉ representa para mí un trabajo fructífero, ¿qué escogeré? ¡No lo sé! ²³Me siento presionado por dos posibilidades: deseo partir y estar con Cristo, que es muchísimo mejor, ²⁴pero por el bien de ustedes es preferible que yo permanezca en este mundo. ²⁵Convencido de esto, sé que permaneceré y continuaré con todos ustedes para contribuir a su jubiloso avance en la fe. ²⁶Así, cuando yo vuelva, su *satisfacción en Cristo Jesús abundará por causa mía.

²⁷ Pase lo que pase, compórtense de una manera digna del evangelio de Cristo. De este modo, ya sea que vaya a verlos o que, estando ausente, sólo tenga noticias de ustedes, sabré que siguen firmes en un mismo propósito, luchando unánimes por la fe del evangelio ²⁸y sin temor alguno a sus adversarios, lo cual es para ellos señal de destrucción. Para ustedes, en cambio, es señal de salvación, y esto proviene de Dios. ²⁹Porque a ustedes se les ha concedido no sólo creer en Cristo, sino también sufrir por él, ³⁰pues sostienen la misma lucha que antes me vieron sostener, y que ahora saben que sigo sosteniendo.

Humillación y exaltación de Cristo

2 Por tanto, si sienten algún estímulo en su unión con Cristo, algún consuelo en su amor, algún compañerismo en el Espíritu, algún afecto entrañable, ²llénenme de alegría teniendo un mismo parecer, un mismo amor, unidos en alma y pensamiento. ³No hagan nada por egoísmo o vanidad; más bien, con humildad consideren a los demás como superiores a ustedes mismos. ⁴Cada uno debe velar no sólo por sus propios intereses sino también por los intereses de los demás.

⁵ La actitud de ustedes debe ser como la de Cristo Jesús, ⁶quien, siendo por naturalezaᶠ Dios, no consideró el ser igual a Dios como algo a qué aferrarse.

⁷ Por el contrario, se rebajó voluntariamente, tomando la naturalezaᵍ de *siervo y haciéndose semejante a los seres *humanos.

ᵃ 1:7 *los llevo.* Alt. *me llevan.*
ᵇ 1:13 *a toda la guardia del palacio.* Alt. *en todo el palacio.*
ᶜ 1:16,17 Var. invierte el orden de vv. 16 y 17.
ᵈ 1:19 *liberación.* Alt. *salvación.*
ᵉ 1:22 *este mundo.* Lit. *la* *carne; también en v. 24.
ᶠ 2:6 *por naturaleza.* Lit. *en forma de.*
ᵍ 2:7 *la naturaleza.* Lit. *la forma.*

8Y al manifestarse como hombre, se humilló a sí mismo y se hizo obediente hasta la muerte, ¡y muerte de cruz!

9Por eso Dios lo exaltó hasta lo sumo y le otorgó el nombre que está sobre todo nombre, **10**para que ante el nombre de Jesús se doble toda rodilla en el cielo y en la tierra y debajo de la tierra, **11**y toda lengua confiese que Jesucristo es el Señor, para gloria de Dios Padre.

Testimonio de luz

12Así que, mis queridos hermanos, como han obedecido siempre —no sólo en mi presencia sino mucho más ahora en mi ausencia— lleven a cabo su salvación con temor y temblor, **13**pues Dios es quien produce en ustedes tanto el querer como el hacer para que se cumpla su buena voluntad.

14Háganlo todo sin quejas ni contiendas, **15**para que sean intachables y puros, hijos de Dios sin culpa en medio de una generación torcida y depravada. En ella ustedes brillan como estrellas en el firmamento, **16**manteniendo en alto[h] la palabra de vida. Así en el día de Cristo me sentiré *satisfecho de no haber corrido ni trabajado en vano. **17**Y aunque mi vida fuera derramada[i] sobre el sacrificio y servicio que proceden de su fe, me alegro y comparto con todos ustedes mi alegría. **18**Así también ustedes, alégrense y compartan su alegría conmigo.

Dos colaboradores ejemplares

19Espero en el Señor Jesús enviarles pronto a Timoteo, para que también yo cobre ánimo al recibir noticias de ustedes. **20**No tengo a nadie más que, como él, se preocupe de veras por el bienestar de ustedes, **21**pues todos los demás buscan sus propios intereses y no los de Jesucristo. **22**Pero ustedes conocen bien la entereza de carácter de Timoteo, que ha servido conmigo en la obra del *evangelio, como un hijo junto a su padre. **23**Así que espero enviárselo tan pronto como se aclaren mis asuntos. **24**Y confío en el Señor que yo mismo iré pronto.

25Ahora bien, creo que es necesario enviarles de vuelta a Epafrodito, mi hermano, colaborador y compañero de lucha, a quien ustedes han enviado para atenderme en mis necesidades. **26**Él los extraña mucho a todos y está afligido porque ustedes se enteraron de que estaba enfermo. **27**En efecto, estuvo enfermo y al borde de la muerte; pero Dios se compadeció de él, y no sólo de él sino también de mí, para no añadir tristeza a mi tristeza. **28**Así que lo envío urgentemente para que, al verlo de nuevo, ustedes se alegren y yo esté menos preocupado. **29**Recíbanlo en el Señor con toda alegría y honren a los que son como él, **30**porque estuvo a punto de morir por la obra de Cristo, arriesgando la *vida para suplir el servicio que ustedes no podían prestarme.

Plena confianza en Cristo

3 Por lo demás, hermanos míos, alégrense en el Señor. Para mí no es molestia volver a escribirles lo mismo, y a ustedes les da seguridad.

2Cuídense de esos *perros, cuídense de esos que hacen el mal, cuídense de esos que mutilan el cuerpo. **3**Porque la *circuncisión somos nosotros, los que por medio del Espíritu de Dios adoramos, nos *enorgullecemos en Cristo Jesús y no ponemos nuestra confianza en esfuerzos *humanos. **4**Yo mismo tengo motivos para tal confianza. Si cualquier otro cree tener motivos para confiar en esfuerzos humanos, yo más: **5**circuncidado al octavo día, del pueblo de Israel, de la tribu de Benjamín, hebreo de pura cepa; en cuanto a la interpretación de la ley, *fariseo; **6**en cuanto al celo, perseguidor de la iglesia; en cuanto a la justicia que la ley exige, intachable.

7Sin embargo, todo aquello que para mí era ganancia, ahora lo considero pérdida por causa de Cristo. **8**Es más, todo lo considero pérdida por razón del incomparable valor de conocer a Cristo Jesús, mi Señor. Por él lo he perdido todo, y lo tengo por estiércol, a fin de ganar a Cristo **9**y encontrarme unido a él. No quiero mi propia justicia que procede de la ley, sino la que se obtiene mediante la *fe en Cristo, la justicia que procede de Dios, basada en la fe. **10**Lo he perdido todo a fin de conocer a Cristo, experimentar el poder que se manifestó en su resurrección, participar en sus sufrimientos y llegar a ser semejante a él en su muerte. **11**Así espero alcanzar la resurrección de entre los muertos.

Ciudadanos del cielo

12No es que ya lo haya conseguido todo, o que ya sea *perfecto. Sin embargo, sigo adelante esperando alcanzar aquello para lo cual Cristo Jesús me alcanzó a mí. **13**Hermanos, no pienso que yo mismo lo haya logrado ya. Más bien, una cosa hago: olvidando lo que queda atrás y esforzándome por alcanzar lo que está delante, **14**sigo avanzando hacia la meta para ganar el premio que Dios ofrece mediante su llamamiento celestial en Cristo Jesús.

15Así que, ¡escuchen los perfectos! Todos debemos[j] tener este modo de pensar. Y si en algo piensan de forma diferente, Dios les hará ver esto también. **16**En todo caso, vivamos de acuerdo con lo que ya hemos alcanzado.[k]

17Hermanos, sigan todos mi ejemplo, y fíjense en los que se comportan conforme al modelo que les hemos dado. **18**Como les he dicho a menudo, y ahora lo repito hasta con lágrimas, muchos se

---

h **2:16** *manteniendo en alto*. Alt. *ya que se aferran a.*
i **2:17** *derramada*. Es decir, *como libación.*
j **3:15** *Así ... debemos*. Alt. *Así que los que somos perfectos debemos.*
k **3:16** *alcanzado*. Var. *alcanzado, una misma regla, un mismo modo de pensar.*

comportan como enemigos de la cruz de Cristo. [19]Su destino es la destrucción, adoran al dios de sus propios deseos[l] y se enorgullecen de lo que es su vergüenza. Sólo piensan en lo terrenal. [20]En cambio, nosotros somos ciudadanos del cielo, de donde anhelamos recibir al Salvador, el Señor Jesucristo. [21]Él transformará nuestro cuerpo miserable para que sea como su cuerpo glorioso, mediante el poder con que somete a sí mismo todas las cosas.

4 Por lo tanto, queridos hermanos míos, a quienes amo y extraño mucho, ustedes que son mi alegría y mi corona, manténganse así firmes en el Señor.

Exhortaciones

[2]Ruego a Evodia y también a Síntique que se pongan de acuerdo en el Señor. [3]Y a ti, mi fiel compañero,[m] te pido que ayudes a estas mujeres que han luchado a mi lado en la obra del *evangelio, junto con Clemente y los demás colaboradores míos, cuyos nombres están en el libro de la vida.

[4]Alégrense siempre en el Señor. Insisto: ¡Alégrense! [5]Que su amabilidad sea evidente a todos. El Señor está cerca. [6]No se inquieten por nada; más bien, en toda ocasión, con oración y ruego, presenten sus peticiones a Dios y denle gracias. [7]Y la paz de Dios, que sobrepasa todo entendimiento, cuidará sus corazones y sus pensamientos en Cristo Jesús.

[8]Por último, hermanos, consideren bien todo lo verdadero, todo lo respetable, todo lo justo, todo lo puro, todo lo amable, todo lo digno de admiración, en fin, todo lo que sea excelente o merezca elogio. [9]Pongan en práctica lo que de mí han aprendido, recibido y oído, y lo que han visto en mí, y el Dios de paz estará con ustedes.

Gratitud por la ayuda recibida

[10]Me alegro muchísimo en el Señor de que al fin hayan vuelto a interesarse en mí. Claro está que tenían interés, sólo que no habían tenido la oportunidad de demostrarlo. [11]No digo esto porque esté necesitado, pues he aprendido a estar satisfecho en cualquier situación en que me encuentre. [12]Sé lo que es vivir en la pobreza, y lo que es vivir en la abundancia. He aprendido a vivir en todas y cada una de las circunstancias, tanto a quedar saciado como a pasar hambre, a tener de sobra como a sufrir escasez. [13]Todo lo puedo en Cristo que me fortalece.

[14]Sin embargo, han hecho bien en participar conmigo en mi angustia. [15]Y ustedes mismos, filipenses, saben que en el principio de la obra del *evangelio, cuando salí de Macedonia, ninguna iglesia participó conmigo en mis ingresos y gastos, excepto ustedes. [16]Incluso a Tesalónica me enviaron ayuda una y otra vez para suplir mis necesidades. [17]No digo esto porque esté tratando de conseguir más ofrendas, sino que trato de aumentar el crédito a su cuenta. [18]Ya he recibido todo lo que necesito y aun más; tengo hasta de sobra ahora que he recibido de Epafrodito lo que me enviaron. Es una ofrenda fragante, un sacrificio que Dios acepta con agrado. [19]Así que mi Dios les proveerá de todo lo que necesiten, conforme a las gloriosas riquezas que tiene en Cristo Jesús.

[20]A nuestro Dios y Padre sea la gloria por los siglos de los siglos. Amén.

Saludos finales

[21]Saluden a todos los santos en Cristo Jesús. Los hermanos que están conmigo les mandan saludos. [22]Saludos de parte de todos los santos, especialmente los de la casa del *emperador.

[23]Que la gracia del Señor Jesucristo sea con su espíritu. Amén.[n]

---

l **3:19** adoran ... deseos. Lit. su dios es el estómago.
m **4:3** mi fiel compañero. Alt. fiel Sícigo.
n **4:23** Var. no incluye: Amén.

COLOSENSES

1 Pablo, apóstol de *Cristo Jesús por la voluntad de Dios, y el hermano Timoteo, **2**a los *santos y fieles hermanos[a] en Cristo que están en Colosas: Que Dios nuestro Padre les conceda[b] gracia y paz.

Acción de gracias e intercesión

3Siempre que oramos por ustedes, damos gracias a Dios, el Padre de nuestro Señor Jesucristo, **4**pues hemos recibido noticias de su fe en Cristo Jesús y del amor que tienen por todos los *santos **5**a causa de la esperanza reservada para ustedes en el cielo. De esta esperanza ya han sabido por la palabra de verdad, que es el *evangelio **6**que ha llegado hasta ustedes. Este evangelio está dando fruto y creciendo en todo el mundo, como también ha sucedido entre ustedes desde el día en que supieron de la gracia de Dios y la comprendieron plenamente. **7**Así lo aprendieron de Epafras, nuestro querido colaborador[c] y fiel servidor de Cristo para el bien de ustedes.[d] **8**Fue él quien nos contó del amor que tienen en el Espíritu.

9Por eso, desde el día en que lo supimos no hemos dejado de orar por ustedes. Pedimos que Dios les haga conocer plenamente su voluntad con toda sabiduría y comprensión espiritual, **10**para que vivan de manera digna del Señor, agradándole en todo. Esto implica dar fruto en toda buena obra, crecer en el conocimiento de Dios **11**y ser fortalecidos en todo sentido con su glorioso poder. Así perseverarán con paciencia en toda situación, **12**dando gracias con alegría al Padre. Él los[e] ha facultado para participar de la herencia de los santos en el reino de la luz. **13**Él nos libró del dominio de la oscuridad y nos trasladó al reino de su amado Hijo, **14**en quien tenemos redención,[f] el perdón de pecados.

La supremacía de Cristo

15Él es la imagen del Dios invisible, el primogénito[g] de toda creación, **16**porque por medio de él fueron creadas todas las cosas en el cielo y en la tierra, visibles e invisibles, sean tronos, poderes, principados o autoridades: todo ha sido creado por medio de él y para él. **17**Él es anterior a todas las cosas, que por medio de él forman un todo coherente.[h] **18**Él es la cabeza del cuerpo, que es la iglesia. Él es el principio, el primogénito de la resurrección, para ser en todo el primero. **19**Porque a Dios le agradó habitar en él con toda su plenitud **20**y, por medio de él, reconciliar consigo todas las cosas, tanto las que están en la tierra como las que están en el cielo, haciendo la paz mediante la sangre que derramó en la cruz.

21En otro tiempo ustedes, por su actitud y sus malas acciones, estaban alejados de Dios y eran sus enemigos. **22**Pero ahora Dios, a fin de presentarlos *santos, intachables e irreprochables delante de él, los ha reconciliado en el cuerpo mortal de Cristo mediante su muerte, **23**con tal de que se mantengan firmes en la fe, bien cimentados y estables, sin abandonar la esperanza que ofrece el *evangelio. Éste es el evangelio que ustedes oyeron y que ha sido proclamado en toda la creación debajo del cielo, y del que yo, Pablo, he llegado a ser servidor.

Trabajo de Pablo por la iglesia

24Ahora me alegro en medio de mis sufrimientos por ustedes, y voy completando en mí mismo[i] lo que falta de las aflicciones de Cristo, en favor de su cuerpo, que es la iglesia. **25**De ésta llegué a ser servidor según el plan que Dios me encomendó para ustedes: el dar cumplimiento a la palabra de Dios, **26**anunciando el *misterio que se ha mantenido oculto por siglos y generaciones, pero que ahora se ha manifestado a sus *santos. **27**A éstos Dios se propuso dar a conocer cuál es la gloriosa riqueza de este misterio entre las *naciones, que es Cristo en ustedes, la esperanza de gloria. **28**A este Cristo proclamamos, aconsejando y enseñando con toda sabiduría a todos los *seres humanos, para presentarlos a todos *perfectos en él. **29**Con este fin trabajo y lucho fortalecido por el poder de Cristo que obra en mí.

2 Quiero que sepan qué gran lucha sostengo por el bien de ustedes y de los que están en Laodicea, y de tantos que no me conocen personalmente. **2**Quiero que lo sepan para que cobren ánimo, permanezcan unidos por amor, y tengan toda la riqueza que proviene de la convicción y del entendimiento. Así conocerán el *misterio de Dios, es decir, a Cristo, **3**en quien están escondidos todos los tesoros de la sabiduría y del conocimiento. **4**Les digo

---

a **1:2** santos y fieles hermanos. Alt. santos hermanos creyentes.
b **1:2** Padre les conceda. Var. Padre y el Señor Jesucristo les concedan.
c **1:7** colaborador. Lit. Coesclavo.
d **1:7** de ustedes. Var. de nosotros.
e **1:12** los. Var. nos.
f **1:14** redención. Var. redención mediante su sangre (véase Ef 1:7).
g **1:15** el primogénito. Es decir, el que tiene anterioridad y preeminencia; también en v. 18.
h **1:17** por medio … coherente. Alt. por medio de él continúan existiendo.
i **1:24** en mí mismo. Lit. en mí *carne.

esto para que nadie los engañe con argumentos capciosos. **5**Aunque estoy físicamente ausente, los acompaño en espíritu, y me alegro al ver su buen orden y la firmeza de su fe en Cristo.

Libertad en Cristo

6Por eso, de la manera que recibieron a Cristo Jesús como Señor, vivan ahora en él, **7**arraigados y edificados en él, confirmados en la fe como se les enseñó, y llenos de gratitud.

8Cuídense de que nadie los cautive con la vana y engañosa filosofía que sigue tradiciones *humanas, la que va de acuerdo con los *principios* de este mundo y no conforme a Cristo. **9**Toda la plenitud de la divinidad habita en forma corporal en Cristo; **10**y en él, que es la cabeza de todo poder y autoridad, ustedes han recibido esa plenitud. **11**Además, en él fueron *circuncidados, no por mano humana sino con la circuncisión que consiste en despojarse del cuerpo pecaminoso.*k* Esta circuncisión la efectuó Cristo. **12**Ustedes la recibieron al ser sepultados con él en el bautismo. En él también fueron resucitados mediante la fe en el poder de Dios, quien lo resucitó de entre los muertos.

13Antes de recibir esa circuncisión, ustedes estaban muertos en sus pecados. Sin embargo, Dios nos*l* dio vida en unión con Cristo, al perdonarnos todos los pecados **14**y anular la deuda*m* que teníamos pendiente por los requisitos de la ley. Él anuló esa deuda que nos era adversa, clavándola en la cruz. **15**Desarmó a los poderes y a las potestades, y por medio de Cristo*n* los humilló en público al exhibirlos en su desfile triunfal.

16Así que nadie los juzgue a ustedes por lo que comen o beben, o con respecto a días de fiesta religiosa, de luna nueva o de reposo. **17**Todo esto es una sombra de las cosas que están por venir; la realidad se halla en Cristo. **18**No dejen que les prive de esta realidad ninguno de esos que se ufanan en fingir humildad y adoración de ángeles. Los tales hacen alarde de lo que no han visto; y, envanecidos por su razonamiento *humano, **19**no se mantienen firmemente unidos a la Cabeza. Por la acción de ésta, todo el cuerpo, sostenido y ajustado mediante las articulaciones y ligamentos, va creciendo como Dios quiere.

20Si con Cristo ustedes ya han muerto a los principios de este mundo, ¿por qué, como si todavía pertenecieran al mundo, se someten a preceptos tales como: **21**«No tomes en tus manos, no pruebes, no toques»? **22**Estos preceptos, basados en reglas y enseñanzas humanas, se refieren a cosas que van a desaparecer con el uso. **23**Tienen sin duda apariencia de sabiduría, con su afectada piedad, falsa humildad y severo trato del cuerpo, pero de nada sirven frente a los apetitos de la naturaleza pecaminosa.*ñ*

Normas para una vida santa

3 Ya que han resucitado con Cristo, busquen las cosas de arriba, donde está Cristo sentado a la *derecha de Dios. **2**Concentren su atención en las cosas de arriba, no en las de la tierra, **3**pues ustedes han muerto y su vida está escondida con Cristo en Dios. **4**Cuando Cristo, que es la vida de ustedes,*o* se manifieste, entonces también ustedes serán manifestados con él en gloria.

5Por tanto, hagan morir todo lo que es propio de la naturaleza terrenal: inmoralidad sexual, impureza, bajas pasiones, malos deseos y avaricia, la cual es idolatría. **6**Por estas cosas viene el castigo de Dios.*p* **7**Ustedes las practicaron en otro tiempo, cuando vivían en ellas. **8**Pero ahora abandonen también todo esto: enojo, ira, malicia, calumnia y lenguaje obsceno. **9**Dejen de mentirse unos a otros, ahora que se han quitado el ropaje de la vieja naturaleza con sus vicios, **10**y se han puesto el de la nueva naturaleza, que se va renovando en conocimiento a imagen de su Creador. **11**En esta nueva naturaleza no hay *griego ni judío, *circunciso ni incircunciso, culto ni inculto,*q* esclavo ni libre, sino que Cristo es todo y está en todos.

12Por lo tanto, como escogidos de Dios, *santos y amados, revístanse de afecto entrañable y de bondad, humildad, amabilidad y paciencia, **13**de modo que se toleren unos a otros y se perdonen si alguno tiene queja contra otro. Así como el Señor los perdonó, perdonen también ustedes. **14**Por encima de todo, vístanse de amor, que es el vínculo perfecto.

15Que gobierne en sus corazones la paz de Cristo, a la cual fueron llamados en un solo cuerpo. Y sean agradecidos. **16**Que habite en ustedes la palabra de Cristo con toda su riqueza: instrúyanse y aconséjense unos a otros con toda sabiduría; canten salmos, himnos y canciones espirituales a Dios, con gratitud de corazón. **17**Y todo lo que hagan, de palabra o de obra, háganlo en el nombre del Señor Jesús, dando gracias a Dios el Padre por medio de él.

Normas para la familia cristiana

18Esposas, sométanse a sus esposos, como conviene en el Señor.

19Esposos, amen a sus esposas y no sean duros con ellas.

20Hijos, obedezcan a sus padres en todo, porque esto agrada al Señor.

---

j **2:8** *los principios.* Alt. *los poderes espirituales, o las normas;* también en v. 20.
k **2:11** *cuerpo pecaminoso.* Lit. *cuerpo de la * carne.*
l **2:13** *nos.* Var. *les.*
m **2:14** *la deuda.* Lit. *el pagaré.*
n **2:15** *por medio de Cristo.* Alt. *mediante la cruz.*
ñ **2:23** *los apetitos de la naturaleza pecaminosa.* Lit. *la satisfacción de la * carne.*
o **3:4** *de ustedes.* Var. *de nosotros.*
p **3:6** *de Dios.* Var. *de Dios sobre los que son desobedientes.*
q **3:11** *culto ni inculto.* Lit. *bárbaro, escita.*

21Padres, no exasperen a sus hijos, no sea que se desanimen.

22*Esclavos, obedezcan en todo a sus amos terrenales, no sólo cuando ellos los estén mirando, como si ustedes quisieran ganarse el favor *humano, sino con integridad de corazón y por respeto al Señor. **23**Hagan lo que hagan, trabajen de buena gana, como para el Señor y no como para nadie en este mundo, **24**conscientes de que el Señor los recompensará con la herencia. Ustedes sirven a Cristo el Señor. **25**El que hace el mal pagará por su propia maldad, y en esto no hay favoritismos.

4 Amos, proporcionen a sus esclavos lo que es justo y equitativo, conscientes de que ustedes también tienen un Amo en el cielo.

Instrucciones adicionales

2Dedíquense a la oración: perseveren en ella con agradecimiento **3**y, al mismo tiempo, intercedan por nosotros a fin de que Dios nos abra las puertas para proclamar la palabra, el *misterio de Cristo por el cual estoy preso. **4**Oren para que yo lo anuncie con claridad, como debo hacerlo. **5**Compórtense sabiamente con los que no creen en Cristo,ʳ aprovechando al máximo cada momento oportuno. **6**Que su conversación sea siempre amena y de buen gusto. Así sabrán cómo responder a cada uno.

Saludos finales

7Nuestro querido hermano Tíquico, fiel servidor y colaboradorˢ en el Señor, les contará en detalle cómo me va. **8**Lo envío a ustedes precisamente para que tengan noticias de nosotros, y así cobren ánimo.ᵗ **9**Va con Onésimo, querido y fiel hermano, que es uno de ustedes. Ellos los pondrán al tanto de todo lo que sucede aquí.

10Aristarco, mi compañero de cárcel, les manda saludos, como también Marcos, el primo de Bernabé. En cuanto a Marcos, ustedes ya han recibido instrucciones; si va a visitarlos, recíbanlo bien. **11**También los saluda Jesús, llamado el Justo. Éstos son los únicos judíos que colaboran conmigo en pro del reino de Dios, y me han sido de mucho consuelo. **12**Les manda saludos Epafras, que es uno de ustedes. Este *siervo de Cristo Jesús está siempre luchando en oración por ustedes, para que, plenamente convencidos,ᵘ se mantengan firmes, cumpliendo en todo la voluntad de Dios. **13**A mí me consta que él se preocupa mucho por ustedes y por los que están en Laodicea y en Hierápolis. **14**Los saludan Lucas, el querido médico, y Demas. **15**Saluden a los hermanos que están en Laodicea, como también a Ninfas y a la iglesia que se reúne en su casa.

16Una vez que se les haya leído a ustedes esta carta, que se lea también en la iglesia de Laodicea, y ustedes lean la carta dirigida a esa iglesia.

17Díganle a Arquipo que se ocupe de la tarea que recibió en el Señor, y que la lleve a cabo.

18Yo, Pablo, escribo este saludo de mi puño y letra. Recuerden que estoy preso. Que la gracia sea con ustedes.

ʳ **4:5** *los que no creen en Cristo*. Lit. *los de afuera.*
ˢ **4:7** *colaborador*. Lit. *Coesclavo.*
ᵗ **4:8** *para que ... ánimo*. Var. *Para que él tenga noticias de ustedes, y los anime.*
ᵘ **4:12** *plenamente convencidos*. Alt. **perfectos y convencidos.*

1 TESALONICENSES

1 Pablo, *Silvano y Timoteo, a la iglesia de los tesalonicenses que está en Dios el Padre y en el Señor *Jesucristo: Gracia y paz a ustedes.[a]

Acción de gracias por los tesalonicenses

2Siempre damos gracias a Dios por todos ustedes cuando los mencionamos en nuestras oraciones. 3Los recordamos constantemente delante de nuestro Dios y Padre a causa de la obra realizada por su fe, el trabajo motivado por su amor, y la constancia sostenida por su esperanza en nuestro Señor Jesucristo.

4Hermanos amados de Dios, sabemos que él los ha escogido, 5porque nuestro *evangelio les llegó no sólo con palabras sino también con poder, es decir, con el Espíritu Santo y con profunda convicción. Como bien saben, estuvimos entre ustedes buscando su bien. 6Ustedes se hicieron imitadores nuestros y del Señor cuando, a pesar de mucho sufrimiento, recibieron el mensaje con la alegría que infunde el Espíritu Santo. 7De esta manera se constituyeron en ejemplo para todos los creyentes de Macedonia y de Acaya. 8Partiendo de ustedes, el mensaje del Señor se ha proclamado no sólo en Macedonia y en Acaya sino en todo lugar; a tal punto se ha divulgado su fe en Dios que ya no es necesario que nosotros digamos nada. 9Ellos mismos cuentan de lo bien que ustedes nos recibieron, y de cómo se convirtieron a Dios dejando los ídolos para servir al Dios vivo y verdadero, 10y esperar del cielo a Jesús, su Hijo a quien *resucitó, que nos libra del castigo venidero.

Ministerio de Pablo en Tesalónica

2 Hermanos, bien saben que nuestra visita a ustedes no fue un fracaso. 2Y saben también que, a pesar de las aflicciones e insultos que antes sufrimos en Filipos, cobramos confianza en nuestro Dios y nos atrevimos a comunicarles el *evangelio en medio de una gran lucha. 3Nuestra predicación no se origina en el error ni en malas intenciones, ni procura engañar a nadie. 4Al contrario, hablamos como hombres a quienes Dios aprobó y les confió el evangelio: no tratamos de agradar a la gente sino a Dios, que examina nuestro corazón. 5Como saben, nunca hemos recurrido a las adulaciones ni a las excusas para obtener dinero; Dios es testigo. 6Tampoco hemos buscado honores de nadie; ni de ustedes ni de otros. 7Aunque como apóstoles de Cristo hubiéramos podido ser exigentes con ustedes, los tratamos con delicadeza.[b] Como una madre[c] que amamanta y cuida a sus hijos, 8así nosotros, por el cariño que les tenemos, nos deleitamos en compartir con ustedes no sólo el evangelio de Dios sino también nuestra *vida. ¡Tanto llegamos a quererlos! 9Recordarán, hermanos, nuestros esfuerzos y fatigas para proclamarles el evangelio de Dios, y cómo trabajamos día y noche para no serles una carga.

10Dios y ustedes me son testigos de que nos comportamos con ustedes los creyentes en una forma santa, justa e irreprochable. 11Saben también que a cada uno de ustedes lo hemos tratado como trata un padre a sus propios hijos. 12Los hemos animado, consolado y exhortado a llevar una vida digna de Dios, que los llama a su reino y a su gloria.

13Así que no dejamos de dar gracias a Dios, porque al oír ustedes la palabra de Dios que les predicamos, la aceptaron no como palabra *humana sino como lo que realmente es, palabra de Dios, la cual actúa en ustedes los creyentes. 14Ustedes, hermanos, siguieron el ejemplo de las iglesias de Dios en Cristo Jesús que están en Judea, ya que sufrieron a manos de sus compatriotas lo mismo que sufrieron aquellas iglesias a manos de los judíos. 15Éstos mataron al Señor Jesús y a los profetas, y a nosotros nos expulsaron. No agradan a Dios y son hostiles a todos, 16pues procuran impedir que prediquemos a los *gentiles para que sean salvos. Así en todo lo que hacen llegan al colmo de su pecado. Pero el castigo de Dios vendrá sobre ellos con toda severidad.[d]

Pablo anhela ver a los tesalonicenses

17Nosotros, hermanos, luego de estar separados de ustedes por algún tiempo, en lo físico pero no en lo espiritual, con ferviente anhelo hicimos todo lo humanamente posible por ir a verlos. 18Sí, deseábamos visitarlos —yo mismo, Pablo, más de una vez intenté ir—, pero Satanás nos lo impidió. 19En resumidas cuentas, ¿cuál es nuestra esperanza, alegría o motivo[e] de *orgullo delante de nuestro Señor Jesús para cuando él venga? ¿Quién más sino ustedes? 20Sí, ustedes son nuestro orgullo y alegría.

3 Por tanto, cuando ya no pudimos soportarlo más, pensamos que era mejor quedarnos solos en Atenas. 2Así que les enviamos a

---

a 1:1 *a ustedes.* Var. *a ustedes de nuestro Padre y del Señor Jesucristo.*
b 2:7 *exigentes … delicadeza.* Var. *exigentes, fuimos niños entre ustedes.*
c 2:7 *madre.* Alt. *nodriza.*
d 2:16 *Pero … severidad.* Lit. *Pero la ira vino sobre ellos hasta el fin.*
e 2:19 *motivo.* Lit. *corona.*

Timoteo, hermano nuestro y colaborador de Dios[f] en el *evangelio de Cristo, con el fin de afianzarlos y animarlos en la fe **3**para que nadie fuera perturbado por estos sufrimientos. Ustedes mismos saben que se nos destinó para esto, **4**pues cuando estábamos con ustedes les advertimos que íbamos a padecer sufrimientos. Y así sucedió. **5**Por eso, cuando ya no pude soportarlo más, mandé a Timoteo a indagar acerca de su fe, no fuera que el *tentador los hubiera inducido a hacer lo malo y que nuestro trabajo hubiera sido en vano.

El informe alentador de Timoteo

6Ahora Timoteo acaba de volver de Tesalónica con buenas noticias de la fe y del amor de ustedes. Nos dice que conservan gratos recuerdos de nosotros y que tienen muchas ganas de vernos, tanto como nosotros a ustedes. **7**Por eso, hermanos, en medio de todas nuestras angustias y sufrimientos ustedes nos han dado ánimo por su fe. **8**¡Ahora sí que vivimos al saber que están firmes en el Señor! **9**¿Cómo podemos agradecer bastante a nuestro Dios por ustedes y por toda la alegría que nos han proporcionado delante de él? **10**Día y noche le suplicamos que nos permita verlos de nuevo para suplir lo que le falta a su fe.

11Que el Dios y Padre nuestro, y nuestro Señor Jesús, nos preparen el camino para ir a verlos. **12**Que el Señor los haga crecer para que se amen más y más unos a otros, y a todos, tal como nosotros los amamos a ustedes. **13**Que los fortalezca interiormente para que, cuando nuestro Señor Jesús venga con todos sus *santos, la santidad de ustedes sea intachable delante de nuestro Dios y Padre.

La vida que agrada a Dios

4 Por lo demás, hermanos, les pedimos encarecidamente en el nombre del Señor Jesús que sigan progresando en el modo de vivir que agrada a Dios, tal como lo aprendieron de nosotros. De hecho, ya lo están practicando. **2**Ustedes saben cuáles son las instrucciones que les dimos de parte del Señor Jesús.

3La voluntad de Dios es que sean *santificados; que se aparten de la inmoralidad sexual; **4**que cada uno aprenda a controlar su propio cuerpo[g] de una manera santa y honrosa, **5**sin dejarse llevar por los malos deseos como hacen los *paganos, que no conocen a Dios; **6**y que nadie perjudique a su hermano ni se aproveche de él en este asunto. El Señor castiga todo esto, como ya les hemos dicho y advertido. **7**Dios no nos llamó a la impureza sino a la santidad; **8**por tanto, el que rechaza estas instrucciones no rechaza a un hombre sino a Dios, quien les da a ustedes su Espíritu Santo.

9En cuanto al amor fraternal, no necesitan que les escribamos, porque Dios mismo les ha enseñado a amarse unos a otros. **10**En efecto, ustedes aman a todos los hermanos que viven en Macedonia. No obstante, hermanos, les animamos a amarse aun más, **11**a procurar vivir en paz con todos, a ocuparse de sus propias responsabilidades y a trabajar con sus propias manos. Así les he mandado, **12**para que por su modo de vivir se ganen el respeto de los que no son creyentes, y no tengan que depender de nadie.

La venida del SEÑOR

13Hermanos, no queremos que ignoren lo que va a pasar con los que ya han muerto,[h] para que no se entristezcan como esos otros que no tienen esperanza. **14**¿Acaso no creemos que Jesús murió y resucitó? Así también Dios resucitará con Jesús a los que han muerto en unión con él. **15**Conforme a lo dicho por el Señor, afirmamos que nosotros, los que estemos vivos y hayamos quedado hasta la venida del Señor, de ninguna manera nos adelantaremos a los que hayan muerto. **16**El Señor mismo descenderá del cielo con voz de mando, con voz de arcángel y con trompeta de Dios, y los muertos en Cristo resucitarán primero. **17**Luego los que estemos vivos, los que hayamos quedado, seremos arrebatados junto con ellos en las nubes para encontrarnos con el Señor en el aire. Y así estaremos con el Señor para siempre. **18**Por lo tanto, anímense unos a otros con estas palabras.

5 Ahora bien, hermanos, ustedes no necesitan que se les escriba acerca de tiempos y fechas, **2**porque ya saben que el día del Señor llegará como ladrón en la noche. **3**Cuando estén diciendo: «Paz y seguridad», vendrá de improviso sobre ellos la destrucción, como le llegan a la mujer encinta los dolores de parto. De ninguna manera podrán escapar.

4Ustedes, en cambio, hermanos, no están en la oscuridad para que ese día los sorprenda como un ladrón. **5**Todos ustedes son hijos de la luz y del día. No somos de la noche ni de la oscuridad. **6**No debemos, pues, dormirnos como los demás, sino mantenernos alerta y en nuestro sano juicio. **7**Los que duermen, de noche duermen, y los que se emborrachan, de noche se emborrachan. **8**Nosotros que somos del día, por el contrario, estemos siempre en nuestro sano juicio, protegidos por la coraza de la fe y del amor, y por el casco de la esperanza de salvación; **9**pues Dios no nos destinó a sufrir el castigo sino a recibir la salvación por medio de nuestro Señor Jesucristo. **10**Él murió por nosotros para que, en la vida o en la muerte,[i] vivamos junto con él. **11**Por eso, anímense y

---

f 3:2 *colaborador de Dios.* Var. *servidor de Dios;* otra var. *servidor de Dios y colaborador nuestro.*

g 4:4 *aprenda ... cuerpo.* Alt. *trate a su esposa,* o *consiga esposa*

h 4:13 *han muerto.* Lit. *duermen;* el mismo verbo en vv. 14 y 15.

i 5:10 *en la vida o en la muerte.* Lit. *despiertos o dormidos.*

edifíquense unos a otros, tal como lo vienen haciendo.

Instrucciones finales

12Hermanos, les pedimos que sean considerados con los que trabajan arduamente entre ustedes, y los guían y amonestan en el Señor. **13**Ténganlos en alta estima, y ámenlos por el trabajo que hacen. Vivan en paz unos con otros. **14**Hermanos, también les rogamos que amonesten a los holgazanes, estimulen a los desanimados, ayuden a los débiles y sean pacientes con todos. **15**Asegúrense de que nadie pague mal por mal; más bien, esfuércense siempre por hacer el bien, no sólo entre ustedes sino a todos.

16Estén siempre alegres, **17**oren sin cesar, **18**den gracias a Dios en toda situación, porque esta es su voluntad para ustedes en Cristo Jesús.

19No apaguen el Espíritu, **20**no desprecien las profecías, **21**sométanlo todo a prueba, aférrense a lo bueno, **22**eviten toda clase de mal.

23Que Dios mismo, el Dios de paz, los *santifique por completo, y conserve todo su ser —espíritu, alma y cuerpo— irreprochable para la venida de nuestro Señor Jesucristo. **24**El que los llama es fiel, y así lo hará.

25Hermanos, oren también por nosotros. **26**Saluden a todos los hermanos con un beso santo. **27**Les encargo delante del Señor que lean esta carta a todos los hermanos.

28Que la gracia de nuestro Señor Jesucristo sea con ustedes.

2 TESALONICENSES

1 Pablo, *Silvano y Timoteo, a la iglesia de los tesalonicenses, unida a Dios nuestro Padre y al Señor *Jesucristo:

2Que Dios el Padre y el Señor Jesucristo les concedan gracia y paz.

Acción de gracias y oración

3Hermanos, siempre debemos dar gracias a Dios por ustedes, como es justo, porque su fe se acrecienta cada vez más, y en cada uno de ustedes sigue abundando el amor hacia los otros. **4**Así que nos sentimos orgullosos de ustedes ante las iglesias de Dios por la perseverancia y la fe que muestran al soportar toda clase de persecuciones y sufrimientos. **5**Todo esto prueba que el juicio de Dios es justo, y por tanto él los considera dignos de su reino, por el cual están sufriendo.

6Dios, que es justo, pagará con sufrimiento a quienes los hacen sufrir a ustedes. **7**Y a ustedes que sufren, les dará descanso, lo mismo que a nosotros. Esto sucederá cuando el Señor Jesús se manifieste desde el cielo entre llamas de fuego, con sus poderosos ángeles, **8**para castigar a los que no conocen a Dios ni obedecen el *evangelio de nuestro Señor Jesús. **9**Ellos sufrirán el castigo de la destrucción eterna, lejos de la presencia del Señor y de la majestad de su poder, **10**el día en que venga para ser glorificado por medio de sus *santos y admirado por todos los que hayan creído, entre los cuales están ustedes porque creyeron el testimonio que les dimos.

11Por eso oramos constantemente por ustedes, para que nuestro Dios los considere dignos del llamamiento que les ha hecho, y por su poder *perfeccione toda disposición al bien y toda obra que realicen por la fe. **12**Oramos así, de modo que el nombre de nuestro Señor Jesús sea glorificado por medio de ustedes, y ustedes por él, conforme a la gracia de nuestro Dios y del Señor Jesucristo.[a]

Manifestación y juicio del malvado

2 Ahora bien, hermanos, en cuanto a la venida de nuestro Señor Jesucristo y a nuestra reunión con él, les pedimos que **2**no pierdan la cabeza ni se alarmen por ciertas profecías,[b] ni por mensajes orales o escritos supuestamente nuestros, que digan: «¡Ya llegó el día del Señor!» **3**No se dejen engañar de ninguna manera, porque primero tiene que llegar la rebelión contra Dios[c] y manifestarse el hombre de maldad,[d] el destructor por naturaleza.[e] **4**Éste se opone y se levanta contra todo lo que lleva el nombre de Dios o es objeto de adoración, hasta el punto de adueñarse del templo de Dios y pretender ser Dios.

5¿No recuerdan que ya les hablaba de esto cuando estaba con ustedes? **6**Bien saben que hay algo que detiene a este hombre, a fin de que él se manifieste a su debido tiempo. **7**Es cierto que el *misterio de la maldad ya está ejerciendo su poder; pero falta que sea quitado de en medio el que ahora lo detiene. **8**Entonces se manifestará aquel malvado, a quien el Señor Jesús derrocará con el soplo de su boca y destruirá con el esplendor de su venida. **9**El malvado vendrá, por obra de Satanás, con toda clase de milagros, señales y prodigios falsos. **10**Con toda perversidad engañará a los que se pierden por haberse negado a amar la verdad y así ser salvos. **11**Por eso Dios permite que, por el poder del engaño, crean en la mentira. **12**Así serán condenados todos los que no creyeron en la verdad sino que se deleitaron en el mal.

Exhortación a la perseverancia

13Nosotros, en cambio, siempre debemos dar gracias a Dios por ustedes, hermanos amados por el Señor, porque desde el principio Dios los escogió[f] para ser salvos, mediante la obra *santificadora del Espíritu y la fe que tienen en la verdad. **14**Para esto Dios los llamó por nuestro *evangelio, a fin de que tengan parte en la gloria de nuestro Señor Jesucristo. **15**Así que, hermanos, sigan firmes y manténganse fieles a las enseñanzas[g] que, oralmente o por carta, les hemos transmitido.

16Que nuestro Señor Jesucristo mismo y Dios nuestro Padre, que nos amó y por su gracia nos dio consuelo eterno y una buena esperanza, **17**los anime y les fortalezca el corazón, para que tanto en palabra como en obra hagan todo lo que sea bueno.

Oración por la difusión del evangelio

3 Por último, hermanos, oren por nosotros para que el mensaje del Señor se difunda rápidamente y se le reciba con honor, tal como sucedió entre ustedes. **2**Oren además para que seamos librados de personas perversas y malvadas, porque no todos tienen fe. **3**Pero el Señor

---

a **1:12** *Dios y del Señor Jesucristo.* Alt. *Dios y Señor, Jesucristo.*
b **2:2** *por ciertas profecías.* Lit. *por espíritu.*
c **2:3** *la rebelión contra Dios.* Lit. *la apostasía.*
d **2:3** *maldad.* Var. *pecado.*
e **2:3** *el destructor por naturaleza.* Alt. *el que está destinado a la destrucción.* Lit. *el hijo de la destrucción.*
f **2:13** *desde ... escogió.* Var. *Dios los escogió como sus *primicias.*
g **2:15** *enseñanzas.* Alt. *tradiciones.*

es fiel, y él los fortalecerá y los protegerá del maligno. **4**Confiamos en el Señor de que ustedes cumplen y seguirán cumpliendo lo que les hemos enseñado. **5**Que el Señor los lleve a amar como Dios ama, y a perseverar como Cristo perseveró.

Exhortación al trabajo

6Hermanos, en el nombre del Señor Jesucristo les ordenamos que se aparten de todo hermano que esté viviendo como un vago y no según las enseñanzas recibidas*h* de nosotros. **7**Ustedes mismos saben cómo deben seguir nuestro ejemplo. Nosotros no vivimos como ociosos entre ustedes, **8**ni comimos el pan de nadie sin pagarlo. Al contrario, día y noche trabajamos arduamente y sin descanso para no ser una carga a ninguno de ustedes. **9**Y lo hicimos así, no porque no tuviéramos derecho a tal ayuda, sino para darles buen ejemplo. **10**Porque incluso cuando estábamos con ustedes, les

---

h **3:6** *las enseñanzas recibidas.* Alt. *la tradición recibida.*

---

ordenamos: «El que no quiera trabajar, que tampoco coma.»

11Nos hemos enterado de que entre ustedes hay algunos que andan de vagos, sin trabajar en nada, y que sólo se ocupan de lo que no les importa. **12**A tales personas les ordenamos y exhortamos en el Señor Jesucristo que tranquilamente se pongan a trabajar para ganarse la vida. **13**Ustedes, hermanos, no se cansen de hacer el bien.

14Si alguno no obedece las instrucciones que les damos en esta carta, denúncienlo públicamente y no se relacionen con él, para que se avergüence. **15**Sin embargo, no lo tengan por enemigo, sino amonéstenlo como a hermano.

Saludos finales

16Que el Señor de paz les conceda su paz siempre y en todas las circunstancias. El Señor sea con todos ustedes.

17Yo, Pablo, escribo este saludo de mi puño y letra. Ésta es la señal distintiva de todas mis cartas; así escribo yo.

18Que la gracia de nuestro Señor Jesucristo sea con todos ustedes.

1 TIMOTEO

1 Pablo, apóstol de *Cristo Jesús por mandato de Dios nuestro Salvador y de Cristo Jesús nuestra esperanza, **2**a Timoteo, mi verdadero hijo en la fe: Que Dios el Padre y Cristo Jesús nuestro Señor te concedan gracia, misericordia y paz.

Advertencia contra los falsos maestros de la ley

3Al partir para Macedonia, te encargué que permanecieras en Éfeso y les ordenaras a algunos supuestos maestros que dejen de enseñar doctrinas falsas **4**y de prestar atención a leyendas y genealogías interminables. Esas cosas provocan controversias en vez de llevar adelante la obra de Dios que es por la fe. **5**Debes hacerlo así para que el amor brote de un corazón limpio, de una buena conciencia y de una fe sincera. **6**Algunos se han desviado de esa línea de conducta y se han enredado en discusiones inútiles. **7**Pretenden ser maestros de la ley, pero en realidad no saben de qué hablan ni entienden lo que con tanta seguridad afirman.

8Ahora bien, sabemos que la ley es buena, si se aplica como es debido. **9**Tengamos en cuenta que la ley no se ha instituido para los justos sino para los desobedientes y rebeldes, para los impíos y pecadores, para los irreverentes y profanos. La ley es para los que maltratan a sus propios padres,ª para los asesinos, **10**para los adúlteros y los homosexuales, para los traficantes de esclavos, los embusteros y los que juran en falso. En fin, la ley es para todo lo que está en contra de la sana doctrina **11**enseñada por el glorioso *evangelio que el Dios bendito me ha confiado.

La gracia que el Señor dio a Pablo

12Doy gracias al que me fortalece, Cristo Jesús nuestro Señor, pues me consideró digno de confianza al ponerme a su servicio. **13**Anteriormente, yo era un *blasfemo, un perseguidor y un insolente; pero Dios tuvo misericordia de mí porque yo era un incrédulo y actuaba con ignorancia. **14**Pero la gracia de nuestro Señor se derramó sobre mí con abundancia, junto con la fe y el amor que hay en Cristo Jesús.

15Este mensaje es digno de crédito y merece ser aceptado por todos: que Cristo Jesús vino al mundo a salvar a los pecadores, de los cuales yo soy el primero. **16**Pero precisamente por eso Dios fue misericordioso conmigo, a fin de que en mí, el peor de los pecadores, pudiera Cristo Jesús mostrar su infinita bondad. Así vengo a ser ejemplo para los que, creyendo en él, recibirán la vida eterna. **17**Por tanto, al Rey eterno, inmortal, invisible, al único Dios, sea honor y gloria por los siglos de los siglos. Amén.

18Timoteo, hijo mío, te doy este encargo porque tengo en cuenta las profecías que antes se hicieron acerca de ti. Deseo que, apoyado en ellas, pelees la buena batalla **19**y mantengas la fe y una buena conciencia. Por no hacerle caso a su conciencia, algunos han naufragado en la fe. **20**Entre ellos están Himeneo y Alejandro, a quienes he entregado a Satanás para que aprendan a no blasfemar.

Instrucciones sobre la adoración

2 Así que recomiendo, ante todo, que se hagan plegarias, oraciones, súplicas y acciones de gracias por todos, **2**especialmente por los gobernantes[b] y por todas las autoridades, para que tengamos paz y tranquilidad, y llevemos una vida piadosa y digna. **3**Esto es bueno y agradable a Dios nuestro Salvador, **4**pues él quiere que todos sean salvos y lleguen a conocer la verdad. **5**Porque hay un solo Dios y un solo mediador entre Dios y los hombres, Jesucristo hombre, **6**quien dio su vida como rescate por todos. Este testimonio Dios lo ha dado a su debido tiempo, **7**y para proclamarlo me nombró heraldo y apóstol. Digo la verdad y no miento: Dios me hizo maestro de los *gentiles para enseñarles la verdadera fe.

8Quiero, pues, que en todas partes los hombres levanten las manos al cielo con pureza de corazón, sin enojos ni contiendas.

9En cuanto a las mujeres, quiero que ellas se vistan decorosamente, con modestia y recato, sin peinados ostentosos, ni oro, ni perlas ni vestidos costosos. **10**Que se adornen más bien con buenas obras, como corresponde a mujeres que profesan servir a Dios.

11La mujer debe aprender con serenidad,[c] con toda sumisión. **12**No permito que la mujer enseñe al hombre y ejerza autoridad sobre él; debe mantenerse ecuánime.[d] **13**Porque primero fue formado Adán, y Eva después. **14**Además, no fue Adán el engañado, sino la mujer; y ella, una vez engañada, incurrió en pecado. **15**Pero la mujer se salvará[e] siendo madre y

---

permaneciendo con sensatez en la fe, el amor y la *santidad.

Obispos y diáconos

3 Se dice, y es verdad, que si alguno desea ser *obispo, a noble función aspira. **2**Así que el obispo debe ser intachable, esposo de una sola mujer, moderado, sensato, respetable, hospitalario, capaz de enseñar; **3**no debe ser borracho ni pendenciero, ni amigo del dinero, sino amable y apacible. **4**Debe gobernar bien su casa y hacer que sus hijos le obedezcan con el debido respeto; **5**porque el que no sabe gobernar su propia familia, ¿cómo podrá cuidar de la iglesia de Dios? **6**No debe ser un recién convertido, no sea que se vuelva presuntuoso y caiga en la misma condenación en que cayó el diablo. **7**Se requiere además que hablen bien de él los que no pertenecen a la iglesia,*f* para que no caiga en descrédito y en la trampa del diablo.

8Los diáconos, igualmente, deben ser honorables, sinceros, no amigos del mucho vino ni codiciosos de las ganancias mal habidas. **9**Deben guardar, con una conciencia limpia, las grandes verdades*g* de la fe. **10**Que primero sean puestos a prueba, y después, si no hay nada que reprocharles, que sirvan como diáconos.

11Así mismo, las esposas de los diáconos*h* deben ser honorables, no calumniadoras sino moderadas y dignas de toda confianza.

12El diácono debe ser esposo de una sola mujer y gobernar bien a sus hijos y su propia casa. **13**Los que ejercen bien el diaconado se ganan un lugar de honor y adquieren mayor confianza para hablar de su fe en Cristo Jesús.

14Aunque espero ir pronto a verte, escribo estas instrucciones para que, **15**si me retraso, sepas cómo hay que portarse en la casa de Dios, que es la iglesia del Dios viviente, columna y fundamento de la verdad. **16**No hay duda de que es grande el *misterio de nuestra fe:*i* Él*j* se manifestó como hombre;*k* fue vindicado por*l* el Espíritu, visto por los ángeles, proclamado entre las *naciones, creído en el mundo, recibido en la gloria.

Instrucciones a Timoteo

4 El Espíritu dice claramente que, en los últimos tiempos, algunos abandonarán la fe para seguir a inspiraciones engañosas y doctrinas diabólicas. **2**Tales enseñanzas provienen de embusteros hipócritas, que tienen la conciencia encallecida.*m* **3**Prohíben el matrimonio y no permiten comer ciertos alimentos que Dios ha creado para que los creyentes,*n* conocedores de la verdad, los coman con acción de gracias. **4**Todo lo que Dios ha creado es bueno, y nada es despreciable si se recibe con acción de gracias, **5**porque la palabra de Dios y la oración lo *santifican.

6Si enseñas estas cosas a los hermanos, serás un buen servidor de Cristo Jesús, nutrido con las verdades de la fe y de la buena enseñanza que paso a paso has seguido. **7**Rechaza las leyendas profanas y otros mitos semejantes.*ñ* Más bien, ejercítate en la piedad, **8**pues aunque el ejercicio físico trae algún provecho, la piedad es útil para todo, ya que incluye una promesa no sólo para la vida presente sino también para la venidera. **9**Este mensaje es digno de crédito y merece ser aceptado por todos. **10**En efecto, si trabajamos y nos esforzamos es porque hemos puesto nuestra esperanza en el Dios viviente, que es el Salvador de todos, especialmente de los que creen.

11Encarga y enseña estas cosas. **12**Que nadie te menosprecie por ser joven. Al contrario, que los creyentes vean en ti un ejemplo a seguir en la manera de hablar, en la conducta, y en amor, fe y pureza. **13**En tanto que llego, dedícate a la lectura pública de las Escrituras, y a enseñar y animar a los hermanos. **14**Ejercita el don que recibiste mediante profecía, cuando los *ancianos te impusieron las manos.

15Sé diligente en estos asuntos; entrégate de lleno a ellos, de modo que todos puedan ver que estás progresando. **16**Ten cuidado de tu conducta y de tu enseñanza. Persevera en todo ello, porque así te salvarás a ti mismo y a los que te escuchen.

Cómo tratar a viudas, ancianos y esclavos

5 No reprendas con dureza al anciano, sino aconséjalo como si fuera tu padre. Trata a los jóvenes como a hermanos; **2**a las ancianas, como a madres; a las jóvenes, como a hermanas, con toda pureza.

3Reconoce debidamente a las viudas que de veras están desamparadas. **4**Pero si una viuda tiene hijos o nietos, que éstos aprendan primero a cumplir sus obligaciones con su propia familia y correspondan así a sus padres y abuelos, porque eso agrada a Dios. **5**La viuda desamparada, como ha quedado sola, pone su esperanza en Dios y persevera noche y día en sus oraciones y súplicas. **6**En cambio, la viuda que se entrega al placer ya está muerta en vida. **7**Encárgales estas cosas para que sean intachables. **8**El que no provee para los suyos, y sobre

---

f 3:7 *hablen … iglesia.* Lit. *tenga buen testimonio de los de afuera.*
g 3:9 *las grandes verdades.* Lit. *el* *misterio.*
h 3:11 *las esposas de los diáconos.* Alt. *las diaconisas.*
i 3:16 *de nuestra fe.* Lit. *de la piedad.*
j 3:16 *Él.* Lit. *Quien.* Var. *Dios.*
k 3:16 *como hombre.* Lit. *en la* *carne.*
l 3:16 *vindicado por.* Lit. *justificado en.*
m 4:2 *encallecida.* Lit. *cauterizada.*
n 4:3 *creyentes.* Alt. *fieles.*
ñ 4:7 *Rechaza … semejantes.* Lit. *Rechaza los mitos profanos y de viejas.*

todo para los de su propia casa, ha negado la fe
y es peor que un incrédulo.
9En la lista de las viudas debe figurar únicamente la que tenga más de sesenta años,
que haya sido fiel a su esposo,[o] 10y que sea
reconocida por sus buenas obras, tales como
criar hijos, practicar la hospitalidad, lavar los
pies de los *creyentes, ayudar a los que sufren
y aprovechar toda oportunidad para hacer el
bien.
11No incluyas en esa lista a las viudas más
jóvenes, porque cuando sus pasiones las alejan
de Cristo, les da por casarse. 12Así resultan
culpables de faltar a su primer compromiso.
13Además se acostumbran a estar ociosas y
andar de casa en casa. Y no sólo se vuelven
holgazanas sino también chismosas y entrome-
tidas, hablando de lo que no deben. 14Por eso
exhorto a las viudas jóvenes a que se casen y
tengan hijos, y a que lleven bien su hogar y
no den lugar a las críticas del enemigo. 15Y es
que algunas ya se han descarriado para seguir
a Satanás.
16Si alguna creyente tiene viudas en su familia, debe ayudarlas para que no sean una carga
a la iglesia; así la iglesia podrá atender a las viudas desamparadas.
17Los *ancianos que dirigen bien los asuntos
de la iglesia son dignos de doble honor,[p] especialmente los que dedican sus esfuerzos a la
predicación y a la enseñanza. 18Pues la Escritura dice: «No le pongas bozal al buey mientras
esté trillando»,[q] y «El trabajador merece que se
le pague su salario».[r] 19No admitas ninguna
acusación contra un anciano, a no ser que esté
respaldada por dos o tres testigos. 20A los que
pecan, repréndelos en público para que sirva
de escarmiento.
21Te insto delante de Dios, de Cristo Jesús
y de los santos ángeles, a que sigas estas instrucciones sin dejarte llevar de prejuicios ni
favoritismos.
22No te apresures a imponerle las manos a
nadie, no sea que te hagas cómplice de pecados
ajenos. Consérvate puro.
23No sigas bebiendo sólo agua; toma también un poco de vino a causa de tu mal de estómago y tus frecuentes enfermedades.
24Los pecados de algunos son evidentes aun
antes de ser investigados, mientras que los
pecados de otros se descubren después. 25De
igual manera son evidentes las buenas obras,
y aunque estén ocultas, tarde o temprano se
manifestarán.[s]

6 Todos los que aún son esclavos deben reconocer que sus amos merecen todo respeto;
así evitarán que se hable mal del nombre de
Dios y de nuestra enseñanza. 2Los que tienen
amos creyentes no deben faltarles al respeto por
ser hermanos. Al contrario, deben servirles todavía mejor, porque los que se benefician de sus
servicios son creyentes y hermanos queridos.
Esto es lo que debes enseñar y recomendar.

El amor al dinero

3Si alguien enseña falsas doctrinas, apartán-
dose de la sana enseñanza de nuestro Señor
Jesucristo y de la doctrina que se ciñe a la
verdadera religión,[t] 4es un obstinado que nada
entiende. Ese tal padece del afán enfermizo
de provocar discusiones inútiles que generan
envidias, discordias, insultos, suspicacias 5y
altercados entre personas de mente depravada, carentes de la verdad. Éste es de los que
piensan que la religión es un medio de obtener ganancias. 6Es cierto que con la verdadera
religión se obtienen grandes ganancias, pero
sólo si uno está satisfecho con lo que tiene.
7Porque nada trajimos a este mundo, y nada
podemos llevarnos. 8Así que, si tenemos ropa
y comida, contentémonos con eso. 9Los que
quieren enriquecerse caen en la *tentación
y se vuelven esclavos de sus muchos deseos.
Estos afanes insensatos y dañinos hunden a la
gente en la ruina y en la destrucción. 10Porque
el amor al dinero es la raíz de toda clase de
males. Por codiciarlo, algunos se han desviado
de la fe y se han causado muchísimos sinsa-
bores.

Encargo de Pablo a Timoteo

11Tú, en cambio, hombre de Dios, huye de
todo eso, y esmérate en seguir la justicia, la
piedad, la fe, el amor, la constancia y la humildad. 12Pelea la buena batalla de la fe; haz tuya
la vida eterna, a la que fuiste llamado y por la
cual hiciste aquella admirable declaración de fe
delante de muchos testigos. 13Teniendo a Dios
por testigo, el cual da vida a todas las cosas, y
a Cristo Jesús, que dio su admirable testimonio delante de Poncio Pilato, te encargo 14que
guardes este mandato sin mancha ni reproche
hasta la venida de nuestro Señor Jesucristo,
15la cual Dios a su debido tiempo hará que se
cumpla.
Al único y bendito Soberano, Rey de reyes
y Señor de Señores, 16al único inmortal, que
vive en luz inaccesible, a quien nadie ha visto
ni puede ver, a él sea el honor y el poder eternamente. Amén.
17A los ricos de este mundo, mándales que
no sean arrogantes ni pongan su esperanza
en las riquezas, que son tan inseguras, sino
en Dios, que nos provee de todo en abundancia para que lo disfrutemos. 18Mándales que

[o] **5:9** *que haya sido fiel a su esposo.* Alt. *que no haya tenido más de un esposo.*
[p] **5:17** *honor.* Alt. *honorario.*
[q] **5:18** Dt 25:4.
[r] **5:18** Lc 10:7.
[s] **5:25** *y aunque … se manifestarán.* Alt. *y si son malas, no podrán quedar ocultas.*
[t] **6:3** *la verdadera religión.* Lit. *la piedad;* también en vv. 5 y 6.

hagan el bien, que sean ricos en buenas obras, y generosos, dispuestos a compartir lo que tienen. **19**De este modo atesorarán para sí un seguro caudal para el futuro y obtendrán la vida verdadera.

20Timoteo, ¡cuida bien lo que se te ha confiado! Evita las discusiones profanas e inútiles, y los argumentos de la falsa ciencia. **21**Algunos, por abrazarla, se han desviado de la fe.

Que la gracia sea con ustedes.

2 TIMOTEO

1 Pablo, apóstol de *Cristo Jesús por la voluntad de Dios, según la promesa de vida que tenemos en Cristo Jesús, 2a mi querido hijo Timoteo: Que Dios el Padre y Cristo Jesús nuestro Señor te concedan gracia, misericordia y paz.

Exhortación a la fidelidad

3Al recordarte de día y de noche en mis oraciones, siempre doy gracias a Dios, a quien sirvo con una conciencia limpia como lo hicieron mis antepasados. 4Y al acordarme de tus lágrimas, anhelo verte para llenarme de alegría. 5Traigo a la memoria tu fe sincera, la cual animó primero a tu abuela Loida y a tu madre Eunice, y ahora te anima a ti. De eso estoy convencido. 6Por eso te recomiendo que avives la llama del don de Dios que recibiste cuando te impuse las manos. 7Pues Dios no nos ha dado un espíritu de timidez, sino de poder, de amor y de dominio propio.

8Así que no te avergüences de dar testimonio de nuestro Señor, ni tampoco de mí, que por su causa soy prisionero. Al contrario, tú también, con el poder de Dios, debes soportar sufrimientos por el *evangelio. 9Pues Dios nos salvó y nos llamó a una vida *santa, no por nuestras propias obras, sino por su propia determinación y gracia. Nos concedió este favor en Cristo Jesús antes del comienzo del tiempo; 10y ahora lo ha revelado con la venida de nuestro Salvador Cristo Jesús, quien destruyó la muerte y sacó a la luz la vida incorruptible mediante el evangelio. 11De este evangelio he sido yo designado heraldo, apóstol y maestro. 12Por ese motivo padezco estos sufrimientos. Pero no me avergüenzo, porque sé en quién he creído, y estoy seguro de que tiene poder para guardar hasta aquel día lo que le he confiado.*a*

13Con fe y amor en Cristo Jesús, sigue el ejemplo de la sana doctrina que de mí aprendiste. 14Con el poder del Espíritu Santo que vive en nosotros, cuida la preciosa enseñanza*b* que se te ha confiado.

15Ya sabes que todos los de la provincia de *Asia me han abandonado, incluso Figelo y Hermógenes.

16Que el Señor le conceda misericordia a la familia de Onesíforo, porque muchas veces me dio ánimo y no se avergonzó de mis cadenas. 17Al contrario, cuando estuvo en Roma me buscó sin descanso hasta encontrarme. 18Que el Señor le conceda hallar misericordia divina en aquel día. Tú conoces muy bien los muchos servicios que me prestó en Éfeso.

2 Así que tú, hijo mío, fortalécete por la gracia que tenemos en Cristo Jesús. 2Lo que me has oído decir en presencia de muchos testigos, encomiéndalo a creyentes dignos de confianza, que a su vez estén capacitados para enseñar a otros. 3Comparte nuestros sufrimientos, como buen soldado de Cristo Jesús. 4Ningún soldado que quiera agradar a su superior se enreda en cuestiones civiles. 5Así mismo, el atleta no recibe la corona de vencedor si no compite según el reglamento. 6El labrador que trabaja duro tiene derecho a recibir primero parte de la cosecha. 7Reflexiona en lo que te digo, y el Señor te dará una mayor comprensión de todo esto.

8No dejes de recordar a Jesucristo, descendiente de David, *levantado de entre los muertos. Este es mi *evangelio, 9por el que sufro al extremo de llevar cadenas como un criminal. Pero la palabra de Dios no está encadenada. 10Así que todo lo soporto por el bien de los elegidos, para que también ellos alcancen la gloriosa y eterna salvación que tenemos en Cristo Jesús.

11Este mensaje es digno de crédito: Si morimos con él, también viviremos con él; 12si resistimos, también reinaremos con él. Si lo negamos, también él nos negará; 13si somos infieles, él sigue siendo fiel, ya que no puede negarse a sí mismo.

Un obrero aprobado por Dios

14No dejes de recordarles esto. Adviérteles delante de Dios que eviten las discusiones inútiles, pues no sirven nada más que para destruir a los oyentes. 15Esfuérzate por presentarte a Dios aprobado, como obrero que no tiene de qué avergonzarse y que interpreta rectamente la palabra de verdad. 16Evita las palabrerías profanas, porque los que se dan a ellas se alejan cada vez más de la vida piadosa, 17y sus enseñanzas se extienden como gangrena. Entre ellos están Himeneo y Fileto, 18que se han desviado de la verdad. Andan diciendo que la resurrección ya tuvo lugar, y así trastornan la fe de algunos. 19A pesar de todo, el fundamento de Dios es sólido y se mantiene firme, pues está sellado con esta inscripción: «El Señor conoce a los suyos»,*c* y esta otra:

---

a 1:12 *lo que le he confiado.* Alt. *lo que me ha confiado.*
b 1:14 *la preciosa enseñanza.* Lit. *el buen depósito.*
c 2:19 Nm 16:5, según LX

«Que se aparte de la maldad todo el que invoca el nombre del Señor».[d]

20En una casa grande no sólo hay vasos de oro y de plata sino también de madera y de barro, unos para los usos más nobles y otros para los usos más bajos. **21**Si alguien se mantiene limpio, llegará a ser un vaso noble, *santificado, útil para el Señor y preparado para toda obra buena.

22Huye de las malas pasiones de la juventud, y esmérate en seguir la justicia, la fe, el amor y la paz, junto con los que invocan al Señor con un corazón limpio. **23**No tengas nada que ver con discusiones necias y sin sentido, pues ya sabes que terminan en pleitos. **24**Y un *siervo del Señor no debe andar peleando; más bien, debe ser amable con todos, capaz de enseñar y no propenso a irritarse. **25**Así, humildemente, debe corregir a los adversarios, con la esperanza de que Dios les conceda el *arrepentimiento para conocer la verdad, **26**de modo que se despierten y escapen de la trampa en que el diablo los tiene cautivos, sumisos a su voluntad.

La impiedad en los últimos días

3 Ahora bien, ten en cuenta que en los últimos días vendrán tiempos difíciles. **2**La gente estará llena de egoísmo y avaricia; serán jactanciosos, arrogantes, *blasfemos, desobedientes a los padres, ingratos, impíos, **3**insensibles, implacables, calumniadores, libertinos, despiadados, enemigos de todo lo bueno, **4**traicioneros, impetuosos, vanidosos y más amigos del placer que de Dios. **5**Aparentarán ser piadosos, pero su conducta desmentirá el poder de la piedad. ¡Con esa gente ni te metas!

6Así son los que van de casa en casa cautivando a mujeres débiles cargadas de pecados, que se dejan llevar de toda clase de pasiones. **7**Ellas siempre están aprendiendo, pero nunca logran conocer la verdad. **8**Del mismo modo que Janes y Jambres se opusieron a Moisés, también esa gente se opone a la verdad. Son personas de mente depravada, reprobadas en la fe. **9**Pero no llegarán muy lejos, porque todo el mundo se dará cuenta de su insensatez, como pasó con aquellos dos.

Encargo de Pablo a Timoteo

10Tú, en cambio, has seguido paso a paso mis enseñanzas, mi manera de vivir, mi propósito, mi fe, mi paciencia, mi amor, mi constancia, **11**mis persecuciones y mis sufrimientos. Estás enterado de lo que sufrí en Antioquía, Iconio y Listra, y de las persecuciones que soporté. Y de todas ellas me libró el Señor. **12**Así mismo serán perseguidos todos los que quieran llevar una vida piadosa en Cristo Jesús, **13**mientras que esos malvados embaucadores irán de mal en peor, engañando y siendo engañados. **14**Pero tú, permanece firme en lo que has aprendido y de lo cual estás convencido, pues sabes de quiénes lo aprendiste. **15**Desde tu niñez conoces las Sagradas Escrituras, que pueden darte la sabiduría necesaria para la salvación mediante la fe en Cristo Jesús. **16**Toda la Escritura es inspirada por Dios y útil para enseñar, para reprender, para corregir y para instruir en la justicia, **17**a fin de que el siervo de Dios esté enteramente capacitado para toda buena obra.

4 En presencia de Dios y de Cristo Jesús, que ha de venir en su reino y que juzgará a los vivos y a los muertos, te doy este solemne encargo: **2**Predica la Palabra; persiste en hacerlo, sea o no sea oportuno; corrige, reprende y anima con mucha paciencia, sin dejar de enseñar. **3**Porque llegará el tiempo en que no van a tolerar la sana doctrina, sino que, llevados de sus propios deseos, se rodearán de maestros que les digan las novelerías que quieren oír. **4**Dejarán de escuchar la verdad y se volverán a los mitos. **5**Tú, por el contrario, sé prudente en todas las circunstancias, soporta los sufrimientos, dedícate a la evangelización; cumple con los deberes de tu ministerio.

6Yo, por mi parte, ya estoy a punto de ser ofrecido como un sacrificio, y el tiempo de mi partida ha llegado. **7**He peleado la buena batalla, he terminado la carrera, me he mantenido en la fe. **8**Por lo demás me espera la corona de justicia que el Señor, el juez justo, me otorgará en aquel día; y no sólo a mí, sino también a todos los que con amor hayan esperado su venida.

Instrucciones personales

9Haz todo lo posible por venir a verme cuanto antes, **10**pues Demas, por amor a este mundo, me ha abandonado y se ha ido a Tesalónica. Crescente se ha ido a Galacia y Tito a Dalmacia. **11**Sólo Lucas está conmigo. Recoge a Marcos y tráelo contigo, porque me es de ayuda en mi ministerio. **12**A Tíquico lo mandé a Éfeso. **13**Cuando vengas, trae la capa que dejé en Troas, en casa de Carpo; trae también los libros, especialmente los pergaminos.

14Alejandro el herrero me ha hecho mucho daño. El Señor le dará su merecido. **15**Tú también cuídate de él, porque se opuso tenazmente a nuestro mensaje.

16En mi primera defensa, nadie me respaldó, sino que todos me abandonaron. Que no les sea tomado en cuenta. **17**Pero el Señor estuvo a mi lado y me dio fuerzas para que por medio de mí se llevara a cabo la predicación del mensaje y lo oyeran todos los *paganos. Y fui librado de la boca del león. **18**El Señor me librará de todo mal y me preservará para su reino celestial. A él sea la gloria por los siglos de los siglos. Amén.

---

d **2:19** Véanse Nm 16:26 y Jl 3:5.

Saludos finales

19Saludos a *Priscila y a Aquila, y a la familia de Onesíforo. **20**Erasto se quedó en Corinto; a Trófimo lo dejé enfermo en Mileto. **21**Haz todo lo posible por venir antes del invierno. Te mandan saludos Eubulo, Pudente, Lino, Claudia y todos los hermanos. **22**El Señor esté con tu espíritu. Que la gracia sea con ustedes.

TITO

1 Pablo, *siervo de Dios y apóstol de Jesucristo, llamado para que, mediante la fe, los elegidos de Dios lleguen a conocer la verdadera religión.ª **2**Nuestra esperanza es la vida eterna, la cual Dios, que no miente, ya había prometido antes de la creación. **3**Ahora, a su debido tiempo, él ha cumplido esta promesa mediante la predicación que se me ha confiado por orden de Dios nuestro Salvador.

4A Tito, mi verdadero hijo en esta fe que compartimos: Que Dios el Padre y Cristo Jesús nuestro Salvador te concedan gracia y paz.

Tarea de Tito en Creta

5Te dejé en Creta para que pusieras en orden lo que quedaba por hacer y en cada pueblo nombraras*b* *ancianos de la iglesia, de acuerdo con las instrucciones que te di. **6**El anciano debe ser intachable, esposo de una sola mujer; sus hijos deben ser creyentes,*c* libres de sospecha de libertinaje o de desobediencia. **7**El obispo tiene a su cargo la obra de Dios, y por lo tanto debe ser intachable: no arrogante, ni iracundo, ni borracho, ni violento, ni codicioso de ganancias mal habidas. **8**Al contrario, debe ser hospitalario, amigo del bien, sensato, justo, santo y disciplinado. **9**Debe apegarse a la palabra fiel, según la enseñanza que recibió, de modo que también pueda exhortar a otros con la sana doctrina y refutar a los que se opongan.

10Y es que hay muchos rebeldes, charlatanes y engañadores, especialmente los partidarios de la *circuncisión. **11**A ésos hay que taparles la boca, ya que están arruinando familias enteras al enseñar lo que no se debe; y lo hacen para obtener ganancias mal habidas. **12**Fue precisamente uno de sus propios profetas el que dijo: «Los cretenses son siempre mentirosos, malas bestias, glotones perezosos.» **13**¡Y es la verdad! Por eso, repréndelos con severidad a fin de que sean sanos en la fe **14**y no hagan caso de leyendas judías ni de lo que exigen esos que rechazan la verdad. **15**Para los puros todo es puro, pero para los corruptos e incrédulos no hay nada puro. Al contrario, tienen corrompidas la mente y la conciencia. **16**Profesan conocer a Dios, pero con sus acciones lo niegan; son abominables, desobedientes e incapaces de hacer nada bueno.

Lo que se debe enseñar

2 Tú, en cambio, predica lo que va de acuerdo con la sana doctrina. **2**A los *ancianos, enséñales que sean moderados, respetables, sensatos, e íntegros en la fe, en el amor y en la constancia.

3A las ancianas, enséñales que sean reverentes en su conducta, y no calumniadoras ni adictas al mucho vino. Deben enseñar lo bueno **4**y aconsejar a las jóvenes a amar a sus esposos y a sus hijos, **5**a ser sensatas y puras, cuidadosas del hogar, bondadosas y sumisas a sus esposos, para que no se hable mal de la palabra de Dios.

6A los jóvenes, exhórtalos a ser sensatos. **7**Con tus buenas obras, dales tú mismo ejemplo en todo. Cuando enseñes, hazlo con integridad y seriedad, **8**y con un mensaje sano e intachable. Así se avergonzará cualquiera que se oponga, pues no podrá decir nada malo de nosotros.

9Enseña a los *esclavos a someterse en todo a sus amos, a procurar agradarles y a no ser respondones. **10**No deben robarles sino demostrar que son dignos de toda confianza, para que en todo hagan honor a la enseñanza de Dios nuestro Salvador.

11En verdad, Dios ha manifestado a toda la *humanidad su gracia, la cual trae salvación **12**y nos enseña a rechazar la impiedad y las pasiones mundanas. Así podremos vivir en este mundo con justicia, piedad y dominio propio, **13**mientras aguardamos la bendita esperanza, es decir, la gloriosa venida de nuestro gran Dios y Salvador Jesucristo. **14**Él se entregó por nosotros para rescatarnos de toda maldad y purificar para sí un pueblo elegido, dedicado a hacer el bien.

15Esto es lo que debes enseñar. Exhorta y reprende con toda autoridad. Que nadie te menosprecie.

La conducta del creyente

3 Recuérdales a todos que deben mostrarse obedientes y sumisos ante los gobernantes y las autoridades. Siempre deben estar dispuestos a hacer lo bueno: **2**a no hablar mal de nadie, sino a buscar la paz y ser respetuosos, demostrando plena humildad en su trato con todo el mundo.

3En otro tiempo también nosotros, éramos necios y desobedientes. Estábamos descarriados y éramos esclavos de todo género de pasiones y placeres. Vivíamos en la malicia y en la envidia. Éramos detestables y nos odiábamos

---

ª **1:1** *la verdadera religión.* Lit. *la verdad que es según la piedad.*
b **1:5** *nombraras.* Alt. *ordenaras.*
c **1:6** *creyentes.* Alt. *fieles.*

unos a otros. **4**Pero cuando se manifestaron la bondad y el amor de Dios nuestro Salvador, **5**él nos salvó, no por nuestras propias obras de justicia sino por su misericordia. Nos salvó mediante el lavamiento de la regeneración y de la renovación por el Espíritu Santo, **6**el cual fue derramado abundantemente sobre nosotros por medio de Jesucristo nuestro Salvador. **7**Así lo hizo para que, *justificados por su gracia, llegáramos a ser herederos que abrigan la esperanza de recibir la vida eterna. **8**Este mensaje es digno de confianza, y quiero que lo recalques, para que los que han creído en Dios se empeñen en hacer buenas obras. Esto es excelente y provechoso para todos.

9Evita las necias controversias y genealogías, las discusiones y peleas sobre la ley, porque carecen de provecho y de sentido. **10**Al que cause divisiones, amonéstalo dos veces, y después evítalo. **11**Puedes estar seguro de que tal individuo se condena a sí mismo por ser un perverso pecador.

Instrucciones personales y saludos finales

12Tan pronto como te haya enviado a Artemas o a Tíquico, haz todo lo posible por ir a Nicópolis a verme, pues he decidido pasar allí el invierno. **13**Ayuda en todo lo que puedas al abogado Zenas y a Apolos, de modo que no les falte nada para su viaje. **14**Que aprendan los nuestros a empeñarse en hacer buenas obras, a fin de que atiendan a lo que es realmente necesario y no lleven una vida inútil.

15Saludos de parte de todos los que me acompañan. Saludos a los que nos aman en la fe.

Que la gracia sea con todos ustedes.

FILEMÓN

1Pablo, prisionero de *Cristo Jesús, y el hermano Timoteo, a ti, querido Filemón, compañero de trabajo, 2a la hermana Apia, a Arquipo nuestro compañero de lucha, y a la iglesia que se reúne en tu casa: 3Que Dios nuestro Padre y el Señor Jesucristo les concedan gracia y paz.

Acción de gracias y petición

4Siempre doy gracias a mi Dios al recordarte en mis oraciones, 5porque tengo noticias de tu amor y tu *fidelidad hacia el Señor Jesús y hacia todos los creyentes. 6Pido a Dios que el compañerismo que brota de tu fe sea eficaz para la causa de Cristo mediante el reconocimiento de todo lo bueno que compartimos. 7Hermano, tu amor me ha alegrado y animado mucho porque has reconfortado el corazón de los *santos.

Intercesión de Pablo por Onésimo

8Por eso, aunque en Cristo tengo la franqueza suficiente para ordenarte lo que debes hacer, 9prefiero rogártelo en nombre del amor. Yo, Pablo, ya anciano y ahora, además, prisionero de Cristo Jesús, 10te suplico por mi hijo Onésimo,a quien llegó a ser hijo mío mientras yo estaba preso. 11En otro tiempo te era inútil, pero ahora nos es útil tanto a ti como a mí. 12Te lo envío de vuelta, y con él va mi propio corazón. 13Yo hubiera querido retenerlo para

a 10 *Onésimo* significa *útil*.

que me sirviera en tu lugar mientras estoy preso por causa del *evangelio. 14Sin embargo, no he querido hacer nada sin tu consentimiento, para que tu favor no sea por obligación sino espontáneo. 15Tal vez por eso Onésimo se alejó de ti por algún tiempo, para que ahora lo recibas para siempre, 16ya no como a esclavo, sino como algo mejor: como a un hermano querido, muy especial para mí, pero mucho más para ti, como persona y como hermano en el Señor.

17De modo que, si me tienes por compañero, recíbelo como a mí mismo. 18Si te ha perjudicado o te debe algo, cárgalo a mi cuenta. 19Yo, Pablo, lo escribo de mi puño y letra: te lo pagaré; por no decirte que tú mismo me debes lo que eres. 20Sí, hermano, ¡que reciba yo de ti algún beneficio en el Señor! Reconforta mi corazón en Cristo. 21Te escribo confiado en tu obediencia, seguro de que harás aun más de lo que te pido.

22Además de eso, prepárame alojamiento, porque espero que Dios les conceda el tenerme otra vez con ustedes en respuesta a sus oraciones.

23Te mandan saludos Epafras, mi compañero de cárcel en Cristo Jesús, 24y también Marcos, Aristarco, Demas y Lucas, mis compañeros de trabajo.

25Que la gracia del Señor Jesucristo sea con su espíritu.

HEBREOS

El Hijo, superior a los ángeles

1 Dios, que muchas veces y de varias maneras habló a nuestros antepasados en otras épocas por medio de los profetas, **2** en estos días finales nos ha hablado por medio de su Hijo. A éste lo designó heredero de todo, y por medio de él hizo el universo. **3** El Hijo es el resplandor de la gloria de Dios, la fiel imagen de lo que él es, y el que sostiene todas las cosas con su palabra poderosa. Después de llevar a cabo la purificación de los pecados, se sentó a la *derecha de la Majestad en las alturas. **4** Así llegó a ser superior a los ángeles en la misma medida en que el nombre que ha heredado supera en excelencia al de ellos.

5 Porque, ¿a cuál de los ángeles dijo Dios jamás: «Tú eres mi hijo; hoy mismo te he engendrado»;[a] y en otro pasaje: «Yo seré su padre, y él será mi hijo»?[b] **6** Además, al introducir a su Primogénito en el mundo, Dios dice: «Que lo adoren todos los ángeles de Dios.»[c] **7** En cuanto a los ángeles dice: «Él hace de los vientos sus ángeles, y de las llamas de fuego sus servidores.»[d] **8** Pero con respecto al Hijo dice: «Tu trono, oh Dios, permanece por los siglos de los siglos, y el cetro de tu reino es un cetro de justicia. **9** Has amado la justicia y odiado la maldad; por eso Dios, tu Dios, te ha ungido con aceite de alegría, exaltándote por encima de tus compañeros.»[e] **10** También dice: «En el principio, oh Señor, tú afirmaste la tierra, y los cielos son la obra de tus manos. **11** Ellos perecerán, pero tú permaneces para siempre. Todos ellos se desgastarán como un vestido. **12** Los doblarás como un manto, y cambiarán como ropa que se muda; pero tú eres siempre el mismo, y tus años no tienen fin.»[f] **13** ¿A cuál de los ángeles dijo Dios jamás: «Siéntate a mi derecha, hasta que ponga a tus enemigos por estrado de tus pies»?[g] **14** ¿No son todos los ángeles espíritus dedicados al servicio divino, enviados para ayudar a los que han de heredar la salvación?

Advertencia a prestar atención

2 Por eso es necesario que prestemos más atención a lo que hemos oído, no sea que perdamos el rumbo. **2** Porque si el mensaje anunciado por los ángeles tuvo validez, y toda transgresión y desobediencia recibió su justo castigo, **3** ¿cómo escaparemos nosotros si descuidamos una salvación tan grande? Esta salvación fue anunciada primeramente por el Señor, y los que la oyeron nos la confirmaron. **4** A la vez, Dios ratificó su testimonio acerca de ella con señales, prodigios, diversos milagros y dones distribuidos por el Espíritu Santo según su voluntad.

Jesús, hecho igual a sus hermanos

5 Dios no puso bajo el dominio de los ángeles el mundo venidero del que estamos hablando. **6** Como alguien ha atestiguado en algún lugar: «¿Qué es el hombre, para que en él pienses? ¿Qué es el *ser humano,[h] para que lo tomes en cuenta? **7** Lo hiciste un poco[i] menor que los ángeles, y lo coronaste de gloria y de honra; **8** ¡todo lo sometiste a su dominio!»[j]

Si Dios puso bajo él todas las cosas, entonces no hay nada que no le esté sujeto. Ahora bien, es cierto que todavía no vemos que todo le esté sujeto. **9** Sin embargo, vemos a Jesús, que fue hecho un poco inferior a los ángeles, coronado de gloria y honra por haber padecido la muerte. Así, por la gracia de Dios, la muerte que él sufrió resulta en beneficio de todos.

10 En efecto, a fin de llevar a muchos hijos a la gloria, convenía que Dios, para quien y por medio de quien todo existe, *perfeccionara mediante el sufrimiento al autor de la salvación de ellos. **11** Tanto el que *santifica como los que son santificados tienen un mismo origen, por lo cual Jesús no se avergüenza de llamarlos hermanos, **12** cuando dice: «Proclamaré tu nombre a mis hermanos; en medio de la congregación te alabaré.»[k]

13 En otra parte dice: «Yo confiaré en él.»[l]

Y añade: «Aquí me tienen, con los hijos que Dios me ha dado.»[m]

14 Por tanto, ya que ellos son de carne y hueso,[n] él también compartió esa naturaleza humana para anular, mediante la muerte, al que tiene el dominio de la muerte —es decir, al diablo—, **15** y librar a todos los que por temor a la muerte estaban sometidos a esclavitud durante

---

a **1:5** Sal 2:7.
b **1:5** 2 S 7:14; 1 Cr 17:13.
c **1:6** Dt 32:43 (según Qumrán y LXX).
d **1:7** Sal 104:4.
e **1:9** Sal 45:6,7.
f **1:12** Sal 102:25-27.
g **1:13** Sal 110:1.
h **2:6** *el* *ser humano. Lit. *o hijo de hombre.*
i **2:7** *un poco.* Alt. *por un poco de tiempo;* también en v. 9.
j **2:8** Sal 8:4-6.
k **2:12** Sal 22:22.
l **2:13** Is 8:17.
m **2:13** Is 8:18.
n **2:14** *carne y hueso.* Lit. *sangre y carne.*

toda la vida. ¹⁶Pues, ciertamente, no vino en auxilio de los ángeles sino de los descendientes de Abraham. ¹⁷Por eso era preciso que en todo se asemejara a sus hermanos, para ser un sumo sacerdote fiel y misericordioso al servicio de Dios, a fin de *expiar*ⁿ los pecados del pueblo. ¹⁸Por haber sufrido él mismo la *tentación, puede socorrer a los que son tentados.

Jesús, superior a Moisés

3 Por lo tanto, hermanos, ustedes que han sido *santificados y que tienen parte en el mismo llamamiento celestial, consideren a Jesús, apóstol y sumo sacerdote de la fe que profesamos. ²Él fue fiel al que lo nombró, como lo fue también Moisés en toda la casa de Dios. ³De hecho, Jesús ha sido estimado digno de mayor honor que Moisés, así como el constructor de una casa recibe mayor honor que la casa misma. ⁴Porque toda casa tiene su constructor, pero el constructor de todo es Dios. ⁵Moisés fue fiel como siervo en toda la casa de Dios, para dar testimonio de lo que Dios diría en el futuro. ⁶*Cristo, en cambio, es fiel como Hijo al frente de la casa de Dios. Y esa casa somos nosotros, con tal que mantengamosº nuestra confianza y la esperanza que nos *enorgullece.

Advertencia contra la incredulidad

⁷Por eso, como dice el Espíritu Santo: «Si ustedes oyen hoy su voz, ⁸no endurezcan el corazón como sucedió en la rebelión, en aquel día de *prueba en el desierto. ⁹Allí sus antepasados me *tentaron y me pusieron a prueba, a pesar de haber visto mis obras cuarenta años. ¹⁰Por eso me enojé con aquella generación, y dije: "Siempre se descarría su corazón, y no han reconocido mis caminos." ¹¹Así que, en mi enojo, hice este juramento: "Jamás entrarán en mi reposo."»ᵖ

¹²Cuídense, hermanos, de que ninguno de ustedes tenga un corazón pecaminoso e incrédulo que los haga apartarse del Dios vivo. ¹³Más bien, mientras dure ese «hoy», anímense unos a otros cada día, para que ninguno de ustedes se endurezca por el engaño del pecado. ¹⁴Hemos llegado a tener parte con *Cristo, con tal que retengamos firme hasta el fin la confianza que tuvimos al principio. ¹⁵Como se acaba de decir: «Si ustedes oyen hoy su voz, no endurezcan el corazón como sucedió en la rebelión.»ᑫ

¹⁶Ahora bien, ¿quiénes fueron los que oyeron y se rebelaron? ¿No fueron acaso todos los que salieron de Egipto guiados por Moisés? ¹⁷¿Y con quiénes se enojó Dios durante cuarenta años? ¿No fue acaso con los que pecaron, los cuales cayeron muertos en el desierto? ¹⁸¿Y a quiénes juró Dios que jamás entrarían en su reposo, sino a los que desobedecieron?ʳ ¹⁹Como podemos ver, no pudieron entrar por causa de su incredulidad.

Reposo del pueblo de Dios

4 Cuidémonos, por tanto, no sea que, aunque la promesa de entrar en su reposo sigue vigente, alguno de ustedes parezca quedarse atrás. ²Porque a nosotros, lo mismo que a ellos, se nos ha anunciado la buena *noticia; pero el mensaje que escucharon no les sirvió de nada, porque no se unieron en la fe aˢ los que habían prestado atención a ese mensaje. ³En tal reposo entramos los que somos creyentes, conforme Dios ha dicho: «Así que, en mi enojo, hice este juramento: "Jamás entrarán en mi reposo."»ᵗ Es cierto que su trabajo quedó terminado con la creación del mundo, ⁴pues en algún lugar se ha dicho así del séptimo día: «Y en el séptimo día reposó Dios de todas sus obras.»ᵘ ⁵Y en el pasaje citado también dice: «Jamás entrarán en mi reposo.»

⁶Sin embargo, todavía falta que algunos entren en ese reposo, y los primeros a quienes se les anunció la buena noticia no entraron por causa de su desobediencia. ⁷Por eso, Dios volvió a fijar un día, que es «hoy», cuando mucho después declaró por medio de David lo que ya se ha mencionado: «Si ustedes oyen hoy su voz, no endurezcan el corazón.»ᵛ

⁸Si Josué les hubiera dado el reposo, Dios no habría hablado posteriormente de otro día. ⁹Por consiguiente, queda todavía un reposo especialʷ para el pueblo de Dios; ¹⁰porque el que entra en el reposo de Dios descansa también de sus obras, así como Dios descansó de las suyas. ¹¹Esforcémonos, pues, por entrar en ese reposo, para que nadie caiga al seguir aquel ejemplo de desobediencia.

¹²Ciertamente, la palabra de Dios es viva y poderosa, y más cortante que cualquier espada de dos filos. Penetra hasta lo más profundo del alma y del espíritu, hasta la médula de los huesos,ˣ y juzga los pensamientos y las intenciones del corazón. ¹³Ninguna cosa creada escapa a la vista de Dios. Todo está al descubierto, expuesto a los ojos de aquel a quien hemos de rendir cuentas.

Jesús, el gran sumo sacerdote

¹⁴Por lo tanto, ya que en Jesús, el Hijo de Dios, tenemos un gran sumo sacerdote que ha atravesado los cielos, aferrémonos a la fe que profesamos. ¹⁵Porque no tenemos un sumo

---

ⁿ **2:17** *expiar.* Lit. *hacer propiciación por.*
º **3:6** *mantengamos.* Var. *mantengamos firme hasta el fin.*
ᵖ **3:11** Sal 95:7-11.
ᑫ **3:15** Sal 95:7,8.
ʳ **3:18** *los que desobedecieron.* Alt. *los que no creyeron.*
ˢ **4:2** *no se unieron en la fe a.* Var. *no se combinó con fe para.*
ᵗ **4:3** Sal 95:11; también en v. 5.
ᵘ **4:4** Gn 2:2.
ᵛ **4:7** Sal 95:7,8.
ʷ **4:9** *un reposo especial.* Lit. *un sabático.*
ˣ **4:12** *Penetra … huesos.* Lit. *Penetra hasta la división de alma y espíritu, y de articulaciones y médulas.*

sacerdote incapaz de compadecerse de nuestras debilidades, sino uno que ha sido *tentado en todo de la misma manera que nosotros, aunque sin pecado. [16]Así que acerquémonos confiadamente al trono de la gracia para recibir misericordia y hallar la gracia que nos ayude en el momento que más la necesitemos.

5 Todo sumo sacerdote es escogido de entre los hombres. Él mismo es nombrado para representar a su pueblo ante Dios, y ofrecer dones y sacrificios por los pecados. [2]Puede tratar con paciencia a los ignorantes y extraviados, ya que él mismo está sujeto a las debilidades humanas. [3]Por tal razón se ve obligado a ofrecer sacrificios por sus propios pecados, como también por los del pueblo.

[4]Nadie ocupa ese cargo por iniciativa propia; más bien, lo ocupa el que es llamado por Dios, como sucedió con Aarón. [5]Tampoco *Cristo se glorificó a sí mismo haciéndose sumo sacerdote, sino que Dios le dijo: «Tú eres mi hijo; hoy mismo te he engendrado.»[y]

[6]Y en otro pasaje dice: «Tú eres sacerdote para siempre, según el orden de Melquisedec.»[z]

[7]En los días de su vida *mortal, Jesús ofreció oraciones y súplicas con fuerte clamor y lágrimas al que podía salvarlo de la muerte, y fue escuchado por su reverente sumisión. [8]Aunque era Hijo, mediante el sufrimiento aprendió a obedecer; [9]y consumada su *perfección, llegó a ser autor de salvación eterna para todos los que le obedecen, [10]y Dios lo nombró sumo sacerdote según el orden de Melquisedec.

Advertencia contra la apostasía

[11]Sobre este tema tenemos mucho que decir aunque es difícil explicarlo, porque a ustedes lo que les entra por un oído les sale por el otro.[a] [12]En realidad, a estas alturas ya deberían ser maestros, y sin embargo necesitan que alguien vuelva a enseñarles las verdades más elementales de la palabra de Dios. Dicho de otro modo, necesitan leche en vez de alimento sólido. [13]El que sólo se alimenta de leche es inexperto en el mensaje de justicia; es como un niño de pecho. [14]En cambio, el alimento sólido es para los adultos, para los que tienen la capacidad de distinguir entre lo bueno y lo malo, pues han ejercitado su facultad de percepción espiritual.

6 Por eso, dejando a un lado las enseñanzas elementales acerca de *Cristo, avancemos hacia la madurez. No volvamos a poner los fundamentos, tales como el *arrepentimiento de las obras que conducen a la muerte, la fe en Dios, [2]la instrucción sobre bautismos, la imposición de manos, la resurrección de los muertos y el juicio eterno. [3]Así procederemos, si Dios lo permite.

[4-6]Es imposible que renueven su arrepentimiento aquellos que han sido una vez iluminados, que han saboreado el don celestial, que han tenido parte en el Espíritu Santo y que han experimentado la buena palabra de Dios y los poderes del mundo venidero, y después de todo esto se han apartado. Es imposible, porque así vuelven a crucificar, para su propio mal, al Hijo de Dios, y lo exponen a la vergüenza pública.

[7]Cuando la tierra bebe la lluvia que con frecuencia cae sobre ella, y produce una buena cosecha para los que la cultivan, recibe bendición de Dios. [8]En cambio, cuando produce espinos y cardos, no vale nada; está a punto de ser maldecida, y acabará por ser quemada.

[9]En cuanto a ustedes, queridos hermanos, aunque nos expresamos así, estamos seguros de que les espera lo mejor, es decir, lo que atañe a la salvación. [10]Porque Dios no es injusto como para olvidarse de las obras y del amor que, para su gloria,[b] ustedes han mostrado sirviendo a los *santos, como lo siguen haciendo. [11]Deseamos, sin embargo, que cada uno de ustedes siga mostrando ese mismo empeño hasta la realización final y completa de su esperanza. [12]No sean perezosos; más bien, imiten a quienes por su fe y paciencia heredan las promesas.

La certeza de la promesa de Dios

[13]Cuando Dios hizo su promesa a Abraham, como no tenía a nadie superior por quien jurar, juró por sí mismo, [14]y dijo: «Te bendeciré en gran manera y multiplicaré tu descendencia.»[c] [15]Y así, después de esperar con paciencia, Abraham recibió lo que se le había prometido.

[16]Los *seres humanos juran por alguien superior a ellos mismos, y el juramento, al confirmar lo que se ha dicho, pone punto final a toda discusión. [17]Por eso Dios, queriendo demostrar claramente a los herederos de la promesa que su propósito es inmutable, la confirmó con un juramento. [18]Lo hizo así para que, mediante la promesa y el juramento, que son dos realidades inmutables en las cuales es imposible que Dios mienta, tengamos un estímulo poderoso los que, buscando refugio, nos aferramos a la esperanza que está delante de nosotros. [19]Tenemos como firme y segura ancla del alma una esperanza que penetra hasta detrás de la cortina del *santuario, [20]hasta donde Jesús, el precursor, entró por nosotros, llegando a ser sumo sacerdote para siempre, según el orden de Melquisedec.

El sacerdocio de Melquisedec

7 Este Melquisedec, rey de Salén y sacerdote del Dios Altísimo, salió al encuentro de Abraham, que regresaba de derrotar a los

---

y **5:5** Sal 2:7.
z **5:6** Sal 110:4.
a **5:11** *a ustedes ... por el otro.* Lit. *se han vuelto torpes en los oídos.*
b **6:10** *gloria.* Lit. *nombre.*
c **6:14** Gn 22:17.

reyes, y lo bendijo. **2**Abraham, a su vez, le dio la décima parte de todo. El nombre Melquisedec significa, en primer lugar, «rey de justicia» y, además, «rey de Salén», esto es, «rey de paz». **3**No tiene padre ni madre ni genealogía; no tiene comienzo ni fin, pero a semejanza del Hijo de Dios, permanece como sacerdote para siempre.

4Consideren la grandeza de ese hombre, a quien nada menos que el patriarca Abraham dio la décima parte del botín. **5**Ahora bien, los descendientes de Leví que reciben el sacerdocio tienen, por ley, el mandato de cobrar los diezmos del pueblo, es decir, de sus hermanos, aunque éstos también son descendientes de Abraham. **6**En cambio, Melquisedec, que no era descendiente de Leví, recibió los diezmos de Abraham y bendijo al que tenía las promesas. **7**Es indiscutible que la persona que bendice es superior a la que recibe la bendición. **8**En el caso de los levitas, los diezmos los reciben hombres mortales; en el otro caso, los recibe Melquisedec, de quien se da testimonio de que vive. **9**Hasta podría decirse que Leví, quien ahora recibe los diezmos, los pagó por medio de Abraham, **10**ya que Leví estaba presente en su antepasado Abraham cuando Melquisedec le salió al encuentro.

Jesús, semejante a Melquisedec

11Si hubiera sido posible alcanzar la *perfección mediante el sacerdocio levítico (pues bajo éste se le dio la ley al pueblo), ¿qué necesidad había de que más adelante surgiera otro sacerdote, según el orden de Melquisedec y no según el de Aarón? **12**Porque cuando cambia el sacerdocio, también tiene que cambiarse la ley. **13**En efecto, Jesús, de quien se dicen estas cosas, era de otra tribu, de la cual nadie se ha dedicado al servicio del altar. **14**Es evidente que nuestro Señor procedía de la tribu de Judá, respecto a la cual nada dijo Moisés con relación al sacerdocio. **15**Y lo que hemos dicho resulta aún más evidente si, a semejanza de Melquisedec, surge otro sacerdote **16**que ha llegado a serlo, no conforme a un requisito legal respecto a linaje *humano, sino conforme al poder de una vida indestructible. **17**Pues de él se da testimonio: «Tú eres sacerdote para siempre, según el orden de Melquisedec.»*d*

18Por una parte, la ley anterior queda anulada por ser inútil e ineficaz, **19**ya que no *perfeccionó nada. Y por la otra, se introduce una esperanza mejor, mediante la cual nos acercamos a Dios.

20¡Y no fue sin juramento! Los otros sacerdotes llegaron a serlo sin juramento, **21**mientras que éste llegó a serlo con el juramento de aquel que le dijo: «El Señor ha jurado, y no cambiará de parecer: "Tú eres sacerdote para siempre."»

22Por tanto, Jesús ha llegado a ser el que garantiza un pacto superior.

23Ahora bien, como a aquellos sacerdotes la muerte les impedía seguir ejerciendo sus funciones, ha habido muchos de ellos; **24**pero como Jesús permanece para siempre, su sacerdocio es imperecedero. **25**Por eso también puede salvar por completo*e* a los que por medio de él se acercan a Dios, ya que vive siempre para interceder por ellos.

26Nos convenía tener un sumo sacerdote así: santo, irreprochable, puro, apartado de los pecadores y exaltado sobre los cielos. **27**A diferencia de los otros sumos sacerdotes, él no tiene que ofrecer sacrificios día tras día, primero por sus propios pecados y luego por los del pueblo; porque él ofreció el sacrificio una sola vez y para siempre cuando se ofreció a sí mismo. **28**De hecho, la ley designa como sumos sacerdotes a hombres débiles; pero el juramento, posterior a la ley, designa al Hijo, quien ha sido hecho *perfecto para siempre.

El sumo sacerdote de un nuevo pacto

8 Ahora bien, el punto principal de lo que venimos diciendo es que tenemos tal sumo sacerdote, aquel que se sentó a la *derecha del trono de la Majestad en el cielo, **2**el que sirve en el *santuario, es decir, en el verdadero tabernáculo levantado por el Señor y no por ningún *ser humano.

3A todo sumo sacerdote se le nombra para presentar ofrendas y sacrificios, por lo cual es necesario que también tenga algo que ofrecer. **4**Si Jesús estuviera en la tierra, no sería sacerdote, pues aquí ya hay sacerdotes que presentan las ofrendas en conformidad con la ley. **5**Estos sacerdotes sirven en un santuario que es copia y sombra del que está en el cielo, tal como se le advirtió a Moisés cuando estaba a punto de construir el tabernáculo: «Asegúrate de hacerlo todo según el modelo que se te ha mostrado en la montaña.»*f* **6**Pero el servicio sacerdotal que Jesús ha recibido es superior al de ellos, así como el pacto del cual es mediador es superior al antiguo, puesto que se basa en mejores promesas.

7Efectivamente, si ese primer pacto hubiera sido *perfecto, no habría lugar para un segundo pacto. **8**Pero Dios, reprochándoles sus defectos, dijo: «Vienen días —dice el Señor—, en que haré un nuevo pacto con la casa de Israel y con la casa de Judá. **9**No será un pacto como el que hice con sus antepasados el día en que los tomé de la mano y los saqué de Egipto, ya que ellos no permanecieron fieles a mi pacto, y yo los abandoné —dice el Señor—. **10**Éste es el pacto que después de aquel tiempo haré con

---

d **7:17** Sal 110:4; también en v. 21.
e **7:25** *por completo.* Alt. *para siempre.*
f **8:5** Éx 25:40.

la casa de Israel —dice el Señor—: Pondré mis leyes en su mente y las escribiré en su corazón. Yo seré su Dios, y ellos serán mi pueblo. [11]Ya no tendrá nadie que enseñar a su prójimo, ni dirá nadie a su hermano: "¡Conoce al Señor!", porque todos, desde el más pequeño hasta el más grande, me conocerán. [12]Yo les perdonaré sus iniquidades, y nunca más me acordaré de sus pecados.»[g]

[13]Al llamar «nuevo» a ese pacto, ha declarado obsoleto al anterior; y lo que se vuelve obsoleto y envejece ya está por desaparecer.

El culto en el tabernáculo terrenal

9 Ahora bien, el primer pacto tenía sus normas para el culto, y un *santuario terrenal. [2]En efecto, se habilitó un tabernáculo de tal modo que en su primera parte, llamada el Lugar Santo, estaban el candelabro, la mesa y los panes consagrados. [3]Tras la segunda cortina estaba la parte llamada el Lugar Santísimo, [4]el cual tenía el altar de oro para el incienso y el arca del pacto, toda recubierta de oro. Dentro del arca había una urna de oro que contenía el maná, la vara de Aarón que había retoñado, y las tablas del pacto. [5]Encima del arca estaban los *querubines de la gloria, que cubrían con su sombra el lugar de la *expiación.[h] Pero ahora no se puede hablar de eso en detalle.

[6]Así dispuestas todas estas cosas, los sacerdotes entran continuamente en la primera parte del tabernáculo para celebrar el culto. [7]Pero en la segunda parte entra únicamente el sumo sacerdote, y sólo una vez al año, provisto siempre de sangre que ofrece por sí mismo y por los pecados de ignorancia cometidos por el pueblo. [8]Con esto el Espíritu Santo da a entender que, mientras siga en pie el primer tabernáculo, aún no se habrá revelado el camino que conduce al Lugar Santísimo. [9]Esto nos ilustra hoy día que las ofrendas y los sacrificios que allí se ofrecen no tienen poder alguno para *perfeccionar la conciencia de los que celebran ese culto. [10]No se trata más que de reglas externas relacionadas con alimentos, bebidas y diversas ceremonias de *purificación, válidas sólo hasta el tiempo señalado para reformarlo todo.

La sangre de Cristo

[11]*Cristo, por el contrario, al presentarse como sumo sacerdote de los bienes definitivos[i] en el tabernáculo más excelente y *perfecto, no hecho por manos humanas (es decir, que no es de esta creación), [12]entró una sola vez y para siempre en el Lugar Santísimo. No lo hizo con sangre de machos cabríos y becerros, sino con su propia sangre, logrando así un rescate eterno. [13]La sangre de machos cabríos y de toros, y las cenizas de una novilla rociadas sobre personas *impuras, las *santifican de

modo que quedan *limpias por fuera. [14]Si esto es así, ¡cuánto más la sangre de Cristo, quien por medio del Espíritu eterno se ofreció sin mancha a Dios, purificará nuestra conciencia de las obras que conducen a la muerte, a fin de que sirvamos al Dios viviente!

[15]Por eso Cristo es mediador de un nuevo pacto, para que los llamados reciban la herencia eterna prometida, ahora que él ha muerto para liberarlos de los pecados cometidos bajo el primer pacto.

[16]En el caso de un testamento,[j] es necesario constatar la muerte del testador, [17]pues un testamento sólo adquiere validez cuando el testador muere, y no entra en vigor mientras vive. [18]De ahí que ni siquiera el primer pacto se haya establecido sin sangre. [19]Después de promulgar todos los mandamientos de la ley a todo el pueblo, Moisés tomó la sangre de los becerros junto con agua, lana escarlata y ramas de hisopo, y roció el libro de la ley y a todo el pueblo, [20]diciendo: «Ésta es la sangre del pacto que Dios ha mandado que ustedes cumplan.»[k] [21]De la misma manera roció con la sangre el tabernáculo y todos los objetos que se usaban en el culto. [22]De hecho, la ley exige que casi todo sea purificado con sangre, pues sin derramamiento de sangre no hay perdón.

[23]Así que era necesario que las copias de las realidades celestiales fueran purificadas con esos sacrificios, pero que las realidades mismas lo fueran con sacrificios superiores a aquéllos. [24]En efecto, Cristo no entró en un santuario hecho por manos humanas, simple copia del verdadero santuario, sino en el cielo mismo, para presentarse ahora ante Dios en favor nuestro. [25]Ni entró en el cielo para ofrecerse vez tras vez, como entra el sumo sacerdote en el Lugar Santísimo cada año con sangre ajena. [26]Si así fuera, Cristo habría tenido que sufrir muchas veces desde la creación del mundo. Al contrario, ahora, al final de los tiempos, se ha presentado una sola vez y para siempre a fin de acabar con el pecado mediante el sacrificio de sí mismo. [27]Y así como está establecido que los seres *humanos mueran una sola vez, y después venga el juicio, [28]también Cristo fue ofrecido en sacrificio una sola vez para quitar los pecados de muchos; y aparecerá por segunda vez, ya no para cargar con pecado alguno, sino para traer salvación a quienes lo esperan.

El sacrificio de Cristo, ofrecido una vez y para siempre

10 La ley es sólo una sombra de los bienes venideros, y no la presencia[l] misma de

---

g 8:12 Jer 31:31-34.
h 9:5 el lugar de la expiación. Lit. el *propiciatorio.
i 9:11 definitivos. Var. venideros.
j 9:16 En griego la misma palabra se emplea para pacto y para testamento; también en v. 17.
k 9:20 Éx 24:8.
l 10:1 presencia. Lit. imagen.

estas realidades. Por eso nunca puede, mediante los mismos sacrificios que se ofrecen sin cesar año tras año, hacer *perfectos a los que adoran. 2De otra manera, ¿no habrían dejado ya de hacerse sacrificios? Pues los que rinden culto, *purificados de una vez por todas, ya no se habrían sentido culpables de pecado. 3Pero esos sacrificios son un recordatorio anual de los pecados, 4ya que es imposible que la sangre de los toros y de los machos cabríos quite los pecados.

5Por eso, al entrar en el mundo, *Cristo dijo: «A ti no te complacen sacrificios ni ofrendas; en su lugar, me preparaste un cuerpo; 6no te agradaron ni holocaustos ni sacrificios por el pecado. 7Por eso dije: "Aquí me tienes —como el libro dice de mí—. He venido, oh Dios, a hacer tu voluntad." »[m]

8Primero dijo: «Sacrificios y ofrendas, holocaustos y expiaciones no te complacen ni fueron de tu agrado» (a pesar de que la ley exigía que se ofrecieran). 9Luego añadió: «Aquí me tienes: He venido a hacer tu voluntad.» Así quitó lo primero para establecer lo segundo. 10Y en virtud de esa voluntad somos *santificados mediante el sacrificio del cuerpo de *Jesucristo, ofrecido una vez y para siempre.

11Todo sacerdote celebra el culto día tras día ofreciendo repetidas veces los mismos sacrificios, que nunca pueden quitar los pecados. 12Pero este sacerdote, después de ofrecer por los pecados un solo sacrificio para siempre, se sentó a la *derecha de Dios, 13en espera de que sus enemigos sean puestos por estrado de sus pies. 14Porque con un solo sacrificio ha hecho perfectos para siempre a los que está santificando.

15También el Espíritu Santo nos da testimonio de ello. Primero dice: 16«Éste es el pacto que haré con ellos después de aquel tiempo —dice el Señor—: Pondré mis leyes en su corazón, y las escribiré en su mente.»[n]

17Después añade: «Y nunca más me acordaré de sus pecados y maldades.»[ñ]

18Y cuando éstos han sido perdonados, ya no hace falta otro sacrificio por el pecado.

Llamada a la perseverancia

19Así que, hermanos, mediante la sangre de Jesús, tenemos plena libertad para entrar en el Lugar Santísimo, 20por el camino nuevo y vivo que él nos ha abierto a través de la cortina, es decir, a través de su cuerpo; 21y tenemos además un gran sacerdote al frente de la familia de Dios. 22Acerquémonos, pues, a Dios con corazón sincero y con la plena seguridad que da la fe, interiormente purificados de una conciencia culpable y exteriormente lavados con agua pura. 23Mantengamos firme la esperanza que profesamos, porque fiel es el que hizo la promesa. 24Preocupémonos los unos por los otros, a fin de estimularnos al amor y a las buenas obras. 25No dejemos de congregarnos, como acostumbran hacerlo algunos, sino animémonos unos a otros, y con mayor razón ahora que vemos que aquel día se acerca.

26Si después de recibir el conocimiento de la verdad pecamos obstinadamente, ya no hay sacrificio por los pecados. 27Sólo queda una terrible expectativa de juicio, el fuego ardiente que ha de devorar a los enemigos de Dios. 28Cualquiera que rechazaba la ley de Moisés moría irremediablemente por el testimonio de dos o tres testigos. 29¿Cuánto mayor castigo piensan ustedes que merece el que ha pisoteado al Hijo de Dios, que ha profanado la sangre del pacto por la cual había sido *santificado, y que ha insultado al Espíritu de la gracia? 30Pues conocemos al que dijo: «Mía es la venganza; yo pagaré»;[o] y también: «El Señor juzgará a su pueblo.»[p] 31¡Terrible cosa es caer en las manos del Dios vivo!

32Recuerden aquellos días pasados cuando ustedes, después de haber sido iluminados, sostuvieron una dura lucha y soportaron mucho sufrimiento. 33Unas veces se vieron expuestos públicamente al insulto y a la persecución; otras veces se solidarizaron con los que eran tratados de igual manera. 34También se compadecieron de los encarcelados, y cuando a ustedes les confiscaron sus bienes, lo aceptaron con alegría, conscientes de que tenían un patrimonio mejor y más permanente.

35Así que no pierdan la confianza, porque ésta será grandemente recompensada. 36Ustedes necesitan perseverar para que, después de haber cumplido la voluntad de Dios, reciban lo que él ha prometido. 37Pues dentro de muy poco tiempo, «el que ha de venir vendrá, y no tardará. 38Pero mi justo[q] vivirá por la fe. Y si se vuelve atrás, no será de mi agrado.»[r]

39Pero nosotros no somos de los que se vuelven atrás y acaban por perderse, sino de los que tienen fe y preservan su *vida.

Por la fe

11 Ahora bien, la fe es la garantía de lo que se espera, la certeza de lo que no se ve. 2Gracias a ella fueron aprobados los antiguos.

3Por la fe entendemos que el universo fue formado por la palabra de Dios, de modo que lo visible no provino de lo que se ve.

4Por la fe Abel ofreció a Dios un sacrificio más aceptable que el de Caín, por lo cual recibió testimonio de ser justo, pues Dios aceptó

---

m **10:7** Sal 40:6-8 (véase LXX).
n **10:16** Jer 31:33.
ñ **10:17** Jer 31:34.
o **10:30** Dt 32:35.
p **10:30** Dt 32:36; Sal 135:14.
q **10:38** *mi justo.* Var. *el justo.*
r **10:38** Hab 2:3,4.

su ofrenda. Y por la fe Abel, a pesar de estar muerto, habla todavía.

⁵Por la fe Enoc fue sacado de este mundo sin experimentar la muerte; no fue hallado porque Dios se lo llevó, pero antes de ser llevado recibió testimonio de haber agradado a Dios. ⁶En realidad, sin fe es imposible agradar a Dios, ya que cualquiera que se acerca a Dios tiene que creer que él existe y que recompensa a quienes lo buscan.

⁷Por la fe Noé, advertido sobre cosas que aún no se veían, con temor reverente construyó un arca para salvar a su familia. Por esa fe condenó al mundo y llegó a ser heredero de la justicia que viene por la fe.

⁸Por la fe Abraham, cuando fue llamado para ir a un lugar que más tarde recibiría como herencia, obedeció y salió sin saber a dónde iba. ⁹Por la fe se radicó como extranjero en la tierra prometida, y habitó en tiendas de campaña con Isaac y Jacob, herederos también de la misma promesa, ¹⁰porque esperaba la ciudad de cimientos sólidos, de la cual Dios es arquitecto y constructor.

¹¹Por la fe Abraham, a pesar de su avanzada edad y de que Sara misma era estéril,ˢ recibió fuerza para tener hijos, porque consideró fiel al que le había hecho la promesa. ¹²Así que de este solo hombre, ya en decadencia, nacieron descendientes numerosos como las estrellas del cielo e incontables como la arena a la orilla del mar.

¹³Todos ellos vivieron por la fe, y murieron sin haber recibido las cosas prometidas; más bien, las reconocieron a lo lejos, y confesaron que eran extranjeros y peregrinos en la tierra. ¹⁴Al expresarse así, claramente dieron a entender que andaban en busca de una patria. ¹⁵Si hubieran estado pensando en aquella patria de donde habían emigrado, habrían tenido oportunidad de regresar a ella. ¹⁶Antes bien, anhelaban una patria mejor, es decir, la celestial. Por lo tanto, Dios no se avergonzó de ser llamado su Dios, y les preparó una ciudad.

¹⁷Por la fe Abraham, que había recibido las promesas, fue puesto a *prueba y ofreció a Isaac, su hijo único, ¹⁸a pesar de que Dios le había dicho: «Tu *descendencia se establecerá por medio de Isaac.»ᵗ ¹⁹Consideraba Abraham que Dios tiene poder hasta para resucitar a los muertos, y así, en sentido figurado, recobró a Isaac de entre los muertos.

²⁰Por la fe Isaac bendijo a Jacob y a Esaú, previendo lo que les esperaba en el futuro.

²¹Por la fe Jacob, cuando estaba a punto de morir, bendijo a cada uno de los hijos de José, y adoró apoyándose en la punta de su bastón.

²²Por la fe José, al fin de su vida, se refirió a la salida de los israelitas de Egipto y dio instrucciones acerca de sus restos mortales.

²³Por la fe Moisés, recién nacido, fue escondido por sus padres durante tres meses, porque vieron que era un niño precioso, y no tuvieron miedo del edicto del rey.

²⁴Por la fe Moisés, ya adulto, renunció a ser llamado hijo de la hija del faraón. ²⁵Prefirió ser maltratado con el pueblo de Dios a disfrutar de los efímeros placeres del pecado. ²⁶Consideró que el oprobio por causa del *Mesías era una mayor riqueza que los tesoros de Egipto, porque tenía la mirada puesta en la recompensa. ²⁷Por la fe salió de Egipto sin tenerle miedo a la ira del rey, pues se mantuvo firme como si estuviera viendo al Invisible. ²⁸Por la fe celebró la Pascua y el rociamiento de la sangre, para que el exterminador de los primogénitos no tocara a los de Israel.

²⁹Por la fe el pueblo cruzó el Mar Rojo como por tierra seca; pero cuando los egipcios intentaron cruzarlo, se ahogaron.

³⁰Por la fe cayeron las murallas de Jericó, después de haber marchado el pueblo siete días a su alrededor.

³¹Por la fe la prostituta Rajab no murió junto con los desobedientes,ᵘ pues había recibido en paz a los espías.

³²¿Qué más voy a decir? Me faltaría tiempo para hablar de Gedeón, Barac, Sansón, Jefté, David, Samuel y los profetas, ³³los cuales por la fe conquistaron reinos, hicieron justicia y alcanzaron lo prometido; cerraron bocas de leones, ³⁴apagaron la furia de las llamas y escaparon del filo de la espada; sacaron fuerzas de flaqueza; se mostraron valientes en la guerra y pusieron en fuga a ejércitos extranjeros. ³⁵Hubo mujeres que por la resurrección recobraron a sus muertos. Otros, en cambio, fueron muertos a golpes, pues para alcanzar una mejor resurrección no aceptaron que los pusieran en libertad. ³⁶Otros sufrieron la prueba de burlas y azotes, e incluso de cadenas y cárceles. ³⁷Fueron apedreados,ᵛ aserrados por la mitad, asesinados a filo de espada. Anduvieron fugitivos de aquí para allá, cubiertos de pieles de oveja y de cabra, pasando necesidades, afligidos y maltratados. ³⁸¡El mundo no merecía gente así! Anduvieron sin rumbo por desiertos y montañas, por cuevas y cavernas.

³⁹Aunque todos obtuvieron un testimonio favorable mediante la fe, ninguno de ellos vio el cumplimiento de la promesa. ⁴⁰Esto sucedió para que ellos no llegaran a la metaʷ sin nosotros, pues Dios nos había preparado algo mejor.

ˢ 11:11 *Por ... estéril.* Alt. *Por la fe incluso Sara, a pesar de su avanzada edad y de que era estéril.*
ᵗ 11:18 Gn 21:12.
ᵘ 11:31 *desobedientes.* Alt. *incrédulos.*
ᵛ 11:37 *apedreados.* Var. *apedreados, puestos a prueba.*
ʷ 11:40 *meta.* Alt. *perfección.*

Dios disciplina a sus hijos

12 Por tanto, también nosotros, que estamos rodeados de una multitud tan grande de testigos, despojémonos del lastre que nos estorba, en especial del pecado que nos asedia, y corramos con perseverancia la carrera que tenemos por delante. 2Fijemos la mirada en Jesús, el iniciador y *perfeccionador de nuestra fe, quien por el gozo que le esperaba, soportó la cruz, menospreciando la vergüenza que ella significaba, y ahora está sentado a la *derecha del trono de Dios. 3Así, pues, consideren a aquel que perseveró frente a tanta oposición por parte de los pecadores, para que no se cansen ni pierdan el ánimo.

4En la lucha que ustedes libran contra el pecado, todavía no han tenido que resistir hasta derramar su sangre. 5Y ya han olvidado por completo las palabras de aliento que como a hijos se les dirige: «Hijo mío, no tomes a la ligera la disciplina del Señor ni te desanimes cuando te reprenda, 6porque el Señor disciplina a los que ama, y azota a todo el que recibe como hijo.»[x]

7Lo que soportan es para su disciplina, pues Dios los está tratando como a hijos. ¿Qué hijo hay a quien el padre no disciplina? 8Si a ustedes se les deja sin la disciplina que todos reciben, entonces son bastardos y no hijos legítimos. 9Después de todo, aunque nuestros padres *humanos nos disciplinaban, los respetábamos. ¿No hemos de someternos, con mayor razón, al Padre de los espíritus, para que vivamos? 10En efecto, nuestros padres nos disciplinaban por un breve tiempo, como mejor les parecía; pero Dios lo hace para nuestro bien, a fin de que participemos de su *santidad. 11Ciertamente, ninguna disciplina, en el momento de recibirla, parece agradable, sino más bien penosa; sin embargo, después produce una cosecha de justicia y paz para quienes han sido entrenados por ella.

12Por tanto, renueven las fuerzas de sus manos cansadas y de sus rodillas debilitadas. 13«Hagan sendas derechas para sus pies»,[y] para que la pierna coja no se disloque sino que se sane.

Advertencia a los que rechazan a Dios

14Busquen la paz con todos, y la *santidad, sin la cual nadie verá al Señor. 15Asegúrense de que nadie deje de alcanzar la gracia de Dios; de que ninguna raíz amarga brote y cause dificultades y corrompa a muchos; 16y de que nadie

sea inmoral ni profano como Esaú, quien por un solo plato de comida vendió sus derechos de hijo mayor.[z] 17Después, como ya saben, cuando quiso heredar esa bendición, fue rechazado: No se le dio lugar para el *arrepentimiento, aunque con lágrimas buscó la bendición.

18Ustedes no se han acercado a una montaña que se pueda tocar o que esté ardiendo en fuego; ni a oscuridad, tinieblas y tormenta; 19ni a sonido de trompeta, ni a tal clamor de palabras que quienes lo oyeron suplicaron que no se les hablara más, 20porque no podían soportar esta orden: «¡Será apedreado todo el que toque la montaña, aunque sea un animal!»[a] 21Tan terrible era este espectáculo que Moisés dijo: «Estoy temblando de miedo.»[b]

22Por el contrario, ustedes se han acercado al monte Sión, a la Jerusalén celestial, la ciudad del Dios viviente. Se han acercado a millares y millares de ángeles, a una asamblea gozosa, 23a la iglesia de los primogénitos inscritos en el cielo. Se han acercado a Dios, el juez de todos; a los espíritus de los justos que han llegado a la *perfección; 24a Jesús, el mediador de un nuevo pacto; y a la sangre rociada, que habla con más fuerza que la de Abel.

25Tengan cuidado de no rechazar al que habla, pues si no escaparon aquellos que rechazaron al que los amonestaba en la tierra, mucho menos escaparemos nosotros si le volvemos las espaldas al que nos amonesta desde el cielo. 26En aquella ocasión, su voz conmovió la tierra, pero ahora ha prometido: «Una vez más haré que se estremezca no sólo la tierra sino también el cielo.»[c] 27La frase «una vez más» indica la transformación[d] de las cosas movibles, es decir, las creadas, para que permanezca lo inconmovible.

28Así que nosotros, que estamos recibiendo un reino inconmovible, seamos agradecidos. Inspirados por esta gratitud, adoremos a Dios como a él le agrada, con temor reverente, 29porque nuestro «Dios es fuego consumidor».[e]

Exhortaciones finales

13 Sigan amándose unos a otros fraternalmente. 2No se olviden de practicar la hospitalidad, pues gracias a ella algunos, sin saberlo, hospedaron ángeles. 3Acuérdense de los presos, como si ustedes fueran sus compañeros de cárcel, y también de los que son maltratados, como si fueran ustedes mismos los que sufren.

4Tengan todos en alta estima el matrimonio y la fidelidad conyugal, porque Dios juzgará a los adúlteros y a todos los que cometen inmoralidades sexuales. 5Manténganse libres del amor al dinero, y conténtense con lo que tienen, porque Dios ha dicho: «Nunca te dejaré; jamás te abandonaré.»[f]

---

x **12:6** Pr 3:11,12.
y **12:13** Pr 4:26.
z **12:16** *sus derechos de hijo mayor.* Lit. *su primogenitura.*
a **12:20** Éx 19:12,13.
b **12:21** Dt 9:19.
c **12:26** Hag 2:6.
d **12:27** *transformación.* Alt. *Remoción.*
e **12:29** Dt 4:24.
f **13:5** Dt 31:6.

6Así que podemos decir con toda confianza: «El Señor es quien me ayuda; no temeré. ¿Qué me puede hacer un simple mortal?»g

7Acuérdense de sus dirigentes, que les comunicaron la palabra de Dios. Consideren cuál fue el resultado de su estilo de vida, e imiten su fe. 8*Jesucristo es el mismo ayer y hoy y por los siglos.

9No se dejen llevar por ninguna clase de enseñanzas extrañas. Conviene que el corazón sea fortalecido por la gracia, y no por alimentos rituales que de nada aprovechan a quienes los comen.

10Nosotros tenemos un altar del cual no tienen derecho a comer los que ofician en el tabernáculo. 11Porque el sumo sacerdote introduce la sangre de los animales en el Lugar Santísimo como sacrificio por el pecado, pero los cuerpos de esos animales se queman fuera del campamento. 12Por eso también Jesús, para *santificar al pueblo mediante su propia sangre, sufrió fuera de la puerta de la ciudad. 13Por lo tanto, salgamos a su encuentro fuera del campamento, llevando la deshonra que él llevó, 14pues aquí no tenemos una ciudad permanente, sino que buscamos la ciudad venidera.

15Así que ofrezcamos continuamente a Dios, por medio de Jesucristo, un sacrificio de alabanza, es decir, el fruto de los labios que confiesan su nombre. 16No se olviden de hacer el bien y de compartir con otros lo que tienen, porque ésos son los sacrificios que agradan a Dios.

17Obedezcan a sus dirigentes y sométanse a ellos, pues cuidan de ustedes como quienes tienen que rendir cuentas. Obedézcanlos a fin de que ellos cumplan su tarea con alegría y sin quejarse, pues el quejarse no les trae ningún provecho.

18Oren por nosotros; porque estamos seguros de tener la conciencia tranquila y queremos portarnos honradamente en todo. 19Les ruego encarecidamente que oren para que cuanto antes se me permita estar de nuevo con ustedes.

20El Dios que da la paz levantó de entre los muertos al gran Pastor de las ovejas, a nuestro Señor Jesús, por la sangre del pacto eterno. 21Que él los capacite en todo lo bueno para hacer su voluntad. Y que, por medio de Jesucristo, Dios cumpla en nosotros lo que le agrada. A él sea la gloria por los siglos de los siglos. Amén.

22Hermanos, les ruego que reciban bien estas palabras de exhortación, ya que les he escrito brevemente.

23Quiero que sepan que nuestro hermano Timoteo ha sido puesto en libertad. Si llega pronto, iré con él a verlos.

24Saluden a todos sus dirigentes y a todos los *santos. Los de Italia les mandan saludos. 25Que la gracia sea con todos ustedes.

---

g 13:6 Sal 118:6,7.

SANTIAGO

1 *Santiago, *siervo de Dios y del Señor *Jesucristo, a las doce tribus que se hallan dispersas por el mundo: Saludos.

Pruebas y tentaciones

2 Hermanos míos, considérense muy dichosos cuando tengan que enfrentarse con diversas *pruebas, **3** pues ya saben que la prueba de su fe produce constancia. **4** Y la constancia debe llevar a feliz término la obra, para que sean *perfectos e íntegros, sin que les falte nada. **5** Si a alguno de ustedes le falta sabiduría, pídasela a Dios, y él se la dará, pues Dios da a todos generosamente sin menospreciar a nadie. **6** Pero que pida con fe, sin dudar, porque quien duda es como las olas del mar, agitadas y llevadas de un lado a otro por el viento. **7** Quien es así no piense que va a recibir cosa alguna del Señor; **8** es indeciso e inconstante en todo lo que hace.

9 El hermano de condición humilde debe sentirse *orgulloso de su alta dignidad, **10** y el rico, de su humilde condición. El rico pasará como la flor del campo. **11** El sol, cuando sale, seca la planta con su calor abrasador. A ésta se le cae la flor y pierde su belleza. Así se marchitará también el rico en todas sus empresas.

12 *Dichoso el que resiste la *tentación porque, al salir aprobado, recibirá la corona de la vida que Dios ha prometido a quienes lo aman. **13** Que nadie, al ser tentado, diga: «Es Dios quien me tienta.» Porque Dios no puede ser tentado por el mal, ni tampoco tienta él a nadie. **14** Todo lo contrario, cada uno es tentado cuando sus propios malos deseos lo arrastran y seducen. **15** Luego, cuando el deseo ha concebido, engendra el pecado; y el pecado, una vez que ha sido consumado, da a luz la muerte. **16** Mis queridos hermanos, no se engañen. **17** Toda buena dádiva y todo don perfecto descienden de lo alto, donde está el Padre que creó las lumbreras celestes, y que no cambia como los astros ni se mueve como las sombras. **18** Por su propia voluntad nos hizo nacer mediante la palabra de verdad, para que fuéramos como los primeros y mejores frutos de su creación.

Hay que poner en práctica la palabra

19 Mis queridos hermanos, tengan presente esto: Todos deben estar listos para escuchar, y ser lentos para hablar y para enojarse; **20** pues la ira *humana no produce la vida justa que Dios quiere. **21** Por esto, despójense de toda inmundicia y de la maldad que tanto abunda, para que puedan recibir con humildad la palabra sembrada en ustedes, la cual tiene poder para salvarles la *vida.

22 No se contenten sólo con escuchar la palabra, pues así se engañan ustedes mismos. Llévenla a la práctica. **23** El que escucha la palabra pero no la pone en práctica es como el que se mira el rostro en un espejo **24** y, después de mirarse, se va y se olvida en seguida de cómo es. **25** Pero quien se fija atentamente en la ley perfecta que da libertad, y persevera en ella, no olvidando lo que ha oído sino haciéndolo, recibirá bendición al practicarla.

26 Si alguien se cree religioso pero no le pone freno a su lengua, se engaña a sí mismo, y su religión no sirve para nada. **27** La religión pura y sin mancha delante de Dios nuestro Padre es ésta: atender a los huérfanos y a las viudas en sus aflicciones, y conservarse limpio de la corrupción del mundo.

Prohibición del favoritismo

2 Hermanos míos, la fe que tienen en nuestro glorioso Señor *Jesucristo no debe dar lugar a favoritismos. **2** Supongamos que en el lugar donde se reúnen entra un hombre con anillo de oro y ropa elegante, y entra también un pobre desarrapado. **3** Si atienden bien al que lleva ropa elegante y le dicen: «Siéntese usted aquí, en este lugar cómodo», pero al pobre le dicen: «Quédate ahí de pie» o «Siéntate en el suelo, a mis pies», **4** ¿acaso no hacen discriminación entre ustedes, juzgando con malas intenciones?

5 Escuchen, mis queridos hermanos: ¿No ha escogido Dios a los que son pobres según el mundo para que sean ricos en la fe y hereden el reino que prometió a quienes lo aman? **6** ¡Pero ustedes han menospreciado al pobre! ¿No son los ricos quienes los explotan a ustedes y los arrastran ante los tribunales? **7** ¿No son ellos los que *blasfeman el buen nombre de aquel a quien ustedes pertenecen?

8 Hacen muy bien si de veras cumplen la ley suprema de la Escritura: «Ama a tu prójimo como a ti mismo»;[a] **9** pero si muestran algún favoritismo, pecan y son culpables, pues la misma ley los acusa de ser transgresores. **10** Porque el que cumple con toda la ley pero falla en un solo punto ya es culpable de haberla quebrantado toda. **11** Pues el que dijo: «No cometas adulterio»,[b] también dijo: «No mates.»[c] Si no

---

a 2:8 Lv 19.18.
b 2:11 Éx 20.14; Dt 5.18.
c 2:11 Éx 20.13; Dt 5.17.

cometes adulterio, pero matas, ya has violado la ley.

¹²Hablen y pórtense como quienes han de ser juzgados por la ley que nos da libertad, ¹³porque habrá un juicio sin compasión para el que actúe sin compasión. ¡La compasión triunfa en el juicio!

La fe y las obras

¹⁴Hermanos míos, ¿de qué le sirve a uno alegar que tiene fe, si no tiene obras? ¿Acaso podrá salvarlo esa fe? ¹⁵Supongamos que un hermano o una hermana no tienen con qué vestirse y carecen del alimento diario, ¹⁶y uno de ustedes les dice: «Que les vaya bien; abríguense y coman hasta saciarse», pero no les da lo necesario para el cuerpo. ¿De qué servirá eso? ¹⁷Así también la fe por sí sola, si no tiene obras, está muerta.

¹⁸Sin embargo, alguien dirá: «Tú tienes fe, y yo tengo obras.»

Pues bien, muéstrame tu fe sin las obras, y yo te mostraré la fe por mis obras. ¹⁹Tú crees que hay un solo Dios. ¡Magnífico! También los demonios lo creen, y tiemblan.

²⁰¡Qué tonto eres! ¿Quieres convencerte de que la fe sin obras es estéril?ᵈ ²¹¿No fue declarado justo nuestro padre Abraham por lo que hizo cuando ofreció sobre el altar a su hijo Isaac? ²²Ya lo ves: Su fe y sus obras actuaban conjuntamente, y su fe llegó a la perfección por las obras que hizo. ²³Así se cumplió la Escritura que dice: «Le creyó Abraham a Dios, y esto se le tomó en cuenta como justicia»,ᵉ y fue llamado amigo de Dios. ²⁴Como pueden ver, a una persona se le declara justa por las obras, y no sólo por la fe.

²⁵De igual manera, ¿no fue declarada justa por las obras aun la prostituta Rajab, cuando hospedó a los espías y les ayudó a huir por otro camino? ²⁶Pues como el cuerpo sin el espíritu está muerto, así también la fe sin obras está muerta.

Hay que domar la lengua

3 Hermanos míos, no pretendan muchos de ustedes ser maestros, pues, como saben, seremos juzgados con más severidad. ²Todos fallamos mucho. Si alguien nunca falla en lo que dice, es una persona perfecta, capaz también de controlar todo su cuerpo.

³Cuando ponemos freno en la boca de los caballos para que nos obedezcan, podemos controlar todo el animal. ⁴Fíjense también en los barcos. A pesar de ser tan grandes y de ser impulsados por fuertes vientos, se gobiernan por un pequeño timón a voluntad del piloto. ⁵Así también la lengua es un miembro muy pequeño del cuerpo, pero hace alarde de grandes hazañas. ¡Imagínense qué gran bosque se incendia con tan pequeña chispa! ⁶También la lengua es un fuego, un mundo de maldad. Siendo uno de

nuestros órganos, contamina todo el cuerpo y, encendida por el infierno,ᶠ prende a su vez fuego a todo el curso de la vida.

⁷El *ser humano sabe domar y, en efecto, ha domado toda clase de fieras, de aves, de reptiles y de bestias marinas; ⁸pero nadie puede domar la lengua. Es un mal irrefrenable, lleno de veneno mortal.

⁹Con la lengua bendecimos a nuestro Señor y Padre, y con ella maldecimos a las personas, creadas a imagen de Dios. ¹⁰De una misma boca salen bendición y maldición. Hermanos míos, esto no debe ser así. ¹¹¿Puede acaso brotar de una misma fuente agua dulce y agua salada?ᵍ ¹²Hermanos míos, ¿acaso puede dar aceitunas una higuera o higos una vid? Pues tampoco una fuente de agua salada puede dar agua dulce.

Dos clases de sabiduría

¹³¿Quién es sabio y entendido entre ustedes? Que lo demuestre con su buena conducta, mediante obras hechas con la humildad que le da su sabiduría. ¹⁴Pero si ustedes tienen envidias amargas y rivalidades en el corazón, dejen de presumir y de faltar a la verdad. ¹⁵Ésa no es la sabiduría que desciende del cielo, sino que es terrenal, puramente *humana y diabólica. ¹⁶Porque donde hay envidias y rivalidades, también hay confusión y toda clase de acciones malvadas.

¹⁷En cambio, la sabiduría que desciende del cielo es ante todo pura, y además pacífica, bondadosa, dócil, llena de compasión y de buenos frutos, imparcial y sincera. ¹⁸En fin, el fruto de la justicia se siembra en paz paraʰ los que hacen la paz.

Sométanse a Dios

4 ¿De dónde surgen las guerras y los conflictos entre ustedes? ¿No es precisamente de las pasiones que luchan dentro de ustedes mismos?ⁱ ²Desean algo y no lo consiguen. Matan y sienten envidia, y no pueden obtener lo que quieren. Riñen y se hacen la guerra. No tienen, porque no piden. ³Y cuando piden, no reciben porque piden con malas intenciones, para satisfacer sus propias pasiones.

⁴¡Oh gente adúltera! ¿No saben que la amistad con el mundo es enemistad con Dios? Si alguien quiere ser amigo del mundo se vuelve enemigo de Dios. ⁵¿O creen que la Escritura dice en vano que Dios ama celosamente al espíritu que hizo morar en nosotros?ʲ ⁶Pero él nos

---

ᵈ **2:20** *es estéril.* Var. *está muerta.*
ᵉ **2:23** Gn 15:6.
ᶠ **3:6** *el infierno.* Lit. *la * Gehenna.*
ᵍ **3:11** *salada.* Lit. *amarga* (véase también v. 12).
ʰ **3:18** *para.* Alt. *por.*
ⁱ **4:1** *luchan … mismos.* Lit. *hacen guerra en sus miembros.*
ʲ **4:5** *Dios … nosotros.* Alt. *el espíritu que él hizo morar en nosotros envidia intensamente, o el Espíritu que él hizo morar en nosotros ama celosamente.*

da mayor ayuda con su gracia. Por eso dice la Escritura: «Dios se opone a los orgullosos, pero da gracia a los humildes.»[k]

7Así que sométanse a Dios. Resistan al diablo, y él huirá de ustedes. **8**Acérquense a Dios, y él se acercará a ustedes. ¡Pecadores, límpiense las manos! ¡Ustedes los inconstantes, purifiquen su corazón! **9**Reconozcan sus miserias, lloren y laméntense. Que su risa se convierta en llanto, y su alegría en tristeza. **10**Humíllense delante del Señor, y él los exaltará.

11Hermanos, no hablen mal unos de otros. Si alguien habla mal de su hermano, o lo juzga, habla mal de la ley y la juzga. Y si juzgas la ley, ya no eres cumplidor de la ley, sino su juez. **12**No hay más que un solo legislador y juez, aquel que puede salvar y destruir. Tú, en cambio, ¿quién eres para juzgar a tu prójimo?

Alarde sobre el mañana

13Ahora escuchen esto, ustedes que dicen: «Hoy o mañana iremos a tal o cual ciudad, pasaremos allí un año, haremos negocios y ganaremos dinero.» **14**Y eso que ni siquiera saben qué sucederá mañana! ¿Qué es su vida? Ustedes son como la niebla, que aparece por un momento y luego se desvanece. **15**Más bien, debieran decir: «Si el Señor quiere, viviremos y haremos esto o aquello.» **16**Pero ahora se *jactan en sus fanfarronerías. Toda esta jactancia es mala. **17**Así que comete pecado todo el que sabe hacer el bien y no lo hace.

Advertencia a los ricos opresores

5 Ahora escuchen, ustedes los ricos: ¡lloren a gritos por las calamidades que se les vienen encima! **2**Se ha podrido su riqueza, y sus ropas están comidas por la polilla. **3**Se han oxidado su oro y su plata. Ese óxido dará testimonio contra ustedes y consumirá como fuego sus cuerpos. Han amontonado riquezas, ¡y eso que estamos en los últimos tiempos! **4**Oigan cómo clama contra ustedes el salario no pagado a los obreros que les trabajaron sus campos. El clamor de esos trabajadores ha llegado a oídos del Señor Todopoderoso. **5**Ustedes han llevado en este mundo una vida de lujo y de placer desenfrenado. Lo que han hecho es engordar para el día de la matanza.[l] **6**Han condenado y matado al justo sin que él les ofreciera resistencia.

Paciencia en los sufrimientos

7Por tanto, hermanos, tengan paciencia hasta la venida del Señor. Miren cómo espera el agricultor a que la tierra dé su precioso fruto y con qué paciencia aguarda las temporadas de lluvia. **8**Así también ustedes, manténganse firmes y aguarden con paciencia la venida del Señor, que ya se acerca. **9**No se quejen unos de otros, hermanos, para que no sean juzgados. ¡El juez ya está a la puerta!

10Hermanos, tomen como ejemplo de sufrimiento y de paciencia a los profetas que hablaron en el nombre del Señor. **11**En verdad, consideramos *dichosos a los que perseveraron. Ustedes han oído hablar de la perseverancia de Job, y han visto lo que al final le dio el Señor. Es que el Señor es muy compasivo y misericordioso.

12Sobre todo, hermanos míos, no juren ni por el cielo ni por la tierra ni por ninguna otra cosa. Que su «sí» sea «sí», y su «no», «no», para que no sean condenados.

La oración de fe

13¿Está afligido alguno entre ustedes? Que ore. ¿Está alguno de buen ánimo? Que cante alabanzas. **14**¿Está enfermo alguno de ustedes? Haga llamar a los *ancianos de la iglesia para que oren por él y lo unjan con aceite en el nombre del Señor. **15**La oración de fe sanará al enfermo y el Señor lo levantará. Y si ha pecado, su pecado se le perdonará. **16**Por eso, confiésense unos a otros sus pecados, y oren unos por otros, para que sean sanados. La oración del justo es poderosa y eficaz.

17Elías era un hombre con debilidades como las nuestras. Con fervor oró que no lloviera, y no llovió sobre la tierra durante tres años y medio. **18**Volvió a orar, y el cielo dio su lluvia y la tierra produjo sus frutos.

19Hermanos míos, si alguno de ustedes se extravía de la verdad, y otro lo hace volver a ella, **20**recuerden que quien hace volver a un pecador de su extravío, lo salvará de la muerte y cubrirá muchísimos pecados.

---

k **4:6** Pr 3:34.
l **5:5** Lo … matanza. Alt. Han engordado como en un banquete.

1 PEDRO

1 Pedro, apóstol de *Jesucristo, a los elegidos, extranjeros dispersos por el Ponto, Galacia, Capadocia, *Asia y Bitinia, **2**según la previsión*a* de Dios el Padre, mediante la obra *santificadora del Espíritu, para obedecer a Jesucristo y ser redimidos*b* por su sangre: Que abunden en ustedes la gracia y la paz.

Alabanza a Dios por una esperanza viva

3¡Alabado sea Dios, Padre de nuestro Señor Jesucristo! Por su gran misericordia, nos ha hecho nacer de nuevo mediante la resurrección de Jesucristo, para que tengamos una esperanza viva **4**y recibamos una herencia indestructible, incontaminada e inmarchitable. Tal herencia está reservada en el cielo para ustedes, **5**a quienes el poder de Dios protege mediante la fe hasta que llegue la salvación que se ha de revelar en los últimos tiempos. **6**Esto es para ustedes motivo de gran alegría, a pesar de que hasta ahora han tenido que sufrir *diversas pruebas por un tiempo. **7**El oro, aunque perecedero, se acrisola al fuego. Así también la fe de ustedes, que vale mucho más que el oro, al ser acrisolada por las pruebas demostrará que es digna de aprobación, gloria y honor cuando Jesucristo se revele. **8**Ustedes lo aman a pesar de no haberlo visto; y aunque no lo ven ahora, creen en él y se alegran con un gozo indescriptible y glorioso, **9**pues están obteniendo la meta de su fe, que es su salvación.

10Los profetas, que anunciaron la gracia reservada para ustedes, estudiaron y observaron esta salvación. **11**Querían descubrir a qué tiempo y a cuáles circunstancias se refería el Espíritu de *Cristo, que estaba en ellos, cuando testificó de antemano acerca de los sufrimientos de Cristo y de la gloria que vendría después de éstos. **12**A ellos se les reveló que no se estaban sirviendo a sí mismos, sino que les servían a ustedes. Hablaban de las cosas que ahora les han anunciado los que les predicaron el *evangelio por medio del Espíritu Santo enviado del cielo. Aun los mismos ángeles anhelan contemplar esas cosas.

Sean santos

13Por eso, dispónganse para actuar con inteligencia;*c* tengan dominio propio; pongan su esperanza completamente en la gracia que se les dará cuando se revele *Jesucristo. **14**Como hijos obedientes, no se amolden a los malos deseos que tenían antes, cuando vivían en la ignorancia. **15**Más bien, sean ustedes *santos en todo lo que hagan, como también es santo quien los llamó; **16**pues está escrito: «Sean santos, porque yo soy santo.»*d* **17**Ya que invocan como Padre al que juzga con imparcialidad las obras de cada uno, vivan con temor reverente mientras sean peregrinos en este mundo. **18**Como bien saben, ustedes fueron rescatados de la vida absurda que heredaron de sus antepasados. El precio de su rescate no se pagó con cosas perecederas, como el oro o la plata, **19**sino con la preciosa sangre de Cristo, como de un cordero sin mancha y sin defecto. **20**Cristo, a quien Dios escogió antes de la creación del mundo, se ha manifestado en estos últimos tiempos en beneficio de ustedes. **21**Por medio de él ustedes creen en Dios, que lo *resucitó y glorificó, de modo que su fe y su esperanza están puestas en Dios.

22Ahora que se han purificado obedeciendo a la verdad y tienen un amor sincero por sus hermanos, ámense de todo corazón*e* los unos a los otros. **23**Pues ustedes han nacido de nuevo, no de simiente perecedera, sino de simiente imperecedera, mediante la palabra de Dios que vive y permanece. **24**Porque «todo *mortal es como la hierba, y toda su gloria como la flor del campo; la hierba se seca y la flor se cae, **25**pero la palabra del Señor permanece para siempre.»*f*

Y ésta es la palabra del evangelio que se les ha anunciado a ustedes.

2 Por lo tanto, abandonando toda maldad y todo engaño, hipocresía, envidias y toda calumnia, **2**deseen con ansias la leche pura de la palabra,*g* como niños recién nacidos. Así, por medio de ella, crecerán en su salvación, **3**ahora que han probado lo bueno que es el Señor.

La piedra viva y su pueblo escogido

4*Cristo es la piedra viva, rechazada por los *seres humanos pero escogida y preciosa ante Dios. Al acercarse a él, **5**también ustedes son como piedras vivas, con las cuales se está edificando una casa espiritual. De este modo llegan a ser un sacerdocio *santo, para

---

a **1:2** *la previsión.* Lit. *el conocimiento previo.*
b **1:2** *redimidos.* Lit. *rociados.*
c **1:13** *dispónganse ... inteligencia.* Lit. *ceñidos los lomos de su mente.*
d **1:16** Lv 11:44,45; 19:2; 20:7; Is 40:6-8.
e **1:22** *de todo corazón.* Var. *con corazón puro.*
f **1:25** Is 40:6-8.
g **2:2** *leche pura de la palabra.* Alt. *leche espiritual pura.*

ofrecer sacrificios espirituales que Dios acepta por medio de Jesucristo. 6Así dice la Escritura: «Miren que pongo en Sión una piedra principal escogida y preciosa, y el que confíe en ella no será jamás defraudado.»[h]

7Para ustedes los creyentes, esta piedra es preciosa; pero para los incrédulos, «la piedra que desecharon los constructores ha llegado a ser la piedra angular»,[i]

8y también: «una piedra de *tropiezo y una roca que hace *caer.»[j]

Tropiezan al desobedecer la palabra, para lo cual estaban destinados.

9Pero ustedes son linaje escogido, real sacerdocio, nación santa, pueblo que pertenece a Dios, para que proclamen las obras maravillosas de aquel que los llamó de las tinieblas a su luz admirable. 10Ustedes antes ni siquiera eran pueblo, pero ahora son pueblo de Dios; antes no habían recibido misericordia, pero ahora ya la han recibido.

11Queridos hermanos, les ruego como a extranjeros y peregrinos en este mundo, que se aparten de los deseos pecaminosos[k] que combaten contra la *vida. 12Mantengan entre los incrédulos[l] una conducta tan ejemplar que, aunque los acusen de hacer el mal, ellos observen las buenas obras de ustedes y glorifiquen a Dios en el día de la salvación.[m]

Sumisión a los gobernantes y a los superiores

13Sométanse por causa del Señor a toda autoridad humana, ya sea al rey como suprema autoridad, 14o a los gobernadores que él envía para castigar a los que hacen el mal y reconocer a los que hacen el bien. 15Porque ésta es la voluntad de Dios: que, practicando el bien, hagan callar la ignorancia de los insensatos. 16Eso es actuar como personas libres que no se valen de su libertad para disimular la maldad, sino que viven como *siervos de Dios. 17Den a todos el debido respeto: amen a los hermanos, teman a Dios, respeten al rey.

18Criados, sométanse con todo respeto a sus amos, no sólo a los buenos y comprensivos sino también a los insoportables. 19Porque es digno de elogio que, por sentido de responsabilidad delante de Dios, se soporten las penalidades, aun sufriendo injustamente. 20Pero ¿cómo pueden ustedes atribuirse mérito alguno si

soportan que los maltraten por hacer el mal? En cambio, si sufren por hacer el bien, eso merece elogio delante de Dios. 21Para esto fueron llamados, porque *Cristo sufrió por ustedes, dándoles ejemplo para que sigan sus pasos.

22«Él no cometió ningún pecado, ni hubo engaño en su boca.»[n]

23Cuando proferían insultos contra él, no replicaba con insultos; cuando padecía, no amenazaba, sino que se entregaba a aquel que juzga con justicia. 24Él mismo, en su cuerpo, llevó al madero nuestros pecados, para que muramos al pecado y vivamos para la justicia. Por sus heridas ustedes han sido sanados. 25Antes eran ustedes como ovejas descarriadas, pero ahora han vuelto al Pastor que cuida[ñ] de sus vidas.

Deberes conyugales

3 Así mismo, esposas, sométanse a sus esposos, de modo que si algunos de ellos no creen en la palabra, puedan ser ganados más por el comportamiento de ustedes que por sus palabras, 2al observar su conducta íntegra y respetuosa. 3Que la belleza de ustedes no sea la externa, que consiste en adornos tales como peinados ostentosos, joyas de oro y vestidos lujosos. 4Que su belleza sea más bien la incorruptible, la que procede de lo íntimo del corazón y consiste en un espíritu suave y apacible. Ésta sí que tiene mucho valor delante de Dios. 5Así se adornaban en tiempos antiguos las *santas mujeres que esperaban en Dios, cada una sumisa a su esposo. 6Tal es el caso de Sara, que obedecía a Abraham y lo llamaba su Señor. Ustedes son hijas de ella si hacen el bien y viven sin ningún temor.

7De igual manera, ustedes esposos, sean comprensivos en su vida conyugal, tratando cada uno a su esposa con respeto, ya que como mujer es más delicada,[o] y ambos son herederos del grato don de la vida. Así nada estorbará las oraciones de ustedes.

Sufrir por hacer el bien

8En fin, vivan en armonía los unos con los otros; compartan penas y alegrías, practiquen el amor fraternal, sean compasivos y humildes. 9No devuelvan mal por mal ni insulto por insulto; más bien, bendigan, porque para esto fueron llamados, para heredar una bendición. 10En efecto, «el que quiera amar la vida y gozar de días felices, que refrene su lengua de hablar el mal y sus labios de proferir engaños; 11que se aparte del mal y haga el bien; que busque la paz y la siga.

12Porque los ojos del Señor están sobre los justos, y sus oídos, atentos a sus oraciones; pero el rostro del Señor está contra los que hacen el mal».[p]

---

h **2:6** Is 28:16.
i **2:7** Sal 118:22.
j **2:8** Is 8:14.
k **2:11** *pecaminosos.* Lit. *carnales.*
l **2:12** *incrédulos.* Lit. *gentiles.*
m **2:12** *de la salvación.* Alt. *del juicio.* Lit. *de la visitación.*
n **2:22** Is 53:9.
ñ **2:25** *Pastor que cuida.* Lit. *Pastor y* *Obispo.*
o **3:7** *ya que … delicada.* Lit. *como a vaso más frágil.*
p **3:12** Sal 34:12-16.

13Y a ustedes, ¿quién les va a hacer daño si se esfuerzan por hacer el bien? 14*¡Dichosos si sufren por causa de la justicia! «No teman lo que ellos temen,*q* ni se dejen asustar.»*r* 15Más bien, honren en su corazón a *Cristo como Señor. Estén siempre preparados para responder a todo el que les pida razón de la esperanza que hay en ustedes. 16Pero háganlo con gentileza y respeto, manteniendo la conciencia limpia, para que los que hablan mal de la buena conducta de ustedes en Cristo, se avergüencen de sus calumnias. 17Si es la voluntad de Dios, es preferible sufrir por hacer el bien que por hacer el mal.

18Porque Cristo murió por los pecados una vez por todas, el justo por los injustos, a fin de llevarlos a ustedes a Dios. Él sufrió la muerte en su *cuerpo, pero el Espíritu hizo que volviera a la vida.*s* 19Por medio del Espíritu fue y predicó a los espíritus encarcelados, 20que en los tiempos antiguos, en los días de Noé, desobedecieron, cuando Dios esperaba con paciencia mientras se construía el arca. En ella sólo pocas personas, ocho en total, se salvaron mediante el agua, 21la cual simboliza el bautismo que ahora los salva también a ustedes. El bautismo no consiste en la limpieza del cuerpo, sino en el compromiso de tener una buena conciencia delante de Dios. Esta salvación es posible por la resurrección de Jesucristo, 22quien subió al cielo y tomó su lugar a la *derecha de Dios, y a quien están sometidos los ángeles, las autoridades y los poderes.

Vivir el ejemplo de Cristo

4 Por tanto, ya que *Cristo sufrió en el cuerpo, asuman también ustedes la misma actitud; porque el que ha sufrido en el *cuerpo ha roto con el pecado, 2para vivir el resto de su vida terrenal no satisfaciendo sus pasiones *humanas sino cumpliendo la voluntad de Dios. 3Pues ya basta con el tiempo que han desperdiciado haciendo lo que agrada a los incrédulos,*t* entregados al desenfreno, a las pasiones, a las borracheras, a las orgías, a las parrandas y a las idolatrías abominables. 4A ellos les parece extraño que ustedes ya no corran con ellos en ese mismo desbordamiento de inmoralidad, y por eso los insultan. 5Pero ellos tendrán que rendir cuentas a aquel que está preparado para juzgar a los vivos y a los muertos. 6Por esto también se les predicó el *evangelio aun a los muertos, para que, a pesar de haber sido juzgados según criterios *humanos en lo que atañe al cuerpo, vivan conforme a Dios en lo que atañe al espíritu.*u*

7Ya se acerca el fin de todas las cosas. Así que, para orar bien, manténganse sobrios y con la mente despejada. 8Sobre todo, ámense los unos a los otros profundamente, porque el amor cubre multitud de pecados. 9Practiquen la hospitalidad entre ustedes sin quejarse. 10Cada uno ponga al servicio de los demás el don que haya recibido, administrando fielmente la gracia de Dios en sus diversas formas. 11El que habla, hágalo como quien expresa las palabras mismas de Dios; el que presta algún servicio, hágalo como quien tiene el poder de Dios. Así Dios será en todo alabado por medio de Jesucristo, a quien sea la gloria y el poder por los siglos de los siglos. Amén.

Sufrir por seguir a Cristo

12Queridos hermanos, no se extrañen del fuego de la *prueba que están soportando, como si fuera algo insólito. 13Al contrario, alégrense de tener parte en los sufrimientos de *Cristo, para que también sea inmensa su alegría cuando se revele la gloria de Cristo. 14*Dichosos ustedes si los insultan por causa del nombre de Cristo, porque el glorioso Espíritu de Dios reposa sobre ustedes. 15Que ninguno tenga que sufrir por asesino, ladrón o delincuente, ni siquiera por entrometido. 16Pero si alguien sufre por ser cristiano, que no se avergüence, sino que alabe a Dios por llevar el nombre de Cristo. 17Porque es tiempo de que el juicio comience por la familia de Dios; y si comienza por nosotros, ¡cuál no será el fin de los que se rebelan contra el *evangelio de Dios!

18«Si el justo a duras penas se salva, ¿qué será del impío y del pecador?»*v*

19Así pues, los que sufren según la voluntad de Dios, entréguense a su fiel Creador y sigan practicando el bien.

Exhortación a los ancianos y a los jóvenes

5 A los *ancianos que están entre ustedes, yo, que soy anciano como ellos, testigo de los sufrimientos de *Cristo y partícipe con ellos de la gloria que se ha de revelar, les ruego esto: 2cuiden como pastores el rebaño de Dios que está a su cargo, no por obligación ni por ambición de dinero, sino con afán de servir, como Dios quiere. 3No sean tiranos con los que están a su cuidado, sino sean ejemplos para el rebaño. 4Así, cuando aparezca el Pastor supremo, ustedes recibirán la inmarcesible corona de gloria.

5Así mismo, jóvenes, sométanse a los ancianos. Revístanse todos de humildad en su trato mutuo, porque «Dios se opone a los orgullosos, pero da gracia a los humildes».*w*

---

q **3:14** *lo que ellos temen.* Alt. *sus amenazas.*
r **3:14** Is 8:12.
s **3:18** *pero ... vida.* Alt. *pero volvió a la vida en su espíritu.*
t **4:3** *incrédulos.* Lit. *gentiles.*
u **4:6** *en lo que atañe al espíritu.* Alt. *en el Espíritu.*
v **4:18** Pr 11:31.
w **5:5** Pr 3:34.

6Humíllense, pues, bajo la poderosa mano de Dios, para que él los exalte a su debido tiempo. **7**Depositen en él toda ansiedad, porque él cuida de ustedes.

8Practiquen el dominio propio y manténganse alerta. Su enemigo el diablo ronda como león rugiente, buscando a quién devorar. **9**Resístanlo, manteniéndose firmes en la fe, sabiendo que sus hermanos en todo el mundo están soportando la misma clase de sufrimientos.

10Y después de que ustedes hayan sufrido un poco de tiempo, Dios mismo, el Dios de toda gracia que los llamó a su gloria eterna en Cristo, los restaurará y los hará fuertes, firmes y estables. **11**A él sea el poder por los siglos de los siglos. Amén.

Saludos finales

12Con la ayuda de *Silvano, a quien considero un hermano fiel, les he escrito brevemente, para animarlos y confirmarles que ésta es la verdadera gracia de Dios. Manténganse firmes en ella.

13Saludos de parte de la que está en Babilonia, escogida como ustedes, y también de mi hijo Marcos. **14**Salúdense los unos a los otros con un beso de amor fraternal.

Paz a todos ustedes que están en *Cristo.

2 PEDRO

1 Simón Pedro, *siervo y apóstol de *Jesucristo, a los que por la justicia de nuestro Dios y Salvador Jesucristo han recibido una fe tan preciosa como la nuestra.

²Que abunden en ustedes la gracia y la paz por medio del conocimiento que tienen de Dios y de Jesús nuestro Señor.

Firmeza en el llamamiento y en la elección

³Su divino poder, al darnos el conocimiento de aquel que nos llamó por su propia gloria y potencia, nos ha concedido todas las cosas que necesitamos para vivir como Dios manda.[a] ⁴Así Dios nos ha entregado sus preciosas y magníficas promesas para que ustedes, luego de escapar de la corrupción que hay en el mundo debido a los malos deseos, lleguen a tener parte en la naturaleza divina.[b]

⁵Precisamente por eso, esfuércense por añadir a su fe, virtud; a su virtud, entendimiento; ⁶al entendimiento, dominio propio; al dominio propio, constancia; a la constancia, devoción a Dios; ⁷a la devoción a Dios, afecto fraternal; y al afecto fraternal, amor. ⁸Porque estas cualidades, si abundan en ustedes, les harán crecer en el conocimiento de nuestro Señor Jesucristo, y evitarán que sean inútiles e improductivos. ⁹En cambio, el que no las tiene es tan corto de vista que ya ni ve, y se olvida de que ha sido limpiado de sus antiguos pecados. ¹⁰Por lo tanto, hermanos, esfuércense más todavía por asegurarse del llamado de Dios, que fue quien los eligió. Si hacen estas cosas, no caerán jamás, ¹¹y se les abrirán de par en par las puertas del reino eterno de nuestro Señor y Salvador Jesucristo.

La veracidad de la Escritura

¹²Por eso siempre les recordaré estas cosas, por más que las sepan y estén afianzados en la verdad que ahora tienen. ¹³Además, considero que tengo la obligación de refrescarles la memoria mientras viva en esta habitación pasajera que es mi cuerpo; ¹⁴porque sé que dentro de poco tendré que abandonarla, según me lo ha manifestado nuestro Señor *Jesucristo. ¹⁵También me esforzaré con empeño para que aun después de mi partida[c] ustedes puedan recordar estas cosas en todo tiempo.

¹⁶Cuando les dimos a conocer la venida de nuestro Señor Jesucristo en todo su poder, no estábamos siguiendo sutiles cuentos supersticiosos sino dando testimonio de su grandeza, que vimos con nuestros propios ojos.

¹⁷Él recibió honor y gloria de parte de Dios el Padre, cuando desde la majestuosa gloria se le dirigió aquella voz que dijo: «Éste es mi Hijo amado; estoy muy complacido con él.»[d] ¹⁸Nosotros mismos oímos esa voz que vino del cielo cuando estábamos con él en el monte santo. ¹⁹Esto ha venido a confirmarnos la palabra[e] de los profetas, a la cual ustedes hacen bien en prestar atención, como a una lámpara que brilla en un lugar oscuro, hasta que despunte el día y salga el lucero de la mañana en sus corazones. ²⁰Ante todo, tengan muy presente que ninguna profecía de la Escritura surge de la interpretación particular de nadie. ²¹Porque la profecía no ha tenido su origen en la voluntad *humana, sino que los profetas hablaron de parte de Dios, impulsados por el Espíritu Santo.

Los falsos maestros y su destrucción

2 En el pueblo judío hubo falsos profetas, y también entre ustedes habrá falsos maestros que encubiertamente introducirán herejías destructivas, al extremo de negar al mismo Señor que los rescató. Esto les traerá una pronta destrucción. ²Muchos los seguirán en sus prácticas vergonzosas, y por causa de ellos se difamará el camino de la verdad. ³Llevados por la avaricia, estos maestros los explotarán a ustedes con palabras engañosas. Desde hace mucho tiempo su condenación está preparada y su destrucción los acecha.

⁴Dios no perdonó a los ángeles cuando pecaron, sino que los arrojó al *abismo, metiéndolos en tenebrosas cavernas[f] y reservándolos para el juicio. ⁵Tampoco perdonó al mundo antiguo cuando mandó un diluvio sobre los impíos, aunque protegió a ocho personas, incluyendo a Noé, predicador de la justicia. ⁶Además, condenó a las ciudades de Sodoma y Gomorra, y las redujo a cenizas, poniéndolas como escarmiento para los impíos. ⁷Por otra parte, libró al justo Lot, que se hallaba abrumado por la vida desenfrenada de esos perversos, ⁸pues este justo, que convivía con ellos y amaba el bien, día tras día sentía que se le despedazaba el alma por las obras inicuas que veía y oía. ⁹Todo esto

---

a 1:3 *para vivir como Dios manda.* Lit. *para la vida y la piedad.*
b 1:4 *lleguen ... divina.* Alt. *lleguen a ser colaboradores con Dios.*
c 1:15 *partida.* Lit. *Éxodo.*
d 1:17 Mt 17:5; Mr 9:7; Lc 9:35.
e 1:19 *Esto ... palabra.* Lit. *También tenemos la muy segura palabra.*
f 2:4 *cavernas.* Var. *cadenas.*

demuestra que el Señor sabe librar de la *prueba a los que viven como Dios quiere, y reservar a los impíos para castigarlos en el día del juicio. 10Esto les espera sobre todo a los que siguen los corrompidos deseos de la *naturaleza humana y desprecian la autoridad del Señor.

¡Atrevidos y arrogantes que son! No tienen reparo en insultar a los seres celestiales, 11mientras que los ángeles, a pesar de superarlos en fuerza y en poder, no pronuncian contra tales seres ninguna acusación insultante en la presencia del Señor. 12Pero aquéllos *blasfeman en asuntos que no entienden. Como animales irracionales, se guían únicamente por el instinto, y nacieron para ser atrapados y degollados. Lo mismo que esos animales, perecerán también en su corrupción 13y recibirán el justo pago por sus injusticias. Su concepto de placer es entregarse a las pasiones desenfrenadas en pleno día. Son manchas y suciedad, que gozan de sus placeres mientras los acompañan a ustedes en sus comidas. 14Tienen los ojos llenos de adulterio y son insaciables en el pecar; seducen a las personas inconstantes; son expertos en la avaricia, ¡hijos de maldición! 15Han abandonado el camino recto, y se han extraviado para seguir la senda de Balán, hijo de Bosor,g a quien le encantaba el salario de la injusticia. 16Pero fue reprendido por su maldad: su burra —una muda bestia de carga— habló con voz humana y refrenó la locura del profeta.

17Estos individuos son fuentes sin agua, niebla empujada por la tormenta, para quienes está reservada la más densa oscuridad. 18Pronunciando discursos arrogantes y sin sentido, seducen con los instintos *naturales desenfrenados a quienes apenas comienzan a apartarse de los que viven en el error. 19Les prometen libertad, cuando ellos mismos son *esclavos de la corrupción, ya que cada uno es esclavo de aquello que lo ha dominado. 20Si habiendo escapado de la contaminación del mundo por haber conocido a nuestro Señor y Salvador *Jesucristo, vuelven a enredarse en ella y son vencidos, terminan en peores condiciones que al principio. 21Más les hubiera valido no conocer el camino de la justicia, que abandonarlo después de haber conocido el santo mandamiento que se les dio. 22En su caso ha sucedido lo que acertadamente afirman estos proverbios: «El *perro vuelve a su vómito»,h y «la puerca lavada, a revolcarse en el lodo».

El día del Señor

3 Queridos hermanos, ésta es ya la segunda carta que les escribo. En las dos he procurado refrescarles la memoria para que, con una mente íntegra, 2recuerden las palabras que los *santos profetas pronunciaron en el pasado, y el mandamiento que dio nuestro Señor y Salvador por medio de los apóstoles.

3Ante todo, deben saber que en los últimos días vendrá gente burlona que, siguiendo sus malos deseos, se mofará: 4«¿Qué hubo de esa promesa de su venida? Nuestros padres murieron, y nada ha cambiado desde el principio de la creación.» 5Pero intencionalmente olvidan que desde tiempos antiguos, por la palabra de Dios, existía el cielo y también la tierra, que surgió del agua y mediante el agua. 6Por la palabra y el agua, el mundo de aquel entonces pereció inundado. 7Y ahora, por esa misma palabra, el cielo y la tierra están guardados para el fuego, reservados para el día del juicio y de la destrucción de los impíos.

8Pero no olviden, queridos hermanos, que para el Señor un día es como mil años, y mil años como un día. 9El Señor no tarda en cumplir su promesa, según entienden algunos la tardanza. Más bien, él tiene paciencia con ustedes, porque no quiere que nadie perezca sino que todos se *arrepientan.

10Pero el día del Señor vendrá como un ladrón. En aquel día los cielos desaparecerán con un estruendo espantoso, los elementos serán destruidos por el fuego, y la tierra, con todo lo que hay en ella, será quemada.i

11Ya que todo será destruido de esa manera, ¿no deberían vivir ustedes como Dios manda, siguiendo una conducta intachable 12y esperando ansiosamentej la venida del día de Dios? Ese día los cielos serán destruidos por el fuego, y los elementos se derretirán con el calor de las llamas. 13Pero, según su promesa, esperamos un cielo nuevo y una tierra nueva, en los que habite la justicia.

14Por eso, queridos hermanos, mientras esperan estos acontecimientos, esfuércense para que Dios los halle sin mancha y sin defecto, y en paz con él. 15Tengan presente que la paciencia de nuestro Señor significa salvación, tal como les escribió también nuestro querido hermano Pablo, con la sabiduría que Dios le dio. 16En todas sus cartas se refiere a estos mismos temas. Hay en ellas algunos puntos difíciles de entender, que los ignorantes e inconstantes tergiversan, como lo hacen también con las demás Escrituras, para su propia perdición.

17Así que ustedes, queridos hermanos, puesto que ya saben esto de antemano, manténganse alerta, no sea que, arrastrados por el error de esos libertinos, pierdan la estabilidad y caigan. 18Más bien, crezcan en la gracia y en el conocimiento de nuestro Señor y Salvador *Jesucristo. ¡A él sea la gloria ahora y para siempre! Amén.k

---

g 2:15 *Bosor.* Var. *Beor.*
h 2:22 Pr 26:11.
i 3:10 *será quemada.* Var. *quedará al descubierto.*
j 3:12 *esperando ansiosamente.* Alt. *esperando y apresurando.*
k 3:18 Var. no incluye: *Amén.*

1 Juan

El Verbo de vida

1 Lo que ha sido desde el principio, lo que hemos oído, lo que hemos visto con nuestros propios ojos, lo que hemos contemplado, lo que hemos tocado con las manos, esto les anunciamos respecto al *Verbo que es vida. **2** Esta vida se manifestó. Nosotros la hemos visto y damos testimonio de ella, y les anunciamos a ustedes la vida eterna que estaba con el Padre y que se nos ha manifestado. **3** Les anunciamos lo que hemos visto y oído, para que también ustedes tengan comunión con nosotros. Y nuestra comunión es con el Padre y con su Hijo *Jesucristo. **4** Les escribimos estas cosas para que nuestra alegría[a] sea completa.

Caminemos en la luz

5 Éste es el mensaje que hemos oído de él y que les anunciamos: Dios es luz y en él no hay ninguna oscuridad. **6** Si afirmamos que tenemos comunión con él, pero vivimos en la oscuridad, mentimos y no ponemos en práctica la verdad. **7** Pero si vivimos en la luz, así como él está en la luz, tenemos comunión unos con otros, y la sangre de su Hijo Jesucristo nos limpia de todo pecado.

8 Si afirmamos que no tenemos pecado, nos engañamos a nosotros mismos y no tenemos la verdad. **9** Si confesamos nuestros pecados, Dios, que es fiel y justo, nos los perdonará y nos limpiará de toda maldad. **10** Si afirmamos que no hemos pecado, lo hacemos pasar por mentiroso y su palabra no habita en nosotros.

2 Mis queridos hijos, les escribo estas cosas para que no pequen. Pero si alguno peca, tenemos ante el Padre a un *intercesor, a *Jesucristo, el Justo. **2** Él es el sacrificio por el perdón de[b] nuestros pecados, y no sólo por los nuestros sino por los de todo el mundo.

3 ¿Cómo sabemos si hemos llegado a conocer a Dios? Si obedecemos sus mandamientos. **4** El que afirma: «Lo conozco», pero no obedece sus mandamientos, es un mentiroso y no tiene la verdad. **5** En cambio, el amor de Dios se manifiesta plenamente[c] en la vida del que obedece su palabra. De este modo sabemos que estamos unidos a él: **6** el que afirma que permanece en él, debe vivir como él vivió.

7 Queridos hermanos, lo que les escribo no es un mandamiento nuevo, sino uno antiguo que han tenido desde el principio. Este mandamiento antiguo es el mensaje que ya oyeron. **8** Por otra parte, lo que les escribo es un mandamiento nuevo, cuya verdad se manifiesta tanto en la vida de *Cristo como en la de ustedes, porque la oscuridad se va desvaneciendo y ya brilla la luz verdadera.

9 El que afirma que está en la luz, pero odia a su hermano, todavía está en la oscuridad. **10** El que ama a su hermano permanece en la luz, y no hay nada en su vida[d] que lo haga *tropezar. **11** Pero el que odia a su hermano está en la oscuridad y en ella vive, y no sabe a dónde va porque la oscuridad no lo deja ver.

12 Les escribo a ustedes, queridos hijos, porque sus pecados han sido perdonados por el nombre de Cristo.

13 Les escribo a ustedes, padres, porque han conocido al que es desde el principio. Les escribo a ustedes, jóvenes, porque han vencido al maligno. Les he escrito a ustedes, queridos hijos, porque han conocido al Padre.

14 Les he escrito a ustedes, padres,
porque han conocido al que es desde el principio. Les he escrito a ustedes, jóvenes, porque son fuertes, y la palabra de Dios permanece en ustedes, y han vencido al maligno.

No amemos al mundo

15 No amen al mundo ni nada de lo que hay en él. Si alguien ama al mundo, no tiene el amor del Padre. **16** Porque nada de lo que hay en el mundo —los malos deseos del *cuerpo, la codicia de los ojos y la arrogancia de la vida— proviene del Padre sino del mundo. **17** El mundo se acaba con sus malos deseos, pero el que hace la voluntad de Dios permanece para siempre.

Cuidémonos de los anticristos

18 Queridos hijos, ésta es la hora final, y así como ustedes oyeron que el anticristo vendría, muchos son los anticristos que han surgido ya. Por eso nos damos cuenta de que ésta es la hora final. **19** Aunque salieron de entre nosotros, en realidad no eran de los nuestros; si lo hubieran sido, se habrían quedado con nosotros. Su salida sirvió para comprobar que ninguno de ellos era de los nuestros.

20 Todos ustedes, en cambio, han recibido unción del Santo, de manera que conocen la verdad.[e] **21** No les escribo porque ignoren la verdad, sino porque la conocen y porque ninguna mentira procede de la verdad. **22** ¿Quién es el mentiroso sino el que niega que Jesús es el

---

[a] **1:4** *nuestra alegría.* Var. *la alegría de ustedes.*
[b] **2:2** *el sacrificio por el perdón de.* Lit. *la* *propiciación por.*
[c] **2:5** *se manifiesta plenamente.* Lit. *se ha* *perfeccionado.*
[d] **2:10** *en su vida.* Alt. *en la luz.*
[e] **2:20** *la verdad.* Var. *todas las cosas.*

*Cristo? Es el anticristo, el que niega al Padre y al Hijo. 23Todo el que niega al Hijo no tiene al Padre; el que reconoce al Hijo tiene también al Padre.

24Permanezca en ustedes lo que han oído desde el principio, y así ustedes^f permanecerán también en el Hijo y en el Padre. 25Ésta es la promesa que él nos dio: la vida eterna.

26Estas cosas les escribo acerca de los que procuran engañarlos. 27En cuanto a ustedes, la unción que de él recibieron permanece en ustedes, y no necesitan que nadie les enseñe. Esa unción es auténtica —no es falsa— y les enseña todas las cosas. Permanezcan en él, tal y como él les enseñó.

Permanezcamos en Dios

28Y ahora, queridos hijos, permanezcamos^g en él para que, cuando se manifieste, podamos presentarnos ante él confiadamente, seguros de no ser avergonzados en su venida. 29Si reconocen que *Jesucristo es justo, reconozcan también que todo el que practica la justicia ha nacido de él.

3 ¡Fíjense qué gran amor nos ha dado el Padre, que se nos llame hijos de Dios! ¡Y lo somos! El mundo no nos conoce, precisamente porque no lo conoció a él. 2Queridos hermanos, ahora somos hijos de Dios, pero todavía no se ha manifestado lo que habremos de ser. Sabemos, sin embargo, que cuando Cristo venga seremos semejantes a él, porque lo veremos tal como él es. 3Todo el que tiene esta esperanza en Cristo, se purifica a sí mismo, así como él es puro.

4Todo el que comete pecado quebranta la ley; de hecho, el pecado es transgresión de la ley. 5Pero ustedes saben que Jesucristo se manifestó para quitar nuestros pecados. Y él no tiene pecado. 6Todo el que permanece en él, no practica el pecado.^h Todo el que practica el pecado, no lo ha visto ni lo ha conocido.

7Queridos hijos, que nadie los engañe. El que practica la justicia es justo, así como él es justo. 8El que practica el pecado es del diablo, porque el diablo ha estado pecando desde el principio. El Hijo de Dios fue enviado precisamente para destruir las obras del diablo. 9Ninguno que haya nacido de Dios practica el pecado, porque la semilla de Dios permanece en él; no puede practicar el pecado,^i porque ha nacido de Dios. 10Así distinguimos entre los hijos de Dios y los hijos del diablo: el que no practica la justicia no es hijo de Dios; ni tampoco lo es el que no ama a su hermano.

Amémonos los unos a los otros

11Éste es el mensaje que han oído desde el principio: que nos amemos los unos a los otros. 12No seamos como Caín que, por ser del maligno, asesinó a su hermano. ¿Y por qué lo hizo? Porque sus propias obras eran malas, y las de su hermano justas. 13Hermanos, no se extrañen si el mundo los odia. 14Nosotros sabemos que hemos pasado de la muerte a la vida porque amamos a nuestros hermanos. El que no ama permanece en la muerte. 15Todo el que odia a su hermano es un asesino, y ustedes saben que en ningún asesino permanece la vida eterna.

16En esto conocemos lo que es el amor: en que Jesucristo entregó su *vida por nosotros. Así también nosotros debemos entregar la vida por nuestros hermanos. 17Si alguien que posee bienes materiales ve que su hermano está pasando necesidad, y no tiene compasión de él, ¿cómo se puede decir que el amor de Dios habita en él? 18Queridos hijos, no amemos de palabra ni de labios para afuera, sino con hechos y de verdad.

19En esto sabremos que somos de la verdad, y nos sentiremos seguros delante de él: 20que aunque nuestro corazón nos condene, Dios es más grande que nuestro corazón y lo sabe todo. 21Queridos hermanos, si el corazón no nos condena, tenemos confianza delante de Dios, 22y recibimos todo lo que le pedimos porque obedecemos sus mandamientos y hacemos lo que le agrada. 23Y éste es su mandamiento: que creamos en el nombre de su Hijo Jesucristo, y que nos amemos los unos a los otros, pues así lo ha dispuesto. 24El que obedece sus mandamientos permanece en Dios, y Dios en él. ¿Cómo sabemos que él permanece en nosotros? Por el Espíritu que nos dio.

Vivamos en el Espíritu

4 Queridos hermanos, no crean a cualquiera que pretenda estar inspirado por el Espíritu,^j sino sométanlo a prueba para ver si es de Dios, porque han salido por el mundo muchos falsos profetas. 2En esto pueden discernir quién tiene el Espíritu de Dios: todo profeta^k que reconoce que *Jesucristo ha venido en cuerpo humano, es de Dios; 3todo profeta que no reconoce a Jesús, no es de Dios sino del anticristo. Ustedes han oído que éste viene; en efecto, ya está en el mundo.

4Ustedes, queridos hijos, son de Dios y han vencido a esos falsos profetas, porque el que está en ustedes es más poderoso que el que está en el mundo. 5Ellos son del mundo; por eso hablan desde el punto de vista del mundo, y el mundo los escucha. 6Nosotros somos de Dios, y todo el que conoce a Dios nos escucha; pero el que no es de Dios no nos escucha. Así

---

^f 2:24 *principio … ustedes.* Lit. *principio. Si permanece en ustedes lo que han oído desde el principio, ustedes.*

^g 2:28 *permanezcamos.* Lit. *permanezcan.*

^h 3:6 *no practica el pecado.* Alt. *no peca.*

^i 3:9 *no puede practicar el pecado.* Alt. *no puede pecar.*

^j 4:1 *no crean … por el Espíritu.* Lit. *no crean a todo espíritu.*

^k 4:2 *profeta.* Lit. *espíritu;* también en v. 3.

distinguimos entre el Espíritu de la verdad y el espíritu del engaño.

Permanezcamos en el amor

[7]Queridos hermanos, amémonos los unos a los otros, porque el amor viene de Dios, y todo el que ama ha nacido de él y lo conoce. [8]El que no ama no conoce a Dios, porque Dios es amor. [9]Así manifestó Dios su amor entre nosotros: en que envió a su Hijo unigénito al mundo para que vivamos por medio de él. [10]En esto consiste el amor: no en que nosotros hayamos amado a Dios, sino en que él nos amó y envió a su Hijo para que fuera ofrecido como sacrificio por el perdón de[l] nuestros pecados. [11]Queridos hermanos, ya que Dios nos ha amado así, también nosotros debemos amarnos los unos a los otros. [12]Nadie ha visto jamás a Dios, pero si nos amamos los unos a los otros, Dios permanece entre nosotros, y entre[m] nosotros su amor se ha manifestado plenamente.[n]

[13]¿Cómo sabemos que permanecemos en él, y que él permanece en nosotros? Porque nos ha dado de su Espíritu. [14]Y nosotros hemos visto y declaramos que el Padre envió a su Hijo para ser el Salvador del mundo. [15]Si alguien reconoce que Jesús es el Hijo de Dios, Dios permanece en él, y él en Dios. [16]Y nosotros hemos llegado a saber y creer que Dios nos ama.

Dios es amor. El que permanece en amor, permanece en Dios, y Dios en él. [17]Ese amor se manifiesta plenamente[ñ] entre nosotros para que en el día del juicio comparezcamos con toda confianza, porque en este mundo hemos vivido como vivió Jesús. En el amor no hay temor, [18]sino que el amor *perfecto echa fuera el temor. El que teme espera el castigo, así que no ha sido perfeccionado en el amor.

[19]Nosotros amamos a Dios porque él nos amó primero. [20]Si alguien afirma: «Yo amo a Dios», pero odia a su hermano, es un mentiroso; pues el que no ama a su hermano, a quien ha visto, no puede amar a Dios, a quien no ha visto. [21]Y él nos ha dado este mandamiento: el que ama a Dios, ame también a su hermano.

Vivamos en la fe

5 Todo el que cree que Jesús es el *Cristo, ha nacido de Dios, y todo el que ama al padre, ama también a sus hijos. [2]Así, cuando amamos a Dios y cumplimos sus mandamientos, sabemos que amamos a los hijos de Dios. [3]En esto consiste el amor a Dios: en que obedezcamos sus mandamientos. Y éstos no son difíciles de cumplir, [4]porque todo el que ha nacido de Dios vence al mundo. Ésta es la victoria que vence al mundo: nuestra fe. [5]¿Quién es el que vence al mundo sino el que cree que Jesús es el Hijo de Dios?

[6]Éste es el que vino mediante agua y sangre, Jesucristo; no sólo mediante agua, sino mediante agua y sangre. El Espíritu es quien da testimonio de esto, porque el Espíritu es la verdad. [7]Tres son los que dan testimonio, [8]y los tres están de acuerdo: el Espíritu,[o] el agua y la sangre. [9]Aceptamos el testimonio *humano, pero el testimonio de Dios vale mucho más, precisamente porque es el testimonio de Dios, que él ha dado acerca de su Hijo. [10]El que cree en el Hijo de Dios acepta este testimonio. El que no cree a Dios lo hace pasar por mentiroso, por no haber creído el testimonio que Dios ha dado acerca de su Hijo. [11]Y el testimonio es éste: que Dios nos ha dado vida eterna, y esa vida está en su Hijo. [12]El que tiene al Hijo, tiene la vida; el que no tiene al Hijo de Dios, no tiene la vida.

Observaciones finales

[13]Les escribo estas cosas a ustedes que creen en el nombre del Hijo de Dios, para que sepan que tienen vida eterna. [14]Ésta es la confianza que tenemos al acercarnos a Dios: que si pedimos conforme a su voluntad, él nos oye. [15]Y si sabemos que Dios oye todas nuestras oraciones, podemos estar seguros de que ya tenemos lo que le hemos pedido.

[16]Si alguno ve a su hermano cometer un pecado que no lleva a la muerte, ore por él y Dios le dará vida. Me refiero a quien comete un pecado que no lleva a la muerte. Hay un pecado que sí lleva a la muerte, y en ese caso no digo que se ore por él. [17]Toda maldad es pecado, pero hay pecado que no lleva a la muerte.

[18]Sabemos que el que ha nacido de Dios no está en pecado: *Jesucristo, que nació de Dios, lo protege, y el maligno no llega a tocarlo. [19]Sabemos que somos hijos de Dios, y que el mundo entero está bajo el control del maligno. [20]También sabemos que el Hijo de Dios ha venido y nos ha dado entendimiento para que conozcamos al Dios verdadero. Y estamos con el Verdadero, con[p] su Hijo Jesucristo. Éste es el Dios verdadero y la vida eterna. [21]Queridos hijos, apártense de los ídolos.

---

[l] **4:10** *sacrificio por el perdón de.* Lit. *propiciación por.*

[m] **4:12** *entre ... entre.* Alt. *en ... En.*

[n] **4:12** *se ha manifestado plenamente.* Lit. *se ha *perfeccionado.*

[ñ] **4:17** *se manifiesta plenamente.* Lit. *se ha perfeccionado.*

[o] **5:7,8** *testimonio ... Espíritu.* Var. *testimonio en el cielo: el Padre, el Verbo y el Espíritu Santo, y estos tres son uno. v. [8]Y hay tres que dan testimonio en la tierra: el Espíritu* (este pasaje se encuentra en mss. posteriores de la Vulgata, pero no está en ningún ms. griego anterior al siglo XVI).

[p] **5:20** *con.* Alt. *por medio de.*

2 JUAN

¹El *anciano, a la iglesia elegida y a sus miembros,ᵃ a quienes amo en la verdad —y no sólo yo sino todos los que han conocido la verdad—, ²a causa de esa verdad que permanece en nosotros y que estará con nosotros para siempre: ³La gracia, la misericordia y la paz de Dios el Padre y de *Jesucristo, el Hijo del Padre, estarán con nosotros en verdad y en amor.

⁴Me alegré muchísimo al encontrarme con algunos de ustedesᵇ que están practicando la verdad, según el mandamiento que nos dio el Padre. ⁵Y ahora, hermanos, les ruego que nos amemos los unos a los otros. Y no es que lesᶜ esté escribiendo un mandamiento nuevo sino el que hemos tenido desde el principio. ⁶En esto consiste el amor: en que pongamos en práctica sus mandamientos. Y éste es el mandamiento: que vivan en este amor, tal como ustedes lo han escuchado desde el principio.

⁷Es que han salido por el mundo muchos engañadores que no reconocen que Jesucristo ha venido en cuerpo humano. El que así actúa es el engañador y el anticristo. ⁸Cuídense de no echar a perder el fruto de nuestro trabajo;ᵈ procuren más bien recibir la recompensa completa. ⁹Todo el que se descarría y no permanece en la enseñanza de Cristo, no tiene a Dios; el que permanece en la enseñanzaᵉ sí tiene al Padre y al Hijo. ¹⁰Si alguien los visita y no lleva esta enseñanza, no lo reciban en casa ni le den la bienvenida, ¹¹pues quien le da la bienvenida se hace cómplice de sus malas obras.

¹²Aunque tengo muchas cosas que decirles, no he querido hacerlo por escrito, pues espero visitarlos y hablar personalmente con ustedes para que nuestra alegría sea completa.

¹³Los miembros de la iglesia hermana, la elegida, lesᶠ mandan saludos.

ᵃ **1** *la iglesia ... miembros.* Lit. *la señora elegida y a sus hijos.*
ᵇ **4** *ustedes.* Lit. *tus hijos.*
ᶜ **5** *hermanos, les ruego ... Y no es que les.* Lit. *señora, te ruego ... Y no es que te.*
ᵈ **8** *el fruto de nuestro trabajo.* Lit. *lo que hemos trabajado.* Var. *lo que ustedes han trabajado.*
ᵉ **9** *enseñanza.* Var. *enseñanza de Cristo.*
ᶠ **13** *Los miembros ... les.* Lit. *Los hijos de tu hermana, la elegida, te.*

3 JUAN

¹El anciano, al querido hermano Gayo, a quien amo en la verdad.

²Querido hermano, oro para que te vaya bien en todos tus asuntos y goces de buena salud, así como prosperas espiritualmente. ³Me alegré mucho cuando vinieron unos hermanos y dieron testimonio de tu fidelidad,ᵃ y de cómo estás poniendo en práctica la verdad. ⁴Nada me produce más alegría que oír que mis hijos practican la verdad.

⁵Querido hermano, te comportas fielmente en todo lo que haces por los hermanos, aunque no los conozcas.ᵇ ⁶Delante de la iglesia ellos han dado testimonio de tu amor. Harás bien en ayudarlos a seguir su viaje, como es digno de Dios. ⁷Ellos salieron por causa del Nombre, sin nunca recibir nada de los paganos; ⁸nosotros, por lo tanto, debemos brindarles hospitalidad, y así colaborar con ellos en la verdad.

⁹Le escribí algunas líneas a la iglesia, pero Diótrefes, a quien le encanta ser el primero entre ellos, no nos recibe. ¹⁰Por eso, si voy no dejaré de reprocharle su comportamiento, ya que, con palabras malintencionadas, habla contra nosotros sólo por hablar. Como si fuera poco, ni siquiera recibe a los hermanos, y a quienes quieren hacerlo, no los deja y los expulsa de la iglesia.

¹¹Querido hermano, no imites lo malo sino lo bueno. El que hace lo bueno es de Dios; el que hace lo malo no ha visto a Dios. ¹²En cuanto a Demetrio, todos dan buen testimonio de él, incluso la verdad misma. También nosotros lo recomendamos, y bien sabes que nuestro testimonio es verdadero.

¹³Tengo muchas cosas que decirte, pero prefiero no hacerlo por escrito; ¹⁴espero verte muy pronto, y entonces hablaremos personalmente.

¹⁵La paz sea contigo. Tus amigos aquí te mandan saludos. Saluda a los amigos allá, a cada uno en particular.

ᵃ **3** *fidelidad.* Lit. *verdad.*
ᵇ **5** *aunque no los conozcas.* Alt. *aunque para ti sean extraños.*

JUDAS

[1]Judas, *siervo de *Jesucristo y hermano de *Jacobo, a los que son amados por Dios el Padre, guardados por[a] Jesucristo y llamados a la salvación: [2]Que reciban misericordia, paz y amor en abundancia.

Pecado y condenación de los impíos

[3]Queridos hermanos, he deseado intensamente escribirles acerca de la salvación que tenemos en común, y ahora siento la necesidad de hacerlo para rogarles que sigan luchando vigorosamente por la fe encomendada una vez por todas a los *santos. [4]El problema es que se han infiltrado entre ustedes ciertos individuos que desde hace mucho tiempo han estado señalados[b] para condenación. Son impíos que cambian en libertinaje la gracia de nuestro Dios y niegan a Jesucristo, nuestro único Soberano y Señor.

[5]Aunque ustedes ya saben muy bien todo esto, quiero recordarles que el Señor,[c] después de liberar de la tierra de Egipto a su pueblo, destruyó a los que no creían. [6]Y a los ángeles que no mantuvieron su posición de autoridad, sino que abandonaron su propia morada, los tiene perpetuamente encarcelados en oscuridad para el juicio del gran Día. [7]Así también Sodoma y Gomorra y las ciudades vecinas son puestas como escarmiento, al sufrir el castigo de un fuego eterno, por haber practicado, como aquéllos, inmoralidad sexual y vicios contra la naturaleza.

[8]De la misma manera estos individuos, llevados por sus delirios, contaminan su *cuerpo, desprecian la autoridad y maldicen a los seres celestiales. [9]Ni siquiera el arcángel Miguel, cuando argumentaba con el diablo disputándole el cuerpo de Moisés, se atrevió a pronunciar contra él un juicio de maldición, sino que dijo: «¡Que el Señor te reprenda!» [10]Éstos, en cambio, maldicen todo lo que no entienden; y como animales irracionales, lo que entienden por instinto es precisamente lo que los corrompe.

[11]¡Ay de los que siguieron el camino de Caín! Por ganar dinero se entregaron al error de Balán y perecieron en la rebelión de Coré. [12]Estos individuos son un peligro oculto:[d] sin ningún respeto convierten en parrandas las fiestas de amor fraternal que ustedes celebran. Buscan sólo su propio provecho.[e] Son nubes sin agua, llevadas por el viento. Son árboles que no dan fruto cuando debieran darlo; están doblemente muertos, arrancados de raíz. [13]Son violentas olas del mar, que arrojan la espuma de sus actos vergonzosos. Son estrellas fugaces, para quienes está reservada eternamente la más densa oscuridad.

[14]También Enoc, el séptimo patriarca a partir de Adán, profetizó acerca de ellos: «Miren, el Señor viene con millares y millares de sus ángeles[f] [15]para someter a juicio a todos y para reprender a todos los pecadores impíos por todas las malas obras que han cometido, y por todas las injurias que han proferido contra él.» [16]Estos individuos son refunfuñadores y criticones; se dejan llevar por sus propias pasiones; hablan con arrogancia y adulan a los demás para sacar ventaja.

Exhortación a la perseverancia

[17]Ustedes, queridos hermanos, recuerden el mensaje anunciado anteriormente por los apóstoles de nuestro Señor Jesucristo. [18]Ellos les decían: «En los últimos tiempos habrá burladores que vivirán según sus propias pasiones impías.» [19]Éstos son los que causan divisiones y se dejan llevar por sus propios instintos, pues no tienen el Espíritu.

[20-21]Ustedes, en cambio, queridos hermanos, manténganse en el amor de Dios, edificándose sobre la base de su santísima fe y orando en el Espíritu Santo, mientras esperan que nuestro Señor Jesucristo, en su misericordia, les conceda vida eterna.

[22]Tengan compasión de los que dudan; [23]a otros, sálvenlos arrebatándolos del fuego. Compadézcanse de los demás, pero tengan cuidado; aborrezcan hasta la ropa que haya sido contaminada por su *cuerpo.

Doxología

[24]¡Al único Dios, nuestro Salvador, que puede guardarlos para que no *caigan, y establecerlos sin tacha y con gran alegría ante su gloriosa presencia, [25]sea la gloria, la majestad, el dominio y la autoridad, por medio de Jesucristo nuestro Señor, antes de todos los siglos, ahora y para siempre! Amén.

---

a 1 *por.* Alt. *para.*
b 4 *señalados.* Lit. *inscritos de antemano.*
c 5 *el Señor.* Var. *Jesús.*
d 12 *un peligro oculto.* Lit. *escollos, o manchas.*
e 12 *Buscan ... provecho.* Lit. *Se pastorean a sí mismos.*
f 14 *ángeles.* Lit. *santos.*

APOCALIPSIS

Prólogo

1 Ésta es la revelación de *Jesucristo, que Dios le dio para mostrar a sus *siervos lo que sin demora tiene que suceder. Jesucristo envió a su ángel para dar a conocer la revelación a su siervo Juan, **2** quien por su parte da fe de la verdad, escribiendo todo lo que vio, a saber, la palabra de Dios y el testimonio de Jesucristo. **3** *Dichoso el que lee y dichosos los que escuchan las palabras de este mensaje profético y hacen caso de lo que aquí está escrito, porque el tiempo de su cumplimiento está cerca.

Saludos y doxología

4 Yo, Juan, escribo a las siete iglesias que están en la provincia de *Asia:

Gracia y paz a ustedes de parte de aquel que es y que era y que ha de venir; y de parte de los siete espíritus que están delante de su trono; **5** y de parte de *Jesucristo, el testigo fiel, el primogénito de la resurrección, el soberano de los reyes de la tierra.

Al que nos ama y que por su sangre nos ha librado de nuestros pecados, **6** al que ha hecho de nosotros un reino, sacerdotes al servicio de Dios su Padre, ¡a él sea la gloria y el poder por los siglos de los siglos! Amén.

7 ¡Miren que viene en las nubes! Y todos lo verán con sus propios ojos, incluso quienes lo traspasaron; y por él harán lamentación todos los pueblos de la tierra.

¡Así será! Amén.

8 «Yo soy el Alfa y la Omega —dice el Señor Dios—, el que es y que era y que ha de venir, el Todopoderoso.»

Alguien semejante al Hijo del hombre

9 Yo, Juan, hermano de ustedes y compañero en el sufrimiento, en el reino y en la perseverancia que tenemos en unión con Jesús, estaba en la isla de Patmos por causa de la palabra de Dios y del testimonio de Jesús. **10** En el día del Señor vino sobre mí el Espíritu, y oí detrás de mí una voz fuerte, como de trompeta, **11** que decía: «Escribe en un libro lo que veas y envíalo a las siete iglesias: a Éfeso, a Esmirna, a Pérgamo, a Tiatira, a Sardis, a Filadelfia y a Laodicea.» **12** Me volví para ver de quién era la voz que me hablaba y, al volverme, vi siete candelabros de oro. **13** En medio de los candelabros estaba alguien «semejante al Hijo del hombre»,[a] vestido con una túnica que le llegaba hasta los pies y ceñido con una banda de oro a la altura del pecho. **14** Su cabellera lucía blanca como la lana, como la nieve; y sus ojos resplandecían como llama de fuego. **15** Sus pies parecían bronce al rojo vivo en un horno, y su voz era tan fuerte como el estruendo de una catarata. **16** En su mano derecha tenía siete estrellas, y de su boca salía una aguda espada de dos filos. Su rostro era como el sol cuando brilla en todo su esplendor.

17 Al verlo, caí a sus pies como muerto; pero él, poniendo su mano derecha sobre mí, me dijo: «No tengas miedo. Yo soy el Primero y el Último, **18** y el que vive. Estuve muerto, pero ahora vivo por los siglos de los siglos, y tengo las llaves de la muerte y del infierno.[b]

19 Escribe, pues, lo que has visto, lo que sucede ahora y lo que sucederá después. **20** Ésta es la explicación del *misterio de las siete estrellas que viste en mi mano derecha, y de los siete candelabros de oro: las siete estrellas son los ángeles[c] de las siete iglesias, y los siete candelabros son las siete iglesias.

A la iglesia de Éfeso

2 »Escribe al ángel[d] de la iglesia de Éfeso: Esto dice el que tiene las siete estrellas en su mano derecha y se pasea en medio de los siete candelabros de oro: **2** Conozco tus obras, tu duro trabajo y tu perseverancia. Sé que no puedes soportar a los malvados, y que has puesto a *prueba a los que dicen ser apóstoles pero no lo son; y has descubierto que son falsos. **3** Has perseverado y sufrido por mi nombre, sin desanimarte.

4 Sin embargo, tengo en tu contra que has abandonado tu primer amor. **5** ¡Recuerda de dónde has caído! *Arrepiéntete y vuelve a practicar las obras que hacías al principio. Si no te arrepientes, iré y quitaré de su lugar tu candelabro. **6** Pero tienes a tu favor que aborreces las prácticas de los nicolaítas, las cuales yo también aborrezco.

7 El que tenga oídos, que oiga lo que el Espíritu dice a las iglesias. Al que salga vencedor le daré derecho a comer del árbol de la vida, que está en el paraíso de Dios.

A la iglesia de Esmirna

8 »Escribe al ángel de la iglesia de Esmirna: Esto dice el Primero y el Último, el que murió

---

y volvió a vivir: **9**Conozco tus sufrimientos y tu pobreza. ¡Sin embargo, eres rico! Sé cómo te calumnian los que dicen ser judíos pero que, en realidad, no son más que una sinagoga de Satanás. **10**No tengas miedo de lo que estás por sufrir. Te advierto que a algunos de ustedes el diablo los meterá en la cárcel para ponerlos a *prueba, y sufrirán persecución durante diez días. Sé fiel hasta la muerte, y yo te daré la corona de la vida.

11El que tenga oídos, que oiga lo que el Espíritu dice a las iglesias. El que salga vencedor no sufrirá daño alguno de la segunda muerte.

A la iglesia de Pérgamo

12»Escribe al ángel de la iglesia de Pérgamo: Esto dice el que tiene la aguda espada de dos filos: **13**Sé dónde vives: allí donde Satanás tiene su trono. Sin embargo, sigues fiel a mi nombre. No renegaste de tu fe en mí, ni siquiera en los días en que Antipas, mi testigo fiel, sufrió la muerte en esa ciudad donde vive Satanás.

14No obstante, tengo unas cuantas cosas en tu contra: que toleras ahí a los que se aferran a la doctrina de Balán, el que enseñó a Balac a poner *tropiezos a los israelitas, incitándolos a comer alimentos sacrificados a los ídolos y a cometer inmoralidades sexuales. **15**Toleras así mismo a los que sostienen la doctrina de los nicolaítas. **16**Por lo tanto, ¡*arrepiéntete! De otra manera, iré pronto a ti para pelear contra ellos con la espada que sale de mi boca.

17El que tenga oídos, que oiga lo que el Espíritu dice a las iglesias. Al que salga vencedor le daré del maná escondido, y le daré también una piedrecita blanca en la que está escrito un nombre nuevo que sólo conoce el que lo recibe.

A la iglesia de Tiatira

18»Escribe al ángel de la iglesia de Tiatira: Esto dice el Hijo de Dios, el que tiene ojos que resplandecen como llamas de fuego y pies que parecen bronce al rojo vivo: **19**Conozco tus obras, tu amor y tu fe, tu servicio y tu perseverancia, y sé que tus últimas obras son más abundantes que las primeras.

20Sin embargo, tengo en tu contra que toleras a Jezabel, esa mujer que dice ser profetisa. Con su enseñanza engaña a mis *siervos, pues los induce a cometer inmoralidades sexuales y a comer alimentos sacrificados a los ídolos. **21**Le he dado tiempo para que se *arrepienta de su inmoralidad, pero no quiere hacerlo. **22**Por

eso la voy a postrar en un lecho de dolor, y a los que cometen adulterio con ella los haré sufrir terriblemente, a menos que se arrepientan de lo que aprendieron de ella. **23**A los hijos de esa mujer los heriré de muerte. Así sabrán todas las iglesias que yo soy el que escudriña la mente y el corazón; y a cada uno de ustedes lo trataré de acuerdo con sus obras. **24**Ahora, al resto de los que están en Tiatira, es decir, a ustedes que no siguen esa enseñanza ni han aprendido los mal llamados "profundos secretos de Satanás", les digo que ya no les impondré ninguna otra carga. **25**Eso sí, retengan con firmeza lo que ya tienen, hasta que yo venga.

26Al que salga vencedor y cumpla mi voluntad*e* hasta el fin, le daré autoridad sobre las *naciones **27**—así como yo la he recibido de mi Padre— y "él las gobernará con puño de hierro;*f* las hará pedazos como a vasijas de barro".*g*

28También le daré la estrella de la mañana. **29**El que tenga oídos, que oiga lo que el Espíritu dice a las iglesias.

A la iglesia de Sardis

3 »Escribe al ángel*h* de la iglesia de Sardis: Esto dice el que tiene los siete espíritus de Dios y las siete estrellas: Conozco tus obras; tienes fama de estar vivo, pero en realidad estás muerto. **2**¡Despierta! Reaviva lo que aún es rescatable,*i* pues no he encontrado que tus obras sean perfectas delante de mi Dios. **3**Así que recuerda lo que has recibido y oído; obedécelo y *arrepiéntete. Si no te mantienes despierto, cuando menos lo esperes caeré sobre ti como un ladrón.

4Sin embargo, tienes en Sardis a unos cuantos que no se han manchado la ropa. Ellos, por ser dignos, andarán conmigo vestidos de blanco. **5**El que salga vencedor se vestirá de blanco. Jamás borraré su nombre del libro de la vida, sino que reconoceré su nombre delante de mi Padre y delante de sus ángeles. **6**El que tenga oídos, que oiga lo que el Espíritu dice a las iglesias.

A la iglesia de Filadelfia

7»Escribe al ángel de la iglesia de Filadelfia: Esto dice el Santo, el Verdadero, el que tiene la llave de David, el que abre y nadie puede cerrar, el que cierra y nadie puede abrir: **8**Conozco tus obras. Mira que delante de ti he dejado abierta una puerta que nadie puede cerrar. Ya sé que tus fuerzas son pocas, pero has obedecido mi palabra y no has renegado de mi nombre. **9**Voy a hacer que los de la sinagoga de Satanás, que dicen ser judíos pero que en realidad mienten, vayan y se postren a tus pies, y reconozcan que yo te he amado. **10**Ya que has guardado mi mandato de ser constante, yo por mi parte te

---

e **2:26** *cumpla mi voluntad.* Lit. *guarde mis obras.*
f **2:27** *gobernará ... hierro.* Lit. *pastoreará con cetro de hierro.*
g **2:27** Sal 2:9.
h **3:1** *ángel.* Alt. *mensajero;* también en vv. 7 y 14.
i **3:2** *Reaviva ... rescatable.* Lit. *Fortalece las otras cosas que están por morir.*

guardaré de la hora de *tentación, que vendrá sobre el mundo entero para poner a prueba a los que viven en la tierra.

11Vengo pronto. Aférrate a lo que tienes, para que nadie te quite la corona. 12Al que salga vencedor lo haré columna del templo de mi Dios, y ya no saldrá jamás de allí. Sobre él grabaré el nombre de mi Dios y el nombre de la nueva Jerusalén, ciudad de mi Dios, la que baja del cielo de parte de mi Dios; y también grabaré sobre él mi nombre nuevo. 13El que tenga oídos, que oiga lo que el Espíritu dice a las iglesias.

A la iglesia de Laodicea

14»Escribe al ángel de la iglesia de Laodicea: Esto dice el Amén, el testigo fiel y veraz, el soberano*j* de la creación de Dios: 15Conozco tus obras; sé que no eres ni frío ni caliente. ¡Ojalá fueras lo uno o lo otro! 16Por tanto, como no eres ni frío ni caliente, sino tibio, estoy por vomitarte de mi boca. 17Dices: "Soy rico; me he enriquecido y no me hace falta nada"; pero no te das cuenta de que el infeliz y miserable, el pobre, ciego y desnudo eres tú. 18Por eso te aconsejo que de mí compres oro refinado por el fuego, para que te hagas rico; ropas blancas para que te vistas y cubras tu vergonzosa desnudez; y colirio para que te lo pongas en los ojos y recobres la vista.

19Yo reprendo y disciplino a todos los que amo. Por lo tanto, sé fervoroso y *arrepiéntete. 20Mira que estoy a la puerta y llamo. Si alguno oye mi voz y abre la puerta, entraré, y cenaré con él, y él conmigo.

21Al que salga vencedor le daré el derecho de sentarse conmigo en mi trono, como también yo vencí y me senté con mi Padre en su trono. 22El que tenga oídos, que oiga lo que el Espíritu dice a las iglesias.»

El trono en el cielo

4 Después de esto miré, y allí en el cielo había una puerta abierta. Y la voz que me había hablado antes con sonido como de trompeta me dijo: «Sube acá: voy a mostrarte lo que tiene que suceder después de esto.» 2Al instante vino sobre mí el Espíritu y vi un trono en el cielo, y a alguien sentado en el trono. 3El que estaba sentado tenía un aspecto semejante a una piedra de jaspe y de cornalina. Alrededor del trono había un arco iris que se asemejaba a una esmeralda. 4Rodeaban al trono otros veinticuatro tronos, en los que estaban sentados veinticuatro *ancianos vestidos de blanco y con una corona de oro en la cabeza. 5Del trono salían relámpagos, estruendos*k* y truenos. Delante del trono ardían siete antorchas de fuego, que son los siete espíritus de Dios, 6y había algo parecido a un mar de vidrio, como de cristal transparente.

En el centro, alrededor del trono, había cuatro seres vivientes cubiertos de ojos por delante y por detrás. 7El primero de los seres vivientes era semejante a un león; el segundo, a un toro; el tercero tenía rostro como de hombre; el cuarto era semejante a un águila en vuelo. 8Cada uno de ellos tenía seis alas y estaba cubierto de ojos, por encima y por debajo de las alas. Y día y noche repetían sin cesar: «Santo, santo, santo es el Señor Dios Todopoderoso, el que era y que es y que ha de venir.»

9Cada vez que estos seres vivientes daban gloria, honra y acción de gracias al que estaba sentado en el trono, al que vive por los siglos de los siglos, 10los veinticuatro ancianos se postraban ante él y adoraban al que vive por los siglos de los siglos. Y rendían sus coronas delante del trono exclamando:

11«Digno eres, Señor y Dios nuestro, de recibir la gloria, la honra y el poder, porque tú creaste todas las cosas; por tu voluntad existen y fueron creadas.»

El rollo escrito y el Cordero

5 En la mano derecha del que estaba sentado en el trono vi un rollo escrito por ambos lados y sellado con siete sellos. 2También vi a un ángel poderoso que proclamaba a gran voz: «¿Quién es digno de romper los sellos y de abrir el rollo?» 3Pero ni en el cielo ni en la tierra, ni debajo de la tierra, hubo nadie capaz de abrirlo ni de examinar su contenido. 4Y lloraba yo mucho porque no se había encontrado a nadie que fuera digno de abrir el rollo ni de examinar su contenido. 5Uno de los *ancianos me dijo: «¡Deja de llorar, que ya el León de la tribu de Judá, la Raíz de David, ha vencido! Él sí puede abrir el rollo y sus siete sellos.»

6Entonces vi, en medio de los cuatro seres vivientes y del trono y los ancianos, a un Cordero que estaba de pie y parecía haber sido sacrificado. Tenía siete cuernos y siete ojos, que son los siete espíritus de Dios enviados por toda la tierra. 7Se acercó y recibió el rollo de la mano derecha del que estaba sentado en el trono. 8Cuando lo tomó, los cuatro seres vivientes y los veinticuatro ancianos se postraron delante del Cordero. Cada uno tenía un arpa y copas de oro llenas de incienso, que son las oraciones del *pueblo de Dios. 9Y entonaban este nuevo cántico: «Digno eres de recibir el rollo escrito y de romper sus sellos, porque fuiste sacrificado, y con tu sangre compraste para Dios gente de toda raza, lengua, pueblo y nación. 10De ellos hiciste un reino; los hiciste sacerdotes al

---

j 3:14 *soberano.* Lit. *comienzo u origen.*
k 4:5 *estruendos.* Lit. *voces;* y así en otros pasajes semejantes.

servicio de nuestro Dios, y reinarán sobre la tierra.»

[11] Luego miré, y oí la voz de muchos ángeles que estaban alrededor del trono, de los seres vivientes y de los ancianos. El número de ellos era millares de millares y millones de millones. [12] Cantaban con todas sus fuerzas: «¡Digno es el Cordero, que ha sido sacrificado, de recibir el poder, la riqueza y la sabiduría, la fortaleza y la honra, la gloria y la alabanza!»

[13] Y oí a cuanta criatura hay en el cielo, y en la tierra, y debajo de la tierra y en el mar, a todos en la creación, que cantaban: «¡Al que está sentado en el trono y al Cordero, sean la alabanza y la honra, la gloria y el poder, por los siglos de los siglos!»

[14] Los cuatro seres vivientes exclamaron: «¡Amén!», y los ancianos se postraron y adoraron.

Los sellos

6 Vi cuando el Cordero rompió el primero de los siete sellos, y oí a uno de los cuatro seres vivientes, que gritaba con voz de trueno: «¡Ven!» [2] Miré, ¡y apareció un caballo blanco! El jinete llevaba un arco; se le dio una corona, y salió como vencedor, para seguir venciendo.

[3] Cuando el Cordero rompió el segundo sello, oí al segundo ser viviente, que gritaba: «¡Ven!» [4] En eso salió otro caballo, de color rojo encendido. Al jinete se le entregó una gran espada; se le permitió quitar la paz de la tierra y hacer que sus habitantes se mataran unos a otros.

[5] Cuando el Cordero rompió el tercer sello, oí al tercero de los seres vivientes, que gritaba: «¡Ven!» Miré, ¡y apareció un caballo negro! El jinete tenía una balanza en la mano. [6] Y oí como una voz en medio de los cuatro seres vivientes, que decía: «Un kilo de trigo, o tres kilos de cebada, por el salario de un día; pero no afectes el precio del aceite y del vino.»[l]

[7] Cuando el Cordero rompió el cuarto sello, oí la voz del cuarto ser viviente, que gritaba: «¡Ven!» [8] Miré, ¡y apareció un caballo amarillento! El jinete se llamaba Muerte, y el Infierno[m] lo seguía de cerca. Y se les otorgó poder sobre la cuarta parte de la tierra, para matar por medio de la espada, el hambre, las epidemias y las fieras de la tierra.

[9] Cuando el Cordero rompió el quinto sello, vi debajo del altar las almas de los que habían sufrido el martirio por causa de la palabra de Dios y por mantenerse fieles en su testimonio. [10] Gritaban a gran voz: «¿Hasta cuándo, Soberano Señor, santo y veraz, seguirás sin juzgar a los habitantes de la tierra y sin vengar nuestra muerte?» [11] Entonces cada uno de ellos recibió ropas blancas, y se les dijo que esperaran un poco más, hasta que se completara el número de sus consiervos y hermanos que iban a sufrir el martirio como ellos.

[12] Vi que el Cordero rompió el sexto sello, y se produjo un gran terremoto. El sol se oscureció como si se hubiera vestido de luto,[n] la luna entera se tornó roja como la sangre, [13] y las estrellas del firmamento cayeron sobre la tierra, como caen los higos verdes de la higuera sacudida por el vendaval. [14] El firmamento desapareció como cuando se enrolla un pergamino, y todas las montañas y las islas fueron removidas de su lugar.

[15] Los reyes de la tierra, los magnates, los jefes militares, los ricos, los poderosos, y todos los demás, esclavos y libres, se escondieron en las cuevas y entre las peñas de las montañas. [16] Todos gritaban a las montañas y a las peñas: «¡Caigan sobre nosotros y escóndannos de la mirada del que está sentado en el trono y de la ira del Cordero, [17] porque ha llegado el gran día del castigo! ¿Quién podrá mantenerse en pie?»

Los 144:000 sellados

7 Después de esto vi a cuatro ángeles en los cuatro ángulos de la tierra. Estaban allí de pie, deteniendo los cuatro vientos para que éstos no se desataran sobre la tierra, el mar y los árboles. [2] Vi también a otro ángel que venía del oriente con el sello del Dios vivo. Gritó con voz potente a los cuatro ángeles a quienes se les había permitido hacer daño a la tierra y al mar: [3] «¡No hagan daño ni a la tierra, ni al mar ni a los árboles, hasta que hayamos puesto un sello en la frente de los *siervos de nuestro Dios!» [4] Y oí el número de los que fueron sellados: ciento cuarenta y cuatro mil de todas las tribus de Israel.

[5] De la tribu de Judá fueron sellados doce mil; de la tribu de Rubén, doce mil; de la tribu de Gad, doce mil; [6] de la tribu de Aser, doce mil; de la tribu de Neftalí, doce mil; de la tribu de Manasés, doce mil; [7] de la tribu de Simeón, doce mil; de la tribu de Leví, doce mil; de la tribu de Isacar, doce mil; [8] de la tribu de Zabulón, doce mil; de la tribu de José, doce mil; de la tribu de Benjamín, doce mil.

La gran multitud con túnicas blancas

[9] Después de esto miré, y apareció una multitud tomada de todas las naciones, tribus, pueblos y lenguas; era tan grande que nadie podía contarla. Estaban de pie delante del trono y del Cordero, vestidos de túnicas blancas y con ramas de palma en la mano. [10] Gritaban a gran

---

l 6:6 *por el salario ... vino*. Lit. *por un denario, y no dañes el aceite ni el vino.*
m 6:8 *Infierno*. Lit. *Hades.*
n 6:12 *se oscureció ... luto*. Lit. *se puso negro como un saco hecho de pelo* (es decir, pelo de cabra).

voz: «¡La salvación viene de nuestro Dios, que está sentado en el trono, y del Cordero!»

11Todos los ángeles estaban de pie alrededor del trono, de los *ancianos y de los cuatro seres vivientes. Se postraron rostro en tierra delante del trono, y adoraron a Dios **12**diciendo: «¡Amén! La alabanza, la gloria, la sabiduría, la acción de gracias, la honra, el poder y la fortaleza son de nuestro Dios por los siglos de los siglos. ¡Amén!»

13Entonces uno de los ancianos me preguntó:

—Esos que están vestidos de blanco, ¿quiénes son, y de dónde vienen?

14—Eso usted lo sabe, mi señor —respondí.

Él me dijo:

—Aquéllos son los que están saliendo de la gran tribulación; han lavado y blanqueado sus túnicas en la sangre del Cordero.

15Por eso, están delante del trono de Dios, y día y noche le sirven en su templo; y el que está sentado en el trono les dará refugio en su santuario.ñ

16Ya no sufrirán hambre ni sed. No los abatirá el sol ni ningún calor abrasador.

17Porque el Cordero que está en el trono los pastoreará y los guiará a fuentes de agua viva; y Dios les enjugará toda lágrima de sus ojos.

El séptimo sello y el incensario de oro

8 Cuando el Cordero rompió el séptimo sello, hubo silencio en el cielo como por media hora.

2Y vi a los siete ángeles que están de pie delante de Dios, a los cuales se les dieron siete trompetas.

3Se acercó otro ángel y se puso de pie frente al altar. Tenía un incensario de oro, y se le entregó mucho incienso para ofrecerlo, junto con las oraciones de todo el *pueblo de Dios, sobre el altar de oro que está delante del trono. **4**Y junto con esas oraciones, subió el humo del incienso desde la mano del ángel hasta la presencia de Dios. **5**Luego el ángel tomó el incensario y lo llenó con brasas del altar, las cuales arrojó sobre la tierra; y se produjeron truenos, estruendos,o relámpagos y un terremoto.

Las trompetas

6Los siete ángeles que tenían las siete trompetas se dispusieron a tocarlas.

7Tocó el primero su trompeta, y fueron arrojados sobre la tierra granizo y fuego mezclados con sangre. Y se quemó la tercera parte de la tierra, la tercera parte de los árboles y toda la hierba verde.

8Tocó el segundo ángel su trompeta, y fue arrojado al mar algo que parecía una enorme montaña envuelta en llamas. La tercera parte del mar se convirtió en sangre, **9**y murió la tercera parte de las criaturas que viven en el mar; también fue destruida la tercera parte de los barcos.

10Tocó el tercer ángel su trompeta, y una enorme estrella, que ardía como una antorcha, cayó desde el cielo sobre la tercera parte de los ríos y sobre los manantiales. **11**La estrella se llama Amargura.p Y la tercera parte de las aguas se volvió amarga, y por causa de esas aguas murió mucha gente.

12Tocó el cuarto ángel su trompeta, y fue asolada la tercera parte del sol, de la luna y de las estrellas, de modo que se oscureció la tercera parte de ellos. Así quedó sin luz la tercera parte del día y la tercera parte de la noche.

13Seguí observando, y oí un águila que volaba en medio del cielo y gritaba fuertemente: «¡Ay! ¡Ay! ¡Ay de los habitantes de la tierra cuando suenen las tres trompetas que los últimos tres ángeles están a punto de tocar!»

9 Tocó el quinto ángel su trompeta, y vi que había caído del cielo a la tierra una estrella, a la cual se le entregó la llave del pozo del *abismo. **2**Lo abrió, y del pozo subió una humareda, como la de un horno gigantesco; y la humareda oscureció el sol y el aire. **3**De la humareda descendieron langostas sobre la tierra, y se les dio poder como el que tienen los escorpiones de la tierra. **4**Se les ordenó que no dañaran la hierba de la tierra, ni ninguna planta ni ningún árbol, sino sólo a las personas que no llevaran en la frente el sello de Dios. **5**No se les dio permiso para matarlas sino sólo para torturarlas durante cinco meses. Su tormento es como el producido por la picadura de un escorpión. **6**En aquellos días la gente buscará la muerte, pero no la encontrará; desearán morir, pero la muerte huirá de ellos.

7El aspecto de las langostas era como de caballos equipados para la guerra. Llevaban en la cabeza algo que parecía una corona de oro, y su cara se asemejaba a un rostro humano. **8**Su crin parecía cabello de mujer, y sus dientes eran como de león. **9**Llevaban coraza como de hierro, y el ruido de sus alas se escuchaba como el estruendo de carros de muchos caballos que se lanzan a la batalla. **10**Tenían cola y aguijón como de escorpión; y en la cola tenían poder para torturar a la gente durante cinco meses. **11**El rey que los dirigía era el ángel del abismo, que en hebreo se llama Abadón y en griego Apolión.q

12El primer ¡ay! ya pasó, pero vienen todavía otros dos.

ñ **7:15** *les dará … santuario.* Lit. *extenderá su tienda sobre ellos.*
o **8:5** *estruendos.* Lit. *voces.*
p **8:11** *Amargura.* Lit. *Ajenjo.*
q **9:11** *Abadón y Apolión* significan *Destructor.*

¹³Tocó el sexto ángel su trompeta, y oí una voz que salía de entre los cuernos del altar de oro que está delante de Dios. ¹⁴A este ángel que tenía la trompeta, la voz le dijo: «Suelta a los cuatro ángeles que están atados a la orilla del gran río Éufrates.» ¹⁵Así que los cuatro ángeles que habían sido preparados precisamente para esa hora, y ese día, mes y año, quedaron sueltos para matar a la tercera parte de la *humanidad. ¹⁶Oí que el número de las tropas de caballería llegaba a doscientos millones.

¹⁷Así vi en la visión a los caballos y a sus jinetes: Tenían coraza de color rojo encendido, azul violeta y amarillo como azufre. La cabeza de los caballos era como de león, y por la boca echaban fuego, humo y azufre. ¹⁸La tercera parte de la humanidad murió a causa de las tres plagas de fuego, humo y azufre que salían de la boca de los caballos. ¹⁹Es que el poder de los caballos radicaba en su boca y en su cola; pues sus colas, semejantes a serpientes, tenían cabezas con las que hacían daño.

²⁰El resto de la humanidad, los que no murieron a causa de estas plagas, tampoco se *arrepintieron de sus malas acciones ni dejaron de adorar a los demonios y a los ídolos de oro, plata, bronce, piedra y madera, los cuales no pueden ver ni oír ni caminar. ²¹Tampoco se arrepintieron de sus asesinatos ni de sus artes mágicas, inmoralidad sexual y robos.

El ángel y el rollo pequeño

10 Después vi a otro ángel poderoso que bajaba del cielo envuelto en una nube. Un arco iris rodeaba su cabeza; su rostro era como el sol, y sus piernas parecían columnas de fuego. ²Llevaba en la mano un pequeño rollo escrito que estaba abierto. Puso el pie derecho sobre el mar y el izquierdo sobre la tierra, ³y dio un grito tan fuerte que parecía el rugido de un león. Entonces los siete truenos levantaron también sus voces. ⁴Una vez que hablaron los siete truenos, estaba yo por escribir, pero oí una voz del cielo que me decía: «Guarda en secreto lo que han dicho los siete truenos, y no lo escribas.»

⁵El ángel que yo había visto de pie sobre el mar y sobre la tierra levantó al cielo su mano derecha ⁶y juró por el que vive por los siglos de los siglos, el que creó el cielo, la tierra, el mar y todo lo que hay en ellos, y dijo: «¡El tiempo ha terminado! ⁷En los días en que hable el séptimo ángel, cuando comience a tocar su trompeta, se cumplirá el designio *secreto de Dios, tal y como lo anunció a sus *siervos los profetas.»

⁸La voz del cielo que yo había escuchado se dirigió a mí de nuevo: «Acércate al ángel que

está de pie sobre el mar y sobre la tierra, y toma el rollo que tiene abierto en la mano.»

⁹Me acerqué al ángel y le pedí que me diera el rollo. Él me dijo: «Tómalo y cómetelo. Te amargará las entrañas, pero en la boca te sabrá dulce como la miel.» ¹⁰Lo tomé de la mano del ángel y me lo comí. Me supo dulce como la miel, pero al comérmelo se me amargaron las entrañas. ¹¹Entonces se me ordenó: «Tienes que volver a profetizar acerca de muchos pueblos, naciones, lenguas y reyes.»

Los dos testigos

11 Se me dio una caña que servía para medir, y se me ordenó: «Levántate y mide el templo de Dios y el altar, y calcula cuántos pueden adorar allí. ²Pero no incluyas el atrio exterior del templo; no lo midas, porque ha sido entregado a las naciones paganas, las cuales pisotearán la ciudad santa durante cuarenta y dos meses. ³Por mi parte, yo encargaré a mis dos testigos que, vestidos de luto,ʳ profeticen durante mil doscientos sesenta días.» ⁴Estos dos testigos son los dos olivos y los dos candelabros que permanecen delante del Señor de la tierra. ⁵Si alguien quiere hacerles daño, ellos lanzan fuego por la boca y consumen a sus enemigos. Así habrá de morir cualquiera que intente hacerles daño. ⁶Estos testigos tienen poder para cerrar el cielo a fin de que no llueva mientras estén profetizando; y tienen poder para convertir las aguas en sangre y para azotar la tierra, cuantas veces quieran, con toda clase de plagas.

⁷Ahora bien, cuando hayan terminado de dar su testimonio, la bestia que sube del *abismo les hará la guerra, los vencerá y los matará. ⁸Sus cadáveres quedarán tendidos en la plaza de la gran ciudad, llamada en sentido figuradoˢ Sodoma y Egipto, donde también fue crucificado su Señor. ⁹Y gente de todo pueblo, tribu, lengua y nación contemplará sus cadáveres por tres días y medio, y no permitirá que se les dé sepultura. ¹⁰Los habitantes de la tierra se alegrarán de su muerte y harán fiesta e intercambiarán regalos, porque estos dos profetas les estaban haciendo la vida imposible.

¹¹Pasados los tres días y medio, entró en ellos un aliento de vida enviado por Dios, y se pusieron de pie, y quienes los observaban quedaron sobrecogidos de terror. ¹²Entonces los dos testigos oyeron una potente voz del cielo que les decía: «Suban acá.» Y subieron al cielo en una nube, a la vista de sus enemigos.

¹³En ese mismo instante se produjo un violento terremoto y se derrumbó la décima parte de la ciudad. Perecieron siete mil personas, pero los sobrevivientes, llenos de temor, dieron gloria al Dios del cielo.

ʳ **11:3** *luto.* Lit. *cilicio.*
ˢ **11:8** *en sentido figurado.* Lit. *espiritualmente.*

14El segundo ¡ay! ya pasó, pero se acerca el tercero.

La séptima trompeta

15Tocó el séptimo ángel su trompeta, y en el cielo resonaron fuertes voces que decían: «El reino del mundo ha pasado a ser de nuestro Señor y de su *Cristo, y él reinará por los siglos de los siglos.»

16Los veinticuatro *ancianos que estaban sentados en sus tronos delante de Dios se postraron rostro en tierra y adoraron a Dios 17diciendo: «Señor, Dios Todopoderoso, que eres y que eras,t te damos gracias porque has asumido tu gran poder y has comenzado a reinar. 18Las *naciones se han enfurecido; pero ha llegado tu castigo, el momento de juzgar a los muertos, y de recompensar a tus *siervos los profetas, a tus *santos y a los que temen tu nombre, sean grandes o pequeños, y de destruir a los que destruyen la tierra.»

19Entonces se abrió en el cielo el templo de Dios; allí se vio el arca de su pacto, y hubo relámpagos, estruendos, truenos, un terremoto y una fuerte granizada.

La mujer y el dragón

12 Apareció en el cielo una señal maravillosa: una mujer revestida del sol, con la luna debajo de sus pies y con una corona de doce estrellas en la cabeza. 2Estaba encinta y gritaba por los dolores y angustias del parto. 3Y apareció en el cielo otra señal: un enorme dragón de color rojo encendido que tenía siete cabezas y diez cuernos, y una diadema en cada cabeza. 4Con la cola arrastró la tercera parte de las estrellas del cielo y las arrojó sobre la tierra. Cuando la mujer estaba a punto de dar a luz, el dragón se plantó delante de ella para devorar a su hijo tan pronto como naciera. 5Ella dio a luz un hijo varón que gobernará a todas las *naciones con puño de hierro.u Pero su hijo fue arrebatado y llevado hasta Dios, que está en su trono. 6Y la mujer huyó al desierto, a un lugar que Dios le había preparado para que allí la sustentaran durante mil doscientos sesenta días.

7Se desató entonces una guerra en el cielo: Miguel y sus ángeles combatieron al dragón; éste y sus ángeles, a su vez, les hicieron frente, 8pero no pudieron vencer, y ya no hubo lugar para ellos en el cielo. 9Así fue expulsado el gran dragón, aquella serpiente antigua que se llama Diablo y Satanás, y que engaña al mundo entero. Junto con sus ángeles, fue arrojado a la tierra.

10Luego oí en el cielo un gran clamor: «Han llegado ya la salvación y el poder y el reino de nuestro Dios; ha llegado ya la autoridad de su *Cristo. Porque ha sido expulsado el acusador de nuestros hermanos, el que los acusaba día y noche delante de nuestro Dios. 11Ellos lo han vencido por medio de la sangre del Cordero y por el mensaje del cual dieron testimonio; no valoraron tanto su *vida como para evitar la muerte. 12Por eso, ¡alégrense, cielos, y ustedes que los habitan! Pero ¡ay de la tierra y del mar! El diablo, lleno de furor, ha descendido a ustedes, porque sabe que le queda poco tiempo.»

13Cuando el dragón se vio arrojado a la tierra, persiguió a la mujer que había dado a luz al varón. 14Pero a la mujer se le dieron las dos alas de la gran águila, para que volara al desierto, al lugar donde sería sustentada durante un tiempo y tiempos y medio tiempo, lejos de la vista de la serpiente. 15La serpiente, persiguiendo a la mujer, arrojó por sus fauces agua como un río, para que la corriente la arrastrara. 16Pero la tierra ayudó a la mujer: abrió la boca y se tragó el río que el dragón había arrojado por sus fauces. 17Entonces el dragón se enfureció contra la mujer, y se fue a hacer guerra contra el resto de sus descendientes, los cuales obedecen los mandamientos de Dios y se mantienen fieles al testimonio de Jesús.

13 Y el dragón se plantóv a la orilla del mar.

La bestia que surge del mar

Entonces vi que del mar subía una bestia, la cual tenía diez cuernos y siete cabezas. En cada cuerno tenía una diadema, y en cada cabeza un nombre *blasfemo contra Dios. 2La bestia parecía un leopardo, pero tenía patas como de oso y fauces como de león. El dragón le confirió a la bestia su poder, su trono y gran autoridad. 3Una de las cabezas de la bestia parecía haber sufrido una herida mortal, pero esa herida ya había sido sanada. El mundo entero, fascinado, iba tras la bestia 4y adoraba al dragón porque había dado su autoridad a la bestia. También adoraban a la bestia y decían: «¿Quién como la bestia? ¿Quién puede combatirla?»

5A la bestia se le permitió hablar con arrogancia y proferir blasfemias contra Dios, y le confirió autoridad para actuar durante cuarenta y dos meses. 6Abrió la boca para blasfemar contra Dios, para maldecir su nombre y su morada y a los que viven en el cielo. 7También se le permitió hacer la guerra a los *santos y vencerlos, y se le dio autoridad sobre toda raza, pueblo, lengua y nación. 8A la bestia la adorarán todos los habitantes de la tierra, aquellos cuyos nombres no han sido escritos en el libro de la vida, el libro del Cordero que fue sacrificado desde la creación del mundo.w

---

t 11:17 eras. Var. eras y que has de venir.
u 12:5 gobernará ... con puño de hierro. Lit. pastoreará ... con cetro de hierro.
v 13:1 el dragón se plantó. Var. yo estaba de pie.
w 13:8 escritos ... mundo. Alt. escritos desde la creación del mundo en el libro de la vida, el libro del Cordero que fue sacrificado.

9El que tenga oídos, que oiga.

10El que deba ser llevado cautivo, a la cautividad irá. El que deba morir*x* a espada, a filo de espada morirá. ¡En esto consisten*y* la perseverancia y la *fidelidad de los santos!

La bestia que sube de la tierra

11Después vi que de la tierra subía otra bestia. Tenía dos cuernos como de cordero, pero hablaba como dragón. **12**Ejercía toda la autoridad de la primera bestia en presencia de ella, y hacía que la tierra y sus habitantes adoraran a la primera bestia, cuya herida mortal había sido sanada. **13**También hacía grandes señales milagrosas, incluso la de hacer caer fuego del cielo a la tierra, a la vista de todos. **14**Con estas señales que se le permitió hacer en presencia de la primera bestia, engañó a los habitantes de la tierra. Les ordenó que hicieran una imagen en honor de la bestia que, después de ser herida a espada, revivió. **15**Se le permitió infundir vida a la imagen de la primera bestia, para que hablara y mandara matar a quienes no adoraran la imagen. **16**Además logró que a todos, grandes y pequeños, ricos y pobres, libres y esclavos, se les pusiera una marca en la mano derecha o en la frente, **17**de modo que nadie pudiera comprar ni vender, a menos que llevara la marca, que es el nombre de la bestia o el número de ese nombre.

18En esto consiste*z* la sabiduría: el que tenga entendimiento, calcule el número de la bestia, pues es número de un ser *humano: seiscientos sesenta y seis.

El Cordero y los 144,000

14 Luego miré, y apareció el Cordero. Estaba de pie sobre el monte Sión, en compañía de ciento cuarenta y cuatro mil personas que llevaban escrito en la frente el nombre del Cordero y de su Padre. **2**Oí un sonido que venía del cielo, como el estruendo de una catarata y el retumbar de un gran trueno. El sonido se parecía al de músicos que tañen sus arpas. **3**Y cantaban un himno nuevo delante del trono y delante de los cuatro seres vivientes y de los *ancianos. Nadie podía aprender aquel himno, aparte de los ciento cuarenta y cuatro mil que habían sido rescatados de la tierra. **4**Éstos se mantuvieron puros, sin contaminarse con ritos sexuales.*a* Son los que siguen al Cordero por dondequiera que va. Fueron rescatados como los primeros frutos de la *humanidad para Dios

y el Cordero. **5**No se encontró mentira alguna en su boca, pues son intachables.

Los tres ángeles

6Luego vi a otro ángel que volaba en medio del cielo, y que llevaba el *evangelio eterno para anunciarlo a los que viven en la tierra, a toda nación, raza, lengua y pueblo. **7**Gritaba a gran voz: «Teman a Dios y denle gloria, porque ha llegado la hora de su juicio. Adoren al que hizo el cielo, la tierra, el mar y los manantiales.»

8Lo seguía un segundo ángel que gritaba: «¡Ya cayó! Ya cayó la gran Babilonia, la que hizo que todas las *naciones bebieran el excitante vino*b* de su adulterio.»

9Los seguía un tercer ángel que clamaba a grandes voces: «Si alguien adora a la bestia y a su imagen, y se deja poner en la frente o en la mano la marca de la bestia, **10**beberá también el vino del furor de Dios, que en la copa de su ira está puro, no diluido. Será atormentado con fuego y azufre, en presencia de los santos ángeles y del Cordero. **11**El humo de ese tormento sube por los siglos de los siglos. No habrá descanso ni de día ni de noche para el que adore a la bestia y su imagen, ni para quien se deje poner la marca de su nombre.» **12**¡En esto consiste*c* la perseverancia de los *santos, los cuales obedecen los mandamientos de Dios y se mantienen fieles a Jesús!

13Entonces oí una voz del cielo, que decía: «Escribe: *Dichosos los que de ahora en adelante mueren en el Señor.»

«Sí —dice el Espíritu—, ellos descansarán de sus fatigosas tareas, pues sus obras los acompañan.»

La cosecha de la tierra

14Miré, y apareció una nube blanca, sobre la cual estaba sentado alguien «semejante al Hijo del hombre».*d* En la cabeza tenía una corona de oro, y en la mano, una hoz afilada. **15**Entonces salió del templo otro ángel y le gritó al que estaba sentado en la nube: «Mete la hoz y recoge la cosecha; ya es tiempo de segar, pues la cosecha de la tierra está madura.» **16**Así que el que estaba sentado sobre la nube pasó la hoz, y la tierra fue segada.

17Del templo que está en el cielo salió otro ángel, que también llevaba una hoz afilada. **18**Del altar salió otro ángel, que tenía autoridad sobre el fuego, y le gritó al que llevaba la hoz afilada: «Mete tu hoz y corta los racimos del viñedo de la tierra, porque sus uvas ya están maduras.» **19**El ángel pasó la hoz sobre la tierra, recogió las uvas y las echó en el gran lagar de la ira de Dios. **20**Las uvas fueron exprimidas fuera de la ciudad, y del lagar salió sangre, la cual llegó hasta los frenos de los caballos en una extensión de trescientos kilómetros.*e*

---

x 13:10 que deba morir. Var. *que mata.*
y 13:10 En esto consisten. Alt. *Aquí se verán.*
z 13:18 En esto consiste. Alt. *Aquí se verá.*
a 14:4 Éstos … sexuales. Lit. *Éstos no se contaminaron con mujeres, pues son vírgenes.*
b 14:8 el excitante vino. Lit. *el vino del furor.*
c 14:12 En esto consiste. Alt. *Aquí se verá.*
d 14:14 Dn 7:13.
e 14:20 trescientos kilómetros. Lit. *mil seiscientos estadios.*

Siete ángeles con siete plagas

15 Vi en el cielo otra señal grande y maravillosa: siete ángeles con las siete plagas, que son las últimas, pues con ellas se consumará la ira de Dios. **2**Vi también un mar como de vidrio mezclado con fuego. De pie, a la orilla del mar, estaban los que habían vencido a la bestia, a su imagen y al número de su nombre. Tenían las arpas que Dios les había dado, **3**y cantaban el himno de Moisés, *siervo de Dios, y el himno del Cordero: «Grandes y maravillosas son tus obras, Señor, Dios Todopoderoso. Justos y verdaderos son tus caminos, Rey de las *naciones.*ᶠ* **4**¿Quién no te temerá, oh Señor? ¿Quién no glorificará tu nombre? Sólo tú eres santo. Todas las naciones vendrán y te adorarán, porque han salido a la luz las obras de tu justicia.»

5Después de esto miré, y en el cielo se abrió el templo, el tabernáculo del testimonio. **6**Del templo salieron los siete ángeles que llevaban las siete plagas. Estaban vestidos de lino limpio y resplandeciente, y ceñidos con bandas de oro a la altura del pecho. **7**Uno de los cuatro seres vivientes dio a cada uno de los siete ángeles una copa de oro llena del furor de Dios, quien vive por los siglos de los siglos. **8**El templo se llenó del humo que procedía de la gloria y del poder de Dios, y nadie podía entrar allí hasta que se terminaran las siete plagas de los siete ángeles.

Las siete copas de la ira de Dios

16 Oí una voz que desde el templo decía a gritos a los siete ángeles: «¡Vayan y derramen sobre la tierra las siete copas del furor de Dios!»

2El primer ángel fue y derramó su copa sobre la tierra, y a toda la gente que tenía la marca de la bestia y que adoraba su imagen le salió una llaga maligna y repugnante.

3El segundo ángel derramó su copa sobre el mar, y el mar se convirtió en sangre como de gente masacrada, y murió todo ser viviente que había en el mar.

4El tercer ángel derramó su copa sobre los ríos y los manantiales, y éstos se convirtieron en sangre. **5**Oí que el ángel de las aguas decía: «Justo eres tú, el Santo, que eres y que eras, porque juzgas así: **6**ellos derramaron la sangre de *santos y de profetas, y tú les has dado a beber sangre, como se lo merecen.»

7Oí también que el altar respondía: «Así es, Señor, Dios Todopoderoso, verdaderos y justos son tus juicios.»

8El cuarto ángel derramó su copa sobre el sol, al cual se le permitió quemar con fuego a la gente. **9**Todos sufrieron terribles quemaduras, pero ni así se *arrepintieron; en vez de darle

gloria a Dios, que tiene poder sobre esas plagas, maldijeron su nombre.

10El quinto ángel derramó su copa sobre el trono de la bestia, y el reino de la bestia quedó sumido en la oscuridad. La gente se mordía la lengua de dolor **11**y, por causa de sus padecimientos y de sus llagas, maldecían al Dios del cielo, pero no se arrepintieron de sus malas obras.

12El sexto ángel derramó su copa sobre el gran río Éufrates, y se secaron sus aguas para abrir paso a los reyes del oriente. **13**Y vi salir de la boca del dragón, de la boca de la bestia y de la boca del falso profeta tres espíritus malignos que parecían ranas. **14**Son espíritus de demonios que hacen señales milagrosas y que salen a reunir a los reyes del mundo entero para la batalla del gran día del Dios Todopoderoso.

15«¡Cuidado! ¡Vengo como un ladrón! *Dichoso el que se mantenga despierto, con su ropa a la mano, no sea que ande desnudo y sufra vergüenza por su desnudez.»

16Entonces los espíritus de los demonios reunieron a los reyes en el lugar que en hebreo se llama Armagedón.

17El séptimo ángel derramó su copa en el aire, y desde el trono del templo salió un vozarrón que decía: «¡Se acabó!» **18**Y hubo relámpagos, estruendos, truenos y un violento terremoto. Nunca, desde que el género *humano existe en la tierra, se había sentido un terremoto tan grande y violento. **19**La gran ciudad se partió en tres, y las ciudades de las *naciones se desplomaron. Dios se acordó de la gran Babilonia y le dio a beber de la copa llena del vino del furor de su castigo. **20**Entonces huyeron todas las islas y desaparecieron las montañas. **21**Del cielo cayeron sobre la gente enormes granizos, de casi cuarenta kilos cada uno.ᵍ Y maldecían a Dios por esa terrible plaga.

La mujer montada en la bestia

17 Uno de los siete ángeles que tenían las siete copas se me acercó y me dijo: «Ven, y te mostraré el castigo de la gran prostituta que está sentada sobre muchas aguas. **2**Con ella cometieron adulterio los reyes de la tierra, y los habitantes de la tierra se embriagaron con el vino de su inmoralidad.»

3Luego el ángel me llevó en el Espíritu a un desierto. Allí vi a una mujer montada en una bestia escarlata. La bestia estaba cubierta de nombres *blasfemos contra Dios, y tenía siete cabezas y diez cuernos. **4**La mujer estaba vestida de púrpura y escarlata, y adornada con oro, piedras preciosas y perlas. Tenía en la mano una copa de oro llena de abominaciones y de la inmundicia de sus adulterios. **5**En la frente

---

ᶠ **15:3** *de las naciones.* Var. *de los siglos.*
ᵍ **16:21** *granizos ... cada uno.* Lit. *granizos como talentos.*

llevaba escrito un nombre misterioso: LA GRAN BABILONIA MADRE DE LAS PROSTITUTAS Y DE LAS ABOMINABLES IDOLATRÍAS DE LA TIERRA.

6Vi que la mujer se había emborrachado con la sangre de los *santos y de los mártires de Jesús.

Al verla, quedé sumamente asombrado. 7Entonces el ángel me dijo: «¿Por qué te asombras? Yo te explicaré el misterio de esa mujer y de la bestia de siete cabezas y diez cuernos en la que va montada. 8La bestia que has visto es la que antes era pero ya no es, y está a punto de subir del *abismo, pero va rumbo a la destrucción. Los habitantes de la tierra, cuyos nombres, desde la creación del mundo, no han sido escritos en el libro de la vida, se asombrarán al ver a la bestia, porque antes era pero ya no es, y sin embargo reaparecerá.

9»¡En esto consisten[h] el entendimiento y la sabiduría! Las siete cabezas son siete colinas sobre las que está sentada esa mujer. 10También son siete reyes: cinco han caído, uno está gobernando, el otro no ha llegado todavía; pero cuando llegue, es preciso que dure poco tiempo. 11La bestia, que antes era pero ya no es, es el octavo rey. Está incluido entre los siete, y va rumbo a la destrucción.

12»Los diez cuernos que has visto son diez reyes que todavía no han comenzado a reinar, pero que por una hora recibirán autoridad como reyes, junto con la bestia. 13Éstos tienen un mismo propósito, que es poner su poder y autoridad a disposición de la bestia. 14Le harán la guerra al Cordero, pero el Cordero los vencerá, porque es Señor de señores y Rey de reyes, y los que están con él son sus llamados, sus escogidos y sus fieles.

15Además el ángel me dijo: «Las aguas que has visto, donde está sentada la prostituta, son pueblos, multitudes, naciones y lenguas. 16Los diez cuernos y la bestia que has visto le cobrarán odio a la prostituta. Causarán su ruina y la dejarán desnuda; devorarán su cuerpo y la destruirán con fuego, 17porque Dios les ha puesto en el corazón que lleven a cabo su divino propósito. Por eso, y de común acuerdo, ellos le entregarán a la bestia el poder que tienen de gobernar, hasta que se cumplan las palabras de Dios. 18La mujer que has visto es aquella gran ciudad que tiene poder de gobernar sobre los reyes de la tierra.»

La caída de Babilonia

18 Después de esto vi a otro ángel que bajaba del cielo. Tenía mucho poder, y la tierra se iluminó con su resplandor. 2Gritó a gran voz: «¡Ha caído! ¡Ha caído la gran Babilonia!

Se ha convertido en morada de demonios y en guarida de todo espíritu *maligno, en nido de toda ave *impura y detestable. 3Porque todas las *naciones han bebido el excitante vino de su adulterio; los reyes de la tierra cometieron adulterio con ella, y los comerciantes de la tierra se enriquecieron a costa de lo que ella despilfarraba en sus lujos.»

4Luego oí otra voz del cielo que decía: «Salgan de ella, pueblo mío, para que no sean cómplices de sus pecados, ni los alcance ninguna de sus plagas; 5pues sus pecados se han amontonado hasta el cielo, y de sus injusticias se ha acordado Dios. 6Páguenle con la misma moneda; denle el doble de lo que ha cometido, y en la misma copa en que ella preparó bebida mézclenle una doble porción. 7En la medida en que ella se entregó a la vanagloria y al arrogante lujo denle tormento y aflicción; porque en su corazón se jacta: "Estoy sentada como reina; no soy viuda ni sufriré jamás." 8Por eso, en un solo día le sobrevendrán sus plagas: pestilencia, aflicción y hambre. Será consumida por el fuego, porque poderoso es el Señor Dios que la juzga.»

9Cuando los reyes de la tierra que cometieron adulterio con ella y compartieron su lujo vean el humo del fuego que la consume, llorarán de dolor por ella. 10Aterrorizados al ver semejante castigo, se mantendrán a distancia y gritarán: «¡Ay! ¡Ay de ti, la gran ciudad, Babilonia, ciudad poderosa, porque en una sola hora ha llegado tu juicio!»

11Los comerciantes de la tierra llorarán y harán duelo por ella, porque ya no habrá quien les compre sus mercaderías: 12artículos de oro, plata, piedras preciosas y perlas; lino fino, púrpura, telas de seda y escarlata; toda clase de maderas de cedro; los más variados objetos, hechos de marfil, de madera preciosa, de bronce, de hierro y de mármol; 13cargamentos de canela y especias aromáticas; de incienso, mirra y perfumes; de vino y aceite; de harina refinada y trigo; de ganado vacuno y de corderos; de caballos y carruajes; y hasta de seres *humanos, vendidos como esclavos.

14Y dirán: «Se ha apartado de ti el fruto que con toda el alma codiciabas. Has perdido todas tus cosas suntuosas y espléndidas, y nunca las recuperarás.» 15Los comerciantes que vendían estas mercaderías y se habían enriquecido a costa de ella se mantendrán a distancia, aterrorizados al ver semejante castigo. Llorarán y harán lamentación: 16«¡Ay! ¡Ay de la gran ciudad, vestida de lino fino, de púrpura y escarlata, y adornada con oro, piedras preciosas y perlas, 17porque en una sola hora ha quedado destruida toda tu riqueza!»

Todos los capitanes de barco, los pasajeros, los marineros y todos los que viven del mar se detendrán a lo lejos. 18Al ver el humo del

---

[h] **17:9** *En esto consisten.* Alt. *Aquí se verán.*

fuego que la consume, exclamarán: «¿Hubo jamás alguna ciudad como esta gran ciudad?» **19**Harán duelo,[i] llorando y lamentándose a gritos: «¡Ay! ¡Ay de la gran ciudad, con cuya opulencia se enriquecieron todos los dueños de flotas navieras! ¡En una sola hora ha quedado destruida! **20**¡Alégrate, oh cielo, por lo que le ha sucedido! ¡Alégrense también ustedes, *santos, apóstoles y profetas!, porque Dios, al juzgarla, les ha hecho justicia a ustedes.»

21Entonces un ángel poderoso levantó una piedra del tamaño de una gran rueda de molino, y la arrojó al mar diciendo:

«Así también tú, Babilonia, gran ciudad, serás derribada con la misma violencia, y desaparecerás de la faz de la tierra. **22**Jamás volverá a oírse en ti la música de los cantantes y de arpas, flautas y trompetas. Jamás volverá a hallarse en ti ningún tipo de artesano. Jamás volverá a oírse en ti el ruido de la rueda de molino. **23**Jamás volverá a brillar en ti la luz de ninguna lámpara. Jamás volverá a sentirse en ti el regocijo de las nupcias.[j] Porque tus comerciantes eran los magnates del mundo, porque con tus hechicerías engañaste a todas las naciones, **24**porque en ti se halló sangre de profetas y de santos, y de todos los que han sido asesinados en la tierra.»

¡Aleluya!

19 Después de esto oí en el cielo un tremendo bullicio, como el de una inmensa multitud que exclamaba: «¡Aleluya! La salvación, la gloria y el poder son de nuestro Dios, **2**pues sus juicios son verdaderos y justos: ha condenado a la famosa prostituta que con sus adulterios corrompía la tierra; ha vindicado la sangre de los *siervos de Dios derramada por ella.»

3Y volvieron a exclamar: «¡Aleluya! El humo de ella sube por los siglos de los siglos.»

4Entonces los veinticuatro *ancianos y los cuatro seres vivientes se postraron y adoraron a Dios, que estaba sentado en el trono, y dijeron: «¡Amén, Aleluya!»

5Y del trono salió una voz que decía: «¡Alaben ustedes a nuestro Dios, todos sus siervos, grandes y pequeños, que con reverente temor le sirven!»

6Después oí voces como el rumor de una inmensa multitud, como el estruendo de una catarata y como el retumbar de potentes truenos, que exclamaban: «¡Aleluya! Ya ha comenzado a reinar el Señor, nuestro Dios Todopoderoso. **7**¡Alegrémonos y regocijémonos y démosle gloria! Ya ha llegado el día de las bodas del Cordero. Su novia se ha preparado, **8**y se le ha concedido vestirse de lino fino, limpio y resplandeciente.»

(El lino fino representa las acciones justas de los *santos.)

9El ángel me dijo: «Escribe: "¡*Dichosos los que han sido convidados a la cena de las bodas del Cordero!"» Y añadió: «Estas son las palabras verdaderas de Dios.»

10Me postré a sus pies para adorarlo. Pero él me dijo: «¡No, cuidado! Soy un siervo como tú y como tus hermanos que se mantienen fieles al testimonio de Jesús. ¡Adora sólo a Dios! El testimonio de Jesús es el espíritu que inspira la profecía.»

El jinete del caballo blanco

11Luego vi el cielo abierto, y apareció un caballo blanco. Su jinete se llama Fiel y Verdadero. Con justicia dicta sentencia y hace la guerra. **12**Sus ojos resplandecen como llamas de fuego, y muchas diademas ciñen su cabeza. Lleva escrito un nombre que nadie conoce sino sólo él. **13**Está vestido de un manto teñido en sangre, y su nombre es «el *Verbo de Dios». **14**Lo siguen los ejércitos del cielo, montados en caballos blancos y vestidos de lino fino, blanco y limpio. **15**De su boca sale una espada afilada, con la que herirá a las *naciones. «Las gobernará con puño de hierro.»[k] Él mismo exprime uvas en el lagar del furor del castigo que viene de Dios Todopoderoso. **16**En su manto y sobre el muslo lleva escrito este nombre: REY DE REYES Y SEÑOR DE SEÑORES.

17Vi a un ángel que, parado sobre el sol, gritaba a todas las aves que vuelan en medio del cielo: «Vengan, reúnanse para la gran cena de Dios, **18**para que coman carne de reyes, de jefes militares y de magnates; carne de caballos y de sus jinetes; carne de toda clase de gente, libres y esclavos, grandes y pequeños.»

19Entonces vi a la bestia y a los reyes de la tierra con sus ejércitos, reunidos para hacer guerra contra el jinete de aquel caballo y contra su ejército. **20**Pero la bestia fue capturada junto con el falso profeta. Éste es el que hacía señales milagrosas en presencia de ella, con las cuales engañaba a los que habían recibido la marca de la bestia y adoraban su imagen. Los dos fueron arrojados vivos al lago de fuego y azufre. **21**Los demás fueron exterminados por la espada que salía de la boca del que montaba a caballo, y todas las aves se hartaron de la carne de ellos.

Los mil años

20 Vi además a un ángel que bajaba del cielo con la llave del *abismo y una gran cadena en la mano. **2**Sujetó al dragón, a aquella serpiente antigua que es el diablo y

---

i **18:19** *Harán duelo.* Lit. *Se echaron polvo en la cabeza.*
j **18:23** *el regocijo de las nupcias.* Lit. *la voz del novio y de la novia.*
k **19:15** *gobernará … hierro.* Lit. *pastoreará con cetro de hierro;* Sal 2:9.

Satanás, y lo encadenó por mil años. ³Lo arrojó al abismo, lo encerró y tapó la salida para que no engañara más a las *naciones, hasta que se cumplieran los mil años. Después habrá de ser soltado por algún tiempo.

⁴Entonces vi tronos donde se sentaron los que recibieron autoridad para juzgar. Vi también las almas de los que habían sido decapitados por causa del testimonio de Jesús y por la palabra de Dios. No habían adorado a la bestia ni a su imagen, ni se habían dejado poner su marca en la frente ni en la mano. Volvieron a vivir y reinaron con *Cristo mil años. ⁵Ésta es la primera resurrección; los demás muertos no volvieron a vivir hasta que se cumplieron los mil años. ⁶*Dichosos y santos los que tienen parte en la primera resurrección. La segunda muerte no tiene poder sobre ellos, sino que serán sacerdotes de Dios y de Cristo, y reinarán con él mil años.

Juicio final de Satanás

⁷Cuando se cumplan los mil años, Satanás será liberado de su prisión, ⁸y saldrá para engañar a las *naciones que están en los cuatro ángulos de la tierra —a Gog y a Magog—, a fin de reunirlas para la batalla. Su número será como el de las arenas del mar. ⁹Marcharán a lo largo y a lo ancho de la tierra, y rodearán el campamento del *pueblo de Dios, la ciudad que él ama. Pero caerá fuego del cielo y los consumirá por completo. ¹⁰El diablo, que los había engañado, será arrojado al lago de fuego y azufre, donde también habrán sido arrojados la bestia y el falso profeta. Allí serán atormentados día y noche por los siglos de los siglos.

Juicio de los muertos

¹¹Luego vi un gran trono blanco y a alguien que estaba sentado en él. De su presencia huyeron la tierra y el cielo, sin dejar rastro alguno. ¹²Vi también a los muertos, grandes y pequeños, de pie delante del trono. Se abrieron unos libros, y luego otro, que es el libro de la vida. Los muertos fueron juzgados según lo que habían hecho, conforme a lo que estaba escrito en los libros. ¹³El mar devolvió sus muertos; la muerte y el infierno[l] devolvieron los suyos; y cada uno fue juzgado según lo que había hecho. ¹⁴La muerte y el infierno fueron arrojados al lago de fuego. Este lago de fuego es la muerte segunda. ¹⁵Aquel cuyo nombre no estaba escrito en el libro de la vida era arrojado al lago de fuego.

La nueva Jerusalén

21 Después vi un cielo nuevo y una tierra nueva, porque el primer cielo y la primera

tierra habían dejado de existir, lo mismo que el mar. ²Vi además la ciudad santa, la nueva Jerusalén, que bajaba del cielo, procedente de Dios, preparada como una novia hermosamente vestida para su prometido. ³Oí una potente voz que provenía del trono y decía: «¡Aquí, entre los seres *humanos, está la morada de Dios! Él acampará en medio de ellos, y ellos serán su pueblo; Dios mismo estará con ellos y será su Dios. ⁴Él les enjugará toda lágrima de los ojos. Ya no habrá muerte, ni llanto, ni lamento ni dolor, porque las primeras cosas han dejado de existir.»

⁵El que estaba sentado en el trono dijo: «¡Yo hago nuevas todas las cosas!» Y añadió: «Escribe, porque estas palabras son verdaderas y dignas de confianza.»

⁶También me dijo: «Ya todo está hecho. Yo soy el Alfa y la Omega, el Principio y el Fin. Al que tenga sed le daré a beber gratuitamente de la fuente del agua de la vida. ⁷El que salga vencedor heredará todo esto, y yo seré su Dios y él será mi hijo. ⁸Pero los cobardes, los incrédulos, los abominables, los asesinos, los que cometen inmoralidades sexuales, los que practican artes mágicas, los idólatras y todos los mentirosos recibirán como herencia el lago de fuego y azufre. Ésta es la segunda muerte.»

⁹Se acercó uno de los siete ángeles que tenían las siete copas llenas con las últimas siete plagas. Me habló así: «Ven, que te voy a presentar a la novia, la esposa del Cordero.» ¹⁰Me llevó en el Espíritu a una montaña grande y elevada, y me mostró la ciudad santa, Jerusalén, que bajaba del cielo, procedente de Dios. ¹¹Resplandecía con la gloria de Dios, y su brillo era como el de una piedra preciosa, semejante a una piedra de jaspe transparente. ¹²Tenía una muralla grande y alta, y doce puertas custodiadas por doce ángeles, en las que estaban escritos los nombres de las doce tribus de Israel. ¹³Tres puertas daban al este, tres al norte, tres al sur y tres al oeste. ¹⁴La muralla de la ciudad tenía doce cimientos, en los que estaban los nombres de los doce apóstoles del Cordero.

¹⁵El ángel que hablaba conmigo llevaba una caña de oro para medir la ciudad, sus puertas y su muralla. ¹⁶La ciudad era cuadrada; medía lo mismo de largo que de ancho. El ángel midió la ciudad con la caña, y tenía dos mil doscientos kilómetros:[m] su longitud, su anchura y su altura eran iguales. ¹⁷Midió también la muralla, y tenía sesenta y cinco metros,[n] según las medidas humanas que el ángel empleaba. ¹⁸La muralla estaba hecha de jaspe, y la ciudad era de oro puro, semejante a cristal pulido. ¹⁹Los cimientos de la muralla de la ciudad estaban decorados con toda clase de piedras preciosas: el primero con jaspe, el segundo con zafiro, el tercero con ágata, el cuarto con esmeralda, ²⁰el quinto con ónice, el sexto con cornalina,

---

l **20:13** *infierno.* Lit. *Hades;* también en v. 14.
m **21:16** *dos mil doscientos kilómetros.* Lit. *doce mil estadios.*
n **21:17** *sesenta y cinco metros.* Lit. *ciento cuarenta y cuatro codos.*

el séptimo con crisólito, el octavo con berilo, el noveno con topacio, el décimo con crisoprasa, el undécimo con jacinto y el duodécimo con amatista.[ñ] 21Las doce puertas eran doce perlas, y cada puerta estaba hecha de una sola perla. La[o] principal de la ciudad era de oro puro, como cristal transparente.

22No vi ningún templo en la ciudad, porque el Señor Dios Todopoderoso y el Cordero son su templo. 23La ciudad no necesita ni sol ni luna que la alumbren, porque la gloria de Dios la ilumina, y el Cordero es su lumbrera. 24Las *naciones caminarán a la luz de la ciudad, y los reyes de la tierra le entregarán sus espléndidas riquezas.[p] 25Sus puertas estarán abiertas todo el día, pues allí no habrá noche. 26Y llevarán a ella todas las riquezas[q] y el honor de las *naciones. 27Nunca entrará en ella nada impuro, ni los idólatras ni los farsantes, sino sólo aquellos que tienen su nombre escrito en el libro de la vida, el libro del Cordero.

El río de vida

22 Luego el ángel me mostró un río de agua de vida, claro como el cristal, que salía del trono de Dios y del Cordero, 2y corría por el centro de la calle[r] principal de la ciudad. A cada lado del río estaba el árbol de la vida, que produce doce cosechas al año, una por mes; y las hojas del árbol son para la salud de las *naciones. 3Ya no habrá maldición. El trono de Dios y del Cordero estará en la ciudad. Sus *siervos lo adorarán; 4lo verán cara a cara, y llevarán su nombre en la frente. 5Ya no habrá noche; no necesitarán luz de lámpara ni de sol, porque el Señor Dios los alumbrará. Y reinarán por los siglos de los siglos.

6El ángel me dijo: «Estas palabras son verdaderas y dignas de confianza. El Señor, el Dios que inspira a los profetas,[s] ha enviado a su ángel para mostrar a sus siervos lo que tiene que suceder sin demora.»

Cristo viene pronto

7«¡Miren que vengo pronto! *Dichoso el que cumple las palabras del mensaje profético de este libro.»

8Yo, Juan, soy el que vio y oyó todas estas cosas. Y cuando lo vi y oí, me postré para adorar al ángel que me había estado mostrando

todo esto. 9Pero él me dijo: «¡No, cuidado! Soy un siervo como tú, como tus hermanos los profetas y como todos los que cumplen las palabras de este libro. ¡Adora sólo a Dios!»

10También me dijo: «No guardes en secreto las palabras del mensaje profético de este libro, porque el tiempo de su cumplimiento está cerca. 11Deja que el malo siga haciendo el mal y que el vil siga envileciéndose; deja que el justo siga practicando la justicia y que el *santo siga santificándose.»

12«¡Miren que vengo pronto! Traigo conmigo mi recompensa, y le pagaré a cada uno según lo que haya hecho. 13Yo soy el Alfa y la Omega, el Primero y el Último, el Principio y el Fin.

14»Dichosos los que lavan sus ropas para tener derecho al árbol de la vida y para poder entrar por las puertas de la ciudad. 15Pero afuera se quedarán los *perros, los que practican las artes mágicas, los que cometen inmoralidades sexuales, los asesinos, los idólatras y todos los que aman y practican la mentira.

16»Yo, Jesús, he enviado a mi ángel para darles a ustedes testimonio de estas cosas que conciernen a las iglesias. Yo soy la raíz y la descendencia de David, la brillante estrella de la mañana.»

17El Espíritu y la novia dicen: «¡Ven!»; y el que escuche diga: «¡Ven!» El que tenga sed, venga; y el que quiera, tome gratuitamente del agua de la vida.

18A todo el que escuche las palabras del mensaje profético de este libro le advierto esto: Si alguno le añade algo, Dios le añadirá a él las plagas descritas en este libro. 19Y si alguno quita palabras de este libro de profecía, Dios le quitará su parte del árbol de la vida y de la ciudad santa, descritos en este libro.

20El que da testimonio de estas cosas, dice: «Sí, vengo pronto.»

Amén. ¡Ven, Señor Jesús!

21Que la gracia del Señor Jesús sea con todos. Amén.

ñ **21:20** No se sabe con certeza la identificación precisa de algunas de estas piedras.
o **21:21** *calle.* Alt. *plaza.*
p **21:24** *entregarán ... riquezas.* Lit. *llevarán su gloria.*
q **21:26** *todas las riquezas.* Lit. *la gloria.*
r **22:2** *calle.* Alt. *plaza.*
s **22:6** *el Dios ... profetas.* Lit. *El Dios de los espíritus de los profetas.*

TABLA DE PESAS, MEDIDAS Y MONEDAS

Las equivalencias son aproximadas

NUEVO TESTAMENTO

La única unidad de peso que se usa en el Nuevo Testamento es la litra (= la libra romana), con una equivalencia aproximada de 327 gr.

Medidas de longitud

milla (= 8.3 estadios)	1.500 m
estadio (= 100 brazas)	180 m
braza (= 4 codos)	1,80 m
codo	45 cm

Medidas de capacidad: áridos

coro	370 litros
sata	22 litros
joinix	1 litro

Medidas de capacidad: líquidos

metreta	39 litros
bato	37 litros

Monedas

Es extremadamente difícil dar el valor de las monedas antiguas con equivalencias modernas. Un denario era el salario de un obrero por un día de trabajo.

talento	60 minas
mina	100 denarios
dracma	denario
denario	10 asaria
asarion	4 cuadrantes
cuadrante	2 lepta
lepton	1/80 de denario

TABLA DE PESAS, MEDIDAS Y MONEDAS

Las equivalencias son aproximadas

NUEVO TESTAMENTO

La única unidad de peso que se usa en el Nuevo Testamento es la mina (= ½ libra romana, con una equivalencia aproximada de 327 gramos).

Medidas de longitud

milla (= 8 estadios)	= 1,500 m
estadio (= 100 brazas)	= 185 m
braza (= 4 codos)	1.80 m
codo	45 cm

Medidas de capacidad, áridos

coro	370 litros
sata	22 litros
quénix	1 litro

Medidas de capacidad, líquidos

metreta	39 litros
bato	37 litros

Monedas

El extremadamente difícil dar el valor de las monedas antiguas con equivalencias modernas. Un denario era el salario de un obrero por un día de trabajo.

talento	60 minas
mina	100 denarios
dracma	denario
denario	10 ases
asarión	4 cuadrantes
cuadrante	2 lepta
lepta	⅛₀ de denario

¿Recuerdas haber escuchado historias cuando crecías? Oíste historias acerca de tus padres y abuelos y de la comunidad que te rodeaba. Trata de recordar algunas de tus historias favoritas. Estas historias definen lo que es tu familia y tu comunidad. Te hablan de cómo llegaste hasta donde te encuentras hoy y le dan significado a la manera como vives.

La historia más grande del mundo nos cuenta cómo todos llegamos aquí: todos en todo el mundo. Nos relata la belleza y los retos que vemos a nuestro alrededor. Nos cuenta la historia de Dios.

En tus manos tienes el libro que cuenta la historia más grande del mundo.

La mejor manera de entender esta historia es sumergirte en ella. Porque cuando uno se sumerge en algo, es cuando comienza a vivirlo. Es cuando lo que piensas ya no tienes que pensarlo conscientemente porque se ha convertido en tu segunda naturaleza. Cuando te sumerjas en la historia de Dios, te descubrirás viviendo su historia de la manera que él quiere que la vivas. Comencemos leyendo un drama corto en cinco actos que nos cuenta la historia de Dios —y la historia de todo— en la Biblia.

Acto I: La creación

El drama comienza con Dios que ya se encuentra en el escenario. Está creando el mundo. Crea al hombre, Adán, y lo coloca en el Jardín del Edén para que lo trabaje y lo cuide. Lo que Dios quiere es que la humanidad esté en íntima relación con él y en armonía con el resto de la creación que la rodea. Los primeros capítulos de la Biblia nos cuentan que Dios habitaba en el paraíso junto con los primeros seres humanos, Adán y Eva. Al final del primer capítulo de Génesis, Dios hace su propia evaluación del trabajo que ha realizado:

Dios miró todo lo que había hecho, y consideró que era muy bueno. (1:31)

El Acto I revela lo que Dios desea para la gente y prepara el escenario para toda la acción que sigue.

Acto II: La caída

La tensión se presenta en la historia cuando Adán y Eva deciden seguir su propio camino y atenerse a su propia sabiduría. Atienden la voz engañosa del enemigo de Dios, Satanás, y dudan de la veracidad de Dios.

Como consecuencia de esta rebelión:

Dios el Señor expulsó al ser humano [Adán] del jardín del Edén, para que trabajara la tierra de la cual había sido hecho. Luego de expulsarlo, puso al oriente del jardín del Edén a los querubines, y una espada ardiente que se movía por todos lados, para custodiar el camino que lleva al árbol de la vida. (Génesis 3:23–24)

La intención que Dios tiene para la creación es conocida, pero parte de su propia creación hace que sus planes cambien de curso. ¿Podrá Dios reestablecer su relación con la humanidad y remover la maldición de la creación? ¿O el enemigo de Dios acabó de manera certera con el plan y saboteó la historia?

Los Actos I y II no ocupan muchas páginas de la Biblia; se terminan casi en las primeras páginas. Sin embargo, esas páginas introducen la lucha que domina el resto de la historia.

Acto III: Israel

El Señor le dijo a Abram: «Deja tu tierra, tus parientes y la casa de tu padre, y vete a la tierra que te mostraré.
»Haré de ti una nación grande,
  y te bendeciré;
haré famoso tu nombre,
  y serás una bendición.
Bendeciré a los que te bendigan
  y maldeciré a los que te maldigan;
¡por medio de ti serán bendecidas
  todas las familias de la tierra!» (Génesis 12:1–3)

Al llamar a Abram (más tarde Dios le dio el nombre de Abraham) y prometerle que haría de él una nación grande, Dios ajusta su enfoque y se concentra en un grupo de personas por un período de tiempo. Pero la meta última sigue siendo la misma: bendecir a todos los pueblos de la tierra, remover la maldición de la creación y restaurar la relación original que existió en el paraíso.

Cuando posteriormente Egipto esclaviza a los descendientes de Abraham, se fija el patrón central de la historia: Dios retorna a su pueblo, lo libera y lo devuelve a la tierra que le había prometido. Luego establece un pacto con esta nueva nación de Israel en el Monte Sinaí. Nombra a Moisés como líder durante la liberación del pueblo de Egipto: el éxodo. Como parte de este pacto, Dios les manifiesta claramente que si su pueblo le es fiel y sigue firmemente sus caminos, él los bendeciría en la nueva tierra y haría que se pareciera al Jardín del Edén.

Pero si Israel no es fiel al pacto, Dios les advierte que los sacará de la tierra como lo hiciera con Adán y Eva. Tristemente, y a pesar de las advertencias y exhortaciones reiteradas de Dios, el pueblo está decidido a seguir su propio camino. Rompe el pacto, sigue a los dioses falsos de las naciones que lo rodean y hace que el juicio de Dios caiga sobre todos ellos.

Los descendientes de Abraham, escogidos para remediar el fracaso de Adán, ahora parecen haber fracasado también. En todo esto, sin embargo, Dios ha plantado las semillas de un resultado diferente. Uno de los reyes de Israel, David, se destaca por ser un hombre más del agrado de Dios. Por eso Dios promete enviar otro rey a Israel, un hijo de David, que guiará a Israel con sabiduría, hará que la nación regrese a Dios y será el agente de bendición para los pueblos del mundo.

Así que, aunque el Acto III termina trágicamente, con la aparente ausencia de Dios, la esperanza de la promesa sigue latente.

Acto IV: Jesús

Cuatro siglos después, el pueblo de Israel sufre bajo la ocupación romana y espera el regreso de Dios. Un ángel de Dios visita a una joven llamada María y le anuncia:

«Quedarás encinta y darás a luz un hijo, y le pondrás por nombre Jesús. Él será un gran hombre, y lo llamarán Hijo del Altísimo. Dios el Señor le dará el trono de su padre David, y reinará sobre el pueblo de Jacob para siempre. Su reinado no tendrá fin.» (Lucas 1:31–33, p. 47)

La llegada de Jesús se presenta con la declaración de que Dios está manteniendo su promesa.

Entonces, Jesús comienza su misión. Cura enfermedades y padecimientos entre la gente. Confronta a los enemigos de Dios en la esfera espiritual, los demonios, y con autoridad los manda a que salgan de la gente que atormentan. Jesús perdona los pecados de los que humildemente se acercan a él. Proclama el evangelio, o las buenas nuevas:

«Se ha cumplido el tiempo. El reino de Dios está cerca. ¡Arrepiéntanse y crean las buenas nuevas!» (Marcos 1:15, p. 29)

El centro mismo del mensaje de Jesús son las buenas nuevas de la llegada del reino de Dios. Dios regresa para habitar con su pueblo. Por eso a Jesús se le llama Emanuel, que significa «Dios con nosotros».

Sin embargo, las respuestas al mensaje de Jesús son entremezcladas. Algunos creen, y de entre estos, Jesús escoge a doce discípulos o seguidores. Pero la mayoría de la gente simplemente lo mira con admiración, sin saber qué pensar de él. Los líderes del establecimiento religioso muy pronto se vuelven hostiles contra él. A la postre, este conflicto aumenta hasta alcanzar un punto crítico y los líderes religiosos conspiran para arrestar a Jesús y matarlo en una cruz.

Pero esta derrota es en realidad la mayor victoria de Dios. La muerte de Jesús se torna en contra de los enemigos de Dios y hace que el mundo quede vuelto al revés. Al sacrificar voluntariamente su vida, Jesús carga sobre sus hombros el juicio de Dios por nuestros pecados. Y luego Dios levanta a Jesús de entre los muertos. Esta resurrección es el punto central del evangelio que Jesús proclama. Es lo contrario a la muerte. Desde los comienzos de la historia humana, la muerte se ha usado como la última arma, pero Dios demuestra que es más poderoso que incluso el enemigo más fuerte de la humanidad, la muerte. Dios quiere darnos una nueva vida y hacer nueva toda su creación, reflejada en la nueva vida de Jesús. Como lo escribiera el antiguo líder cristiano:

Antes de recibir esa circuncisión, ustedes estaban muertos en sus pecados. Sin embargo, Dios nos dio vida en unión con Cristo, al perdonarnos todos los pecados y anular la deuda que teníamos pendiente por los requisitos de la ley. Él anuló esa deuda que nos era adversa, clavándola en la cruz. Desarmó a los poderes y a las potestades, y por medio de Cristo los humilló en público al exhibirlos en su desfile triunfal. (Colosenses 2:13–15, p. 171)

Jesús habla del mensaje de Dios porque es el verdadero profeta de Israel. Vence el mismísimo poder detrás de todo mal, porque es el verdadero rey de Israel, el hijo de David. Entrega su propia vida en sacrificio por su pueblo, porque es el verdadero sacerdote de Israel. Conduce a su pueblo a un nuevo Éxodo, por medio de la muerte a una nueva vida. En todo esto Jesús demuestra ser el hijo prometido de Abraham que reconcilia a la humanidad con Dios. Es a través de Jesús que Israel puede finalmente cumplir su función, el propósito para el cual Dios llamó a Abraham.

Al escribirle a la iglesia primitiva, Pablo anuncia a Jesús como el verdadero rey de todo el mundo. Dice que el César, el gobernante del imperio romano, es apenas una parodia del verdadero rey del mundo. Con frecuencia el nuevo César enviaba mensajeros reales a las colonias romanas de todo el imperio para proclamar que ahora él era el rey del mundo y el salvador del pueblo de su reino. Proclamaba que era dios y que como siervo del estado romano, traería paz y prosperidad a sus fieles súbditos. Pablo, como verdadero heraldo de Jesús, proclama:

La actitud de ustedes debe ser como la de Cristo Jesús,
quien, siendo por naturaleza Dios,
no consideró el ser igual a Dios como algo a qué aferrarse.
Por el contrario, se rebajó voluntariamente,
tomando la naturaleza de siervo
y haciéndose semejante a los seres humanos.
Y al manifestarse como hombre,
se humilló a sí mismo
y se hizo obediente hasta la muerte,
¡y muerte de cruz!
Por eso Dios lo exaltó hasta lo sumo
y le otorgó el nombre
que está sobre todo nombre,
para que ante el nombre de Jesús

se doble toda rodilla
en el cielo y en la tierra
y debajo de la tierra,
y toda lengua confiese que Jesucristo es el Señor,
para gloria de Dios Padre. (Filipenses 2:5-11, p. 167-168)

Esta descripción de Jesús es el punto central de toda la historia de la Biblia. La lucha clave con el enemigo de Dios, los intentos desesperados para corregir lo que se había malogrado en el mismísimo corazón de las cosas, se hacen presente en la vida de Jesús. Él confronta a todos los que pregonan estar en control del mundo, y anuncia que él es el único Señor del mundo. Jesús es el único héroe de la historia.

Acto V: El nuevo pueblo de Dios

Si la victoria clave ya ha sido asegurada, ¿por qué, entonces, hay lugar para un Acto V? Dios quiere que la victoria de Jesús se esparza a todas las naciones del mundo. Los que siguen a Jesús están cimentados en el nuevo templo de Dios, el lugar donde el Espíritu de Dios vive. Dios congrega a esta gente desde todas partes del mundo y con ellos instituye su iglesia. Cuando esta se complete, Jesús regresará y el reino de Dios será una realidad en toda la creación de Dios (1 Corintios 15:24-25, p. 149). La maldición que se impone en el Acto II será removida (Apocalipsis 22:3, p. 224).

La tarea de llevar bendiciones a los pueblos del mundo está otra vez en las manos de los descendientes de Abraham. De acuerdo con el Nuevo Testamento, todos los que pertenecen a Cristo son los verdaderos hijos de Abraham (Gálatas 3:29, p. 161). El Acto V enfatiza la misión de los seguidores de Cristo: proclamar y practicar el mensaje liberador de las buenas nuevas del reino de Cristo.

El Acto V hace que la historia continúe hasta nuestros días y nos envuelva en su drama. El mensaje de Cristo y de su reino llega a nosotros. Ahora se nos confronta con el reto de una decisión. ¿Qué debemos hacer? ¿Cómo encajaremos en esta historia?

La historia de la Biblia es la auténtica narración del conflicto central que zigzaguea a lo largo de la historia del mundo. ¿Seremos parte de la misión de recreación de Dios —de restaurar el mundo que nos rodea— y de hacer el mundo (incluidos nosotros) nuevo?

¿Y ahora qué?

Lo más importante que puedes hacer es leer minuciosamente estas Escrituras. El Espíritu de Dios las usa de manera activa y eficaz para cumplir sus propósitos en ti, y por medio tuyo, marcar un impacto en el mundo.

La Biblia no es, sin embargo, un libro fácil de leer. Hay pasajes que a todos nos cuesta trabajo entender. Pero si la lees, si te comprometes a aprender más de Dios y de la historia que él nos ha dejado en la Biblia, esta te guiará, te transformará y te mantendrá cerca de Dios.

Resumen de la historia

Dios creó el mundo con una intención específica: todo está hecho para glorificar a Dios. El ser humano es la cumbre de esta creación, como mayordomo de la misma.

La creación se aparta de Dios porque el primer hombre pecó: la creación no glorifica a Dios de la manera como él lo estableció.

Dios envió a su Hijo Jesús para que la creación volviera del exilio por medio de su muerte y resurrección.

Dios invita a toda su creación a que se reúna con él. Podemos comenzar esta reunión con Dios cuando amamos a Jesús y aprendemos de él la manera en que debemos vivir. Toda la creación glorificará plenamente a Dios cuando el cielo nuevo y la tierra nueva se hagan realidad en el fin de los tiempos.

GLOSARIO

Este glosario no pretende ser un diccionario bíblico en miniatura, sino sólo una ayuda relacionada con los principios y métodos de la traducción. Muchos términos culturales y teológicos no están incluidos, pero la lista abarca todas las palabras marcadas con un asterisco en el texto bíblico. (Nótese que si la palabra se usa más de una vez en el mismo pasaje bíblico, el asterisco no se repite.) Se trata principalmente de palabras difíciles de traducir, debido a las diferencias entre los idiomas bíblicos y el español.

abba. Palabra aramea que significa «padre» o «papá». Como fue usada por Jesús de modo característico para referirse a Dios, su Padre celestial (véase Mr 14:36), la iglesia cristiana también la adoptó, aun cuando el idioma de los creyentes era el griego (Ro 8:15; Gá 4:6).

abismo. Ya en la tradición judía se usaba este término en oposición a «cielo» (véase Ro 10:6-8); más específicamente, puede designar la morada de los demonios (p.ej. Lc 8:31; Ap 9:1). En un pasaje (Mt 11:23 — Lc 10:15) se ha usado para traducir **Hades**. En otro pasaje la expresión «arrojar al abismo» (2P 2:4) traduce el verbo *tartaró* , literalmente «meter en el Tártaro», nombre que entre los griegos se refería a un lugar subterráneo (más profundo que el Hades), donde se imponía el castigo divino. Véase también **sepulcro**.

aliento. Véase **vida**.

alma. Véase **vida**.

anciano. Además de su significado literal, esta palabra se usa con sentido especializado para designar a los jefes y dirigentes del pueblo hebreo, los cuales tenían responsabilidades tanto religiosas como civiles. En el Nuevo Testamento (griego *presbúteros*) se usa también para designar a los encargados de gobernar las iglesias (p.ej. Hch 14:23; 1Ti 5:17). En Apocalipsis se usa en un sentido más exaltado con referencia a veinticuatro seres en el cielo (p.ej. Ap 4:4). Véase también **obispo**.

arrepentimiento/arrepentirse. Significa no sólo el sentimiento de tristeza o remordimiento por haber pecado, sino también la acción de cambiar el modo de pensar y de actuar; implica un profundo cambio espiritual.

asarion. Moneda romana (latín *as*) de poco valor. Véase **Tabla de pesas, medidas y monedas**.

Asia. En el Nuevo Testamento este nombre no se refiere al Lejano Oriente sino a una provincia romana al suroeste de Asia Menor (lo que hoy es Turquía), cuya capital era Éfeso.

bato. Medida de capacidad equivalente aproximadamente a 22 litros; en el Nuevo Testamento, alrededor de 37 litros. Véase **Tabla de pesas, medidas y monedas**.

Beelzebú. Nombre que se usa en los evangelios con referencia a Satanás.

blasfemar. Acción de proferir blasfemias, o sea, pronunciar maldiciones o palabras injuriosas contra Dios o contra alguien que lo representa. La «blasfemia contra el Espíritu» (Mt 12:31 y paralelos) consiste en atribuir a Satanás las obras de Jesús, lo cual parece indicar un rechazo total del mensaje de Dios. El término griego también se puede usar en el sentido menos fuerte de «calumniar» o «insultar» (p.ej. Mr 7:22; Ef 4:31).

braza. Medida de longitud equivalente aproximadamente a 1,80 metros. Véase **Tabla de pesas, medidas y monedas**.

burlón. Véase **blasfemo**.

caer, hacer caer. Véase **tropiezo**.

camisa. Se ha usado esta palabra unas cuantas veces (Mt 5:40 — Lc 6:29; Lc 3:11) para representar el vocablo griego *jit n*, que también puede traducirse con un término general, «ropa» (p.ej. Mt 10:10; Mr 14:63; Jud 23). Con más precisión, se trata de la túnica (y así se tradujo en Jn 19:23; Hch 9:39), que en español puede implicar una vestidura formal o religiosa, y que daría un sentido incorrecto a los pasajes anteriores.

carne/carnal. El término griego *sarx* tiene un uso muy variado, y frecuentemente contrasta con **Espíritu** (o **espíritu**). En su sentido literal y físico, puede traducirse «carne» o «cuerpo». En un sentido más amplio, se usa para designar lo que es meramente humano y por lo tanto débil. (Nótese también la frase «carne y sangre», que se ha traducido con varias expresiones; p.ej. Mt 16:17; 1Co 15:50; Ef 6:12.) En un sentido moral, indica lo que caracteriza a este mundo pecaminoso (véanse 2Co 10:3-4; Fil 1:22,24). Es difícil representar el concepto en español, por lo que también se han usado frases tales como «naturaleza humana», «naturaleza pecaminosa», «esfuerzos (o criterios, o razonamiento) humanos», «pasiones», y otras más (p.ej. Ro 8:3-9; 1Co 1:26; Gá 3:3; 4:23,29; 5:13-19; Fil 3:3-4; Col 2:18). La dificultad de distinguir entre el sentido literal y el figurado se nota especialmente en Ro 7:18,25; 1P 3:18; 4:1,2 («terrenal»),6.

Cefas. Nombre arameo que significa «roca» y que corresponde al nombre griego Pedro (véase Jn 1:42).

César/césar. Nombre que los emperadores romanos usaban como título (véanse Lc 2:1; 3:1) y que llegó a usarse en el sentido general de «emperador» (así se ha traducido en la mayoría de los pasajes, p.ej. Jn 19:12; Hch 17:7).

circuncisión. Como esta operación era la señal física de que un hombre pertenecía al pueblo de Dios, la palabra se podía usar para designar a los judíos (p.ej. Ro 15:8; Gá 2:8-9; en Fil 3:3 con referencia a los cristianos). Por consiguiente, los términos «incircunciso» e «incircuncisión» (Ro 2:20) se refieren a los no judíos. Véase también **gentiles**.

codo. Medida antigua, basada en el largo del brazo desde el codo hasta la punta de los dedos, equivalente a 45-50 centímetros. Véase **Tabla de pesas, medidas y monedas**.

Consejo. Se ha usado este término como traducción del griego *sunédrion* (tradicionalmente «sanedrín»; en Hch 22:5 el griego es *presbutérion*). Se trata del más importante consejo de gobierno entre los judíos. Incluía a los **ancianos**, los **maestros de la ley** y los jefes de los sacerdotes.

Consolador. Traducción tradicional del término griego *parákl tos* en Jn 14:16,26; 15:26; 16:7. La palabra puede significar «abogado», pero más probable es el sentido general de «mediador» o «ayudador». En 1Jn 2:1 se tradujo «intercesor».

contaminar. Véase **puro**.

coro. Medida de capacidad equivalente aproximadamente a 220 litros. Véase **Tabla de pesas, medidas y monedas**.

creyentes. Véase **santos**.

Cristo. Vocablo griego que significa «ungido» (véase Hch 4:26). Es primeramente un título descriptivo, pero también se usa como nombre propio de Jesús. En ciertos pasajes se ha traducido «Mesías» (término hebreo que corresponde a Cristo) para aclarar el uso titular, pero hay muchos otros pasajes en que puede entenderse como nombre o como título. La combinación «Jesús Cristo» (traducido como nombre, «Jesucristo») o «Cristo Jesús» también puede tener un sentido titular, es decir, «Jesús el Mesías». Nótese que en las cartas de Pablo, el uso de este vocablo es muy frecuente y se ha marcado con asterisco sólo la primera vez que aparece en cada carta.

cuerpo. Véase **carne**.

Decápolis. Significa «las diez ciudades». Era una región de la Palestina habitada por gentiles.

denario. Moneda romana de plata, cuyo valor correspondía al salario de un obrero por un día de trabajo.

derecha. Se usa en sentido figurado para señalar la posición de honor. También es un símbolo del poder (véanse Hch 2:33; 5:31).

dichoso. En el Antiguo Testamento representa la palabra hebrea *'ashrey*, término tradicionalmente traducido «bienaventurado». En el Nuevo Testamento, con frecuencia representa la palabra griega *makários*, que significa «feliz» y que tradicionalmente se ha traducido «bienaventurado». En ambos casos se refiere a la persona que recibe la bendición de Dios y así experimenta la verdadera felicidad.

dracma. En el Antiguo Testamento se refiere al *dárico*, moneda persa de oro que pesaba alrededor de 125 gramos. En el Nuevo Testamento se refiere a una moneda griega de plata equivalente al **denario**.

emperador. Véase **César**.

Enramadas, fiesta de las. Tradicionalmente traducida «Tabernáculos», esta fiesta se celebraba en el mes de *tisrí*. Durante los siete días de celebración, los israelitas vivían en cabañas hechas de ramas de árboles.

escándalo/escandalizar. Véase **tropiezo**.

esclavo. Véase **siervo**.

Espíritu/espíritu. En ciertos pasajes donde la palabra griega *pneuma* aparece sin el calificativo «Santo», no es seguro si la referencia es al Espíritu Santo o al espíritu humano (p.ej. Jn 4:23-24; Ro 1:4; 8:10). Véase también **síquico**.

espíritu maligno. Una traducción más literal es «espíritu impuro». Se refiere a los demonios que se posesionan de algunas personas.

estadio. Medida de longitud equivalente aproximadamente a 180 metros. Véase **Tabla de pesas, medidas y monedas**.

eunuco. Hombre castrado que servía en la corte como guardián de las mujeres. A veces los eunucos llegaban a ser funcionarios de alto rango (véase Hch 8:27). En sentido figurado, se aplica a los que se mantienen solteros (Mt 19:11-12).

evangelio. Término de origen griego que significa «buena noticia». Principalmente en las cartas, el término se usa con sentido especializado, es decir, el mensaje acerca de Jesucristo. En otros pasajes se ha traducido como «buenas nuevas» o «buenas noticias» (p.ej. Lc 1:19; Hch 5:42). Más tarde, el término llegó a usarse para referirse a los libros que relatan la historia de Jesús.

experto en la ley. Véase **maestro de la ley**.

expiar/expiación. Se refiere a la acción divina de cubrir o quitar el pecado por medio del sacrificio. El término **propiciación** describe la misma acción desde otro punto de vista: el sacrificio aplaca la ira de Dios (véanse Ro 3:25; Heb 2:17; 1Jn 2:2; 4:10).

fariseo. Hoy día este término se usa en sentido despectivo y equivale a «hipócrita» (porque así calificó Jesús a los fariseos; p.ej. Mt 23:13-29), pero es necesario recordar que los fariseos constituían un grupo religioso que la mayoría de los judíos admiraba. Estudiaban la ley minuciosamente (muchos **maestros de la ley** estaban relacionados con este grupo) y deseaban obedecerla, aunque su modo de interpretación a veces los llevaba a ignorar los mandatos de Dios (véase especialmente Mr 7:1-13).

fidelidad. El término griego *pístis* generalmente tiene el sentido activo de «fe», indicando la acción de «confiar en alguien», pero en algunas ocasiones puede tener sentido pasivo, «ser confiable». En este segundo caso, se puede traducir «fidelidad» (p.ej. Ro 3:3; Gá 5:22). Algunos eruditos piensan que la frase «la fe en Jesucristo» (p.ej. Gá 2:16; 3:22) debe traducirse «la fidelidad de Cristo». Nótese también que el adjetivo *pistós* puede significar «creyente» o «fiel».

fuerza(s). Véase **vida**.

Gehenna. Nombre de un barranco en Jerusalén donde se quemaban los desperdicios. Entre los judíos llegó a ser un símbolo del fuego eterno, por lo cual se puede traducir «infierno».

género humano. Véase **hombre**.

gente. Véase **hombre**.

gentiles. Designa a los que no son judíos. Por lo general traduce el término que literalmente significa «naciones»; en otros pasajes traduce el término que significa «griegos» (en Ro 2:26 y 4:9 corresponde a «incircuncisión»; véase **circuncisión**). Cuando hay énfasis en el sentido religioso o moral, se traduce «paganos».

griegos. Se usa no solamente en un sentido étnico estricto sino también para designar a cualquier persona que haya adoptado la cultura griega. Véase también **gentiles**.

Hades. En la mitología griega era el nombre del dios del inframundo, y también se usaba para designar el lugar de los muertos. En el Nuevo Testamento equivale a «infierno»; también se ha traducido como **abismo** (Mt 11:23 — Lc 10:15), «muerte» (Mt 16:18), y «sepulcro» (Hch 2:27).

hijo de hombre. Véase **hombre**.

hipócrita/hipocresía. El término griego *hupokrit s* se refería a los actores de teatro. Posteriormente, incluso en el Nuevo Testamento, se usaba en sentido más general de cualquier persona que fingía ser lo que no era (p.ej. Mt 6:2), o que actuaba de manera incongruente con sus convicciones (Gá 2:13, donde se usan el verbo y el sustantivo). El término no implica necesariamente que la persona fuera mal intencionada.

hombre. Tanto en el Antiguo Testamento (heb. *'adam, 'enosh, o 'ish*) como en el Nuevo (griego *ánzr pos*), el término castellano **hombre** puede usarse en sentido genérico, que contrasta al ser humano con Dios y abarca a toda la humanidad, o en sentido más restrictivo, que contrasta al *hombre* con la *mujer*. En la actualidad, el segundo sentido ha adquirido más prominencia, lo cual crea nuevos problemas de traducción. Cuando el texto original y el estilo castellano lo permiten, se han usado expresiones tales como «género humano», «gente», «humanidad», «mortal», «persona» y «ser humano».

humanidad/humano. Véanse **carne**, **hombre** y **síquico**.

impuro. Véase **puro**.

incircunciso. Véase **circuncisión**.

insolente. Véase **blasfemo**.

intercesor. Véase **Consolador**.

Jacobo. En la evolución de la lengua española, el nombre «San Jacobo» llegó a pronunciarse «Santiago». Tradicionalmente, se ha usado «Santiago» en la carta que se conoce por ese nombre, pero se ha mantenido «Jacobo» en los demás pasajes. En esta versión se sigue la misma costumbre.

jactancia/jactarse. Uno de los términos más característicos de las cartas de Pablo es el verbo griego *kaujáomai* (sustantivo *kaúj ma*), que puede usarse tanto en sentido positivo como negativo. En castellano, el vocablo «jactarse» siempre tiene una acepción peyorativa («alabarse presuntuosamente»), de manera que se han usado varios términos para traducir el griego según el contexto (p.ej. «presumir», «orgullo/ enorgullecerse», «satisfacción/ estar satisfecho», «regocijarse»).

Jesucristo. Véase **Cristo**.

lenguas. En el libro de los Hechos y en 1 Corintios, la expresión «hablar en lenguas» es traducción literal del griego; otra posible traducción es «hablar en otros idiomas».

lepra. Varios tipos de enfermedades de la piel se agrupaban bajo esta categoría en la antigüedad. No se trata necesariamente de la aflicción que la medicina moderna llama «lepra».

lepton. Moneda judía de muy poco valor. Véase **Tabla de pesas, medidas y monedas.**

limpio. Véase **puro.**

maestro de la ley. Esta frase representa un vocablo griego (*grammateús*) que tradicionalmente se ha traducido «escriba». Entre el pueblo judío, los escribas estaban encargados no solamente de copiar y preservar los libros del Antiguo Testamento, sino principalmente de interpretar y enseñar su contenido. La expresión **experto en la ley** corresponde a otro vocablo griego (*nomikós*) pero se refiere a la misma profesión.

Mesías. Véase **Cristo.**

metreta. Medida de capacidad equivalente aproximadamente a 39 litros. Véase **Tabla de pesas, medidas y monedas.**

mina. Medida de peso equivalente aproximadamente a 0,6 kilogramos. En el Nuevo Testamento se refiere a una moneda valiosa. Véase **Tabla de pesas, medidas y monedas.**

misterio. Este término (griego *must rion*) lo usa Pablo con referencia a los planes eternos de Dios para las naciones, planes que sólo fueron revelados con la venida de Cristo (p.ej. Ro 16:25-26; Ef 3:2-6). Se ha traducido literalmente cuando el contexto evita que haya confusión. Como el vocablo en español puede implicar un sentido esotérico, en varios pasajes se ha empleado la palabra «secreto».

mortal. Véase **hombre.**

mundo. Véase **carne. naciones.** Véase **gentiles.**

naturaleza humana/ pecaminosa. Véase **carne.**

necio. Se dice de todo el que se resiste a cumplir los mandamientos de Dios y a seguir los sabios consejos de sus padres y maestros. Por extensión, el necio es también **insolente** y **blasfemo.**

nuevas/noticias, buenas. Véase **evangelio.**

obispo. Traducción tradicional del término griego *epískopos*, que significa «supervisor, superintendente». Parece ser equivalente a **anciano** (véase Hch 20:17,28; nótese también 1P 2:25). Más tarde comenzó a usarse el término para designar a los que supervisaban varias congregaciones en un mismo distrito.

ofensa/ofender. Véase **tropiezo.**

orgullo. Véase **jactancia.**

paganos. (heb. *goyyim*) Término hebreo que aparece en el Antiguo Testamento para referirse a los pueblos que no conocen al Dios de Israel ni pertenecen a este pueblo. Por extensión, el mismo término designa a los pueblos y naciones en general. Para el uso de este término en el Nuevo Testamento, véase **gentiles.**

parábola. Narración con fines didácticos, que comunica su enseñanza de manera indirecta. Aunque se caracteriza por su brevedad, puede ser también un tanto extensa. En sus enseñanzas Jesús la usó con singular maestría y pertinencia.

pasiones. Véase **carne.**

pecadores. La Biblia enseña claramente que todos los seres humanos son culpables de pecado (p.ej. Ro 3:10-20). Sin embargo, en el habla de los judíos el término «pecador» se usaba también en un sentido especializado para designar a los que estaban fuera del pacto divino. Se aplicaba especialmente a los **gentiles** (p.ej. Gá 2:15), pero también a judíos cuya conducta inmoral los alejaba espiritualmente del pueblo de Dios (p.ej. Mt 11:19; Lc 15:1-2). **pecar, hacer pecar.** Véase **tropiezo.**

perfecto/perfección/perfeccionar. Aunque en esta vida nadie llega a estar totalmente libre de pecado, el adjetivo «perfecto» (griego *téleios*) se usa en varios pasajes con referencia a los creyentes. Es posible que se trate del concepto de madurez espiritual (véanse 1Co 2:6-7; Heb 6:1), pero el sentido es más profundo: implica un compromiso definitivo que se refleja en la conducta. En la carta a los Hebreos, el énfasis está en la idea del cumplimiento de las promesas (nótese que el verbo se aplica también a la exaltación de Jesús en 2:10; 5:9; 7:28). La ley del pacto antiguo no podía perfeccionar (7:19; 9:9; 10:1), pero los que creen en Jesús pertenecen al nuevo y perfecto pacto, de manera que ya han recibido lo que el Antiguo Testamento había prometido (10:14; 11:40).

perro. Por ser un animal común al que se consideraba ritualmente impuro (véase **puro**), el perro llegó a ser un símbolo de los que están fuera del pueblo de Dios (Ap 22:15). Se usa con referencia a los **gentiles** (Mt 15:26-27 — Mr 7:27-28) y a los adversarios del evangelio (Mt 7:6; Fil 3:2; 2P 2:22), no como insulto vulgar, sino como un comentario de índole teológica.

portón/portones. Véase **puerta(s). primicias.** Los primeros y más importantes frutos de la cosecha, los cuales debían ofrecerse a Dios. En el Nuevo Testamento el término se usa en varios sentidos figurados; por ejemplo, Cristo fue el primero en ser resucitado y es quien hace posible la resurrección de los demás (1Co 15:20); el Espíritu Santo es el primer fruto que reciben los creyentes, y les garantiza que recibirán toda la herencia espiritual (Ro 8:23). Nótese también el uso de «primogénito» en Col 1:15,18.

principios. Así se traduce la palabra griega *stoijeía*, que puede referirse a conceptos básicos (Heb 5:12, «verdades más elementales»), pero también a los elementos fundamentales del universo (2P 3:10). Algunos eruditos piensan que Gá 4:3,9 y Col 2:8,20 hablan de seres espirituales.

Priscila. Así se ha representado el nombre «Prisca» (en Ro 16:3; 1Co 16:19; 2Ti 4:19), del cual «Priscila» es la forma diminutiva (Hch 18:2,18,26).

proverbio. Sentencia o dicho breve e ingenioso en torno a algún hecho que encierra una enseñanza, o condensa la sabiduría popular. Aunque de origen muy antiguo, el proverbio siempre estuvo presente en la literatura sapiencial y hasta los días del Nuevo Testamento. Característico de la literatura bíblica es el proverbio antitético, en el que la segunda parte contrasta o contradice lo dicho en la primera.

prueba, poner a. Véase **tentar.**

pueblo de Dios. Véase **santos.**

puro/impuro/purificar. En muchos pasajes (marcados con asterisco) estos términos no tienen que ver con la limpieza física o moral, sino con cuestiones de contaminación ritual, según las leyes del Antiguo Testamento.

querubines. Seres celestiales con función protectora (Gn 3:24). Dos figuras de querubines como criaturas aladas y con pies y manos cubrían el **propiciatorio.** También se usaron figuras de querubines en la decoración del templo.

recaudador de impuestos. Así se representa la palabra *telon s*, que en otras versiones se ha traducido como «publicano». Se refiere a judíos que se ofrecían a cobrar los impuestos exigidos por el Imperio Romano. Como los recaudadores abusaban de sus compatriotas y colaboraban con los soldados romanos, se les consideraba traidores que no pertenecían al pueblo de Dios.

resucitar/resurrección. Véase **levantar de entre los muertos.**

sábado. Día séptimo de la semana en el que, según la ley del Antiguo Testamento, los judíos debían reposar de sus trabajos. El mismo término se usa para referirse a otros días festivos.

sanar. En varios pasajes en los evangelios (Mt 9:21-22; Mr 5:23,28,34; 6:56; 10:52; Lc 8:36,48,50; 17:19; 18:42) este verbo es traducción de un término griego que también significa «salvar».

Santiago. Véase **Jacobo**.

santificar. Este concepto en el Antiguo Testamento indica la acción de separar algo o a alguien para un propósito sagrado. El verbo griego (*hagiáds*) puede por lo tanto traducirse «consagrar», pero además indica una obra divina de limpieza espiritual en los creyentes. Véase también **santo**.

santo/santidad. Es principalmente un atributo de Dios, y por consiguiente de lo que está relacionado a él, por ejemplo, los profetas, los ángeles, el templo (Lc 1:70; 9:26; Hch 6:13). El Nuevo Testamento usa el término «los santos» para designar a los que forman parte de la iglesia de Cristo. Implica que los creyentes han sido santificados (véase **santificar**) y que Dios los ha constituido como su propio pueblo. En algunos pasajes donde el término castellano puede ser ambiguo, se han usado otros vocablos, por ejemplo, «creyentes» o «pueblo de Dios».

santuario. Véase **templo**.

satisfacción. Véase **jactancia**.

secreto. Véase misterio.

sentarse. Cuando los evangelios se refieren a personas sentadas a la mesa (p.ej. Mt 26:7,20; Mr 2:15; Lc 14:8), se usan varios verbos griegos que literalmente significan «recostarse», pues era costumbre en los banquetes reclinarse en divanes. También se puede traducir como «estar a la mesa» (p.ej. Lc 24:30; Jn 12:3) o aun «comer» (Mt 9:10; Mr 16:14; Lc 5:29; 1Co 8:10).

ser humano. Véase **hombre**.

siervo. Representa en muchos pasajes el vocablo griego *doúlos*, que también puede traducirse «esclavo». Este último término en español puede tener connotaciones que confundan al lector moderno. El vocablo griego no implica necesariamente que la persona fuera maltratada, ya que en la antigüedad algunos esclavos llegaban a asumir posiciones muy importantes. La idea principal es que la persona estaba bajo el dominio de otra, de manera que se caracterizaba por su humildad y obediencia.

Silvano. En las cartas (2Co 1:19; 1Ts 1:1; 2Ts 1:1; 1P 5:12) se usa este nombre con referencia a «Silas» (véase Hch 15:22).

síquico. Representa el adjetivo griego *psujikós* (sustantivo *psuj*; véase **vida**), que se ha traducido «natural» en 1Co 15:45-46 y «puramente humana» en Stg 3:15. Como contrasta con lo que es espiritual, se ha usado la frase «no tiene el Espíritu» en 1Co 2:14 y Jud 19.

Tabernáculos, fiesta de los. Véase **Enramadas**.

talento. En el Antiguo Testamento, medida de peso equivalente aproximadamente a 34 kilogramos. En el Nuevo Testamento se usaba para cálculos monetarios; generalmente de oro, su valor (que era muy alto) variaba mucho, según el lugar y la época (Mt 18:24; 25:15-28). Véase **Tabla de pesas, medidas y monedas**.

templo. En el Nuevo Testamento este término puede referirse justamente al «santuario» (Lc 1:9), es decir, el edificio donde se encontraban el Lugar Santo y el Lugar Santísimo, o bien al área total que incluía no sólo ese edificio sino también la plaza que lo rodeaba (el atrio de las mujeres y el atrio de los gentiles).

tentar/tentación. El verbo griego (*peiráds*, sustantivo *peirasmós*) puede usarse en el sentido más o menos neutral de «poner a prueba», pero también en el sentido negativo de «incitar al pecado, tender una trampa». En Stg 1:2,12-14 parece haber un juego de palabras basado en este doble sentido.

trampa. Véanse **tentar** y **tropiezo**.

triunfo. Véase **salvación**.

tropezar/tropiezo. Es generalmente traducción del vocablo griego *skándalon* (verbo *skandalís*) y se refiere especialmente a lo que causa ofensa, oposición (Gá 5:11), o aun la caída moral de alguien (Mt 5:29-30; 1Co 8:13). En el uso corriente del castellano, el término *escándalo* (*escandalizar*) no corresponde justamente a este significado. En Ro 11:9 se ha traducido como «trampa». También se ha traducido el verbo con términos tales como «ofender», «hacer pecar», «hacer caer», «apartarse», «abandonar». En Jn 16:1 se ha empleado la frase «flaquear la fe».

ungido. (heb. *mashiaj*). Término hebreo para referirse al rey escogido por Dios. Después del exilio babilónico este mismo término se usó para referirse al sumo sacerdote. Véase también **Cristo.**

Unigénito. Traducción tradicional del término griego *monogen* s («único») cuando se refiere a Jesucristo. Véanse Jn 1:14,18; 3:16,18.

Verbo. Traducción tradicional del término griego *lógos* («palabra») cuando se refiere a Jesucristo. Véanse Jn 1:1,14; 1Jn 1:1; Ap 19:13.

victoria. Véase **salvación.**

vida. En el Nuevo Testamento esta palabra es traducción de la palabra griega *psuj.* tiene un amplio significado y tradicionalmente se ha traducido «alma». En esta versión, la palabra hebrea también se ha traducido «aliento» y «fuerza(s)».

Notas

Notas

Notas

Notas

Notas

Notas